欽定 四庫全書

協紀辨方書

협기변방서

제1부 길흉신살 吉凶神煞

역자 서문(序文)

인간이 천지(天地)의 주인이 되었던 것은 단계적으로 여러 가지 원인을 들 수 있으나 그 가운데서도 수(數)를 사용할 줄 알았다는 것을 빼놓을 수 없다. 수(數)를 사용할 줄 알면서 주인 자리는 물론 신(神)의 영역까지도 넘보기에 이르렀다.

이는 역(易)에, "주재자리(主宰者理), 유행자기(流行者氣), 대대자수(待對者數)"라 하니, 리(理)라는 기능공(技能工)이 있었기 때문에 기(氣)라는 천지만유(天地萬有)의 자료로써 우주공간의 모든 것을 발생시킬 수 있었고, 수(數)라는 용사자(用事者)가 있어 이기(理氣)의 공로를 인증(認證 ; 認定)하고 필요를 결재(決裁)하였다.

그러므로 천하의 지식(知識)은 수(數)를 벗어날 수 없고, 수(數)로써 넘치거나 모자람 없이 균형을 잡아나갈 수 있으며, 성패 간에 승부에서도 수(數)로써만이 경계를 지어준다.

수(數)는 과학이다. 동양철학에서는 수를 사용하는 학문이 점학(占學)과 택일학(擇日學)을 들 수 있는데, 이들은 수라는 요술과 같은 기능으로 인간이 하고자 하는 행사에서 올바른 선택을 할 수 있도록 수리(數理)로써 공헌하고 있다. 그러므로 "선택은 점(占)이요 점(占)은 인간의 행불행(幸不幸)을 결정지어 주는 마지막 수단"인 것이다.

동양철학의 날짜 선택(擇日)에서 주로 사용하는 지식도구(知識道具)는 신살(神煞)이다. 신살이란 천도운행(天道運行)에서 나타나는 사계절 기후(氣候)의 고허왕상(孤虛旺相)이 연년(年年)이 다르고, 월일시(月日時) 중에서도 각각이며, 24방향에서도 강약(强弱)과 길흉화복은 역시 같을 수 없다.

이렇게 음양(陰陽)이 바뀌고 오행(五行)의 강약이 변하면서 나타난

왕상휴수(旺相休囚)를 이미 배열하고 있는 연월일시(年月日時)의 육십갑자(六十甲子)와 대조 분석하여 왕상(旺相)한 것을 길신(吉神)이라 하고 휴수(休囚)되어 무력한 것을 흉살(凶煞)이라 하면서 이용법(利用法)에서 신살(神煞)이라 규정하고 있다.

《협기변방서》는 이렇게 제시한 신살(神煞)의 성격과 쓰임은 물론, 민용(民用)에서 쉽고 편리하게 사용할 수 있도록 수정하고 편집하여 놓은 **동양철학(東洋哲學) 최고(最高)의 양서(良書)**이다.

사고전서(四庫全書)에 실려 있는 《협기변방서》의 내용을 보면, 당시에도 중국의 천문 역법(曆法) 학자들의 저서가 이미 많이 있었으나 책임 있는 기관의 검증되지 않은 저서들이므로 민용(民用)에서 많은 오류를 범하고 있었다. 그러므로 민가(民家)에서 올바른 선택을 할 수 있도록 돕기 위하여 강희 왕조에 이르러 어명(御命)으로 적극 증보 수정하였고. 이를 이어받은 역대 왕조에서도 관계되는 수많은 석학(碩學)들로 하여금 점검하고 수정하여 공포한 책이기 때문에 그러하다.

그러나 《협기변방서》는 오래된 옛 서적이므로 내용을 보면 권 12의 공규(公規)1의「사전(祀典)」,「춘우경(春牛經)」,「세시(歲時)」,「기사(紀事)」,「24절(節) 기후(氣候)」에서 나타나는 기후현상, 특히「일전과궁(日躔過宮)」,「일월(日月) 출입의 주야시각(晝夜時刻)과 방위」,「몽영한(朦影限)」등 많은 부분이 오늘날의 수학적 계산에서도 부족함이 있을 뿐만 아니라, 이미 사용하지 않는 풍습과 제도 같은 것은 당시에는 중요하였으나, 지금은 사용치 않으므로 필자도 일부 원문만을 수록하였다.

2018년 4월 이정(里程) 김동규(金東奎) 식(識)

協紀辨方書 序言一

有關五行神煞舊合法則之書籍,清代有二部名著敍述得最為明晰合理. 一部是康熙五十二年「大內蒙養齋開蹈」,命和碩莊親王率同翰林何國宗、梅珏成等編列《禦製算法律呂諸書》,後由曹震奎所著之《曆事明原》,以及大學士李光地重加改訂,後由康熙親自禦批定名為《星曆考原》,並在乾隆四年八月二十六日至乾隆五年八月初七日,又命和碩莊親王允祿為總理,和碩莊親王弘晝為武英殿監理,以刑部左侍郎張照為總裁,會同欽天監監正、時憲科博士、天文生……等三十八人,重新再校正《星曆考原》一書.

康熙為一國之君,何以會關心此一民間吉凶神煞之小事?由於康熙二十二年有「一葉鍾龍」者誣告王府動土一案,以致震驚朝野.

「陰陽選擇書籍浩繁,吉凶禍福多相矛盾,且事屬渺茫,難以憑信. 若各據一書偏執己見,捏造大言,恣相告訐,將來必致誣訟繁興,作何立法,永與無弊. 著九卿詹事科道會同確議……」.

至乾隆年間,又發現康熙年所校訂之《星曆考原》仍有疏忽之處.

乾隆五年六月十五日, 大學士鄂爾泰之奏本「交與奏事郎中張文彬等轉奏本日奉旨大學士九卿定議具奏,其翰詹科道內如有通曉算書者,亦著入議」等語. 至乾隆六年十二月校訂製版均已完成,定書名曰《協紀辨方書》.

協紀辨方之主旨為「協乎五紀,辨乎五方,以順天地之性. 包括所有一切祿命法、鬥數、神數、堪輿、神煞、曆學、節氣……」等之推理.

以九卿科道同議之典籍,審議必當謹慎,故凡對祿命法及堪輿方面有研究之人士皆宜備此書,方可有所依據.

《協紀辨方書》原文沒有標點, 圖表文字模糊.

衲山林人士,自問對五行學理所知亦屬簡陋,修訂此一巨著,疏忽之處,想必也在所難免,敬祈同道不吝賜教,以匡不逮為禱.

협기변방서 서언(序言)

　신살(神煞)은 오행(五行)의 옛 법칙에 부합하는 서적이어야 관련이 있다. 청대(淸代)에 2부(部)의 명저(名著)가 있었는데, 서술(敍述)이 가장 명석(明晳)하고 합리적이었다.

　1부(部)는 강희(康熙) 52년「대내몽양재개경(大內蒙養齋開局)」이니 화석(和碩) 장친왕(莊親王 ; 강희제의 열여섯째 아들)에게 명하여 한림(翰林) 하국종(何國宗)의 인솔 하에 매각성(梅珏成) 등이 함께하여 편열(編列)하였는데, 《어제산법률려제서(御製算法律呂諸書)》가 그것이다.

　2부는 후에 조진규(曹震圭)의 저서 《역사명원(曆事明原)》을 가지고 대학사(大學士) 이광지(李光地)에 이르러 거듭 개정(改訂) 증보하였고, 그 후에 이것을 강희제(康熙帝)가 친히 열람하여(親自御批) 책명으로 결정하였으니 《성력고원(星曆考原)》이 그것이다.

　아울러 건륭(乾隆) 4년 8월 26일부터 건륭 5년 8월 초 7일에 이르러 또 다시 명(命)하니 화석(和碩) 장친왕(莊親王) 윤록(允祿)은 총리(總理), 화석(和碩) 화친왕(和親王 ; 건륭의 다섯째 아우) 홍주(弘晝)는 무영전 감리(武英殿監理), 형부좌시랑(刑部左侍郞) 장조(張照)는 총재(總裁)로서, 흠천감(欽天監 ; 明·淸나라 때 천문을 관측하고, 曆數를 정하고, 길흉을 점치며, 禁忌를 판별하는 등의 일을 맡아 하던 관청) 감정(監正)과 회동하여 시헌과(時憲科) 박사(博士)를 비롯하여 천문생(天文生 ; 천문학을 전문으로 하는 사람)……등 38인(人)이 거듭 새롭게 재교정하여 《성력고원》 일서(一書)가 탄생하였다.

　강희제(康熙帝)가 한 나라의 임금(君)으로서 어찌하여 한갓 민간에서 사용하는 길흉(吉凶) 신살(神煞) 같은 작은일(小事)에 관심을 갖

게 되었는지는, 강희 22년에 일엽종룡(一葉鍾龍)이란 자가 왕실에서 동티(動土 ; 예부터 금기시되어 온 행위를 하여 귀신을 노하게 하였을 때 받는 재앙의 하나. 한자어로 動土라고 한다)가 났다고 무고하여(誣告王府動土一案) 조야를 뒤흔드는 놀라운 사건이 있었는데, 그 사건 때문이었던 것 같다.

"음양선택(陰陽選擇) 서적이 넓고 크고 번거로워(浩繁) 길흉화복도 여러 가지 형태로 모순(多相矛盾)이 많고, 또 사속(事屬)도 묘망(渺茫)하므로 믿고 따르기가 매우 어려웠다. 만약 각 사람이 한 서적에 대해 편견을 가지고 고집하여(偏執) 날조(捏造) 장담(大言)하며 방자하게 고알(告訐 ; 남의 은미한 과실을 들춰내어 관청에 고해바침)한다면 훗날 반드시 무고한 송사가 번다하게 일어나게(誣訟繁興) 될 것이므로 어떻게든 입법(立法)을 해두어야 영원히 폐단을 없앨(永興無弊) 것이므로 구경(九卿)이 첨사(詹事)하여 과도회동(科道會同)하고 의론(議論)을 확정지은 것이다……."

또 건륭 연간에 이르러 강희 때의 《성력고원》이 소홀했던 곳을 다시 발현하여 교정하였으니, 건륭 5년 6월 15일 대학사 악이태(鄂爾泰 ; 淸의 大臣)의 주본(奏本 ; 임금에게 올리는 글월)이 있으므로, "친교가 있는 낭중(郎中) 장문빈(張文彬) 등으로 하여금 그날 임금께 상주하고(轉奏本日), 임금의 명을 받아(奉旨) 대학사 구경(九卿)이 확정한 것을 그 상태에서 다시 의론하고 구주(具奏 ; 일이나 상황을 자세히 아뢰다)하였다. 한첨(翰詹)의 과도(科道) 안에서도 환히 깨달아 아는(通曉) 산서자(算書者)가 있어 역시 입의(入議)하였고 저술을 더할 수 있었다."

이어 건륭 6년 12월에 이르러 교정 제판(製版)을 균일하게 완성하여 확정하였으니 책명을 《협기변방서》로 정하였다.

협기변방(協紀辨方)으로 한 취지는, "협(協)이란 오기(五紀)이며, 변(辨)은 오방(五方)이니, 천지(天地)의 성정(性情)에 순응한 것이므로 일체(一切) 만유(萬有)의 녹명(祿命)을 법(法)으로 포괄시킨 것이다. 그러므로 녹명법(祿命法)・두수(斗數)・신수(神數)・감여(堪輿)・신살(神煞)・역학(曆學)・절기(節氣)……" 등을 다 포함하여 추리(推理)할 수 있음이다.

구경(九卿)이 과도(科道)에서 동의(同議)한 전적(典籍)이니 반드시 심의(審議)는 바르고 근신(謹愼)하였음이 당연하다. 그러므로 범사(凡事)에서 녹명법(祿命法)을 대(對)하고 감여(堪輿) 방면을 연구하는 인사에 미쳐서도 모두 이 책 《협기변방서》를 구비하여 이에 의거하는 것이 마땅하다.

그러나 그 《협기변방서》의 원문은 없어지고 문장의 표점(標點 ; 주요 내용 및 특징)만 있는 곳이 많아 도표와 문자가 모호(模糊)한 바가 많았기 때문에 전문 산림인사(山林人士)들도 오행(五行)의 학리(學理)를 대조하고 자문해 가며 소지(所知)케 하였다.

그러므로 역시 간단하고 비루(簡陋)함이 없지 않겠으나, 이 거대한 저서를 수정(修訂)함에서 어쩔 수 없이 소홀한 곳이 있을 것이라는 생각을 하면, 책망은 면키 어렵겠으나 존경하는 동호인들의 아낌없는 가르침과 미치지 못하였던 바를 바로잡아 줌을 기원하는 바이다.

중화민국 성상학회(星相學會)
명리연구위원회 주임위원 양상윤(梁湘潤)

8 제1부 吉凶神煞

흠정欽定 사고전서四庫全書

「사고전서」는 중국 역사상 최대의 총서이며, 세계사적으로도 유례가 없는 방대한 총서로 꼽힌다. 당시 중국에서는 유서(類書)의 편집이 성행하였는데, 유서, 즉 오늘날의 백과사전을 편찬하는 일은 역대 왕조마다 개인적으로 또는 국가적으로 이뤄졌다.

건륭제

청(淸)의 건륭제(乾隆帝 ; 1736~1795 재위)는 문화의 보호 육성이라는 명목 하에 적극적인 학술부흥책을 펼쳐 한족 지식인들을 회유하기에 힘썼다.

청나라 때에도 《고금도서집성(古今圖書集成)》이 있었으나, 유서(類書)는 원문을 모두 싣는 것이 아니기 때문에, 이를 미흡하다고 생각한 건륭제는 1741년 천하의 서(書)를 수집한다는 조서(詔書)를 내려 1772년 사고전서관(四庫全書館)이라 하여 편찬소가 개설되었고, 1781년 「사고전서」의 첫 한 벌이 완성되었다.

그후 궁정에 4벌(열하의 문진각, 북경의 문원각, 자금성 안 문연각, 봉천의 문소각), 민간에 열람시키는 3벌(양주의 문희각, 진강의 문종각, 항주의 문란각) 등 7벌이 만들어져 각기 7개소의 사고전서관에 소장되었다. 수록된 책은 3,458종, 7만 9582권, 3만 6,304책, 약 230만 쪽으로 글자 수는 약 8억 자이다.

「사고전서」는 경(經)・사(史)・자(子)・집(集) 4부(部)로 이루어져 있으며, 수록된 내용은 선진(先秦)에서 청 건륭 연간 이전에 쓰인 중요한 고적(古籍)은 물론 고대 중국의 모든 학술영역을 포함하고 있다.

欽定四庫全書 協紀辨方書

실제 「사고전서」는 중국 역사상 수많은 문헌들을 보존하는 데 크게 기여했다. 그러나 「사고전서」의 편찬이 청대 학문을 융성케 하는 데는 별로 역할을 하지 못했는데, 소위 「문자옥(文字獄)」으로 불리는 강희제

사고전서와 남북칠각(南北七閣) 판화

로부터 건륭제에 이르는 시기의 광범위한 사상탄압으로 말미암아 자유로운 사상 전개와 교류가 불가능했기 때문이었다.

　건륭제는 귀중한 자료를 보호한다는 명분하에 국가적으로 엄청난 분량의 서적들을 수집하게 했으며, 이 서적들 가운데 반청(反淸)주의적이거나 청나라를 비판할 소지가 있다고 여겨진 서적들은 금서로 지정하여 곧바로 소각 처리하였다. 즉 자료를 보전하는 동시에 자료를 파괴하는 이중적인 면모가 「사고전서」에 있었던 것이다.

　「사고전서」 편찬과정에서 목판 2,800여 종이 파괴되고 책 수만 권이 소각 처리되었으며, 책 400여 종은 부분적으로 개서(改書)하거나 전면 수정된 곳도 있다. 수록된 책은 모두 8행 22자로 고쳐 썼고, 분류와 제요(提要)를 붙였으며, 편집에 참여한 학자가 3,600여 명에 달하였다.

목차

협기변방서協紀辨方書 제1부 길흉신살吉凶神煞

서문(序文) / 2

권 1. 본원本原 1 • 기본이론화 개념

제1장 하도낙서(河圖洛書)와 팔괘(八卦)

본원(本原) 1 / 24
1. 하도(河圖) / 24
2. 낙서(洛書) / 25
3. 선천팔괘(先天八卦) 차서(次序) / 26
4. 선천팔괘(先天八卦) 방위(方位) / 27
5. 후천팔괘(後天八卦) 차서(次序) / 27
6. 후천팔괘(後天八卦) 방위(方位) / 28
7. 선천괘(先天卦) 배(配) 하도지상(河圖之象) / 29
8. 후천괘(後天卦) 배(配) 하도지상(河圖之象) / 30
9. 선천괘(先天卦) 배(配) 낙서지수(洛書之數) / 31
10. 후천괘(後天卦) 배(配) 낙서지수(洛書之數) / 32

제2장 고대(古代) 역률(曆律)

1. 갑력(甲歷) / 35
2. 十干・十二支・十二律・二十八舍 / 36
3. 사서(四序) / 43
4. 육신(六辰) / 44
5. 12월(月) 벽괘(辟卦) / 45

6. 십이진(十二辰) 이십팔숙(二十八宿) 성상(星象) / 49

7. 이십팔숙(二十八宿) 배일(配日) / 55

제3장 간지오행(干支五行)

1. 오행(五行) / 59

2. 오행(五行) 용사(用事) / 61

3. 오행(五行) 생왕(生旺) / 62

4. 간지(干支) 오행(五行) / 66

5. 삼합(三合) / 70

6. 육합(六合) / 73

7. 오서둔(五鼠遁) / 75

8. 오호둔(五虎遁) / 76

9. 오합화기(五合化氣) / 77

제4장 납음(納音)

1. 납음(納音) / 82

2. 납음오행(納音五行) 응선천도(應先天圖) / 88

3. 납음오행(納音五行) 응후천도(應後天圖) / 89

4. 납음오행 分三元 응락율(應樂律) 격팔상생도 / 90

5. 납음간지(納音干支) 기수합오행(起數合五行) / 92

6. 오행오음(五行五音) / 98

제5장 납갑(納甲)

1. 납갑(納甲) / 109

2. 납갑직도(納甲直圖) / 111

3. 납갑원도(納甲圓圖) / 112

4. 납갑납십이지도(納甲納十二支圖) / 113

권 2 ; 본원本原 2 • 方位五行과 유년변괘游年變卦

제1장 24산(山)과 오행(五行)

1. 24방위(方位) / 120
2. 정오행(正五行) / 121
3. 중침(中針) 쌍산오행(雙山五行) / 122
4. 봉침(縫針) 삼합오행(三合五行) / 123
5. 홍범(洪範) 오행(五行) / 126
6. 묘룡변운(墓龍變運) / 144
7. 연월 극산가(年月剋山家) / 148
8. 24절기 방위(方位) / 151
9. 팔괘(八卦) 납갑 삼합(納甲三合) / 152

제2장 유년변괘(遊年變卦) 상해(詳解)

1. 소유년변괘(小遊年變卦) / 155
2. 천정괘(天定卦) / 157
3. 천부괘(天父卦) / 158
4. 지모괘(地母卦) / 159
5. 태궁번괘(兌宮翻卦) / 162
6. 손궁변괘(巽宮翻卦) / 153
7. 감궁변괘(坎宮翻卦) / 163
8. 간궁변괘(艮宮翻卦) / 164
9. 진궁번괘(震宮翻卦) / 165
10. 이궁번괘(離宮翻卦) / 165
11. 대유년변괘(大遊年變卦) / 171
12. 상일효(上一爻) 변도(變圖) / 174
13. 상(上) 이효(二爻) 변도(變圖) / 176

14. 하(下) 일효(一爻) 변도(變圖) / 177

15. 하(下) 이효(二爻) 변도(變圖) / 179

16. 상하(上下) 이효(二爻) 변도(變圖) / 180

17 중(中) 일효(一爻) 변도(變圖) / 182

18. 삼효(三爻) 구변도(俱變圖) / 183

19. 팔궁(八宮) 괘상(卦象) 64괘 / 184

권 3 ; 의례義例 1・연신류신살年神類神煞

제1장 택길(擇吉)의 의의

1. 의례(義例) 석의(釋義) / 188

2. 총론(總論) / 188

제2장 세중덕신(歲中德神)

1. 세덕(歲德) / 192

2. 세덕합(歲德合) / 194

3. 세간합(歲幹合) / 195

4. 세지덕(歲枝德) / 196

제3장 태세(太歲)와 그 주위의 제신(諸神)

1. 태세(太歲) / 199

2. 세파(歲破) 대모(大耗) / 204

3. 대장군(大將軍) / 205

4. 주서(奏書) / 208

5. 박사(博士) / 209

6. 역사(力士) / 210

7. 잠실(蠶室) / 210

8. 잠관(蠶官) / 212

第一部 吉凶神煞

9. 잠명(蠶命) / 213

10. 잠관(蠶官) 잠명(蠶命) 총론 / 214

11. 상문(喪門) / 215

12. 태음(太陰) 조객(弔客) / 216

13. 조객(弔客) / 218

14. 군추(群醜) / 218

15. 태음 대장군(大將軍) 상문(喪門) 조객(弔客) 총론 / 219

제4장 세중흉신(歲中凶神)

1. 관부(官符) 축관(畜官) / 221

2. 백호(白虎) / 222

3. 황번(黃幡) / 223

4. 표미(豹尾) / 224

5. 황번(黃幡) 표미(豹尾) 총론 / 225

6. 병부(病符) / 225

7. 사부(死符 ; 소모小耗) / 226

8. 병부(病符) 사부(死符) 소모(小耗) 총론 / 227

9. 겁살(劫煞) / 229

10. 재살(災煞) / 230

11. 세살(歲煞) / 231

12. 복병(伏兵) 대화(大禍) / 232

13. 오병총도(五兵總圖) / 233

14. 세형(歲刑) / 237

15. 대살(大煞) / 240

16. 비렴(飛廉) / 242

17. 금신(金神) / 245

18. 오귀(五鬼) / 246

19. 파패오귀(破敗五鬼) / 248

제5장 연세(年歲)로 판단하는 일중신살(日中神煞)

1. 태세이하(太歲已下) 신살출유일(神煞出遊日) / 251
2. 일유신(日遊神) / 253
3. 학신(鶴神) / 255

권 4 ; 의례義例 2 • 월신류 신살月神類神煞(1)

제1장 건제(建除) 12神

1. 건제(建除) 12신(神) / 260
2. 건제동위이명(建除同位異名) / 270
3. 건(建 ; 兵福, 小時, 土府) / 271
4. 제(除 ; 吉期, 兵寶) / 274
5. 만(滿 ; 福德, 天巫, 天狗) / 275
6. 평(平 ; 陽月天罡, 陰月河魁, 死神) / 280
7. 정(定 ; 時陰, 官符, 死氣) / 284
8 집(執 ; 枝德, 小耗) / 287
9. 파(破 ; 大耗) / 290
10. 위(危) / 291
11. 성(成 ; 天醫, 天喜) / 291
12. 수(收 ; 陽月河魁, 陰月天罡) / 293
13. 개(開 ; 時陽, 生氣) / 294
14. 폐(閉 ; 血支) / 297
15. 건제 12신(神) 소합총진(所合叢辰) / 298

제2장 월건(月建) 및 상관 신살(神煞)

1. 월건(月建) / 305
2. 월염(月厭 ; 地火) / 307
3. 염대(厭對 ; 六儀, 招搖) / 315

第一部 吉凶神煞

제1부 吉凶神煞

4. 음양부장(陰陽不將) / 317
5. 음양대회(陰陽大會) / 321
6. 음양대회 입성(立成) / 323
7. 음양소회(陰陽小會) / 324
8. 행랑(行狼)・요려(了戾)・고신(孤辰) / 326
9. 단음(單陰) / 329
10. 순음(純陰) / 329
11. 고양(孤陽) / 329
12. 순양(純陽) / 330
13. 세박(歲薄) / 330
14. 축진(逐陣) / 331
15. 음양교파(陰陽交破) / 331
16. 음양격충(陰陽擊衝) / 332
17. 양파음충(陽破陰衝) / 332
18. 음도충양(陰道衝陽) / 333
19. 음위(陰位) / 333
20. 삼음(三陰) / 333
21. 양착(陽錯) / 334
22. 음착(陰錯) / 335
23. 음양구착(陰陽俱錯) / 336
24. 절음(絶陰) / 336
25. 절양(絶陽) / 336
26. 입성(立成) / 337

권5 ; 의례의례3・일신류 신살 日神類神煞

제1장 일중길신(日中吉神)

목 차 17

　1. 천도(天道)・천덕(天德) / 346

　2. 월덕(月德) / 355

　3. 천덕합(天德合) / 357

　4. 월덕합(月德合) / 358

　5. 월공(月空) / 360

　6. 천은(天恩) / 361

　7. 천사(天赦) / 364

　8. 천원(天願) / 368

　9. 모창(母倉) / 371

　10. 월은(月恩) / 373

　11. 사상(四相) / 375

　12. 시덕(時德) ; 사시 천덕(四時天德) / 376

　13. 왕王・관官・수守・상相・민民 일(日) / 378

제2장 일중기신(日中忌神)

　1. 사격(四擊) / 384

　2. 구공(九空) / 385

　3. 오묘(五墓) / 386

　4. 사모四耗・사폐四廢・사기四忌・사궁四窮・팔용八龍・칠조七鳥・구호九虎・육사六蛇 / 387

　5. 구감(九坎 ; 九焦) / 392

　6. 오허(五虛) / 394

　7. 팔풍(八風) 촉수룡(觸水龍) / 395

　8. 보(寶)・의(義)・제(制)・전(專)・벌(伐)・일(日) / 399

　9. 팔전(八專) / 403

　10. 무록(無祿) / 403

　11. 중일(重日) / 405

　12. 오합(五合) / 406

第一部 吉凶神煞

13. 오리(五離;除神) / 408
14. 해신(解神) / 408
15. 복일(復日) / 410
16. 명폐일(鳴吠日) / 412
17. 명폐대일(鳴吠對日) / 413
18. 입성(立成) / 417

권6 ; 의례義例 4 • 월신류 신살月神類神煞(2)

제1장 三合五行에 의해 일으키는 신살(神煞)

1. 삼합(三合) / 422
2. 임일(臨日) / 424
3. 역마(驛馬) 천후(天后) / 425
4. 겁살(劫煞) / 430
5. 재살(災煞)・천옥(天獄)・천화(天火) / 430
6. 월살(月煞)・월허(月虛) / 435
7. 월형(月刑) / 436
8. 월해(月害) / 436
9. 대시(大時)・대패(大敗)・함지(咸池) / 438
10. 유화(遊禍) / 440
11. 천리(天吏;致死) / 441

제2장 월장(月將)에 의해 일으키는 신살(神煞)

1. 육합(六合)・무교(無翹) / 443
2. 병길(兵吉) / 444
3. 오부(五富) / 446
4. 천창(天倉) / 448
5. 천적(天賊) / 450

제3장 요안(要安) 구신(九神)

1. 요안(要安) / 451
2. 옥우(玉宇) / 452
3. 금당(金堂) / 452
4. 경안(敬安) / 453
5. 보호(普護) / 454
6. 복생(福生) / 455
7. 성심(聖心) / 456
8. 익후(益後) / 457
9. 속세(續世 ; 血忌) / 458
10. 구신(九神) 총론(總論) / 458

제4장 납갑(納甲)에 의해 일으키는 신살(神煞)

1. 양덕(陽德) / 463
2. 음덕(陰德) / 463
3. 천마(天馬) / 464
4. 병금(兵禁) / 464

제5장 기타(其他)에 의해 일으키는 신살(神煞)

1. 지낭(地囊) / 466
2. 토부(土符) / 472
3. 대살(大煞) / 474
4. 귀기(歸忌) / 476
5. 왕망(往亡) / 478
6. 기왕망(氣往亡) / 481
7. 상삭(上朔) / 483
8. 반지(反支) / 484
9. 사리(四離)・사절(四絶) / 485

20 제1부 吉凶神煞

　　10. 월기일(月忌日) / 486

권 7 의례義例 5 • 시신류 신살時神類神煞

제1장. 시중귀인(時中貴人)
　　1. 황도(黃道) 흑도(黑道) / 490
　　2. 천을귀인(天乙貴人) / 507
　　3. 천관귀인(天官貴人) / 514
　　4. 복성귀인(福星貴人) / 515
　　5. 희신(喜神) / 515
　　6. 팔록(八祿) / 517
　　7. 일건(日建)・일파(日破)・일합(日合)・일해(日害)・일형(日刑) / 518
　　8. 사대길시(四大吉時 ; 사살몰시四煞沒時) / 519

제2장 귀등천문시(貴登天門時)
　　1. 귀등천문시(貴登天門時) / 522

제3장 기타 시신(時神)
　　1. 오불우시(五不遇時) / 539
　　2. 구추(九醜) / 542
　　3. 순중공망(旬中空亡) / 544
　　4. 절로공망(截路空亡) / 546

권 8 ; 의례義例 6 • 월신류 신살月神類神煞(3)

제1장 녹마신살(祿馬神煞)
　　1. 세록(歲祿) / 550
　　2. 비천록(飛天祿)・비천마(飛天馬) / 551

3. 비궁귀인(飛宮貴人) / 555

　4. 통천규(通天竅) / 559

　5. 주마육임(走馬六壬) / 561

제2장 삼원(三元)에 의해 일으키는 신살(神煞)

　1. 사리삼원(四利三元) / 565

　2. 개산황도(蓋山黃道) / 567

　3. 삼원구성(三元九星) / 569

　4. 삼원년(三元年) 구성(九星) 입중궁(入中宮) / 571

　5. 삼원(三元) 월구성(月九星) 입중궁(入中宮) / 573

제3장 기타에 의해 일으키는 신살(神煞)

　1. 팔절삼기(八節三奇) / 577

　2. 순산라후(巡山羅睺) / 588

　3. 좌살(坐煞) 향살(向煞) / 590

　4. 구퇴(灸退) / 592

　5. 독화(獨火) / 593

　6. 부천공망(浮天空亡) / 595

　7. 음부태세(陰府太歲) / 596

　8. 천관부(天官符) / 600

　9. 비천관부(飛天官符) / 501

　10. 비지관부(飛地官符) / 503

　11. 비대살(飛大煞) ; 구명(舊名) 타두화(打頭火) / 606

　12. 소월건(小月建) / 608

　13. 대월건(大月建) / 609

　14. 병정독화(丙丁獨火) / 613

　15. 월유화(月遊火) / 614

22 제1부 吉凶神煞

欽定四庫全書 協紀辨方書

흠정欽定 협기변방서協紀辨方書

欽定 四庫全書

協紀辨方書
卷1

본원本原 1 · 기본이론화 개념

제1장 하도낙서(河圖洛書)와 팔괘(八卦)
제2장 고대(古代) 역률(曆律)
제3장 간지오행(干支五行)
제4장 납음(納音)
제5장 납갑(納甲)

제1장. 하도낙서(河圖洛書)와 팔괘(八卦)

본원(本原) 1

주자(朱子)가 이르기를, "본 도서의 원 괘획(卦畫)은 음양가(陰陽家)들로부터 유래한 것이나, 그에는 역시 여러 충심을 이에 담아 본원을 만든 것이다(本圖書原卦畫陰陽家者流其亦衷諸此也作本原)."하였다.

【역자주】 도서십조법(圖書十條法)은 하도(河圖) 낙서(落書)의 이합집산으로 10가지 변화를 그려놓은 것인데, 이기상수(理氣象數)를 통하여 방위(方位)와 계절의 왕상휴수(旺相休囚)에 따라 화생(化生)하는 천지만물의 지식정보를 제공하고 있다.

1. 하도(河圖)

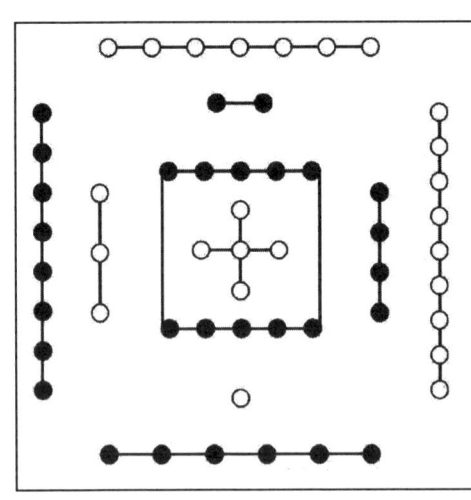

하도(河圖)*는 1·6 수(水)를 북에 앉혔고, 2·7화(火)는 남(南)에 거(居)하게 하였으며, 3·8은 목(木)이니 동(東)에다 배치하였으며, 4·9금(金)은 서(西)에다 두고, 5·10토(土)는 중앙에다 두었다. 이를

보면 북방 수는 동방 목을 생(生)하고, 동방 목은 남방 화를 생하며, 남방 화는 중앙의 토를 생하고, 중앙의 토는 서방 금을 생하며, 서방금은 북방의 수를 생하니, 이것은 「오행(五行) 상생(相生)의 차서(次序)」를 보인 것이다.

2. 낙서(洛書)

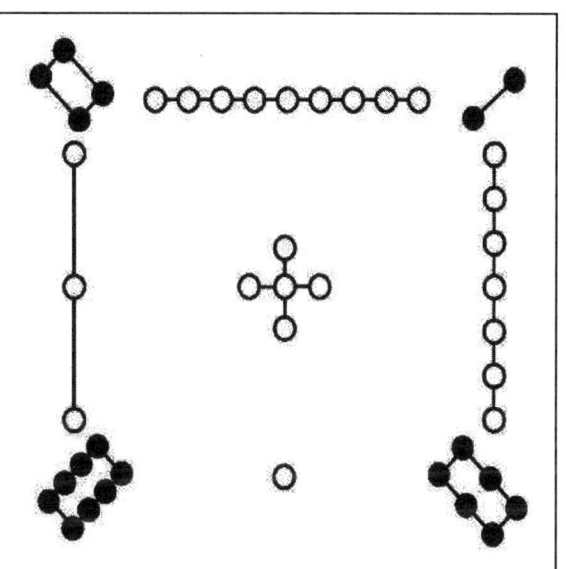

낙서(洛書)*는 9를 머리에 이고, 1을 밟았으며, 3은 왼쪽에 갖고, 7은 오른쪽에 두었으며, 2와 4는 양쪽의 어깨로 하였고, 6과 8은 양다리로 삼았으며, 5는 중앙에다 두었다. 이는 1·6수(水)가 2·7화(火)를 극(剋)하고, 2·7화(火)는 4·9금(金)을 극하며, 4·9금(金)은 3·8목(木)을 극하고, 3·8목(木)은 5·10중토(中土)를 극하고, 5·10중토(中土)는 1·6수(水)를 극하도록 배치되어 있다. 이것은 「오행(五行) 상극(相剋)의 차서(次序)」를 나타낸 것이다.

*하도낙서(河圖洛書) : 「하도(河圖)」는 복희(伏羲)가 황하(黃河)

에서 얻은 그림으로, 이것에 의해 복희는 《역(易)》의 팔괘(八卦)를 만들었다고 하며, 「낙서(洛書)」는 하·우(夏禹)가 낙수(洛水)에서 얻은 글로, 이것에 의해 우(禹)는 천하를 다스리는 대법(大法)으로서의 「홍범구주(洪範九疇)」를 만들었다고 한다. 위서(緯書)에 있는 「하도낙서」는 칠경(七經)의 위서와 함께 전한 말에서 후한에 걸쳐 만들어진 것으로, 《하도괄지상(河圖括地象)》, 《하도제람희(河圖帝覽嬉)》, 《용어하도(龍魚河圖)》, 《낙서영준청(洛書靈準聽)》, 《낙서견요도(洛書甄曜度)》 등 많은 종류가 있다.

3. 선천팔괘(先天八卦) 차서(次序)

선천팔괘차서

八	七	六	五	四	三	二	一
坤	艮	坎	巽	震	離	兌	乾
陰	大	陽	少	陰	少	陽	大
陰				陽			

《주역(周易)》 계사전(繫辭傳)에 이르기를, "역유태극(易有太極) 시생양의(是生兩儀) 양의생사상(兩儀生四象) 사상생팔괘(四象生八卦)."라 하였다. 소자(邵子)가 이르기를, "1건(乾) 2태(兌) 3리(離) 4진(震) 5손(巽) 6감(坎) 7간(艮) 8곤(坤)."이라

하였다.

건(乾)·태(兌)·이(離)·진(震)은 양위(陽位)로 하였고, 손(巽)·감(坎)·간(艮)·곤(坤)은 음위(陰位)로 하였다. 건(乾)·태(兌)는 태양(太陽)이요, 이(離)·진(震)은 소음(少陰)이며, 손(巽)·감(坎)은 소양(少陽)이요, 간(艮)·곤(坤)은 태음(太陰)이다. 이것이 「선천(先天) 팔괘(八卦)의 차서(次序)」를 보여준 것이다.

4. 선천팔괘(先天八卦) 방위(方位)

《주역》설괘전(說卦傳)에 이르기를, "천지정위(天地定位)하고 산택통기(山澤通氣)하며 뇌풍상박(雷風相薄)하고 수화불상사(水火不相射)라." 하니 팔괘(八卦)는 상착(相錯)한다.

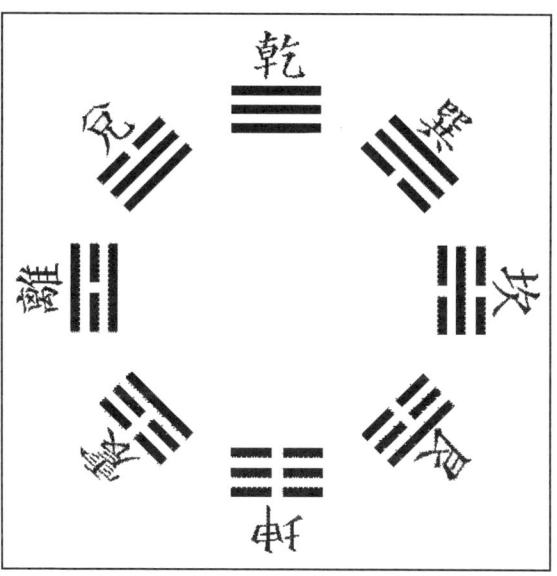

소자(邵子)가 이르기를, "건남(乾南) 곤북(坤北) 이동(離東) 감서(坎西) 태거동남(兌居東南) 진거동북(震居東北) 손거서남(巽居西南) 간거서북(艮居西北)이라." 하니 이른바 이것이

「선천지학(先天之學)」이다.

5. 후천팔괘(後天八卦) 차서(次序)

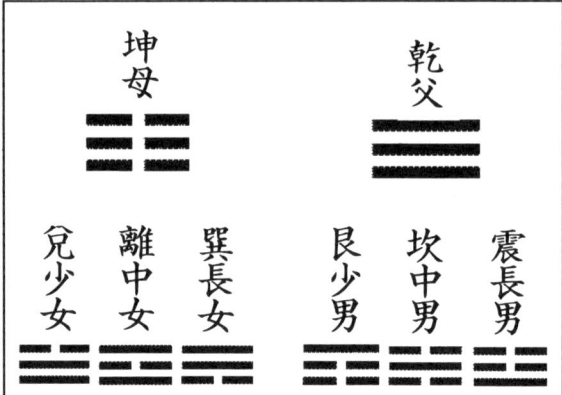

《설괘전(說卦傳)》에 이르기를, "건(乾)은 천(天)이다 그러므로 부(父)라 한다. 곤(坤)은 지(地)이다. 따라서 모(母)라 한다. 진(震)은 첫 번 만남으로 득남(得男)한 것이니 장남이 되었다. 손(巽)은 첫 번째 찾아가 득녀(得女)한 것이니 장녀(長女)가 되었다. 감(坎)은 두 번째 만남으로 득남(得男)한 것이니 중남(中男)이라 하였다. 리(離)는 두 번째 찾아가 득녀(得女)한 것이니 중녀(中女)라 하였다. 간(艮)은 세 번 만남으로 득남(得男)한 것이니 소남(少男)이라 하였다. 태(兌)는 세 번째 찾아가 득녀(得女)한 것이니 소녀(少女)라 하였다. 이것이 「후천(後天) 팔괘(八卦)의 차서(次序)」를 보여준 것이다."

6. 후천팔괘(後天八卦) 방위(方位)

《설괘전(說卦傳)》에 이르기를, "제출호진(帝出乎震)하고 제호손(齊乎巽)하며 상견호리(相見乎離)하고 치역호곤(致役乎

坤)하며 열언호태(說言乎兌)하고 전호건(戰乎乾)하며 노호감(勞乎坎)하고 성언호간(成言乎艮)이라."하였다.

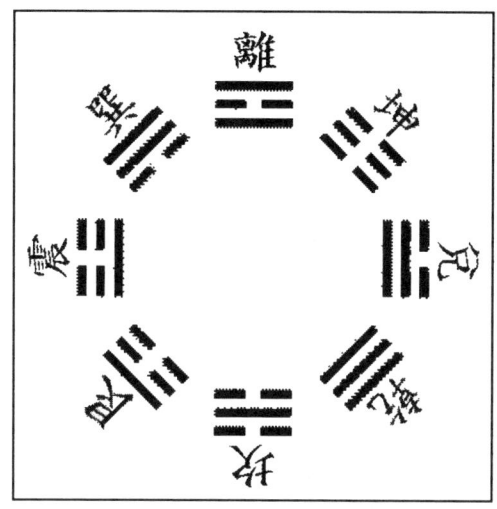

소자(邵子)가 이르기를, "건은 서북에서 삼남을 거느리게(乾統三男於西北)하고, 곤은 서남에서 삼녀를 통솔한다(坤統三女於西南)."하였다.

건감간진(乾坎艮震)은 양괘(陽卦)라 하고, 손리곤태(巽離坤兌)는 음괘(陰卦)가 된다. 이렇게「후천팔괘(後天八卦)의 방위(方位)」를 보여주었다.

7. 선천괘(先天卦) 배(配) 하도지상(河圖之象)

《주역》계몽부론(啓蒙附論)에 이르기를, "도(圖)의 좌방(左方)은 양내(陽內) 음외(陰外)이니 즉 선천(先天)의 진(震)·리(離)·태(兌)·건(乾)이므로 양이 성장하면 음은 쇠약(陽長而陰消)하는 그림이다. 그 우방(右方)은 음내양외(陰內陽外)이니, 즉 선천(先天)의 손(巽)·감(坎)·간(艮)·곤(坤)이니 음이 성장하면 양이 쇠약해지는(陰長而陽消) 그림이다."라 하였다.

30 제1부 吉凶神煞

대개 이것으로 「두 기운은 번갈아 운행(二氣之交運)」함을 나타낸 것이다."

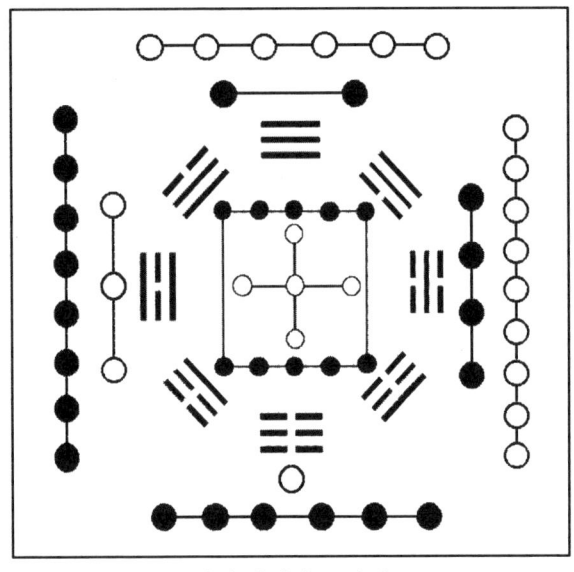

선천괘배하도지상

8. 후천괘(後天卦) 배(配) 하도지상(河圖之象)

《계몽부론(啓蒙附論)》에 이르기를, "하도에서 1·6이 水가 되었으니 즉 후천(後天)에서도 감위(坎位)가 되었다. 3·8이 목(木)이니 즉 후천(後天)에서도 진(震) 손(巽)이 되었다. 2·7이 화(火)이니 즉 후천(後天)에서도 리위(離位)가 되었다. 4·가 금(金)이니 즉 후천(後天)에서도 태(兌) 건(乾)이 되었다. 5·0이 토(土)가 되었으니 즉 후천(後天)에서도 곤(坤) 간(艮)이 되었다.

이렇게 사계절을 따라 유행하면서 축(丑)에서 편왕(偏旺)

하고 미(未)에서 교체케 하였다(周流四季 而偏旺於丑 未之交 也). 대개 이와 같이 「오기(五氣)의 상(象)이 순포(順佈)」함을 나타냈다."

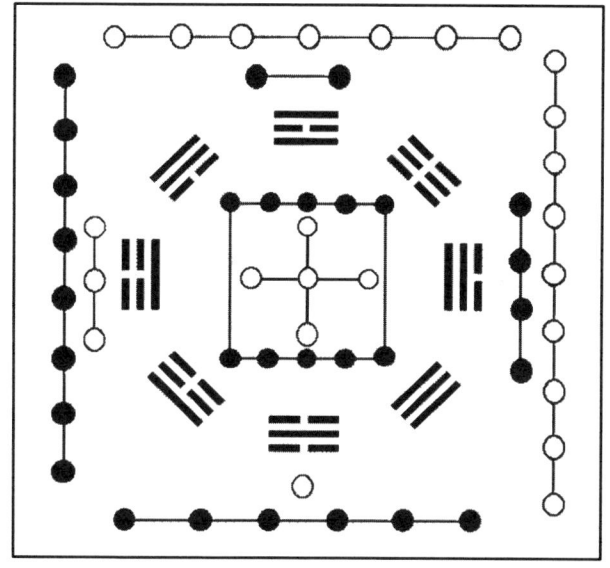

후천괘배하도지상

9. 선천괘(先天卦) 배(配) 낙서지수(洛書之數)

《계몽부론(啓蒙附論)》에 이르기를, "낙서의 9수(數)에서 중5는 허수(虛中五)이니 제외시키고 팔괘(八卦)만으로 배속하였는데, 양은 상(陽上)에 두고 음은 하(陰下)에 두었으니 9가 건(乾)이고 1은 곤(坤)이 되었다.

인(因)하여 9로부터 역(逆數)으로 가면 震8 坎7 艮6이 되니 이는 건(乾)에서 생한 삼양(三陽) 괘(卦)이다.

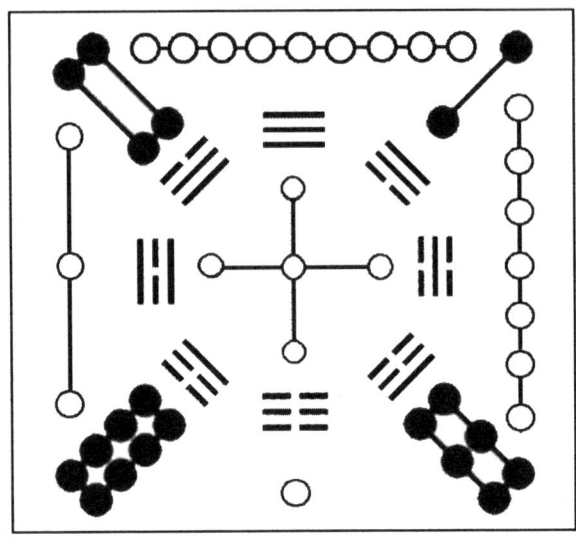

선천괘배낙서지수

또 1로부터 순행(順數)으로 가면 2손(巽) 3이(離) 4태(兌)가 되니 이는 곤(坤)에서 생한 음삼(三陰) 괘(卦)이다. 이것을 다시 8수를 8괘와 상배(相配)하면 선천(先天)의 위(位)와 합(合)하는 것이다."

안찰(按擦)하면 ; 술가들이 건(乾)9, 곤(坤)1, 이(離)3, 감(坎)7을 배속하여 그 수(數)가 모두 기수(奇數)이므로 양(陽)이라 하고, 태(兌)4, 간(艮)6, 진(震)8, 손(巽)2를 배속하였으니 그것들은 우수(偶數)이므로 음(陰)이 된다고도 하는 것이다.

10. 후천괘(後天卦) 배(配) 낙서지수(洛書之數)

《계몽부론(啓蒙附論)》에 이르기를 ; 화는 위에 있고(火

上) 수는 아래에 있으므로(水下) 9가 이(離)가 되고 1을 감(坎)에 앉혔다.

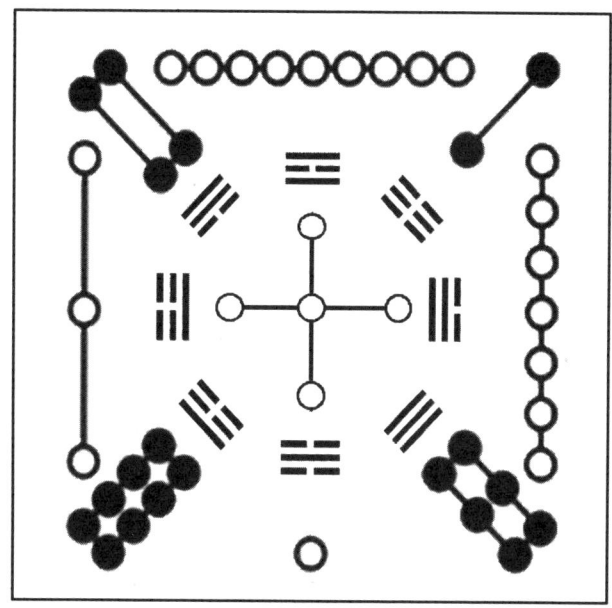

후천괘배낙서지수

화(火)는 조토(燥土)를 생하므로 8간(艮) 다음에 구(九)가 되었으니 간(艮)에서 이어진 것이다.

조토(燥土)이어야 생금(生金)하므로 7태(兌)를 두었고, 다음은 6건(乾)이니 8에서 이어서 태(兌)와 건(乾)이 되었다.

수(水)는 습토(濕土)를 생하므로 다음이 2곤(坤)이니 1감(坎)에서 곤토(坤土)로 이어졌다.

습토(濕土)는 목(木)을 생하므로 곤토(坤土) 다음에 3진(震)과 4손(巽)이 되었으니 이것은 2곤(坤)이 진(震)과 손(巽)까지 이어진 것이다.

이는 8수(數)를 8괘(卦)와 상배(相配)시키는 후천지위(後天之位)와 합(合)하는 것을 보여준 것이다."

안찰하면 ; 소자(邵子)는 문왕팔괘(文王八卦)로 입용(立用)하여 방위(方位)를 만들었다. 주자(朱子)는 낙서(洛書)의 수(數)로 이용법(利用法)을 찾았다. 술가들이 구궁(九宮)에다 번갈아가며 해당되는 것을 비포시키는데(飛宮弔替), 이는 후천낙서를 배속시켜 함께 사용하는 것이다. 그 법을 보면 감(坎)1, 곤(坤)2, 진(震)3, 손(巽)4. 중(中)5, 건(乾)6, 간(艮)8, 이(離)9의 순서로 되어 있다.

유흠(劉歆)이 이르기를, "팔괘(八卦)와 구궁(九宮)은 서로 표리(表裏)가 된다." 하였고, 장형(張衡)은 이르기를, "성인(聖人)은 복서(卜筮)를 중히 여겼으며, 구궁(九宮)으로 혼잡(混雜)시킨 것은 그 내력이 오래되었다." 함이 이것이다.

제2장. 고대(古代) 역률(曆律)

1. 갑력(甲歷)

《주례(周禮)》에 이르기를, "십(十)은 일(日)의 호(號)요, 10에다 2를 더한 것은 신(辰 ; 날 신)이니 날(日)을 부르기 위한 것이며, 달(月)을 부르기 위한 것이며, 태세(太歲)를 일컫기 위한 것이며, 28이라는 숫자는 28숙을 이름이니 각(角)으로부터 진(軫)까지다." 라고 하였다.

《이아(爾雅)*》에 이르기를, "월양(月陽)은 월(月)이 갑(甲)에 있으면 이르되 필(畢)이요, 을(乙)이면 귤(橘)이며, 병(丙)이면 수(修)라 하고, 정(丁)이면 어(圉)이며, 무(戊)이면 려(厲)라 하고, 기(己)면 즉(則)이요, 경(庚)이면 질(窒)이요, 신(辛)이면 색(塞)이며, 임(壬)이면 종(終)이라 하고, 계이면 극(極)이라." 하였다.

월명(月名)은, 정월(正月)을 추(娵)라 하고 2월을 여(如), 3월을 병(痫), 4월을 여(余), 5월을 고(皐 ; 음력 5월 고, 못 고, 늪 고, 둑 아래의 습지 고, 명령할 호), 6월을 차(且), 7월을 상(相), 8월을 장(壯), 9월을 원(元), 10월을 양(陽), 11월을 고(辜), 12월을 도(涂)라 하였다.

세양(歲陽)은 태세가 갑(甲)일 때는 알봉(閼逢)이라 하고, 을(乙)이면 전몽(旃蒙), 병(丙)이면 유조(柔兆), 정(丁)이면 강어(強圉), 무(戊)이면 저옹(著雍), 기(己)면 도유(屠維), 경(庚)

이면 상장(上章), 신(辛)이면 중광(重光), 임(壬)이면 현익(玄 黓), 계(癸)면 소양(昭陽)이라 하였다.

 세명(歲名)은 태세가 인(寅)이면 섭제격(攝提格)이라 하고, 묘(卯)이면 단알(單閼), 진(辰)이면 집서(執徐), 사(巳)면 대황락(大荒落), 오(午)면 돈장(敦牂), 미(未)면 협흡(協洽), 신(申)이면 군탄(涒灘), 유(酉)면 작악(作噩), 술(戌)이면 엄무(閹茂), 해(亥)이면 대연헌(大淵獻), 자(子)이면 곤돈(困敦), 축(丑)이면 적구약(赤舊若)이라 하였다.

 * 《이아(爾雅)》; 중국에서 가장 오래된 3권으로 된 자서(字書). 《시경(詩經)》, 《서경(書經)》 속의 문자(文字)를 추려 19편으로 나누고, 자의(字義)를 전국(戰國), 진한대(秦漢代)의 용어로 해설한 것이다. BC 2세기 무렵 주공이 지은 것이라고 전해진다. 송대(宋代)에는 경서(經書)로 되었다. 주석한 책은 많으며 《십삼경주소본(十三經注疏本)》은 11권. 청(淸)나라 때의 《이아의소(爾雅義疏)》 20권은 가장 뛰어난 주석서(註釋書)이다.

2. 十干・十二支・十二律・二十八舍

❶ 채옹(蔡邕)의 《독단(獨斷)》에 이르기를, "간(干)은 간(幹)을 이른다 하고 그 이름이 열 개인데, 갑(甲)・을(乙)・병(丙)・정(丁)・무(戊)・기(己)・경(庚)・신(辛)・임(壬)・계(癸)가 그것이다. 지(支)는 지(枝)를 이른다 하고 그 이름을 보면 자(子)・축(丑)・인(寅)・묘(卯)・진(辰)・사(巳)・오(午)・미(未)・신(申)・유(酉)・술(戌)・해(亥)."가 그것이라

하였다.

❷《예기(禮記)》월령(月令)에 이르기를, "춘월(春月)은 그 날짜(其日)가 갑을일(甲乙日)이요, 하월(夏月)에는 병정(丙丁)이며, 중앙토(中央土)에서는 무기(戊己)일이며, 추월(秋月)에는 경신(庚辛)이며, 동월(冬月)에는 임계(壬癸)가 그 날(其日)이 된다." 하였다.

❸《사기(史記)》율서(律書)에 이르기를, "칠정이십팔사(七正二十八舍)는 율력(律曆)에서 천소(天所)는 오행(五行)을 소통(疏通)시키고, 팔정의 기(八正之氣)로써 만물을 성숙시키는 곳이 천소(天所)라." 하였다. 사자(舍者)는 일월의 소사(所舍)이니, 기를 펼치는(舒氣) 곳이기도 하다.

- **부주풍(不周風)**은 거서북(居西北)한다. 부주풍은 서북이 거하는 곳이란 것이다. 주로 살생(殺生)을 주장한다. 동벽(東壁)에 거(居)하는 것은 바람이 동으로 돌지 아니한다. 벽(辟 ; 법)을 주장하므로 생기가 동쪽의 영실(營室)에 이르게 한다. 영실(營室)이란 주로 양기(陽氣)를 영태(營胎)시켜 출산(出産)시키는 일을 한다는 뜻이다.

  동(東)에 위(危)가 이른 것은 위(危)는 궤(垝)이기 때문이다. 말하자면 양기(陽氣)의 위궤(危垝)처란 뜻이다. 그러므로 이르기를 위(曰危)라 하였다. 시월(十月)에 해당한다. 율중(律中)에서는 응종(應鐘)이다. 응종(應鐘)이란 양기(陽氣)가 응(應)한다는 것이나 용사는 안 되는 것을 의미한다. 12지지 자(字)로는 해(亥)인데, 해(亥)는 해

(該)의 뜻이 있다. 말하자면 양기(陽氣)를 아래로 저장한
다는 뜻으로 해(該)라 하였다.

- **광막풍(廣莫風)**은 북방에 거(居北方)한다. 광막풍에서 광
막자(廣莫者)를 말하자면 양기가 아래에 있다(陽氣在下)
는 것이니, 음(陰)은 양(陽)의 광대(廣大)함만 못하다는
뜻으로 광막(廣莫)이란 말을 하였다. 동쪽으로 허(虛)에
이른다는 것이니, 허자(虛者)는 능실능허(能實能虛)이니,
말하자면 양기가 겨울이 되면 허일(虛日)에다 완장(宛藏)
한다는 뜻이다. 겨울이 되면 일음(一陰)은 하장(下藏)하
고 일양(一陽)은 상서(上舒)하므로 허(虛)라 하였다. 동쪽
으로 수녀(須女)에 이르면, 말하자면 만물은 그 장소에서
변동(變動)을 하게 되고 음양의 기운은 서로 분리(分離)
하지 않으며, 오히려 서로는 서로(짝)를 찾는다(如胥). 그
러므로 수녀(須女)라 하였다. 11월이며 율중(律中)*에서
는 황종(黃鐘)이다. 황종(黃鐘)이란 양기(陽氣)가 황천(黃
泉)에서 이르러 나온다는 뜻이다. 그것이 12지지로는 자
(子)에 이르렀다는 것이다. 자(子)란 자(滋)이며 자(滋)라
한 것은 말하자면, 만물을 아래에서 자양(滋養)한다는 것
이다. 그것이 십모(十母 ; 十干異名)이니 임계(壬癸)가 그
것이다. 임(壬)으로 말한 것은 임(任)을 의미한다. 말하자
면 양기는 만물의 자양을 아래에다 맡긴 것이다. 계(癸)
는 규(揆)를 말한다. 만물은 각기 도수(度數)를 헤아려야
한다는 것이다. 따라서 계(癸)를 썼다. 이어서 동(東)으로
견우(牽牛)에 이르는데, 견우(牽牛)를 말하자면, 양기(陽

氣)가 견인(牽引)하여야 만물이 이끌려 나올 수 있다는 것이다. 우자(牛字)를 보면 모(冒)이니, 말하자면 땅이 비록 얼어 있더라도 이를 무릅쓰고 뚫고 살아 나온다는 뜻이다. 우자(牛者)는 갈아서 만물의 종자를 심는다는 뜻이기도 하다.

동(東)으로 건성(建星)에 이른 것은 건성(建星)이 여러 생명(生命)을 건장(健壯)하게 한다는 것이다. 12월이니 율(律) 중에서는 대여(大呂)이다. 대여(大呂)란 그것이 12 갑자로 축(丑)이니, 축(丑)은 뉴(紐 ; 띠, 인끈)이다. 말하자면 양기가 위에 있으면서 내려가지 않은 것이니, 만물이 액뉴(厄紐 ; 액운의 끈)에서 아직도 탈출하지 못했다는 뜻이다.

*율중(律中) ; 천문의 법칙에서 중심점, 즉 관측시의 정확한 기점.

● 조풍(條風)은 동북에 거(居東北)한다. 만물의 출생을 주장하는 곳이다. 조(條)라고 말한 것은 조치만물(條治萬物)에서 나온 말이라 하여 동북을 조풍(條風)이라 하였다. 남으로 기(箕)에 이르는 것이다. 기자(箕者)는 만물의 근기(根棋)를 말하는 것이므로 기(箕)라 하였다. 정월(正月)이다. 율(律) 중에서는 태족(泰簇)이니, 태족(泰簇)이란 뜻은 만물의 족생(簇生)이란 말이다. 그러므로 태족(泰簇)이라 한 것이다. 그 12자(子)에서는 인(寅)이다. 인(寅)은 만물이 인연(螾然)*에서 시생(始生)한다는 말이다. 따라서 인(寅)이라 하였다. 남으로 미(尾)에 이르는 곳인데, 만물은 여미(如尾)에서 시생한다는 말이다. 남으

로 심(心)에 이르는데, 이는 만물은 화심(華心)이 있어야 시생(始生)할 수 있다는 말이다. 또 남으로 방(房)에 이르는데, 방(房)이란 만물의 문호(門戶)이기 때문이다. 문(門)에 이른즉, 출생하는 것이다.

*인연(螾然 ; 지렁이처럼 꿈틀거리다.

- **명서풍(明庶風)**은 동방(東方)에 거(居)한다. 명서(明庶)란 명중물진(明衆物盡)에서 나온 말이다. 2월에 해당한다. 율중(律中)에서는 협종(夾鐘)이다. 협종(夾鐘)이란 음양(陰陽)이 서로 협측(相夾厠)한다는 뜻에서 나온 말이다. 그것이 12자(子)에서는 묘(卯)이다. 묘(卯)로 말한 것은 무(茂)이니 만물이 무성함을 말한 것이다. 그 십모(十母)에서는 갑을(甲乙)인데, 갑(甲)은 만물은 갑(甲)으로 부부(剖符 ; 쪼개 부치다)하다는 말에서 나왔다. 을(乙)은 만물은 알알(軋軋)하면서 생(生)한다는 말에서 나온 말이다. 남으로 저(氐)에 이르는데, 저(氐)란 만물은 다 이른다(至)는 말에서 나왔다. 남으로 항(亢)에 이르는데, 항(亢)이란 만물은 항견(亢見 ; 오른다)이라는 말에서 나왔다. 남으로 각(角)에 이르는데, 각(角)이란 만물은 다 뿔과 같은 가지가 있다는 데서 나온 말이다. 3월이다. 율중(律中)에서는 고세(姑洗)이다. 고세(姑洗)란 만물은 세생(洗生)이란 말에서 나왔다. 그 12자(子)로는 진(辰)인데, 진(辰)이란 만물은 진한다(蜄 ; 움직일 진)는 말에서 나왔다.

- **청명풍(淸明風)**은 동남(東南) 유방(維方)에 거(居)한다. 만물에 풍취(風吹)함을 주장한다. 서쪽으로 진(軫)에 이르는

데, 진(軫)이란 만물을 익대(益大)한다고 하여 진(軫)이라 하였다고 말한다. 서쪽으로 익(翼)에 이르는데, 익(翼)이란 만물은 다 날개(羽翼)가 있다고 하여 익(翼)이라고 말한 것이다. 4월이다. 율중(律中)으로는 중여(仲呂)이고, 중여(仲呂)란 만물은 다 서쪽으로 여행하게 된다는 말이다. 그것이 12자(子)로는 사(巳)이다. 사(巳)로 한 것은 양기(陽氣)가 이미 다 되었다는 말이다. 서쪽으로 칠성(七星)에 이르는데, 칠성(七星)이란 양수(陽數)가 7에서 성(成)한다는 말이다. 그래서 칠성(七星)이라 하였다. 서쪽으로 장(張)에 이르는데, 장(張)이란 만물은 다 확장한다는 말이다. 서(西)로 주(注)에 이르면, 주(注)란 만물이 비로소 쇠약하기 시작한다는 말이다. 양기(陽氣)를 하주(下注)한다고 하여 주(注)자를 썼다. 5월이다. 율중(律中)에서는 유빈(蕤賓)인데, 유빈(蕤賓)이란 음기(陰氣)가 유소(幼少)하다는 말이므로 유(蕤)라 하였다. 양기가 위축되므로 용사를 할 수 없다는 말로 빈(賓)을 썼다.

- 경풍(景風)은 남방(南方)에 거(居)하는데, 경(景)자로 말한 것은 양기(陽氣)의 도리가 끝났다는 뜻으로 경풍(景風)이라 하였다. 그 12자(子)로는 오(午)이며 오(午)는 음양의 교제(交際)처이므로 오(午)를 두었다. 그 십모(十母)로는 병정(丙丁)이니, 병(丙)은 양도(陽道)로서 저명(著明)한다 하여 병(丙)을 두었고, 정(丁)은 만물의 정장(丁壯)이라 하여 정(丁)을 두었다. 서(西)로 호호(弧弧)에 이르는 것은 말하자면, 만물이 오락(吳落)하고 또 취사(就死)하는 곳이

다. 서쪽으로 낭(狼)에 이르는데, 낭(狼)이라 말한 것은 만물의 도량(度量)이 가(可)한 곳이고, 만물을 단절하는 곳이어서 낭(狼)이라 하였다.

- **양풍(涼風)**은 서남(西南) 유방(維方)에 거하는데, 지(地)를 주장한다. 지(地)란 만물의 기(氣)를 침탈(沈奪)하는 곳이다. 6월이다. 율중(律中)에서는 임종(林鐘)이다. 임종(林鐘)이라 말한 것은 만물이 죽고 나면 새로운 기로 연계시키기 위하여 종자 저장을 이루어준다는 것이다. 그 12지지(地支)로는 미(未)이다. 미(未)라 말한 것은 만물에게는 다 이루고자 하는 자미(滋味)가 있다는 것이다. 북(北)으로 벌(罰)에 이르는데, 벌(罰)은 만물이 탈기(脫氣)되고 나면 벌채(伐採)하여야 한다고 한 말이다. 북으로 삼(參)에 이르는데, 삼(參)이란 만물은 이에 다 참여하게 된다는 뜻으로 참(參)이라 하였다. 7월이다. 율중(律中)에서는 이즉(夷則)인데 이즉(夷則)이란 음기(陰氣)는 만물의 적(賊)이라고 한 말이다. 그 12자(子)로는 신(申)이다. 신(申)으로 말한 것은 음(陰)이 용사(用事)하니 신(申)은 만물의 적(賊)이라는 뜻으로 신(申)이라 하였다. 북으로 탁(濁)에 이르게 되는데, 탁이란 촉(觸)이다. 촉(觸)이란 말은 만물은 다 촉사(觸死)하기 때문에 촉(觸)이라 한 것이다. 북으로 류(留)에 이르는데 류(留)라 말한 것은 양기(陽氣)를 계류(稽留)시킨 곳이란 뜻으로 류(留)라 하였다. 8월에 해당한다. 율중(律中)에서는 남려(南呂)이니 남려란 말은 양기(陽氣)가 소장(所藏)하기 위하여 들어간다는 뜻이다. 그것이 12자(子)로

는 유(酉)이다. 유(酉)란 만물이 늙었다는 뜻이다. 그러므로 유(酉)라 하였다.

- **창합풍(閶闔風)**은 서방(西方)에 거(居)한다. 창(閶)이란 창(倡)이다. 합(闔)이란 장(藏)이다. 말하자면 양기(陽氣)의 도(道)가 만물의 황천(黃泉)과 합(闔)한다는 뜻이다. 그것이 십모(十母)로는 경신(庚辛)이다. 경(庚)은 만물의 음기(陰氣)가 경(庚)이라 하여 경(庚)을 썼다. 신(辛)은 만물이 신생(辛生)함을 말하므로 신(辛)이라 하였다. 북으로 위(胃)에 이르는데, 위(胃)란 양기(陽氣)를 취장(就藏)하는 곳이 위(胃)라 하여 위(胃)로 하였다. 북으로 루(婁)에 이르는데 루(婁)라 한 것은 만물의 호기(呼氣)가 안에 있다 하여 루(婁)로 말한 것이다. 북으로 규(奎)에 이르는데 규(奎)란 만물의 독석살(毒螫殺; 쏠 螫)을 주장하기 때문이다. 규(奎)에다 소장(所藏)한다. 9월이다. 율중(律中)에서는 무사(無射)이니 무사(無射)란 음기가 왕성하게 용사(用事)한다는 것이다. 이때는 양기는 남아 있지 않다. 그러므로 무사(無射)라 하였다. 그 12자(子)로는 술(戌)이니 술(戌)이란 만물이 모두 진멸(盡滅)한다는 뜻으로 말한 것이다. 따라서 왈 술(曰戌)이다.

3. 사서(四序)

인(寅) · 묘(卯) · 진(辰) ; 목(木),
사(巳) · 오(午) · 미(未) ; 화(火),
신(申) · 유(酉) · 술(戌) ; 금(金),

해(亥)·자(子)·축(丑) ; 수(水).

이상은 이른바 영성(令星 ; 月令)이라 한다. 즉 춘하추동 (春夏秋冬) 오기(五氣)이다.

4. 육신(六辰)

자인진(子寅辰) 오신술(午申戌) 위양(爲陽),
축해유(丑亥酉) 미사묘(未巳卯) 위음(爲陰),
이는 양(陽)은 양을 따르고 음(陰)은 음으로 따라가는 것이니, 6양진(陽辰)은 4양괘(陽卦)인 건(乾)·진(震)·감(坎)·간괘(艮卦)에 배납(配納)하고, 6음진(陰辰)은 4음괘(陰卦)인 곤(坤)·손(巽)·리(離)·태괘(兌卦)에 배납(配納)한다.

5. 12월(月) 벽괘(辟卦)

정월건(正月建) 인(寅)·태괘(泰卦)

월령은 맹춘(孟春)이다. 정주왈(鄭注曰), "맹춘자(孟春者)는 일월(日月)이 취자(娶訾)에서 회합(會合)하는 것으로 두건(斗建)은 인(寅)을 월신(月辰)으로 삼았다고 하였다. 정월은 3양(陽)의 달이므로 지천태괘(地天泰卦)가 배속되었다."

이월건(二月建) 묘(卯) ; 대장괘(大壯卦)

월령(月令)은 중춘(仲春)이다. 정주왈(鄭注曰), "중춘이라 함은 일월(日月)이 항루(降婁)에서 회합(會合)하므로 두건(斗建)은 묘(卯)를 월신(月辰)으로 하였다고 하였다. 뇌천대장(雷天大壯)은 4양의 괘(卦)이다. 그러므로 대장괘(大壯卦)가 배속되었다."

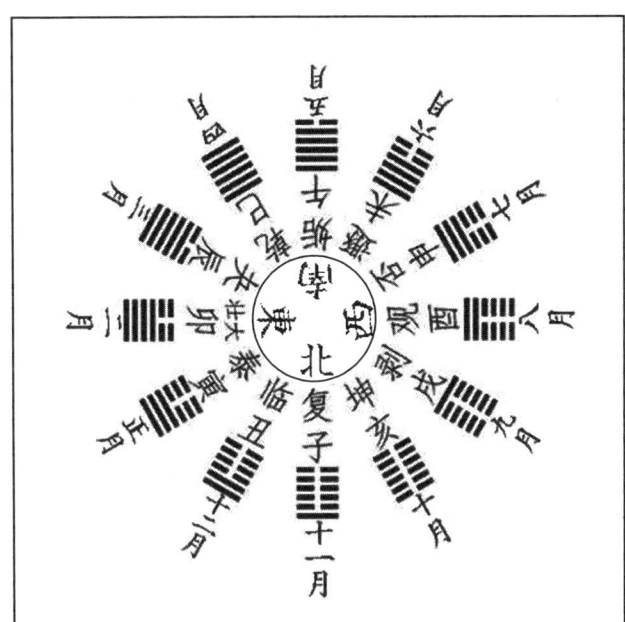

삼월건(三月建) 진(辰) ; 쾌괘(夬卦)

월령은 계춘(季春)이다. 정주왈(鄭注曰), "계춘(季春)에는 일월(日月)이 대량(大樑)에서 회합하므로 두건(斗建)은 진(辰)을 월신(月辰)으로 삼았다고 하였다 3월은 5양의 달이니 쾌(夬)가 5양의 괘(卦)이므로 배속한 것이다."

사월건(四月建) 사(巳) ; 건괘(乾卦)

월령은 맹하(孟夏)이다. 정주왈(鄭注曰), "맹하(孟夏)로 한 것은 일월이 실침(實沈)에서 회합하므로 두건(斗建)은 사

(巳)를 월신(月辰)으로 삼았다고 하였다. 4월은 순양(純陽)의 달이므로 건괘(乾卦)를 순양이라 하여 배속한 것이다."

오월건(五月建) 오(午) ; 구괘(姤卦)

월령은 중하(仲夏)이다. 정주왈(鄭注曰), "중하(仲夏)가 된 것은 일월이 순수(鶉首)에서 회합하므로 두건(斗建)은 오(午)를 월신(月辰)으로 삼았다고 하였다. 하지(夏至)가 되면 일음(一陰)이 시생(始生)하므로 구괘(姤卦)가 일음(一陰) 괘(卦)이니 배속한 것이다."

유월건(六月建) 미(未) ; 둔괘(遯卦 ; 遁과 同)

월령은 계하(季夏)이다. 정주왈(鄭注曰), "계하(季夏)가 된 것은 일월(日月)이 순화(鶉火)에서 회합하므로 두건(斗建)은 미(未)를 월신(月辰)으로 하였다고 한다. 둔괘(遯卦)가 이음(二陰)이므로 배속한 것이다."

칠월건(七月建) 신(申) • 부괘(否卦)

월령은 맹추(孟秋)이다. 정주왈(鄭注曰), "맹추라 함은 일월이 순미(鶉尾)에서 회합하므로 두건(斗建)은 신(申)을 월신(月辰)으로 삼았다고 하였다. 7월은 3음의 달이므로 3음괘인 부괘(否卦)가 배속되었다."

팔월건(八月建) 유(酉) ; 관괘(觀卦)

월령은 중추(仲秋)이다. 정주왈(鄭注曰), "중추라 함은 일월이 수성(壽星)에서 회합하므로 두건(斗建)은 유(酉)를 월신

(月辰)으로 삼은 것이다 하였다. 8월은 4음의 달이므로 관괘(觀卦)가 4음이라 하여 배속시킨 것이다."

구월건(九月建) 술(戌) ; 박괘(剝卦)

월령은 계추(季秋)이다. 정주왈(鄭注曰), "계추는 일월이 대화(大火)에서 회합하므로 두건(斗建)은 술(戌)로 월신(月辰)을 삼았다 하였다. 9월은 5음의 달이므로 박괘(剝卦)가 5음이라 하여 배속시킨 것이다."

시월건(十月建) 해(亥) ; 곤괘(坤卦)

월령은 맹동(孟冬)이다. 정주왈(鄭注曰), "맹동이 된 것은 일월이 석목(析木)에서 회합하므로 두건(斗建)은 해(亥)를 월신(月辰)으로 삼았다 하였다. 10월은 순음의 달이므로 곤괘(坤卦)가 순음이라 하여 배속시킨 것이다."

십일월건(十一月建) 자(子) ; 복괘(復卦)

월령은 중동(仲冬)이다. 정주왈(鄭注曰) "중동이라 한 것은 일월이 성기(星紀)에서 회합(會合)한다고 하여 두건(斗建)은 자(子)를 월신(月辰)으로 삼았다고 하였다. 동지가 되면 일양(一陽)이 시생(始生)하므로 복괘(復卦)가 일양괘(一陽卦)이므로 배속시킨 것이다."

십이월건(月建) 축(丑) ; 임괘(臨卦)

월령은 계동(季冬)이다. 정주왈(鄭注曰), "계동이라 한 것은 일월이 현효(玄枵)에서 회합하므로 두건(斗建)은 축(丑)을

월신(月辰)으로 삼았다고 하였다. 12월이 되면 2양이 발생하는 달이므로 임괘(臨卦)가 이양괘(二陽卦)라 하여 배속시킨 것이다."

《고원(考原)》에 이르기를, "안찰하면, 《사기(史記)》 천관서(天官書)에 이르기를, '혼(昏)을 건(建)으로 사용하는 것은 표(杓)이고, 야반(夜半)건(建)은 형(衡)이며, 평단(平旦)건(建)은 괴(魁)라.' 하였다.

또 《춘추운두극(春秋運斗極)》에 이르기를, '제1은 천추(天樞)요, 제2 선(璇), 제3 기(璣), 제4 권(權), 제5 형(衡), 제6 개양(開陽), 제7 요광(搖光)이라 하였다.

제1에서 제4까지는 괴(魁)이고 제5에서 제7까지는 표(杓)라 하니 합하여 두(斗)가 되었다.

가령 정월 초혼(初昏)을 사용(用)한다면 두표(斗杓)는 인(寅)을 가리키고, 야반(夜半)건(建)을 사용한다면 두형(斗衡)이 인(寅)을 가리키고, 평단(平旦)건을 사용한다면 두괴(斗魁)는 인(寅)을 가리킨다.

그 일월(日月)이 소회(所會)하는 궁(宮)을 이르기를, 월장(月將)이라 한다. 이 월장은 취자(娵訾)해(亥), 항루(降婁)술(戌), 대량(大樑)유(酉), 실침(實沈)신(申), 순수(鶉首)미(未), 순화(鶉火)오(午), 순미(鶉尾)사(巳), 수성(壽星)진(辰), 대화(大火)묘(卯), 석목(析木)인(寅), 성기(星紀)축(丑), 현효(玄枵)자(子)이다.

자왈(子曰) 신후(神后), 축왈(丑曰) 대길(大吉), 인왈(寅曰) 공조(功曹), 묘왈(卯曰) 태충(太衝), 진왈(辰曰) 천강(天罡),

사왈(巳曰) 태을(太乙), 오왈(午曰) 승광(勝光), 미왈(未曰) 소길(小吉), 신왈(申曰) 전송(傳送), 유왈(酉曰) 종괴(從魁), 술왈(戌曰) 하괴(河魁), 해왈(亥曰) 등명(登明). 월건(月建) 운천도(運天道)로 좌선(左旋)하니 천관(天關), 월장(月將) 품(稟)한 지도(地道)이니 지축(地軸)으로 우전(右轉)한다."

6. 십이진(十二辰) 이십팔숙(二十八宿) 성상(星象)

《여해집(蠡海集)》에 이르기를, "12지(支)의 초속(肖屬 ; 12띠의 배치)은,

자(子)는 음극(陰極)이므로 유잠은회(幽潛隱晦)라 하여 쥐(鼠)를 배속하였다. 쥐는 숨기를 좋아(鼠藏跡)하기 때문이다.

오(午)는 양극(陽極)이니 현이강건(顯易剛健)하다 하여 말(馬)로 배속하였다. 마는 쾌행(馬快行)한다.

축(丑)은 음부(陰俯)이고 자애(慈愛)하므로 소(牛)를 배속하였으니, 소는 송아지를 핥아 키우기(舐犢 ; 핥을 지, 송아지 독) 때문이다.

미(未)는 양앙(陽仰)하면서도 예(禮)를 아울렀다 하여 양(羊)에다 배속하였다. 그러므로 양은 무릎을 꿇고 젖(跪乳)을 먹인다.

인(寅)은 삼양(三陽)이니 양승즉폭(陽勝則暴)이므로 호랑이(虎)에 배속하였다. 호랑이는 폭강(暴强)하다.

신(申)은 삼음(三陰)이니 음승즉힐(陰勝則黠 ; 교활할 힐)하므로 원숭이(猴)에 배속하였다. 원숭이는 교활(猴性黠)하다.

묘유(卯酉)는 일월(日月)의 문(門)이니 두 띠는 다 일규(二 肖皆一竅*)라 한다. 토끼는 수컷이 털을 핥아주면서 잉태시키는데(兎舐雄毛則孕), 느낄 뿐 교구(交媾)는 않는다고 보는 것이다. 닭은 발자국을 합하므로 형체가 없다(合踏而無形)는 것이다. 그러므로 교구하되 느끼지는 않는다(交而不感)고 하였다.

진사(巳辰)는 양(陽)이 일어나 변화를 하는 자리이니 용(龍)이 왕성하여야 하고 뱀(蛇)은 다음이다. 그러므로 용(龍)과 사(蛇)를 진(辰)·사(巳)에다 배속시켰다. 용과 뱀(龍蛇)은 변화를 일으키는 짐승들이다.

술해(戌亥)는 음탁한 것을 거두기도(陰斂) 하지만, 지조까지 지킨다. 그러므로 개(狗)가 성하여야 하고, 돼지(猪)는 다음이다. 그러므로 구(狗)·저(猪)는 술(戌)·해(亥)에다 배속한 것이다. 구(狗)·저(猪)는 진정하여야 하는 짐승(鎭靜之物)들이다. 혹자가 이르기를, '이를 모두 온전하지 못한 물(不全之物)로 초속(肖屬)으로 배속시킨 것들은 아닌 것이라.' 하였다. 그러나 세상에는 서물(庶物)이 만류(萬類)인데 어찌 이 12종으로만 국한되겠는가? 하물며 의리(義理)가 없는 것까지 믿기는 부족하다 하니 맞는 말이다."

*일규(一竅) ; 한 구멍이란 뜻으로 융통성이 없어 유 하나뿐 모르다는 말.

【原文】《考原》曰 ; 十二辰 禽象 ; 子鼠 丑牛 寅虎 卯兎 辰龍 巳蛇 午馬 未羊 申猴 酉鷄 戌狗 亥猪 其說相沿已久 莫知其所自來 雖於經典無見 然傳記子史考之 則不獨宋以後也, 如韓愈『毛穎傳』謂食於卯地.『祭張員外文』謂虎取而去來 寅 其徵則唐時有之矣, 『管輅傳』推東方朔龍蛇之占以爲變化 相推會於辰巳, 又譙周謂司馬爲典午 則漢晉時有之矣, 溯而上之 陳敬仲筮者言當昌於姜姓之國 而釋春秋謂觀之六四納得辛未 ; 辛爲巽長女 未爲羊羊加女爲姜 則是周時又已有之也.

《고원(考原)》에 이르기를, "12진(辰) 짐승 상(禽象)은 子쥐(鼠), 丑 소(牛), 寅호랑이(虎), 辰 용(龍), 巳 뱀(蛇), 午 말(馬), 未 양(羊), 申 원숭이(猴), 酉 닭(鷄), 戌 개(狗), 亥 돼지

(猪)의 설(說)로 계승(相沿)하여 온 지가 이미 오래이다. 그러므로 그 자래(自來)하고, 오는 바를 언제 누구로부터인지는 정확히 알 수 없으며, 경전(經典)에서도 볼 수 없다. 그러나 전기(傳記)의 자사(子史)로 상고(相考)하여 보면, 유독 송(宋) 이후라고 할 수도 없다. 가령 한유의 《모영전(毛穎傳)》에는 ; 「식어묘지(食於卯地)」라는 말이 있고, 《제장원외문(祭張員外文)》에 이르기는 ; 호랑이를 취하였더니 범(寅)이 내거하더라(虎取而去來寅)라는 말이 보이는데, 그 근원은 당나라 때이다. 《관로전(管輅傳)》에 동방삭(東方朔)을 추구하면 ; 용사의 점(龍蛇之占)에서 변화한 것이다(以爲變化)라고 하였고, 서로 밀고 당기며 추진(推進)하다가 진사에서 만나는(相推會於辰巳)것이라고 하였다. 또 주설(周說)에 이르는 말을 보면, 사마(司馬)는 전오로 하였으니(爲典午) 한(漢), 진(晉) 때에도 있었다는 것을 알 수 있다.

더 위로 거슬러 올라가 보면 진경중의 점(筮)은 강성지국을 창성케 하였다고(言當昌於姜姓之國) 말하였으며, 춘추(春秋)의 육사(六四)를 분석하여 보면 납득신미(納得辛未)라는 말이 있는데, 신(辛)은 손괘(巽卦)에 배납(配納)하며 장녀이고 미(未)는 양(羊)이니 양(羊)자에다 여(女)자를 가(加)하면 강(姜)자가 되니 이는 주(周)나라 때 이미 있었다는 얘기다.

28숙(宿) 금상(禽象)에 대하여는 근대의 방위에도 있는 말인데, 뜻을 보면 원인은 12진(辰)에서 취하고, 그것에다 설명을 억지로 붙인(附會) 것이다.

왜 그런가? 12진(辰)의 자오묘유(子午卯酉)를 4중궁(中宮)

으로 하였으므로 일궁(一宮)이 각각 삼상(三象)을 관장케 한 것이다.

　자궁(子宮)에서는, 여(女)·허(虛)·위(危)를 관장하는데, 허성(虛星)이 거중(居中)하므로 쥐(鼠)를 본상으로 하였다. 여(女)는 박쥐(蝠)이고 위(危)가 제비(燕)로 한다면 쥐(鼠)와 비슷한 것들을 취하여 배속시킨 것이다.

　묘궁(卯宮)에서는, 저(氐)·방(房)·심(心)을 관장하는데, 방성(房星)이 거중(居中)하므로 토끼(兎)가 본상(本象)이다. 저(氐)는 학(貉 ; 담비, 오소리)이고 심(心)은 여우(狐)다. 그렇다면 그것들이 토끼와 닮아 비슷한 것으로 배속한 것이다.

　오궁(午宮)에서는, 유(柳)·성(星)·장(張)을 관장하는데, 성(星)이 거중(居中)하므로 성(星)은 마(馬)가 본상(本象)이다. 유(柳)는 노루(獐)이고 장은 사슴(鹿)이니 그렇게 취하여 그것들은 마(馬)와 비슷한 짐승들이므로 배속시킨 것이다.

　유궁(酉宮)에서는, 위(胃)·묘(昴)·필(畢)을 관장하는데, 묘성(昴星)이 거중(居中)하므로 묘성(昴星)은 닭(鷄)이 본상(本象)이다. 위(胃)는 꿩(雉)이요 필(畢)은 까마귀(烏)이다. 그렇다면 그 모양이 닭과 비슷하기 때문에 배속한 것이다.

　그 밖에는 인신사해(寅申巳亥)와 진술축미(辰戌丑未)인데, 이 8궁은 각각 두 상(兩象)씩을 관장하는데, 중궁(中宮)에 가까운 것으로 위주(爲主)한다.

　진궁(辰宮)에서는, 항(亢)을 관장하는데, 중궁(中宮)에 가까운 것으로 위주하므로 진(辰)은 용(龍)의 본상(本像)이다. 각(角)이 그 옆에 거하니 그렇다면 교(蛟)를 취하여 용류(龍

類)에 배속한 것이다.

　인궁(寅宮)은, 미(尾)가 중궁(中宮)에 가까우므로 호(虎)를 본상(本象)으로 하였다. 기(箕)가 그 옆에 거(居)한다. 그렇다면 표범(豹)도 호랑이류(類)이므로 배속한 것이다.

　축궁(丑宮)은 소(牛)인데 중궁에 가깝다. 그러므로 소(牛)의 본상으로 배속하였다. 그 옆에는 두(斗)이다. 그렇다면 해(獬)를 취하여 소(牛)와 같은 부류로 배속한 것이다.

　해궁(亥宮)은, 실(室)이니 중궁에서 가까우므로 돼지(猪)를 본상으로 한다. 벽(壁)이 그 옆에 거하는데, 그렇다면 유(貐)를 취하여 돼지 류에다 배속하였다.

　술궁(戌宮)은, 루(婁)이니 중궁에 가까우므로 개(狗)를 본상(本象)으로 하였다. 규(奎)가 그 옆에 있다. 그렇다면 이리(狼)도 개류로 취하여 배속하였다.

　신궁(申宮)은, 자(觜)이니 중궁에 가깝다. 그러므로 원숭이(猴)가 본상이다. 삼(參)이 그 옆에 거한다. 그렇다면 원숭이(猿)도 후(猴) 류에 배속시킨 것이다.

　미궁(未宮)은, 귀(鬼)인데 중궁에 가깝다. 그러므로 양(羊)을 본상으로 하였다. 정(井)이 그 옆에 있으므로 그렇다면 들개(犴)를 취하여 양(羊)의 부류에 배속하였다.

　사궁(巳宮)은, 익(翼)인데 중궁에 가까우므로 뱀(蛇)을 본상으로 하였다. 진(軫)이 그 옆에 거하므로 그렇다면 지렁이(蚓)를 취하여 뱀(蛇) 류에 배속시켰다.

7. 이십팔숙(二十八宿) 배일(配日)

《고원(考原)》에 이르기를, "날짜(日)에 60일이 있고 성숙(星宿)은 28개가 있으니 420일이 되어야 일주(一週)하게 된다. 420은 60과 28숙의 도진수(度盡數;최소공배수)이다. 그러므로 칠원설(七元說)이 생긴 것이다.

일원(一元)갑자(甲子) 일(日)은 허(虛)에서 일으키는데, 자상(子象)을 서(鼠)로 하니 허(虛)가 일서(日鼠)이다. 이원(二元)갑자(甲子)는 규(奎)에서 일으키고, 삼원(三元)갑자(甲子)는 필(畢)에서 일으키고, 사원(四元)갑자(甲子)는 귀(鬼)에서 일으키고, 오원(五元)갑자(甲子)는 익(翼)에서 일으키며, 육원(六元)갑자(甲子)는 저(氐)에서 일으키고, 칠원(七元)갑자(甲子)는 기(箕)에서 일으켜서 칠원(七元)갑자(甲子)가 다 된 후에는 다시 갑자(甲子)를 허(虛)에서 일으키며 돌아가면서 다시 반복하며 시작한다. 다만 일원(一元)을 어느 해 어느 달 어느 날부터 일으킬 것인지는 상고(詳考)할 수 없다(不可得而考矣)."

지금 안찰하면 ; 일월오성(日月五星;七曜)은 28사(舍)를 운행하는데, 지속(遲速)이 일정하지 않고 운행 도수(纏次)도 각각 다르다. 이것은 행성들의 운행에 교착(交錯)이 있어 다소의 오차가 있다. 그러므로 설령 역(曆)의 근본부터 추적하여 본다고(縱使推之曆始) 하더라도 지류(遲留)를 복역(伏逆)시킬 수는 없고, 반드시 갑자(甲子) 연월일시(年月日時)에 붙여겨 있어야 가능한 것이다.

일(日)은 허(虛)에 있고 월(月)은 위(危)에 있으며, 나머지 오성(五星)은 다음으로 실(室)·벽(壁)·규(奎)·누(婁) 위(胃)에 거하게 된다. 그렇더라도 작은 달(少選月)은 곧 그 도수(度數)를 지나치게 될 수 있는데, 또 이에서 어찌 묘(昴)에서부터 귀(鬼)까지를 헤아려 득할 수 있을 것이며? 다시 순차를 어긋나지 않고 나열이 가능하겠는가? 천행(天行)이 고르지 아니한 것을 안찰하여 보면, 일정한 성사(星舍) 중에는 만에 하나의 이치(萬無之理)도 찾을 수 없는 것이 있기 때문이다.

칠정(七政) 역(曆)으로서 어찌 28숙에 상배(相配)시키는 법을 득할 수 있겠는가? 군서(群書)를 두루 열람하여 보아도 고구(考究)할 수가 없으므로 급기야는 서역(西域)의 《길흉시일선악숙요경(吉凶時日善惡宿曜經)》을 구하여 그 설을 보니, "대개 저 나라에서는 십간(十干) 십이지(十二支)의 이름도 알지 못하기 때문에 28숙(宿)을 기일(紀日)로 사용하는데, 그것을 보면 칠정(七政)에다 28숙을 가하여 사용하는 것이 마치 천간(天干)을 지지(地支)에다 가하는 것처럼 하고 있는데, 칠정의 과정으로 차숙(此宿)의 궤도에다 배속하는 법은 말하지 아니하였다(非謂七政之果躔于此宿也)."

또 그 술수(術數)로는 사람의 생일로 어느 요일(曜) 어느 숙(宿)이 본명인가로 명숙(命宿)을 삼고 이에다 행사하는 날에 가(加)하고 요숙(曜宿)을 섞은 다음 명(命)의 흉길을 살핀다. 또 숙요(宿曜)의 성정(性情)으로 합하고 하는 일의 강유(剛柔) 건순(健順)을 보는데, 누가 배반하고 누가 찬동하는지

를 알 수 있다. 역시 이것은 중국의 건제(建除)성(星)으로 보
는 명가(命家)들의 말과 유사하다.

그 숙요(宿曜)의 이름은,
허(虛)·묘(昴)·성(星)·방(房)은 일(日)에 배속하고,
위(危)·필(畢)·장(張)·심(心)은 월(月)에 소속하고,
실(室)·자(觜)·익(翼)·미(尾)는 화(火)에 속하며,
벽(壁)·삼(參)·진(軫)·기(箕)는 수(水)에 속하고,
규(奎)·정(井)·각(角)·두(斗)는 목(木)에 속하며,
누(婁)·귀(鬼)·항(亢)·우(牛)는 금(金)에 속하며,
위(胃)·유(柳)·저(氐)·여(女)는 토에 속한다.
그렇다면 각각 그 국어(國語)를 좇은 것이다.

가여(假如) 일요(日曜)를 태양(太陽)이라 한다면 회골(回鶻, 回紇 ; 위구르족)에 있는 것을 밀(密)이라 하고(在回鶻則曰密), 파사(波斯 ; 페르시아 이란)에 있으면 요삼물(曜森勿)이라 하였다면 천축(天竺 ; 인도)에 있는 것을 아니저(阿你底)라 할 것인가? 중역(重譯)하면 즉, 중국(中國)의 일(日)이다. 그 외에는 이를 본받으면 된다. 칠원(七元)은 한 바퀴를 돌고 다시 시작하는데 마치(恰與) 이와 상부(相符)한다.

그 서(書)에 또 이르기를, 중국의 서천(西天) 제국(諸國)에서는 이 법을 함께 아울러 사용한다. 지금 살펴보니 역가(曆家)는 매년 60갑자를 포주(鋪注)하는데, 시헌력(時憲曆)*에 있는 대로 실으니 개인이 마음 쓸 일이 없으나 신살(神煞) 중에서 복단일(伏斷日)과 암금살(暗金煞) 두 가지는 이의《기례(起例)》를 좇아야 하고, 기타는 관섭(關涉)하지 말 것이다. 그

러나 외역(外域)에서는 이미 이를 계산하여 기년(紀年)에 기록해 두고 멀리 떨어져 있는 다른 지방까지 알리고 모일(某日)은 하(何)갑자(甲子)라고 하며 함께 사용하므로 심히 유익한 좋은 법이라고 믿으므로 폐(廢)할 수가 없는 것이다."

*시헌력(時憲曆) ; 태음력(太陰曆)의 구법(舊法)에 태양력의 원리를 부합시켜 24절기의 시각(時刻)과 하루의 시각을 정밀히 계산하여 만든 역법.

제3장. 간지오행(干支五行)

1. 오행(五行)

　육경론(六經論)에 오행(五行)이란 말이 《상서(尙書)》 홍범(洪範)*에서 처음으로 보인다. 《상서》 홍범에 이르기를, "한 오행(一五行)을 1왈水 2왈火 3왈木 4왈金 5왈土."라 하였다. 대우모(大禹謨)편에 이르기를, "수화금목토(水火金木土)곡유수(穀惟修)."라 하였으니 그 기원을 보면 하도(河圖) 낙서(洛書)의 수(數)에서 나왔다. 대개 도서(圖書)의 1·6水, 2·7火, 3·8木, 4·9金, 5·10土가 그것이다. 하도에서는 좌선(左旋)으로 상생(相生)인데, 낙서에는 우전(右轉)으로 상극한다. 그러나 토(土)는 도서(圖書) 모두 5·10으로 중궁(中宮)의 수(數)로 삼기 때문에 정(定)해진 방위가 없으므로 전문성이 없는 본체(無專體)이다.

　《여씨춘추(呂氏春秋)》에서는, "토(土)를 곧게 가리켜 계하의 달(季夏之月)에서 상생(相生)의 순차(順次)를 다하고 있다." 하였다. 《백호통의(白虎通義)》에서는 또, "토(土)는 진술축미(辰戌丑未) 사계(四季)를 지칭하여 사시(四時)에 나뉘어 왕성한 자리를 지키고 있다."고 하였다.

　문왕(文王)의 후천(後天) 도상(圖象)에는 곤(坤)간(艮) 2토(土)는 하추(夏秋)와 동춘(冬春)에서 교계(交界)에 홀로 거하며, 화(火)는 반드시 토(土)를 득하고서야 능히 성금(成金)할

수 있게 하고, 수(水)는 반드시 토(土)를 득하고서야 능히 생목(生木)할 수 있게 한다고 하였다.

지금 안찰하면 ; 오행(五行)에서 행(行)이라 한 것은 지상에서 유행(流行)하기 때문에 이르는 말이다. 질(質)은 땅에서는 유행(質行於地)하지만, 기는 하늘에서 유통(氣通於天)함을 이른다. 수(數)는 5개일 뿐이므로 이르기를 五行이라 하였다.

일반적으로 지(地)라 함은 토(土)를 일컫는 말이고, 그 상대(對)를 하늘(天)이라 말하기 때문에 이르기를, 지(地)라 하였다. 그것을 질(質)로써 말한다고 하여도 오로지 고토(固土)일 뿐이다.

토(土)는 4계절 모두에서 유행하는 군(君)이기 때문에 고야(固也 ; 굳게 하는 것이다)라 말한 것이다. 군(君)이란 한 가지의 전문성만을 맡고 있을 수 없기 때문에 어느 부위(部位)에서도 고정된 거처를 갖지 않았다. 그러므로 화(火)로는 극금(剋金)하여야 하니, 가을(秋令)에는 여름(夏令)을 이어받아야 하였다. 그렇다면 토(土)가 중앙에 앉아 있어야 사방(四方)에도 이미 있는 것이 되며, 중앙의 토(土)를 고토(固土)라 하였고, 화(火)의 후사(後嗣)를 맡아 늙도록 생금(生金)할 수 있기 때문이다.

춘추(春秋) 동하(冬夏)는 차례를 따라 변화시키는데, 사행(四行)은 많이 전환(轉換)하지만 토(土)는 적게 전환하여 변화시킨다. 그러므로 계월(季月)을 두고 반드시 진술축미(辰戌丑未) 토가 이르도록 하였으므로 진술축미가 고토(固土)인 셈이다. 계월(季月)의 본령(本令)에서 12일을 감(減)하고 나머지 18일이 토왕용사(土旺用事)인데 그렇다면 4계(季)에서 18일씩 72일이 토왕용사가 된다.

곤(坤)간(艮) 2토(土)는 4계절의 기(氣)가 교체하는 경계(交界)에 거하므로 토(土)의 진체(眞體)가 된다. 그러므로 후천(後天) 도상(圖象)에다 명시한 것이다.

건(乾)손(巽) 두 방(二方)은 괴강의 집(魁罡之戶)이므로 괴강(魁罡)이 이곳에 의거(依據)하는데 토신(土之神)에 관한 것을 보고 사용하고자 하면 《소문(素問)》 운기(運氣)편에 자상히 있고, 토(土)를 군(君)으로 한 사행(四行)에서 살펴볼 수 있다. 그러나 이것은 다 상(象)이 있을 때 현시(顯示)가 가능할 때를 말한 것이고, 만약 그에 가시(可視)할 수 있는 형상(形象)이 없는 것은 인신사해(寅申巳亥)와 자오묘유(子午卯酉)인데, 이들도 실로 한 점도 토(土)를 떠날 수는 없다. 왜 그런가? 수화(水火) 목금(木金) 모두는 토(土)가 아니면 유행(流行)이 불가능하므로 그들에서도 유행이 가능하다는 것은 다 토(土)가 있기 때문이다.

*홍범(洪範) ; 중국 유교의 5대 경전 중 하나인 《서경(書經)》의 1편으로서 유가(儒家)의 천하적 세계관에 의거한 정치철학을 말한 글.

2. 오행(五行) 용사(用事)

《신추경(神樞經)*》에 이르기를, "오행(五行)의 왕상(旺相)은 각기 때(時)가 있는 것인데 토(土)만은 정하여진 위치(定位)가 없으므로 사립(四立)의 전(前)으로 18일씩이 왕지

(旺地)가 된다." 하였다. 《역례(曆例)》에 아르기를, "입춘(立春)목(木) 입하(立夏)화(火) 입추(立秋)금(金) 입동(立冬)수(水)로 각 72일이 왕(旺)하다. 토(土)는 입전(入電)으로 각 18일씩이 왕하므로 합하면 72일이 되어 총 360일로 1세(歲)를 이룬다." 하였다.

* 《신추경(神樞經)》; 전투의 승패를 점치는 점술(占術)을 설명한 책인 《병가요람(兵家要覽)》의 한 편명.

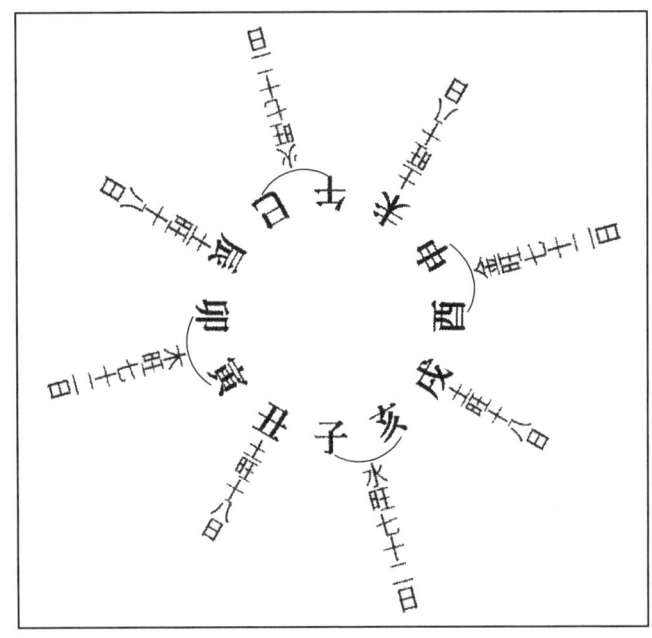

3. 오행(五行) 생왕(生旺)

《고원(考原)》에 이르기를, "목(木)의 장생(長生)은 해(亥)이고, 화(火)장생 인(寅), 금(金)장생 사(巳), 수(水)장생 신(申), 토(土)장생 역시 신(申), 기생(寄生)은 인(寅)이다.

이같이 각각 장생(長生)·목욕(沐浴)·관대(冠帶)·임관(臨官)·제왕(帝旺)·쇠(衰)·병(病)·사(死)·묘(墓)·절(絶)·태(胎)·양(養)까지 12신(辰)의 순으로 되어 있다.

이렇게 천도의 순환은 생생하며 끊어짐이 없다. 그러므로 목방(木方)이 왕(旺)하면 화(火)가 이미 생하고, 화(火)방이 왕하면 금(金)도 이미 생(生)하고, 금(金)방이 왕하면 수(水)도 이미 생(生)하며, 수(水)방이 왕하면 목(木)도 이미 생(生)한다. 이는 장생으로부터 순서대로 추진하는데 치(穉 ; 稚, 어릴 치)에서는 장(壯)으로 성(盛)하면 반드시 쇠(衰)하고, 종(終)하고 나서 다시 시작되니 질운(迭運)은 그침이 없다.

오행생왕도(五行生旺圖)

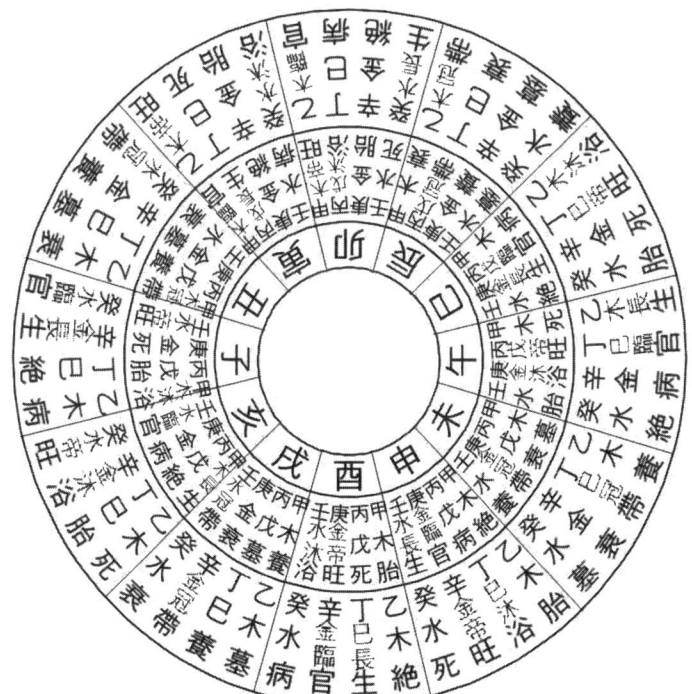

사시(四時)는 이렇게 번갈아 운행(錯行)하는데, 그런 까닭에 오기(五氣)는 순포(順布)한다. 토(土)가 신(申)에서 생하고 인(寅)에 기생(寄生)한다는 것은 후천(後天)으로 곤(坤)·간(艮) 위(位)이므로, 《역(易)》에 이르기를, 「만물을 다 기르는 곳(萬物皆致養焉)」이라 하였고, 간(艮)을 이르기를, 「만물의 성종(成終)하는 곳이므로 성시(成始)한다.」 하였기 때문이다.

안찰하면 ; 오행(五行) 장생(長生)의 의(義)는 《고원(考原)》의 설명이 심히 명료한데, "토(土)가 인(寅)·신(申)에서 생(生)하는 것은 인이미발(引而未發).*"이라 하였다.

*인이미발(引而未發) ; 활시위를 당길 뿐 놓지 않는다는 뜻으로, 사람을 가르치되 그 방법만 가르치고 스스로 핵심을 터득하게 함을 이르는 말.

지금 상고하여 보면 수토(水土)는 신(申)에서 함께 생(生)하는 것은 신(申)은 곤(坤)이고 곤(坤)은 지(地)이며 수토(水土)가 소이(所以)로 함께 엉기는(凝) 것이다. 토(土)가 인(寅)에서 기생(寄生)한다는 것은 인(寅)이 맹춘(孟春)의 달(月)이므로 천기(天氣)는 하강(下降)하고 지기(地氣)는 상등(上騰)하므로 그 까닭에 천지는 화동(和同)하고 초목(草木)은 맹동(萌動)하게 된다는 것이다.

이로써 홍범가(洪範家)는 유독 토(土)를 신(申)에서 생(生)하는 것으로 하여 오행(五行)의 체(體)로 삼으며, 음양가(陰陽家), 선택가(選擇家)는 모두 토(土)는 인(寅)에서 생(生)하는 것으로 하여 오행의 용(用)으로 삼는다.

대저 장생(長生)을 인(寅)으로 한다면 임관(臨官)이 사(巳) 이니 바로 토왕(土旺)금생(金生)이 되어 목(木)화(火)수(水) 와 함께 같은 예(例)가 된다.

그렇다면 토가 인(寅)에서 생하는 것은 오행(五行)의 순리 (順理)로서 질서를 잃지 않은 것이고, 진실로 월령으로 토 (土)가 하추(夏秋)의 경계에서 왕(旺)한 것으로 삼는 것은 사 시(巳時)의 상생순리(相生順理)에서 질서를 잃지 않은 것이 다. 이치(理)는 자연에서 동출(同出)하는 것이므로 이는 억설 (臆說)이 아닌 것이다.

이 밖으로도 또 양사(陽死) 음생(陰生)과 양순(陽順) 음역 (陰逆) 설(說)이 있다.

갑목(甲木)은 오(午)에서 사(死)하는데, 을목(乙木)은 생 (生)하고, 병(丙)무(戊)는 유(酉)에서 사(死)하는데, 정(丁)기 (己)는 생(生)하며, 경(庚)금(金)은 자(子)에서 사(死)하는데, 신(辛)금(金)은 생(生)하고, 임(壬)수(水)는 묘(卯)에서 사(死) 하는데, 계(癸)수(水)는 생(生)한다. 장생(長生)에서 목욕(沐 浴)으로 12위를 다 역전(逆轉)한다.

양(陽)이 사(死)하면 음(陰)은 생(生)하고, 음(陰)이 사(死) 하면 양(陽)은 생(生)하는 것은 음양(陰陽) 이기(二氣)로 나누 어서 말한 것이다. 양(陽)이 임관(臨官)이면 음은 제왕(帝旺) 이고, 음(陰)이 임관(臨官)이면 양(陽)은 제왕이니, 이것은 사 시의 시기(四時之會)로 말한 것이다. 이렇게 순역(順逆)이나 분합(分合)은 모두 지극한 묘리(妙理)를 가지고 있는 것이다.

십간(十干)을 논하는 것은 음양(陰陽)으로 나누어 말하는

것이고 오행을 논하는 것은 양이 음을 통솔하는 것이니 더욱이 천지(天地) 자연(自然)의 뜻이 담겨 있다. 그러므로 모든 말들(凡言數)의 조(祖)가 된다. 이것은 길흉신살(吉凶神煞)로 말미암은 것이다.

4. 간지(干支) 오행(五行)

천간은 갑을(甲乙)은 속목(屬木)하고, 병정(丙丁)은 속화(屬火)이며, 무기(戊己)는 속토(屬土), 경신(庚辛)은 속금(屬金), 임계(壬癸)는 속수(屬水)이다.

지지(地支)는 인묘진(寅卯辰)은 속목(屬木)이니 동방(東方)에 배속하고, 사오미(巳午未)는 속화(屬火)이니 남방에 배속하였고, 신유술(申酉戌)은 속금이니 서방(西方)에 배속하였고, 해자축(亥子丑)은 속수(屬水)이니 북방에 배속하였으나, 토(土)만은 진술축미(辰戌丑未)에 붙여져야 왕(旺)하기 때문에 사계(四季)에 배속하였다.

오성(五星)가(家)는 또 인해(寅亥)를 속목(屬木)으로 하고, 묘술(卯戌)을 속화(屬火)로 하고, 진유(辰酉)를 속금(屬金)으로 하고, 사신(巳申)을 속수(屬水)로 하고, 자축(子丑)을 속토(屬土)로 하였는데, 오(午)는 일(日)로 하고, 미(未)를 월(月)로 한 것은 자축(子丑)이 아래에 있으므로 토(土)로 하였고, 오미(午未)는 위에 있으므로 일과 월(日月)로 하였다.

오성(五星)가(家)는 또 인해(寅亥)를 속목(屬木)으로 하고, 묘술(卯戌)을 속화(屬火)로 하고, 진유(辰酉)를 속금(屬金)으로 하고, 사신(巳申)을 속수(屬水)로 하고, 자축(子丑)을 속토(屬土)로 하였는데, 오(午)는 일(日)로 하고, 미(未)를 월(月)로 한 것은 자축(子丑)이 아래에 있으므로 토(土)로 하였고, 오미(午未)는 위에 있으므로 일과 월(日月)로 하였다.

인묘진(寅卯辰)・사오미(巳午未)・신유술(申酉戌)・해자축(亥子丑)을 좌우로 천지(天地) 사이에 분포시켜 사시(四時)를 유행(流行)하도록 한 것이다. 그러므로 그 좌우가 서로 합궁(合宮)하도록 하였고, 목(木)・화(火)・금(金)・수(水)가 각기 차서(次序)를 따르도록 한 것이다.

이상은 다 《고원(考原)》에 게재되어 있는 것을 이번에 기록한 것이다. 그 말에 오성(五星)을 오행(五行)으로 한 것은 인이미발(引而未發)이다.

대개 천(天)이란 일(日)과 월(月)을 말하며, 성신(星辰)은 일월(日月)의 여기(餘氣) 정도로 말하게 된다. 오미(午未)는 이(離)이며 자축(子丑)은 감(坎)이므로 이(離)를 일(日)로 하였고 감(坎)을 월(月)로 하였는데, 오(午)는 바로 일(日)이라 할 수 있으나, 자(子)는 월(月)로 하지 않은 것은 어찌된 것인가? 월(月)은 수(水)의 정기(精氣)이므로 하늘에 매달려 일광(日光)을 받아서 비출 뿐이지 북방의 자위(子位)에 있는 것은 아니기 때문이다.

자축(子丑)의 기(氣)가 위에서 충돌(衝突)하므로 일(日)과 함께 그 방(方)은 확고하게 미(未)가 되어야 한다. 지(地)는 수(水)이기도 하지만 토(土)이기도 하다. 자수(子水)와 축토(丑土)에서 축(丑)은 수중(水中)에서의 토(土)이니 땅 위에서

의 체(體)라는 것은 의심이 없다. 지(地)는 토(土)이다. 그러므로 자축(子丑)을 토(土)로 하였다.

천위(天位)는 위에 있고 지위(地位)는 아래에 있으니 양위(兩位)의 사이에서 운행(運行)하는 것은 반드시 목화금수(木火金水)가 된다. 자축(子丑)은 水土인데 水土 사이에서는 반드시 목(木)이 살게 되므로 인해(寅亥)를 목(木)으로 하였는데, 하나는 장생(長生)지요 하나는 녹위(祿位)이다.

목(木)이 성장(成長)하고 나면 화(火)가 생출(生出)하게 된다. 인(寅)은 화(火)의 장생(長生)지요 묘목(卯木)은 왕지(旺地)이며, 왕(旺)하면 반드시 물려줘야(嬗) 하고 물려준다는 것은 반드시 그 뿌리로 귀장(歸藏)시킨다는 것이다. 그러므로 묘술(卯戌)이 화(火)가 되었다.

술(戌)은 하늘의 금천지기(黔天之氣 ; 누른 기운)로 무(戊)가 기거(寄居)하는 곳이다. 금천지기(黔天之氣)는 진(辰)에서 시작되는데, 진(辰) 역시 무(戊)이다. 토(土)가 왕성하면 반드시 금(金)을 생(生)하는 것이므로 진유(辰酉)가 합하여 금(金)이 되었다. 그러므로 유(酉)는 금(金)의 제왕(黃帝)인 것이다.

유(酉)가 거하는 곳은 금이 극왕(金極旺)한 곳이다. 금이 극(極)에 이르지 아니하였을 때 신(申)은 이미 수(水)를 생(生)한다. 그러므로 대궁이 사(巳)이며 사는 금(金)의 어머니(母)이므로 수(水)는 반드시 신사(申巳)로서 나오는 것이다. 신사(申巳)는 오미(午未)에서 가장 궁핍(窮乏)하므로 가장 무수지(無水地)가 된다.

干支와 五行 五星

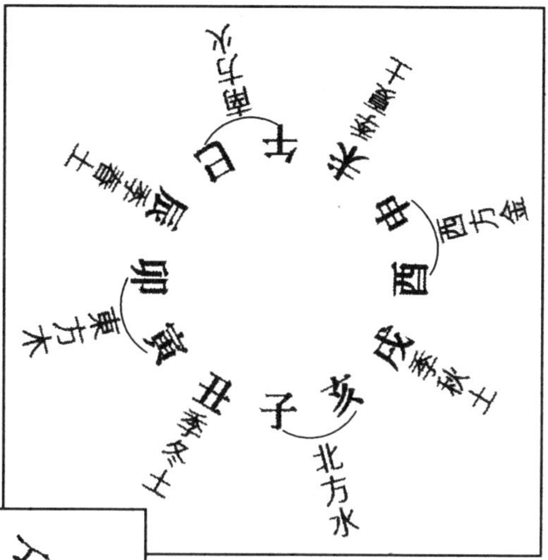
巳
午
南方火
未
季夏土
申
酉
西方金
戌
季秋土
亥
子
北方水
丑
季冬土
寅
卯
東方木
辰
季春土

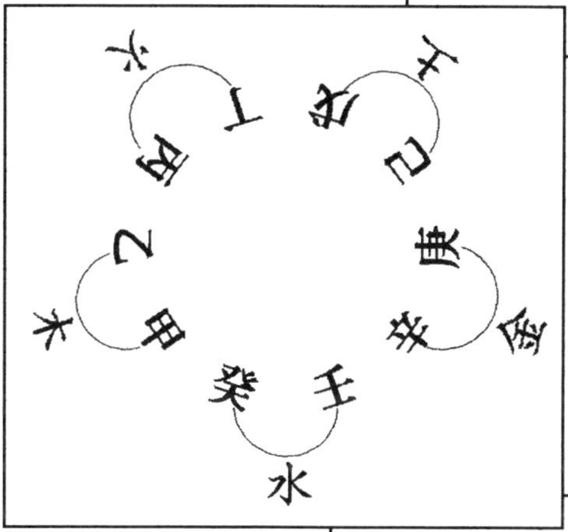
丙
丁
火
戊
己
土
庚
辛
金
壬
癸
水
甲
乙
木

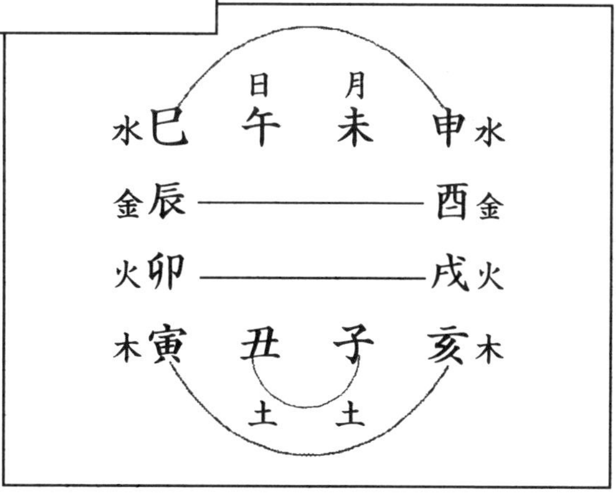
日 月
水巳 午 未 申水
金辰 酉金
火卯 戌火
木寅 丑 子 亥木
土 土

거모(擧母) 즉 자귀(子歸)는 수(水)가 토(土)를 버리고 멀리 떠나서는 자립할 수 없으므로(不得舍土而自立) 토를 빛내야 하는데, 그것이 자축지위(子丑之位)가 되는 것이다. 이렇게 土가 소섭(所攝)한 것이니 명(命)이 土가 되어야 하고, 水가 명(命)이 될 수는 없다. 만약 그에서 土를 분리하고 水를 말할 때는 반드시 모기(母氣)에서 납(納)해야 하기 때문이다. 그러므로 사신(巳申)이 水인 것이다.

水는 만물을 생하는 근원이므로 이로써 여호일월(麗乎日月)이 되었고 그 다음은 金이요, 또 그 다음은 火이며, 또 그 다음은 木이며, 또 그 다음은 土이다.

오위지서(五緯之序)는 水가 日에 가장 가깝고, 金이 다음이며, 火가 또 그 다음이며, 木이 또 그 다음이며, 土가 또 그 다음이 된다. 이것이 하늘에 비춰진 자연의 차서이다.

水土가 생하는 바를 보면 木이 상생(上生)하여 火가 되고, 土가 또 상생하여 金이 되며, 또 상생하여 水가 된다. 가령 획괘(畫卦)할 때는 아래로부터 위로 이르는 것이다. 이것이 지(地)에서 유행(流行)하는 자연의 차서이다. 그렇다면 오성(五星)과 오행(五行)의 이치는 실지로 함께 운행하고 있는 것이므로 인간이 억지로 만들어낼 수는 없는 것이다.

5. 삼합(三合)

삼합이란 신자진합수국(申子辰合水局), 해묘미합목국(亥卯未合木局), 인오술합화국(寅午戌合火局), 사유축합금국(巳

酉丑合金局)이 됨을 말한다.

《고원(考原)》에 이르기를, "삼합(三合)이란 생왕묘(生旺墓) 3자를 모아 합국(合局)시킨 것이라 하였다.

수(水)는 신(申)에서 생(生)하고 자(子)에서 왕(旺)하며 진(辰)에서 묘(墓)가 된다. 그러므로 신자진(申子辰)을 합하여 수국(水局)이라 한 것이다.

목(木)은 해(亥)에서 생(生)하고 묘(卯)에서 왕(旺)하며 미(未)에서 묘(墓)가 된다. 그러므로 해묘미(亥卯未)를 합하여 목국(木局)이라 하였다.

화(火)는 인(寅)에서 생(生)하고 오(午)에서 왕(旺)하며 술

(戌)에서 묘(墓)가 된다. 그러므로 인오술(寅午戌)을 합하여 화국(火局)이라 하였다.

금(金)은 사(巳)에서 생(生)하고, 유(酉)에서 왕(旺)하며, 축(丑)에서 묘(墓)가 된다. 그러므로 사유축(巳酉丑)을 합하여 금국(金局)이라 하였다."

안찰하면 ; 《회남자(淮南子)》에 이르기를,

"목(木) 생어해(生於亥)하고 장어묘(壯於卯)하고 사어미(死於未)하는 것이니 3辰은 모두 목(木)이다.

화(火) 생어인(生於寅)하고 장어오(壯於午)하며 사어술(死於戌)하니 삼신(三辰)은 다 화(火)이다.

금(金) 생어사(生於巳)하고 장어유(壯於酉)하며 사어축(死於丑)하니 삼신(三辰)은 다 금(金)이 된다.

수(水) 생어신(生於申)하고 장어자(壯於子)하며 사어진(死於辰)하니 삼신(三辰)은 모두 수(水)가 된다. 그러므로 오승생일 장오종구(五勝生一壯五終九)하니 5·9=45이다. 그러므로 신(神)은 45일 동안을 한 차례 옮기니, 이는 3이 5에 응(應)하게 한 것이다. 그러므로 8번을 옮겨야 1년으로 마친다(故神四十五日而一徙 以三應五 故八徙而歲終)." 하였다.

지금 상고하여 보면, 음양가가 말하는 삼합은 오로지 수(水)·화(火)·목(木)·금(金)뿐이고 오직 토(土)에는 미치지 아니하였다. 그러나 음양서나, 《회남자(淮南子)》에는 역시 옛것을 위주로 하였기 때문에 가하다.

이른바 삼합지설(三合之說)은 이 책에서만 그런 것은 아니고, 토(土)의 삼합은 아예 세상에 전해지고 있지 않으니 왜 그러한가? 또 세상에서 말하는 토(土)의 장생은 12위에서 화(火)와 다르지 아니하기 때문이라 하는데, 《회남자》에서만은 「토(土)의 삼합(三合)」을 생오(生午)하고 장술(壯戌)하며 사인(死寅)이라 기록하였으나, 다른 책에는 있지 아니하므로 지금 이에 부쳐서 일의(一義)로 삼는 바이다.

6. 육합(六合)

地支	子	丑	寅	卯	辰	巳	午	未	申	酉	戌	亥
六合	丑	子	亥	戌	酉	申	未	午	巳	辰	卯	寅

자축(子丑)합(合), 인해(寅亥)합(合), 묘술(卯戌)합,
진유(辰酉)합(合), 사신(巳申)합(合), 오미(午未)합(合).

《여해집(蠡海集)》에 이르기를, "음양가의 지지(六合)는 일월(日月)이 자(子)에서 회합(會合)하면 두건(斗建)은 축(丑)에 있고, 일월이 축(丑)에서 회합하면 두건(斗建)은 자(子)가 된다. 그러므로 자축(子丑)이 합(合)이 된다.

日月이 인(寅)에서 회합하면 두건(斗建)은 해(亥)가 되고, 日月이 해(亥)에서 회합하면 두건은 인(寅)이 된다. 그러므로 인해(寅亥)가 합(合)이 된 것이다.

日月이 묘(卯)에서 합하면 두건은 술(戌)이 되고, 日月의 합이 술(戌)에 있으면 두건은 묘(卯)로 간다. 그러므로 묘술(卯戌)이 합(合)인 것이다.

日月의 합이 진(辰)에서 하면 두건은 유(酉)로 가고, 日月

의 합이 유(酉)로 가면 두건은 진으로 간다. 그러므로 진유(辰酉)가 합(合)이 된 것이다.

　日月이 합을 사(巳)에서 하면 두건은 신(申)으로 가고, 日月의 합을 신(申)에서 하면 두건은 사(巳)가 된다. 그러므로 사신(巳申)이 합이 된 것이다.

　日月의 합이 오(午)이면 두건은 미(未)에서 하고, 日月의 합이 미(未)이면 두건은 오(午)로 간다. 그러므로 오미(午未)가 합이 된 것이다."

　《고원(考原)》에 이르기를, "육합자 월건(月建)이 월장(月將)과 상합하는 것이다. 가령 정월건(正月建) 인(寅)이면 월장이 해(亥)가 됨이니 인(寅)과 해(亥)가 상합이 된다.

　2월건(月建) 묘(卯)에서는 월장(月將)이 술(戌)이 되니 묘술(卯戌)이 상합이다. 월건(月建)은 좌선(左旋)하고 월장(月將)은 우전(右轉)하면서 순역이 상치(相値)하게 된다. 그러므로 육합이 성립하는 것이다."

　안찰하면 ; 월장은 즉 日月이니 무광(月將卽是日月無光)이므로 일광(日光)을 받으면서 월이 운행할(月運行) 때 일과 합(日合)이 이루어지며 세기(歲紀)를 만든다. 이때의 일(日)은 월의 장(月之將)이 된다. 그러므로 일월장(日月將)의 신(神 ; 辰)이 달리 있는 것이 아니고, 일(日)을 좇으면서 우전(右轉)하는 것이다. 그 전차(躔次 ; 태양·달·별 등이 운행하는 길)는 해 왈(亥曰) 추자(娵訾)요, 술 왈(戌曰) 항루(降婁)요, 유 왈(酉曰) 대량(大梁)이요, 신 왈(申曰) 실침(實沈)이요, 미 왈(未曰) 순수(鶉首)요, 오 왈(午曰) 순화(鶉火)요, 사 왈(巳曰) 순미(鶉尾)요, 진 왈(辰曰) 수성(壽星)이요, 묘 왈(卯曰) 대화(大火)요, 인 왈(寅曰) 석목(析木)이요, 축 왈(丑曰) 성기(星紀)요, 자왈(子曰) 현효(玄枵)이다.

《춘추좌씨전(春秋左氏傳)》에 이미 그 설이 있었는데, 지금 사용하는 것이니, 그 전도(躔度) 과궁(過宮)을 함께 실어 공규(公規)로 삼는 것이다.

7. 오서둔(五鼠遁)

天干	甲	乙	丙	丁	戊	己	庚	辛	壬	癸
五鼠	甲子	丙子	戊子	庚子	壬子	甲子	丙子	戊子	庚子	壬子

갑기일(甲己日) 기(起) 갑자시(甲子時), 을경일(乙庚日) 기(起) 병자시(丙子時), 병신일(丙辛日) 기(起) 무자시(戊子時), 정임일(丁壬日) 기(起) 경자시(庚子時), 무계일(戊癸日) 기(起) 임자시(壬子時).

《고원(考原)》에 이르기를, "갑자일(甲子日) 기(起) 갑자시(甲子時)는 갑자일로부터 순서대로 헤아리면 다음날의 자시(子時)인 병자(丙子)가 되므로 을일(乙日)에 병자시(丙子時)를 일으키는 것과 같다. 이렇게 갑으로부터 기까지는 5일을 건너뛰어 헤아리면 모두 60시가 되는데, 60화갑(花甲)을 돌아 다시 시작하게 되므로 기일(己日) 자시(子時)도 역시 갑자(甲子)시가 된다."

8. 오호둔(五虎遯)

天干	甲	乙	丙	丁	戊	己	庚	辛	壬	癸
五虎	丙寅	戊寅	庚寅	壬寅	甲寅	丙寅	戊寅	庚寅	壬寅	甲寅

갑기년(甲己年) 正月 起 병인(丙寅),
을경년(乙庚年) 正月 起 무인(戊寅),
병신년(丙辛年) 正月 起 경인(庚寅),
정임년(丁壬年) 正月 起 임인(壬寅),
무계년(戊癸年) 正月 起 갑인(甲寅).

《고원(考原)》에 이르기를, "상고력원(上古曆元)의 연월일시를 보면 모두 갑자(甲子)로부터 일으켰다. 이는 갑자년은 반드시 갑자월을 일으키게 되므로 전년의 동지 11월이 된다. 이에서 정월건(正月建)은 인(寅)이므로 병인(丙寅)이 되었고, 2월건(月建)은 정묘(丁卯)이다.

이렇게 순서를 따라가면 이듬해 정월(正月)인 무인(戊寅)에 이르게 된다. 그러므로 을년(乙年)의 정월은 무인(戊寅)에서 일으킨다. 갑(甲)을 좇아 기(己)까지 5년을 헤아리면 60개월 화갑(花甲)이 되고 다시 시작하게 되므로 기년(己年)의 정월도 병인(丙寅)이 된다."

갑기(甲己) 합화 토(合化土)이고, 을경(乙庚) 합화 금(合化金), 병신(丙辛) 합화 수(合化水), 정임(丁壬) 합화 목(合化木), 무계(戊癸) 합화 화(合化火)가 된다.

9. 오합화기(五合化氣)

天干	甲	乙	丙	丁	戊	己	庚	辛	壬	癸
化氣	土	金	水	木	火	土	金	水	木	火

《고원》에 이르기를, "오합(五合)자는 천간(天干)에서 오위(五位)끼리 만나면 상합(相合)이 되는 원리이다. 하도(河圖)에서 1·6, 2·7, 3·8, 4·9, 5·10은 모두 같은 방위에서 만나 합을 이루고 있다.

십간(十干)으로 바꾸어 보면,
1이 甲이고 6이 己이니 갑기(甲己)가 합(合)이 되었고,
2가 乙이고 7이 庚이므로 을경(乙庚)이 합(合)이 되었다.
3이 丙이고 8이 辛이므로 병신(丙辛)이 합(合)이 되었다.
4가 丁이고 9번째가 壬이니 정임(丁壬)이 합(合)이 되었다.
5번째 戊와 10번째 癸가 무계(戊癸)가 합(合)을 이루었다.

또 연(年)에서 월(月)을 일으키는 것과 일(日)에서 시(時)를 일으키는 것도 5위를 건너뛰면 60화갑(花甲)이 되고 다시 시작하게 되니 월에서와 같은 간(干)이 되므로 역시 오합(五合)의 의미와 일치하게 된다."

안찰하면 ; 화기지리(化氣之理)는 심괄(沈括)이《황제내경(黃帝內經)》〈소문(素問)〉의 논리를 가장 잘 밝혀 놓았다. 〈소문〉의 오운(五運)과 육기(六氣)가 있다. 오운(五運)이란 갑기(甲己) 합화(合化) 토운(土運), 을경(乙庚) 합화 금

운(金運), 병신(丙辛) 합화 수운(水運), 정임(丁壬) 합화 목운(木運), 무계(戊癸) 합화 화운(火運)이다.

황제가 오운(五運)의 시작하는 바를 기백(岐伯)에게 물으니, 기백이 《태시천원책(太始天元冊)*》을 인용하여 그 문(文)에 이르기를 ; 무기로 분류하여 시작한다(始于戊己之分)고 하였다. 무기지분(戊己之分)이란 규벽각진(奎璧角軫)*을 이르고, 규벽각진이란 천지(天地)의 문호(門戶)인 것이다. 왕빙(王冰)은 《둔갑(遁甲)》을 인용하여 ; 육무는 천문(六戊爲天門)이요, 육기는 지호(六己爲地戶)라 하였다. 천문(天門)의 위치는 술해 사이에(戌亥之間) 있으니 규벽(奎璧)*의 분야가 되고, 지호(地戶)의 위치는 진사 사이(辰巳之間)에 있으니 각진(角軫)의 분야가 된다. 그러므로 음양은 다 진(辰)에서 시작되고, 오운(五運)은 각진에서 일으키니 역시 그곳도 진(辰)이다.

*《태시천원책(太始天元冊)》 ; 상고(上古) 시대의 천진원기운행(天眞元氣運行)을 기록한 의서.

*규벽(奎璧) ; 서옥(瑞玉)과 둥근 옥(玉). 천자가 봉작의 증거로 제후에게 주는 것으로 천자를 알현할 때 보이거나 제사 지낼 때 규벽을 바치고 소원을 빌었다.

갑기태세(甲己太歲)의 무기(戊己)는 금천지기(黃今天之氣 ; 金天之氣)이므로 각진(角軫)을 경유(經由)한다. 각(角)은 진(辰)이요 진(軫)은 사(巳)이니 그 세(歲)에서는 무진(戊辰) 기사(己巳)가 되므로 천간(天干)의 토(土)를 따라 토운(土運)이라 한 것이다.

을경지세(乙庚之歲)의 경신(庚辛)은 소천지기(素天之氣)이니 각진(角軫)을 경유하는 간지를 보면 경진(庚辰)신사(辛巳)이고 천간이 모두 금(金)이므로 금운(金運)으로 하였다.

병신지세(丙辛之歲)의 임계(壬癸)는 원천지기(元天之氣)이다. 각진을 경유하는 간지가 임진(壬辰)계사(癸巳)이니 천간의 수(水)를 따라 수운(水運)이라 하였다.

정임지세(丁壬之歲)의 갑을(甲乙)은 창천지기(蒼天之氣)이니 각진(角軫)을 경유하는 간지(干支)가 갑진(甲辰)을사(乙巳)이므로 천간(天干)의 목(木)을 따라 목운(木運)이라 하였다.

무계지세(戊癸之歲)의 병정(丙丁)은 단천지기(丹天之氣)이다. 각진을 경유하는 간지가 병진(丙辰)정사(丁巳)이므로 천간의 화(火)를 따라 화운(火運)으로 하였다.

운(運)이 각진에 임하면 기(氣)는 규벽(奎璧)에 있는데, 기(氣)와 운(運)은 항상 천지의 문호(門戶)가 된다.

무기(戊己)가 각진에 있으면 갑을(甲乙)이 규벽이 되는데, 갑기태세(甲己太歲)이어야 갑술(甲戌)을해(乙亥)가 되므로 《소문》에 이르기를 ; '토위지하 풍기승지(土位之下 風氣承之)한다'고 하였다.

경신(庚辛)이 각진이면 병정(丙丁)이 규벽이 되니 을경세(乙庚歲)이어야 병술(丙戌)정해(丁亥)가 되므로 '금위지하 화기승지(金位之下 火氣承之)'라 하였다.

임계(壬癸)가 각진이면 무기(戊己)가 규벽이 되니 병신태세(丙辛太歲)이어야 무술(戊戌)기해(己亥)가 되므로 '수위지하 토기승지(水位之下 土氣承之)'라 하였다.

갑을(甲乙)이 각진이면 규벽은 경신(庚辛)에 있으니 정임(丁壬)태세(太歲)이어야 경술(庚戌)신해(辛亥)가 나오므로 '풍위지하(風位之下 金氣承之)'한다고 하였다.

병정(丙丁)이 각진에 있으면 임계(壬癸)가 규벽(奎壁)이 되니 무계(戊癸)태세(太歲)이어야 임술(壬戌)계해(癸亥)가 나오므로, '상화지하 수기승지(相火之下 水氣承之)'한다고 하였다."

오행가(五行家)들은, 무(戊)는 사(巳)에 부쳐지고 기(己)는 오(午)에 부쳐진다 하고, 육임가(六壬家)는, 무(戊)는 사(巳)에 부쳐지나 기(己)는 미(未)에 부쳐진다 하고, 오직 《소문(素問)》에만은 무(戊)가 술(戌)에 부쳐지고 기(己)는 진(辰)에 부쳐진다고 하였다.

둔갑(遁甲)에는 육무(六戊)를 천문(天門)으로 하고 육기(六己)를 지호(地戶)로 하였으니 《소문》에서와 같은 것이다. 수토(水土) 상수(相隨)라 한 것은 수(水)는 금(金)의 자(子)라고 한 말이다.

양토(陽土)는 그러므로 금행(金行)의 말(末)이면서 해(亥)가 시작되는 곳에 거하게 하였다. 수(水)는 목(木)의 어미(母)라 하고, 사(巳)는 금(金)의 할아버지라 하였다.

음토(陰土)는 그러므로 수행(水行)의 묘지(墓地)이며 사(巳)의 시작되는 곳에 거하게 하였다. 그러므로 천지의 문호(天地之門戶)라 하였고 만물의 종출(從出)하는 바가 된다. 성가(星家)들은 용(龍)을 만나면 변화한다는 설이 있는데, 역시 그 근본은 이에서 비롯된 것이다. 이상이 십간(十干)화기(化氣)의 근원이다.

第一部 吉凶神煞

제 4장. 납음(納音)

1. 납음(納音)

심괄(沈括)이 말하기를, "육십갑자에는 납음(納音)오행이 있어서 그 근원과 뜻(意)을 확실하게 하고 있다. 대개 육십율(六十律)을 돌려 궁법(宮法)에 맞추는 것이다. 1율에는 5음이 함축되어 있으므로 12율을 납(納)하여 60율이 되었다.

무릇 기(氣)는 동방(東方)에서 시작하여 우행(右行)하고, 음(音)은 서방(西方)에서 일으켜 좌행(左行)하므로 음양이 상착(相錯)하면서 변화를 일으킨다. 이른바 기(氣)가 동방에서 시작하는 것은 사시(四時)는 목(木)으로부터 시작하여 우행(右行)으로 화(火)에 전(傳)하고, 화(火)는 토(土)에 전하며, 토(土)는 금(金)으로 전하고, 금(金)은 수(水)로 전하여야 하기 때문이다.

이른바 음(音)이 서방(西方)에서 시작하는 것은 오음(五音)은 금(金)으로부터 시작하여 좌선(左旋)으로 화(火)에 전하고, 화(火)는 목(木)에 전하며, 목(木)은 수(水)로 전하고, 수(水)는 토(土)로 전하여야 하기 때문이다.

납음과 역(納音與易)은 납갑(納甲)에서 동법(同法)이다. 건납갑(乾納甲)하고 곤납계(坤納癸)는 건금(乾金)으로 시작하여 곤토(坤土)에서 종(終)하는 것은 납음(納音)도 건금(乾金)으로 시작하였으니 토(土)에서 마쳐야 하는데, 곤(坤)이 토

(土)이다. 납음법(納音法)은 동류취처(同類娶妻)하고 격팔생자(隔八生子)하는데, 이것은 율려(律呂)의 상생법(相生法)이다.

오행(五行)은 선중(先仲)하고 후맹(後孟)하며 맹(孟)에서는 다음에 계(季)하는 것이다. 이는 둔갑(遁甲)의 삼원지기(三元之氣)와 같은 것이다.

갑자는 금의 중(甲子金之仲 ; 黃鐘之商)이니, 동위취처(同位娶妻)하면 을축(乙丑 ; 大呂之商)이 된다. 이에서 동위취처(同位娶妻)란 甲과 乙, 丙과 丁 같은 유(類)를 말하는데, 아래에도 이와 같다.

격팔(隔八)하면 아래로 임신 금의 맹을 생(隔八下生壬申金之孟 ; 夷則之商)한다. 위에서 **격팔(隔八)**이란 대려(大呂) 아래에서 이즉(夷則)을 생(生)함을 이르는 것인데, 아래도 이와 같다.

임신(壬申)이 동위취처(同位娶妻)하면 계유(癸酉 ; 南呂之商)이니 격팔상생(隔八上生)은 경진 금의 계(庚辰金之季 ; 姑洗之商)이다. 이 금(金)까지 삼원(三元)을 마친다.[이에서 양신(陽辰)으로만 그치는 것은 둔갑(遁甲)에 의거하여 중(仲) 맹(孟) 계(季)의 순으로 전하기 위함이다. 만약 처(妻)를 겸하여 말하고자 한다면 맹중계(孟仲季)로 역전(逆傳)하면 된다.]

경진(庚辰)의 동위취처(同位娶妻)는 신사(辛巳 ; 중여지상 仲呂之商)이니 격팔 하생(隔八下生)하면 무자화지중(戊子火之仲 ; 黃鐘之徵)이다. 이렇게 금(金)의 삼원(三元)이 끝나면 좌행(左行)하여 남방화(南方火)로 전한다.

무자(戊子)가 취처(娶妻)하면 기축(己丑 ; 大呂之徵)이니 생 병신 화지맹(生丙申火之孟 ; 夷則之徵)하고,

병신(丙申)이 취처(娶妻)하면 정유(丁酉 ; 南呂之徵)이니 생 갑진 화지계(生甲辰火之季 ; 姑洗之徵)하고,

갑진(甲辰)이 취처(娶妻)하면 을사(乙巳 ; 仲呂之徵)이니 생 임자 목지중(生壬子木之仲 ; 黃鐘之角)한다.

이로써 화(火)삼원(三元)이 종(終)하면 좌행(左行)하여 동방(東方) 목(木)으로 전한다. 이와 같이 좌행(左行)으로 정사(丁巳)에 이르면 중여지궁(仲呂之宮)이니 오음(五音)이 한 차례 끝나고 다시 갑오금(甲午金之 仲娶乙未)으로부터 시작하는데, 격팔로 생(隔八生)하면 임인(壬寅)이 된다.

일여(一如) 갑자지법(甲子之法)은 계해(癸亥)에서 종(終)하니, 이른바 유빈은 취임종상(謂蕤賓娶林鐘上)하고 생 태족지류(生太簇之類)한다. 자(子)에서부터 사(巳)까지는 양(陽)이므로 황종(黃鐘)으로부터 중여(仲呂)에 이르기까지는 다 하생(下生)하고, 오(午)로부터 해(亥)까지는 음(陰)이므로 임종(林鐘)으로부터 응종(應鐘)에 이를 때까지는 상생(上生)한다."

《여해집(蠡海集)》에 이르기를, "만물이 생(生)하는 것은 반드시 기(氣)가 있어야 가능한 것인데, 기(氣)라는 것이 무엇인가? 금(金)이라 할 수 있다. 금(金)이 기(氣)를 받고 순행(順行)하면 오행(五行)의 체(體)가 되고, 역행(逆行)하면 오행의 용(用)이 된다.

순행(順行)하면 오행의 체(體)가 된다 함은 금생수(金生水) 수생목(水生木) 목생화(木生火) 화생토(火生土)하기 때문이

니, 동지(冬至)가 역(曆)을 일으키는 근본(起曆之元)으로 겨울(冬)로부터 봄(春)으로, 봄(春)에서 여름(夏)으로, 여름(夏)에서 장하(長夏)로, 장하(長夏)에서는 가을(秋)로 가면서 귀원(歸元)하며 반본수렴(返本收斂)한 것이다.

역행(逆行)이란 오행의 용(用)이라 한 것은 금이 광산(鑛山)에서 나왔으나 화(火)에서 종혁(從革)하고 성재(成材)하며, 성재하면 쓰임을 생(生)하게 된다. 그러나 화(火)는 목(木)이 아니면 생(生)할 수 없으므로 반드시 목(木)으로 순환해야 계승이 가능하고, 목(木)은 반드시 수(水)에 의지하여 자영(滋榮)할 수 있으며, 수(水)는 반드시 토(土)에 의탁하여야 그치고 쌓을(止畜) 수 있다. 그러므로 목(木)에서 수(水)로, 수(水)에서 토(土)로 가는 것은 사행지류(四行之類)로 토(土)로써 정위(定位)하는 것이다. 그러므로 대요(大撓)가 갑자(甲子)를 지을 때 오행(五行)을 분배하여 납음(納音)으로 하였다. 대개 금(金)이 능히 수성(受聲)할 수 있는 것은 선기(宣氣)하는 연고(緣故)이다."

《법(法)》에 이르기를 ; 갑취(甲娶) 을처(乙妻)는 격팔(隔八) 생자(生子)하기 위함이니 자생손(子生孫)하여야 후행(後行)으로 승계(承繼)되어 기위(其位)를 대신할 수 있기 때문이다.

초일 왈(初一曰), 금(金)이다. 금에서 기(氣)가 먼저 거하여야 하니 갑자(甲子)가 수기(受氣)를 시작하였다. 갑취(甲娶) 을처(乙妻)는 격팔(隔八) 임신(壬申)이니 이 임신(壬申)이 자(子)이다. 임취(壬娶) 계처(癸妻)는 격팔하면 경진(庚辰)이니 이 경진(庚辰)이 손(孫)이 된다. 경취(庚娶) 신처(辛妻)는 격팔(隔八)하면 무자(戊子)이니 화(火)가 그 자리를 대신한다.

차이 왈(次二曰), 화(火)이다. 火는 무(戊)로 그 후(後)를 승계시키는데, 무취(戊娶) 기처(己妻)이니 격팔을 헤아리면 병신(丙申)이고 자(子)가 된다. 병취(丙娶) 정처(丁妻)에서 격팔하면 갑진(甲辰)이니 손(孫)이 된다. 갑취(甲娶) 을처(乙妻)이니 격팔은 임자(壬子)이며 이에서는 목(木)이 그 자리를 대신 이어간다.

차삼 왈(次三曰), 목(木)이다. 임(壬)이 그 후(後)를 계승하였으므로 임취(壬娶) 계처(癸妻)에서 격팔하면 경신(庚申)이 자(子)가 된다. 경취(庚娶) 신처(辛妻)이니 격팔하면 무진(戊辰)으로 이가 손(孫)이다. 무취(戊娶) 기처(己妻)에서 격팔하면 병자(丙子)인데 이에서는 수(水)가 그 자리를 대신 계승한다.

차사 왈(次四曰), 수(水)이다. 병(丙)이 그 뒤를 승계한다. 병취(丙娶) 정처(丁妻)이니 격팔하면 갑신(甲申)으로 자(子)가 된다. 갑취(甲娶) 을처(乙妻)에서 격팔하면 임진(壬辰)인데 이가 손(孫)이 된다. 임취(壬娶) 계처(癸妻)에서 격팔하면 경자(庚子)인데, 이에서는 토(土)가 그 자리를 대신 이어간다.

차오 왈(次五曰), 토(土)이다. 경취(庚娶) 신처(辛妻)에서 격팔하면 무신(戊申)인데 무신이 자(子)이다. 무취(戊娶) 기처(己妻)에서 격팔하면 병진(丙辰)인데 이가 그 손(孫)이다. 무취(戊娶) 기처(己妻)에서 격팔하면 갑자(甲子)이니 금(金)으로부터 다시 그 자리를 반복하여 이어간다. 갑오(甲午) 을미(乙未)는 앞 법(法)에서와 같이 헤아려간다. 이와 같은 연고로 오자(五子)가 귀경(歸庚)하는 설(說)이 있다.

도가(道家)들에서 흘러왔는데, 그 의(義)를 취하여 오방지위(五方之位)에다 배용(配用)할 때 자(子) 간두(干頭)로부터 경(庚) 자(字)에 이를 때까지 헤아리면 그 수(數)가 된다.

갑자(甲子)금(金)에서 갑수(甲數)에 이르기까지 7번째 경(庚)을 만나면 서방 금이 칠기(七氣)를 득한 것이다.

무자(戊子)화(火)에서는 3수(數)면 경(庚)을 만나는데, 경(庚)은 남방(南方) 화(火)가 삼기(三氣)를 득한 것이다.

임자(壬子)목(木)에서 헤아리면 9수(數)에서 경(庚)을 만나는데, 동방(東方)목(木)이 구기(九氣)를 득한 것이다.

병자(丙子)수(水)에서 헤아리면 5번째에서 경(庚)을 만나는데, 이는 북방(北方)수(水)가 오기(五氣)를 득하였다고 한다.

경자(庚子)토(土)는 스스로 1위가 되었으니 중방(中方)의 일기(一氣)이므로 이에서는 오자(五子)가 귀경(歸庚)하였다고 한다. 이에서 금(金)은 가장 먼저 수기(受氣)한다는 것을 알았고, 순행하면 오행(五行)의 체(體)가 되고 역행하면 오행의 용(用)이 된다. 그러므로 60갑자 납음(納音)은 만물에서 충만하게 이용된다.

《고원》에 이르기를, "오행(五行)은 기(氣)로써 시(始)하고 형(形)으로써 종(終)하는 것이 그 차서인데, 홍범(洪範)의 수(水)·화(火)·목(木)·금(金)·토(土)가 이것이다. 사시(四時)에 뿌려진 상생의 차서는 월령(月令)의 목(木)·화(火)·토(土)·금·(金)·수(水)가 그것이다. 칙비(飭厖 ; 整頓)로서 오재(五材)가 상극(相剋)하는 것으로는 우모(禹謨)의 수(水)·화(火)·금(金)·목(木)·토(土)의 차서가 그것이다. 납음(納音)

오행(五行)에서는 금(金)으로 시작하여 次火·次木·次水·次土의 순서이니 이미 시종(始終)의 본은 아닌 것이다. 또 생극(生剋)에서 취한 것이 없으므로 해설자는 그 자래(自來)한 바를 알 수 없다. 그 의(義)를 상고하면 역시 조술(祖述)하지만 역상(易象)에 의미를 둘 수밖에 없다. 즉 선후천괘(先後天卦)의 이치(理)를 말한다. 각자의 도(圖)로써 밝혀지기 바란다."

2. 납음오행(納音五行) 응선천도(應先天圖)

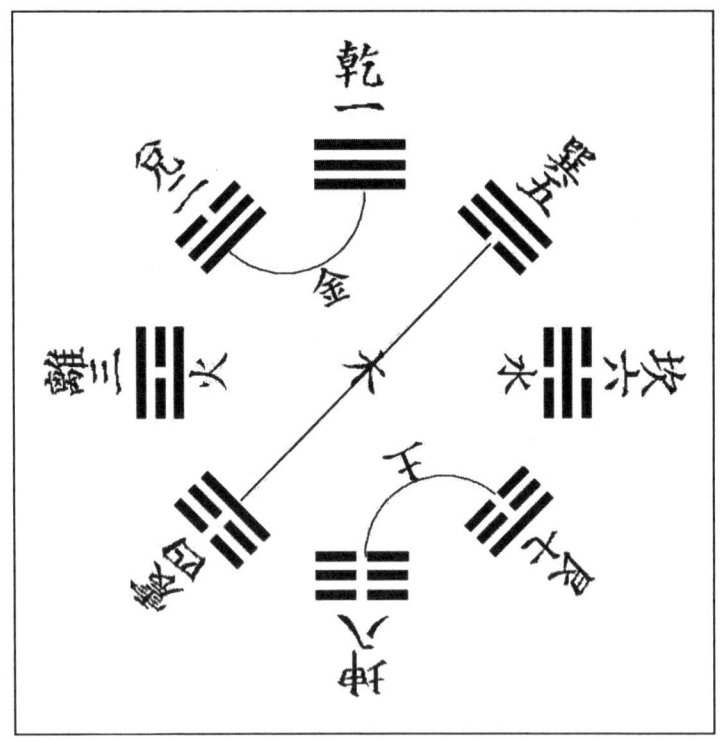

선천하도(先天河圖)를 보면 건(乾) 태(兌)가 수위(首位)에

금(金)으로 거하였고, 다음 자리로 이(離)가 화(火)에 거하였고, 또 다음으로 진(震) 손(巽)이 목(木)에 배치되었고, 또 다음 자리에는 감(坎)이 수(水)에 배치되었으며, 끝에다 간(艮) 곤(坤)을 토(土)에 배속시켰다. 그러므로 시작은 금(金)이었고 끝은 토(土)이니, 이는 건시곤성(乾始坤成)에 의의(意義)를 둔 것이다. 금(金)은 하늘의 굳셈(剛)을 취하였고, 토(土)는 땅의 부드러움(柔)을 취하였으며, 화(火)는 하늘에 붙여지고, 수(水)는 땅에 붙여졌으며, 목(木)은 생기(生氣)이니 중(中)에 거하게 하였다. 이렇게 납음(納音)은 선천(先天)의 차서(次序)에다 본(本)을 둔 것이다.

3. 납음오행(納音五行) 응후천도(應後天圖)

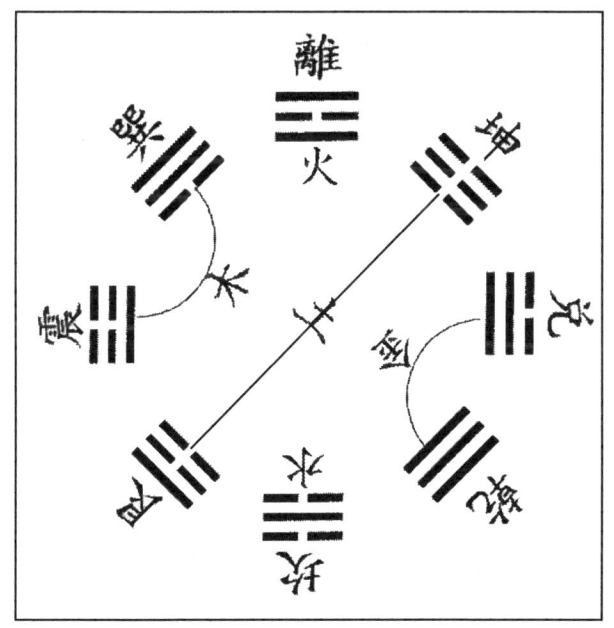

후천의 도(後天之圖) 역시 건(乾)이 수위(首位)에 거하지만 역전(逆轉)시켜 건태(乾兌) 금(金)을 서방(西方) 왕지(旺地)에 두었다. 다음으로 역전된 것이 이화(離火)인데, 화(火)는 남방에서 왕(旺)하기 때문이었다. 또 다음으로 전위된 것이 진손(震巽)목(木)인데 동방(東方)이 왕지(旺地)이므로 바른 자리에 두었다. 또 감수(坎水)도 전위(轉位)되었는데 왕지(旺地)가 북방(北方)이다. 이어 토(土)는 사계(四季)에 왕(旺)하므로 간곤(艮坤) 위(位)로 물러앉게 하므로 후천방위가 결정되었는데, 납음(納音)의 위(位)도 후천의 차서에서 근본 하였다.

4. 납음오행(納音五行) 분삼원(分三元) 응락율(應樂律) 격팔상생도(隔八相生圖)

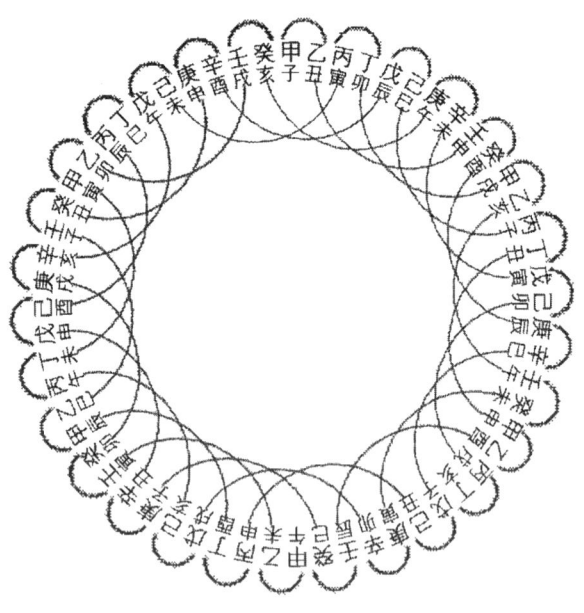

위 그림에서 갑자(甲子) 을축(乙丑)은 상원(上元)의 금(金)이며, 임신(壬申) 계유(癸酉)는 중원(中元)의 금(金)이며, 경진(庚辰) 신사(辛巳)는 하원(下元)의 금(金)이라는 것을 알았다. 삼원(三元)을 모두 돌고 나면 무자(戊子) 기축(己丑)으로 화(火)의 상원(上元)으로, 병신(丙申) 정유(丁酉)의 화(火)의 중원(中元)으로, 갑진(甲辰) 을사(乙巳) 화(火)의 하원(下元)으로 전(傳)하게 된다. 이후에는 다 위 그림에 의하여 금(金)·화(火)·목(木)·수(水)·토(土)의 차서(次序)대로 낙율(樂律) 동위취처(同位娶妻) 격팔생자(隔八生子) 법에 따라 정사(丁巳)에서 마치며 납음(納音)을 소성(小成)한다.

다시 또 갑오(甲午) 을미(乙未) 상원(上元)의 금(金)으로부터 기(起)하여 앞에서의 법(前法)처럼 진행한 후 정해(丁亥)에서 마치게(終) 된다.

안찰하면 ; 십간십이지(十干十二支)를 상착(相錯)하여 육십(六十)이 되었고, 오음(五音) 십이율(十二律)을 상승(相乘)하여 역시 육십이 되었다. 갑자(甲子)가 금(金)인데 을축(乙丑)도 금(金)인 것은 동위(同位)에서 취처(娶妻)하기 때문이다. 을축이 금(金)인데 임신도 또 금(金)인 것은 격팔(隔八)로 생자(生子)하기 때문이다. 일행(一行)은 각(各) 삼원(三元)이니 다 진행한 후에는 다음 행(行)으로 전하는데, 이것은 마치 봄(春)의 맹중계(孟仲季) 세 달 이후에 여름(夏)의 세 달이 있어 전(傳)하는 것과 같다.

갑자(甲子)로부터 시작하여 정사(丁巳)가 되면 오행의 삼원(三元)이 일주(一周)하는데, 이는 마치 역(易)에서 삼획(三

畵)으로 소성괘(小成卦)를 만드는 것과 같다. 또 갑오(甲午)로부터 시작하여 정해(丁亥)가 되면 오행의 삼원(三元)이 일주하는데, 이는 마치 역(易)에서 육획(六畫)으로 대성괘(大成卦)를 성립시키는 것과 같다. 그 입법(立法)을 보면 다 율려(律呂)와 상응한다.

5. 납음간지(納音干支) 기수합오행(起數合五行)

甲己子午9, 乙庚丑未8, 丙辛寅申7, 丁壬卯酉6, 戊癸辰戌5, 巳亥4數.

《여해집(蠡海集)》에 이르기를, "혹 문(問) 왈; 선천지수(先天之數)는 어떤 연고로 기(起)하였는가? 나의 답(答) 왈; 수(數)는 9수(數)에서 극(極)한다. 9로부터 역퇴(逆退)하였으니 甲己子午9, 乙庚丑未8, 丙辛寅申7, 丁壬卯酉6, 戊癸辰戌5까지 천간은 이미 다하였다. 이어서 지지(地支)만 巳亥가 남아 있는데, 이 사해(巳亥)에다 끝수 4(四數)를 부여하고 끝났다. 해(亥)는 천문(天門)이고 사(巳)는 지호(地戶)이니 순양의 자리(純陽之位)이므로 개합(開闔)의 추(樞)가 되는 곳이다. 그러므로 오행(五行)에서 관건(關鍵)이 된 것이다."

《서계당가록(瑞桂堂暇錄)》에 이르기를, "60갑자의 납음은 金木水火土의 음을 밝힌 것이다. 1·6을 水로 하였고, 2·7을 火, 3·8을 木, 4·9를 金, 5·10을 土로 하였다. 그러나 오행 가운데 金木만이 자연(自然)의 음으로 되어 있고, 水火土는 반드시 서로 가상 음을 빌린 후에 성음(必相假而後成音)되도록 되어 있다. 대개 수가토(水假土) 화가수(火假水) 토가화(土假火)가 그것이다. 그러므로 金音은 4·9요, 木音은 3·8이며, 水音은 5·10이요, 火音은 1·6이며, 土音은 2·7이니 이것은 바꿀 수 없는 논리(不易之論)이다.

어찌하여 甲己子午를 9, 乙庚丑未를 8, 丙辛寅申을 7, 丁壬卯酉를 6, 戊癸辰戌을 5, 巳亥를 4數로 말하였는가? 甲子乙丑은 그 수가 34이며 4는 金이기 때문이다. 戊辰己巳의 수는 23이므로 8은 木音이니 그러하였다. 庚午辛未는 32이니 2는 火이며 土는 火音으로 하기 때문이다. 甲申乙酉는 30수인데 10은 土이므로 水를 土音으로 하였기 때문이다. 戊子己丑은 31수이니 1은 水이다. 火는 水音으로 하기 때문에 火가 된 것이다. 대저 60갑자는 모두 그렇게 되지 않은 것이 없으니 이렇게 납음이 만들어진 것이다."

《고원》에 이르기를, "이에 양자(揚子 ; 揚雄)가 이르는 《태현경(太玄經)*》 논성률(論聲律)로 법(法)을 삼은 것이다. 대저 양간양지(兩干兩支)의 합(合)에서 그 남는 수(數)가 4·9인 것을 금(金)이라 하고, 1·6을 화(火)라 하고, 3·8을 목(木)으로 하고, 5·10을 수(水)로 하며, 2·7을 토(土)로 하였다. 가령 갑자(甲子)는 상하 모두 9이니 18수이고, 을축(乙丑)은 모두 8이니 16수이고 합하여 34이므로 금(金)이 된 것이다. 임수(壬數)6 신수(申數)7이니 합이 13이고 癸5酉6수이니 합이 11수이고 모두 합하면 24이므로 역시 금이 되었다. 그 다른 나머지수도 추적하여 보니 다 그렇지 않은 것이 없었다. 다만 배치한 곳에서 1·6, 2·7 등의 수와 하도(河圖)의 수는 같지 아니(不同)하였다. 지금 대연수(大衍數)* 50을 살펴보니 그 용수가 49였고 양간(兩干) 양지(兩支)의 합수 49에서 내감(內減)하고 나머지수로 만수(滿數) 10을 제거하고 보니 나머지가 1·6 水 2·7火 3·8木 4·9金 5·10土였다. 이에서 각각 소생(所生)한 오행에서 납음(納音)을 취한 것이었다. 이렇게 되었다면 하도(河圖)와 서로 같은(相同) 것이다.

* 《태현경(太玄經)》; 태(太)는 미칭(美稱)이고 현(玄)은 눈에 보이지 않는 우주의 본체를 말한다. 중국 한(漢)나라의 양웅(揚雄)이 지은 책. 현(玄)이 만물(萬物)로 전개되어 가는 모양을 상징적인 부호와 난해한 문구로 나타내려고 한 것으로, 역(易)을 본 뜬 것이다. 역의 구성에 대한 불규칙성에 불만을 느껴 보다 규칙적인 도식을 구하려는 데 저술의 동기가 있었던 것으로 본다. 전 10권.

*대연수(大衍數); 주역(周易)에 있어서 하늘이 생긴 수를 3으로 잡고, 땅이 생긴 수를 2로 잡아, 그 합(合)한 수인 5가 각각 10까지 늘리어 이루어진 수 50을 이른다.

또 설시법(揲蓍法)에서 용여책수(用餘策數)는 대연수 50개에서 태극수 1개는 불용(不用)이니 가로로 내려놓고 49개로 양쪽 손에 나누어 쥐는데, 이것은 태극수와 함께 천·지·인(天地人) 삼재(三才)를 상징한다. 다시 양 손 가운데 왼쪽 손에 있는 것으로 춘하추동 4계절을 상징하는 수 4개씩을 각각 공제하면 나머지 책수(策數)가 불 5 즉 9이고, 다음 오른손의 것을 같은 방법으로 헤아려 내려놓으면 불 4 즉 8이 된다. 3무더기가 되는데 일다(一多) 양소(兩小)는 소음(少陰)이요, 일소(一少) 양다(兩多)는 소양(少陽)이며, 삼다(三多)는 태음(太陰)이니 변양(變陽)하고, 삼소(三少)는 태양(太陽)이니 변음(變陰)하는데, 결국 기우(奇偶)로 작괘(作卦)하는 것에 불과하다.

여기에서는 용여수(用餘數)를 오행으로 정하는데, 그 이(理)가 정확하게 상합(相合)한다. 가령 갑9 자9 을8 축8은 그 합수가 34이니 49에서 내감(內減)하면 15수가 된다. 10수는 불용이므로 남은 5수는 토(土)이니 토생금한다. 그러므로 왈 금(曰金)이다.

병인(丙寅) 정묘(丁卯)는 공합(共合)수(數)가 26이니, 49에서 내감하면 23수가 남는데, 나머지 수만 치면 3이니 목(木)이 되고 木生火하여 왈 화(曰火)라 하였다. 무진(戊辰) 기사(己巳)는 공합 23이니 49에서 내감하면 26수이다. 용여수(用餘數) 6은 수(水)이며 수생목하여 왈 목(曰木)이다. 경오(庚午) 신미(辛未)는 공합 32이니 49에서 내감하면 17이므로 7수는 화(火)이니 화생토하여 왈 토(曰土)이다. 나머지도 이와 같다."

안찰하면 ; 양웅(楊雄)이 《태현경(太玄經)》에 이르기를, "子午의 수가 9, 丑未를 8, 寅申을 7, 卯酉를 6, 辰戌을 5, 巳亥가 4數이므로 율(律)이 42, 여(呂)가 36, 어우른 율려(律呂)의 수(幷律呂之數)는 혹 돌리기도 하고 그렇지 않기도 한데(或還或否) 합해서 78수로 황종(黃鐘)의 수를 이루었다. 그 법도를 보면 다 황종을 생(生)하고 있다."고 했다.

또 이르기를, "甲己 수 9, 乙庚8, 丙辛7, 丁壬6, 戊癸5 수(數)인데, 성은 일에서 생(聲生於日)하고 율은 신에서 생(律生

於辰) 하고, 성(聲)은 정(情)으로써 질(質)을 이루며(聲以情質), 율은 화로써 소리(律以和聲)가 된다고 한다. 그러므로 성과 율이 협력(聲律相協)하여야 팔음(八音)을 낼(生) 수 있다는 것이다."

이렇게 선천지수(先天之數)는 역대 이래로 종(宗)이 되었다. 그 갑기자오(甲己子午)를 9로 하였고, 을경축미는 8이 되었는가는 드물기는(罕) 하지만 이것이 확론(確論)이다.

지금 안찰하면 ; 자오(子午)는 건(乾) 진(震)에 소납(所納)하고, 축미(丑未)는 곤(坤) 손(巽)에 소납하며, 인신(寅申)은 감(坎)에 소납하고, 묘유(卯酉)는 이(離)에 소납하고, 진술(辰戌)은 간(艮)에 소납하고, 사해(巳亥)는 태(兌)에 소납한다. 양수(陽數)는 9에서 극(極)하고 음수(陰數)는 8에서 극(極)하므로 건곤(乾坤)이 득하였고, 진손(震巽)에는 부모(父母)에 장남녀(長男女)가 득하였으며, 그 나머지는 순서에 따라 득하였다. 이상을 보면 양대(兩大)와 육자(六字) 남녀(男女) 장소(長少)의 차서로 질서가 정연하여 어지럽히지 않으니 실로 사람이 억지로 꾸민 것이 아님을 알 수 있다.

이에서 10일의 차서와 또 각기의 화기(化氣) 수요지수(壽夭之數)까지도 차서(次序)를 따랐으며, 그간에는 털끝만큼의 조작도 없었다.

갑기(甲己)는 토(土)인데, 토는 예로부터 영원히 훼손할 수 없다(土終古 不毀). 즉 끊고 부수더라도 미진(微塵)이 남으며 끓여도 인허(蕩爲鄰虛)*하므로 그 질고(質固)함은 남아 있으므로 가장 장수(長壽)한다 하여 9수를 부여했다.

*인허(鄰虛 ; 隣虛) ; 허공에 가깝다는 뜻으로 극미(極微)와 같음.

다음으로 금(金)은 비록 화(火)로 녹여서(鑠之) 역시 질회하여 기마저 흩어진 것(質灰氣散) 같아도 견고함은 남아 있으니 만물의 왕(王)일 수밖에 없다. 그러므로 을경(乙庚)을 금(金)으로 하여 갑기(甲己) 다음이 되었다.

또 그 다음은 수(水)이니, 날마다 굽고 바람에 깎이고(日炙風削) 불로 달여서(火煎烹之) 모두 없어진 것 같아도 역시 자연 속에서 소멸되지 않으므로 비록 견고함이 금(金)에는 따르지 못하더라도 그 유약전능하여 오랜 수명은 만물이 따를 자 없기(而其柔弱轉能久壽而物莫若也) 때문에 병신(丙辛)이 수(水)가 되었고, 을경(乙庚) 다음에 둔 것이다.

또 그 다음은 목(木)인데, 1년 가운데 영락(榮落)의 시기가 정하여져 있다. 정임(丁壬)목(木)이니 병신(丙辛)수(水) 다음에 두었고, 또 그 다음은 화(火)인데, 일(一) 주야(晝夜)간에 현회(顯晦)가 정하여져 있다. 무계(戊癸)화(火)가 그것인데, 정임(丁壬)목(木) 다음에다 둔 것이다.

또 갑기(甲己)토(土)로 生 을경(乙庚)금(金)하고, 을경(乙庚)금(金)으로 生 병신(丙辛)수(水)하고, 병신(丙辛)수(水)로 生 정임(丁壬)목(木)하고, 정임(丁壬)목(木)으로 生 무계(戊癸)화(火)하니 층을 따라 내려 生한다. 이는 자연이므로 자연수가 되었다.

그렇다면 십(十)이 없고 1 2 3이 없다면 어떻게 하는가? 왈, 수는 9에서 마치므로(數終於九) 10은 곧 1이다. 이에서 만약

1 2 3을 천지인(天地人)의 대수(大數)로 한다면 일일(一日) 일신(日辰)의 사이에서는 편고(偏枯 ; 상대적으로 부족함)하여 편기(偏寄 ; 한쪽으로 기울어 치우침)를 득할 수 없을 것이다. 그러나 9 8 7 6 5 4를 말하면 1 2 3은 그 속에 있는 것이 된다. 그러므로 황종(黃鐘) 81은 12신(辰)의 78을 득한 것으로 그치는 것이다. 이것이 양자(揚子 ; 양웅)가 이르는 황종지수(黃鐘之數)를 성립시킨 것이다. 대저 3은 이미 허함(虛函)한 수(數)로 81수를 성립시켰다.

6. 오행오음(五行五音)

주자(朱子)가 이르기를, "악성(樂聲)은 토(土) 금(金) 목(木) 화(火) 수(水)의 순이고, 홍범(洪範)은 수(水) 화(火) 목(木) 금(金) 토(土)의 순이다. 대저 납음(納音)이란 간지(干支)를 오음(五音)에 분배시킨 것인데, 본음(本陰)에서 소생한 오행이 곧 그 간지(干支)에 소납(所納)하는 음(音)이 된다.

궁(宮)	상(商)	각(角)	치(徵)	우(羽)
屬 土生金	屬 金生水	屬 木生火	屬 火生土	屬 水生木
甲子 乙丑 甲午 乙未	丙子 丁丑 丙午 丁未	戊子 己丑 戊午 己未	庚子 辛丑 庚午 辛未	壬子 癸丑 壬午 癸未
壬申 癸酉 壬寅 癸卯	甲申 乙酉 甲寅 乙卯	丙申 丁酉 丙寅 丁卯	戊申 己酉 戊寅 己卯	庚申 辛酉 庚寅 辛卯
庚辰 辛巳 庚戌 辛亥	壬辰 癸巳 壬戌 癸亥	甲辰 乙巳 甲戌 乙亥	丙辰 丁巳 丙戌 丁亥	戊辰 己巳 戊戌 己亥

❶ 초일(初一), 궁(宮)·상(商)·각(角)·치(緻)·우(羽)에다 갑(甲)·병(丙)·무(戊)·경(庚)·임(壬)을 납갑(納)하여 오자(五子)에 오축(五丑)을 연계하여 따르게 하였다. 그리하면 궁득갑자(宮得甲子) 상득병자(商得丙子) 각득무자(角得戊子) 치득경자(徵得庚子) 우득임자(羽得壬子)가 된다.

궁토(宮土)에서 토생금(土生金)하므로 갑자(甲子)을축(乙丑) 해중금(海中金).

상금(商金)에서 금생수(金生水)하므로 병자(丙子)정축(丁丑) 납음수(納音水).

각목(角木)에서 목생화(木生火)이므로 무자(戊子)기축(己丑) 납음화(納音火).

치화(緻火)에서 화생토(火生土)하므로 경자(庚子)신축(辛丑) 납음토(納音土).

우수(羽水)에서는 수생목(水生木)하므로 임자(壬子)계축(癸丑) 납음목(納音木)을 득하였다.

차이(次二), 상(商) 각(角) 치(徵) 우(羽) 궁(宮)이니 납갑(納甲)은 甲 丙 戊 庚 壬으로 오인(五寅)에 연계하여 오묘(五卯)가 따르게 하였다.

상금(商金)은 갑인(甲寅)을묘(乙卯) 납음수(納音水)를 득하고,

각목(角木)은 병인(丙寅)정묘(丁卯) 납음화(納音火)를 득하며,

치화(緻火)는 무인(戊寅)기묘(己卯) 납음토(納音土)를 득하였고,

우수(羽水)는 경인(庚寅)신묘(辛卯) 납음목(納音木)을 득하였고,

궁토(宮土)는 임인(壬寅)계묘(癸卯) 납음금(納音金)을 득하였다.

차삼(次三), 각(角) 치(徵) 우(羽) 궁(宮) 상(商)은 甲 丙 戊 庚 壬을 납(納)함에 오진(五辰)에다 오사(五巳)가 따르게 하였다.

각목(角木)은 갑진(甲辰)을사(乙巳)를 득하여 화(火) 납음(納音)으로 하였고,

치화(徵火)는 병진(丙辰)정사(丁巳)를 득하여 토(土) 납음으로 하였고,

우수(羽水)는 무진(戊辰)기사(己巳)를 득하여 목(木) 납음으로 하였고,

궁토(宮土)는 경진(庚辰)신사(辛巳)를 득하여 금(金) 납음으로 하였고,

상금(商金)은 병오(丙午)정미(丁未)를 득하여 수(水) 납음으로 하였다.

이상과 같이 육갑(六甲)의 반(半)을 납음으로 소성(小成)시켰다.

차사(次四)는 다시 궁상각치우(宮商角徵羽)에 갑(甲)병(丙)무(戊)경(庚)임(壬)을 납(納)하여 오오(五午)에다 오미(五未)를 따르도록 연계하였다.

궁토(宮土)가 갑오(甲午)을미(乙未)를 득하여 금(金) 납음이 되었고,

상금(商金)이 병오(丙午)정미(丁未)를 득하여 수(水) 납음이 되었고,

각목(角木)이 무오(戊午)기미(己未)를 득하여 화(火) 납음이 되었고,

치화(徵火)가 경오(庚午)신미(辛未)를 득하여 토(土) 납음이 되었고,

우수(羽水)가 임오(壬午)계미(癸未)를 득하여 목(木) 납음이 되었다.

차오(次五)는 다시 상(商)부터 각치우궁(角徵羽宮)에 甲丙戊庚壬을 납(納)하여 오신(五申)에 오유(五酉)를 연계하여 따르게 하였다.

상금(商金)은 갑신(甲申)을유(乙酉)를 득하여 수(水) 납음이 되었고,

각목(角木)은 병신(丙申)정유(丁酉)를 득하여 화(火) 납음이 되었고,

치수(徵水)는 무신(戊申)기유(己酉)를 득하여 토(土) 납음이 되었고,

우화(羽火)는 경신(庚申)신유(辛酉)를 득하여 목(木) 납음이 되었고,

궁토(宮土)는 임신(壬申)계유(癸酉)를 득하여 금(金) 납음이 되었다.

차육(次六)은 다시 각치우궁상(角徵羽宮商)에다 甲丙戊庚壬을 납(納)하고 오술(五戌)에다 연계하여 오해(五亥)를 따라붙게 하였다.

각목(角木)은 갑술(甲戌)을해(乙亥)를 득하여 화(火) 납음이 되었고,

치화(徵火)는 병술(丙戌)정해(丁亥)를 득하여 토(土) 납음이 되었으며,

우수(羽水)는 무술(戊戌)기해(己亥)를 득하여 목(木) 납음이 되었고,

궁토(宮土)는 경술(庚戌)신해(辛亥)를 득하여 금(金) 납음이 되었고,

상금(商金)은 임술(壬戌)계해(癸亥)를 득하여 수(水) 납음이 되었다.

이렇게 모든 육갑(六甲)에 납음을 대성(大成)시켰다. 양(陽)은 자(子)로부터 생(生)하니 갑자(甲子)에서 계사(癸巳)까지이며, 음(陰)은 오(五)에서 생(生)하니 갑오(甲午)로부터 계해(癸亥)까지이다. 그러므로 30갑을 헤아리고 다시 궁(宮)에서부터 일으키니, 궁(宮)을 군(君)으로 하고 상(商)을 신(臣)으로, 각(角)을 민(民)으로 하였으니, 모두 인도(人道)에 있는 것이다. 그러므로 이 모두를 수(首)로 하였고, 치(徵)는 일(事)로 하고, 우(羽)는 사물(物)로 하니, 이들은 사람에게 소용되는 것이기 때문에 수(首)가 될 수는 없다. 이렇게 삼갑(三甲)이 끝나면 다시 궁(宮)에서부터 시작하는 것이다. 간(干)은 하늘(天)이고 지(支)는 땅(地)이며 음(音)은 사람(人)이니, 삼재(三才)를 오행(五行)에다 갖춘 것이다."

 도종의(陶宗儀) 왈, "갑자(甲子)을축(乙丑)을 해중금(海中金)이라 한 것은 자(子)는 수(水)이니 또 호수(湖水)이

며, 수왕지(水旺地)이니 금을 겸(金兼)하게 하였고, 금(金)은 자(子)에서 사(死)하기 때문에 축(丑)에서 묘(墓)가 되므로 수(水)가 왕(旺)하면 금(金)은 사묘(死墓)가 된다. 그러므로 해중금(海中金)이라 하였다.

병인(丙寅)정묘(丁卯) 노중화(爐中火)는, 인(寅)은 삼양(三陽)이요 묘(卯)는 사양(四陽)이므로 화(火)가 이미 득지(得地)하였다면 또 인묘목(寅卯木)도 생(生)할 수 있다. 이때가 되면 천지(天地)가 개로(開鑪)하여 만물이 시생(始生)하므로 이르기를, 노중화(鑪中火)라 하였다.

무진(戊辰)기사(己巳) 대림목(大林木)은, 진(辰)은 원야(原野)요 사(巳)는 육양(六陽)이다. 목(木)이 육양(六陽)에 이르면 지영엽무(枝榮葉茂)하므로 무성(茂盛)한 목으로 성장하여 원야(原野)의 강한 목이므로 이르기를, 대림목(大林木)이라 하였다.

경오(庚午)신미(辛未) 노방토(路傍土)는, 미중(未中)의 목(木)이 왕성한 오위(午位)의 화(火)에서 생하였으므로 토(土)는 볶여(焦) 있으므로 육물(育物)이 불가능하고 마치 길바닥(路傍)의 토와 같게 된다 하여 노방토(路傍土)라 하였다.

임신(壬申)계유(癸酉) 검봉금(劍鋒金)은, 신유(申酉)는 금(金)의 정위(正位)이니 신(申)은 임관(臨官) 유(酉)는 제왕처(帝旺處)다. 금이 이미 생왕(生旺)하다면 강(剛)을 이룬 것이고, 강(剛)하면 검봉보다 앞설 수는 없으므로 왈 검봉금(劍鋒金)이라 하였다.

갑술(甲戌)을해(乙亥) 산두화(山頭火)는, 술해는 천문(天

門)인데 화(火)가 천문(天門)을 비추면 그 광채가 지극히 높으므로 산두화(山頭火)라 하였다.

병자(丙子)정축(丁丑) 간하수(澗下水)는, 수(水)는 자(子)에서 왕(旺)하고 축에서 쇠(衰)한다. 왕함은 쇠지(衰地)로 이르는 길목이니 강하(江河)를 이룰 수 있는 물이 아니므로 이르기를, 간하수(澗下水)라 하였다.

무인(戊寅)기묘(己卯) 성두토(城頭土)는, 천간(天干)무기(戊己)는 토(土)이니 인(寅)은 간산(艮山)으로 토(土)를 산에 쌓아놓은 것이므로 이르기를, 성두토(城頭土)라 하였다.

경진(庚辰)신사(辛巳) 백납금(白鑞金)은 금은 진(辰)에서 길러주고 사(巳)에서 생한다. 처음에 생성한 금은 형질이 견고하고 예리하지 못하므로 이르기를, 백납금(白鑞金)이라 하였다.

임오(壬午)계미(癸未) 양유목(楊柳木)은, 목은 오(午)에서 사(死)하고 미(未)에서 묘(墓)가 된다. 이미 사묘(死墓)를 만난 목은 천간(天干) 임계(壬癸)가 생할지라도 유약(柔弱)할 수밖에 없으므로 이르기를, 양유목(楊柳木)이라 하였다.

갑신(甲申)을유(乙酉) 천정수(泉井水)는, 금의 임관(臨官)은 신(申)이고 제왕(帝旺)은 유(酉)이다. 금이 생왕(生旺)하다면 수(水)는 이에서 생을 받지만, 방생(方生)의 상태이므로 역량이 클 수 없으므로 이르기를, 정천수(井泉水)라 하였다.

병술(丙戌)정해(丁亥) 옥상토(屋上土)는, 병정(丙丁)이 화(火)이고 술해(戌亥)는 천문(天門)인데 화(火)가 이미 염상(炎上)에 이르렀으면 아래에 있는 토(土)는 생함을 받지 못하므로 이르기를, 옥상토(屋上土)라 하였다.

　무자(戊子)기축(己丑) 벽력화(霹靂火)는, 축(丑)은 토(土)에 속하고 자(子)는 수(水)에 속하니 수(水)는 자기 자리에 있으나 납음(納音)이 화(火)이니 수중(水中)의 화(火)로서 신룡(神龍)이 아니므로 이르기를, 벽력화(霹靂火)라 하였다.

　경인(庚寅)신묘(辛卯) 송백목(松柏木)은 목(木)의 임관(臨官)은 인(寅)이고 제왕(帝旺)은 묘(卯)이다. 목(木)이 이미 생왕하다면 유약과 견줄 수 없으므로 이르기를, 송백목(松柏木)이라 하였다.

　임진(壬辰)계사(癸巳) 장류수(長流水)는 진(辰)은 수고(水庫)이고 사(巳)는 금(金)의 장생지이니 금(金)이 생(生)한다면 수성(水性)은 오래 존재할 수 있으며, 수고(水庫)로는 생금(生金)하면 샘에 근원(泉源)이 있어 마르지 아니하므로 이르기를, 장류수(長流水)라 하였다.

　갑오(甲午)을미(乙未) 사석금(沙石金)은, 오(午)는 화왕(火旺)지니 화(火)가 왕하다면 금(金)은 패지(敗地)가 되고, 미(未)는 화의 쇠지(衰地)이니, 화가 쇠약하면 금(金)은 관대(冠帶)가 되므로 성만(盛滿)할 수 없다. 이르기를, 사석금(沙石金)이라 하였다.

　병신(丙申)정유(丁酉) 산하화(山下火)는, 신(申)은 지호(地戶)이고 유(酉)는 일입(日入)의 문(門)이다. 해가 이곳에 이르면 빛을 감춘다(藏光)하여 산하화(山下火)라 하였다.

　무술(戊戌)기해(己亥) 평지목(平地木)은, 술(戌)은 원야(原野)이고 해(亥)는 목생지(木生地)이니 목이 원야에서 생하면 일근(一根) 일주(一株)와 비교가 되지 않으므로 평지목(平地木)이라 하였다.

  경자(庚子)신축(辛丑) 벽상토(壁上土)는, 축(丑)은 비록 토가(土家)의 정위(正位)라도 자(子)는 수(水)가 왕지(旺地)이므로 물이 많으면 토(土)는 빠지고 유실되므로 이르기를, 벽상토(壁上土)라 하였다.

  임인(壬寅)계묘(癸卯) 금박금(金箔金)은, 인묘(寅卯)가 목왕지(木旺地)이니 목이 왕하면 금영(金贏)하고 또 금(金)은 인(寅)에서 절(絶)하고 묘(卯)에서 태(胎)가 되므로 금(金)이 무력(無力)하다. 그러므로 이르기를, 금박금(金箔金)이라 하였다.

  갑진(甲辰)을사(乙巳) 복등화(覆燈火)는, 진(辰)은 아침식사 때이고, 사(巳)는 그 사이이니 하루의 장중(將中)이다. 염양지세(艷陽之勢)로 빛이 천하를 고루 비추므로 이르기를, 복등화(覆燈火)라 하였다.

  병오(丙午)정미(丁未) 천하수(天河水)는, 병정화(丙丁火)가 오(午)는 제왕(帝旺)지이고 납음(納音)은 수(水)이므로 수(水)가 화(火)에서 나온 것이다. 은한수(銀漢水)가 아니면 은하에 있을 수가 없으므로 이르기를, 천하수(天河水)라 하였다.

  무신(戊申)기유(己酉) 대역토(大驛土)는, 신(申)은 곤방(坤方)이고 유(酉)는 태방(兌方)으로 태위택(兌爲澤)이니 무기(戊己)의 토(土)를 곤택(坤澤) 위에 가하였으니 다른 부박(浮薄)의 토와는 다르므로 이르기를, 대역토(大驛土)라 하였다.

경술(庚戌)신해(辛亥) 채천금(釵釧金)은, 금(金)이 술(戌)에 이르면 쇠약해지고 해(亥)에 이르면 병(病)이 되므로 금(金)이 이미 쇠병(衰病)을 만났다면 성유(誠柔)하게 되므로 이르기를, 채천금(釵釧金)이라 하였다.

임자(壬子)계축(癸丑) 상자목(桑柘木)은, 자(子)는 수(水)요 축(丑)은 금(金)이니, 수(水)방에서는 생목(生木)하고 금(金)은 벌목(伐木)한다. 그러므로 이르기를, 상자목(桑柘木)으로 하였다.

갑인(甲寅)을묘(乙卯) 대계수(大溪水)는, 인(寅)은 동북(東北) 유방(維方)에 거하고 묘(卯)는 정동(正東)에 거한다. 물이 정동으로 흐르면 그 성질은 순해지고 천간(川澗) 지소(池沼)와 합하여 더 큰 물이 되므로 이르기를, 대계수(大溪水)라 하였다.

병진(丙辰)정사(丁巳) 사중토(沙中土)는, 토고(土庫) 진(辰)이고 절(絶)은 사(巳)이니 천간(天干)병정(丙丁)의 화(火)는 진(辰)에 이르면 관대(冠帶)이고 사(巳)는 임관(臨官)이다. 토(土)가 이미 고절(庫絶)이 되었다면 왕화(旺火)로부터 다시 생을 받으니 이르기를, 사중토(沙中土)라 하였다.

무오(戊午)기미(己未) 천상화(天上火)는 오(午)는 화왕(火旺)이고 미중(未中)의 목(木)은 다시 화를 생하므로 화성(火性)의 염상(炎上)이 생지를 만났다 하여 천상화(天上火)라 하였다.

경신(庚申)신유(辛酉) 석류목(石榴木)은, 신(申)은 7월이고 유(酉)는 8월이니, 이때에는 목(木)이 절지(絶地)가 되고 오직 석류목(石榴木)만이 결실(結實)하기 때문으로 이르기를, 석류목(石榴木)이라 하였다.

 임술(壬戌)계해(癸亥) 대해수(大海水)는, 수(水)는 관대(冠帶)이고 술(戌)은 임관(臨官)이니 해수가 임관 관대가 되면 후중하다. 겸하여 해(亥)는 강(江)이므로 다른 수와는 비교할 수 없으므로 이르기를, 대해수(大海水)라 하였다."

제5장. 납갑(納甲)

1. 납갑(納甲)

《여해집(蠡海集)》에 이르기를, "납갑설(納甲說)은 갑을 1로 하여 임(壬)에 이르면 9가 되는데, 이를 양수(陽數)의 시종(始終)으로 삼는다. 그러므로 건(乾)으로 귀속(歸屬)하는데, 역(易)은 순수(順數)이다. 을(乙)을 2로 하여 계(癸)까지 진행하면 10이 된다. 이것은 음수(陰數)의 시종(始終)이다. 그러므로 곤(坤)에 귀속(歸屬)하여 역(易 ; 바꿀 역)은 역수(逆數)이다.

건(乾)1에서 찾아내어 득남(得男)하면 진(震)이 되고, 곤(坤)1에서 찾아내어 득녀(得女)하면 손(巽)이 된다. 그러므로 경(庚)이 진(震)으로 붙고(入), 신(辛)은 손(巽)으로 붙(入)는다.

건(乾)에서 두 번째로 찾아 득남(得男)하면 감(坎)이 되고, 곤(坤)에서 두 번째로 찾아 득녀(得女)하면 이(離)가 된다. 그러므로 무추감(戊趨坎)하고 기추리(己趨離)라 한 것이다.

건(乾)에서 세 번째로 찾아 득남(得男)하면 간(艮)이 되고, 곤에서 세 번째로 찾아 득녀하면 태(兌)가 된다. 그러므로 병(丙)은 간(艮)을 따르고, 정(丁)은 태(兌)를 좇는다.

양(陽)은 북에서 생하여 남에서 이루므로(陽生於北成於南) 건(乾)은 갑자(甲子)로 시작하여 임오(壬午)에서 마치고, 곤(坤)은 을미(乙未)에서 시작하여 계축(癸丑)에서 마친다. 첫

번째로 찾은 진손(震巽)은 경신(庚辛)을 자축(子丑)으로 시작하고, 두 번째 찾은 감리(坎離)에는 무기(戊己)를 인묘(寅卯)로 시작하며, 세 번째 찾은 간태(艮兌)는 병정(丙丁)으로 진사(辰巳)에서 시작한다.

또 하나의 설(說)은, 건곤(乾坤)은 음양이기(陰陽二氣)의 정위(正位)이고, 감리(坎離)는 이기(二氣)가 교호(交互)하는 곳이다. 그러므로 정위(正位)에서는 시종(始終)을 모두 갖추어야 하므로 갑(甲)임(壬)이 건(乾)에 귀속하고 을(乙)계(癸)가 곤(坤)에 귀속하였다. 교호(交互)는 왕래처의 중간이므로 무는 감으로 귀속하고(戊歸於坎), 기는 리(己歸離)에 귀속시켰다. 진손(震巽)은 수기(受氣)를 시작하는 곳이므로 경(庚)과 신(辛)이 귀속하였고, 간태(艮兌)는 생화(生化)를 마치는 곳이므로 병정(丙丁)을 귀속시켰다.

건곤(乾坤) 위(位)는 음양(陰陽)의 극처(極處)이므로 자오(子午)축미(丑未)를 갑임(甲壬)을계(乙癸) 아래에 배속시켜 부모로서 내외를 다 통섭하게 하였다. 진손(震巽)은 장남과 장녀로 초삭(初索)한 괘(卦)이니 이에는 자축(子丑)을 경신(庚辛)에 배속하였다. 감리는 중남중녀이니 재삭(再索)한 괘이므로 이에는 인묘(寅卯)를 무기(戊己)에 배속하였다. 간태(艮兌)는 소남(少男) 소녀(少女)이니 삼삭(三索)한 괘(卦)이므로 진사(辰巳)를 병정(丙丁)에 배속하였다. 납(納)이란 주는 것을 받는다는 말이니, 육갑(六甲)을 팔괘중(八卦中)에다 용수(容受)하는 것이다. 역자역야(易者逆也)이니 수(數)는 모두 역(逆)으로 추구(推究)한다."

2. 납갑직도(納甲直圖)

《고원》에 이르기를, "건납갑임(乾納甲壬) 곤납을계(坤納乙癸) 건곤(乾坤)으로 포괄적으로 시종(始終)한다는 뜻이다. 나머지 6괘는 아래로부터 위로 가며 획괘(畫卦)하는 것이 법이다. 진손(震巽)은 음양을 아래에서 일으키므로 진납경(震納庚)하고 손납신(巽納辛)한다. 감리(坎離)는 음양을 중(中)에서 교호(交互)하므로 감납무(坎納戊)하고 이납기(離納己)한다. 간태(艮兌)는 음양이 상(上)에서 극하므로 간납병(艮納丙)하고 태납정(兌納丁)한다. 갑병무경임(甲丙戊庚壬)은 양간(楊干)이니 모두 양괘(陽卦)에 배납하고, 을정기신계(乙丁己辛癸)는 음간이므로 모두 음괘에 배납한다."고 하였다.

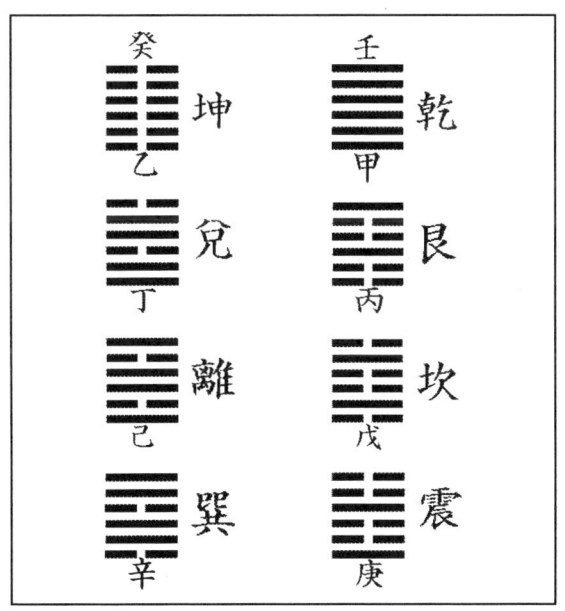

3. 납갑원도(納甲圓圖)

《考原》에 이르기를, "이는 6괘로 월후(月候)에 응(應)하게 한 것인데, 감리(坎離)를 일월(日月)의 본체로 삼고 중앙에 거하게 하여 불용(不用)이다.

진(震)을 곧 생명(震直生明者)이라 한 것은 일양(一陽)이 진(震)에서 생하기 때문이다. 또한 달이 처음으로 빛(生明)을 발하는(初昏候之月) 때라 한 것은 초혼(初昏)이 경방(庚方)에서 나타나기 때문이다.

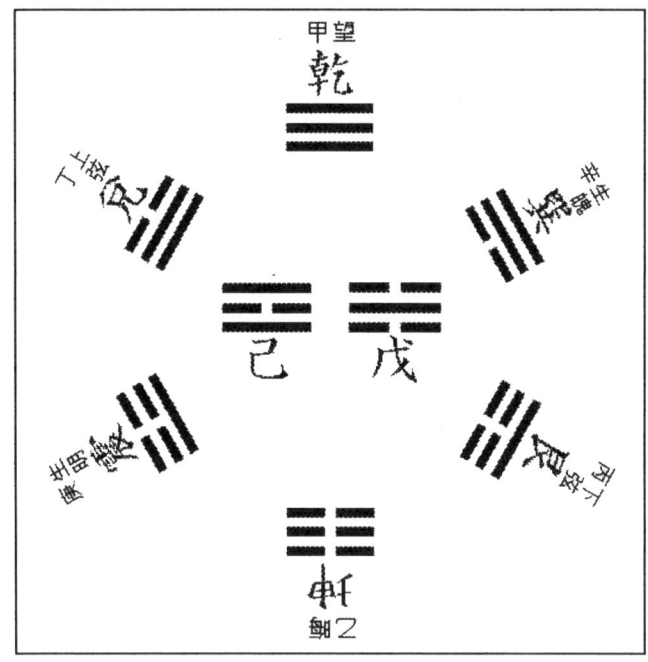

태(兌)가 곧 상현자(兌直上弦者)라 한 것은 달이 물에 잠겼

다가(浸盛) 이양(二陽)만큼으로 나타나기 때문이다. 또한 상현(上弦)이 되면 초혼후(初昏候)의 달이므로 달은 정방(丁方)에서 보인다.

건(乾)은 바로 망자(乾直望者)이니 삼양이 성만(盛滿)한 곳이다. 또한 망월(望月)이 되면 초혼후(初昏候)의 달은 갑방(甲方)에서 나타난다.

손(巽)이 곧 생백(巽直生魄)인 것은 일음이 비로소 시생하기(一陰始生) 때문이다. 또 생백(生魄) 때가 되면 평명후(平明候)의 달이므로 신방(辛方)에서 나타난다.

간(艮)은 곧 하현(艮直下弦)이니 이음이 침성(二陰浸盛)하는 곳이다. 또한 하현(下弦)이 되면 평명후(平明候)의 달은 병방(丙方)에서 나타난다.

곤(坤)이 그믐(坤直晦)이 된 것은 삼음(三陰)이 성만(盛滿)하기 때문이다. 또한 회(晦)가 되면 평명후(平明候)의 달은 을방(乙方)에서 볼 수 있다. 이상은 모두 납갑과 상응한다." 하였다.

4. 납갑납십이지도(納甲納十二支圖)

《고원》에 이르기를 ; 이는 팔괘(八卦)의 육획(六畫)에다 육신(六辰)을 분납(分納)시키는 법(法)이다.

건(乾)의 내괘삼효(內卦三爻)는 갑(甲)이므로 자인진(子寅辰) 위에 갑을 붙이면 초구(初九)는 갑자(甲子)가 되며, 구이(九二)는 갑인(甲寅), 구삼(九三)은 갑진(甲辰)이 된다. 다시 외괘삼효(外卦三爻)는 임(壬)이므로 오신술(午申戌) 위에 임(壬)을 납입(納入)하면 구사(九四)는 임오(壬午)가 되고, 구오(九五)는 임신(壬申)이 되며, 상구(上九)는 임술(壬戌)이 됨을 알 수 있다.

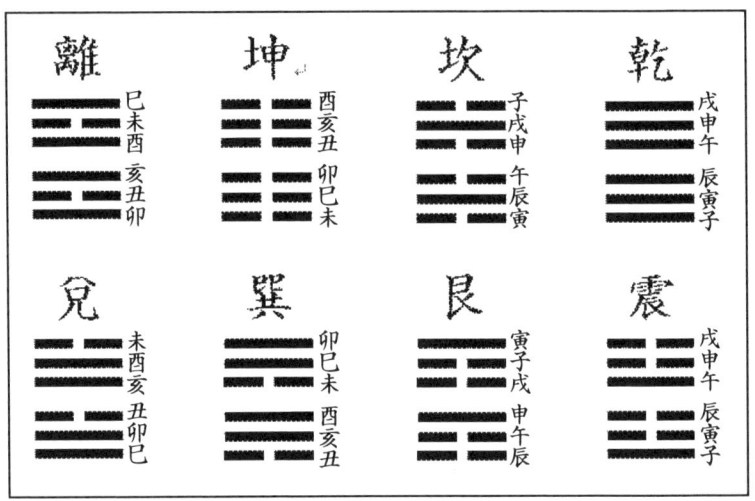

곤(坤)의 내괘(內卦)는 을(乙)이므로 내괘 미사묘(未巳卯) 위에다 을(乙)을 납입시키면 초육(初六)은 을미(乙未)가 되고, 육이(六二)는 을사(乙巳)가 되며, 육삼(六三)은 을묘(乙卯)가 된다. 외괘(外卦)는 계(癸)이므로 축해유(丑亥酉) 위에다 계(癸)를 붙이면 육사(六四)는 계축(癸丑)이 되고, 육오(六五)는 계해(癸亥)가 되며, 상육(上六)은 계유(癸酉)가 된다.

건곤(乾坤)을 보면 각각 양간(兩干)이며 납갑도 안팎으로 이괘(二卦)가 다르게 붙었다.

그러나 진괘(震卦)를 보면 경(庚)자 한 자만을 납(納)하는 것으로 그쳤다. 그것은 초구(初九)에 경자(庚子), 육이(六二)는 경인(庚寅), 육삼(六三)은 경진(庚辰), 구사(九四)는 경오(庚午), 육오(六五)는 경신(庚申), 상육(上六)은 경술(庚戌)이다.

손괘(巽卦)는 신(辛)자만을 납(納)하는 것이니 초육(初六)은 신축(辛丑), 구이(九二)는 신해(辛亥), 구삼(九三)은 신유(辛酉), 육사(六四)는 신미(辛未), 구오(九五)는 신사(辛巳), 상구(上九)는 신묘(辛卯)이다.

나머지 감리(坎離) 간태(艮兌) 4괘도 진손(震巽)괘의 예에 의거하여 추지(推之)한다.

또 이르기를 ; 납갑법은 그곳에서 자기(自起)하는 이유는 알 수 없다. 그 6괘만으로 곧게 월후(月候) 명백(明魄) 사생(死生) 음양소식(陰陽消息)을 처리한 것을 보면 선천도(先天圖)의 것과 서로 비슷하다. 가령 위백양(魏伯陽)의 《참동계(參同契)》 천부진퇴(天符進退) 장이 곧 그 설(說)이다. 그에 이르기를,

"삼일출위상(三日出爲爽) 진경수서방(震庚受西方)
    3일이 되면 나와서 밝아지는데,
        진괘에 납입하는 경이 서방을 받는다.

팔일태수정(八日兌受丁) 상현평여승(上弦平如繩)
    8일이 되면 태괘가 정을 납입하고,
    상현에서는 모양이 먹줄을 놓은 것처럼 평평해진다.

십오건체취(十五乾體就) 성만갑동방(盛滿甲東方)
    15일이 되면 건의 몸을 이루어 갑을 납하니,

동방에서 성만(盛滿)을 이룬다.

칠팔도이흘(七八道已訖) 굴절저하강(屈折低下降)
　　7 8(15일)의 길을 다 지나가면.
　　　　　　굴절되어 아래쪽으로 내려간다.

십육전취통(十六轉就統) 손신견평명(巽辛見平明)
　　16일이 되면 통제되어
　　　　손괘에 납입하는 신방으로 수평이 되게 밝아진다.

간직우병남(艮直于丙南) 하현이십삼(下弦二十三)
　　간괘는 남쪽 병방에서 곧바로 하현에 드는데,
　　　　　　　이때가 23일째이다.

곤을삼십일(坤乙三十日) 동북상기붕(東北喪其朋)
　　곤괘에 납하는 을방은 양의 여정이 끝나는 곳이므로
　　　　밝음을 잃게 되고 자리바꿈을 하는 곳이다.

절진상선여(節盡相禪與) 계체복생용(繼體復生龍)
　　자기의 절기가 다 되어 서로가 자리를 넘겨주지만,
　　　　체가 없어지는 것이 아니므로 다시 생용하게 된다.

임계배갑을(壬癸配甲乙) 건곤괄시종(乾坤括始終)
　　임계는 갑을을 짝으로 하여
　　　　　　건곤을 시종 함께 묶는다."

주자(朱子)는 이로써 곧 선천지전(先天之傳)이라 하였다.

공자(孔子) 이후에 여러 유자(儒者)들도 잃고 없었으나 방외(方外)에서 비밀리에 흐르는 것을 서로 부수(付授)하면서 맞추어냈으니 이로써 단조술(丹灶術)이 된 것이다.

지금 안찰하면 ; 선천지도(先天之圖)를 보면 팔괘를 구비하여 놓고 납갑(納甲)을 붙였는데, 감리(坎離)는 두 가지의 쓰임(二用)으로 분류하기 위하여 제거하였다. 그러나 그 법도 역시 진합(盡合)하는 것은 아니다. 혹왈(或曰), 《설괘(說卦)》에서 말하는 천지정위(天地定位)하고 산택통기(山澤通氣)하며 뇌풍상박(雷風相薄)함이 바로 삼양삼음(三陽三陰)을 일양일음(一陽一陰)의 순서를 따라 진행하게 하여 그 다음에는 수화불상사(水火不相射)에 이른다. 이는 대개 6괘(卦)에 붙여 소식(消息)하고 머물러야 할(蓋以六卦寓消息) 곳은 수화(水火)로 분류하여 사용하기 위함인 것이다.

혹자는 예로부터 이 설은 있었는데 육신(六辰) 법(法)에 이르러서 약간의 어긋남(參錯)이 생겼는데, 즉 양(陽)은 모두 순행(順行)하고 음(陰)은 모두 역전(逆轉)한다는 것이다.

음양(陰陽)의 노(老) 장(長) 중(中) 소(少)가 매차일위(每差一位)로 배치하고 있으나 오직 진(震)과 건(乾)이 동위(同位)가 된 것은 장자가 부(父)의 체(體)를 승계받기 위한 것이다.

곤(坤)은 축(丑)에서 일으키지 아니하고 미(未)에서 일으키는데, 이는 낙서(洛書)에서도 우수(耦數)를 미위(未位)에서 일으키는 것과 같고, 후천도(後天圖)에서도 곤(坤)은 서남방(西南方)이며, 악률(樂律)에서도 임종(林鐘)은 지(地)로 하는 것을 보면 이 모두 다 함께 미월(未月)의 기(氣)에 상합(相合)

되는 것이다. 그러므로 미(未)는 제술(諸術)의 중(中)이라 하였으며, 그 가운데서도 오직 납갑(納甲)만은 이치에 가깝다. 지금 나온 화주림(火珠林)의 복괘(卜卦)도 곧 그 법이다.

欽定 四庫全書

協紀辨方書
卷 2

본원本原 2 · 方位五行과 유년변괘 游年變卦

제1장 24산(山)과 오행(五行)
제2장 유년변괘(遊年變卦) 상해(詳解)

제1장. 24산(山)과 오행(五行)

1. 24방위(方位)

괘(卦)4 천간(天干)8 지지(地支)12를 합하여 24방위가 설정되었다. 산(山)과 향(向)을 이르는 말도 그 가운데 포함되어 있으니, 가령 자산(子山) 하면 반드시 오향(午向)이 되고 오산(午山) 하면 향은 말하지 않아도 자향(子向)임을 알 수 있음을 말하는 것이다. 나머지 24방위도 모두 이와 같은 유(類)이다.

팔괘(八卦) 중에서는 4우괘(隅卦)만을 사용하고 4정괘는 불용(不用)이니 4정방위(正方位)에는 12지지의 자오묘유(子午卯酉) 지위와 겹치므로 4정방의 지지를 사용하면 4정괘(正

卦)를 쓰는 것이기 때문이다.

팔괘가 이미 정해지면 그 전후에는 8간(干)으로 협보(挾輔)하는데, 갑을은 진괘를 협(甲乙夾震卦)하고 병정은 이괘를 협(丙丁夾離卦)하고 경신은 태괘를 협(庚辛夾兌卦)하고 임계는 감괘를 협(壬癸夾坎卦)한다.

사우괘(四隅卦)는 8지지(地支)가 협보(挾輔)하는데, 술해(戌亥)는 협건(夾乾)하고, 축인(丑寅)은 협간(夾艮)하고, 진사(辰巳)는 협손(夾巽)하고, 미신(未申)은 협곤(夾坤)한다. 이렇게 사유(四維) 8간 12지를 합하여 24방위가 결정되었다.

천간에서 무기(戊己)를 쓰지 않는 것은 무기는 중앙에 거하는 토(土)이므로 방위가 없기 때문이다.

24산에 분속한 팔궁(八宮)을 보면, 1괘가 3산을 관리하도록 되어 있다. 즉 술(戌)건(乾)해(亥)는 건궁(乾宮)에 소속하고 임(壬)자(子)계(癸)는 감궁(坎宮), 축(丑)간(艮)인(寅)은 간궁(艮宮), 갑(甲)묘(卯)을(乙)은 진궁(震宮), 진(辰)손(巽)사(巳)는 손궁(巽宮), 병(丙)오(午)정(丁)은 이궁(離宮), 미(未)곤(坤)신(申)은 곤궁(坤宮), 경(庚)유(酉)신(辛)은 태궁(兌宮)에 소속한다. 24산에 분속한 오행을 보면 사용처에 따라 제가들의 의의(意義)가 부동(不同)이다.

2. 정오행(正五行)

해임자계(亥壬子癸) 속수(屬水), 인갑묘을손(寅甲卯乙巽) 속목(屬木), 사병오정(巳丙午丁) 속화(屬火), 신경유신건(申

庚酉辛乾) 속금(屬金)이니 이는 팔괘의 간지오행(干支五行)
이다. 뒤에 쌍산(雙山) 오행과 홍범(洪範) 오행이 있으나 이
상은 정오행(正五行)이다.

3. 중침(中針) 쌍산오행(雙山五行)

그림 외층(外層)은 정오행이니 24산의 정위가 된다. 내층(內層)으로 중침(中針)을 도열(圖列)하였다. 중침 자위(子位)는 정침으로 임자(壬子) 두 방위 사이를 겹쳐 있다. 이는 정침(正針)보다 반 방위(半方位)가 늦다. 그렇게 두 방위를 쌍취(雙取)하고 있다. 그것이 삼합(三合)을 취하고 있으므로 쌍산오행(雙山五行)이라 한 것인데 지리가들은 격룡(格龍)할 때 사용한다. 대개 용(龍)을 내맥(來脈)이라 하므로 먼저 이르는 것(先至者)을 승지(承之 ; 이용하다)하므로 잃지 않기 위함이다.

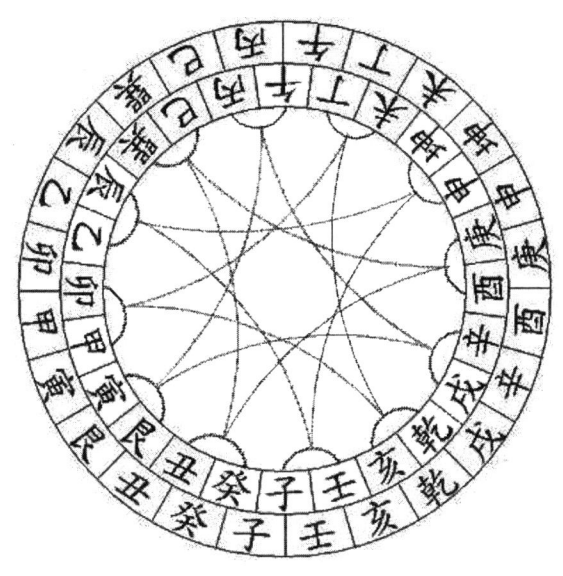

4. 봉침(縫針) 삼합오행(三合五行)

그림의 외층(外層)은 정침(正針)이고 내층(內層)은 봉침(縫針)이다. 봉침(縫針)의 자위(子位)를 보면 정침(正針)의 두 방위, 즉 자계(子癸)의 사이를 꿰매고 있다. 그러니까 봉침은 정침보다 시계방향으로 반 방위를 앞서 나간다.

또 달리 외층 정침으로 자위(子位)를 내층의 봉침 임자(壬子)의 두 방위가 반 방위씩 쌍취(雙取)하고 있다 하여 쌍산(雙山)이라 하였다. 그림의 선(線)을 따라가 보면 세 곳에서 쌍취(雙取)하였으므로 삼합(三合) 오행(五行)이라 하였다. 특히 이곳의 봉침으로 중침과 비교하여 보면 봉침이 시계방향으로 1방위를 앞서 나간다.

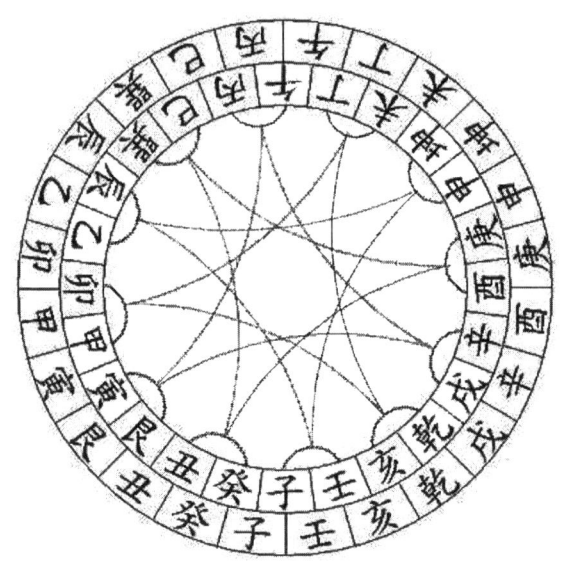

　지리가(地理家)들은 소사(消砂)와 납수(納水)에 사용하는데, 대개 사수(砂水)의 거로(去路 ; 支出)에서는 뒤에 이르는 것(後至者)으로 사용(收之)하는 것이니, 보탤 것(乃無遺)이 없다.

　안찰하면 ; 쌍산(雙山) 오행(五行)이란 즉 삼합(三合) 오행(五行)이다. 12지지로 생왕묘(生旺墓)를 취하여 삼합국(三合局)을 만든 것인데, 4괘(四卦) 8간(八干)에서 각 지전(支前)1위이다. 자세히 보면 지전1위의 괘나 간(卦干)이 쌍병(雙幷)하였으므로 지지를 동취(同取)하여 지지 삼합오행을 삼았으므로 이르기를 쌍산오행이 된 것이다. 곤신(坤申) 임자(壬子) 을진(乙辰) 합수국(合水局)이니 이상 6산은 모두 속수(屬水)이다. 건해(乾亥) 갑묘(甲卯) 정미(丁未)는 합목국(合木局)이니 이상 6산은 모두 속목(屬木)이다. 간인(艮寅) 병오(丙午) 신술(辛戌)은 합화국(合火局)이니 이상 6자는 모두 속화(屬

火)이다. 손사(巽巳) 경유(庚酉) 계축(癸丑)은 합금국(合金局)이니 이상 6자는 모두 속금(屬金)이다.

《지리서(地理書)》에 이르기를, "정오행(正五行)은 오행의 질(乃五行之質)이요, 쌍산(雙山)오행(五行)은 오행의 기(五行之氣)라." 하였다. 그러므로 용기(龍氣)의 생왕(生旺)을 추단(推斷)하고자 할 때는 쌍산을 사용하고 정오행(正五行)을 사용하지 않는 것이다. 또 지리가(地理家)에는 3침(針)이 있는데,

1왈, 정침(正針)이니 24산(山)의 정위(正位)를 추단하고 향(向)을 정할 때 사용한다.

2왈, 중침(中針)이니 중침의 자위(子位)는 정침(正針)으로 임자(壬子) 두 방위를 봉(縫)하고 있다. 이 중침(中針)으로는 소사(消砂) 납수(納水)하는 데 사용한다.

3왈, 봉침(縫針)이니 봉침의 자위(子位)를 보면 정침(正針)의 자계(子癸) 두 방위를 봉(縫)하고 있다. 이 봉침으로는 소사(消砂) 납수(納水)를 추단하는 데 사용한다. 봉침과 중침은 1방위의 차가 있다.

이상에서 중침(中針)에 있는 것은 쌍산(雙山)오행(五行)으로 쓰고, 봉침에 기록된 것은 삼합(三合) 오행(五行)으로 사용된다. 그러나 기실(其實)은 다 쌍산법(雙山法)인 것이다.

【역자註】 위 삼침(三針) 설(說)이 잘못된 것이다. 지남철(指南鐵)의 생명은 남북을 가리켜주는 데 있는데, 불행하게도 자침(磁針)은 진남북(眞南北)을 가리키지 못한다. 그러므로 진북(眞北)과의 오차를 없애기 위하여 전인(前人)이 천반봉침(天盤縫針)을 제작

하여 정북(正北)을 가리키도록 보정(補正)한 것이다. 따라서 나경(羅經)의 모든 사용법을 천반봉침(天盤縫針)으로 하여야 한다.

5. 홍범(洪範) 오행(五行)

甲・寅・辰・巽・戌・坎・辛・申 8산(山)은 수(水)이고, 離・壬・丙・乙 4산은 화(火)이며, 震・艮・巳 3산은 목(木)이며, 乾・亥・兌・丁 4산은 금(金)이며 丑・癸・坤・庚・未 5산은 토(土)이다.

《지리대성(地理大成)》에 이르기를, "홍범(洪範)은 정오행(正五行)을 가지고 나아가 그 본초지기(本初之氣)를 추단(推斷)한 것이다. 자오묘유(子午卯酉)는 오행(五行)의 정위

(正位)이므로 변함이 없다 하였다.

묘(卯)는 목(木)이니 반드시 수(水)에다 적(籍)을 두어야 하므로 갑(甲)이 수(水)로 변하였다.

유(酉)는 속금(屬金)이니 반드시 토(土)에 적(籍)을 두어야 하므로 경변토(庚變土)하였다.

오(午)는 화(火)인데 화는 반드시 목의 생함을 받을 필요가 없고 태양광(日之光)의 생을 받기 때문에 병(丙)을 태양지화(太陽之火)라 하였다.

자(子)는 수(水)인데 수도 반드시 금(金)의 생(生)함에 적(籍)을 두지 아니하고 도리어 화(火)에서 근기(根氣)가 된다. 따라서 수(水)는 화(火)를 득하지 않으면 한동(寒凍)으로 빙사(氷死)하게 되므로 임(壬)을 수중의 화(水中之火)로 하였다.

묘는 목(卯爲木)이니 목이 왕성하면 생화(生火)함이 기쁘므로 을(乙)을 화(火)로 하였다.

유(酉)는 금(金)이므로 금(金)이 왕성하면 생수(生水)하는 것이 기쁘므로 신(辛)을 수(水)로 하였다.

오(午)는 화(火)이다. 화가 왕성하면 금을 녹이는 것이 기쁘므로 정(丁)을 금(金)으로 하였다.

자(子)는 수(水)이다. 수가 왕성한데 토(無土)가 없으면 흩어(散)지므로 계(癸)를 토(土)로 하였다.

이상 12위는 다 팔간(八干)으로 보(輔)하여 사정(四正)의 기운(氣運)을 이루게 하였는데, 그 가운데 수화(水火)는 금(金)목(木)에서와 다른 것은 금목은 형을 사용(形用)함으로써 그

이치는 쉽고 곧(其理易直)다 하였으니 수화를 신으로 사용(水火以神用)한 것이다. 그 묘함은 오곡(奧曲)한 것이다.

사생(四生)자(者)는 사정의 기가 시작하는 곳이니,

수(水)의 시작은 본시 금(金)이므로 해(亥)를 금(金)으로 한 것이다.

목(木)의 시작은 본시 수(水)이므로 인(寅)을 수(水)로 한 것이다.

화(火)의 시작은 본시 목(木)이므로 사(巳)를 목(木)으로 한 것이다.

금(金)의 시작은 본시 토(土)이나 신(申)은 토(土)로 변할 수 없으므로(申不變土) 수(水)로 변화시킨 것이다. 조토(燥土)는 금(金)을 생(生)할 수 없고, 반드시 득수(得水)한 토(土)라야 생금(生金)할 수 있게 한 것이다. 수(水)는 실(實)로 금기(金氣)의 시작이 되는 곳이다. 그런 까닭으로 도가(道家)에서는 수중(水中)에서 구금(求金)하며 신(申)을 수(水)로 한 것이다.

사묘(死墓)자(者)는 사정(四正)의 기운(氣運)이 귀기(歸氣)하는 것이다. 만물이 생(生)한다 함은 향상(向上)하는 것이고 귀(歸)한다 하는 것은 향하(向下)하는 것이다. 향하(向下)할 수 있는 곳의 물체는 수토(水土)밖에 없기 때문에 수토(水土)를 동소의 동기(同所同氣)로 하였다.

화(火)는 토(土)로 돌아(歸)가면 멸(滅)하는 것이고,

수(水)는 토(土)로 돌아(歸)가면 마르므로(涸학) 축미(丑未)가 토(土)이며,

금(金)은 토(土)에서 출(出)하였으나 다시 토(土)로 돌아

(歸)가지는 않는다.

　목(木)은 토(土)에서 출(出)하였으나 역시 토로는 돌아가지 못하고 水로 돌아간다(同歸).

　금(金)이 입수(入水)하면 침(沉 ; 沈)하고 목이 입수(入水)하면 썩으므로(朽) 진술(辰戌)을 수(水)로 하였다.

　사유(四維)자(者)는 사방(四方)의 교처(交處)이다. 건(乾)은 본시 북수(北水)를 생하는 금(金)이고, 곤(坤)은 본시 서방(西方) 금(金)을 생(生)하는 토(土)이니 두 늙은이이므로 불변이다.

　간(艮)은 수목(水木)의 교처(交處)에 거(居)하며 수기(水氣)를 받아 목을 생(生)하여야 하는데, 토(土)로서는 생목(生木)을 할 수 없으므로 목(木)으로 변한 것이다.

　손(巽)은 목화(木火)가 교제(交際)하는 곳에 거(居)하는 목이다. 목(木)은 능히 생목하지만, 화(火)의 뿌리는 실(實)로 수(水)에다 대고 있는 것이다.

　대개 감중(坎中)에는 양화(陽火)의 뿌리(根)가 되고 이중(離中)에는 음화(陰火)의 뿌리가 되어 수화(水火)가 상호(相互)로 뿌리가 되어준다. 그러므로 손(巽)은 수(水)로 변하여 화의 근(火根)이 된 것이다."

　《신살기례(神煞起例)》에 이르기를, "진조재(晉趙載) 주(註)와 《곽씨원경(郭氏元經)》 산가오행편(山家五行篇)을 보면, '불용 정오행(不用正五行)하고 용 홍범(而用洪範)하라.' 는 가르침이 전하여진 지가 이미 오래되었다. 혹(惑) 이르기를. 당(唐)나라 때 일행선사(一行禪師)로부터 시작된 것이라 하

는데, 이는 망발(妄發)인 것이다. 애석하게도 곽씨(郭氏)나 조(趙)씨 등 제공(諸公)이 사용은 하였으나 일찍이 그 뜻을 해석하여 준 일이 없고, 이에서 원경을 뒤져봐도 큰 선비의 저서가 없고 자백원본(紫白元本)에 비로소 있었다.

연산(連山)과 홍범(洪範) 논(論)은 낙서(洛書) 방위에서 생성하는 기우지수(奇偶之數)로 오행(五行)을 정하고 길흉을 나눈 것인데, 또 모든 것을 다 가르치지 아니하고 이치만을 깨닫게 한 것이므로 사람들이 해득을 하지 못하는 것이다.

후에 초강(楚江)의 만민영소(萬民英所) 주(註)《삼명통회(三命通會)》를 보면 하도(河圖)에 이르러 홍범오행을 약간 발명해 놓았는데 그 말에 이르기를 ; 옛날 포희(庖羲)씨가 왕(王)으로 천하를 다스릴 때에는 하도(河圖)로써 팔괘를 작하였으므로 차서(次序)가 건곤감리진손간태(乾坤坎離震巽艮兌)의 명(名)으로 천지(天地) 일월(日月) 풍뢰(風雷) 산택(山澤)의 상(象)만을 설정(設定)하였다고 하였다.

《계사(繫辭)》에 이르기를 ; 천지정위(天地定位)하고 산택통기(山澤通氣)하며 뇌풍상박(雷風相薄)하고 수화불상사(水火不相射)하는 것으로 팔괘를 상착(八卦相錯)시켜 팔괘를 성렬(八卦成列)하니 24위(位)가 그 가운데에서 동행하게 하였다고 하였다.

음양(陰陽) 소식(消息)에 이르러서는 팔괘(八卦)의 변화로 증험(驗之)할 수 있으니 아래를 보라,

갑(甲)은 본시 속목(屬木)이나 납괘(納卦)는 건(乾)에 한다. 건(乾)과 곤(坤)은 대위(對位)이므로 건괘(乾卦) ☰의 상하 두

효(爻)를 곤괘(坤卦) ☷의 상하 두 효(爻)와 교환하면 감괘(坎卦) ☵의 상으로 변화하므로 갑은 감수(坎水)를 따라 수로 변한 것이다.

　을(乙)은 본시 속목(屬木)이나, 납괘(納卦)는 곤(坤)으로 하였다. 곤(坤)과 건(乾)은 대위이므로 곤괘 ☷의 상하 두 효(爻)자리에 건괘 ☰의 상하 두 효를 가져와 교환하면 이괘(離卦) ☲의 상으로 변하였으므로 을(乙)은 이화(離火)를 따라 화(火)로 변하였다.

　병(丙)은 본시 속화(屬火)이나 납괘(納卦)는 간(艮)으로 하였다. 간(艮)과 태(兌)는 대위이므로 간괘(艮卦) ☶의 하효(下爻) 자리에 태괘(兌卦)의 하효(下爻)와 교환하면 이괘(離卦) ☲의 상으로 변화하므로 병(丙)은 이화(離火)를 따라 화(火)로 변한다.

　정(丁)은 본시 속화(屬火)이나 납괘(納卦)는 태(兌)로 하였다. 태와 간은 대위에 있으므로 간괘(艮卦) ☶의 상효(上爻)와 태괘(兌卦) ☱의 상효(上爻)를 교환시키면 건괘(乾卦) ☰의 상으로 변화하였으므로 정(丁)은 건금(乾金)을 따라 금(金)이 된 것이다.

　경(庚)은 본시 속금(屬金)이나 납괘(納卦)는 진(震)이다. 진(震)과 손(巽)은 대위므로 손괘(巽卦) ☴의 하효(下爻)와 진괘(震卦) ☳의 하효(下爻)를 교환하면 곤괘(坤卦) ☷의 상(象)으로 화성(化成)하므로 경(庚)은 곤(坤)을 따라 토(土)가 된 것이다.

　신(辛)은 본시 속금(屬金)이나 납괘는 손(巽)으로 한다. 손

第一部 吉凶神煞

괘와 진괘는 대위이므로 진괘(震卦) ☳의 상효(上爻)와 손괘(巽卦) ☴의 상효를 교환시키면 감괘(坎卦)의 상으로 화성(化成)하므로 신(辛)은 감(坎)을 따라 수(水)가 된 것이다.

임(壬)은 본시 속수(屬水)이나 납괘는 이괘(離卦)에 한다. 이(離)와 감(坎)은 대위에 있으므로 감괘(坎卦) ☵의 중효(中爻)와 이괘(離卦) ☲의 중효(中爻)를 교환하면 건괘(乾卦)의 상(象)으로 화성(化成)하므로 임(壬)은 건(乾)을 따라 금(金)이 되어야 마땅하지만, 이화(離火) 괘에 납(納)한 것은 화염금소(火焰金銷)하여 물러앉아 자립할 수 없으므로 이화(離火)에 붙여져야 자립이 가능하기 때문에 화(火)를 따른 것이다.

계(癸)는 본시 속수(屬水)이나 납괘는 감(坎)이다. 감(坎)과 이(離)는 대위(對位)에 있으므로 이괘(離卦) ☲의 중효(中爻)와 감괘(坎卦)의 중효를 교환하면 곤괘(坤卦) ☷의 상으로 화성하므로 계(癸)는 곤(坤)을 따라 토로 화한 것이다.

이상이 팔간(八干)납괘(納卦)의 변화이니 그 효(爻)의 교환이 부동(不同)함은 있으나, 중요한 것은 각각 취의(取義)함이 분명하다. 가령 건곤(乾坤) 상하 두 효를 교환하는 것은 부태지의(否泰之義)에서 취상(取象)하였으므로 천지정위(天地定位)가 된 것이다.

진(震)간(艮)의 상효(上爻)를 손(巽)태(兌)로 교환하고, 손(巽)태(兌)의 하효(下爻)를 진(震)간(艮)에서 교환한 것은 함(咸) 항(恒) 손(損) 익(益)에서 취상하였으므로 뇌풍상박(雷風相薄)하고 산택통기(山澤通氣)한다 하였다.

감리(坎離)의 중효(中爻)를 건곤(乾坤)으로 교환하고, 건곤(乾坤)의 중효(中爻)를 감리(坎離)로 교환한 것은 기제(既濟)와 미제(未濟)에서 취상(取象)하였으므로 왈, 수화불상사(水火不相射)가 된 것이다.

팔괘(八卦)가 소속한 오행(五行)에 이르러서는 변(變) 불변(不變)이 비록 같지는 아니하지만, 역시 각각의 취의(取義)는 있는 것이다.

건곤(乾坤)은 본시 금(金)토(土)인데 불변(不變)이나 음양의 조종(祖宗)이요 중괘(衆卦)의 부모(父母)가 된다. 그러나 휴식지(休息地)로 퇴신(退身)하여서는 노항(老亢)이 되었으므로 불변(不變)이라 한 것이다.

감리진태(坎離震兌)도 金木水火의 사정위(四正位)이므로 불변자(不變者)이다. 자오묘유(子午卯酉)는 음위(陰位)로서 각각 사왕지지(四旺之地)로 사시(巳時)의 절령(節令)을 선포하고 기화(氣化)를 실행하는 곳이므로 불변이다.

간(艮)손(巽)의 용변자(用變者)를 보면, **간토(艮土)**의 위치(艮土易位)가 바뀐 곳은 감진(坎震)의 사이, 동북(東北)의 경계이다. 쇠지인 축(衰丑)과 병지인 인(病寅)의 사이(丑寅之間)에다 교체할 간자(艮字)를 대신 세워놓고(思于更相代立) 자연이 산을 이게 한 후에 목으로 변화시켜야(自然成山而化木也)하였기 때문이다. **손목(巽木)**의 위치가 바뀐 곳은 진(震)과 이(離) 사이, 동남(東南)의 경계이니 쇠약한 진(衰辰)과 병지인 사(病巳)의 사이다. 이곳에서는 자립이 불가능하므로 도리어 진수(辰水)의 묘지(墓地)에 입신(立身)시켰으므로 손(巽)진(辰)이 모두 수(水)가 되었다.

　해(亥)는 본시 속수(屬水)이다. 금(金)으로 인하여 생하므로 금을 대신 타고 앉아야 자립할 수(乘代金立) 있으므로 해(亥)가 금(金)으로 변한 것이다.

　인(寅)은 본시 속목(屬木)이다. 수(水)로 인하여 생하므로 수를 대신 타고 앉아야 자립할 수 있으므로(乘代水立) 인이 수(水)로 변한 것이다.

　사(巳)는 본시 속화(屬火)이다. 목(木)이 생하여야 하므로 진(震)의 쇠기(衰氣)를 진(震)이 타고 앉아야 자립할 수(乘震之衰代震而立) 있으므로 巳가 木으로 변한 것이다.

　신(申)은 본시 금(金)이다. 수(水)는 신금(申金)의 생조(生助)을 받아야 수세(水勢)가 강할 수 있으므로 신(申)이 수(水)로 변한 것이다.

　진술축미(辰戌丑未) 오방(五方)의 5토(土)의 신(神)은 사계(四季)로 분(分)하여서 조화를 작하고 견도*의 주(作造化甄陶之主)로서 후재지질(厚載之質)이 되었으므로 본래는 변화를 하지 않으나, 토(土)로 인하여 생목(生木)하고 목(木)은 토(土)에다 붙여져야 탈토(奪土)할 수 있으니 절반은 수(水)이다. 그러므로 水가 동(動)하면 土로써 안정시킬 수 있다.

　*견도(甄陶) ; 질그릇의 우열과 진위를 분별하여 새로운 것을 창조하다.

　진술(辰戌)은 양(陽)으로 동적(動的)이므로 수(水)에 소속(所屬)하고 축미(丑未) 음(陰)이며 정적(靜的)이므로 토(土)

에 소속한다. 화기(化氣)오행(五行)의 소취(所取)한 바가 대체로 이러하다.

　대개 "천지교이 만물통(天地交而萬物通)하고 상하교이 덕업성(上下交而德業成)하며 남녀교이지기동(男女交而志氣同)한다." 하니 고왕금래(古往今來)에 교합(交合)이 이루어지지 아니한 것이 없으니, 그 조화(造化)는 능히 만물 만사를(能成萬物萬事) 이루어낸다. 쇠병(衰病)에서 신구(新舊)를 교대(交代)하였을지라도 새것으로 바꾸지(새 옷을 바꿔 입지) 아니하고 능히 화기(化機)의 운행만으로 이르게 되는 것이다. 그러므로 홍범(洪範)을 대오행(大五行)이라고도 하는 것이다.

　무릇 인명(人命)에서 甲乙丁庚辛壬癸 간(干)을 만나면 乾艮巽坤의 향(鄕)에 거하는 것과 같다. 또 마땅히 변하는 바로 논(論)해야 하는 것이다.

　십간(十干)화기(化氣)와 육십갑자(六十甲子) 납음(納音) 납갑(納甲)은 상호 참고(相參)하여 보아야 하며, 단지 하도(河圖)의 정오행(正五行)만을 고집하는 것은 불가하다."

　저영(儲泳)의 《거의설(袪疑說)*》에 이르기를 ; 예로부터 대오행(大五行)의 쓰임은 비록 곽박(郭璞 ; 곽경순)의 《원경(元經)》에서부터 이른바 「산가오행(山家五行)」이라는 이름으로 쓰여 왔다. 그러나 많은 선배들은 막효(莫曉)라 일렀으며, 그것을 입법한 원인부터 가히 상고(相考)할 만한 이치(理致)가 부족하다고 하였는데, 고금(古今)으로부터 통용(通用)하면서도 어찌 의심하고 연구하지 않았는가?

* 《거의설(祛疑說)》 ; 송대(宋代) 저영이 지은 각종 무술(巫術)
의 신빙성(信憑性)을 논파하고자 한 저술.

그 이치를 더듬어 생각하여 보면 태을(太乙)의 통기지수
(統紀之數)까지 구하여 봤지만 터득할 수가 없었는데, 황극
(皇極)을 구하여 선천중(先天中) 천지수(天地數)에서도 득할
수가 없었으며, 후천화합(後天化合) 오운육기(五運六氣)설에
서도 찾을 수가 없었는데, 도리어 괘획(卦畫)에서 그 설(說)
을 비로소 얻을 수 있어 뒤에다 나누어 열거하였으니 가까운
곳에서 쉽게 볼 수 있을(庶幾易見) 것이다.

乾卦納壬甲 乾爲天, 天一水生

水 ; 戌壬戌水 子坎正卦 寅甲寅水 甲甲屬寅, 卦納甲
　　 辰壬辰水 巽壬辰水, 巽屬辰 申甲申水 辛乙酉水, 辛屬酉

戌屬乾, 自戌順一周匝, 至辛至而極乾, 陽極而變坤, 故辛納乙.

坤納乙癸, 坤爲君火,

火 ; 午離正卦　　丙乙巳火
　　 乙坤卦納甲　壬乙亥火, 壬屬亥

坤用乙而不及癸者, 六癸皆不化火也, 癸卻自化木.

木 ; 卯震正卦　艮癸丑木, 艮屬土
　　 未癸未木　己己巳木

金 ; 酉兌正卦　乾庚戌金, 乾屬戌
　　 亥辛亥金　丁兌卦納甲

土 ; 坤本宮正卦, 庚子土　丑辛丑土, 戊申土
　　　癸癸屬子　　　　　庚庚屬申

木受坤化, 終於己之陰土.
土受乾化, 終於戊之陽土.

건(乾)은 임갑(壬甲)을 사용하여 생수(生水)하고, 곤(坤)은 을(乙)로 생화(生火)하면서 계(癸)로 생목(生木)하니 각각 8위를 주재(各主八位)한다.

건곤(乾坤)의 사용이 충족(用足)하면 장남(長男)으로 계승할 수 있으므로 장녀(長女)와 함께 경신(庚辛)으로 운화(運化)한다. 건금(乾金)과 곤토(坤土)는 할 바를 유정(攸定)하게 되니 오기(五氣)를 번갈아 뿌려(迭布)주어 조화(造化)의 공(功)을 갖추게 된다. 이의 근본은 괘획(卦畫)의 상수(象數)로 참지(參之)하여 나온 것이다.

육십갑자(六十甲子)가 비로소 규(窺 ; 살펴서 헤아리다)를 득하게 되었다는 것이 그 입법(立法)의 단예(端倪)이다. 경지(經旨)를 어그러뜨리지 아니하고(不悖) 상수(象數)를 윤합(允合)하였는데, 뒤에 명자(明者)가 있어서 나의 말은 바뀌지 않을 수 있을 것이다.

대오행(大五行)이 건곤(乾坤)에서 나온(出) 것은 12위이고, 6자(六子)도 십이위(十二位)로 출(出)하였으므로 육자(六子)를 합하여도 충분히 건곤(乾坤)의 수(數)로써 감당된다. 대개 건곤의 책수(策數)가 360인데 육자(六子)의 책수도 합하면 역시 360이니 충분히 건곤의 책수를 감당하게 된다는 것이다.

다만 곽경순(郭景純)의 소재(所載)에서는 미(未)가 본시 속목(屬木)이기에 금토목(金土木)에도 각각 사위(四位)를 득한 것이었다. 그러므로 《산가오행편(山家五行篇)》에 이르기를, "계축곤경(癸丑坤庚)의 명(名)이 가색(稼穡)이고, 간진사미(艮震巳未)는 곡직(曲直)에 응(應)한다."고 하였다. 그런데 지금은 다 미를 속토(未屬土)로 하고 있으니 의거하는 바(所據)에 위태함이 있고 그 이치도 역시 목(木)3 금(金)4 토5가 되었음이 그것이다. 그러나 1은 수(數)의 으뜸(元)이니 팔위(八位)를 모두 총섭(總攝)한다 함이 가하다. 그런데 화(火)는 어찌하여 2도 아니고 7도 아니고 4인가? 두 설(二說)은 누구의 말인지 알 수 없지만, 장차 여러 방면의 학문으로 전문적인 조리(造理) 있는 학자나 선비가 나와 대답해 줄 것으로 추정된다.

산가오행(山家五行)은 곽경순(郭景純)의 편명(篇名)에 이미 기록되어 있으며, 또한 장원일편(葬元一篇)에도 감(坎)곤(坤)을 수토지산(水土之山)으로 논(論)하였으니, 즉 왈, 숭토익신(崇土益申)은 수(水)를 장생위(長生位)로 한 것이다. 간산론(艮山論)에도 가로되 숭토익해(崇土益亥)로 하였으며 목(木)의 장생지(長生地)로 하지 않았다. 손산론(巽山論)에도 가로되 숭산익신(崇山益申)하여 수(水)의 장생(長生)으로 한다 하였다. 이에 또 경순(景純)이 쓴 필사서(筆寫書)에도 대오행(大五行)을 사용한 명증(明證)이 있다.

의서(醫書)의 좌탄우탄(左癱右瘓)*의 증(證)에도 "인신

(人身)은 일기맥이니 일단 그치고 가서 오지 않는다면 골절 모규를 어찌할 것인가?(人身一氣脈也 一息往來 骨節毛竅何往不達)."라 하였으니 그 감질(感疾)에 미치는 것은 좌탄자는 병이 우에 미치지 아니하고(左癱者病不及右), 우탄자는 병이 좌에 미치지 아니한다(右瘓者病不及左) 하였는데, 오장육부(五臟六腑)가 하나일진대 어찌 계한(界限)을 두고 좌측의 병은 우측에 이르지 아니하고, 우측에서 생긴 병은 좌측에 이르지 않는다고 할 것인가? 탄

대저 오장(五臟)은 다 하나인데 신장(腎臟)만 유독 두 개가 있어서 좌측 신(腎)은 장정(藏精)한다 하고 우신(右腎)은 장기(藏氣)한다고 신의기립(神依氣立)설을 주장한다. 그러므로 신문(神門)에 임자수(壬子水)를 배속하여 놓고 사람의 정패자(精敗者 ; 상하거나 고갈됨)는 반드시 좌탄(左癱)에서 병이 오고 기패자(氣敗者 ; 손상됨)는 반드시 우탄으로 병이 되었다고 한다.

이렇게 양신(兩腎)은 각각 주재(主宰)하는 바가 달리 있으므로 그 병(病) 역시 각기 소귀(所歸)하는 바가 다르다. 임자(壬子) 일위를 보면 자(子)는 속수(屬水)이나 임은 속화(屬火)이다. 그러므로 좌신(左腎)에는 자(子)가 배속되고 우신(右腎)에는 임(壬)을 배속시켜 자수(子水)는 정(精)으로 하고 임수(壬水)는 신(神)으로 하였다. 이렇게 오장(五臟)을 오행으로 비유하였고(猶五行也), 육부(六腑)는 육신으로 하였다(猶六神也).

갑을(甲乙)은 청룡(靑龍)으로 배속(配)하였고, 병정(丙丁)

은 주작(配朱雀)으로 배속하였고, 경신(庚辛)은 백호(白虎)에 배속하였고, 임계(壬癸)는 원무(元武 ; 玄武)에 배속하였는데, 무(戊)는 구진(勾陳)에 배속하였고, 기(己)는 등사(螣蛇)에 배속하였다.

대개 감수(坎水)는 무(戊)를 납(納)하고 이화(離火)에는 기(己)를 납(納)하였으므로 오행(五行)에는 육신(六神)이 된 것이다. 마치 오장(五臟)에는 육부(六腑)가 있어서 임화자수(壬火子水)의 설은 제신(諸神)에서 근취(近取)한 것이니 이치는 더욱 밝고 확실(明甚)하다 하겠다.

지금 안찰하면 ;《지리대성(地理大成)》논(論)에, 세상에는 공종(共宗)인 것들을 돌아보면 견강(牽强 ; 억지로)으로 맞춘 것이므로 지리(支離)하여 사람들의 마음을 압도시키는 것이 부족하다.

《신살기례(神煞起例)》에 실려 있는 것을 보아도 팔간위(八干位)의 변괘(變卦)로 종화(從化)함도 합(合)으로 이루어지는 것처럼 되어 있고, 임(壬)을 보아도 금(金)을 좇지 않는 (至于壬 不從金) 경우인데 이것은 소통이 불가하다. 이는 스스로 그 예(其例)를 고쳤고, 또 환효(換爻)하는 것도 역시 사람이 바꿔서 그 설(說)을 주합(湊合)시켜 놓았으니 자연스럽게 이루어지는 이기(理氣)가 아니고 부득불 바꾸어(不得不換者) 놓은 것이다. 그 타천취처(他遷就處)를 보아도 역시《지리대성(地理大成)》에서와 다를 것이 없었다.

또 저영(儲泳)의《거의설(祛疑說)》에 이르러서도 납갑(納甲)으로 납음(納音)을 득하였으니 양가(兩家) 가르침을 뛰어넘어서 나온 것이다. 말하자면, 본말이 있어야 하는데, 단지 계화목(癸化木)이라는 한 마디뿐이니 궁구(窮究)하고자 해도 저락(著落 ; 행방, 결말)을 찾을 수가 없다.

지금 살펴보면, 장(葬)법은 장우토(藏于土)이니 토기(土氣)의 생사는 수(水)에 있으므로 정오행(正五行)으로 논하면 수토(水土) 이행(二行)에 그칠 뿐이다. 그 금산(金山)이다, 화산(火山)이다, 수산(水山)이다 하고 말하는 것은 모두 형세(形勢)를 보고 비슷함으로 이르는 것은 진(眞)이라 할 수는 없으므로 쓸 수 없는(不用) 것이다. 그러나 이 홍범오행(洪範五行)설은 24방위(方位)에서 수(水)가 8위(位)이고 토(土)가 5위이니 이들만 유독 많다.

나머지 감수(坎水) 이화(離火) 태금(兌金) 진목(震木) 건금(乾金) 곤토(坤土)는 《신살기례(神煞起例)》에 이르기를, 불변자(不變者)들이라고 하였는데, 그 나머지를 돌아보면 역시 각각 방위를 좇아서 실제로 있는 것들이므로 오행(五行)에서 유원지의(幽元之義)가 있으나, 중요한 것은 역시 변화를 득하지 못한 것이다.

간통(艮統) 축인(丑寅)은 목기(木氣)가 시작되는 곳이므로 목(木)이다.

손통(巽統) 진사(辰巳)는 수(水)의 미려(尾閭)이므로 수(水)이다. 그러나 간방(艮方)은 본시 토(土)이고 손방(巽方)은 목(木)이므로 축(丑)은 토(土)로 하였으나 사(巳)는 목(木)으로 하였다.

진통(震統) 갑을(甲乙), 태통(兌通) 경신(庚辛)이니 전국

(全局)이 목(木)금(金)이다. 진(震)은 목(木)이고 목행(木行) 이니 그 자고(滋膏 ; 살찌우다)는 수(水)이나 생기(生氣)는 다 화(火)이다. 그러므로 시작은 수(水)에서 하나 결론은 화(火) 에서 낸다. 그 시작할 때는 반드시 우로(雨露)에서 윤택함을 받아야 한다. 그 끝에 가서는 왕왕 화(火)가 나와서 자분(自 焚)시키므로 갑(甲)은 수(水)이지만 을(乙)은 화(火)이다. 그 러므로 수(水)를 진(震)에서는 용(龍)으로 하고 화(火)를 진 (震)에서는 우레(雷)라 하였다.

　태(兌)가 금(金)인 것은 금행(金行)이며 수토(水土)의 자리 (所際 ; 사이)에서는 수토 상호간의 비례를 경유하여야 하며, 오래되면 성석(成石)하고 성석이 되어서는 생금(生金)하며 금 생(金生)하면 샘이 발생(泉發)하므로 시작은 土로 하였으나 끝 은 水로 마친다. 그 시작을 보면 반드시 토(始必土)이고 끝은 수(終必水)이다. 그러므로 경(庚)이 토(土)가 되었으며 신(辛) 은 수(水)가 되었다. 그 토(土)는 태(兌)에서 볼 때는 강로(剛 鹵)한 토이고 그 수(水)는 태에서 보기에는 고인 물(澤)이다.

　감통(坎統) 임계(壬癸), 이통(離統) 병정(丙丁)은 전국(全 局)이 수화(水火)이다. 감위수(坎爲水)이니 사수(四獸)는 북 방에는 양구(兩龜)가 수(水)인데 사(蛇)는 화(火)이다. 그러므 로 임(壬)은 이(離)에 납(納)하였다. 수(水) 또한 토(土)와 비 화(比和)이므로 지중(地中)의 수(水)는 땅을 떠나(離地)면 그 성품을 잃게 되므로 계(癸)는 지중의 수(水)이니 임(壬)을 화 (火)로 하고 계(癸)를 토(土)로 하였다. 이위화(離爲火)는 火 로는 능히 성금(成金)하고 화(火)가 없으면 금(金)은 끝내 토

(土) 속에 갇혀 있어야 하므로 정(丁)을 경(庚)으로 하였고, 태납정(兌納丁)한 것은 병(丙)은 태양(日)이기 때문이다.

팔간중(八干中)에서는 오직 병(丙)만이 건곤(乾坤)과 같은 예(例)가 되므로 병은 화(火)로 있으나, 정(丁)은 금(金)으로 되었다. 일월(日月)은 건곤(乾坤)과 동위이기 때문에 오로지 태양(日)은 그대로이고 신(辛)은 달(月)이니 수(水)이므로 신(辛)은 진실된 수(水)인 것이다.

그런데 인(寅)을 수(水)로 한 것은 지(地)에서는 동남(東南)이 낮아 부족하므로 석목지진(析木之津)으로부터 손(巽)의 지호(地戶)에 닿는(達) 곳까지는 다 적수(積水)의 구간(區間)이 된다. 이른바 미려(尾閭)에서 새어나가는(洩之) 물이 어느 때 어느 곳인지 알 수 없으므로 인(寅)·갑(甲)·진(辰)·손(巽)을 모두 수(水)로 하였다. 그런데 해(亥)를 금(金)으로 한 것은 하늘은 서북이 불만이므로 소호(少昊)의 터(墟)로부터 해(亥) 천문(天門)에 이르기까지는 모두 적산(積山)의 구간(區間)이다. 산(山者)이라면 석(石)이고 석(石)은 금(金)이므로 태(兌)·건(乾)·해(亥)를 모두 금(金)으로 하였다.

그러므로 금(金)을 쌓아놓은 곳이 서북(西北)이고, 수(水)는 동남(東南)에서 왕성하다. 바다(海)는 백천(百川)의 조종(朝宗)이지만, 하천(河川)이 그 근원이므로 제사를 지내고 소원을 빌 때는 먼저 하천에서 지내고 다음으로 바다에서 지낸다.

하원(河源)이 출(出)한 곳은 곤륜(崑崙)이니 술방(戌方)이 된다. 그러므로 술(戌)도 수(水)이다.

《사기(史記)》 천관서(天官書)에 이르기를, "한(漢)이라

는 글자는 그 근본(根本)이 수(水)"라 하였고,

《하도괄지상(河圖括地象)》에 이르기를, "하적천한(河積天漢)이라" 하였으며,

《당서(唐書)》 천문지(天文志)에 이르기를, "북두(北斗)는 건으로부터 손까지 끌어 천강이 되고(自乾攜巽爲天綱) 운한은 곤으로부터 거슬러 간까지이니 지기가 된다(雲漢自坤抵艮爲地紀)." 하였다. 그렇다면 인신(寅申)은 水의 종시(終始)가 되는 곳이다. 그러므로 인(寅)이 수(水)이고 신(申) 역시 수(水)이다. 중요한 것을 논지(論之)하면 다 유원지의(幽元之義)이니, 실로 이치가 있음이고 혹 변(或變)하고 혹 불변(或不變)하는 것이 아니다. 사람의 조작(造作)함에 있어서는 군(君)에게 맡긴다.

*좌탄우탄(左癱右瘓) ; 반신불수(半身不遂). 편고(偏枯)의 별칭. 반신불수증이 왼쪽에 있는 것을 좌탄(左癱)이라 하고, 오른쪽에서 발생하는 것을 우탄(右瘓)이라 한다. 중풍(中風) 증상에 속한다.

6. 묘룡변운(墓龍變運)

《통서대전(通書大全)》에 이르기를, "24산 홍범오행(洪範五行)의 정운(正運)을 찾는 것이다. 본년(本年)의 오자(五子) 원둔(元遁) 수(數)를 헤아려 본산(本山)의 묘신(墓辰)으로 삼고 그 묘신(墓辰)의 납음(納音)을 변운(變運)으로 삼는 것이다. 태세(太歲)의 납음과 본년 묘운(墓運)의 납음을 취하여 서로 생합되는 것을 길(吉)하다 하고 묘운 납음이 태세의 납음을 극하는 것도 더욱 길하나, 오직 꺼리는 것은 연월일시(時年月日)

의 납음이 묘운 납음을 극하는 것이다."

甲寅辰巽戌坎辛申 8산은 홍범정운(洪範正運)이 속수(屬水)이다.

丑癸坤庚未 5산은 정운(洪範正運)이 속토(屬土)이다(水土의 墓는 辰).

甲己年은 戊辰木運이니 金 연월일시 쓰기를 꺼린다.
乙庚年은 庚辰金運이니 火 연월일시 쓰기를 꺼린다.
丙辛年은 壬辰水運이니 土 연월일시 쓰기를 꺼린다.
丁壬年은 甲辰火運이니 水 연월일시 쓰기를 꺼린다.
戊癸年은 丙辰土運이니 木 연월일시 쓰기를 꺼린다.

離壬丙乙 4산은 홍범정운(洪範正運)이 속화(屬火)이니 (火

墓는 戌이다).

　　甲己年은 甲戌火運이니 水 연월일시 쓰기를 꺼린다.
　　乙庚年은 丙戌土運이니 木 연월일시 쓰기를 꺼린다.
　　丙辛年은 戊戌木運이니 金 연월일시 쓰기를 꺼린다.
　　丁壬年은 庚戌金運이니 火 연월일시 쓰기를 꺼린다.
　　戊癸年은 壬戌水運이니 土 연월일시 쓰기를 꺼린다.

　震艮巳 3산은 홍범정운(洪範正運)이 속목(屬木)이니 미(未)가 묘(墓)이다.

　　甲己年은 辛未土運이니 木 연월일시 쓰기를 꺼린다.
　　乙庚年은 癸未木運이니 金 연월일시 쓰기를 꺼린다.
　　丙辛年은 乙未金運이니 火 연월일시 쓰기를 꺼린다.
　　丁壬年은 丁未水運이니 土 연월일시 쓰기를 꺼린다.
　　戊癸年은 己未火運이니 水 연월일시 쓰기를 꺼린다.

　乾亥兌丁 4산은 홍범정운이 속금(屬金)이니 금묘(金墓)는 축(丑)이다.

　　甲己年은 乙丑金運이니 火 연월일시 쓰기를 꺼린다. 冬至 후 丁丑水運이니 土 연월일시 쓰기를 꺼린다.
　　乙庚年은 丁丑水運이니 土 연월일시 쓰기를 꺼린다. 冬至 후 己丑火運이니 水 연월일시 쓰기를 꺼린다.
　　丙辛年은 己丑火運이니 水 연월일시 쓰기를 꺼린다. 冬至 후 辛丑土運이니 木 연월일시 쓰기를 꺼린다.
　　丁壬年은 辛丑土運이니 木 연월일시 쓰기를 꺼린다. 冬至 후 癸丑木運이니 金 연월일시 쓰기를 꺼린다.
　　戊癸年은 癸丑木運이니 金 연월일시 쓰기를 꺼린다. 冬至

후 乙丑金運이니 火 연월일시 쓰기를 꺼린다.

❶ 홍범(洪範) 묘룡변운(墓龍變運)

坐 五行 太歲	兌丁乾亥 (金山)	卯艮巳 (木山)	離壬丙乙 (火山)	甲寅辰巽戌 坎辛申(水山)	癸丑坤庚未 (土山)
甲己年	乙丑 金運	辛未 土運	甲戌 火運	戊辰 木運	戊辰 木運
乙庚年	丁丑 水運	癸未 木運	丙戌 土運	庚辰 金運	庚辰 金運
丙辛年	己丑 火運	乙未 金運	戊戌 木運	壬辰 水運	壬辰 水運
丁壬年	辛丑 土運	丁未 水運	庚戌 金運	甲辰 火運	甲辰 火運
戊癸年	癸丑 木運	己未 火運	壬戌 水運	丙辰 土運	丙辰 土運

안찰하면 ; 묘룡(墓龍)이란 본산용을 말하는 것이다. 홍범 오행의 묘고(墓庫) 변운(變運)은 본 묘고의 납음이 세운(歲運)에 따라서 변하는 것이다. 오자(五子) 원둔(元遁)은 칠정(七政)과 함께 동지(冬至)로부터 기산(起算)한다는 것과 같은 뜻이다. 이는 곧 「상년(上年 ; 前年)의 동지는 이미 금년(今年)이 된 것이고, 금년도 동지가 되면 즉 명년(明年)으로 넘어가는 것이다.」

천지(天地)의 기운(氣運)은 다 자(子)로부터 시작되기 때문이다. 그러므로 오자원둔(五子元遁)은 자(子)로부터 시작하여 해(亥)에서 마치게 된다. 일세(一歲)는 사시(四時)를 거느리니 동지 후 축월(丑月)은 세군(歲君)이 아직 바뀌지 아니 하였으나 묘운(墓運)만이 이미 축(丑)으로 바뀌어 금(金)의 묘고(墓庫)가 되었다. 그러므로 금산(金山)의 묘운은 동지 후에 또다시 변하여야 하니 그렇다면 중변(重變)이 되는 것이 된다.

가령 **갑산(甲山)의 정운(正運)은 속수(屬水)**이고 수(水)의 묘고(墓庫)는 진(辰)이니 갑기년(甲己年)에서 오자(五子) 원둔(元遁)하면 갑자(甲子)로부터 진(辰)이 될 때까지 헤아리는 것이니, 무진(戊辰)이 나오는데 무진의 납음은 속목(屬木)이니 즉 목운(木運)이다.

건산(乾山)은 속금(屬金)이고 금의 묘고(墓庫)는 축(丑)이니, 甲己年에서 오자(五子) 원둔(元遁)하여 헤아리면 다음 차례에 바로 을축(乙丑)이 나오고 납음은 속금(屬金)이니 금운(金運)이다.

갑기(甲己)년의 동지 후는 을경년(乙庚年)으로 변하였으니 乙庚으로 오자(五子) 원둔(元遁)하여 헤아리면 丙子 다음에 바로 丁丑이 나온다. 丁丑은 납음이 속수이니 수운(水運)이라 한다.

혹 다른 방법으로 60갑자를 계속 연결하여 헤아리기도 하는데, 甲己年에서 오자(五子) 원둔(元遁)은 甲子로부터 순수로 계속 헤아리면 갑자 순의 마지막인 乙亥가 나오고, 이에서 또 다시 계속 헤아리기를 진행하면 丙子 다음에 丁丑에 이른다. 丁丑의 납음은 속수(屬水)이니 곧 수운(水運)이 된 것이다. 나머지도 이와 같다.

7. 연월 극산가(年月剋山家)

《통서대전(通書大全)》에 이르기를, "본년 24산으로 묘룡(墓龍) 변운(變運)은 모산운(某山運)인데 연월(年月) 납음이 극하면 연극(年剋)이 되는 것이다. 즉 연월의 납음이 산운의 납음을 극(年月納音 剋 變運納音)하는 것이다."

오직 새로이 건축하는 택사(宅舍)나 헌집을 헐어내기만 하고 동토(動土)하지 아니하고 수조(竪造)하거나 새로운 분묘(墳墓)를 쓸 때 논하는 것이다.

만약 헌집을 헐어내고 집터(地基)를 새로 닦는다거나 늘린다거나 등으로 동토(動土)하는 것, 구묘(舊墓)에 부장(附葬)하는 것 등은 연극(年剋)으로 논하지 아니하고 별도의 신살(神煞)을 보아야 한다.

가령, 갑자년 납음은 **속금(屬金)**인데 본년의 수토산(水土山) 묘운(墓運)은 무진(戊辰) **목운(木運)**이므로 연(年) 납음의 극(剋)을 받는다. 뿐만 아니라 곧 수산(水山) 甲寅辰巽戌坎辛申 8산과 토산(土山) 丑癸坤庚未 5산은 모두 연극(年剋)을 받는 것이다.

갑자년(甲子年)의 월건에는 丙寅月 丁卯月 甲戌月 乙亥月이 있는데 이 4달은 납음이 모두 속화(屬火)이므로 본년의 금산(金山) 묘운(墓運)은 을축(乙丑) 금(屬金)이니 월건 납음 화(火)로부터 극(剋)을 받는다. 곧 1, 2, 9, 10월은 乾亥兌丁 4 금산(金山)이기 때문이다.

무진월(戊辰月) 기사월(己巳月) 월납음(月納音)은 속목(屬木)인데, 본년으로 목산(木山)의 묘운(墓運)이 신미(辛未) 토음(土音)이니 월(月) 납음으로부터 극(剋)을 받게 된다. 즉 3, 4월은 월극(月剋)이 되며 진간사(震艮巳) 3목산(木山)에서도 역시 극을 받는다.

경오(庚午)신미(辛未)월(月)의 납음(納音)은 속토(屬土)인데 본년의 24산(山)에서는 수운(水運)이 따로 없으므로 즉 그 월에서는 극(剋)이 없는 것이다.

임신(壬申)계유(癸酉)월의 납음은 본년의 납음과 같이 속금(屬金)이므로 목(木)산을 극한다.

병자(丙子)정축(丁丑) 월(月)의 납음은 속수(屬水)인데 본년(本年)의 화산(火山) 묘룡운(墓龍運)은 갑술(甲戌) 화(火)이므로 월 납음의 극(剋)을 받는다. 11, 12월은 이임병을(離壬丙乙) 4화산(火山)도 모두 극을 받는다.

또 가령 임신(壬申)년은 납음(納音)이 속금(贖金)이니 본년의 24산 중에는 목운(木運)이 없으나 동지(冬至) 후에 금산(金山) 묘운(墓運)이 오면 계축(癸丑) 목운(木運)에서 연(年) 납음으로부터 극을 받게 된다. 이는 곧 본년 24산에서는 극이 없었으나 동지가 지나면 건해태정(乾亥兌丁) 4금산이 되기 때문이다. 일시극산가(日時剋山家)도 위와 같은 방법으로 추리한다.

무릇 본년에서 월을 일으키는 법은 본년의 오자(五子) 원둔(元遁)을 사용한다. 역수(曆數)로 헤아려 축진미술(丑辰未戌) 4묘(墓) 납음은 연월(年月) 납음이 상극하는 것들이니 그 묘(墓)가 모산(某山)의 묘(墓)이므로 연월극(年月剋)은 모산(某山)인지를 파악하여야 한다. 대개 묘룡(墓龍) 변운(變運)은 산을 좇아서 일으키므로 꺼리는 연월을 가리는 것인데, 본년으로 월(月)을 기(起)하여 산가를 극하는지를 상호 추리하는 것이니 일리가 있는 것이다.

8. 24절기 방위(方位)

입춘(立春)간(艮), 우수(雨水)인(寅), 경칩(驚蟄)갑(甲), 춘분(春分)진(震 ; 卯), 청명(淸明)을(乙), 곡우(穀雨)진(辰),

입하(立夏)손(巽), 소만(小滿)사(巳), 망종(芒種)병(丙),
하지(夏至)오(午), 소서(小暑)정(丁), 대서(大暑)미(未),
입추(立秋)곤(坤), 처서(處暑)신(申), 백로(白露)경(庚),
추분(秋分)태(兌), 한로(寒露)신(辛), 상강(霜降)술(戌),
입동(立冬)건(乾), 소설(小雪)해(亥), 대설(大雪)임(壬),
동지(冬至)감(坎), 소한(小寒)계(癸), 대한(大寒)축(丑).

4립(立) 2분(分) 2지(至)로 팔괘(八卦)에 정응(正應)하고 있는데, 이렇게 팔절(八節)이 되며 기문(奇門) 구국(九局)도 다 이로써 일으킨다.

9. 팔괘(八卦) 납갑 삼합(納甲三合)

건납(乾納)갑(甲), 감납계신진(坎納癸申辰), 간납병(艮納丙), 진납경해미(震納庚亥未), 손납신(巽納辛), 이납임인술(離納壬寅戌), 곤납을(坤納乙), 태납정사축(兌納丁巳丑)인데, 감리(坎離)에서 무기(戊己)를 납(納)하지 아니하는 것은 24산(山)에는 무기(戊己)가 없기 때문이다. 그러므로 이(離)에서는 건(乾)의 임(壬)을 납(納)하고, 감(坎)에서는 곤(坤)의 계(癸)를 납하는데, 그 법의 유래는 알 수 없으나 이렇게 전래(傳來)하고 있다.

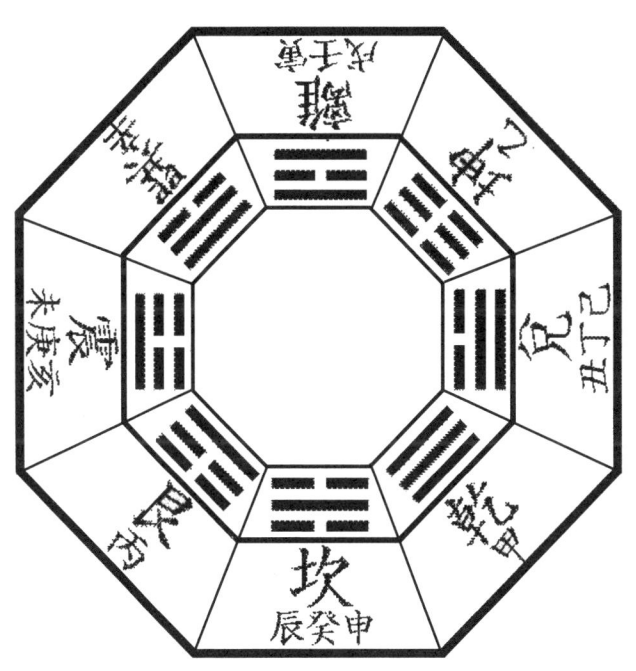

離 ☲	坤 ☷	兌 ☱	乾 ☰	坎 ☵	艮 ☶	震 ☳	巽 ☴
寅壬戌	乙	丁巳丑	甲	癸申辰	丙	庚亥未	辛

 지금 안찰하면 ;《계몽부론(啓蒙附論)》에 이르기를, "화(火)의 체(體)는 음(陰)이지만, 그 용(用)은 양(陽)이므로 하늘에서 사용(天用 ; 天干)한다 하였다. 그러므로 건(乾)의 중획(中畫)과 곤(坤)의 중효(中爻)를 교환하여 리(離)로 변한 것이다. 수(水)의 체(體)는 양(陽)이나 그 용(用)은 음(陰)이므로 땅(地 ; 地支)에서 사용한다. 그러므로 곤의 중획(中畫)을 건(乾)의 중획(中畫)과 교환하여 감으로 변한 것이다.

 그렇다면 감리(坎離)가 무기(戊己)를 납(納)하는 것은 진실로 선천으로부터 전(傳)하는 것이니 이납임(離納壬)하고 감납계(坎納癸)하는 것은 후천에서 사용하는 이용법(後天之用)인 것이다.

 그 사정괘(四正卦)에서 겸납팔지(兼納八支)하는 것은 본괘(本卦) 지지(支)의 삼합국(三合局)을 취한 것으로 지리가(地理家)들이 사용하는 좌산(坐產) 구성(九星) 정음(淨陰) 정양(淨陽)도 다 이로써 일으킨다."

제2장. 유년변괘(遊年變卦) 상해(詳解)

1. 소유년변괘(小遊年變卦)

소유년변괘(小遊年變卦)는 《청낭경(靑囊經)》에서 구요(九曜)라 하는 것이며, 또한 이름은 번괘(翻卦)라 한다. 건괘(乾卦)로 번괘(翻卦)시키는 것을 천부괘(天父卦)라 하고, 곤괘(坤卦)로 번괘(翻卦)시키는 것은 지모괘(地母卦)라 하는데, 모두 천정괘(天定卦)를 번변(翻變)시켜서 나오는 것이다. 지리가들이 사용하는 정음 정양(淨陰淨陽), 삼길(三吉), 육수(六秀), 팔귀(八貴), 12길용(吉龍) 등의 근본이 다 이에 있는 것이다. 후세(後世)로 오며 이를 빌려서 남녀생명(男女生命) 합혼(合婚) 등으로 사용하기도 한다 하여 유년(遊年)이라는 이름이 붙여진 것이다.

이는 주로 양택(陽宅)에서 사용하는 유년 변괘법(遊年變卦法)이라 하여 소유년(小遊年)이라 하였다.

그 법은 탐랑(貪狼)으로부터 시작하여 거문(巨門)·녹존(祿存)·문곡(文曲)·염정(廉貞)·무곡(武曲)·파군(破軍)·좌보(左輔)·우필(右弼)의 순서로 변괘(變卦)한다. 다만 그 쓰임에서 팔괘(八卦)로 논할 때는 우필(右弼)과 좌보(左輔)는 동궁(同宮)으로 사용한다.

구궁(九宮)으로 사용할 때는,

탐랑(貪狼)일백(一白) 수(水),
거문(巨門)이흑(二黑) 토(土),
녹존(祿存)삼벽(三碧),
문곡(文曲)사록(四綠) 목(木),
염정(廉貞)오황(五黃) 토(土),
무곡(武曲)육백(六白),
파군(破軍)칠적(七赤) 금(金),
좌보(左輔)팔백(八白) 토(土),
우필(右弼)구자(九紫)화(火)로 한다.

또 오성(五星)으로 논할 때는
탐랑(貪狼)을 생기(生氣) 목(木)으로 하고,
거문(巨門)을 천의(天醫)로 하고,
녹존(祿存)을 절체(絕體) 토(土)로 하고,
문곡(文曲)을 유혼(遊魂) 수(水)로 하고,
염정(廉貞)을 오귀(五鬼) 화(火)로 하며,
무곡(武曲)을 복덕(福德)으로 하며,
파군(破軍)을 절명(絕命) 금(金)으로 하는데,
보필(輔弼)은 끝이므로 본궁을 쫓아가니 소속이 없다.

지리가(地理家)는 용상으로 일으켜(龍上起) 탐랑(貪狼) 거문(巨門) 무곡(武曲) 염정(廉貞)을 길(吉)로 하고, 녹존(祿存) 문곡(文曲) 파군(破軍) 보필(輔弼)을 흉(凶)으로 한다.

선택가(選擇家)는 향상을 쫓아 일으키는데(向上起), 탐랑(貪狼) 거문(巨門) 무곡(武曲) 문곡(文曲)은 길(吉)로 하고, 녹존(祿存) 염정(廉貞) 파군(破軍) 보필(輔弼)은 흉(凶)으로 하

는데, 그 취의(取義)가 각각 같지 아니하므로 아래에 괘례(卦例)를 자상하게 갖추어 놓았다.

2. 천정괘(天定卦)

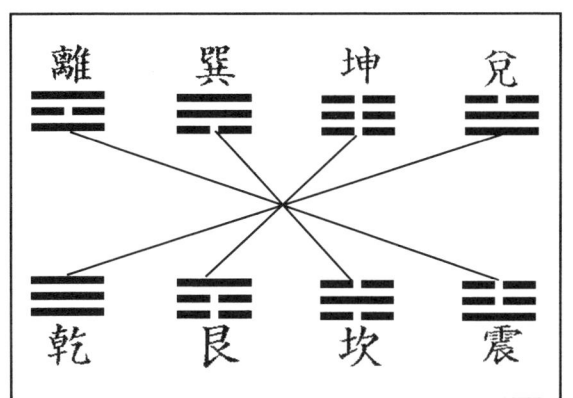

천정(天定) 괘례(卦例)는 건(乾)·간(艮)·감(坎)·진(震) 후천(後天) 4양괘(陽卦)를 아래에 횡(橫)으로 나열하였고, 리(離)·손(巽)·곤(坤)·태(兌) 후천 4음괘는 위에다 횡으로 나열하였다. 선천(先天)생괘(生卦)의 차서(次序)로 안찰하면, 건(乾)과 태괘(兌卦), 리(離)와 진괘(震卦), 손(巽)과 감괘(坎卦), 간(艮)과 곤괘(坤卦)가 대(對)가 된다. 본궁으로부터 대괘(對卦)는 일상(一上) 일하(一下)로 가며 차례로 번괘하고, 중기(中起) 중지(中止) 방기(傍起) 방지(傍止)한다.

안찰하면 ; 천정(天定) 괘례(卦例)는 본괘의 상(上)을 취하는 데 그치고, 효(爻)가 변하는(爻變) 것은 대괘(對卦)에서 한다. 이렇게 하면 번전(翻轉)이 편리하다.

이를 궁구하여 보면 건(乾)진(震)은 중에 거(居中)하고 간(艮)감(坎)은 방에 거(居傍)한다.

양괘(陽卦)는 상(上)에 거하고 음괘(陰卦)는 하(下)에 거하는데, 역시 가하지 아니함이 없는 것이다. 그러나 《지리대성(地理大成)》에는 다른 역(易)이 세 개의 식(三式) 있는데, 그렇다면 결과적으로 하나의 식(式)만 있는 것이 아니다.

3. 천부괘(天父卦)

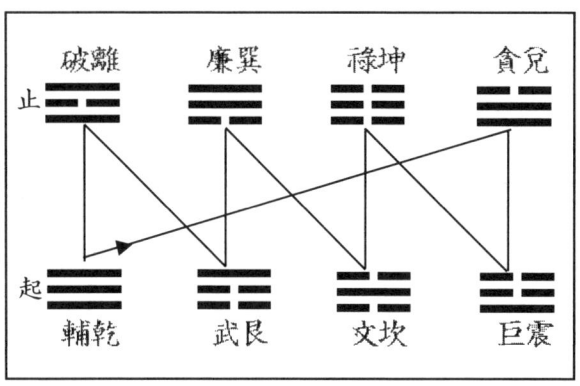

천부괘(天父卦)는 건괘(乾卦)를 따라 번기(翻起)하는데, 위(上)로부터 中으로, 다시 下로, 다시 中으로, 上으로 올라오는 순서로 번괘(翻卦)가 번갈아 진행한다. 이를 보면,

건(乾)의 상효(上爻)가 변하면 **태(兌)**가 되고 탐랑(貪狼)이다.
태(兌)의 중효(中爻)가 변하면 **진(震)**이 되며 거문(巨門)이다.
진(震)의 하효(下爻)가 변하면 **곤(坤)**이 되며 녹존(祿存)이다.
곤(坤)의 중효(中爻)가 변하면 **감(坎)**이 되며 문곡(文曲)이다.
감(坎)의 상효(上爻)가 변하면 **손(巽)**이 되며 염정(廉貞)이다.

손(巽)의 중효(中爻)가 변하면 **간(艮)**이 되며 무곡(武曲)이다.
간(艮)의 하효(下爻)가 변하면 **리(離)**가 되며 파군(破軍)이다.
리(離)의 중효(中爻)가 변하면 다시 **건(乾)**이 되며 보필(輔弼)이다.
이상은 방기(傍起) 방지(傍止)의 예이다.

4. 지모괘(地母卦)

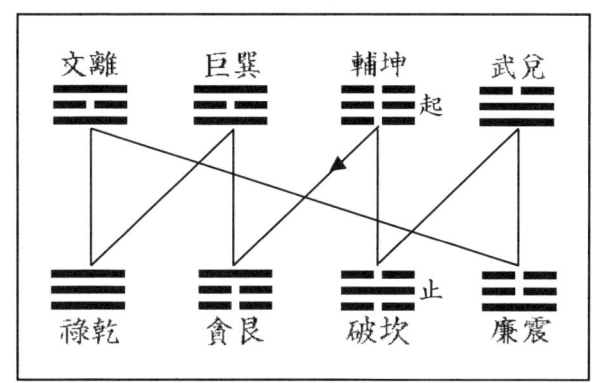

지모괘(地母卦)는 곤괘(坤卦)를 좇아 번기(翻起)한다.
곤괘(坤卦)의 상효가 변하면 **간(艮)**이 되며 탐랑(貪狼)이다.
간(艮)의 중효가 변하면 **손(巽)**이 되며 거문(巨門)이다.
손(巽)의 하효가 변하면 **건(乾)**이 되며 녹존(祿存)이다.
건(乾)의 중효가 변하면 **리(離)**가 되며 문곡(文曲)이다.
리(離)의 상효가 변하면 **진(震)**이 되며 염정(廉貞)이다.
진(震)의 중효가 변하면 **태(兌)**가 되며 무곡(武曲)이다.
태(兌)의 하효가 변하면 **감(坎)**이 되며 파군(破軍)이다.

감(坎)의 중효가 변하면 다시 **곤(坤)**이 되며 보필(輔弼)이다.
이상은 중기(中起) 중지(中止)의 예이다.

안찰(按察)하면 ; 《청낭경(靑囊經)》 태원(太元) 종역도(終易圖)에 곤(坤)으로 본궁을 삼을 때, 설에 이르기를 ; 곤(坤)은 지모이니 제산(諸山)이 소탁하므로(坤爲地母諸山所托) 삼길(三吉) 육수(六秀)의 세(勢)도 이에서 결정된다고 하였다.

《괘례결(卦例訣)》에 이르기를 ; 경운(經云), 삼길은 단지 내세가 좋은지 어떤지를 구하고, 다만 지모괘를 위주로 그 용이 艮丙 巽辛 兌丁巳丑 震庚亥未의 12음룡(陰龍)으로 의탁하는지 하는 것을 구하는 것이다(三吉只求來勢好 但以地母卦爲主 求其艮丙 巽辛 兌丁巳丑 震庚亥未 十二陰龍 諸山所托之故也).

구공(邱公)의 송(頌) 왈(曰),

三般大卦如何起 ; 삼반대괘는 어떻게 일으키는가?

元女當年親口傳 ; 원녀는 당년의 구전을 친히 전한다 하였고,

三吉只求來勢好 ; 삼길은 단지 내세가 좋은가로 구하고,

向家須變鬼爻看 ; 향가는 모름지기 귀효의 변화로 본다 하였다.

주(註)에 왈, "곤은 지모(坤爲地母)이니 제산을 소탁(諸山所托)하므로 용(龍)을 살필 때 곤괘(坤卦)로 삼길(三吉)을 찾아 구한다 하니 후세에는 이로 말미암아 지리의 귀(貴)는 음용(陰龍)에 있다는 설도 생겨났다.

지금 《청낭경(靑囊經)》 괘례(卦例)를 안찰하여 보니, 8궁(宮) 모두를 지모(地母) 괘(卦)로 칭하였으며, 삼길(三吉)을 주하여 왈(註曰), "삼길래산(三吉來山)은 양산음락(陽山陰落)하고 음산양락(陰山陽落)하여야 상길(上吉)."이라 하였으며, 또 "양산(陽山)이 양락(陽落)하여 음수(陰水)가 조래(朝來)한다거나, 음산(陰山)이 음락(陰落)하고 양수(陽水)가 조래(朝來)한다면 차길(次吉)이 된다."고 하였다. 그렇다면 산은 모두가 음(陰)이 될 수 없으므로 수(水)와 함께 차례로 상배(相配)되어야 길(吉)하다는 것이 된다.

소위 지모(地母) 괘(卦)라는 것은 특별히 곤괘(坤卦)만을 들고 견례(見例)로 삼은 것일 뿐이다. 가령 곤(坤)이 본룡(本龍)이라면 간(艮)이 탐랑(貪狼), 손(巽)이 거문(巨門), 태(兌)가 무곡(武曲)이므로 간(艮)손(巽)태(兌)로 삼길(三吉)을 삼는 것이다. 간(艮) 납병(納丙)하고 손(巽) 납신(納辛)이며, 태(兌) 납정(納丁)하니 병신정(丙辛丁)도 함께 삼길(三吉)육수(六秀)를 이루는 것이다. 또 간(艮)손(巽)진(震)태(兌) 4괘의 중효(中爻)를 뽑아 제거하면 나머지 상하 두 효(爻)는 모두 음양득배(陰陽得配)이니, 이른바 구륙충화(九六衝和)가 된다.

진괘(震卦)는 염정(廉貞)이므로 비록 흉(凶)하다고는 하나 득배(得配)로 길함이 되었고, 진(震)납경(納庚)이니 진경(震庚)이 삼길육수(三吉六秀)와 함께 팔귀(八貴)가 되는 것이다.

또 태(兌)와 삼합(三合)은 사(巳)축(丑)이고, 진(震)의 삼합(三合)은 해(亥)미(未)이니, 사(巳)축(丑)해(亥)미(未)와 팔귀

(八貴)를 합(合)하여 12산(山)을 모두 지모(地母) 괘(卦)로 정한 것이다. 그러나 팔궁(八宮)에는 다 구요(九曜)가 있는 것이니 천부(天父) 괘(卦)가 천정(天定) 괘(卦)의 건(乾)태(兌)가 상대(相對)하고 손(巽)감(坎)이 상대를 득하였으며,

지모(地母) 괘(卦)가 천정(天定) 괘(卦)의 리(離)진(震)이 상대하고 간(艮)곤(坤)의 상대를 득하였으므로 육자(六子)의 쓰임을 구비한 것이다. 그러므로 번괘법(翻卦法)은 천부(天父) 지모(地母)를 들고 예를 보여주었으니, 12길산(吉山) 또한 지모괘에서 보여준 견례(見例)를 볼 것이다.

구공(邱公)의 송(頌)은 이른바 후세에 오면서 8산에다 추가로 번작(翻作)하는 것이다.

5. 태궁번괘(兌宮翻卦)

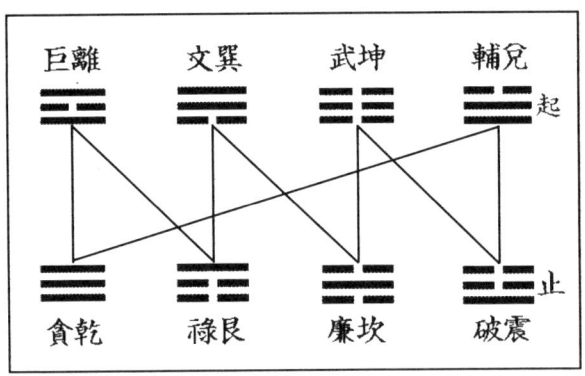

태괘(兌卦) 상효(上爻)가 변하여 건(乾) 탐랑(貪狼)이 되고, 건(乾) 중효(中爻)가 변하여 리(離) 거문(巨門)이 되고, 리(離) 하효(下爻)가 변하여 간(艮) 녹존(祿存)이 되고, 간(艮) 중효

가 변하여 손(巽) 문곡(文曲)이 되고, 손(巽) 상효가 변하여 감(坎) 염정(廉貞)이 되고, 감(坎) 중효가 변하여 곤(坤) 무곡 (武曲)이 되고, 곤(坤) 하효가 변하여 진(震) 파군(破軍)이 되고, 진(震) 중효가 변하여 태(兌) 보필(輔弼)로 다시 되었다.

6. 손궁변괘(巽宮翻卦)

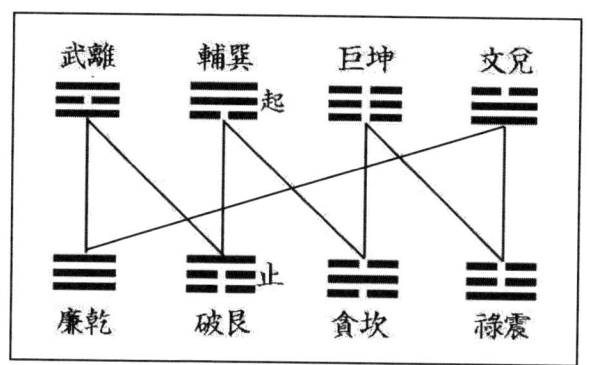

손괘(巽卦) 상효가 변하여 坎 탐랑(貪狼)이 되고, 坎 중효가 변하여 坤 거문(巨門)이 되고, 坤 하효가 변하여 震 녹존 (祿存)이 되고, 震 중효가 변하여 兌 문곡(文曲)이 되고, 兌 상효가 변하여 乾 염정(廉貞)이 되고, 乾 중효가 변하여 離 무곡 (武曲)이 되고, 離 하효가 변하여 艮 파군(破軍)이 되고, 艮 중효가 변하여 손 보필(輔弼)로 다시 돌아왔다.

7. 감궁변괘(坎宮翻卦)

坎卦 상효가 변하여 巽 탐랑(貪狼)이 되고, 巽 중효가 변하여 艮 거문(巨門)이 되고, 艮 하효가 변하여 離 녹존(祿存)이

되고, 離 중효가 변하여 乾 문곡(文曲)이 되고, 乾 상효가 변하여 兌 염정(廉貞)이 되고, 兌 중효가 변하여 震 무곡(武曲)이 되고, 震 하효가 변하여 坤 파군(破軍)이 되고, 坤 중효가 변하여 坎 보필(輔弼)로 다시 돌아왔다. 이상 3괘는 천부괘의 사용한 예다.

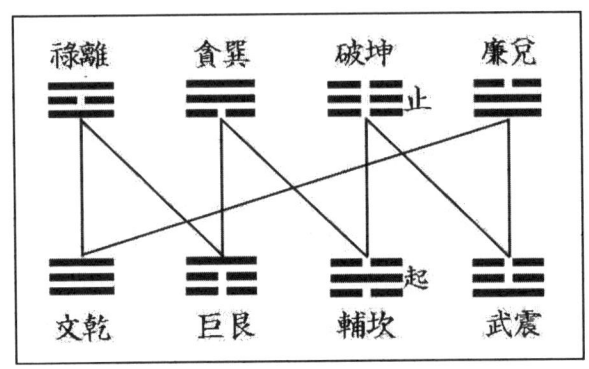

8. 간궁번괘(艮宮翻卦)

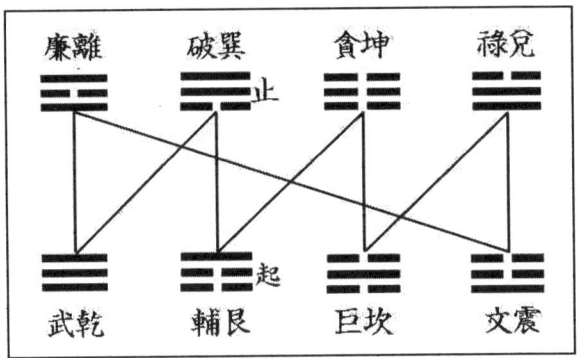

간괘(艮卦)의 상효가 변하여 곤(坤) 탐랑(貪狼)이 되고, 곤(坤) 중효가 변하여 감(坎) 거문이 되고, 감(坎) 하효가 변하여

태(兌) 녹존이 되고, 태(兌) 중효가 변하여 진(震) 문곡이 되고, 진(震) 상효가 변하여 리(離) 염정이 되고, 리(離) 중효가 변하여 건(乾) 무곡이 되고, 건(乾) 하효가 변하여 손(巽) 파군이 되고, 손(巽) 중효가 변하여 간(艮) 보필로 다시 돌아온다.

9. 진궁번괘(震宮翻卦)

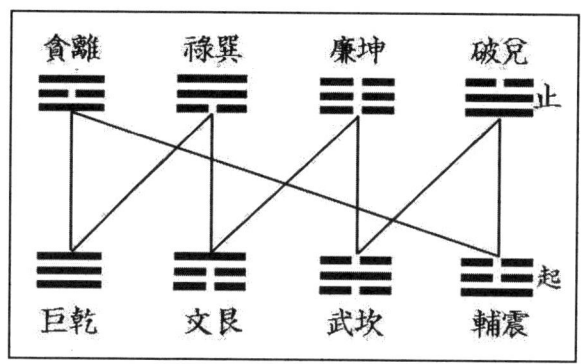

진괘(震卦)의 상효가 변하여 리(離) 탐랑이 되고, 리(離) 중효가 변하여 건(乾) 거문(巨門)이 되며, 건(乾) 하효가 변하여 손(巽) 녹존이 되고, 손(巽) 중효가 변하여 간(艮) 문곡이 되고, 간(艮) 상효가 변하여 곤(坤) 염정이 되고, 곤(坤) 중효가 변하여 감(坎) 무곡이 되고, 감(坎) 하효가 변하여 태(兌) 파군이 되고, 태(兌) 중효가 변하여 진(震) 보필로 다시 돌아온다.

10. 이궁번괘(離宮翻卦)

이괘(離卦) 상효가 변하여 진(震) 탐랑이 되고, 진(震) 중효가 변하여 태(兌) 거문이 되고, 태(兌) 하효가 변하여 감(坎) 녹존이 되고, 감(坎) 중효가 변하여 곤(坤) 문곡이 되고, 곤(坤) 상효가 변하여 간(艮) 염정이 되고, 간(艮) 중효가 변하여 손(巽) 무곡이 되고, 손(巽) 하효가 변하여 건(乾) 파군이 되고, 건(乾) 중효가 변하여 리(離) 보필로 다시 돌아온다. 이상의 3괘는 지모괘례(地母卦例)이다.

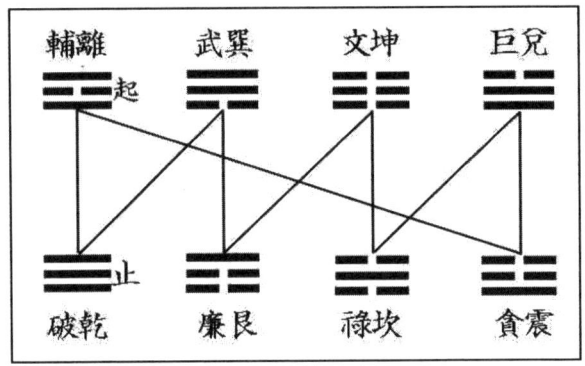

안찰(按察)하면 ; 번괘(翻卦)법은,

첫 번째로 상(上) 일효(一爻)를 변화시키며 생기(生氣) 탐랑(貪狼)이 되고,

두 번째로 중효(中爻)를 변화시키며 천의(天醫) 거문(巨門)을 만들고,

세 번째로 하효(下爻)를 변화시켜 절체(絕體) 녹존(祿存)을 만들고,

네 번째로 중효(中爻)를 변화시키며 유혼(遊魂) 문곡(文曲)이 되고,

다섯 번째로 상효(上爻)를 변화시키며 화해(禍害 ; 五鬼) 염

정(廉貞)이 되고,

여섯 번째로 진행하며 중효(中爻)를 변화시켜 복덕(福德) 무곡(武曲)을 만들고,

일곱 번째로 하효(下爻)를 변화시켜 절명(絶命) 파군(破軍)이 되며,

여덟 번째로 중효를 변화시켜 귀혼(鬼魂) 보필(輔弼)을 만든다.

대개 상(上) 일효(一爻)를 취하여 변화시키고 상(上) 이효(二爻)를 변화시키는데, 혹 하(下) 일효(一爻)를 변화한 다음 하(下) 이효(二爻)를 변화시킨다 함은, 즉 건곤감리(乾坤坎離) 4양괘(陽卦)는 반드시 진간태손(震艮兌巽) 4음괘(陰卦)로 변해야 하고, 4음괘(陰卦)는 반드시 4양괘(陽卦)로 변해야 한다는 것이다. 그러므로 삼길(三吉)은 좌산(坐山)에서 취하여 사용해야 하기 때문이라 한다. 지리가(地理家)들은 소위 양룡(陽龍)의 좌산(坐山)은 음산(陰山)이어야 하며, 양향(陽向)으로 입향하여야 하고, 음룡(陰龍)의 좌산(坐山)은 양산(陽山 ; 坐)이어야 하며, 향(向)은 음향(陰向)이어야 한다는 설이 이것이다.

산(山)과 향(向)은 이미 음양으로 나뉘어져 있으므로 같지 아니하다. 그러므로 향(向)을 논하는 자는 또 스스로 본궁(本宮)으로 오귀방(五鬼方)의 대위(對位)에서 탐랑(貪狼)을 일으키기(起) 때문에 본궁과 오귀(五鬼)가 서로 바뀌게 되므로 오귀괘(五鬼卦)라 하기도 한다.

가령 건(乾)이 본궁일 때 손(巽)이 오귀(五鬼)이나, 돌려서

손(巽)을 본궁으로 번괘(翻卦)하면 감(坎)이 탐랑(貪狼), 곤(坤)이 거문(巨門), 진(震)이 녹존(祿存), 태(兌)가 문곡(文曲), 건(乾)이 오귀(五鬼), 리(離)가 무곡(武曲), 간(艮)이 파군(破軍), 손(巽)이 보필(輔弼)이 된다. 연후에 건(乾) 손(巽)이 서로 바뀌어 가며 오귀가 되므로, 이에서는 건(乾)이 본궁이므로 감(坎)·곤(坤)·리(離)가 삼길(三吉)이 되었다.

또 건(乾) 본궁과 함께 정양(淨陽)은 번괘(翻卦)하면 보(輔)·무(武)·파(破)·염(廉)·탐(貪)·거(巨)·녹(祿)·문(文)의 순서로 변화하여 간다. 그 소속된 정음(淨陰) 정양(淨陽)을 따라 번괘의 길흉도 결정되는 것이니 깊이 찾아 따져볼 필요도 없다.

어떤 이가 말하는바, 여러 괘례(卦例)를 안찰하여 보았더니 역시 합(合)에서 알 수 있었다며, 그 설은 선천팔괘(先天八卦)였다고 한다.

상(上) 일효(一爻)를 변화시킨 것은 본상(本象)에서 소생시킨 것이니, 음양(陰陽)이 상배(相配) 상생(相生) 상비(相比)하는 것이다. 이는 마치 동기(同氣)이기 때문에 상득(相得)할 수 있는 것들이므로 **생기(生氣)**라 하였다.

상(上) 이효(二爻)를 변화시킨 것은 본의(本意)에서 소생한 것이니, 기우(奇偶)가 상배(相配) 상제(相制)할지언정 상해(相害)하지는 않는다. 이는 마치 보(補)하고 구폐(救弊 ; 폐단을 바로잡다)하는 것이므로 **천의(天醫)**라 하였다.

하(下) 일효(一爻)를 변화시키면 양이 가서 음과 교제(陽往交陰)하고, 음이 가서 양과 교제(陰往交陽)하는 것이다. 간다는 것은 굴욕(屈辱)이며 굴욕은 귀(鬼)이기 때문에 괘(卦)와 서(序) 모두 오위(五位)와 상격(相隔)되었으므로 오귀(五鬼)라 하였다.

하(下) 이효(二爻)를 변화시키면 노소(老少) 동정(同情)이니 음양(陰陽) 교역(交易)과 같이 서로의 뜻을 얻을 수 있고 기(氣)로 상생(相生)할 수 있으므로 복덕(福德)이라 하였다.

상하(上下) 두 효(爻)를 변화시키는 것은 양의(陽儀)가 격위(隔位)하면 음(陰)에서 교제(交際)하여 오고 음의(陰儀)에서 격위(隔位)하면 양(陽)에서 교제하여 온다. 그러나 음양(陰陽) 기우(奇偶)가 상배(相配)함을 갖추지 못하였으므로 유혼(遊魂)이라 하였다.

중(中) 일효(一爻)를 변화시키는 것은 양의(陽儀)가 격위(隔位)하면 양(陽)에서 돌아오고 음의(陰儀)가 격위(隔位)하면 음(陰)에서 돌아온다. 그러나 그 기(氣)는 돌아오더라도 도리어 극(剋)하므로 절명(絶命)이라 하였다.

삼효(三爻)가 함께 변화하면 괘위(卦位)는 대충(對沖 ; 方位가 서로 똑바로 맞섬)이 되므로 본체는 아주 없어지므로 절체(絶體)라 하였다. 삼효(三爻)가 모두 불변(不變)이면 본궁(本宮)을 자득(自得)하게 되므로 복위(伏位)라 하였다. 마치 복음(伏吟)과 같다고 할 수 있다.

팔궁(八宮)의 괘상(卦象)에 있어서는 상효(上爻) 괘(卦)를 지세괘(持世卦)라 하니 본궁(本宮)의 복위(伏位)가 되기 때문이다. 초세(初世) 괘(卦)를 오귀괘(五鬼卦)라 하고, 2세 괘(二世卦)를 복덕괘(福德卦)라 하고, 3세 괘를 절체괘(絶體卦)라

하고, 4세 괘를 천의괘(天醫卦)라 하고, 5세 괘를 생기괘(生氣卦) 또는 유혼괘(遊魂卦)라 하며, 귀혼괘(歸魂卦)를 절명괘(絶命卦)라 한다.

가령 건(乾)이 건(乾)을 만나면 중건(重乾)이 되므로 상효(上爻) 지세괘(持世卦)이니 이것이 복음괘(伏吟卦)이다.

건(乾) 손(巽)이 서로 만나면 천풍구(天風姤) 괘를 만들고 풍천소축(風天小畜) 괘와 함께 다 초세괘(初世卦)이므로 오귀괘(五鬼卦)가 된다.

건(乾)과 간(艮)이 서로 만나면 둔괘(遯卦)가 되니 산천대축(山天大畜) 괘(卦)와 함께 2세 괘가 되므로 복덕괘(福德卦)가 된 것이다.

곤(坤) 건(乾)이 서로 만나면 지천(地天) 태(泰)괘가 되니 천지(天地) 부괘(否卦)와 함께 다 3세 괘가 되므로 절체가 된 것이다.

건(乾) 진(震)이 서로 만나면 천뢰(天雷) 무망(无妄)괘가 되니 뇌천(雷天) 대장(大壯) 괘와 함께 4세 괘이므로 천의괘(天醫卦)가 된다.

건(乾) 태(兌)가 서로 만나면 천택(天澤) 이(履)괘가 되니 택천쾌(澤天夬)와 함께 모두 5세 괘이므로 생기괘(生氣卦)가 된다.

감(坎) 건(乾)이 서로 만나면 수천수(水天需) 괘가 되니 천수송(天水訟)과 함께 유혼괘(遊魂卦)가 된 것이다.

건(乾) 리(離)가 서로 만나면 천화(天火) 동인(同人)이 되고 화천(火天) 대유(大有) 괘와 함께 다 귀혼괘(歸魂卦)가 되어 절명괘(絶命卦)가 된 것이다. 나머지도 이와 같은 방법이다.

지금 선천지설(先天之說)을 안찰하건대, 심히 공교(工巧)하다. 그 팔궁(八宮) 괘상(卦象)은 오직(唯) 절체(絶體)와 유혼(遊魂) 절명(絶命)과 괘변의합(卦變義合)이었고 나머지는 취할 바가 없었으므로 이에 특별히 기록하는 것이다. 뒤에 그림을 갖추었다.

11. 대유년변괘(大遊年變卦)

대유년변괘(大遊年變卦)는 상택가(相宅家)들이 주로 사용하는 것이다. 선택(選擇)에 택장(宅長)의 행년(行年)으로 배합(配合)하여 수조(修造)를 결정한다는 설(說)이라 하여 유년(遊年)이란 이름을 붙였다. 지리에도 역시 유년 변괘(變卦)법(法)이 있으므로 이곳의 이름을 대유년(大遊年)이라 하였고 소음(小陰)이라 하고 대양(大陽)이라 하였다.

그 법도 역시 천정괘로부터 변괘(變卦)시켜 얻어내는 것인데, 탐랑(貪狼)·염정(廉貞)·무곡(武曲)·문곡(文曲)·녹존(祿存)·거문(巨門)·파군(破軍)·보필(輔弼)의 순서다. 가령 건(乾)이 본궁(本宮)이라면

건(乾) 상효를 변화시키면 태(兌)가 탐랑(貪狼)이 된다.

태(兌) 중효를 변화시키면 진(震)이 오귀(五鬼;廉貞)가 된다.

진(震) 하효를 변화시키면 곤(坤)이 무곡(武曲)이 된다.

곤(坤) 중효를 변화시키면 감(坎)이 문곡(文曲)이 된다.

감(坎) 상효를 변화시키면 손(巽)이 녹존(祿存)이 된다.

손(巽) 중효를 변화시키면 간(艮)이 거문(巨門)이 된다.

간(艮) 하효를 변화시키면 리(離)가 파군(破軍)이 된다.

리(離) 중효(中爻)를 변화시키면 건(乾) 보필(輔弼)로 다시 돌아온다.

탐랑(貪狼)은 소유(小遊)에서와 같으니 역시 생기가 됨이다.

염정(廉貞)은 소유(小遊)에서는 거문(巨門)이었지만 역시 오귀(五鬼)이다.

무곡(武曲)은 즉 소유(小遊)에서 절체(絕體)이며 또 일러 연년(延年)이다.

문곡(文曲)은 소유(小遊)에서와 같은데 또 일러 육살(六煞)이기도 하다.

녹존(祿存)은 즉 소유(小遊)에서는 오귀(五鬼)이며 또 일러 화해(禍害)이다.

거문(巨門)은 즉 소유(小遊)에서 복덕(福德)이며 역시 천의(天醫)이다.

파군(破軍) 보필(輔弼)은 소유(小遊)에서와 같다.

대개 양택법(陽宅法)은 건(乾) 태(兌)를 노양(老陽)이라 하고, 간(艮) 곤(坤)을 노음(老陰)이라 하며, 리(離) 진(震)을 소음(少陰)이라 하고, 손(巽) 감(坎)을 소양(少陽)이라 한다. 2노(二老)가 상배하는 것을 서사택(西四宅)이라 하고, 2소(二少)가 상배(相配)하는 것을 동사택(東四宅)이라 하는데, 동서는 각자가 상배되어야 길하다 하고 교착(交錯) 상배(相

配)되면 흉한 것으로 한다. 그러므로 변괘(變卦)의 길흉과 소유년(小遊年)은 같은 것 같지만 다름(有同異)이 있는 것이다.

번괘(翻卦)하는 법은,

상(上) 일효(一爻)가 변하면서 생기(生氣)인 탐랑(貪狼)이 되고,

하(下) 이효(二爻)가 변하면서 천의(天醫)인 거문(巨門)이 되고,

삼효(三爻)는 모두 함께 변하면서 연년(延年)인 무곡(武曲)이 되고,

삼효(三爻)가 함께 변하지 않으면 복위(伏位)인 보필(輔弼)이 된다.

대개 상(上) 일효(一爻)가 변한다 함은 乾 兌가 상호 변하고(乾兌互變), 艮 坤이 상호 변하고(艮坤互變), 離 震이 상호 변하고(離震互變), 巽 坎이 상호 변하는(巽坎互變) 것이고,

하(下) 이효(二爻)가 변한다 함은 乾 艮이 상호 변하고(乾艮互變), 兌 坤이 상호 변하고(兌坤互變), 離 巽이 상호 변하고(離巽互變), 震 坎이 상호 변하는(震坎互變) 것을 말하고,

삼효(三爻)가 함께 변한다 함은 건곤(乾坤)이 상호 변하고(乾坤互變), 兌 艮이 상호 변하고(兌艮互變), 離 坎이 상호 변하고(離坎互變), 震 巽이 상호 변하는(震巽互變) 것을 말하고,

삼효(三爻)가 함께 불변(不變)이라 함은 본궁(本宮)을 자득(自得)하였으므로 노소(老少)는 각자 상배(相配)되었으므

로 길(吉)함이 되었다는 것이다.

이 밖의 상배(外此則)라면 노소가 교착(老少交錯) 상배(相配)이므로 흉(凶)한 것이다.

팔궁괘상(八宮卦象)에 있어서는 상효(上爻) 지세괘(持世卦)는 복위(伏位)가 되고, 초세괘(初世卦)는 화해(禍害)이며, 이세괘(二世卦)는 천의(天醫)이며, 삼세괘(三世卦)는 연년(延年)이며, 사세괘(四世卦)는 오귀(五鬼)이며, 오세괘(五世卦)는 생기(生氣)이며, 유혼괘(遊魂卦)는 육살(六煞)이며, 귀혼괘(歸魂卦)는 절명(絶命)이다.

이것은 소유년(小遊年)의 예(例)와 역시 이동(異同)이 있는 것이다.

뒤에 나오는 그림을 보라.

12. 상일효(上一爻) 변도(變圖)

건(乾)의 상 일효변(上一爻變)은 태(兌)이고, 태(兌)의 상 일효변(上一爻變)은 건(乾)이다.

리(離)의 상 일효변(上一爻變)은 진(震)이고, 진(震)의 상 일효변(上一爻變)은 리(離)이다.

손(巽)의 상 일효변(一爻變)은 감(坎)이고, 감(坎)의 상(上) 일효변(一爻變)은 손(巽)이다.

간(艮)의 상(上) 일효변(一爻變)은 곤(坤)이고, 곤(坤)의 상 일효변(一爻變)은 간(艮)이다.

소유년 생기길(小遊年生氣吉)
대유년 생기길(大遊年生氣吉)

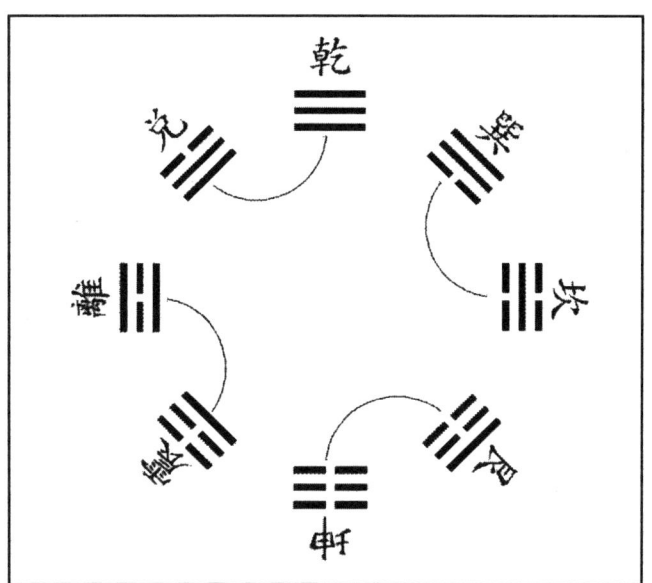

건(乾) 태(兌)는 노양(老陽)의 소생(所生)이고, 리(離) 진(震)은 소음(少陰) 소생(所生)이며, 손(巽) 감(坎)은 소양(少陽) 소생(所生)이고, 간(艮) 곤(坤)은 노음(老陰) 소생(所生)이니, 이것은 선천(先天) 생괘(生卦)이니 자연(自然)의 차서(次序)이다. 건(乾) 태(兌)는 양금(兩金)의 상비(相比)요, 진(震) 리(離)는 목화(木火) 상생(相生)이며, 감(坎) 손(巽)은 수목(水木) 상생(相生)이며, 간(艮) 곤(坤)은 양(兩) 토(土)의 상비(相比)이다.

후천(後天)으로 건양(乾陽)·태음(兌陰)·진양(震陽)·리음(離陰)·감양(坎陽)·손음(巽陰)·간양(艮陽)·곤음(坤陰)

176 제1부 吉凶神煞

이다.

건곤감리(乾坤坎離)에는 낙서(洛書)의 기(奇)를 배속(配屬)하였고, 태(兌)·진(震)·간(艮)·손(巽)은 낙서(洛書)의 우(偶)를 배속하였다. 또한 모두 양음(陽陰)이 득배(得配)하도록 하였다. 그러므로 최길(最吉)의 상(象)을 갖춘 것이다. 그러므로 소유년(小遊年) 대유년(大遊年)은 다 생기(生氣)로 하였다.

13. 상(上) 이효(二爻) 변도(變圖)

소유년 천의길(小遊年天醫吉)
대유년 오귀흉(大遊年五鬼凶)

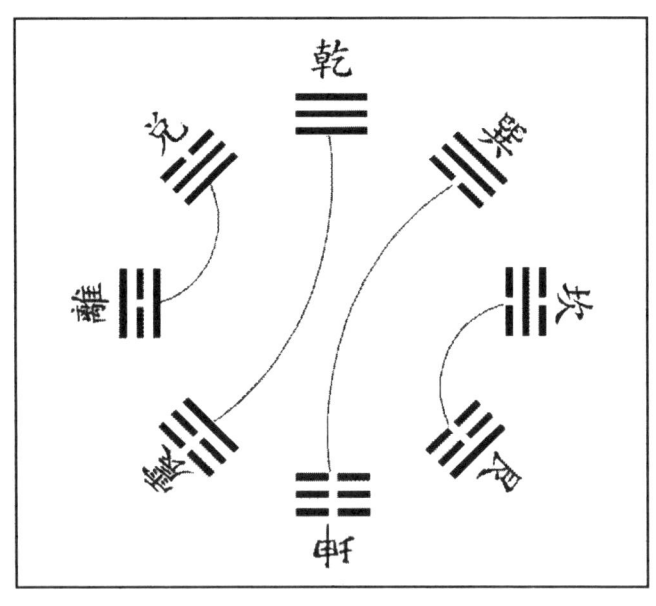

건(乾)의 상(上) 이효(二爻)가 변하여 진(震)이 되고, 진(震)의 상(上) 이효(二爻)가 변하여 건(乾)이 되었다.

태(兌)의 상(上) 이효(二爻)가 변하면 리(離)가 되고, 리(離)의 상(上) 이효(二爻)가 변하면 다시 태(兌)가 된 것이다.

손(巽) 상(上) 이효(二爻)가 변하여 곤(坤)이 되고, 곤(坤)의 상(上) 이효(二爻)가 변하여 다시 손(巽)이 되었다.

감(坎)의 상(上) 이효(二爻)가 변하여 간(艮)이 되고, 간(艮)의 상(上) 이효(二爻)가 변하여 감(坎)이 된 것이다.

건(乾) 진(震)은 금(金)목(木) 상극(相剋)이고, 태(兌) 리(離)는 금(金)화(火) 상극이니 모두 양의(陽儀)의 소생(所生)이다.

손(巽) 곤(坤)은 목(木)토(土) 상극(相剋)이고 감(坎) 간(艮)은 토(土)수(水) 상극(相剋)이니 모두 음의(陰儀)의 소생이다.

낙서(洛書)는 또 음양(陰陽)이 상배(相配)이니 상제(相制)함은 있으나 상해(傷害)하고자 하는 것은 아니다. 그러므로 소유년(小遊年)에서는 천의(天醫)가 되었고, 대유년(大遊年)에서는 그것이 노소(老少)가 상배될 수 없으므로 흉(凶)이 된 것이다. 또 상극으로 귀(鬼)가 되므로 오귀(五鬼)라 하였으니 그의 뜻을 취함이 각기 다르다.

14. 하(下) 일효(一爻) 변도(變圖)

건(乾)의 하(下) 일효(一爻)가 변하여 손(巽)이 되고, 손(巽)의 하(下) 일효(一爻)가 변하여 다시 건(乾)이 된 것이다.

소유년 오귀흉(小遊年五鬼凶)
대유년 화해흉(大遊年禍害凶)

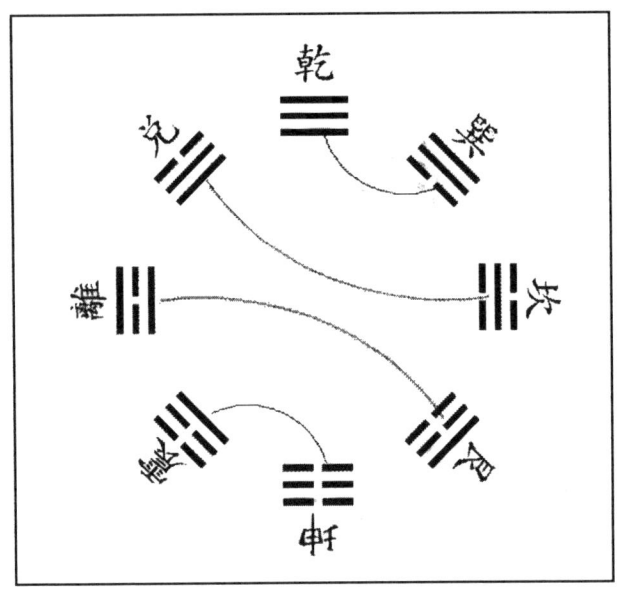

태(兌) 하(下) 일효(一爻)가 변하여 감(坎)이 되고, 감(坎) 하(下) 일효(一爻)가 변하여 태(兌)가 되었다.

리(離) 하(下) 일효(一爻)가 변하여 간(艮)이 되고, 간(艮) 하(下) 일효(一爻)가 변하여 리(離)가 되었다.

진(震) 하(下) 일효(一爻)가 변하여 곤(坤)이 되고, 곤(坤) 하(下) 일효(一爻)가 변하여 진(震)이 되었다.

건(乾) 태(兌) 리(離) 진(震) 4양(陽)이 손(巽)감(坎)간(艮)곤(坤) 4음(陰)에 가서 교제(交際)하고 손(巽)감(坎)간(艮)곤(坤) 4음이 건(乾)태(兌)리(離)진(震) 4양(陽)에 가서 사귀니, 노소(老少)가 다 상배되지 아니하므로(不相配) 오귀(五鬼)가 된 것이다.

　대유년(大遊年)의 취상(取相)에서 극자(剋者)를 오귀(五鬼)로 한 것은 이들이 화해(禍害)가 되므로 모두 불길(不吉)한 것이다.

15. 하(下) 이효(二爻) 변도(變圖)

소유년 복덕길(小遊年福德吉)
대유년 천의길(大遊年天醫吉)

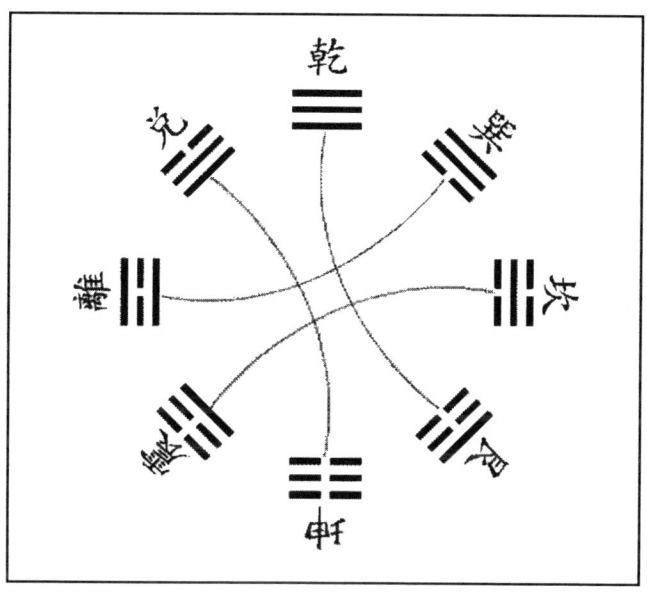

　건(乾) 하(下) 이효(二爻)가 변하여 간(艮)이 되고, 간(艮) 하(下) 이효(二爻)가 변하여 건(乾)이 되었다.

　태(兌) 하(下) 이효(二爻)가 변하여 곤(坤)이 되고, 곤(坤) 하(下) 이효(二爻)가 변하여 태(兌)가 되었다.

리(離) 하(下) 이효(二爻)가 변하여 손(巽)이 되고, 손(巽) 하(下) 이효(二爻)가 변하여 리(離)가 되었다.

진(震) 하(下) 이효(二爻)가 변하여 감(坎)이 되고, 감(坎) 하(下) 이효(二爻)가 변하여 진(震)이 되었다.

건(乾) 간(艮)은 토금(土金) 상생(相生)이요 태(兌)곤(坤)도 토금(土金) 상생(相生)이니, 2노(二老)의 상배(相配)이다. 손(巽)리(離)는 목화(木火) 상생(相生)이요 감진(坎震)은 수목(水木) 상생(相生)이니, 이소(二少)가 상배하였다.

팔괘(八卦)로 논하면 음양(陰陽)이 덕(德)을 자득(自得)한 것이고 구궁(九宮)으로 논하여도 음양이 덕을 자득한 것이다. 그러므로 소유년(小遊年)으로 복덕(福德)하였고, 대유년(大遊年)으로도 삼효(三爻)가 전변(全變)하는 괘이니, 노(老)·장(長)·중(中)·소(少)가 모두 정배(正配)를 득하여 길(吉)한 것이다. 달리는 복덕으로 연년(延年)이라 하는 경우도 있는데, 그렇다면 이것이 천의(天醫)가 된다. 역시 모두 길하다.

16. 상하(上下) 이효(二爻) 변도(變圖)

건(乾)의 상하(上下) 이효(二爻)가 변하면 감(坎)이 되고, 감(坎)의 상하(上下) 이효(二爻)가 변하면 건(乾)이 된다.

태(兌)의 상하(上下) 이효(二爻)가 변하면 손(巽)이 되고, 손(巽)의 상하(上下) 이효(二爻)가 변하면 다시 태(兌)가 된다.

리(離)의 상하(上下) 이효(二爻)가 변하면 곤(坤)이 되고 곤(坤)의 상하(上下) 이효(二爻)가 변하면 다시 리(離)가 된다.

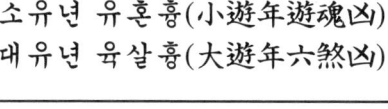

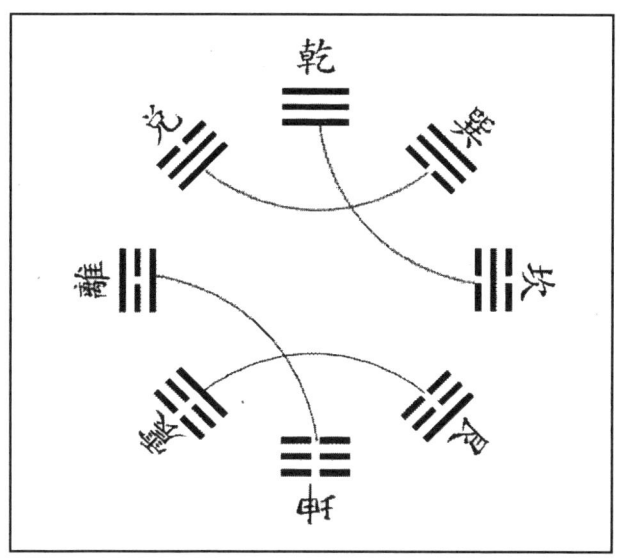

　진(震)의 상하(上下) 이효(二爻)가 변하면 간(艮)이 되고, 간(艮)의 상하(上下) 이효(二爻)가 변하면 다시 진(震)이 된다.

　이의(二儀) 사상(四象)이 교제하여 변역(變易)하였으므로 팔괘(八卦)·구궁(九宮)·음양(陰陽)·노소(老少)가 다 상배(相配)되지 못하였으므로 가더라도 상배(相配)를 득하지 못한다.

　그러므로 소유년(小遊年)은 유혼(遊魂)이 되었고, 대유년(大遊年)은 그 본궁괘(本宮卦)로부터 제육변(第六變)한 것이므로 육살(六煞)이 되었으니 다 불길하다.

17 중(中) 일효(一爻) 변도(變圖)

소유년 절명흉(小遊年絕命凶)
대유년 절명흉(大遊年絕命凶)

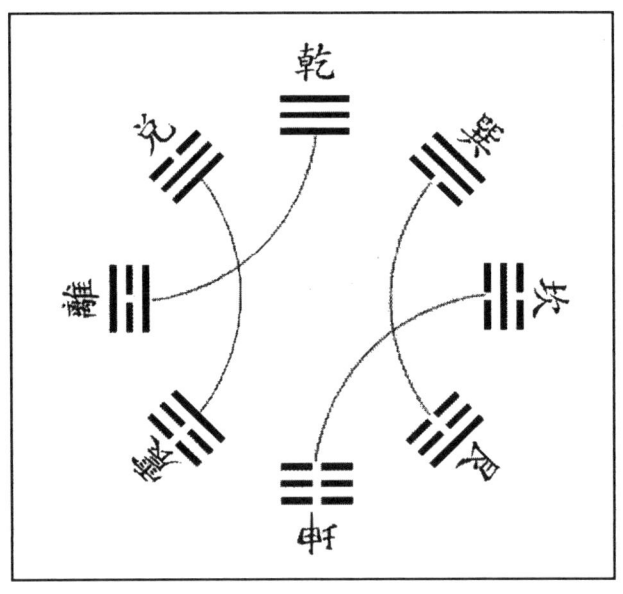

건(乾)의 중(中) 일효(一爻)가 변하면 리(離)가 되고, 리(離)의 중(中) 일효(一爻)가 변하면 다시 건(乾)이 된다.

태(兌)의 중(中) 일효(一爻)가 변하면 진(震)이 되고, 진(震)의 중(中) 일효(一爻)가 변하면 다시 태(兌)가 된다.

손(巽)의 중(中) 일효(一爻)가 변하면 간(艮)이 되고, 간(艮)의 중(中) 일효(一爻)가 변하면 다시 손(巽)이 된다.

감(坎)의 중(中) 일효(一爻)가 변하면 곤(坤)이 되고, 곤(坤)의 중 일효가 변하면 다시 감(坎)이 된다.

건(乾)리(離)는 화금(火金) 상극(相剋)이고 태(兌)진(震)은 금(金)목(木) 상극(相剋)이며, 손(巽)간(艮)은 목토(木土) 상극(相剋)이고, 감(坎)곤(坤)은 수토(水土) 상극(相剋)이다. 이는 기우(奇偶) 노소(老少)가 다 불상배(不相配)이고, 또 다 본의(本儀)로도 자환(自還)하므로 생기(生氣)와는 상반되며, 또 변괘(變卦) 번괘(翻卦)가 다 칠변(七變)에 이르러서 그치므로 이것이 최흉(最凶)한 상(象)이 된다. 그러므로 소유년(小遊年)대유년(大遊年)이 함께 절명(絶命)이 되는 것이다.

18. 삼효(三爻) 구변도(俱變圖)

소유년 절체흉(小遊年絶體凶)
대유년 연년길(大遊年延年吉)

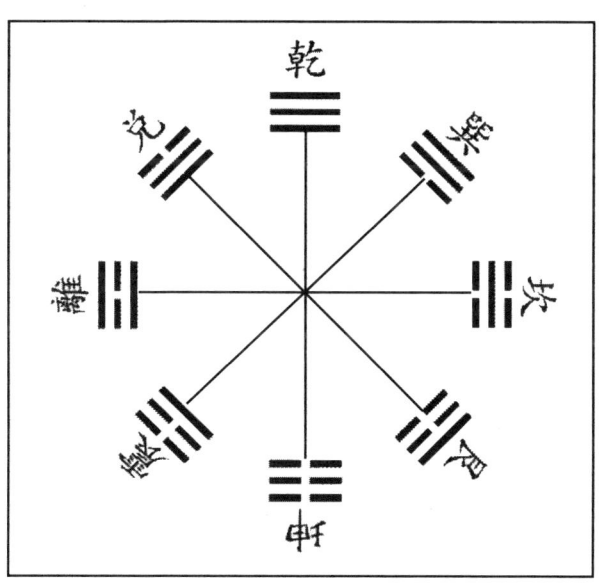

건(乾)의 삼효(三爻)가 모두 함께 변하면 곤(坤)이 되고, 곤(坤)의 삼효(三爻)가 구변(俱變)하면 다시 건(乾)이 된다.

태(兌)의 삼효(三爻)가 구변(俱變)하면 간(艮)이 되고, 간(艮)의 삼효(三爻)가 구변(俱變)하면 태(兌)가 된다.

감(坎)의 삼효(三爻)가 구변(俱變)하면 리(離)가 되고, 리(離)의 삼효(三爻)가 구변(俱變)하면 다시 감(坎)이 된다.

진(震)의 삼효(三爻)가 구변(俱變)하면 손(巽)이 되고, 손(巽)의 삼효(三爻)가 구변(俱變)하면 다시 진(震)이 된다.

건곤감리(乾坤坎離)는 낙서(洛書)에서 기배(奇配)한 것이고, 태간진손(兌艮震巽)은 낙서(洛書)의 우(偶)를 배속(配屬)한 것이다.

또 1과 9, 3과 7, 2와 8, 4와 6은 서로를 더한 수(數)이니 극수(極數)는 10이다. 지리가들은 고음(孤陰) 고양(孤陽)을 흉하다 하므로 소유년(小遊年)을 취하여 전변(全變)시켜 절체(絕體)로 한다.

건부(乾父) 곤모(坤母) 진장남(震長男) 손장녀(巽長女) 감중남(坎中男) 리중녀(離中女) 간소남(艮少男) 태소녀(兌少女)로 하여 상택가(相宅家)들은 음양이 정배(正配)된 것을 길(吉)하다 한다.

그러므로 대유년(大遊年)을 취하여 응(應)하게 하여 연년(延年)으로 삼는데, 일길(一吉) 일흉(一凶)일 때는 각자의 쓰임에 따른다.

19. 팔궁(八宮) 괘상(卦象) 64괘

소유년(小遊年) ; 보필(輔弼), 오귀(五鬼), 복덕(福德), 절체(絶體), 천의(天醫), 생기(生氣), 유혼(遊魂), 절명(絶命).

대유년(大遊年) ; 복위(伏位), 화해(禍害), 천의(天醫), 연년(延年), 오귀(五鬼), 생기(生氣), 육살(六煞), 절명(絶命).

兌宮	坤宮	離宮	巽宮	震宮	艮宮	坎宮	乾宮	六爻不變
兌爲澤	坤爲地	離爲火	巽爲風	震爲雷	艮爲山	坎爲水	乾爲天	初世卦
澤水困	地雷復	火山旅	風天小畜	雷地豫	山火賁	水澤節	天風姤	二世卦
澤地萃	地澤臨	火風鼎	風火家人	雷水解	山天大畜	水雷屯	天山遯	三世卦
澤山咸	地天泰	火水未濟	風雷益	雷風恒	山澤損	水火旣濟	天地否	四世卦
水山蹇	雷天大壯	山水蒙	天雷無妄	地風升	火澤睽	澤火革	風地觀	五世卦
地山謙	澤天夬	風水渙	火雷噬嗑	水風井	天澤履	雷火豐	山地剝	遊魂卦
雷山小過	水天需	天水訟	山雷頤	澤風大過	風澤中孚	地火明夷	火地晉	歸魂卦
雷澤歸妹	水地比	天火同人	山風蠱	澤雷隨	風山漸	地水師	火天大有	

欽定 協紀辨方書

欽定 四庫全書

協紀辨方書
卷 3

의례義例 1 · 연신류年神類 신살神煞

제1장 택길(擇吉)의 의의
제2장 세중덕신(歲中德神)
제3장 태세(太歲)와 그 주위의 제신(諸神)
제4장 세중흉신(歲中凶神)
제5장 연세(年歲)로 판단하는 일중신살(日中神煞)

제1장. 택길(擇吉)의 의의

1. 의례(義例) 석의(釋義)

선택신살(選擇神煞)은 예로부터 전해오는 건제(建除) 12법(法)이 있는데, 감여가(堪輿家 ; 풍수지리를 공부하여 묘지나 집터의 길흉을 가리는 사람)나 총신(叢辰) 제가(諸家)들이 사용한다. 그 의(義)를 돌아보면 다 전(傳)하여지고 있지 않으므로 《기례(起例)》에서 더욱 많은 엄습(掩襲)으로 오류를 내고 있다.

이에서 두루 수집한 자료를 이치에 가까운 아순(雅馴)자(者)만을 선별하고 해석을 첨가하여 천오(舛誤 ; 어그러져서 그릇되거나 그르침)를 바로잡고 뭇 길흉지의(吉凶之義)를 사례 별로 추심(推尋)할 수 있도록 하여 세속(世俗)의 술수설(術數說)에 현혹됨이 없도록 하는 것이다.

2. 총론(總論)

거사(舉事)함에는 세대(細大)가 없는 것이니 반드시 그 일진(日辰)을 가려 써야 함인데, 그 뜻은 바로 경천(敬天)에 있다. 기(記)에 이르기를,

【原文】易抱龜南面 天子卷冕北面 雖有明智之心 必進斷其知焉 示不敢專以尊天也.

夫古之君子 居則觀其象而玩其辭 一事之至 其合於何卦 何爻 應有何變 何應 早已謀諸乃心而灼然.

況又謀及卿士大夫至於庶民 夫亦何患其不審 乃又必動則觀其變而玩其占耶.

凡以血氣心知之性 必合諸虛靈不昧之天 而後天下之理得 使足已 而不問則未事而先失也.

역(易)은 포구를 남면(抱龜南面)으로 하고 천자(天子)의 권면은 북면(卷冕北面)이라 하니 비록 지혜로운 마음을 밝게 하고, 반드시 나아갈 바를 결단하고자 하나, 그 전문적인 지식으로도 감당하지 못할 것을 보여주기 때문에 하늘을 숭배하고 존경하게 되는 것이다.

예로부터 "군자는 한가하여 시간이 있을 때는 그 괘효(卦爻)의 상(象)을 관찰하고, 그 괘사(卦辭)의 말씀을 완미(玩味)하며, 어떠한 종류의 일에 이르러서도 그 어느 괘(卦), 어느 효(爻)에 합(合)하며 무엇이 변하여 응하는지를 미리부터 여러 가지로 도모(圖謀)할 일을 성찰하여 보면 마음속으로 밝고 뚜렷한 길을 훤히 보여줄 것이다." 그러므로 벼슬아치나 사대부로부터 서민에 이르기까지 우리 모두는 그것(주역 점괘周易占卦)을 심찰(審察)하지 아니할 수 없는 것이다.

일을 도모하기 위하여 움직였을 때 역시 「어떤 근심이 있겠는지」를 미리 알아두기 위하여 괘효(卦爻)에서 변화를 관찰하고, 그 점친 바를 완미하여야 하는 것이다.

무릇 혈기(血氣)로 마음속의 성품을 알 수 있는 것이니, 반드시 여러 허령(虛靈 ; 잡된 생각이 없이 마음이 신령함. 포착할 수는 없으나 그 영험이 불가사의함)으로 인하여 하늘의 뜻에 매혹되지 아니하도록 단속하여 놓은 다음에는 천하의 이치를 득하면 나로 하여금 충족시킬 수 있는 것이다. 그러나 일의 실마리를 놓칠 수 없으므로 묻지 아니하고서는 먼저 잃게 되는 것이다.

【原文】選擇之義亦猶夫是 天地神祇*之所向則順之 所忌則避之 旣奉若於宮廷以彰昭事之忱 又申布於閭左以協休嘉之氣.

凡以敬天云爾 如曰若是則福 不若是則禍 則術士之曲說 而非其本原也.

王充《論衡》闢之不有餘力 則又儒士拘迂而未見大義.

善夫荀悅申鑒曰 ; 或問時 群忌 曰此天地之數也則一切拘牽謬悠之說具廢 而所爲順之避之者 亦必有道矣.

*神祇 ; 神者天神, 祇者地神이니 천지신명을 지칭,

선택의 의미는 역시 아래와 같은 이유가 있다. 천지의 신기(天地神祇 ; 天地神明)가 의향하는 바(所向)라면 순응하여 따라야 할 것이고, 그 향하는 바가 꺼리고 마땅치 못한 것(所忌)이라면 마땅히 피해야 하는 것이다.

이미 궁정(宮廷 ; 朝廷)에서 신봉하며 밝게 정성을 드리는 행사이거나 또는 빈민가에게는 부역을 면제하여 주고 마을의 왼쪽(한쪽)에서 살도록 허용하면서 조정의 정책에 협력하도록 하고, 하늘을 섬기고 숭배하는(敬天云爾) 것들은 아름다운 것들이니 복(福)이 되는 것이다.

그러나 이와 같지 아니한 것이라면 대개는 술사(術士)들의 곡설(曲說)에서 나오는 것이므로 도리어 재앙(禍)이 될 수도 있는 것이니 이는 본원(本原)에서의 가르침은 아니다.

왕충(王充)의 《논형(論衡)》을 열어보면, 여력(餘力)이 생기지 않으나, 이것은 유림의 선비들이 구애되고 진부(拘迂)하기는 하지만 그 대의(大義)는 나타내지 못하였다.

순열(荀悅)의 신감(申鑒) 왈, 혹 군기(群忌)를 물었을 때(或問時群忌) 설명하여 이르기를, "이는 천지의 운수이며 길흉을 좇아서 발생하는 것이 아닌 것이라(此天地之數也 非吉凶所從生也)." 하였다. 그렇다면 그 천지지수라는 것을 아는 것은(夫知其爲天地之數) 진실로 수신자(受信者)가 담당할 바이니 「좇아 따라야 한다」 하였다. 그것은 길흉을 좇아서 발생하는 것이 아니라는 것을 알았으면 일체 황당한 유유지설(謬悠之說 ; 종잡을 수 없는 말)에 이끌려 구애받지 말고 모두 폐기하여 버려야 하는 것이니, 따를 것인지 피할 것인지는 반드시 법과 도(法道)를 아는 데 있는 것이다.

제2장. 세중덕신(歲中德神)

1. 세덕(歲德)

歲幹	甲	乙	丙	丁	戊	己	庚	辛	壬	癸
歲德	甲	庚	丙	壬	戊	甲	庚	丙	壬	戊

《증문경(曾門經)》에 이르기를, "세덕(歲德)은 세중(歲中)의 덕신(德辰)을 말한다. 십간(十幹) 중에서 오위(五位)는 양(陽)이고, 오위(五位)는 음(陰)이다. 양(陽)은 군도(君道)라 하고 음(陰)은 신도(臣道)라 하니, 군덕은 자처(君德自處)로 하고 신덕은 종군(臣德從君)으로 한다 하였다. 세덕의 소리지지(所理之地)는 만복(萬福)을 다 모은 곳이니, 모든 재앙이 스스로 피(衆殃自避)하고 수영과 획복(修營獲福)으로 돕는 응(應)이 있다고 하는 길신이다."

《광성력(廣聖曆)》에 이르기를, "갑덕재갑(甲德在甲), 을덕재경(乙德在庚), 병덕재병(丙德在丙), 정덕재임(丁德在壬), 무덕재무(戊德在戊), 기덕재갑(己德在甲), 경덕재경(庚德在庚), 신덕재병(辛德在丙), 임덕재임(壬德在壬), 계덕재무(癸德在戊)라 하였다.

《고원(考原)》에 이르기를, "율려(律呂 ; 음악이나 음성의 가락)는 육양당위(六陽當位) 자득(自得)이요, 육음은 그 충위에 거(六陰則居其衝)한다 하였고, 세덕(歲德) 즉, 5양간은 세덕 위를 자득(五陽干當位自得)하고, 5음간은 취기합(五陰干取其合)이라 하였으니, 대저 양간에서는 세덕(歲德)을 자기 자리로 결정하고, 음간에서는 합이 되는 양간을 좇아서 세덕으로 하였다.

안찰하건대 ; 갑병무경임(甲丙戊庚壬) 5양간은 곧 갑병무경임이 양덕(陽德)이니 을정기신계(乙丁己辛癸)의 음간은 소합(所合)되는 간(干)으로 세덕을 삼는 것과는 다르다.

《증문경(曾門經)》에서 이르는, 군덕자처(君德自處)라고 한 것은 그 글(文)이 부족하여 창궐(暢厥)을 가르치는 것으로 잘못 이해할 수 있다.

대개 역(易)의 도(道)는 양1 음2로 양(陽)은 덕(德)으로 하고 음(陰)은 형(刑)으로 하여 양을 좋은 것으로 하고 음은 나쁜 것으로 말하였다. 그러므로 양으로 덕(陽之爲德)을 삼은 것은 음으로는 화(化)하지 못하기 때문이며(在不化乎陰), 음의 덕을 양으로 삼은 것은 음의 본위를 버리고 양을 좇았기 때문(在棄其本位而從乎陽)이다.

《역(易)》에 이르기를, "서남득붕(西南得朋)은 서남(西南)은 양(陽)이기 때문이다. 득붕(得朋)이란 음(陰)은 양을 좇기 때문이란 말이다. 동북에서 상붕(東北喪朋)함이란, 동북(東北)은 음(陰)이기 때문이고, 상붕(喪朋)이란 음이 그 본위(本位)를 버려야 하기 때문에 이른 말이다. 음도 능히 화양(化陽)이나, 역시 능히 양을 좇는(從陽) 것이 덕이 되는 것이다. 그렇기 때문에 양은 1이나 음은 2인 것이다. 그러므로 갑덕재갑(甲德在甲)인 것은 갑은 양이기 때문에 덕이 될 수 있는 것이다. 을덕재경(乙德在庚)인 것은 乙은 음(陰)이므로 경(庚)은 능히 乙을 제압할 수 있기 때문에 乙에 있어서는 경을 좇기 때문이다. 이 것이 을의 덕이다. 병정 이하도 이와 같다.

2. 세덕합(歲德合)

歲幹	甲	乙	丙	丁	戊	己	庚	辛	壬	癸
歲德合	己	乙	辛	丁	癸	己	乙	辛	丁	癸

《考原》에 이르기를, "세덕합(歲德合)이란 세덕(歲德) 오합지간(五合之干)을 말한다. 이것은 갑년재기(甲年在己), 을년재을(乙年在乙), 병년재신(丙年在辛), 정년재정(丁年在丁), 무년재계(戊年在癸), 기년재기(己年在己), 경년재을(庚年在乙), 신년재신(辛年在辛), 임년재정(壬年在丁), 계년재정(癸年在癸)이므로 세덕(歲德)이 양(陽)에 속하기 때문에 세덕 으로 음(陰)을 합(合)하게 된다.

안찰(按察)하건대 ; 세덕과 세덕합(歲德合)은 모두 상길(上吉)에 해당한다. 그러므로 마땅한 바는 있으나 꺼리는 것은 (有宜無忌) 없다. 그러나 그 뜻을 자세하게 추리하여 보면 강유(剛柔)로 나눈 것에(剛柔之別) 불과하니 세덕합(歲德合)은 음년(陰年) 양년(陽年)을 물을 것도 없이 다 유신(柔辰)이다. 바깥일(外事)은 강(剛)으로 하고 집안일(內事)은 유(柔)로 하는 것이 예로부터의 의지(意志)이다. 선택가(選擇家)들은 비록 이에까지 논한 바는 없으나 이렇게 사용하는 것이 의의(意

義)에 통(通)하는 것이다.

3. 세간합(歲幹合)

歲幹	甲	乙	丙	丁	戊	己	庚	辛	壬	癸
歲幹合	己	庚	辛	壬	癸	甲	乙	丙	丁	戊

《금궤경(金匱經)》에 이르기를, "세간합(歲干合)은 천지음양(天地陰陽)이 배합하는 것이다." 하였다. 주로 재앙(災殃)을 제거하거나 소멸시키고 흥복(興福)을 돕는 것이다. 소리지방은 수영(修營) 기토(起土), 상관(上官), 가취(嫁娶), 원행(遠行), 배알(拜謁)에 마땅하다.

《역례(曆例)》에 이르기를, "갑년재기(甲年在己), 을년재경(乙年在庚), 병년재신(丙年在辛), 정년재정(丁年在壬), 무년재계(戊年在癸). 그 세간(歲幹)을 취하거나 세간과 합(合)됨을 취하는 것이다." 하였다.

《고원》에 이르기를, "지금의 역일(曆日)은 세(歲)가 전(轉)하여 길신(吉神)이 되었는데, 이곳((此條)에는 없다.

안찰(按察)하건대 ; 세간합(歲幹合)은 세중(歲中)의 대신(大神)인데도 보장씨(保章氏)*가 간명하게라도 저술하지 아니하였으니 어찌된 것입니까? 대개 乙丁己辛癸년은 이른바 甲丙戊庚壬으로 세덕(歲德)을 삼고, 甲丙戊庚壬년은 역시 乙丁己辛癸로 세덕(歲德)의 합(合)이 된다. 이미 세덕이 있으면 세덕의 합은 다시 반복하여 세간(歲幹)의 합이라는 이름으로 내세울 필요가 없었기 때문이다. 비록 그렇더라도 중요한 것은 각각의 뜻에 있는 것이다. 음양은 동직(陰陽同職)이나 부동성(不同性)이다. 그러므로 가령 오귀(五鬼)라든가 염대(厭對), 육의(六儀) 같은 류(類)는 반드시 양쪽을 세간(歲幹)합(合)으로 저술하였으니 당연히 기목(其目)에도 존재한다. 그러므로 이에서는 폐기(廢棄)한 것이다.

* 보장씨(保章氏) ; 《주례(周禮)》에는 풍상씨(馮相氏)가 태음·태양·별의 운행관계를 맡고, 보장씨(保章氏)가 별·태양·태음의 변동관계를 맡은 천관으로 되어 있다. 풍상씨와 보장씨는 다만 기후를 살피며 그것의 정상 여부를 감별할 뿐이요, 역서를 만드는 관서는 아니었다.

4. 세지덕(歲枝德)

太歲	子	丑	寅	卯	辰	巳	午	未	申	酉	戌	亥
歲枝德	巳	午	未	申	酉	戌	亥	子	丑	寅	卯	辰

《신추경(神樞經)》에 이르기를, "세지의 덕(歲枝德)은 세중(歲中)의 덕신(德神)이다. 덕(德)이란 득(得)하였을 때 득복(得福)한다는 의미이다. 주(主)는 위험으로부터 구제(救濟)되므로 제약자(濟弱者) 이므로 흥 공사(興工事)를 다스릴 때 이로운 것이고, 대중(衆務)적이거나 공공(公共)의 공사(工事) 업무에 더욱 좋다." 하였다.

이정조(李鼎祚)* 왈, "세전 오신(歲前五辰)에 상거(常居)

한다."하였다.

조진규(曹震圭)* 왈, "지덕(枝德)자(者)는 태세(太歲)를 좇아서 향전으로 오합의 신(向前五合之辰)이라 하였다. 가령 태세가 갑자(甲子)라면 향전(向前)으로 보이는 기사(己巳)와 갑기(甲己)합(合)이 되므로 곧 사(巳)가 지덕(枝德)이다. 또 태세가 병자(丙子)라면 향전(向前)으로 신사(辛巳)가 보이니 병신(丙辛)합(合)하여 사(巳)가 지덕(枝德)이다. 나머지도 이와 같다. 지금 역일(曆日)에는 세전(歲轉) 길신(吉神)으로 이것이(此條) 없다."

*조진규(曹震圭) ; 《역사명원(曆事明原)》의 저자로, 《역사명원》은 천리(天理)를 근거로 하여 상생(相生)과 상극(相剋)의 선택 방법을 논한 책이다.
*이정조(李鼎祚) ; 당나라의 학자로, 공자의 제자 자하(子夏)로부터 공영달(孔穎達)에 이르기까지 《주역》에 관한 30여 명의 설을 수집하여 《주역집주(周易集注)》와 《연주명경식경(連珠明鏡式經)》을 저술했다.

안찰(按察)하건대 ; 지덕(歲枝德)자(者)는 갑(甲)이 이미 자(子) 위에 있다면 사(巳) 위에는 반드시 기(己)가 오므로 갑기(甲己)가 합(合)이 되었다. 그 합신(合神)에 붙는 지지(地支)이므로 반드시 길(吉)하게 된다는 것이다. 지지는 반드시 천간을 좇으므로 "지필종천(地必從天)하고 지필종간(枝必從幹)."하므로 간이 이미 길위(幹旣吉位)가 되었다면 지(枝)도 반드시 흉이 없기(枝必無凶) 때문이니 그 뜻이 이러하다.

그 신(其辰)에는 또 사부(死符) 살(煞)이 되기도 하고 또 소모(小耗) 살(煞)이 되기도 하므로 역가(曆家)들은 사부(死符)와 소모(小耗)가 중대한 살이라고 하여 차조(此條)는 즐겨 쓰지 아니한다. 그러나 미악(美惡)과 길흉이 동위(同位)에서는 혐의(嫌疑)가 되지 않는 것이라 하기도 하는데, 사부(死符)는 영총(營塚) 등의 일에는 꺼리고, 소모(小耗)는 흥재(興財)를 위한 시장(市場) 개업(開業) 등의 일에는 꺼리나 그 밖의 작은 소거지사(苟所擧之事)에는 구애받지 아니하고 길신(吉神)으로 사용한다. 즉 동일(同一)한 흥조사(興造事)라도 거실을 경영(營居室欤)하는 것은 마땅히 소모살(小耗煞)로 논하여야 할 것이고, 가령 교량(橋梁)을 다스린다거나 제방을 축조(築堤岸)하는 것들은 자기만의 이해관계가 아니고 대중(大衆)의 일이니, 비록 소모(小耗) 살(煞)이라고는 하지만, 실제로 지덕(枝德) 작용을 하는 것이니 대길(大吉)할 수 있다. 그러므로 차조(此條)는 폐기할 수 없는 것이다.

제3장. 태세(太歲)와 그 주위의 제신(諸神)

1. 태세(太歲)

地支	子	丑	寅	卯	辰	巳	午	未	申	酉	戌	亥
太歲	子	丑	寅	卯	辰	巳	午	未	申	酉	戌	亥

《신추경(神樞經)》에 이르기를, "태세(太歲)는 인군(人君)의 상(象)이므로 제신(諸神)을 통솔하고 영도하는 정방위(正方位)이다. 간(幹)으로 시절의 차서(次序)를 운전(幹運時序)하여 태세의 공을 다 이루어내고(總成歲功) 있는 것이다.

이상의 기원(紀元)은 알봉곤돈(閼逢困敦)*에서 나온 것인데, 태세(에서 월건(月建)을 일으키는데, 자(子)에서부터 첫 달을 삼아 일위씩 옮겨(歲徙一位)가며 12년 동안을 진행하여 일주(一週)가 끝난다. 만약 국가의 순수성방(巡狩省方)이거나 출사약지(出師略地) 영조궁궐(營造宮闕) 개척봉강(開拓封疆)하는 일이라면 태세방위(太歲方位)를 향으로 놓는 것이 불가(不可向之)하다." 하였다. 여민(黎民 ; 黎族)은 수영택사(修營宅舍)를 축루장원(築壘牆垣)과 함께함을 반드시 회피(並須迴避)한다 하였다."

*알봉곤돈(閼逢困敦) ; 알봉(閼逢)은 고갑자(古甲子) 십간(十干)의 첫째로 갑(甲)과 같고, 곤돈(困敦)은 고갑자(古甲子) 십이지

(十二支)의 첫째로 자(子)와 같음. 곧 알봉곤돈은 갑자년(甲子年)을 고갑자로 일컫는 말이다.

《황제경(皇帝經)》에 이르기를, "태세 소재지신(太歲所在之辰)은 절대로 범해서는 안된다(必不可犯)." 하였다.

조진규(曹震圭) 왈, "태세자(太歲者)는 목성(木星)을 세성(歲星)으로 이르는 말이므로 목성(木星)이 12년(11.9년) 동안을 운행하여 일주천(一周天)하는 데 1년 운행을(一年行) 일차(一次)라 한다." 하였다.

안찰(按察)하건대 ;《주례(周禮)》에 이르기를, "풍상씨(馮相氏)*는 손바닥에 12세(歲)를 만들어 사용하였다." 하였는데, 정강성(鄭康成)*의 주(註)에 왈, "세는 태세(歲謂太歲)이고 세성(歲星)과 일(日)이 함께 전차(躔次)를 운행하여 월건(月建)을 결정지어 주는 성신(歲星與日同次之月斗所建之辰)이 된다." 하였다.

*풍상씨(馮相氏) ;《주례(周禮)》에는 풍상씨(馮相氏)가 태음·태양·별의 운행 관계를 맡고, 보장씨(保章氏)가 별·태양·태음의 변동 관계를 맡은 천관으로 되어 있다.

*정강성(鄭康成) ; 후한 말(後漢末)의 학자 정현(鄭玄)의 자(字).《주서(周書)》,《상서(尙書)》,《모시(毛詩)》,《의례(儀禮)》,《예기(禮記)》,《논어(論語)》,《효경(孝經)》,《상서대전(尙書大傳)》등의 주해(註解)를 썼다.

〈요설(樂說)*〉에 이른바 "세성(歲星)과 일(日)은 상응(常應)하고 태세(太歲)로서 월건(月建)을 나타낸다." 하였다.

그렇다면 금력(今曆)의 태세(太歲)는 이것과 다른 것이다.

〈가공언소(賈公彦*疏)〉에 이르기를 ; 태세(太歲)는 지상에 있으며(在地), 천상(天上)의 세성(歲星)과 상응하면서 운행한다. 세성(歲星)은 양(陽)이고 하늘에서 우행(右行)하며, 일세(一歲)에 일신(一辰)을 이동한다. 또 앞의 신(辰)을 일백삼십사(一百三十四)로 나누어 일분(一分)씩을 침식(侵蝕)하여 144년이면 일신(一辰)을 모두 뛰어넘게(跳躍) 되므로 십이신을 다 도는(十二辰匝) 데는 1728년이 걸려, 십이도신을 다 돌아오는(十二跳辰匝) 데 걸린다는 계산이다. 십이세(十二歲)를 일소주(一小周)로 하는 것은 이른바 1년(年)에 1신(辰)을 이동하는 연고이다. 1728년을 일대주(一大周)로 하는 것은 12도잡(跳匝)으로 하는 연고이라 하였다.

*요설(樂說) ; 바라는 대로 막힘없이 가르침을 설함. 자유자재로 가르침을 설함.
*가공언(賈公彦) ; 당(唐)나라의 학자. 고종연간(高宗年間) 태학박사·홍문관학사를 지냈다. 《주례소(周禮疏)》(50권)와 《의례소(儀禮疏)》(50권)는 십삼경주소(十三經注疏)에 들어간다. 그 중에서도 《주례소》는 주자(朱子)가, "오경소(五經疏) 가운데 가장 좋은 것이다." 라고 평가하였다.

태세(太歲)는 지구(地球)에서 사람이 볼 때 좌행(左行)한다. 일(一 ; 日인 듯)과 세성(歲星)은 도진(跳辰) 연수(年數)가 동일(同一)하다. 그에 이르기를, 세성(歲星)과 일(日)은 전차지월(躔次之月)이 같으므로 두소(斗所)의 월건 진(月建辰)은 곧 세성(歲星)이 되므로 역시 양(陽)이 되는데, 사람이 보기

에 그러하다. 태세가 음(陰)일 때는 사람이 보는 곳에서는 보이지 않는다.

세성(歲星)과 태세(太歲)는 비록 우행(右行)과 좌행(左行)이 같지 아니하나, 중요한 것은 행도(行度)가 다르지 않다는 것이다. 그러므로 세성을 들고 태세를 나타낼 수 있다. 세성과 일(日)은 동차지월(同次之月)이니 일 년 가운데서 오직 일진(一辰) 상(上)에서만이 법(法)으로 삼을 수 있다.

만약 상원갑자(上元甲子)의 초하룻날 아침(朔旦)에 동지(冬至)가 되니 일월오성(日月五星)은 견우지초(牽牛之初)에 함께 있으므로 이는 세성(歲星)과 일(日)이 동차(同次)되는 달(月)이라는 것을 알 수 있다. 11월의 두건(斗建)은 자(子)이니 태세도 자년(子年)이 된다. 태세가 아래로 내려가면서 세성(歲星)도 이동하여 자(子)가 향(向)으로 가기도 한다(至下年歲星移向子). 12월은 일월(日月)이 원효(元枵)에서 만나고, 12월의 두건(斗建)은 축(丑)이니 태세도 축년(丑年)이다. 이렇게 이후로는 다 이와 같이 된다.

그러므로 〈요설(樂說)〉에 태세로 월건(月建)을 나타낸다고 인용한 것이다. 금력(今曆)에는 태세가 도진(跳辰 ; 뛸 跳)하는 뜻을 기록하지 않았다. 그러므로 이곳의 경(經)이 아니면 (동양철학과의 관계를) 알 수 없는 것이다.

지금 안찰하면, 세성(歲星)은 천(天)에서 우행(右行)하고 태세(太歲)는 지(地)에서 좌행(左行)하니 세성(歲星)이 태세를 따라 일진(一辰)씩 이동한다. 그러니 12년으로 한 주기(週期)가 되므로 세성이라 이름하였다. 즉 역(曆)의 태세(太歲)

가 보장(保章)씨가 말하는 십이세(十二歲)이며 달리 태세가 또 있는 것이 아니다. 돌아보면 태세란 세지신(歲之神)이요, 세성(歲星)은 세지성(歲之星)이니 태세를 들고 세성을 나타내는 것은 가(可)하나 태세를 세성으로 말하는 것은 불가하다. 그러므로 조진규(曹震圭)의 설은 아니다. 태세를 속(俗)에서는 백신(百神)의 통수권자라고 하니 연중(年中)의 천자(天子)이기 때문이다.

《신추경(神樞經)》에 이르기를, "국가의 순수(巡狩) 성방(省方)이거나 출사약지(出師略地), 영조궁궐(營造宮闕), 개척봉강(開拓封疆) 등에서는 향(向)이 불가하다." 하였는데, 향(向)이라 운운한 것은 태세와의 대방(對方)이니 즉 신(身)이 세파지(歲破地)에 거하는 것이 되기 때문이다.

또 이르기를, "여서족(黎庶族)의 수조(修造)라면 반드시 회피한다(並須迴避) 함은 태세는 군상(君象)이니 그 방(方)은 진실로 상길(上吉)한 방위이므로 하민(下民)들은 감히 소용(所用)해서는 안 된다는 것이니, 마치 월기일(月忌日)이 중궁(中宮)의 오황방(五黃方)이므로 금지시키는 것처럼 민간은 반드시 피하여야 한다는 뜻과 같은 것이다." 하였다.

그러므로 또 이르기를, "퇴황살(堆黃煞)이라 하기도 하였으며, 고인(古人)들은, 세하대방(歲下對方)은 역왈(亦曰) 세파(歲破)가 되기 때문이라." 하였다.

한(漢)나라의 왕충(王充)은 《논형(論衡)》재이사법(載移徙法)에 이르기를, "사저 태세 흉(徙抵太歲凶)이요 부태세도 역시 흉(負太歲 亦凶)이라 하였는데, 저태세명왈(抵太歲名

日) 세하(歲下)라 하고, 부태세명왈(負太歲名曰) 세파(歲破)라."함이 이것이다.

2. 세파(歲破) 대모(大耗)

太歲	子	丑	寅	卯	辰	巳	午	未	申	酉	戌	亥
歲破大耗	午	未	申	酉	戌	亥	子	丑	寅	卯	辰	巳

《광성력(廣聖曆)》에 이르기를, "세파(歲破)는 태세를 충파(衝破)하는 신(辰)이다. 그곳에는 흥조(興造)가 불가하고, 이주(移住) 가취(嫁娶) 원행(遠行)에서 범(犯)하면 재물에 손실이 오고, 가장(家長)에게 해가 닥친다. 오직 전벌(戰伐)에서 향으로 하는 것은 길(吉)하다.

《명시총요(明時總要)》에 이르기를, "세파(歲破)는 자년(子年) 오(午)로부터 12신(辰)을 순행하며 태세를 충파(衝破)한다." 하였다.

안찰하면 ; 세파(歲破)는 최흉(最凶)한 살신(煞辰)이기 때문에 《광성력》에 이르기를, "전벌(戰伐)에서 향(向)으로 하는 것은 길(吉)하다." 함은 "대개 향 세파(向歲破)는 곧 좌태세(坐太歲)가 되므로 대적(對敵)하는 사람이 세파(歲破) 자리에 거하기 때문인데, 그렇다면 여전히 태세만을 용(用)하고 세파는 사용하지 않으면 되는 것이라(然則仍是用太歲非用歲破也)."하였다.

《역례(曆例)》에 이르기를, "대모(大耗)는 세중(歲中)의 허모지신(虛耗之神)이다. 소리지지(所理之地)에서 영조창고(營造倉庫)나 납재물(納財物)을 목적으로 할 때 범(犯)하면 당연히 구적(寇賊)과 경공(驚恐)할 일이 발생한다."하였다.

《명시총요》에 이르기를, "세충지지(歲衝之地)에 상거(常居)한다. 조진규(曹震圭) 왈, "대모(大耗)자(者)는 태세를 충격(衝擊)하여 파산(破散)시키는 자이니, 물은 격(物擊)하면 파(破)하고 충(衝)하면 산(散)이니, 파산(破散)을 모(耗)라 한다.

안찰(按察)하면 ; 대모(大耗)는 즉 세파(歲破) 계열이지만, 대모(大耗)가 거듭된다 라는 이름으로는 건균창(建囷倉)이라든가 재백(財帛)을 납(納)하는 일 등은 중복되는 일을(重著其義) 하게 된다는 의미가 있다. 또 태세(太歲)가 나타내는 것은 지존(至尊)이므로 상대할 자가 없는 것이다. 가령 12신(神)에서 귀인(貴人)의 앞 자(前字)는 천공(天空)인데, 비록 천공이란 공공(空空)과 같은 것으로, 실제로는 있는 것이 아니고, 이름이 천공(天空)이라는 신(神)일 뿐이다.

그런데 세파(歲破)라는 뜻은 역시 기방(其方)을 말하는 것으로 세소(歲所)를 깨뜨린다(破)는 의미지만, 실제로 있는 것이 아니고 세파지신(歲破之神)을 이르는 말일 뿐이다. 그러므로 또 다른 이름으로 대모(大耗)라 한 것이다.

3. 대장군(大將軍)

太歲	子	丑	寅	卯	辰	巳	午	未	申	酉	戌	亥
大將軍	酉	酉	子	子	子	卯	卯	卯	午	午	午	酉

《신추경(神樞經)》에 이르기를, "대장군(大將軍)이란 태세의 대장(大將)이다. 위무로 통솔하고 부린다는 것으로, 전벌(戰伐)의 총령자(總領者)이니, 만약 국가에서 명령만 있으면 장수(將帥)로서 출전한다. 공성전진(攻城戰陣)에서는 마땅히 배지(背之)하고 뭇 흥조사(興造事)에는 다 불가(不可) 범(犯)이다."

이정조(李鼎祚) 왈, "태세가 맹년(孟歲 ; 寅申巳亥)일 때는 승광(勝光)이니 오(午)가 되고, 중년(仲年 ; 子午卯酉)에서는 소길(小吉)이니 미(未)가 되고, 계세(季歲 ; 辰戌丑未)에서는 전송(傳送)이 신(申)이므로 세지(歲枝)를 그 위에다 가(加)해서 천강(天罡 ; 辰)을 만날 때까지 헤아려 진(辰)에서 만나는 자(字)가 대장군(大將軍)이다. 가령 자년(子年)이라면 중년(仲年)이고 소길에 미(未)이니, 미(未)에 세지(歲枝)를 가(加)하라 하였으니 미(未)를 자(子)로 생각하고 그 자상(子上)에서 순수로 진행하면 유(酉)까지 나가서 진(辰)을 만나므로 유(酉)가 대장군(大將軍)이다. 나머지도 이와 같다."

조진규(曹震圭) 왈, "대장군은 그 덕(德)이 충직하여 항상 사정(四正)방에만 거한다. 또 3년마다 한 번씩 옮기는데, 그 소리지지(所理之地)는 가히 장수의 명(命)으로 위용(威勇)을 가리고 불의(不義)를 벌(伐)한다 하였다."

《고원》에 이르기를, "대장군은 무신의 직으로 통솔하고 수행(統御武臣之職)하므로 호위 호분(護衛虎賁)의 상(象)이 된다. 그러므로 4정위에만 거하고 세군(歲君)의 뒤를 좇는다. 가령 인묘진(寅卯辰)이라면 동방세(東方歲)이니 대장군은 북방(北方)의 자(子)가 되고, 사오미(巳午未)는 남방(南方)의 세(歲)이니 정동방의 묘(卯)가 대장군이 되고, 신유술(申酉戌)은 서방(西方)의 세(歲)이니 정남(正南) 오(午)가 대장군이고, 해자축(亥子丑)은 북방의 세(歲)이니 정서(正西)의 유(酉)가 대장군이 된다."

안찰(按察)하건대 ; 극벌자(剋伐者)는 도둑(賊)이다. 나를 극(剋)하는 자는 구(仇)이므로 그 적구(賊仇)에 항거하는 것은 내가 사는 것이며, 나의 뒤를 따라오며 호위하는 자가 대장군의 상(象)이다.

《회남자》에 이르기를, "자손을 보효(寶爻)로 삼는 것은 곧 그와 같은 뜻이다. 태세가 동방(東方) 목(木)에 있으면 서방(西方) 금(金)이 나를 극(剋)하는 자이니, 북방의 수(水)가 막으며(拒隔之) 호위한다. 태세가 남방(南方) 화(火)라면 북방 수(水)가 나를 극하므로 동방 목이 거격지(拒隔之)한다. 태세가 서방(西方) 금(金)이라면 동방(東方) 목(木)이 적구(賊仇)이니 중앙(中央) 토(土)가 거격지(拒隔之)한다. 태세가 북방(北方) 수(水)라면 남방(南方) 화(火)가 적구(賊仇)이니 서방 금이 거격지(拒隔之)한다. 그것이 반드시 자오묘유(子午卯酉)에만 거하는 것은 사중길(師中吉)의 뜻에 있는(在師中吉之義歟) 것이 아니겠는가?"

혹(或) 왈, "태세가 서방에 있는데 대장군이 午라면 火인데 어찌 土로 말하는가?" 답 왈, "오행가(五行家)는 己를 戊로 하고 午를 巳로 하여 오를 진실로 토(午固土也)로 보기도 하며, 또 대장군은 반드시 태세의 오른쪽에 거하여야 하며, 군사

상우(軍事尙右)하니 그 우(右)가 정위(正位)에 있어야 대장군이 되기 때문이다."

4. 주서(奏書)

太歲	子	丑	寅	卯	辰	巳	午	未	申	酉	戌	亥
奏書	乾	乾	艮	艮	艮	巽	巽	巽	坤	坤	坤	乾

《광성력(廣聖曆)》에 이르기를, "주서(奏書)란 태세의 귀신(貴紳)이다. 장주기(掌奏記), 사찰(伺察)을 주장한다. 소리지지(所理之地)로는 제사(祭祀), 구복(求福), 영건궁실(營宮室), 수식원장(修飾垣墻) 등의 일에 마땅하다.

《봉영서(蓬瀛書)》에 이르기를, "태세가 동방에 있으면 주서(奏書)는 동북 사이를 붙들어 매고(東北維)* 있으며, 태세가 남방이면 주서는 동남유(東南維)에 있으며, 태세가 서방이면 주서는 서남유(西南維)에 있으며, 태세가 북방이면 주서는 서북유(西北維)에 있다."

조진규(曹震圭) 왈, "주서(奏書)는 수신(水神)이다. 세군에게 간신(諫臣)*이다. 사굴(私掘)을 살피고 아뢴다는 뜻의 귀신(貴紳)이다. 항상 태세 뒤의 유방(維方)에 가까이 거하며 보좌지도(輔佐之道)로 일러주는 일을 하므로 감히 앞에 서지 못한다. 처음에 건(乾)으로부터 일으키는 것은 순천(順天)의 도리를 따르는 것이며, 소리지방(所理地方)으로는 국가에 유익함을 들고 현능(賢能)한 방향을 가려 아뢴다."

*동북유(東北維)·동남유(東南維)·서남유(西南維)·서북유(西北維) ; 사이를 붙들어 매다. 유(維)는 유(惟)와 통용하는 것으로 양쪽의 사이에서 작용함을 말한다.
*간신(諫臣) ; 임금께 사정(事情)을 아뢰는 신하(臣下).

5. 박사(博士)

太歲	子	丑	寅	卯	辰	巳	午	未	申	酉	戌	亥
博士	巽	巽	坤	坤	坤	乾	乾	乾	艮	艮	艮	巽

《광성력》에 이르기를, "박사(博士)는 태세의 선신(善神)이다. 공문서를 처리하고(掌案牘) 의의(擬議)를 주장한다. 소거지방(所居地方)은 흥수(興修)에 좋다."고 했다.

《감여경(堪輿經)》에 이르기를, "박사(博士)는 항상 주서(奏書)와 대충(對沖)한다 하니, 가령 주서가 간(艮)에 있으면 박사(博士)는 곤방(坤方)이 된다."라고 했다.

조진규(曹震圭) 왈, "박사는 화신(火神)이다. 천자(天子)의 명당(明堂)에서 기강(紀綱)을 잡는 정치지신(政治之神)이다. 항상 유방(維方)에 거처하며, 감히 자기 마음대로 처리하지(自專)는 못한다. 처음에 손(巽)에서 일으키는 것은 명당이기 때문이다. 소리지방(所理地方)은 나아가 국가에 유익한 일을 현명하게 처리한다." 했다.

*의의(擬議) ; 입안하여 기초를 작성하다.
*자전(自專) ; 자기 마음대로 하다.

6. 역사(力士)

太歲	子	丑	寅	卯	辰	巳	午	未	申	酉	戌	亥
力士	艮	艮	巽	巽	巽	坤	坤	坤	乾	乾	乾	艮

《감여경》에 이르기를, "역사(力士)는 태세의 악신(惡神)이다. 형위(刑威)를 주장하고 살육(殺戮)을 전담한다. 소거지방(所居地方)으로 저향(抵向)하는 것은 마땅치 못하며, 만약 범하면 사람들이 온질(瘟疾)에 많이 걸린다." 하였다.

《명시총요(明時總要)》에 이르기를, "태세가 동방에 있으면 역사(力士)는 동남유방(東南維方)에 거하고, 태세가 남방이면 역사는 서남유방에 거하며, 태세가 서방이면 역사는 서북유방에 거하며, 태세가 북방이면 역사는 동북유방에 거한다."라고 했다.

조진규(曹震圭) 왈, "역사는 천자를 호위하는 우림군(羽林軍)이다. 그러므로 항상 태세보다 앞쪽의 유방에 거한다. 그러므로 군(君)으로부터 멀리 떨어질 수는 없다. 소재지방(所在之方)에서는 조서를 받은(可詔) 자이니 이 방의 신(臣)은 죄가 있으므로 단죄를(以誅有罪) 기다리는 것이다."

7. 잠실(蠶室)

太歲	子	丑	寅	卯	辰	巳	午	未	申	酉	戌	亥
蠶室	坤	坤	乾	乾	乾	艮	艮	艮	巽	巽	巽	坤

《감여경》에 이르기를, "잠실(蠶室)이란 태세의 흉신(凶神)이다. 사견면백(絲繭綿帛)하는 일을 주장한다. 소리지방(所理之方)에서는 수리(修理)나 동토(動土) 등이 불가하다. 만약 범하면 잠사(蠶絲)의 수입(收入)이 없어진다."했다.

《광성력》에 이르기를, "잠실(蠶室)은 항상 역사(力士)와 대충(對沖)하는 방위이다."했다.

안찰(按察)하건대 ; 태세의 사유(四維)는 ① 주서(奏書) ② 박사(博士) ③ 역사(力士) ④ 잠실(蠶室)이 자리잡고 있다.

주서(奏書)는 태세의 뒤쪽 유방에 거하며, 천자가 예와 지금을 상고하면서 거처(古與稽今與居)하고 좌도우리하면서 거울을 삼고(左圖右吏所鑑之) 치정(治定)하는 장소(所鑑之)가 되는 곳이다. 그러므로 태세에서 가장 가깝고 친절하여야 한다. 이 신이 귀(神貴)하기 때문에 길(吉)한 방위가 된다.

박사(博士)는 문신(文臣)이다. 왕명으로 출납하고 행정령(行政令)을 널리 공포하고 은혜를 베푼다(施惠). 그러므로 주서(奏書)와는 충돌(衝突) 태세의 앞에서 길신(吉神) 역할을 한다.

역사(力士)는 무신(武臣)이다. 태세의 앞쪽 옆에 거한다, 이는 우림군(羽林軍 ; 御林軍)의 천우기(羽林千牛旗)는 독모휘(纛旄麾)에 소속하므로 오로지 살벌(殺伐) 장악(掌握)을 전담한다. 그 한 방위에서 군(軍)이 명령을 집행하고 죄인을 토벌한다(以討有罪也). 역사(力士)와 대충(對沖)은 태세의 뒤쪽 모퉁이(后隅)이니 후궁(后宮)의 자리이며 후비(后妃)에 소속한다, 후궁이 하는 일은 양잠(養蠶)이므로 종묘제사에

입을 옷을 공급하므로 잠실(蠶室)이라 이름 붙였다., 역시 이 곳으로는 향(向)함을 꺼린다.

잠실(蠶室)은 역사(力士)와 대충방(對沖方)이면서 태세의 후방(後方) 모퉁이는 후궁(後宮)의 자리이니, 후비(后妃)에 속하는 곳이다. 후궁의 일이란 교외(郊外)의 잠사(蠶事) 일 보다 더 친절한 것이 없으므로 사당에서 입는 제복(祭服)을 제공하므로 잠실(蠶室)이라 이름 하였다. 그러므로 역시 저 향(抵向)에는 불가하다.

8. 잠관(蠶官)

太歲	子	丑	寅	卯	辰	巳	午	未	申	酉	戌	亥
蠶官	未	未	戌	戌	戌	丑	丑	丑	辰	辰	辰	未

《역례(曆例)》에 이르기를, "잠관(蠶官)이란 세중(勢中)의 장사지신(掌絲之神)을 말한다. 소리지지(所理之地)로는 영구(營構)와 궁실(宮室)에 꺼리므로 범(犯)하면 잠모(蠶母)가 병이 많이 나고, 사견(絲繭)을 거두지 못한다."했다.

여간(黎幹 ; 당나라 때 경조윤) 왈, "태세가 동방이면 거술(居戌), 남방이면 거축(居丑), 서방이면 거진(居辰), 북방이면 거미(居未)라."하였다.

《고원(考原)》에 이르기를, "잠관(蠶官)자(者)는 잠실지관(蠶室之官)이니 누에를 득하여 기르는 곳이 포태법으로 양지가 됨(使蠶得養)을 말한다. 가령 태세가 동방이면 목이니 목의 양지(養地)는 술(戌)이요, 태세가 남방이면 화(火)이니 화(火)의 양지(養地)는 축(丑)이며, 태세가 서방이면 금이니 금(金)의 양지(養地)는 진(辰)이고, 태세가 북방이면 수(水)이니 수(水)의 양방(養方)은 미(未)가 됨을 이른다.

9. 잠명(蠶命)

太歲	子	丑	寅	卯	辰	巳	午	未	申	酉	戌	亥
蠶命	申	申	亥	亥	亥	寅	寅	寅	巳	巳	巳	申

《역례》에 이르기를, "잠명(蠶命)은 양잠(養蠶)을 하는 명신(命神)이다. 소리지지(所理之地)로는 백사(百事)의 거동(擧動)이 다 불가하다. 만약 범하게 되면 상잠(傷蠶)을 주장(主掌)하므로 누에고치를 거두지 못한다.

여간(黎幹) 왈, "태세가 북방이면 신(申), 태세가 동방이면 해(亥), 태세가 남방이면 인(寅), 태세가 서방이면 사(巳)라." 하였다.

《고원(考原)》에 이르기를, "잠명(蠶命)자(者)는 양잠(養蠶)을 기르는 데 관계되는 장생방(長生方)을 말한다. 가령 태세가 북방이면 수(水)이니 수(水)의 생지는 신(申)이므로 신(申)이 잠명(蠶命)이다. 태세가 동방이면 목방이니 목(木)의 장생지는 해(亥)이므로 해(亥)가 잠명이다. 태세가 남방이면 화(火)이므로 화의 장생지인 인(寅)이 잠명이다. 태세가 서방이면 금이므로 금의 장생지인 사(巳)가 잠명(蠶命)이다.

지금의 잠명(蠶命)을 자년미(子年未) 축년오(丑年午) 인년해(寅年亥) 묘년술(卯年戌) 진년사(辰年巳) 사년축(巳年丑) 오년인(午年寅) 미년신(未年申) 신년묘(申年卯) 유년진(酉年辰) 술년자(戌年子) 해년유(亥年酉)로 잘못된 것이 있으니 이를 사용할까 걱정된다." 하였다.

또 안찰(按察)하면 ; 만전광제(萬全廣濟)에 이르기를, "해자축년(亥子丑年) 미(未)곤(坤)신(申), 인묘진년(寅卯辰年) 술(戌)건(乾)해(亥), 사오미년(巳午未年) 축(丑)간(艮)인(寅), 신유술년(申酉戌年) 진(辰)손(巽)사(巳)로 되어 있는 것은 가령 해자축년은 잠관(蠶官)이 미(未), 잠실(蠶室)이 곤(坤), 잠명(蠶命)이 신(申)임을 요약시킨 것이다. 나머지도 이와 같다." 하였다.

10. 잠관(蠶官) 잠명(蠶命) 총론

사람이 살아가는 데는 먹는 곡식(穀食)뿐만이 아니고, 입기 위하여 실도 있어야(衣絲)한다. 식곡(殖穀)은 들에다 심고 번식시켜야 하기 때문에 한 방위만으로 결정짓지 못하지만, 양잠(養蠶)은 잠실이 있어야 하므로 그 방위에 의기(宜忌)가 있을 수밖에 없다. 태세는 본년(本年)의 주(主)이므로 그 해의 양잠(養蠶)은 태세에 따라 장생지와 고장지의 장소가 결정된다. 즉 양잠의 관부(官府)를 찾는 것이다. 그러므로 잠관(蠶官) 방위(方位)는 태세가 동방이라면 목방(木方)이니 목생화(木生火)하므로 화(火)의 묘고(墓庫)는 술(戌)이니 술(戌)

이 잠관(蠶官)이 된 것이다.

　잠명(蠶命)은 양잠(養蠶)하는 해의 태세가 장생년(長生年)이면 그 연 방위(年方位)에서 생기를 받는 방위가 양잠의 수명(受命) 방위이다. 그러므로 잠명방위(蠶命方位)가 되는 것이다. 가령 태세가 동방이면 木이니 목의 장생지가 亥이므로 해가 잠명(蠶命) 방(方)이다.

11. 상문(喪門)

太歲	子	丑	寅	卯	辰	巳	午	未	申	酉	戌	亥
喪門	寅	卯	辰	巳	午	未	申	酉	戌	亥	子	丑

　《기세력(紀歲曆)》에 이르기를, "상문(喪門)자(者)는 태세의 흉신(凶神)이다. 사상(死喪)과 곡읍(哭泣)을 주장(主掌)하기 때문이다. 거(居)하는 곳은 항상 태세보다 두 신(二辰) 앞에 있다. 소리지지(所理之地)로는 흥거사(興擧事)에 불리하다. 범하게 되면 도적(盜賊)·유망(遺亡)·사상(死喪) 등 일을 주장한다." 하였다.

　《봉영서(蓬瀛書)》에 이르기를, "자년(子年)은 인(寅)으로부터 12신(辰)을 순행한다." 하였다.

　조진규 왈, "상문이란 태세의 원문(轅門)이므로 세전 2신(辰)에 거한다. 혹 이르기를, 상문(喪門)과 백호(白虎)가 대충(對沖)하게 되면 백호(白虎)는 상복(喪服)을 주장하므로 많이 흉(凶)하다." 하였다.

12. 태음(太陰) 조객(弔客)

太歲	子	丑	寅	卯	辰	巳	午	未	申	酉	戌	亥
太陰弔客	戌	亥	子	丑	寅	卯	辰	巳	午	未	申	酉

《신추경(神樞經)》에 이르기를, "태음(太陰)이란 세후(歲後)이다. 항상 태세 뒤로 두 신(二辰) 위치에 거한다. 소리지지(所理之地)로는 흥수(興修)에 불가하다.

조진규 왈, "후비(后妃)가 거하는 곳은 후궁(後宮)이다. 후궁은 제후이성(帝後二星)이므로 태세의 뒤로 두 신(二辰)을 건너 위치한다. 자년(子年)에 술(戌)을 일으켜 12신(辰)을 순행하니 축년(丑年)은 해(亥)가 되며 인년(寅年)은 재자(在子)가 그것이다.

*제후이성(帝後二星) ; 자미원국의 북극오성(北極五星) 중에서 제2(位)가 제성(帝星)이니 제4위가 후궁(後宮)이다.

안찰하면 ;《사기(史記)》백규전(白圭傳)에 이르기를, "태음이 재묘(太陰在卯)면 양(穰)은 명세가 쇠악(穰明歲衰惡 ; 第二年萬物衰敗)한 오위에 이르고(至午位), 한(旱)이면 명세미(旱明歲美 ; 第二年收成美)하여 유위에 이른 것이라(至酉位) 하였으니, 이는 양명세가 쇠악(穰明歲 衰惡)한 것은 자위에 이르렀기(至子位) 때문에 제2년에 만물쇠패(第二年萬物衰敗)하다는 것은 자위에 이르렀음(到子位)을 말함이고, 대한에 명세미(大旱明歲美)라 한 것은 물이 있어서 묘위(卯位)에 이르는(有水至卯) 것이니 적저율(積貯率)이 몇 배로 증가한 다는 것이라." 하였다.

장수절(張守節)의 《사기정의(史記正義)》에 이르기를, "세후(歲後) 이신(二辰)이 태음(太陰)이라." 하고, 또 《오월춘추(吳越春秋)》 재계예(載計倪)에 이르기를, "태음소거지세(太陰所居之歲)는 삼년이 지나면(留息三年) 귀천(貴賤)이 자연히 나온다." 하였고,

또 《월절서(越絕書)*》 재계예(載計倪)에 이르기를, "인(寅)에서부터 미(未)까지는 양(陽)이니 태음(太陰)도 재양(在陽)이요 세덕(歲德)은 재음(在陰)이니 세미(歲美)도 이에 있다. 하였으니 이는 성인동이응지(聖人動而應之)한다." 하였다. 태음(太陰)의 예(例)로써 보면 잠실(蠶室) 잠관(蠶官) 잠명(蠶命)에서 그 방위(方位)의 소재를 매년마다 소점(所占)하여 잠사(蠶絲)의 풍겸(豐歉)을 도모하였을 것으로 보이나 지금은 상고(詳考)할 수가 없다,

* 《월절서(越絕書)》; 중국 후한의 원강(袁康)이 지었다고 알려진 책으로, 전 15권으로 고대 오(吳)나라와 월(越)나라의 흥망을 기록한 역사서.

또 인찰하면 ; 사리(四利) 삼원(三元)을 보아도 태세 전으로 삼위(三位)가 태음(太陰)이라고도 하였는데, 이는 이름은 같으나 위치가 다르니 각기 한 사람의 말로서 병존한다고 하여 혐의(嫌疑)라 할 수는 없었다.

13. 조객(弔客)

《기세력(紀歲曆)》에 이르기를, "조객(弔客)은 태세(太歲)의 흉신이다. 질병과 애읍지사(哀泣之事)를 주장하기 때문이다. 태세 뒤로 이신(二辰)에 상거(常居)한다. 소리지지(所理之地)로는 흥조사(興造事)에 불가하고, 아울러 문병(問病), 심의(尋醫), 조효(弔孝), 송상(送喪)에도 불가하다." 하였다.

《봉영서(蓬瀛書)》에 이르기를, "자년재술(子年在戌)하여 12위를 순행한다. 항상 관부(官府)와 대충(對沖)한다." 하였다.

14. 군추(群醜)

太歲	子	丑	寅	卯	辰	巳	午	未	申	酉	戌	亥
群醜	酉	酉	子	子	子	卯	卯	卯	午	午	午	酉

《봉영서》에 이르기를, "태세가 4맹(孟)에 있으면 태음(太陰)과 대장군(大將軍)은 4중(仲)에서 합(合)하므로 명왈(名曰) 군추(群醜)라." 하였다.

《역신원시(曆神原始)》에 이르기를, "천지(天地)에서 흉앙(凶殃)함은 반드시 군추(群醜)에 있다." 하였다.

15. 태음(太陰) 대장군(大將軍) 상문(喪門) 조객(弔客) 총론

안찰(按察)하면 ;《한서(漢書)》 천문지(天文志) ; 중궁천극성(中宮天極星), 그 제일 밝은 자(一明者)는 태일(太一)이 상거하는 곳이다. 그 옆으로 삼성(三星)은 삼공(三公)인데 혹왈, 자(子)가 속하는 곳은 후구(後勾)라고도 하며, 사성 말(四星末)이 대성(大星) 후비(后妃)이고 나머지 삼성(三星)은 후궁(後宮)에 속하는 별들이다.

《예기(禮記)》에 이르기를, "천자(天子)는 양교(陽敎)를 장악하고 후비(后妃)는 음교(陰敎)를 장악한다." 하였다. 그러므로 세후(歲後) 2신(二辰)에서 상(象)을 이루지만, 이름이 태음이 된 것이다.

대개 태음(太陰)이라는 직(職)이란 장차 양(陽)을 보조(補助)하러 나가 다스린다.

대장군(大將軍)의 직(職)은 비록 살벌(殺伐)을 주장한다. 그러나 살벌이란 뭇 사흉(邪凶)들을 제거하고 정직함을 도우므로 양(陽)을 보좌(補佐)하며 나가 다스린다. 만약 그 해의 태음(太陰)과 대장군이 동위가 되면 이를 궁음(窮陰) 호한(沍寒)이라 하며 얼어붙을 정도로 매우 춥다. 그러므로 간특(奸慝) 폭란(暴亂)으로 변하여 생양(生養)의 의의(意義)가 절무(絶無)하다. 그러므로 군추(群醜)라 하였으며, 방위(方位)에서 오는 신살(神煞) 중에 가장 흉악한 것이다.

그러나 태음방(太陰方)은 또 조객(弔客)이기도 한데, 왜 그런가? 대개 태세후 2위(二位)는 세전(歲前) 2위(二位) 반드시 삼합(三合)으로 함께 소속하기 때문인데, 가령 태세가 오(午)라면 전후 2신(二辰)을 보면 전이신(前二辰)은 신(申)이고, 후이신(後二辰)은 진(辰)이니 이들 사이에는 자(子)가 암공(暗拱)하며 태세를 충극(冲剋)하기 때문이다. 태세가 축(丑)이면 후(後)는 해(亥)요 전(前)은 묘(卯)이니, 암공(暗拱)하고 있는 미(未)가 충극 세(冲剋歲)한다. 이렇게 충극태세하는 곳은 모두 사지(死地)가 된다. 그렇다면 태세를 부조(扶助)하는 것은 상문(喪門)조객(弔客)의 상(象)이 아니어야 할 것이다. 문(門)이란 반드시 전(前)에 있음을 상징하므로 상문(喪門)이 된 것이고, 객(客)이란 타지(他地)에서 오는 조문객(弔問客)을 상징하므로 뒤에 것이 조객(弔客)이 된 것이다. 음양(陰陽)의 의의(意義)는 미악의 혐의(嫌疑)가 되지 않는 것은 동위(同位)에 있을 수 있으니, 각기 그 소용(所用)에 따라 배치되는 것이다.

상문(喪門)의 자리는 또한 주작(朱雀)이기도 한데, 그렇다면 전(前) 주작(朱雀) 후 현무(玄武)가 되었으니 태세전 2위(二位)는 주작(朱雀)이 된 것이다.

이를 조진규는, "상문(喪門)으로 태세의「원문(轅門)」이라 고친다면 문(門)자라는 이름에 구애되지 않고 그냥 태세의 문으로 이해할 것이니 상(喪)이란 말이 필요 없을 것이라." 하니 가히 할 만한 말이다.

제4장. 세중흉신(歲中凶神)

1. 관부(官符) 축관(畜官)

太歲	子	丑	寅	卯	辰	巳	午	未	申	酉	戌	亥
官符 畜官	辰	巳	午	未	申	酉	戌	亥	子	丑	寅	卯

《역례》에 이르기를, "관부자(官符者)는 태세(太歲)의 흉신(凶神)이다. 관부(官府)의 사송(詞訟)을 주장한다. 소리지방(所理之方)으로는 흥토공(興土工)이 불가하다. 만약 범하였을 때는 당연히 옥송(獄訟)의 사건 등이 벌어진다. 항상 세전 4위에 거(居)한다."했다.

조진규(曹震圭) 왈, "세중(歲中)의 부신지관(符信之官)을 장악하는 것은 문권직(文權職)이기 때문에 항상 세전(歲前)으로 4신위(辰位)에 거한다. 그러므로 전신(前辰)을 문관(文官) 후신(後辰)을 무관직(武官職)으로 한다. 가령 태세(太歲)가 인(寅)이라면 인오술(寅午戌)로 삼합(三合)이니 오(午)는 관부(官符) 문권(文權)이요, 술(戌)은 백호(白虎)이니 무직(武職)이 된다. 나머지도 그러하다."

《광성력》에 이르기를, "축관(畜官)자(者)는 세중(歲中) 목양지신(牧養之神)이다. 양육(養育) 군축지사(群畜之事)를 주장(主掌)한다.

소리지방(所理之方)으로는 조우(造牛) 난마력(欄馬櫪)과 방목(放牧)에 꺼린다. 만약 범하게 되면 육축(六畜)에 손해가 오고 재물에 손해가 온다." 하였다.

《역례》에 이르기를, "세전(歲前) 4진(辰)에 거(居)하는 것이라." 하였다.

조진규가 왈, "축(畜)자는 양(養)이니, 이를 양축(養畜)의 관(官)이라 하며, 백관이 준비하고 기다렸다가 역마에 타게 하는 것(以待百官之乘驛者)이라 하였다. 삼합(三合)보다 앞에 거하며 관부(官符)와 동위(同位)인 신(辰)이다."

안찰(按察)하면 ;《통서연표(通書年表)》에 신살방위(神煞方位)로는 삼합 오행으로 임관(臨官)의 자리이니, 천관부(天官符)가 되기도 한다. 그러므로 이는 또 달리 지관부(地官符)라 하는 이도 있는데, 이와는 다르다. 지(地)라 운운하는 것은 세지지(歲地支)를 따라서 이동하기 때문이 이르는 말이다.

음양가(陰陽家)는 산향(山向)에서 삼방(三方)으로 논하며 중요하게 사용하는데, 지관부(地官符)가 태세 삼방(三方)에 이르렀다 하면서 흥조사(興造事)에 꺼리는 것으로 한다.

2. 백호(白虎)

太歲	子	丑	寅	卯	辰	巳	午	未	申	酉	戌	亥
白虎	申	酉	戌	亥	子	丑	寅	卯	辰	巳	午	未

《인원비추경(人元秘樞經)》에 이르기를, "백호(白虎)자

는 세중(歲中) 흉신(凶神)이다. 항상 세후(歲後) 4신(辰)에 거한다. 소거지지(所居之地)에서 범하는 것은 주로 상복지재(喪服之災)를 주장하니 일체 신중히 하는 것이 마땅하다.

조진규 왈, "삼합 후에 거하는 신(辰)이니 관부(官符) 절(節)을 보고 해독하여라."

안찰(按察)하면 ; 관부(官符) 백호(白虎)는 세(歲)와 삼합(三合)이다. 태세에서 인종(引從)된 것이다. 인(引)은 문(文)이니 왈, 관부(官符)라 할 수 있으며, 종(從)은 무(武)이니 왈, 백호(白虎)라 할 수 있다. 전은 양(前陽)이고 후는 음(後陰)이다. 축관(畜官)은 관부(官符)와 동위(同位)이므로 여전히 말을 먼저(先馬)하고 육축(六畜)으로 점지(占地)한다.

3. 황번(黃幡)

太歲	子	丑	寅	卯	辰	巳	午	未	申	酉	戌	亥
黃幡	辰	丑	戌	未	辰	丑	戌	未	辰	丑	戌	未

《건곤보전(乾坤寶典)》에 이르기를, "황번(黃幡)자는 선기(旋旗)이다. 항상 삼합(三合)의 묘신(墓辰)에 거한다. 소리지지(所理之地)로는 개문(開門), 취토(取土), 가취(嫁娶), 납재(納財), 시매(市買) 및 조작(造作)하는 일이 불가하다. 만약 범하였을 때는 손망(損亡)을 입게 된다." 하였다.

《광성력》에 이르기를, "황번(黃幡)자는, 인오술(寅午戌) 세(歲)는 술(戌)이고, 신자진(申子辰) 세(歲)는 진(辰)이며, 해묘미(亥卯未) 세(歲)는 미(未)이고, 사유축(巳酉丑) 세(歲)는 축(丑)이라."하였다.

조진규 왈, "황번(黃幡)이란 세군(歲君)의 안거지위(安居之位)이니 화개(華蓋)가 된다. 그러므로 삼합오행의 묘신(墓辰)을 취하였다. 묘신이란 모두 토(土)이므로 황(黃)으로 말한 것이다."

《동원경(洞源經)》에 이르기를, "장출호중군(將出乎中軍)이라 하니, 대개 고(庫) 위에다 펼치기(張於庫上) 때문에 이렇게 말한 것이다."하였다.

4. 표미(豹尾)

太歲	子	丑	寅	卯	辰	巳	午	未	申	酉	戌	亥
豹尾	戌	未	辰	丑	戌	未	辰	丑	戌	未	辰	丑

《건곤보전(乾坤寶典)》에 이르기를, "표미(豹尾)는 역시 정기(旌旗)의 상(象)이다. 항상 황번(黃幡)과 대충(對沖)하는 자리에 거한다. 그 소재하는 방위에는 가취(嫁娶)가 불가하고, 노비를 들인다거나 육축(六畜)과 흥조(興造)를 원하는 일은 불리(不利)하다. 만약 범하게 되면 재물을 파괴하고 소구(小口 ; 어린 사람)를 손상시킬 수 있다."고 하였다.

조진규(曹震圭) 왈, "표미(豹尾)자(者)는 호분지상(虎賁之象)이므로 선봉으로 나서는 장수(將帥)이다. 그러므로 항상 황번과 상대하게 된다. 이것이 놓인 곳은 화개(華蓋)의 앞이다."

5. 황번(黃幡) 표미(豹尾) 총론

황번(黃幡) 자(者)는 삼합(三合)의 끝(季)에 있는 화개(華蓋)의 상(象)이다. 황번과 상대하는 자는 표미가 된다. 그러므로 희기(喜忌) 역시 서로 동일하다.

대개 세군의 노부대가(鹵簿大駕)*이므로 보이더라도 범접(犯接)할 수 없다는 의미이다. 인신사해(寅申巳亥)년은 표미(豹尾)가 앞에 있고 황번(黃幡)이 뒤에 자리하며, 자오묘유(子午卯酉)년은 표미가 뒤로 가고 황번이 앞으로 간다.

조진규는 표미를 선봉지장(先鋒之將)이라 했는데, 화개(華蓋)의 앞에 놓였을 때는 그렇지 않다. 또 안찰하여 보면 ; **자오묘유(子午卯酉)**년은 황번이 곧 관부(官符)가 되고, 표미(豹尾)는 즉시(卽是) 조객(弔客)이 되며, **인신사해(寅申巳亥)**년은 황번이 바로 백호(白虎)요, 표미는 바로 상문(喪門)이 되며, **진술축미(辰戌丑未)**년은 황번이 바로 태세이며, 표미는 바로 세파(歲破)가 된다.

그러나 황번과 표미 두 신(神)은 진실로 허설(虛設)에 불과하다. 그러나 심하게 이치에 어긋나는 것은 아니다. 예로부터 있었기 때문에 기록해 둔다.

*노부대가(鹵簿大駕) ; 천자의 행차행렬에 쓰이는 어가(御駕).

6. 병부(病符)

《건곤보전》에 이르기를, "병부(病符)가 주장하는 것은 재병(災病)이라 하였다. 항상 세후 일신(一辰)에 거한다."하였다.

太歲	子	丑	寅	卯	辰	巳	午	未	申	酉	戌	亥
病符	亥	子	丑	寅	卯	辰	巳	午	未	申	酉	戌

조진규 왈, "세후(歲後) 일신(一身)에 거하는 것이라 하였는데, 이는 구세(舊歲)를 말하는 것이다."

7. 사부(死符 ; 소모小耗)

太歲	子	丑	寅	卯	辰	巳	午	未	申	酉	戌	亥
死符(小耗)	巳	午	未	申	酉	戌	亥	子	丑	寅	卯	辰

《경(經)》에 이르기를, "사부(死符)라 하는 것은 태세의 흉신(凶神)이다. 소리지방(所理之方)에는 총묘(塚墓) 사상(死喪) 천착(穿鑿) 등을 설치하고 경영하지 못한다. 만약 범하면 사망(死亡) 사건이 발생한다. 항상 세전(歲前) 오신(五辰)에 거한다."하였다.

조진규(曹震圭) 왈, "사부(死符) 자(者)는 태세(太歲)의 자절지(自絕地)라 하였다. 가령 태세가 자년(子年)이라면 자(子)에 당왕(當旺)이니, 축(丑)은 쇠(衰) 인병(寅病) 묘사(卯死) 진묘(辰墓) 사절(巳絕)이 되기 때문이다. 나머지도 이와 같다."

《경(經)》에 이르기를, "소모(小耗)라 하는 것은 태세의 허모지신(虛耗之神)이라 하였다. 소리지방(所理地方)에서는 운동(運動) 출입(出入)과 흥판(興販) 경영(經營)과 조작(造作)하는 일이 마땅치 못하다. 만약 범하게 되면 유망(遺亡) 허경지사(虛驚之事)가 당장에 나타난다." 하였다.

《명시총요(明時總要)》에 이르기를, "상거(常居) 세전오신(歲前五辰)이라." 하였다.

조진규 왈, "소모(小耗)자는 소손(小損)의 의미이다. 곧 태세기(太歲氣)의 절지(絶地)이므로 소모라 하였다. 가령 인년(寅年)은 인(寅)이 왕지(旺地)이고, 묘는 쇠(卯衰), 진은 병(辰病), 사는 사(巳死), 오(午)는 묘(墓), 미(未)는 절(絶)이 됨을 말한다. 이는 사부(死符)와 동위(同位)이다. 나머지도 이와 같다."

《고원(考原)》에 이르기를, "소모(小耗)는 항상 대모후(大耗後) 일신(一辰)에 거(居)한다. 아직 대모(大耗)에 이르지 아니하였으므로 소모라 한 것이라." 하였다.

8. 병부(病符) 사부(死符) 소모(小耗) 총론

병부(病符)는 구(舊) 태세(太歲)이다. 병부가 충(衝)하는 곳이 사부(死符)이다. 그렇다면 병(病)이 극(極)하는 곳도 아닌데 왜 사(死)라 하였으며, 어찌 본년 태세와 충파(沖破)하는 곳이 아닌데 사부(死符)라 하였는가?

왈, 태세는 일세(一歲)의 군(君)이니, 덕(德)이든 형(刑)이든 시행(施行)할 수 있으므로 그곳이 충화(衝禍)는 사지(死地)가

이르지 아니하였더라도 화복(禍福) 간에 보살피고 헤아릴 수 있는 것이다. 그러므로 육임류(六壬類) 같은 학문에서는 신(神)이 세파(歲破)를 만남으로써 귀상(貴相)을 삼는다. 이른바 자리를 득한 연후에야 도를 논할(謂得坐而論道) 수 있기 때문이다. 만약 구(舊) 태세(太歲)의 휴폐지기(休廢之氣)는 충(衝)이 됨으로써 필사(必死)하는 것이다.

또 소모(小耗) 자는 소모의 다음 자리가 대모(大耗)라 하였으니, 곧 태세와는 상충(相沖)자리가 대모(大耗)이다. 그렇다면 구 태세와 상충(相沖)되는 자리가 소모(小耗)인 것이다. 태세를 충파한다면 망모(亡耗)가 클 수밖에 없을 것이 아니겠는가?

태세의 후반이 되어 새해가 올 무렵이면 소모(消耗)된 원기(元氣)를 회복시키지 못할 때이니, 이때를 소모(小耗) 현상기(現象期)라 하므로 구 세파(舊歲破)를 소모(小耗)로 하였다는 것이다.

또 《역(易)》에 이르기를 ; 천수오(天數五) 지수오(地數五)이니 수(數)는 오(五)에 이르러서 극(極 ; 끝)한다. 세전 오신(五辰)이면 수(數)가 극(極)에 거(居)하므로 사부(死符)가 되었다는 것이 또 다른 일설(一說)이다.

조진규(曹震圭) 왈, "세전 오신(五辰)은 태세의 절기처(絕氣處)이니 역시 수궁(數窮)이라는 뜻이 근사한 것 같으나, 아니다. 대개 장생(長生) 목욕(沐浴)은 절(絕)에 이른 것이며, 태(胎) 양(養)은 다 오행(五行)의 왕상휴수사(旺相休囚死)를 좇게 된다는 말이니, 이른바 오승(五勝)이며, 또 오승은 세밀하게 구분한 말이므로 12위를 운운한 것이다. 대개 오행은 사계(四季)의 이력(履歷)이니 이에다가 중앙(中央) 토(土)를 가하면 오승(五勝)이 기(起)하는 것이다. 오행은 12신 내에서 운행(履曆)하는 것이므로 각기 침창(寢昌)과 침미(寢微)를 점점 진행하여서 12위가 성립되는 것이기 때문이다.

또 동일(同一)하게 일행(一行)하는 것은 양순(陽順)하고 음역(陰逆)하는 것이며, 양사(陽死) 즉 음생(陰生)하고, 음사(陰死) 즉 양생(陽生)하는 것으로 운행하는 오행지기(五行之氣)가 종(終)한다거나 절(絶)하는 법이 없이 회전(回轉)하는 맛이 깊음이 있는 것이다.

지금의 태세(太歲)는 세음(歲陰)이다. 비록 오행 중에서 운행하므로 어느 오행이라고 결정되지는 않았지만, 어찌 그 본위를 지칭하며 제왕(帝旺)이라고 할 수 있으며, 그 전 오위(五位)가 절위(絶位)라고 말할 수 있겠는가? 가령 이전(以前) 오위가 절위라고 한다면 장차 구 태세의 오위는 신 태세로는 임관지위(臨官之位)가 아닌가? 이는 통리(通理)가 불가한 것이다.

또 양순(陽順) 즉, 전 오위는 절지(絶地)이다. 음역(陰逆) 즉 또 후 오위는 절지이다. 음년(陰年) 태세에서 어찌 또 후 오위를 사부(死符)라고 하겠는가?

9. 겁살(劫煞)

太歲	子	丑	寅	卯	辰	巳	午	未	申	酉	戌	亥
劫煞	巳	寅	亥	申	巳	寅	亥	申	巳	寅	亥	申

《신추경(神樞經)》에 이르기를, "겁살(劫煞)은 태세의 음기(陰氣)이다. 살해(殺害)를 주장하는 대흉(大凶) 살(煞)이다. 소리지방으로는 흥조사(興造事)를 꺼린다. 만약 이 살(煞)을 범하면 도적(盜賊)에게 겁탈(劫奪)당하고 살상(殺傷)까지도 발생한다." 하였다.

이정조(李鼎祚) 왈, "인오술(寅午戌) 태세는 해(亥), 해묘미(亥卯未)는 신(申), 신자진(申子辰)은 사(巳), 사유축(巳酉丑)은 인(寅)이다."

10. 재살(災煞)

太歲	子	丑	寅	卯	辰	巳	午	未	申	酉	戌	亥
災煞	午	卯	子	酉	午	卯	子	酉	午	卯	子	酉

《신추경(神樞經)》에 이르기를, "재살(災煞)은 오행(五行)의 음기처(陰氣處)이다. 항상 겁살(劫煞) 전(前)으로 일신(一辰)이다. 이는 재병(災病)과 질액(疾厄) 등사를 주장한다. 소리지방(所理之方)으로는 저항(抵向) 영조(營造)에 불리(不利)한데, 이를 범하면 당장에 질환(疾患)을 만나게 된다." 하였다.

조진규 왈, "재살(災煞)은 삼합(三合) 오행(五行)으로 태신(胎神)이다."

《동원경(洞源經)》에 이르기를, "겁살(劫煞)을 절(絶)에서 일으키면 재살(災煞)은 극(剋)에서 기한다 하였다. 가령 신자진(申子辰)년이라면 삼합(三合) 수국(水局)이니 사(巳)에서 절

(絶)을 일으키면 오(午)가 태(胎)이고 수(水)와 오화(午火)는 상극(相剋)이므로 재살(災煞)은 재오(在午)라 하였다. 나머지도 이와 같다."하였다.

11. 세살(歲煞)

《신추경(神樞經)》에 이르기를, "세살(歲煞)은 음기(陰氣) 중에서도 더욱 지독(至毒)한 것이므로 살(煞)로 표현하였다. 사계(四季)에 항상 거(居)한다. 이른바 사계(四季)의 음기(陰氣)이므로 능히 천상(天上)에서 유거(遊居)한다."하였다.

이정조(李鼎祚) 왈, "인오술(寅午戌)은 살재축(煞在丑)하고, 사유축(巳酉丑)은 진(辰)이며, 신자진(申子辰)은 미(未), 해묘미(亥卯未)는 술(戌)이다."

《광성력》에 이르기를, "세살지지(歲煞之地)는 천착(穿

鑿)이 불가하니 수영(修營) 이주(移住) 등이 안된다. 만약 범하게 되면 자손(子孫)을 상(傷)하고 육축(六畜)도 손상이 온다." 하였다.

조진규(曹震圭) 왈, "월살은 삼합(三合) 오행(五行)이 성형(成形)하는 곳이니 이른바 양지(養地)이다 하니 대저 물(物)이 성형(成形)하려면 모(母)를 반드시 상하게 하므로 이른바 살(煞)이라 하였다."

《고원》에 이르기를, "겁살(劫煞)·재살(災煞)·세살(歲煞)이 이른바 삼살(三煞)이라 한다. 가령 조씨 설을 보면 삼합 오행으로 절(絶)·태(胎)·양(養)의 자리이다. 이곳은 묘고(墓庫)와 장생(長生) 사이의 3위이다." 하였다.

《신추경(神樞經)》에 이르기를, "이들은 모두 음기(陰氣)이므로 삼살이 된 것이라. 하였다. 삼합 오행의 당왕처(當旺處)를 충극(衝剋)하므로 향(向)으로는 이용함이 마땅하나 앉은 자리(坐)로는 이용할 수 없으므로 마땅치 못한 것이다. 가령 신자진(申子辰) 합(合) 수국(水局)은 수왕(水旺)이 북방인데 남방이 충파(沖破)하기 때문에 삼살은 모두 남방에 있다. 나머지도 이와 같다." 하였다.

12. 복병(伏兵) 대화(大禍)

太歲	子	丑	寅	卯	辰	巳	午	未	申	酉	戌	亥
伏兵 大禍	午	卯	子	酉	午	卯	子	酉	午	卯	子	酉

《역례》에 이르기를, "복병(伏兵) 대화(大禍)는 태세의 다섯 병사(五兵)이다. 이는 병혁(兵革)과 형살(刑殺)을 주장한다. 소리지방(所理之方)으로는 출병(出兵), 행사(行事), 수조(修造) 등에 꺼리는데, 만약 범(犯)하면 병상(兵傷) 형륙(刑戮)의 허물이 온다." 하였다.

여간(黎幹) 왈, "인오술(寅午戌) 세(歲)는 복병(伏兵)이 임(壬)이고, 대화(大禍)는 계(癸)이다. 해묘미(亥卯未)년 복병(伏兵) 경(庚) 대화(大禍) 신(辛)이며, 신자진(申子辰)년 복병(伏兵) 병(丙) 대화(大禍) 정(丁)이다. 사유축(巳酉丑)년은 복병(伏兵) 갑(甲) 대화(大禍) 을(乙)이다."

조진규 왈, "복병(伏兵)과 대화는 삼합 오행으로 상극(相剋)자의 양간(陽干)은 복병(伏兵), 음간(陰干)은 대화라 하였다. 복병은 재앙이 심하고 대화(大禍)는 다소 가볍다."

《고원》에 이르기를, "복병(伏兵) 대화(大禍)는 삼살(三煞) 사이에 끼여 있는데, 가령 신자진(申子辰)년은 삼살(三煞)이 사오미(巳午未)이니, 복병(伏兵)과 대화(大禍)는 병정(丙丁)이 됨을 이른다. 나머지도 이와 같다." 하였다.

13. 오병총도(五兵總圖)

안찰하면 ; 하늘은 하나의 원(圓)인데, 땅은 둘로 방(方)을 이루고 있다. 사람까지는 셋으로 삼각(三角)을 이룬다. 천지(天地)는 마음이 없으므로 사람이 천지(天地)의 마음(心)이 된다. 그러므로 일생이(一生二)하고 이생삼(二生三)하여 삼(三)

에 이르러서는 만물로 파생(派生)한다. 이는 원(圓)이 먼저 있고 방(方)으로 삼각(三角)을 출현시킨다는 것이다. 각(角)에 이르러서는 미묘한 것까지 하나하나를 다 완성시켜 모두 보여준다(一微畢見). 이렇게 되므로,

  본(本) 천하지 지간(本 天下之 至簡 ; 빠르고 간결함)하고
  극(極) 천하지 지색(極 天下之 至賾 ; 奧妙에서 탐구)하며
  추(推) 천하지 지은(推 天下之 至隱 ; 隱藏을 알아냄)하고
  성(成) 천하지 지현(成 天下之 至顯 ; 이루어 보여줌)하니 반드시 삼각(三角)을 득한 후에 가능한 것이다.

그러면 삼각(三角)자(者)는 천지(天地)의 심(心)이요 음양(陰陽)의 단(端)이며, 귀신(鬼神)의 회(會)이며, 오행(五行)의 수기(秀氣)인 것이다.

그러므로 삼합자(三合者)는 신살(神煞) 중에서 가장 중요한 것이며, 삼합은 반드시 삼각(三角)으로 이루어졌다는 것이다.

태세자(太歲者)는 함이 있으나 주재하지는 아니한다. 그 성정(性情)은 삼합으로 모두 나타내주기 때문이다. 그러므로 태세 아래의 신(神)이 가장 큰 것은 삼살(三煞)을 으뜸으로 삼기 때문이다.

삼살(三煞)이란 태세가 대적(對敵)하여야 하는 흉살(凶煞)이다. 가령 태세가 인오술(寅午戌) 삼합(三合) 방(方)에 있다면 인(寅)으로부터 오중(午中)까지는 그 사이에 묘진사(卯辰巳)가 있는데, 이곳은 동남(東南)의 춘하(春夏)가 교체되는 곳이니 그 류(類)가 아니다. 오(午)로부터 술(戌)까지는 그 가운데에 미신유(未申酉)가 있는데, 남서(南西)와 하추(夏秋)가 교체되는 곳이니 역시 그 류가 아니다.

만약 술(戌)로부터 인(寅)까지는 그 사이에는 정북(正北)인 해자축(亥子丑)이 삼동(三冬) 월령(月令)인 임계수(壬癸水)의 자리이므로 인오술(寅午戌) 화국(火局)과 모두 대적하게 된다. 그러므로 축(丑)은 세살(歲煞)이 된다. 세살이란 삼합(三合) 화국(火局)에서 인이 먼저(首)이므로 축(丑)이 인상(寅上)에 거하므로 이는 그 전정(顚頂)에 웅거(雄據)하는 자이므로 가장 혐오하는 염신(厭辰)이다. 이는 마치 월염(月厭)이 태양 전(前)으로 일위(一位)에 있는 것과 같다. 반드시 태세에 관계되는 살(煞)이 되는 것이다. 그러므로 세살이라 하였다.

해(亥)는 겁살(劫煞)이라 하는데, 겁(劫)이란 삼합(三合)으로, 화국(火局)에서는 술(戌)이 끝에 거하므로 해(亥)는 술(戌)

아래에 거(居)하니 비예(睥睨 ; 눈을 흘기며 깔보다)하는 자(者)인데 그 사이에서 그 자리를 대신하면서 겁탈(劫奪)을 노리는 도적(盜賊)의 상(象)을 하는 자들이다. 그러므로 겁살(劫煞)이라 하였다. 삼합(三合)으로 화국(火局)은 오(午)가 가운데 거하는데, 오(午)는 화덕(火德)이 성만(盛滿)함이 모인 곳이다. 그 곳을 충(衝)한다면 반드시 재앙이 되는 것이다. 이곳을 정충(正衝) 하는 것이 자(子)이므로 이를 재살(災煞)이라 하였다. 대저 지지(地支)의 작용에서는 진실로 이와 같다 그렇지만 지지위(地支位)는 반드시 천간(天干)에 기거(寄居)하여야만 위력을 발휘하는 것이다.

해자축(亥子丑) 사이에는 임계(壬癸)가 거하는데, 양임(陽壬)을 복병(伏兵)이라 하고, 음계(陰癸)를 대화(大禍)라 한다. 그렇다면 그 방위도 역시 삼살(三煞)과 동일한 작용을 한다.

무기(戊己)는 사용하지 않는데, 무기(戊己)는 중궁(中宮) 지기(之氣)이므로 불용이라고 이미 삼합논에서 설명되었다. 그러므로 삼합성국에는 토국(土局)이 없는 것이다. 나머지도 이와 같이 유추한다.

이상과 같은 것은 조진규(曹震圭)의 절(絶)・태(胎)・양(養)의 설명보다 앞서는 것은 없다.

《고원》에 이르기를, "이른바 향(向)은 마땅하나 좌(坐)로 사용함은 불가하다."라는 설은 반드시 터득(攄得)해야만 한다. 대개 삼살지방(三煞之方)은 모두 태세에 매여 있는 악살(惡煞)이므로 그 살처(煞處)에 거하는 것이 불가하다는 것이다. 그 살(煞)을 능히 대적할 수 있는 방법은 없으니 태세에서 꺼리는 것이니 삼살(三煞)을 시험하려 하지 말라.

14. 세형(歲刑)

太歲	子	丑	寅	卯	辰	巳	午	未	申	酉	戌	亥
歲刑	卯	戌	巳	子	辰	申	午	丑	寅	酉	未	亥

《익씨풍각(翼氏風角*)》에 이르기를, "금강(金剛) 화강(火强)은 각기 그 方을 지키려는 것이니 목낙귀근(木落歸根)하고 수류(水流) 추말(趨末)한다." 하였다.

《증문경(曾門經)》에 이르기를, "사유축(巳酉丑) 금지위(金之位)는 형(刑)이 서방(西方)에 있으니, 말하자면 금(金)은 그 강한 곳을 믿고 있기(金恃其剛) 때문에 타물(物他)과는 상대하려 하지 아니하기 때문이다.

인오술(寅午戌) 화지위(火之位)는 형이 남방에 있다(刑在南方). 이것은 말하자면 화(火)는 그 강(強)한 곳에 임하였으므로 타물(他物)과는 그에 대적하지 않으려는 것이다.

해묘미(亥卯未) 목지위(木之位)는 형이 북방(刑在)에 있다. 이는 말하자면 목(木)은 영화(榮華)를 믿고 있는 것이다. 그러므로 음기(陰氣)가 형(刑)하게 되면 그로 하여금 조락(凋落)시킨다.

신자진(申子辰) 수(水)의 위(位)는 형재동방(刑在東方)에 있다. 말하자면 수(水)는 음사(陰邪)를 믿고 있는 것이다. 그러므로 양기(陽氣)가 형(刑)하게 되면 수(水)는 다시 복귀하지 못한다. 그런 까닭으로 자형묘(子刑卯)하고, 축형술(丑刑戌)하고, 인형사(寅刑巳)하고, 묘형자(卯刑子)하고, 사형신(巳刑申)하고, 미형축(未刑丑)하고, 신형인(申刑寅)하고, 술형미(戌刑未)하고, 진(辰), 오(午), 유(酉), 해(亥)는 자형(自刑)을 한다." 하였다.

*풍각(風角) ; 사방(四方)과 네 모퉁이의 바람을 궁(宮)ㆍ상(商)ㆍ각(角)ㆍ치(徵)ㆍ우(羽)의 오음(五音)으로 감별하여서 길흉을 점치는 방술(方術).

저영(儲泳)의 《거의설(袪疑說)》에 이르기를, "삼형(三形)은 극수(極數)에 해당하는 자이다. 자묘(子卯)를 일형(一刑)이라 하고, 인사신(寅巳申)을 이형(二刑)이라 하며, 축술미(丑戌未)를 삼형(三刑)이라 한다. 묘(卯)로부터 순수(順數)로 자(子)에 이르고, 자(子)로부터 역수(逆數)로 묘(卯)에 이르는 것은 극십수(極十數)이다. 인(寅)으로부터 역(逆)으로 사(巳)에 이르고, 사(巳)로부터 역(逆)으로 신(申)에 이르는 것은 극십수(極十數)이다. 축(丑)으로부터 차례로 술(戌)에 이르고, 술(戌)로부터 차례로 미(未)에 이르는 것은 극십수(極十數)이다. 황극중(皇極中)의 천간(天干)이 십수(十數)인데 이것을 살수(殺數)라 한 것이다. 수를 쌓아서 십수(十數)가 되는 것인데, 그렇다면 그 수(數)는 실공(悉空)이며 천도(天道)의 악(惡)이 영만(盈滿)하면 전복(顚覆)되는 것이다. 이것이 삼형법(三刑法)이 유래하는 이유이다."라고 하였다.

《광성력》에 이르기를, "세형지지(歲刑之地)는 공성전진(攻城戰陣)이니 범접(犯接)이 불가한 곳이다. 아울러 동토(動

土)와 흥공사(興工事) 역시 반드시 회피해야 한다. 만약 범하였을 때는 여러 방면으로 분쟁이 발생한다."하였다.

《고원(考原)》에 이르기를, "상형지설(相刑之說)은 《익씨풍각(翼氏風角)》이 가장 밝게(最明) 나타냈다. '대개 사유축(巳酉丑)에서 형(刑)은 신유술(申酉戌)에 있다.' 하였으니 사형신(巳刑申)하고 유자형(酉自刑)이며 축형술(丑刑戌)이다.

인오술(寅午戌)의 형(刑)은 사오미(巳午未)라 했으니, 인형사(寅刑巳) 오자형(午自刑) 술형미(戌刑未)이다.

신자진(申子辰)의 형(刑)은 인묘진(寅卯辰)이라 했으니, 신형인(申刑寅) 자형묘(子刑卯) 진자형(辰自刑)이다.

해묘미(亥卯未)는 형(刑)이 해자축(亥子丑)이라 했으니, 해자형(亥自刑) 묘형자(卯刑子) 미형축(未刑丑)이다."하였다.

안찰(按察)하건대 ;《익씨풍각》 사어(四語),《증문경(曾門經)》과 《고원》에, 신(申)은 그 의의(意義)가 명현하다. 돌아보면, 이른바 목이 믿을 곳은 영화이다(所謂木恃榮華). 그러므로 음기가 형이라(陰氣刑之) 하였다. 수(水)가 믿을 곳은 음사이다(水恃陰邪). 그러므로 양기형지(陽氣刑之)라 하였는데, 그 설이 마치 바로잡아야(矯强) 할 곳이 없는 것도 아니지만, 진오유해(辰午酉亥)의 이치에도 논급한 것이 아예 있지 아니하다.

저영(儲泳)의 「천도(天道) 악영수(惡盈數) 극우십지(極于十之)」설은 역시 묘의(妙義)가 있음이다. 역시 중요한 것은 익봉사어(翼奉四語)가 나오지 않았기 때문에 그 의의(意義)라는 것이 자형설(自刑說)뿐이다.

금(金) 화(火)는 강강(剛强)하고, 수(水) 목(木)은 유약(柔弱)

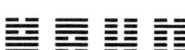

하다. 그러므로 금형(金刑)은 금방(金方)이고, 화형(火刑)은 화방(火方)이니, 강강(剛强)한 것은 반드시 자장(自戕)할 수 있는 것이기 때문에 금(金)이 막강(莫剛)한 곳이 유(酉)이고, 화(火)가 막강한 곳은 오(午)이니, 그렇다면 본방의 형(刑)이라도 자장(自戕)한다 함이 특별하지 아니한 것이다.

그러나 수목(水木)은 유약(柔弱)하기 때문에 나를 생하여 주는 곳에서 장(戕)한다 할 수 없는데, 수(水) 생(生) 목(木)하는 목(木)이 형(刑)이 되고, 목(木)을 생(生)하여 주는 수(水)에서 형(刑)이 된다는 것은 생아지문(生我之門)이 사아지호(死我之戶)라 하는 것이 아닌가?

《맹자(孟子)》에 "생어우환 사어안락((生於憂患 死於安樂), 즉 지금 어렵고 근심스러운 것이 나를 살리는 길로 인도할 것이요, 지금 편안하고 즐거운 것이 나를 죽음의 길로 인도함이라." 함이 이를 가르치는 것은 아닌가?

해묘미(亥卯未)는 해자축(亥子丑)이 형(刑)이라 하였는데, 해전자형(亥轉自刑)은 해(亥)가 목의 뿌리(根)이다. 그러므로 목락귀근(木落歸根)한다는 것이다. 신자진(申子辰)은 형(刑)이 인묘진(寅卯辰)인데, 진전자형(辰轉自刑)은 진(辰)이 수고(水庫)이므로 이른바 수류추말(水流趨末)이라 한 것이다.

15. 대살(大煞)

太歲	子	丑	寅	卯	辰	巳	午	未	申	酉	戌	亥
大煞	子	酉	午	卯	子	酉	午	卯	子	酉	午	卯

《역례》에 이르기를, "대살(大煞)자(者)는 세중(歲中)의 자사(刺史)이다. 주로 형상 문살지사(刑傷門殺之事)를 주장한다. 소리지지(所理之地)로는 출군(出軍)할 때 그 방향으로 출군(出軍)함이 불가하고, 아울러 수조(修造)하는 것도 꺼린다. 범하게 되면 주로 형살(刑殺)이 나타난다." 하였다.

《명시총요》에 이르기를, "자년은 자에서 일으켜서(子年起子) 사중(四仲)으로 역행한다." 하였다.

조진규(曹震圭) 왈, "대살(大煞)이란 태세의 삼합오행으로 건왕지신(建旺之神)이니, 장성지위(將星之位)이며 이름은 자사(子史)라고도 한다."

《고원(考原)》에 이르기를, "대살은 자년재자(子年在子), 축년재유(丑年在酉), 인년재오(寅年在午), 묘년재묘(卯年在卯), 진년에 또다시 자로부터(辰年在子) 사정신(四正辰)을 12지지(之地)에 역행(逆行)으로 배치한다 하였다. 대개 이 살(煞)은 신자진(申子辰)년은 삼합수국(三合水局)이니 수(水)의 왕지(旺地)가 자(子)이므로 자(子)가 대살(大煞)이 되는 것이다. 다른 태세(太歲)도 이와 같다." 하였다.

안찰하면 ; 자오묘유(子午卯酉)는 수화목금(水火木金)의 정위(正位)이다. 천지(天地)의 교(交)라 하지만 실은 일월(日月)이 충(衝)하는 것이다. 그러므로 태세(太歲)의 사정위(四正位)에 있다는 것은 태세가 자체로 감당(自當)이 되는 곳이다. 이름이 태세로 한 것은 대살(大煞)로 하기는 부족하기 때문이다. 마치 천자자리(天子自理)의 기내(畿內)에 있기 때문이다. 만약 태세가 맹계년(孟季年)이라면 정위(正位) 역시 대살(大煞)을 성립시킨다. 대살이라 운운하는 것은 아어태세(亞於太歲) 중어관부(重於官符)이기 때문에 백호(白虎)가 된다. 그러므로 《역례》에 이르기를, 자사(刺史)가 있는 곳이라고 칭하였다. 대개 옛날의 자사(刺史)는 득생살(得生殺)하는 일방(一方)으로 하였었다.

16. 비렴(飛廉)

太歲	子	丑	寅	卯	辰	巳	午	未	申	酉	戌	亥
飛廉	申	酉	戌	巳	午	未	寅	卯	辰	亥	子	丑

《신추경(神樞經)》에 이르기를, "비렴(飛廉)자(者)는 태세(太歲)의 염찰(廉察)사(使)이므로 임금의 상(君之象)이 된다. 역시 대살이라는 이름을(亦名大煞) 갖고 있다. 소리지방(所理之方)으로는 흥공사(興工事)나 동토(動土), 이주(移住), 가취(嫁娶)가 불가하다. 만약 범(犯)하였을 때는 관부(官府)를 주장하므로 구설(口舌), 질병(疾病), 유망(遺亡)이 발생한다." 하였다.

《광성력》에 이르기를, "자년(子年) 신(申), 축년(丑年) 유(酉), 인년(寅年) 술(戌), 묘년(卯年) 사(巳), 진년(辰年) 오(午), 사년(巳年) 미(未), 오년(午年) 인(寅), 미년(未年) 묘(卯), 신년(申年) 진(辰), 유년(酉年) 해(亥), 술년(戌年) 자(子), 해년(亥年) 축(丑)이 그것이다." 하였다.

안찰하면 ; 비렴(飛廉)이란 역사(力士)이다. 빠르기도 하지만 많이 싸돌아다닌다 해서 붙여진 이름이다.

옛날에는 역사(力士)라는 말을 많이 하였는데, 그것을 보면 비렴(飛廉)에서 취상(取象)하였다는 것을 깨닫고는 악살(惡煞)로 불리었다. 삼합(三合)의 차서(次序)를 보면 생(生)에서 왕(旺)으로, 왕(旺)에서 묘고(墓庫)로, 묘(墓)에서는 다시 생(生)으로 이어졌다.

사시(四時)의 차서(次序)로는 목(木)에서 화(火)로, 화(火)에서 금(金)으로, 금(金)에서 수(水)로, 수(水)에서는 목(木)으로 다시 연결하였다. 이것이 일원(一元)인데, 그러므로 질운(迭運)이 다하지를 아니하며, 오기(五氣)는 이로써 순포(順布)하면서 태세를 성립시킨다.

비렴은, **자년(子年)**은 신(申)에서 일으키는데, 자는 수왕지(水旺地)이고 신(申)은 수(水)의 생지(生地)이니 이는 왕지(旺地)로부터 생지(生地)로 역력(逆曆)하는 것이다. 이렇게 하면 묘년(卯年)에서는 사(巳)를 일으키고, 오년(午年)은 인(寅)을, 유년(酉年)은 해(亥)를 일으켜 자(子)·묘(卯)·오(午)·유(酉) 사왕지(四旺地)의 차서로 신(申)·사(巳)·인(寅)·해(亥) 사생방(四生方)으로 역력(逆曆)한다. 그리하면 생방(生方)에서도 역시 역(逆)으로 묘고(墓庫)에 이르는 것이다.

축년(丑年)은 유(酉)에서 일으키는데, 축(丑)은 금(金)의 묘고(墓庫)이고 유(酉)는 왕지(旺地)이다. 이에서도 묘고(墓庫)로부터 왕지(旺地)로 역력(逆曆)하는 것이다. 이렇게 하면 진년(辰年)은 오(午), 미년(未年) 묘(卯), 술년(戌年) 자(子)로 축(丑)·진(辰)·미(未)·술(戌) 사묘(四墓)*의 차례에서 유(酉)·오(午)·

묘(卯)・자(子) 사왕방(四旺方)으로 역력(逆曆)한다. 그렇다면 그 왕(旺)과 함께 역시 역(逆)하는 것이 된다.

인년(寅年)은 술(戌)을 기(起)하는데, 인(寅)은 화(火)의 생지(生地)이고 술(戌)은 묘고(墓庫)이다. 이는 생(生)으로 시작하여 묘고(墓庫)로 역력(逆曆)하는 것이다. 이렇게 하면 사년(巳年) 미(未), 신년(申年) 진(辰), 해년(亥年) 축(丑)으로 인(寅)・사(巳)・신(申)・해(亥) 사생지(四生地)의 차례에서 술(戌)・미(未)・진(辰)・축(丑) 4묘방(四墓方)으로 역력(逆曆)하는 것이다.

대개 순천자(順天者)는 덕(德)을 따름이요, 역천자(逆天者)는 힘(力)을 따른 것인데, 이를 어찌 힘만을 믿고 패덕하는 상(非恃力悖德之象)이라고만 하겠는가? 그러므로 비렴(飛廉)을 깨우치도록 한 것이다.

또 이름을 대살(大煞)이라고도 한 것은 태세 이름에 비렴(飛廉)이 있고 월명(月名)으로는 대살이 있기 때문인데, 그 이름이 변화한 것을 보아도 문리(文理)를 어지럽힌 것은 아니다.

다시 안찰하고 정리하면, 자축인오미신(子丑寅午未申)년은 비렴(飛廉)이 곧 백호(白虎)이고, 묘진사유술해(卯辰巳酉戌亥)년은 비렴이 곧 상문(喪門)이다. 그렇다면 비렴지신(飛廉之神)은 역시 황번(黃幡) 표미(豹尾)와 동일한 것이므로 신살(神煞)로 따로 두고 관리함이 가(可)함도 있고 가함이 없을 수도 있다.

*사묘(四墓) ; 사주에서 12지지의 진술축미(辰戌丑未)를 가리킨다. 4묘의 신은 4고(庫)라고도 하며 오행에 있어서는 토(土)이고 방위

적으로는 중앙(中央)을 관장한다. 토(土)는 지구이고 만물의 생육을 관장하며 토(土) 중에는 여러 가지 물질을 내장하고 있어서 이를 잡기라 하고 생일의 오행에 따라서는 귀중한 것이 되기도 한다.

17. 금신(金神)

天干	甲己年	乙庚年	丙辛年	丁壬年	戊癸年
金神	午未申酉	辰巳	子丑寅卯午未	寅卯戌亥	申酉子丑

《홍범(洪範)》편에 이르기를, "금신(金神)자는 태백지정(太白之精)이니 백수지신(百獸之神)이 된다. 주로 병과(兵戈; 兵戟), 상난(喪亂), 수한(水旱), 온역(瘟疫)을 주장한다. 소리지지(所理之地)에는 축성지(築城池), 건궁실(建宮室), 수누각(堅樓閣), 광원림(廣園林), 흥공사(興工事), 상량(上梁), 출군(出軍), 정벌(征伐), 이사(移徙), 가취(嫁娶), 원행(遠行), 부임(赴任)을 꺼린다. 만약 간신(干神)으로 범(犯)한 자는 그 꺼리는 것이 더욱 심하다." 하였다.

《감여경》에 이르기를, "갑기지년(甲己之年)은 오미신유(午未申酉), 을경년(乙庚年) 진사(辰巳), 병신년(丙辛年) 자축인묘오미(子丑寅卯午未), 정임(丁壬)년 인묘술해(寅卯戌亥), 무계(戊癸)년 신유자축(申酉子丑)이라." 하였다.

조진규 왈, "금신(金神)자는 연간(年干)으로 오호(五虎)원력(元曆)하여 경신(庚辛)이나 납음(納音)으로 금위(金位)가 되는 것이라 하였다. 가령 갑기(甲己)년이라면 병인(丙寅)을 일으켜 순행하면 경오(庚午) 신미(辛未)가 금신이다. 또 임신(壬申) 계유(癸酉)는 납음(納音)이 검봉(劍鋒) 금(金)이 므로 갑기(甲己)년은 오미(午未) 신유(申酉)가 금신(金神)이 라 하였다. 나머지도 이와 같다."

안찰하면 ；《선택종경(選擇宗經)》에 이르기를, "오호로 둔득(遁得)하여 경신방(庚辛方)은 천금신(天金神)이라 하고, 순내(旬內)에서 납음(納音)으로 금(金)이 되는 것은 지금신(地金神)이라 하는데, 천금신(天金神)이 더욱 중하고 치열하다." 한 것은 곧 〈홍범〉편에서 말한 "만약 천간으로 범(犯)하면 꺼림이 더욱 심하다(忌尤甚)." 한 것이 그것이다.

또 이르기를, "천금신(天金神)을 일명(一名)「유천암요(遊天暗曜)」라 하여 범하면 안질(患眼)로 고생한다 함이 가장(最準) 근사하다. 만약 〈홍범〉편에 이르는 대로라면 미(未)가 반드시 더 심할 것이다. 병과(兵戈), 상난(喪亂), 수한(水旱), 온역(瘟疫) 등은 어찌 한 가정만에서 범하는 금신(金神) 살(煞)이라고 할 수 있겠는가?" 하였다.

18. 오귀(五鬼)

太歲	子	丑	寅	卯	辰	巳	午	未	申	酉	戌	亥
五鬼	辰	卯	寅	丑	子	亥	戌	酉	申	未	午	巳

《역례》에 이르기를, "자년에 진(子年在辰)을 붙여서 12신(辰)을 역배(逆配)한다." 하였다.

조진규(曹震圭) 왈, "진(辰)은 자수(子水)에서 정(精)이 된다 하였다. 축(丑)은 묘목(卯木)의 정(精)이요, 미(未)는 유금(酉金)의 정(精)이며, 오(午)는 술화(戌火)의 정(精)이며, 인신사해(寅申巳亥)는 토(土)의 정(精)이니, 이른바 토(土)는 능히 만물을 생육(生育)하기도 하지만, 사맹(四孟)이니 오행(五行)의 장생지(長生地)이기 때문이다. 그러므로 자년재진(子年在辰)하여 역행(逆行)하면 자연히 상합(相合)되는 것이다."

《고원(考原)》에 이르기를, "조(曹)씨의 오행설(五行說)은 확실하지 아니하다. 이치로 구(求)한다면 태(殆)는 세서(歲序)로 기자(起子)하여 순행하면 28숙(宿)이 진(辰)에서 기(起)하는 것에서 역행하는 것이다. 순(順)자는 양(陽)이니 사람이고 역(逆)자는 음(陰)이니 귀신(鬼神)이다. 각기 그 수(數)의 기처(起處)로 굴려서 상응시키는 것이다." 하였다.

안찰하건대 ; 오위(五緯 ; 金木水火土)는 다 진(辰)에서 기(起)하여 역행한다. 오귀(五鬼) 역시 진(辰)으로 기(起)한 다음 역행한다. 그렇다면,

오귀자(五鬼者)는 오위(五緯)의 백기(魄氣)라 할 수 있는 것이다. 오위(五緯)는 다 12세(歲)를 일주(一周)로 하지 아니하지만, 오귀(五鬼)는 12세를 일주(一周)하는데, 세성(歲星)으로서 오위는 장생(長生)이 된다. 그러므로 세성(歲星)을 좇는다고 말한 것이다.

귀야자(鬼也者)는 기는 반(返)이니 되돌아간다(氣返而歸者也)는 것이다. 그러므로 상(象)으로는 유음(幽陰)이라 하여 이름을 귀(鬼)라 하였다.

귀(鬼)는 반드시 오자(五者)이니 귀성(鬼星)도 다섯 개(五

星 ; 金木水火土)인데, 그 가운데 일성(其中一星)을 질홀(質忽 ; 새벽 홀)이라 한다.

홀은 아직 불명이니 적시(忽不明爲積尸 ; 새벽에 밝지 아니할 때를 적시라 한다)라 하고, 이미 밝으면 곧 소임(所臨) 아래 적시(積尸)라 한다(氣明則所臨之下有積尸). 그러므로 귀숙(鬼宿) 제오성(第五星)을 취하여 상지(象之)한 것이다. 그러므로 이름하여 오귀(五鬼)이다. 일(一)로부터 오(五)에 이른다는 것은 진(眞)이 아니고, 귀(鬼)는 다섯(五)이 있다 해야 맞는다.

자오(子午)년은 관부(官符)와 동위(同位)이고, 축미(丑未)년은 상문(喪門)과 동위이며, 인신(寅申)년은 태세와 동위이며, 묘유(卯酉)년은 태음(太陰)과 동위이며, 진술(辰戌)년은 백호(白虎)와 동위이며, 사해(巳亥)년은 세파와 동위이다. 이렇게 각각 그 따라서 동위가 되는 신(同位之神)이 유별(類別)로 상응한다.

19. 파패오귀(破敗五鬼)

天干	甲	乙	丙	丁	戊	己	庚	辛	壬	癸
破敗五鬼	巽	艮	坤	震	離	坎	兌	乾	巽	艮

《건곤보전(乾坤寶典)》에 이르기를, "오귀자(五鬼者)는 오행(五行)의 정기(精氣)이다. 주로 허모지사(虛耗之事)를 나타낸다. 소리지방(所理之方)에는 흥거사(興擧事)가 불가하다.

만약 범하였을 때는 주로 재물이 모산(耗散)된다." 하였다.

《역례》에 이르기를, "갑임년(甲壬年) 재손(在巽), 을계년(乙癸年) 간(艮), 병년(丙年) 곤(坤), 정년(丁年) 진(震), 무년(戊年) 리(離), 기년(己年) 감(坎), 경년(庚年) 태(兌), 신년(辛年) 건(乾)이다." 하였다.

조진규(曹震圭) 왈, "납갑법(納甲法)을 안찰(按察)해 보니 건납갑임(乾納甲壬)인데, 그 충(衝)은 손(巽)이다. 그러므로 갑임지년(甲壬之年)은 손(巽)이 되었다. 곤납을계(坤納乙癸)인데 그것을 충(衝)하는 것은 간(艮)이다. 그러므로 을계지년(乙癸之年)은 간(艮)이 되었다. 간(艮) 납병(納丙)이니 그 충(衝)은 곤(坤)이다. 그러므로 병년(丙年)은 곤(坤)이 되었다. 태납정(兌納丁)인데 그 충(衝)은 진(震)이다. 그러므로 정년(丁年)은 진(震)이 된다. 감납무(坎納戊)인데 그 충(衝)은 리(離)이다. 그러므로 무(戊)년은 리(離)가 되었다. 이납기(離納己)인데 그 충(衝)은 감이다. 그러므로 기년(己年)은 감(坎)이 되었다. 진납경(震納庚)인데 그 충(衝)은 태(兌)이다 그러므로 경년(庚年)은 태(兌)가 되었다. 손납신(巽納辛)인데 그 충(衝)은 건(乾)이다 그러므로 신년(辛年)은 건(乾)이 파패오귀(破敗五鬼)가 되었다."

안찰하건대 ; 파패오귀(破敗五鬼)라 이르는 것은 그 방위(方位)를 충파(衝破)하는 자(者)인데, 충파 당하는 괘(卦)의 납갑(納甲)이 세간(歲干)일 때 대조하여 보는 것이다. 그러므로 파패(破敗)라는 이름이 붙여졌고, 오귀(五鬼)로 연계하여 그 유음지상(幽陰之象)으로 운운한 것이다.

이는 세파(歲破)의 예(例)를 좇아 후천(後天) 괘위(卦位)의 납간(納干)으로 붙여진 것이고, 선천괘위(先天卦位)로는 천지정위(天地定位)하고 산택통기(山澤通氣)하고 뇌풍상박(雷風相薄)하며 수화불상사(水火不相射)이니 충사(衝射)의 의미로 보는 것이 아니라, 협력하는 대대(待對)의 의미로 보기 때문에 그렇지 아니하다.

제5장. 연세(年歲)로 판단하는 일중신살(日中神煞)

1. 태세이하(太歲已下) 신살출유일(神煞出遊日)

《역례》에 이르기를, "태세출유일(太歲出遊日)이란 갑자(甲子)일 동유(東遊)하고, 기사(己巳)일 환위(還位)하며, 병자(丙子)일 남유(南遊)하고, 신사(辛巳)일 환위하며, 무자(戊子)일 유(遊) 중궁(中宮)하고, 계사(癸巳)일 환위하며, 경자(庚子)일 서유(西遊)하고, 을사(乙巳)일 환위하며, 임자(壬子)일 북유(北遊)하고, 정사(丁巳)일 환위하니, 모두 출유일(出

遊日)이 25일이다." 하였다.

　조진규 왈, "태세제신(太歲諸神)이란 음기(陰氣)가 지기(地祇)로 화(化)하는 것을 말한다. 대개 자(子)에서부터 사(巳)까지는 양기(陽氣)의 건왕(健旺)한 신(辰)이므로 음기(陰氣)를 받더라도 양신(陽神)으로 제압하므로 감히 용사(用事)하지 못한다. 그러므로 출유(出遊)라는 말을 빌려 쓴 것이다."

　《고원(考原)》에 이르기를, "출유일(出遊日)은 각각 오자(五子) 일간(日干)이 가야 하는 방위(往方)를 이르는 것이다. 갑(甲)은 동방(東方) 목(木)이므로 갑자일(甲子日)은 동유(東遊)라 하였다. 병(丙)은 남방(南方) 화(火)이니 병자일(丙子日)은 남유(南遊)라 하였으며, 경일(庚日)은 서방(西方) 금(金)이니, 경자일(庚子日)을 서유(西遊)라 하였다. 임(壬)은 북방(北方) 수(水)이니 임자일(壬子日)은 북유(北遊)라 하였다. 무(戊)는 중앙(中央) 토(土)이니 무자일(戊子日)은 유중궁(遊中宮)이라 하였다. 5자(者)는 생수(生數)의 극수(極數)이므로 각(各) 출유일(出遊日)이 5일이니 공히 5·5=25일이다." 하였다.

　안찰하면 ; 태세(太歲)자(者)는 지기(地祇)이다. 지기(地祇)는 지지(地支)를 좇으므로 오자(五子)로 하여 단분(斷分)한다. 갑(甲)은 목(木)이고 동(東)이므로 갑자(甲子)에서 기사(己巳)까지 재동(在東)한다고 하였다. 병(丙)은 화(火)이며 남(南)이므로 병자(丙子)에서 신사(辛巳)까지를 재남(在南)이라 하였다. 나머지 3개도 이와 같다.

갑자일(甲子日) 동유(東遊)라면 서남북(西南北)은 병공(幷工) 수조(修造)가 가능한 것이다. 그러나 동이라면(東則) 비록 공방(空方)에 속할지라도 마땅히 꺼리는 바가 있다고 해야 한다. 만약 불공(不空)이면 논할 것이 없을 것이다.

또 태세이하 신살(太歲已下神煞) 자(者)는 제신살(諸神煞)이 모두 태세를 따라 나온다. 그러므로 태세가 본위(本位)에 거하지 아니한다면 제신살(諸神煞)은 아무것도 없을 것이다. 만약 출유지일(出遊之日)이 사방이 모두 공(空)이라면 마땅히 이 25일만을 들고 금기(禁忌) 사항이 없다 하여도 가(可)하다. 그런데 하필 동서남북을 나눌 필요가 있겠는가? 그 5일로서 단정하는 것은 천수가 5이고 지수도 5이므로 5수는 수(數)의 끝수이기 때문이다.

2. 일유신(日遊神)

《역례》에 이르기를, "계사(癸巳)에서 정유일(丁酉日)까지는 방내(房內)의 북쪽에 있고, 경자(庚子) 신축(辛丑) 임인(壬寅)일은 방내(房內)의 남쪽에 있고, 계묘(癸卯)일은 방내의 西쪽에 있고, 갑진(甲辰) 을사(乙巳) 병오(丙午) 정미(丁未)일까지는 방내의 동쪽에 있으며, 무신(戊申)일은 중앙에 있고, 기유(己酉)일은 출유(出遊)하여 44일이 걸린다. 유신(遊神)이 소재하는 방위에는 산실(産室)이나 소사우(掃舍宇), 설상장(設床帳) 등이 마땅치 못하다 하나, 그 의미는 밝혀지지 않았다." 하였다.

254 제1부 吉凶神煞

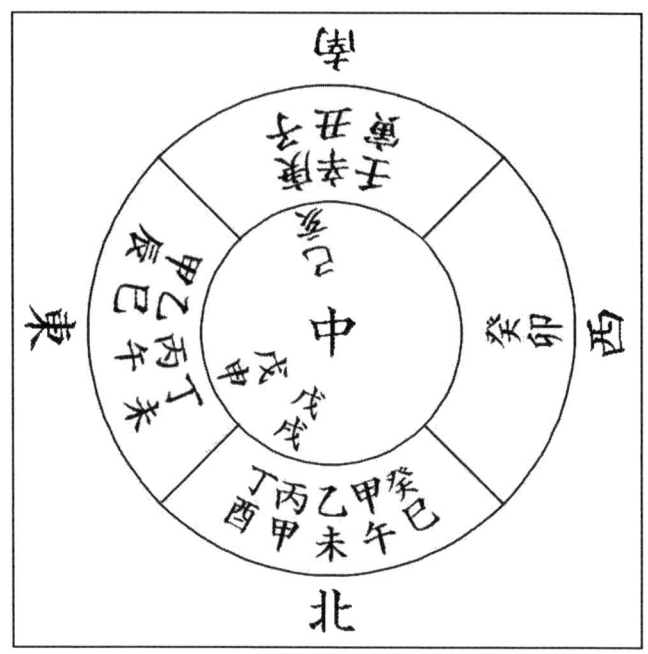

지금 안찰하여 보면 ; 일유신(日遊神)이 실려 있는 곳은 《시헌서(時憲書)》인데, 명대승원(明代承元) 《수시력(授時曆)*》에 있으며 그 전에는 상고(詳考)할 수가 없다.

* 《수시력(授時曆)》; 원(元)나라의 천문학자 곽수경(郭守敬)・왕순(王恂) 등이 만든 역법의 하나. 원나라 세조의 명으로 간의(簡儀)와 앙의(仰儀) 등을 이용하여 정밀한 관측을 거쳐 만든 것으로서, 중국 역법(曆法)상 획기적인 것임. 우리나라에서는 고려 25대 충렬왕 7(1281)년에 반포, 공민왕 19(1370)년 명나라의 대통력(大統曆)이 들어오기까지 쓰였다.

《역례》에 이르기를 ; 그 뜻은 밝혀지지 않았으므로 자래(自來)하여 왔고 설명만 없다. 그러나 민속(民俗)으로 존신

(尊信)하고 있다.

3. 학신(鶴神)

남방의 민속에 학신방(鶴神方)이란 살(煞)이 또 있는데, 출행하고자 하는 방향에 거스르는 것이 있어서 꺼린다(忌抵)는 것이다.

【역자註】여기서부터는 원서가 복잡하고 오류도 있어서 역자가 도면과 함께 쉽게 기록하였다.

갑자(甲子) 을축(乙丑) 일(日)은 동남방(東南方) 사(巳)에서 시작하여 시계방향으로 진행한다.

丙寅 丁卯 戊辰 己巳 庚午까지 5일은 정남방(正南方)인 병오정(丙午丁)이 학신(鶴神)이니 꺼리고,

辛未 壬申 癸酉 甲戌 乙亥 丙子까지 6일은 미곤신방(未坤申方)이 꺼리며,

丁丑 戊寅 己卯 庚辰 辛巳까지 5일은 경유신(庚酉辛)방이 꺼리고,

壬午 癸未 甲申 乙酉 丙戌 丁亥까지 6일은 술건해(戌乾亥)방을 꺼리며,

戊子 己丑 庚寅 辛卯 壬辰까지 5일은 임자계(壬子癸)방을 꺼린다.

계사(癸巳)부터 무신(戊申)까지 16일은 학신이 천궁으로 올라가니 꺼리지 않는다(无忌) 하였다.

그러나 이 기간이 지나면 기유(己酉)로 이어서 다시 시작

한다.

己酉 庚戌 辛亥 壬子 癸丑 甲寅까지 6일은 동북방(東北方) 축간인(丑艮寅)이 학신(鶴神)이니 꺼리고,

乙卯 丙辰 丁巳 戊午 己未까지 5일은 정동(正東)으로 가니 갑묘을(甲卯乙)방이 꺼리며,

庚申 辛酉 壬戌 癸亥 甲子 乙丑까지 6일은 동남방으로 가니 진손사(辰巽巳)방이 꺼린다.

이상은 학문적 원리가 없이 민속 신살(神煞)로 전하고 있는데, 모두 소살(小煞)에 불과하다.

학신방위도(鶴神方位圖)

대개 양(陽)은 오중(午中)에서 다하고(盡) 음(陰)은 자중(子中)에서 다한다. 사(巳)가 응당(應當) 그러한데「현육괘(莧陸夬)」의 쾌효(夬爻)가 금살(金煞)에 연유되었다 하여 일으킨 것으로, 역(易)의 큰 뜻이 있는 것이다.

 실중(室中)자(者)는 사방(四方)을 대접(對接)하고 있는 안쪽이므로 중궁의 상(象)을 말하는 것이므로 계사(癸巳)에서부터 무신(戊申)까지 상천(上天)하는 16일에 해당한다.

 대개 상천(上天)이라 이르는 것은, 말하자면 그것이 일방(一方)으로 편중되지 않는다는 것이다. 이에 어찌 참 상천(眞上天)이 있겠는가? 그러므로 실중(室中)의 상(象)과 비슷한 것으로 생각하고 그 방위를 세밀하게 구분시켜 곧 북(北)으로 경유(經由)하여 남(南)으로 서(西)로 동(東)으로 진행하며, 일유신(日遊神)이 소재하는 방위로 하였다. 안산실(安産室)이나 안상(安床) 방(方)으로 저향(抵向)하는 것은 마땅치 못하다는 것이다.

 일유신(日遊神)으로 출행할 때 학신(鶴神)을 범하는 것은 마땅치 못하다는 것이다.

 총체적으로는 그것이 음살지기(陰煞之氣)이므로 꺼리게 되는 것이다. 전방(轉方)이란 하늘에는 풍우(天有風雨)가 있어 음기와 양기(陰陽之氣)가 교체한다는 것이다. 그 뜻은 효연(曉然)하므로 쉽게 알 수 있는 것이다. 오직 학신(鶴神)이란 명의(名義)는 민속(民俗)에서 칭하는 말이므로 뜻을 풀어 밝히기는 불가하나, 학(鶴)은 악자(噩字)가 잘못된 것이 아닌가 생각된다.

유일작악(酉日作噩)이니 악신(噩神)은 마치 금신(金神)이 아니겠는가?

欽定 四庫全書

協紀辨方書
卷 4

의례義例 2 • 월신류 신살月神類 神煞(1)

제1장 건제(建除) 12神
제2장 월건(月建) 및 상관 신살(神煞)

제1장. 건제(建除) 12神

1. 건제(建除) 12신(神)

十一子月

日辰	子	丑	寅	卯	辰	巳	午	未	申	酉	戌	亥
12辰	建	除	滿	平	定	執	破	危	成	收	開	閉

十二丑月

日辰	子	丑	寅	卯	辰	巳	午	未	申	酉	戌	亥
12辰	閉	建	除	滿	平	定	執	破	危	成	收	開

正寅月

日辰	子	丑	寅	卯	辰	巳	午	未	申	酉	戌	亥
12辰	開	閉	建	除	滿	平	定	執	破	危	成	收

二卯月

日辰	子	丑	寅	卯	辰	巳	午	未	申	酉	戌	亥
12辰	收	開	閉	建	除	滿	平	定	執	破	危	成

三辰月

日辰	子	丑	寅	卯	辰	巳	午	未	申	酉	戌	亥
12辰	成	收	開	閉	建	除	滿	平	定	執	破	危

四巳月

日辰	子	丑	寅	卯	辰	巳	午	未	申	酉	戌	亥
12辰	危	成	收	開	閉	建	除	滿	平	定	執	破

五午月

日辰	子	丑	寅	卯	辰	巳	午	未	申	酉	戌	亥
12辰	破	危	成	收	開	閉	建	除	滿	平	定	執

六未月

日辰	子	丑	寅	卯	辰	巳	午	未	申	酉	戌	亥
12辰	執	破	危	成	收	開	閉	建	除	滿	平	定

七申月

日辰	子	丑	寅	卯	辰	巳	午	未	申	酉	戌	亥
12辰	定	執	破	危	成	收	開	閉	建	除	滿	平

第一部 吉凶神煞

八酉月

日辰	子	丑	寅	卯	辰	巳	午	未	申	酉	戌	亥
12辰	平	定	執	破	危	成	收	開	閉	建	除	滿

九戌月

日辰	子	丑	寅	卯	辰	巳	午	未	申	酉	戌	亥
12辰	滿	平	定	執	破	危	成	收	開	閉	建	除

十亥月

日辰	子	丑	寅	卯	辰	巳	午	未	申	酉	戌	亥
12辰	除	滿	平	定	執	破	危	成	收	開	閉	建

역서(易書)에 이르기를, "역가(曆家)들은 건(建)·제(除)·만(滿)·평(平)·정(定)·집(執)·파(破)·위(危)·성(成)·수(收)·개(開)·폐(閉) 12일을 주회(周回)시키고 다시 시작하여 계속한다. 이로써 그 날에 매여 있는 신(神)을 따라 길흉(吉凶)을 정한다. 배속법(配屬法)은 월건 상(月建上)에다 건자(建字)를 기(起)한다. 건(建)은 두표(斗杓)의 가리키는 방향과 상응(相應)하므로 일치한다. 가령 정월(正月) 건(建)은 인(寅)이니, 인일(寅日)에다 인건(寅建)을 기(起)하기 위하여 전절(前節) 마지막 날의 건(建)을 입절일(立節日)에 다시 중복으로 배속하

여 12신을 순행(順行)시키면 인일(寅日)에 건자(建字)가 일치하게 된다." 하였다.

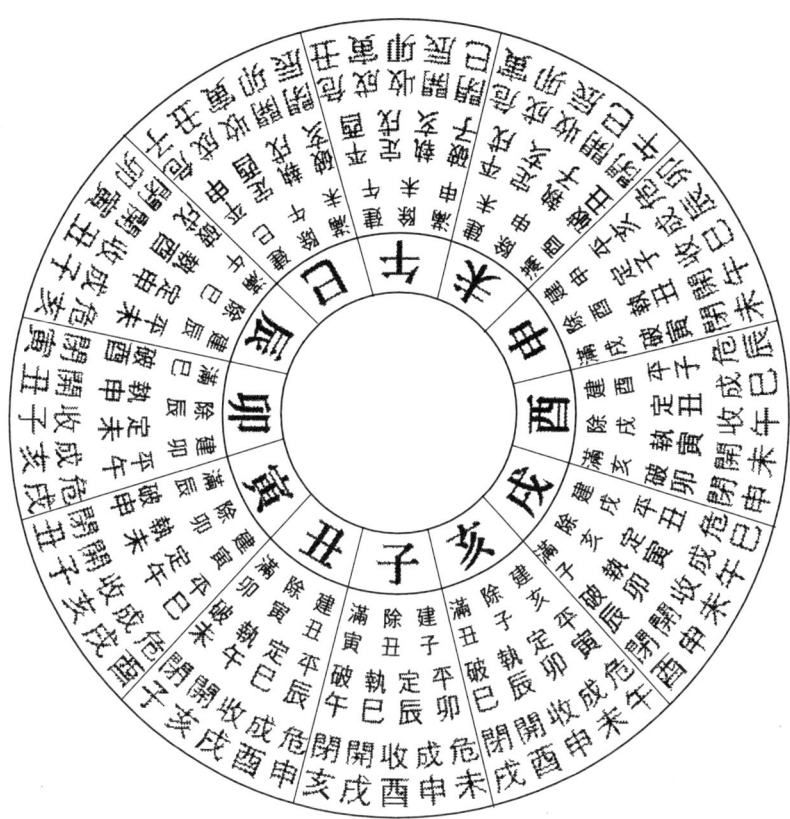

《회남자(淮南子)》에 이르기를, "정월건(正月建)이 인(寅)이니, 인(寅)에다 건(建)을 기(起)하면 묘(卯)에 제(除), 진(辰)에 만(滿), 사(巳)에 평(平)으로 주생(主生)한다.

오(午)에 정(定), 미(未)에 집(執)으로 주함(主陷)한다.

신(申)에 파(破)는 주형(主衡)한다.

유(酉)에 위(危)는 주표(主杓)이다.

술(戌)에 성(成)은 주 소덕(主小德)이다.
해(亥)에 수(收)는 주 대덕(主大德)이다.
자(子)에 개(開)는 주 태양(主太陽)이다.
축(丑)에 폐(閉)는 주 태음(主太陰)이라." 하였다.

《선택종경(選擇宗經)》에 이르기를, "건(建)은 세군(歲君)이요 원신(元神)이며 길흉(吉凶) 중신(衆神)의 주수(主帥)이니 좌(坐)는 가(可)하나 향(向)은 불가(不可)하다. 이것이 산(山)에 있거나, 방(方)에 있거나 길성(吉星)이 중첩하면 더욱 대길(大吉)하고 흉성(凶星)이 중첩하면 더욱 흉(凶)한 것이다.

제(除)는 사리태양(四利太陽)이니 소 길신(小吉神)이다.

만(滿)은 토온(土瘟)이고 사리상문(四利喪門)이다. 또한 천부(天富)로는 소길(小吉)하다.

평(平)은 삼태(三台)이고 또 토곡(土曲)이니 대길(大吉)하다.

정(定)은 세(歲)요 삼합(三合)이며 현성(顯星)이니 길(吉)하다. 또 지(地)이며 관부(官符)이며 축관(畜官)으로는 차흉(次凶)하다.

집(執)은 사리사부(四利死符)이고 또 소모(小耗)이니 흉(凶)하다.

파(破)는 세파(歲破)이고 대모(大耗)이니 대흉(大凶)하다.

위(危)는 극(極)부성(富星)이고 곡장성(谷將星)이며 사리용덕(四利龍德)이니 길(吉)하다.

성(成)은 삼합(三合)이니 길(吉)하다. 또한 비렴(飛廉)이고 또 사리(四利)이며 백호(白虎)이니 소흉(小凶)하다.

수(收)는 사리복덕(四利福德)이니 소길(小吉)이나, 또한 팔좌(八座)이니 소흉(小凶)하다.

 개(開)는 청룡(靑龍)이고 태음(太陰)이며 생기(生氣)요 화개(華蓋)이니 상길(上吉)하다. 또 사리(四利) 조객(弔客)에서는 소흉(小凶)하다.

 폐(閉)는 병부(病符)이니 소흉(小凶)하다.

 이상에서 평(平)·성(成)·개(開)·위(危)가 최길(最吉)하고, 정(定)·제(除)는 차길(次吉)하며, 파(破)는 대흉(大凶)하다." 하였다.

 《고원(考原)》에 이르기를, "월건(月建) 12신(神)을 안찰(按察)하여 보면 ; 제(除)·위(危)·정(定)·집(執)·성(成)·개(開)는 길(吉)하고 건(建)·파(破)·평(平)·수(收)·만(滿)·폐(閉)는 흉신(凶神)이다." 하였다.

 《역서(曆書)》는 이른바 "건(建)·만(滿)·평(平)·수(收)는 흑도(黑道)이고, 제(除)·위(危)·정(定)·집(執)은 황도(黃道)이며, 성(成)·개(開)는 다 가용(可用)이며, 파(破)·폐(閉)는 감당할 수 없다." 하였다.

 《선택종경》에는, "사리삼원(四利三元)으로 제신(諸神)을 상배(相配)한 것이니 길흉 역시 진합이 안 된다(亦未盡合). 가령 건(建)이 태세라면 제(除)는 태양(太陽)이며, 만(滿)은 상문(喪門)이며, 파(破)는 세파(歲破)이고, 위(危)는 용덕(容德)인데, 이것들을 상합(相合)이라 하는 것과 같다. 평(平)이 태세(太歲)가 된 것에서는 정(定)이 관부(官符)이고, 집(執)이 사부(死符)이며, 성(成)이 백호(白虎)이며, 수(收)가 복덕(福德)이고, 개(開)가 조객(弔客)인데, 이에서 상합이라고 하겠는가?

대저 평범한 날은 길신(吉神)이 많으면 길(吉)하고 흉신(凶神)이 많으면 흉(凶)한 것이다. 또 각 신(神)들의 의기(宜忌)를 보면 추피(趨避)가 각각이니 역시 하나같이 잡고 말할 수는 없는 것이다." 하였다.

안찰하면 ; 건자(建者)는 1월(月)의 주(主)이다. 그러므로 건(建)을 가지고 일으키되(起) 12진(辰)까지를 참오(參伍 ; 여러 가지 증후를 비교하고 분석하여 진단함)하는 것이다. 옛날에는 건제가(建除家)라고 말할 때도 있었다. 건(建) 다음이 제(除)인데, 옛것을 제(除)하고 새로운 것을 펼친다는 제구포신(除舊布新)* 의 의미이니, 월(月)의 상기(相氣)를 말한다.

*제구포신(除舊布新) ;《춘추좌씨전》에 있는 말로서, 묵은 것을 제거하고 새로운 것을 펼쳐낸다는 뜻으로, 낡은 것은 버리고 새 것을 받아들이되, 낡은 것의 가치도 다시 생각하고 새것의 폐단도 미리 봐야 한다는 말.

일생이(一生二) 이생삼(二生三)이니 3수는 수(數)의 극수(極數)이므로 만(滿)이며, 가득 차(滿)면 반드시 넘치게 되는 것이다.

《역(易)》에 이르기를, "감불영(坎不盈)이니 저기평(祗既平)이라." 한 것이 그것이다.

대개 만(滿)이라면 평(平)함이니, 만을 연계(繼滿)한다는 생각이므로 반드시 평(平)한 것이고, 평(平)하다면 정(定)으로, 건(建)에서 4번째이니 삼합(三合)이 되며, 합(合) 역시 정(定)인 것이다.

정(定)이 되면 잡을 수(可執) 있으므로 집(執)으로 연계(連

繫)되는 것이다. 집자(執者)는 그 이루어 놓은 것을 지킨다는 의미이다. 물(物)은 이룸이 없으면 불훼(不毀)이므로 연계(連繫)가 파괴(破壞)된다. 7을 대(對)하면 충(衝)이고, 충(衝)은 파(破)이니 위(危)로써 파(破)를 구원하여야 한다.

《역(易)》에서 보면, 기일(己日)은 곧 개혁(改革)이다. 기(己)는 십간(十干)에서 6번째이고 파(破)는 12신(神)에서 7번째이니 그 뜻은 같다. 그러므로 파(破)를 구원하는 것이 위(危)라는 것이다. 이미 파괴(破壞)되었다면 심(心)으로만이 위(危)를 알 수 있다.

맹자(孟子) 왈, "위고달(危故達)." 함이 이것이다. 대저 심(心)으로는 능히 위험한 일을 이룰 수 있으니, 특별하게 이룸이 필요치 않고 후에 달(達)하였음을 알게 된다.

《회남자》에 이르기를 ; 전 삼진과 후 오진은 백 가지 일을 하는 데 좋다(前三後五 百事可擧)라고 하니 평(平)이 전삼(前三)이요 위(危)가 후오(後五)이다. 위(危)를 이어주는 것이 성(成)이니, 왜 성(成)이라 하였는가? 월건(月建)과 삼합(三合)을 만들었기 때문이다.

성(成) 이후에는 반드시 수(收)가 와야 건(建)으로부터 십(十)까지 극수(極數)를 이룬다. 10극수(極數)는 수(數)는 극수로 끝내주어야 새로이 개(開)로 리(理)를 열 수 있기 때문이다.

개(開)라고 운(云)하는 것은, 십은 즉 일(十卽一)이기 때문에 일생이(一生二) 이생삼(二生三)으로 경유하여 일(一)로 삼(三)이 되는 것은 건(建)으로 다시 가는 것이니, 건(建)은 개(開)에서 발생시킨 것이다. 그러므로 개(開)를 생기(生氣)라 하였다.

기(氣)는 맹아(萌芽)를 발생시킬 수 있으니 닫아 끝내는 것이 아니고, 이른바 천지(天地)라는 방(房)에다 폐장(閉藏)하여 두고 때를 기다리므로 폐(閉)를 끝에다 두었다. 오직 그 활동 기능만을 폐장(閉藏)시켰으므로 건(建)으로 다시 연계(連繫)시키니 《역(易)》에서와 같은 이치이다.

또 안찰(按察)하기를 ; 건(建)으로부터 폐(閉)까지 12신(神)은 건(建)을 경유하여 다시 차례를 따라(遞更) 고쳐 나가는 것이다. 고금(古今) 논설(論說)이 분운(紛紜 ; 紛紛)하여 길흉도 일치하지 않으니 그친 곳에서 건제(建除)로 길흉을 논하는 것은 밝게 규명되어 있어서 나타냄이 분명하여(彰顯著明) 지나침이 없다. 이의 건(建)은 저쪽의 제(除)로 12진(辰) 모두를 자연스럽게 윤전(輪轉)시키게 된다.

만사(萬事)로 참작(參酌)하여 보는 것은 오행(五行)의 두 기운(二氣)이 섞인 연후에 길흉 간에 발생하게 되는데, 특히 그 길흉의 대소(大小)를 제량(劑量 ; 따져 잘 헤아림)하는 것은 건제(建除)에서 발생하여 "구름이 가니 달이 움직이는 것 같고, 배가 가니 언덕이 움직이는 것 같다(雲駛月運 舟行岸移)*" 명자(明者)는 묵계(黙契)하더라도 그 미미한 신(神)들은 밝혀주는 것이 가하다.

*운사월운 주행안이(雲駛月運 舟行岸移) ; 《원각경(圓覺經)》에 있는 말로, "구름이 가니 달이 움직이는 것 같고, 배가 가니 언덕이 움직이는 것 같다." 우주의 시각에서 보면 봄이라는 것도 순간일 뿐인데 사람들이 호들갑을 떠는 것. 즉 세월은 그대로인데 우리가 가고 있는 것으로 일깨움을 준다.

그런데 지금 구열(具列)해 놓은 각 조(條) 아래를 보면 음양의 변화가 무궁한데 한쪽 모퉁이만을 들고 운운한 것이다.

또 안찰하면 ; 건제지설(建除之說)은 옛 글에서 보이는데, 《회남자》와 그 밖에 《육도(六韜)*》로부터 이르기를 "아문(牙門 ; 군영의 境內)을 열 때는 마땅히 배건향파(背建向破)로 한다." 하였다.

《월절서(越絶書)》에 이르기를, "황제지원(皇帝之元)은 집진파사(執辰破巳)라." 하였고, "백왕지기(伯王之氣)는 땅을 빌린 사람(見於地戶)이라." 하였다."

《왕망전(王莽*傳)》에 이르기를, "무진에서 바로 몰고 가 왕관을 정한다(戊辰直定御王冠)." 하였으니 곧 진천자위(眞天子位)를 말한다.

옛날에 스승께서 이르기를, "건제의 차서는(於建除之次) 그 날을 정하는 것이 마땅하다." 하였다. 이렇게 유래를 아는 것은 오래된 것이다. 대개 그 설은 제가들과 함께 기(起)하였는데, 전국시대(戰國時代)에 황제(皇帝)에 의탁하여 함께 유래한 것이다.

* 《육도(六韜)》 ; 주(周)나라의 태공망(太公望)이 지은 병법서. 문도(文韜)·무(武)도·용(龍)도·호(虎)도·표(豹)도·견(犬)도의 6권 60편.
* 왕망(王莽) ; 중국 전한(前漢) 말의 정치가이며 「신(新)」 왕조의 건국자. 갖가지 권모술수를 써서 최초로 선양혁명(禪讓革命)에 의하여 전한의 황제권력을 찬탈하였다. 하지만 이상적인 나라를 세우기 위해 개혁정책을 펼친 인물로 평가되기도 한다.

2. 건제동위이명(建除同位異名)

옛날에 건제가(建除家) 총신가(叢辰家)가 있었으나, 시사(時師)들은 그 통계(統系)가 크게 잘못 되었음을 알지 못하고, 총명(總名)은 다 선택이므로 천관(天官)이 통솔하는 것으로 인식하였다.

건제동위이명(建除同位異名)

12神	建	除	滿	平	定	執	破	危	成	收	開	閉
神煞	兵福小時土符	吉期兵寶	福德天巫天狗	陽月天罡陰月河魁死神	時陰符官死氣	枝德小耗	大耗		天醫天喜	陽月河魁陰月天罡	時陽生氣	血支

지금 안찰하여 보면 ; 건제(建除)의 뜻은 연(年)으로 시(時)를 통솔하고 시(時)는 월(月)을 통솔하며, 월(月)로는 일(日)을 통솔하니, 비록 근원이 오행(五行)에서 나왔다고 하나, 건(建)을 중요시한다. 만약 총신(叢辰)으로 운운하는 것은 마치 중신(衆辰)의 길흉(吉凶)은 각기 그 뜻에 따라 기(起)하는 것으로 말하였다. 가령 병복(兵福) 소시(小時)는 즉 건(建)이요, 길기(吉期) 병보(兵寶)는 즉 제(除)가 되는 유(類)라 한 것이 그것이다.

혹 건제가(建除家)는 다른 이름으로 뜻까지 다르게 나타내기도(異名見義) 하고, 혹 총신가(叢辰家)들은 방법은 다를지라도 뜻은 같다(殊途同歸) 하며 큰 차이로 다르게 말하므로 상고

할 수도 없게 되었다.

　이렇게 흐트러져 기강도 없어지고(但散而無紀) 어지럽게 혼잡되어 차례도 가릴 수 없으니(殽而無序), 이쪽에서는 길(吉)하다 하였는데 저쪽에서는 흉(凶)하다고 하며, 한 방위로는 마땅하지만 회전하여서는 꺼리는 것(方稱宜而旋稱忌)으로 하였으니 믿고 좇을 수가 없다.

　그러므로 지금 이들을 분류 별로 가려보니 다 건제(建除)로써 통솔하도록 된 것이다. 그것을 반드시 이명(異名)을 써야 할 경우를 뒤의 각론으로 나타냈고, 혹 이에서 길하다 하고 저에서는 흉하다 한 것은 해롭지 않으며, 일신에 두 뜻인(一辰兩義) 것도 뒤에 다 규명하였다.

3. 건(建 ; 兵福, 小時, 土符)

日辰	子	丑	寅	卯	辰	巳	午	未	申	酉	戌	亥
兵福小時土符	子	丑	寅	卯	辰	巳	午	未	申	酉	戌	亥

　《역례》에 이르기를, "병복자(兵福者)는 월건(月建)과 함께 동행한다." 하였다.

　《태백경(太白經)》에 이르기를, "오제(五帝)가 소재(所在)하는 방위이니, 출군(出軍)이 불가한데 향(向)하면 반드시 필패(必敗)한다. 춘동방(春東方) 하남방(夏南方) 추서방(秋西方) 동북방(冬北方)이 그곳이다.

　또 이르기를, 춘 불동행(春不東行)이니 시위벌생(是謂伐生*)

으로 백사불성(百事不成)이다.

하 불남행(夏不南行)이니 시위벌강(是謂伐强)으로 병졸에 재앙이 많기(兵卒多殃) 때문이다.

추 불서행(秋不西行)이니 시위벌숙(是謂伐熟)으로 병장이 되돌아올 수 없기(兵將不復) 때문이다.

동 불북행(冬不北行)이니 시위벌장(是謂伐藏)으로 사졸이 많이 상하기(士卒多傷) 때문이다. 그러므로 월건(月建)이 소재하는 방위는 왕상(旺相) 방(方)이므로 내가 나에게 유리한 방(方)을 쓸 수 있는 것이다." 하였다.

《회남자》에 이르기를, "소시(小時)는 월건이라." 하였다.

《신추경(神樞經)》에 이르기를, "소시자(小時者) 낭장지상(郞將之象)이니 그 날은 결혼(結婚), 인친(姻親), 개창고(開倉庫) 등에 꺼린다." 하였다.

《총요력(總要曆)》에 이르기를, "사시지기(四時之氣)는 두표(斗杓)를 따라가며 가리키는 바이므로 월건(月建)으로 세웠다. 비록 사시(四時)가 아닌 대시(大時)라도 역시 일월(一月)의 소시(小時)가 된다.

《선택종경》에 이르기를, "건(建)·파(破)·평(平)·수(收)는 속(俗)에서 모두 꺼린다 하나 오직 파일(破日)만은 최흉(最凶)하고, 건일(建日)은 길(吉)함이 많으므로 가용(可用)하고, 평일(平日)은 심히 길하며, 수일(收日)은 길함이 많으므로 사용하여도 무방하다." 하였다.

조진규 왈, "소시(小時)란 당시(當時)의 왕신(旺辰)이 됨을 말한다. 결혼 인친에 꺼린다(忌結婚姻親) 함은 양기(陽氣)만이 홀로 지니고 있는 왕기이기(因獨持旺氣) 때문이다. 창고를 개방함도 꺼린다는(忌開倉庫) 것은 왕기는 한번 발하면 거두어 들일 수 없기 때문이다.

소태구(邵泰衢) 왈, "건(建)이 토부(土符)가 됨은 중부(中府)와 같은 의미이다. 월건(月建)이란 당시의 월령을 말하기 때문에 중부(中府)에서 주재(主宰)한다는 것이다."

안찰하면 ; 역서(曆書)의 건일(建日)은 행사(行師 ; 전문 기술자)에 불리하다 하였는데, 병복(兵福)이 바로 월건(月建)이므로 행사(行師)에 이로운데 왜 그러한지는 설명이 없으므로 이것이 모순으로 지적받는 것이다.

대개 월건이 소재하는 곳은 나의 용처(用處)이니 나에게 이로운 병복(兵福)이 되는 것이다. 만약 월건방을 대적(對敵)하려 한다면 행사(行師)에 불리할 뿐만 아니라 오히려 베임(伐)을 당할 것이니, 저쪽에서 왕기(旺氣)를 갖고 있기 때문이다.

그러나 《예기(禮記)》 맹춘(孟春) 월령(月令)에 이르기를, "오랑캐가 기동하지 않았는데 내가 좇아 전쟁을 시작하는 것은 불가하다(兵戎不起 不可從我始)." 하였다.

그렇다면 건(建)이 비록 병복(兵福)이라 하지만, 모름지기 중요하게 볼 것은 이 건(建)이 어느 달의 건(建)인지 하는 것이다. 가령 맹춘(孟春)의 건(建)이라면 인월(寅月)이니 역시 행사(行師)에는 불리할 것이기 때문이다. 월건(月建)에 대한 자상한 뜻은 뒤의 염건(厭建)편에 다시 밝힌다. 이곳에서는 오로지 월건이 동위(同位)지만 이명(異名)인 것만을 밝힌 것이다.

또 안찰하면 ; 건일(建日)은 결인친(結姻親)에 꺼린다(忌)한 것은, 남자는 일이요(男爲日) 여자는 월(女爲月)로 하기 때문이다. 대개 건(建)이란 월령(月令)을 말하는데, 여장지상(女壯之象)이 되므로 꺼리게 된 것이다. 그런데 창고를 여는 것이 꺼린다는 것은 마치 갑일은 불개창(甲不開倉)이란 의미와 같은 것이고, 건(建)은 12신(辰) 가운데서 첫머리이니 역시 초하룻날 아침의 상(朔旦之象)과 같은 것이다. 악(惡)으로 하는 것은 그 월건이 처음으로 시작될 때부터 소비(所費)가 있는 것은 민속적으로 꺼리는 것과 같은 것이다. 지금도 원단(元旦)에 용재(用財)함을 꺼리는 것은 일 년 중에 소비만 많고 저축이 모자랄까봐 두려워하는 것이다.

*벌생(伐生) ; 사람의 생명을 빼앗음.

4. 제(除 ; 吉期, 兵寶)

日辰	子	丑	寅	卯	辰	巳	午	未	申	酉	戌	亥
吉期兵寶	丑	寅	卯	辰	巳	午	未	申	酉	戌	亥	子

《총요력》에 이르기를, "길기(吉期) 자(者)는 길경지신(吉慶之神)을 말한다. 소치(所値)일에는 출군(出軍), 행사(行師), 성채공사(城寨工事), 흥조벌(興弔伐), 회친인(會親姻) 등에 길하다." 하였다.

《역례》에 이르기를, "언제나 월건 전(月建前) 일신(一辰)이다." 하였다.

조진규(曹震圭) 왈, "길기(吉期)는 월건(月建)의 복심(腹心)과 동계(同契)하는 시신(侍臣)이다. 항상 월건(月建) 전(前) 일위(一位) 신(辰)이다. 길사(吉事)를 결속시켜 가능케 하므로 붙여진 이름이다."

《역례》에 이르기를, "병보(兵寶)자는 월건(月建) 전(前) 일신(一辰)이라." 하였다.

안찰(按察)하면 ; 병보지의(兵寶之義)는 병복(兵福)과 같은 것이다. 설명은 앞의 것을 참고한다. 가령 인(寅)이 병복(兵福)이라면 곧 묘(卯)가 병보(兵寶)이니 모두 사시(四時)의 당왕지기(當旺之氣)이다.

5. 만(滿 ; 福德, 天巫, 天狗)

日辰	子	丑	寅	卯	辰	巳	午	未	申	酉	戌	亥
福德 天巫 天狗	寅	卯	辰	巳	午	未	申	酉	戌	亥	子	丑

《총요력》에 이르기를, "복덕자(福德者)는 월중(月中)의 복덕신(福德神)을 말한다. 이 날은 사신지(祀神祇), 구복원(求福願), 수궁실(修宮室), 헌봉장(獻封章)에 마땅한 날이다."

《역례》에 이르기를, "복덕(福德)은 항상 월건전(月建前) 2신(辰)이 된다." 하였다.

조진규(曹震圭) 왈, "월건 전 2신(辰)에 있는 것은 월(月)이 소생시킨 자손이므로 상기(相氣)이므로 앞에 있어야 인용하기가 쉬워 나에게 복을 만들어 주고 덕을 이루어 주는 신(神)이 될 수 있기 때문이다. 그러므로 역괘(易卦)에서 자손효(子孫爻)를 복덕신이라 한 것과 같은 의미이다.

대저 자손은 능히 관귀(官鬼)를 제극(制剋)하므로 나에게 해를 주지 못하게 한다. 그러므로 복덕이라 한 것이다. 가령 정월(正月) 인(寅)은 삼합으로 화신(火神)이므로 토(土)가 자손이고 수(水)가 관귀(官鬼)이다. 이때의 토(土)는 수(水)를 제압하여 부모(父母)인 화(火)를 보호한다.

2월의 묘(卯)는 목생화(木生火)하니 사화(巳火)가 자손이므로 능히 금귀(金鬼)를 제극한다.

3월의 진토(辰土)에는 쇠목(衰木)이 들어 있으므로 능히 오화(午火)를 생(生)하여 자손으로서 금귀(金鬼)를 제극(制剋)한다. 나머지도 이와 같다."

《고원(考原)》에 이르기를, "12지지(地支)에는 각각 이전(以前)의 두 월건 신(二月建辰)을 소장하고 있으므로 이에서 소생하여 나온 계월(季月)도 역시 이에 합하지 아니함이 없다(所生者亦無不合).

그렇다면 생기(生氣)도 앞의 두 월건 신(月建辰)에 있다고 할 수 있으므로 역시 이와 같은 뜻으로 취의(取義)하는 것이 마땅하다." 하였다.

《총요력》에 이르기를, "천무(天巫)라 함은 월중(月中)의 선신(善神)이다. 이에 놓인 날은 합약(合藥), 청의(請醫), 사귀신(祀鬼神), 구복원(求福願)에 마땅하다."

《역례》에 이르기를, "항상 월건전(月建前) 이신(二辰)이다." 하였다.

조진규(曹震圭) 왈, "천무는 월중의 선신이다. 능히 귀살(鬼煞)을 극제(克除)한다. 그 뜻은 복덕(福德)과 동일하다."

《추요력(樞要曆)》에 이르기를, "천구(天狗 ; 天狗星)라 함은 월중의 흉신(凶神)이다. 이 날에는 도사귀신(禱祀鬼神), 기구복원(祈求福願)에 꺼린다." 하였다.

《역례》에 이르기를, "천구(天狗)란 항상 월건 전 이신(二辰)에 거(居)한다." 하였다.

조진규(曹震圭) 왈, "천구(天狗)란 월중(月中)의 어위지견(禦衛之犬)이라 하였다. 그러므로 사사지신(私邪之神)들이 감히 침범하는 일이 없도록 거제(祛除)하여 준다. 그러므로 월건 전으로 이신(二辰)에 거(居)하면서도 늘 문수(門首)에서 지킨다. 자(子) 월건(月建)이라면 인(寅)이 천구(天狗)인데 인(寅)은 간(艮)의 양신(陽辰)이다.

《역(易)》에 이르기를, '간위견(艮爲犬).'이라 함이 이것이다. 기복원(祈福願) 사귀신(祠鬼神)은 다 정도(正道)이다. 그러므로 병기(並忌)라 하였으나 이로움이 더 많다."

안찰(按察)하건대 ; 만(滿)은 복덕(福德)이다. 《총요력(總要曆)》에 이르기를, "이 날은 제신기(祭神祇), 기복원(祈福願)에 마땅하다." 하였고, 또 이르되, "천무(天巫)이며 또 이르되, 사귀신(祀鬼神), 구복원(求福願)에 마땅하다." 하였다.

대개 천무(天巫)라 이르는 말은, "무(巫)는 능히 유명(幽明)에 통한다는 뜻이다. 이 날은 길하고 신량(以見日吉辰良)하므로 그 성의(誠意)로 귀신(鬼神)의 경지에 도달하여 볼 수 있다

한다. 그러므로 천무(天巫)라 비유한 것이라." 하였다. 그러나 어찌 이 날만 참되어(眞實) 신(神)이 있는 날이라고 할 것이며, 천무(天巫)자(者)라고 아래 인간 세상에 여행(旅行)할 수 있다 하겠는가?

그 뜻을 상고(詳考)하면, 대개 천구(天狗)자(者)는 술일(戌日)에 만자(滿字)와 함께 만나는 것을 이른다. 천관가(天官家)가 이르기를, "태백의 여기(餘氣)가 흩어지면 천구가 된다(太白餘氣散爲天狗)." 하였다.

만(滿)이 이미 술(戌)과 만났다면(滿旣是戌) 건(建)은 반드시 신(申)에서부터 헤아려 나간 것이다. 만은 가득 찬 것(滿之爲滿也)을 의미하고 3은 수(數)의 극수(極數)이다. 그러므로 하늘의 형신(刑神)이 당령(當令)하였을 때이니, 이때는 만(滿) 또한 왕성(旺盛)함이 극(極)에 달한 것이다. 그렇다면 여타의 만일(滿日)과 같은 예(例)로 논하는 것이 불가하다는 것이 명백하다.

그러므로 또 달리 천구(天狗)라는 이름만으로는 도사(禱祀 ; 신령이나 부처에게 기도하여 제사를 지냄)에 마땅치 못할 경우가 있을 것이며, 뭇 만일(滿日)이라고 다 천구(天狗)가 될 수는 없을 것이다.

대저 만일(滿日)은 이리하여 복덕(福德)이 되었을 때는 제사(祭祀)에도 마땅하다 한 것이다. 월건(月建)은 본일(本日)로서 생기(生氣)이니, 귀신(鬼神)이 복을 내려주는(降福) 상(象)이 된 것이다.

만약 만(滿)이 술일(戌日)에 함께 있는 것은 신(申)에서 유

(酉)까지는 금행(金行)에 속하니 신(神)이 될 수 있거니와, 이에서도 욕수(蓐收) 사형지신(司刑之神)은 복을 내리는 신(降福之神)이 아니므로 당연히 꺼리게 되는 것이다.

이어서 조진규가 말하는, "천구(天狗)가 거제(祛除) 사사지신(私邪之神)이라." 한 것에 대하여는, 본시 천구(天狗)란 요성(妖星)으로 혜패(彗孛 ; 혜성, 살별)의 종류이므로 아름다운 호칭(嘉稱)을 받지 못했던 별인데, 길성(吉星)으로 분류한 것은 잘못된 것이다.

또 "건전(建前) 이신(二辰)을 문수(門首)에서 막아 호위하는 상(禦於門首之象)이라." 하였는데, 개(犬)는 가택(家宅)을 지키는 짐승이므로 꼭 문수(門首)에 있어야 하는 것은 아니다. 또 인(寅)을 간(艮)으로 하고 간위견(艮爲犬)이라 하고 건(建)을 자손으로 한 것은 만인(滿寅)이 개의 상(犬之象)이 있다는 것이다. 또 건축(建丑) 만인(滿寅)이 무슨 설(說)인지 알 수 없는 것이다.

또 기복원(祈福願) 사귀신(祀鬼神)을 다 정도(正道)이므로 고병기지(故並忌之)라 한 것이다. 그렇다면 사도(邪道)일 때는 꺼릴 것이 없다는 것이 아닌가?

음양지도(陰陽之道)를 논함이 없으면 도모할 수 없으며, 또 앞에서 이미 천구를 거제(祛除) 사사지신(私邪之神)으로 해놓고 이에서는 기용정도(忌用正道)라 한다면 조명지위정(條命之爲正)이라 하고 조명지위사(條命之爲邪)라 함이니 어찌 이다지도 지견(持見)이 없단 말인가? 또 천구는 신건(申建)에서 온 술(戌)이므로 단지 일위(一位)뿐이다. 그림을 들지 않았다.

6. 평(平 ; 陽月天罡, 陰月河魁, 死神)

平	子	丑	寅	卯	辰	巳	午	未	申	酉	戌	亥
天罡, 河魁	卯	辰	巳	午	未	申	酉	戌	亥	子	丑	寅

상도무(桑道茂)* 왈, "천강(天罡) 하괴(河魁)라는 것은 월내(月內) 흉신(凶神)이다. 이 날은 백사(百事)에서 다 피(避)함이 마땅하다.

*상도무(桑道茂) ; 당(唐)나라 때의 술사.

《역례》에 이르기를, "양월건(陽月建) 달은 전(前) 삼신(三辰)일이 천강(天罡)이고, 음월건(陰月建) 달은 양과 반대로 후 삼신(三辰)일이 하괴(河魁)이다.

조진규 왈, "괴강(魁罡)자(者)는 바로 월건(月建)의 사살지신(四煞之辰)이니 평수일(平收日)이다.

《동원경(洞源經)》에 이르기를, "7위(位)를 대하면 충(衝)이요 격(隔) 3위(位)는 파(破)이니, 선택가들은 이른바 진파축(辰破丑)하고 축충미(丑衝未)하며, 해파인(亥破寅)하고 인충신(寅衝申)하며, 오파묘(午破卯)하고 묘충유(卯衝酉)하며, 유파자(酉破子)하고 자충오(子衝午)하며, 신파사(申破巳)하고 사충해(巳衝亥)하며, 술파미(戌破未)하고 미충축(未衝丑)한다 함이 이것이다." 하였다.

《신추경(神樞經)》에 이르기를, "사신(死神)이란 월중(月中)의 흉신(凶神)이다. 이 날은 청의(請醫), 복약(服藥,) 출사

(出師), 정토(征討), 종종수목(種種樹木), 진인(進人), 납축(納畜)에 꺼린다." 하였다.

이정조(李鼎祚) 왈, "항상 월건전(月建前) 삼신(三辰)이라 하였다."

조진규 왈, "사신(死神)이란 월건(月建)이 왕(旺)한 것이니, 신전(辰前)으로 사위(死位)를 만나는 곳이다. 대저 사기(死氣)의 앞에는 반드시 사신(死神)이 있는데, 그 뜻은 앞에서 이미 말한 바이다."

안찰(按察)하건대 ; 천강(天罡)자(者) 진(辰)이요 하괴(河魁)자(者) 술(戌)이다. 평(平) 수(收) 2일은 12지(支)를 윤전(輪轉)하는데, 어찌하여 진(辰)과 술(戌)을 가지고 천강(天罡)이다 하괴(河魁)다 하는가?

《동원경(洞源經)》에 이르기를, "12지지는 7(爲)위를 대하여서는 충(衝)이 되고, 3위(爲)의 간격을 두고 파(破)라 한다." 하였다. 해설자 왈 ; 진파축(辰破丑)하고 축충미(丑衝未)하며, 해파인(亥破寅)하고 인충신(寅衝申)함은 진(辰)이 축(丑) 위에 이르면 파(破)가 되고 그 자리에 거하는 축(丑)은 또 그와 대궁(對宮)이 되는 미(未)와 충(衝)한다는 것이다. 그러나 진(辰)이 어찌하여 축(丑)과 파(破)가 되는지 그 의의(意義)는 미상이다.

지금 살펴보니 진술(辰戌)의 자리를 괴강(魁罡)이라 하는데, 그 두 곳은 기(氣)의 추유(樞紐)가 되는 곳이다. 양(陽)은 진(辰)을 좇아서 왼쪽으로 돌아 술(戌)에 이르러서 박멸지상(剝蔑之象 ; 輕蔑함)을 이루고, 음(陰)은 술(戌)로부터 우행(右行)하여 진(辰)에 이르러서 쾌결지상(夬決之象 ; 결단함)을 이루니

음양(陰陽)이 소식(消息 ; 필요한 것을 주고받음)하는 대회처(大會處)가 된다. 그러므로 태세(太歲)도 진(辰)에서부터 시작하여 사(巳)에 이르는 것으로 진(辰)을 양선(陽善)이 통(通)하는 곳으로 하고, 염(厭)은 술(戌)에서 시작하여 해(亥)에 이르므로 술(戌)은 음흉하고 간특함을 작(陰慝之作)하는 곳이라 하였다. 그렇다고 둘(二者)은 반드시 비(比)나 화(和)로 응해야 할 필요가 없으며, 또한 진술(辰戌)이 충격(衝擊)하는 것만으로 외기(畏忌)하는 것이다.

지금의 건제가(建除家)들이 평수(平收)로서 괴강(魁罡)이라 한 것은 바로 괴강(魁罡)에다 비의(比擬 ; 비유하다)하여 두렵고 꺼린다는 뜻(畏忌之意)으로 보는 것이 마땅하므로 그러한 것인데, 그렇다고 이 괴강(魁罡)의 설명으로 바르게 된 것은 아니다. 이 말로 연유한다면 《동원경》에 이르는, "격삼위파(所謂隔三爲破)라." 한 것이 파가 즉 강(破卽是罡)이라 한 것이다. 강(罡)은 파군(破軍)인데, 본시 이 괴강(魁罡)에서 뜻(義)을 빌어 파(破)에 이른 것을 후세 사람이 해석하면서 진파축(辰破丑) 해파인(亥破寅)으로 만들어냈으니, 본지(本旨)를 잃은 것이다. 해(亥)와 인(寅)은 합(合)인데 어찌 파의(破義)가 있다고 하겠는가?

무릇 삼수(三數)를 극수(極數)라 함은 건전삼(建前三)인데, 건후(建後)로도 삼(三)이라고 한다면 전후(前後)의 수(數)가 다 극(極)이므로 이 두 자리를 반드시 서로 충격(衝擊)하게 되는 것이다. 가령 건(建)이 자(子)에 있다면 전(前)3은 평(平)이니 묘(卯)이고, 후(後)3은 수(收)이니 유(酉)가 된다. 이들은 묘유(卯酉)충(衝)인 것이다. 또 건(建)이 축(丑)이라면 전3은 평(平)이니 진(辰)이고 후3은 수(收)이니 술(戌)이다. 이는 진술(辰戌)충(衝)이다.

12신(辰)을 추심하여 보면 모두 그렇지 아니한 것이 없다. 이는 용전지상(龍戰之象)에 있으므로 역시 괴강(魁罡)이란 이름이 붙여진 것이니 마땅하다.

그 음월(陰月) 양월(陽月)은 양상역위(兩相易位)자(者)들이니 이로써 보면 그것은 참 괴강(眞魁罡)이 될 수 없다. 만약 괴강(魁罡)이 된다면 정위(定位)가 있어야 하기 때문이다. 대개 일세(一歲)로 논하면, 양(陽)은 동지(冬至)로부터 생(生)하니 인(寅)에서 3이 되고 진(辰)에서 5가 된다. 음(陰)은 하지(夏至)로부터 생(生)하니 신(申)이 3위이고 술(戌)이 5위이다. 3은 춘추의 머리(春秋之首)이니, 음양(陰陽)이 각반(各半)이고 5는 세염지수(歲厭之首)이니 음양(陰陽)의 「유(紐)」이다. 그러므로 왈, 괴강(魁罡)의 취의(取義)가 북두(北斗) 제일성(第一星)에서부터 제칠성(第七星)까지를 운두(運斗)하므로 「추(樞)」가 되는 것이다.

《국어(國語)》에 이르기를 ; 왕자(王者)는 반드시 삼오(三五)와 합(合)하는 것이니, 일건(一建)으로 논하면 「양(陽)」은 개(開)에서 생(生)하고 건(建)에서 반(半)이 되며, 평(平)에서 종(終)한다. 그러므로 평(平)이 사신(死神)이고 개(開)가 생기(生氣)가 되는 것을 시양(時陽)이라 한다. 건(建)에서 반(半)이라 함은 양(陽)이 장생하여 3에 이르러야(至三) 비로소 건(建)이라 할 수 있기 때문이니, 인(寅)과 세수(歲首)가 동일하다.

「음(陰)」은 정(定)에서 생(生)하고 파(破)에서 반(半)이 되며, 수(收)에서 종(終)한다. 그러므로 정(定)을 시음(時陰)이라 하니 사기(死氣)가 되기 때문이다.

한 월건(一建) 속에는 역시 12월의 상(象)이 있다. 그러므로 역시 왈 괴강(魁罡)이라 함도 그러하다. 여러 세신(歲神)의 괴강(魁罡)을 취하여 뜻을 나타낸다. 평(平)을 사신(死神)이라 하는 것은 평(平)이 정(定)보다 앞에 있으므로 정(定)이 사기(死氣)가 되었더라도 그 신(神)은 이미 평(平)에서 내려진 것이다.

기(氣)는 맹아(萌芽)보다 앞에 있고, 신(神)은 또 기(氣)보다 앞에 있는 것이다. 이로 말미암아 본다면 개(開)가 생기(生氣)면 수(收)는 반드시 생신(生神)인데, 이 경력(經歷)을 말하지 않은 것은 혹 궐문(闕文)일 수도 있고, 혹은 그것이 미약하기 때문에 길(吉)로서 부족한 것이어서 말하지 않았으리라 생각된다. 그러나 《신살기례(神煞起例)》에 이르기를, 수(收)를 월명자리(月命座)로 하였는데, 역시 생신(生神)의 의미가 있기 때문인 것이다.

7. 정(定 ; 時陰, 官符, 死氣)

定	子	丑	寅	卯	辰	巳	午	未	申	酉	戌	亥
時陰 官符 死氣	辰	巳	午	未	申	酉	戌	亥	子	丑	寅	卯

《총요력》에 이르기를, "시음(時陰)이란 월중(月中)의 음

신(陰神)이다. 이 날은 운모(運謀), 산화(算畫), 계책(計策), 목자손(睦子孫), 회친우(會親友)에 마땅하다." 하였다.

《역례》에 이르기를, "항상 월건(月建) 전(前) 4신(辰)에 거한다." 하였다.

조진규(曹震圭) 왈, "시음(時陰)자(者)는 월내(月內) 음기지신(陰氣之神)이니 모부지상(母婦之象)이다. 그러므로 음신(陰神)이 주사(主事)하여 기밀을 헤아리기가 어렵다(機密不測) 하였다. 이 날에는 운모(運謀), 산화(算畫), 계책(計策), 회친우(會親友), 목자손(睦子孫)에 마땅한 날이다."

《기례(起例)》에 이르기를, 항상 월건(月建)으로 공조(功曹)를 가하는 것인데, 자(子)상에 붙여지는 신(辰)은 시양(時陽)이라 하고, 오(午)상에 소속된 신(辰)은 시음(時陰)이라 한다. 이는 자(子)에서 일양(一陽)이 초생(初生)하므로 시양(時陽)을 취하였고, 오(午)에서 일음(一陰)이 초생하므로 시음(時陰)을 취한 것이다.

인(寅)자는 간방(艮方)에서 성종(成終) 성시(成始)하는 곳이니 삼양(三陽)이 교태(交泰)하는 곳이므로 가(加)한 것이다.

태을(太乙)가(家)는 항상 계신(計神)을 화덕(和德)에 가하는 것이 그 첫째의 뜻이다.

《종요력》에 이르기를, "관부(官符)가 되는 날은 배관(拜官), 시사(視事), 상표장(上表章), 진사송(陳詞訟)에 꺼린다." 하였다.

《역례》에 이르기를, "관부(官符)는 정월(正月)에 오(午)를 기(起)하여 12월을 순행(順行)한다." 하였다.

조진규 왈, "관부(官符)자는 세월중장(歲月中掌)의 부신지관(符信之官)인데 문직(文職)이다. 항상 삼합(三合) 전신(前辰)이 그것이다. 대저 세신(歲辰)으로 월건(月建)의 삼합(三合) 전신(前辰)이 문관(文官)이고 후신(後辰)이 무직(武職)이 되는데, 이는 좌문우무(左文右武)의 원리이다. 가령 정월건(正月建)이 인(寅)이면 오(午)상에 붙여진 것이 문 관부(文官符)가 되고, 술(戌)상에 붙여진 것이 무직(武職) 백호(白虎)이다. 제2권을 함께 보라."

《신추경(神樞經)》에 이르기를, "사기(死氣)란 무기지신(無氣之神)이다. 그 날에는 전투(戰鬪), 정벌(征伐), 요병(療病) 구의(求醫), 산실안치(産室安置), 경영재식(經營栽植)에 꺼린다." 하였다.

이정조(李鼎祚) 왈, "사기(死氣)란 항상 월건(月建) 전(前) 4신(辰)이다."

조진규(曹震圭) 왈, "사기(死氣)란 월건(月建)으로 임관(臨官) 전(前) 임사위(臨死位)이다. 가령 2월건은 묘(卯)이니 임관(臨官)이고, 제왕(帝旺)은 진(辰)이고, 쇠(衰)는 사(巳)이며, 병(病)은 오(午)이고, 사(死)는 미(未)이다. 혹 이르기를, 생기의 충신(衝辰)이기도 하다. 이에서는 그 생(生)을 좋아하는데, 저쪽에서는 사(死)를 좋아하니 내가 왕(旺)이면 저쪽은 사(死)이다. 그러므로 항상 생기와 상대 자리이다."

안찰하면 ; 시음(時陰) 사기지의(死氣之義)는 함께 전조(前條)를 보면 된다. 조진규가 말하는 월건에 공조(功曹)를 가(加)한다는 설은 역시 심히 이치가 있는 것이다. 관부지의(官符之

義)는 이미 태세 관부조에서 공부한 것이다. 사리삼원(四利三元), 성위백호(成爲白虎), 정위관부(定爲官符) 모두 함께 세신(歲神)에서 취의(取義)하였다. 관부(官符)는 문직(文職)이고, 백호(白虎)는 무직(武職)이라 한 것은 요즈음 역가(曆家)들은 백호는 사용하지 않으면서 오직 관부(官符)만은 사용하니 의례(義例)에 맞지 않는 것이다.

대개 사리(四利) 삼원(三元)은 태세(太歲)를 따라서 기례(起例)하는 것이며, 관부(官符)와 백호도 다 세신(歲神)의 방위이므로 그것을 태세에 적조(弔照)하면 피하라고 하였다. 만약 그것이 날(日)에 있으면 정(定) 성(成)이니 월건과 삼합이 되는데 어찌 흉하다 하리오?

역가(曆家)들이 연방(年方)을 일진에 배속한 것이 오류일 뿐이다. 그것이 임한 날이 흉하다 한 것도 역시 이와 같으므로 잘못된 것이다. 지금은 백호를 사용하는 사람이 없으며 응(應)도 역시 관부(官符)를 사용하지 않는다.

8 집(執 ; 枝德, 小耗)

執	子	丑	寅	卯	辰	巳	午	未	申	酉	戌	亥
枝德小耗	巳	午	未	申	酉	戌	亥	子	丑	寅	卯	辰

《경(經)》에 이르기를, "지덕(枝德)이란 지지에서 덕을 대동(帶德)한 것이다. 이 날은 수조(修造) 축원(築垣)에 마땅하다." 하였다.

《역례》에 이르기를, "지덕(枝德)이란 정월(正月)은 미(未)에서부터 12월을 순행하며 붙여진다." 하였다.

《추요력(樞要曆)》에 이르기를, "역시 월내(月內)의 모신(耗神)이기도 하다. 그 날은 경영(經營), 종시(種蒔), 납재(納財), 교역(交易), 개시(開市)에 꺼린다." 하였다.

《역례》에 이르기를, "소모자는 항상 월건(月建) 전(前) 5신(辰)이라." 하였다.

조진규 왈, "소모(小耗)자는 작은 손실이 있다는 것이니 바로 월건(月建)의 기운이 끊어지는 곳(月建氣絶之神)으로 대모(大耗)를 따르는 흉신이다."

안찰하면 ; 지덕(枝德)은 바로 세신(歲神)의 길방(吉方)이다. 세지덕(歲枝德) 조(條) 아래에서 상세히 볼 수 있다.

대개 양년(陽年)은 세간(歲幹)이 곧 덕(德)이고, 음년(陰年)은 세간이 곧 세덕합(歲德合)이다.

태세로부터 순수(順數)하여 전(前) 5신(辰)까지 이르면 그 간(幹)은 반드시 세간(歲幹)과 합(合)이 된다. 이를 양년에서는 세덕(歲德)합(合)이라 하고 음년(陰年)에서는 세덕(歲德)이라 한다. 이는 방으로는 지(方爲枝而)이나 간으로는 덕(幹爲德)이다. 그러므로 지지대덕(地枝帶德)이라 하였다.

만약 그것이 월(月)에 있으면 하나(一)이니 병인월(丙寅月)이 되고, 미일(未日)까지로 치면 5일이 되는데, 그것이 신미일(辛未日)이라면 월건과 합(合)이 된다.

【原文】乙丁己癸四未日, 初與丙寅無涉也, 何以概謂之枝德耶? 卽以辛未日而論.

을(乙)·정(丁)·기(己)·계(癸) 4미일(未日)은 처음부터 병인(丙寅)과는 간섭(干涉)됨이 없는데, 어찌하여 개괄적으로 지덕(枝德)이라 하였겠는가? 이는 곧 신미일(辛未日)을 기준으로 논하였기 때문이다.

【原文】辛爲月幹五合, 六辛皆然, 與枝無取, 非若歲枝前五辰之獨與歲幹合也. *與 ; 그런가? 참여하다, 어울리다.

신일(辛日)은 월간(月幹)으로 오위(五位)와 합(五合)이 된다. 육(六) 신일(辛日)은 다 그러하다. 이것을 지지(地枝)에서 취하지 아니하면 세지(歲枝) 전(前) 5신(辰)과 홀로는 세간(歲幹)과 합하지 못한다.

【原文】且月幹非月德, 卽與之合, 亦第幹合云爾, 非若歲幹合之必爲德也.

또 월간(月幹)은 월덕(月德)이 되지 않더라도 나머지의 합은 차례대로 간합(幹合)이 된다. 만약 이에서 간합이 되지 않으면 반드시 덕이 된다.

【原文】是則枝德之名曰枝曰德, 皆無取義, 可見古人原由歲枝起例, 後世誤用之於月, 而於歲反遺之也.

이에서는 지덕(枝德)의 명(名)을 왈지(曰枝) 왈덕(曰德)이라 하였으나 다 취의할 것이 없다. 옛사람들은 원래 세지(歲枝)로부터 기(起)한 사례가 있는데, 후세로 오면서 월지(月支)로 잘못 사용하기 때문에 세(歲)에서는 도리어 잃게 된 것이다.

【原文】今添入歲神, 月枝德應刪去, 月小耗義詳歲小耗條下, 舊歲破爲歲小耗, 則舊月破爲月小耗, 又爲本月閉日之衝, 應閉而衝之, 是小耗也.

지금은 이것을 세신(歲神)에 첨가하여 월지(月枝) 덕응(德應)으로 산거(刪去 ; 깎아버림)하였다. 월소모(月小耗)의 뜻은 세소모조(歲小耗條) 아래 자상히 있는데, 구(舊) 세파(歲破)가 세(歲) 소모(小耗)가 된다. 그렇다면 구(舊) 월파(月破)도 월(月) 소모(小耗)가 되는 것이다. 또 본월의 폐일(閉日)이 충(衝)하는 것은 폐에 응(閉應)하면서 충하는 것이니 이것이 소모(小耗)이다.

9. 파(破 ; 大耗)

破	子	丑	寅	卯	辰	巳	午	未	申	酉	戌	亥
大耗	午	未	申	酉	戌	亥	子	丑	寅	卯	辰	巳

《고원(考原)》에 이르기를, "월파(月破)는 월건(月建)과 충(衝)하는 날이다. 세파(歲破)와 뜻은 같다." 하였다.

《총요력》에 이르기를, "대모(大耗)는 월중(月中)의 허모지신(虛耗之神)이다. 이 날에는 영고장(營庫藏), 출재물(出財物), 원경구(遠經求), 취채부(取債負) 등에 꺼린다." 하였다.

《역례》에 이르기를, "대모(大耗)는 정월(正月)은 신(申)에서 일으켜 12신(辰)을 순행한다." 하였다.

조진규 왈, "대모(大耗)는 월건(月建)을 격충파(擊衝破)하여 신산(辰散)시키는 날이다. 월파(月破)와 같은 것이다."

10. 위(危)

月別	子	丑	寅	卯	辰	巳	午	未	申	酉	戌	亥
危	未	申	酉	戌	亥	子	丑	寅	卯	辰	巳	午

안찰하면 ;《선택종경》에 이르기를, "위(危)는 극부성(極富星)이고 곡장성(谷將星)이며, 사리(四利)의 용덕(龍德)이니 길신(吉神)이다." 하였다. 그것을 보면 극부(極富)와 곡장(谷將)은 그에 의미가 없는 것이다.

《신살기례》에, 또 이름이 지로(地轤)라 하였는데, 지금의 역가들은 사용하지 않는다. 용덕(龍德)은 사리삼원(四利三元) 조(條) 아래에 상세히 설명되어 있다.

11. 성(成 ; 天醫, 天喜)

月別	子	丑	寅	卯	辰	巳	午	未	申	酉	戌	亥
成	未	申	酉	戌	亥	子	丑	寅	卯	辰	巳	午

《총요력》에 이르기를, "천의(天醫)는 하늘의 무의(天之巫醫)라 하였다. 이 날에는 청약(請藥), 피병(避病), 심무(尋巫), 도사(禱祀)에 마땅한 날이다." 하였다.

《역례》에 이르기를, "천의(天醫)는 정월(正月)에 술(戌)을 일으켜 12신(辰)을 순행한다." 하였다.

조진규 왈, "천의(天醫)는 삼합(三合) 후신(後辰)이니 만물은 죽더라도 능히 다시 생(生)하며, 손(損)인 것 같으나 다시 이익이 있는 것과 같다. 가령 정월건(正月建)은 인(寅)인데 삼합(三合)으로는 인오술(寅午戌)이 되므로 술(戌)이 인(寅)의 후신(後辰)이다. 다른 것도 이와 같다."

《선택종경》에 이르기를, "천희(天喜)는 정월 술(戌), 2월 해(亥), 3월 자(子), 4월 축(丑)으로 12월을 순서대로 윤회하니, 바로 일지와 월건이 삼합이 된다. 그러므로 천희(天喜)가 된다." 하였다.

《통서(通書)》에 이르기를, "춘술(春戌), 하축(夏丑), 추진(秋辰), 동미(冬未)인데, 지금 사람들은 그 원리와 이치를 알지 못한다. 일찍이 괘서(卦書) 중에서 그 요령을 득하였으므로 일진을 취하여 월건과 상합되는 것으로 천희(天喜)라 하고 성일(成日)과 같은 날이라고 알고 있다." 하였다.

안찰하면 ; 월건 후 2신(辰)은 생기이다. 또 그 후 2신은 생기(生氣)의 생기(生氣)이다. 그러므로 천의(天醫)가 되었다. 또 성일(成日)이기도 한 것은 만물은 그 생성(生成)함을 기뻐하지 아니함이 없다. 그러므로 천희(天喜)가 된 것이다.

역서(曆書)에 봄(春)은 술(戌), 여름(夏)은 축(丑), 가을(秋)은 진(辰), 겨울(冬)은 미(未)로 천희(天喜)를 삼았다. 이에 조진규는 말하기를, "어미가 자식을 기쁨으로 하는(母喜見子) 것은 성취지의(成就之義)에 있는 것이라." 하였다.

춘령(春令)은 목(木)이니 목생화(木生火) 화생토(火生土)하므로 화(火)의 묘(墓)가 술(戌)이니 도(道)를 성취한 것이다. 그러므로 봄에는 술(戌)로 천희(天喜)를 삼은 것이라 하였다.

하령(夏令)은 화토(火土)에 속하니, 화토(火土)는 생금(生金)하고 금(金)의 묘(墓)는 축(丑)이다. 이는 금(金)으로 도(道)를 이룬 것이다. 그러므로 여름은 축이 천희(天喜)이다.

추령(秋令)은 진(辰)이고 동령(冬令)은 미인데 이들도 위와 같이 유추(類推)할 수 있다.

지금《통서(通書)*》와《종경(宗鏡)》에 모두 성일(成日)을 천희(天喜)로 하였다. 오직 인신사해(寅申巳亥) 사맹(四孟)월(月)은 술축진미(戌丑辰未)와 상합(相合)하기 때문이라 한다. 이에는 예로부터 양설이 있는데, 뒤의 것은 이(理)가 부족하다. 그러나 성일지리(成日之理)는 이치가 명료하다. 또《통서》총론에 이미 성일(成日)로 입성(立成)하여 놓았고, 또 술축진미(戌丑辰未)일로는 자상모순(自相矛盾)이므로 마땅치 못하다고 입증하였으므로 혼돈하지 말도록 참고로 말해둔다.

  *《통서(通書)》; 중국 북송 중기 송학(宋學)의 개조 주돈이(周敦頤)의 저로, 1권 40편. 본래《역통(易通)》이라 칭하여《태극도설(太極圖說)》과 표리(表裏)관계이나 도설이 우주론(宇宙論)을 설명한 데 반해 이 책은 오로지 윤리설(倫理說)을 가리키고 있다.

12. 수(收 ; 陽月河魁, 陰月天罡)

月別	子	丑	寅	卯	辰	巳	午	未	申	酉	戌	亥
河魁天罡	酉	戌	亥	子	丑	寅	卯	辰	巳	午	未	申

안찰하면 ; 양월은 괴(魁), 음월은 강(罡)의 뜻은 이미 평일

(平日) 조(條)에서 설명하였다.

13. 개(開 ; 時陽, 生氣)

月別	子	丑	寅	卯	辰	巳	午	未	申	酉	戌	亥
時陽生氣	戌	亥	子	丑	寅	卯	辰	巳	午	未	申	酉

《총요력》에 이르기를, "시양(時陽)은 월중의 양신(陽神)이다. 이 날은 서혼인(敍婚姻), 행연악(行宴樂)에 마땅하다." 하였다.

《역례》에 이르기를, "항상 월건 후 2신(辰)에 거한다." 하였다.

조진규 왈, "시양(時陽)은 월내(月內)의 양기(陽氣)를 관장하는 신(神)으로, 부부(父夫)의 상(父夫之象)이다. 그러므로 양기(陽氣)의 위의(威儀)와 정직(正直)을 주사(主事)한다. 이 날은 서혼인(敍婚姻) 행연악(行宴樂)에 마땅하다."

《오행론》에 이르기를, "생기(生氣)는 극복지신(極福之神)이라 하였다. 그에 수축성루(修築城壘), 개도구거(開道溝渠), 기토수영(起土修營), 양육군축(養育群畜), 종시(種蒔 ; 씨뿌리고 모내기)에 마땅하나, 출군전진(出軍戰陣)에는 마땅히 배척한다." 하였다.

《역례》에 이르기를, "생기(生氣)는 항상 월건(月建)의 후(後) 2신(辰)에 거한다." 하였다.

조진규 왈, "생기(生氣)는 만물을 소생시키는 신(辰)이라 하였다. 생육만물(生育萬物)이란 토(土)임을 말한다. 토(土)가 거하는 곳은 사계(四季)이다. 사계(四季)는 곧 사시오행이 쇠약해지는 곳에 있는 성신(乃四時五行 所衰之辰也)을 말한다. 자연스럽게 쇠약해진 연후에 저(彼)를 생할 수 있어 사시 전(前)의 계신(季辰)이므로 생물(生物)의 위치가 된다고 하였다.

가령 겨울의 수(冬水)는 춘목(春木)을 생(生)하는데, 「수(水)」가 축(丑)에서 쇠지(衰地)가 되지만, 목(木)의 생지(生地)는 해(亥)이므로 축(丑)보다 이전이기 때문인 것이다. 「목(木)」은 진(辰)에서 쇠(衰)를 만나지만, 화(火)는 그 이전에 인(寅)에서 생하는 것이다. 「화(火)」는 미(未)에서 쇠하지만 「금(金)」은 그 이전 사(巳)에서 생한다. 「금(金)」은 술(戌)에서 쇠하는데, 수(水)는 그 이전 신(申)에서 생한다. 이상과 같이 쇠(衰) 이전 2신(辰)에서 생한다는 뜻이다."

《고원》에 이르기를, "월건(月建)은 바로 당왕(當旺)한 기운(氣運)이니 쇠약(衰弱)함으로 말할 수는 없다. 또한 생기(生氣) 역시 사유지위(四維之位)에 있다고 하여 끝났다는 것도 아니다. 그렇다고 하여 오행(五行)의 장생(長生)으로 말할 수도 없는 것이다. 대저 월건(月建)자는 당연히 정왕지위(正王之位)라 함이 마땅하지만, 두 신(二辰)은 이미 생기(生氣)가 있으므로 이것을 왕(旺)함으로 아니하더라도 앞으로 왕(旺)하게 될 수 있는 것이다. 가령 정월(正月)을 삼양지월(三陽之月)이라 하는데, 자(子)에서 이미 일양(一陽)이 발생하였으니 이를 생기라 한 것이다. 이는 왕일(王日), 관일(官日)을 함께 참관하여 보면 더욱 명료하다." 하였다.

안찰하면, 손석(孫奭* ; 孟子疏) 왈, "목왕(木旺)은 해자축인묘진(亥子丑寅卯辰)이요, 화왕(火旺)은 인묘진사오(寅卯辰巳午)이며, 금왕(金旺)은 사오미신유(巳午未申酉)요, 수왕(水旺)은 신유술해자(申酉戌亥子)이며, 토(土)와 수(水)는 함께 왕(旺)함으로 말한다." 하였다. 이는 장생지위(長生之位)에서 시작하여 정왕지향(正旺之鄕)에서 그쳤으니 이를 보면 생기는 곧 월건 후 이신에 거한다는 뜻(生氣居建後二辰之義也)이다.

*손석(孫奭) ; 북송 인종(仁宗) 때 학사로, 《맹자정의(孟子正義)》 14권을 찬함.

《음부경(陰符經)》에 이르기를, "천지의 도리는 침윤(浸潤)하므로 음양(陰陽)이 보다 앞선다. 그리고 음양이 서로 추구하고 찬양하여 변화를 이루는 것이 순서라(天地之道浸 故陰陽勝 陰陽相推而變化順矣)." 하였다.

월건은 월중의 천자(建爲月中天子)이며, 그 후 두 신(二辰)은 극복지신(極福之神)이다. 음양이 점점 침윤함으로써 이길 수 있다(陰陽以漸浸而勝也)는 것이다. 반드시 이위(二位)여야 생기를 좇아 건에 이르러서(至建) 삼(三)을 이루어내게 된다.

대개 일생이(一生二)하고 이생삼(二生三)한 연후에 천지의 도는 갖추어지는 것이다(而天地之道備也).

세후(歲後) 2신(辰)은 태음(太陰)이고, 건후(建後) 2신(辰)은 생기(生氣)이다. 태음(太陰)은 후비지상(后妃之象)이니 천하의 모(母)이고, 생기지의(生氣之義)도 역시 모도(母道)이다. 건제(建除)에서는 개일(開日)이니 불길함이 하나도 없는(無一

之不吉也) 것이다.

조진규가 쇠(衰)로 논한 것은 억지로서, 그것이 어찌 태음(太陰)과 동위(同位)가 되겠는가? 또 태음(太陰)이 진실한 길신(吉辰)이라 한 것도 알 수 없으니, 특이하게 침범(侵犯)이 마땅치 못하기 때문이다.

14. 폐(閉 ; 血支)

月別	子	丑	寅	卯	辰	巳	午	未	申	酉	戌	亥
閉血支	亥	子	丑	寅	卯	辰	巳	午	未	申	酉	戌

《추요력(樞要曆)》에 이르기를, "혈지(血支)日에는 침자출혈(針刺出血)에 꺼린다." 하였다.

조진규(曹震圭) 왈, "혈지(血支)는 기혈(氣血)의 지류(支流)이다. 그러므로 왕건(旺建)에서 일으킨 후 생기(生氣)가 돌기 전이니, 가령 사람이 태어난 후에 스스로 혈맥(血脈)이 사지(四肢)로 펼쳐져 나가는 것인데, 만약 그 출생한 날에 침자(針刺)하는 것은 그 혈(血)을 제거하는 것이 되는 것과 같다."

안찰하여 보면, 월령(月令)이 중동(仲冬) 이후에는 흙일(土事)을 꺼린다 하는데, 이는 지기(地氣)가 조설(阻洩)되고 하늘에서는 방성(房星)이 발(發)하여 나쁜 피(血忌)로 막히므로(閉之) 침자(針刺)에 마땅치 못하다 함이 이 뜻이라 하였다.

사람의 몸과 천지(天地)의 기(氣)는 상응하므로 폐지일(閉之日)이 응하는 것은 발설(發洩)되므로 마땅치 못하다는 것이다.

건(建)은 건(建)이므로 열리면 생하고 닫히면 양하므로(生於開而養於閉) 이로써 건(建)을 이룬다.

폐(閉)는 12신 가운데서 소동(小冬)이다. 폐일(閉日)에 침자(針刺)하는 것은 마치 겨울철에 발방(發房)하는 것이다.

15. 건제 12신(神) 소합총진(所合叢辰)

무릇 월신(月神)으로 12신(辰)의 기례(起例)는 비록 상고(詳考)할 수는 없으나, 그 건제가(建除家)의 말과 총신가(叢辰家)의 말을 들어보면 지금은 하나로 통일한다. 가령 인(寅)이 월건(月建)이라면 뭇 신살(神煞)이 소재하는 곳은 정월(正月)의 인(寅)으로 함이니, 다 월건(月建) 인(寅)과 동일하다.

묘(卯)가 월건(月建)이라면 뭇 신살(神煞)이 二月 묘(卯)에 있는 것들이니 다 이월건(二月建) 묘(卯)와 동일한 자들이다.

가령 인일(寅日)이 제(除)라면 뭇 신살(神煞)의 소재가 12月이라도 인(寅)으로 하는 것은 다 제(除)와 동일하기 때문이다.

가령 묘(卯)가 제(除)라면 뭇 신살(神煞)의 소재가 정월(正月)이라도 묘(卯)가 되는 것은 다 제(除)와 동일하기 때문이다. 나머지도 이와 같이 유추한다.

기왕 일일지내(一日之內)의 길흉(吉凶) 신살(神煞)은 저장(諸掌 ; 손바닥)을 지칭하는 것이니, 그 길흉의 대소(大小) 심천(深淺)과, 유제(有制) 무제(無制)와, 가화(可化) 불가화(不可化)로써 종위(從違)*를 삼는 것이다.

*종위(從違) ; 복종할 것인지, 배반할 것인지 결정한다.

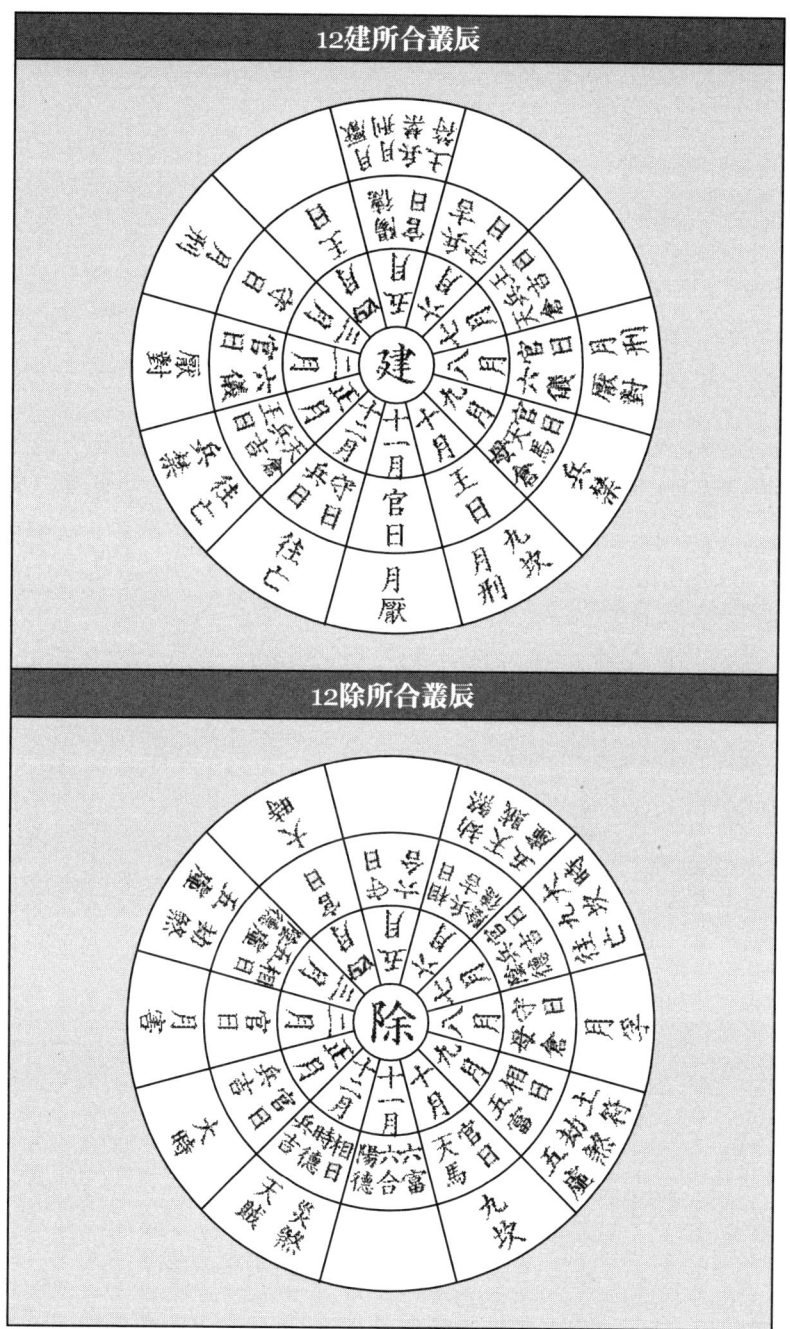

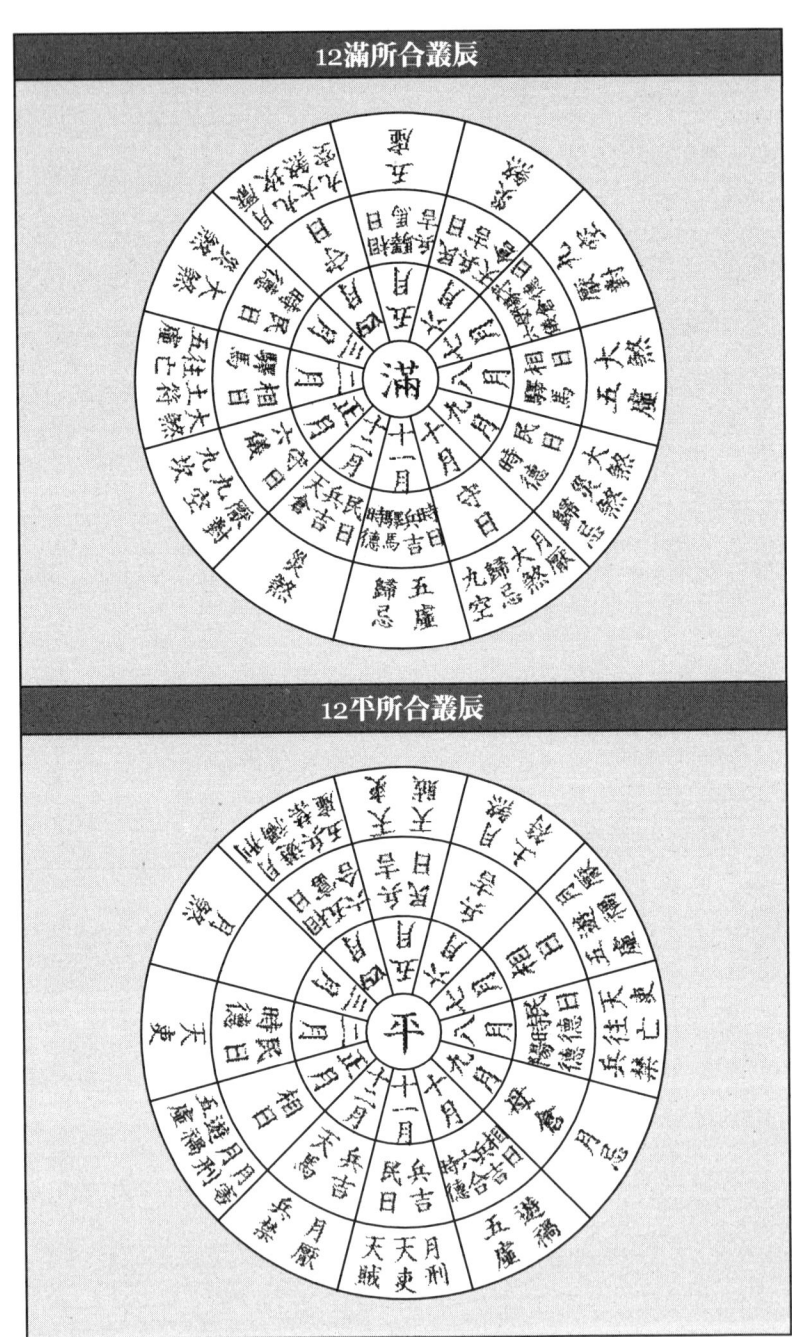

第一部 吉凶神煞

12定所合叢辰

12執所合叢辰

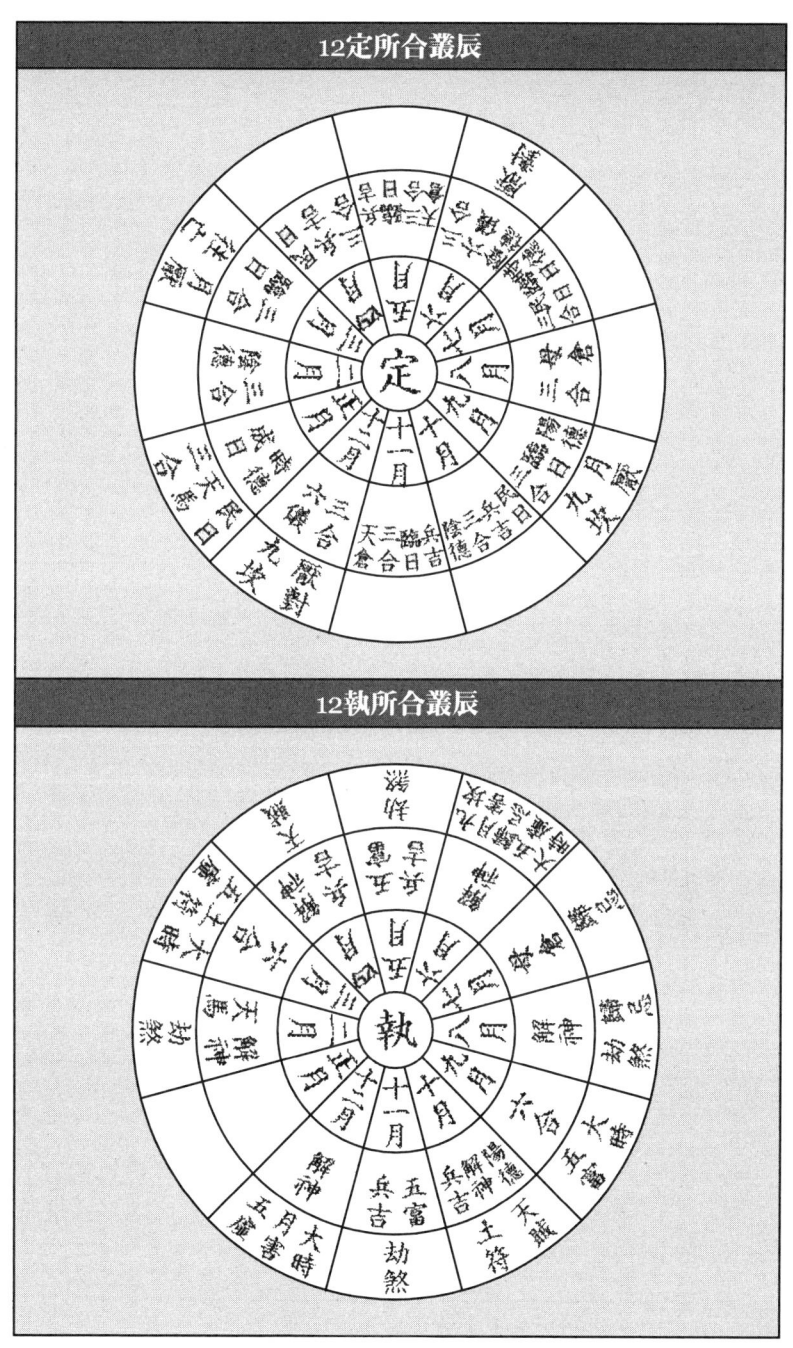

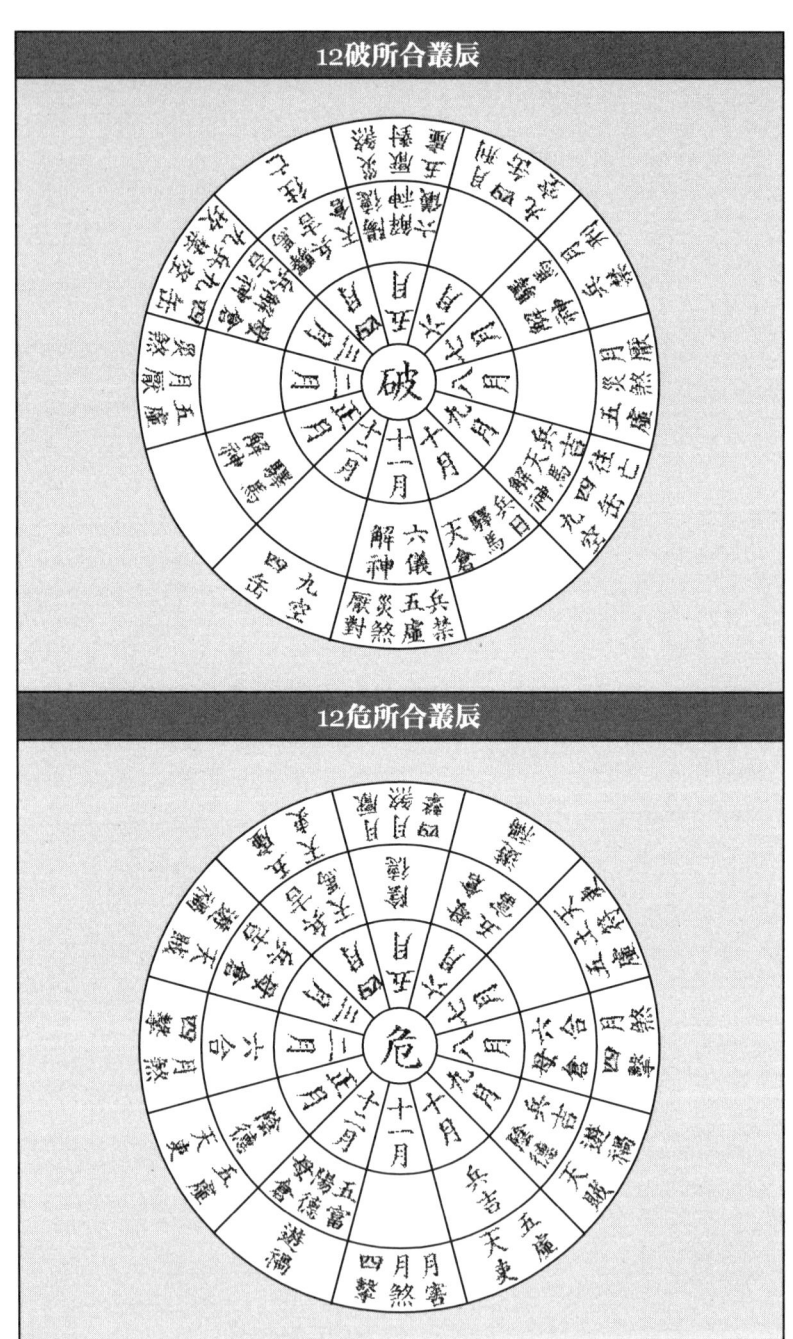

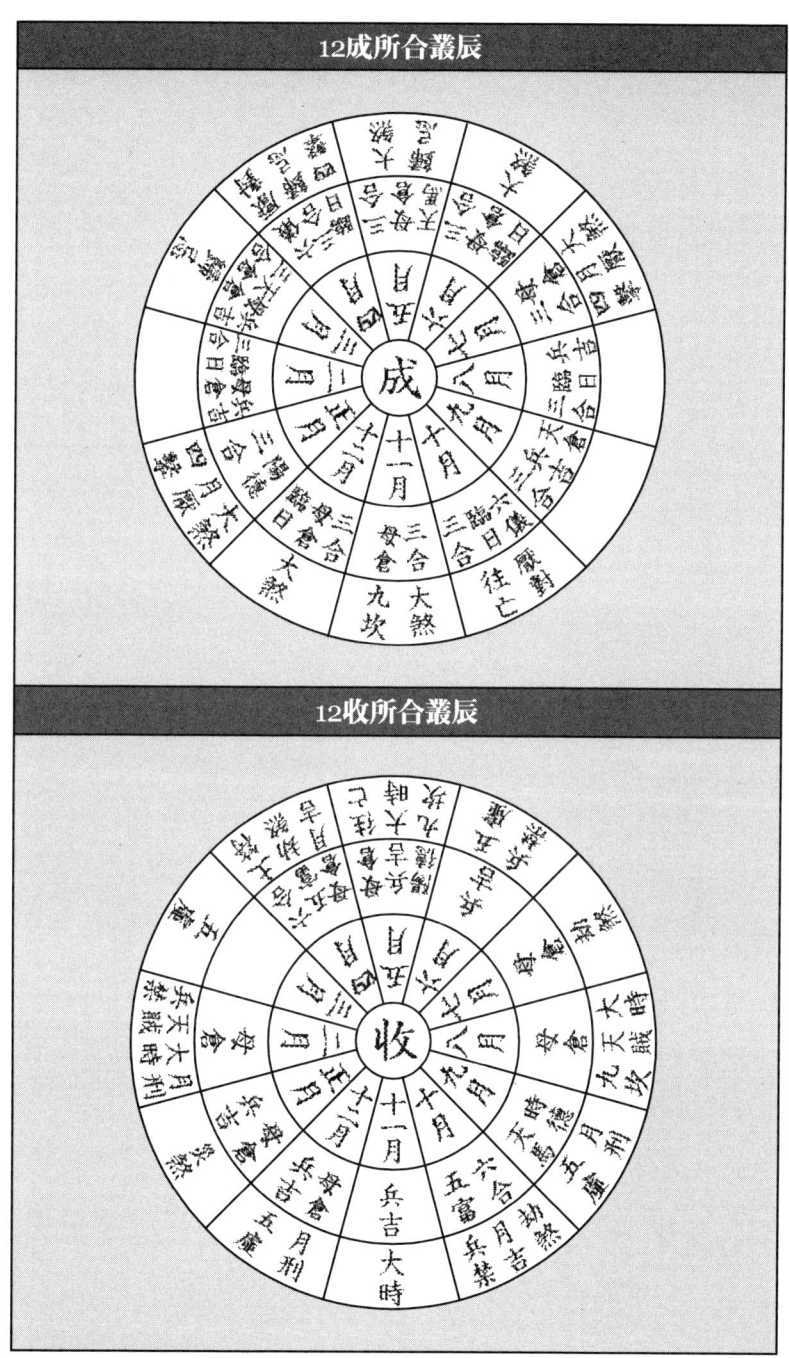

12開所合叢辰

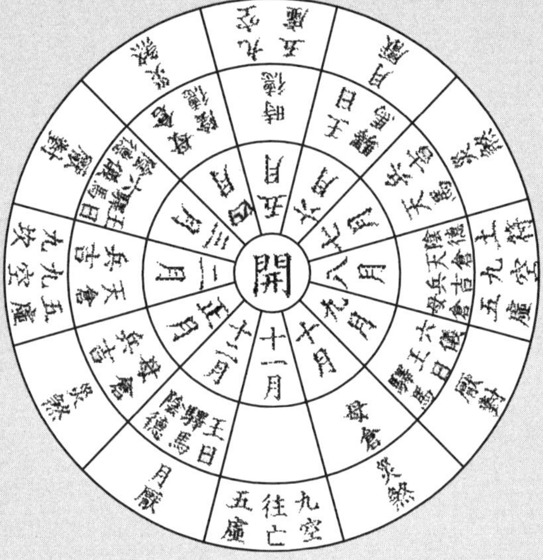

12閉所合叢辰

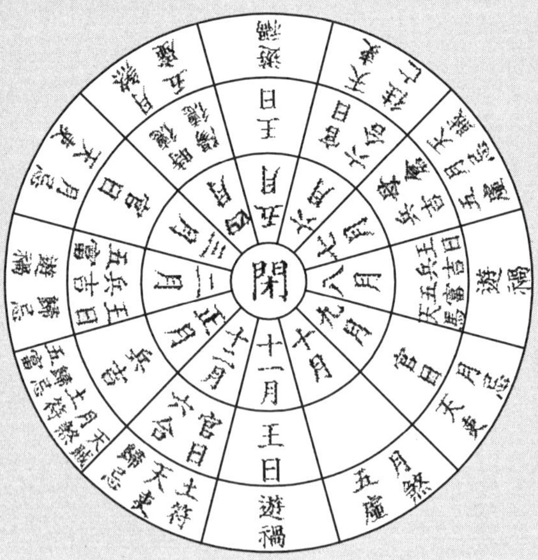

제2장. 월건(月建) 및 상관 신살(神煞)

1. 월건(月建)

月別	子	丑	寅	卯	辰	巳	午	未	申	酉	戌	亥
月建	子	丑	寅	卯	辰	巳	午	未	申	酉	戌	亥

《천보력(天寶曆)》에 이르기를, "월건(月建)은 양건지신(陽建之神)이다. 소리지방(所理之方)에서는 전두(戰鬪), 공벌(攻伐)에 마땅히 배척하여야 한다. 또한 저향(抵向)도 불가하다. 이 날에는 봉건시사(封建視事)에 마땅하고 흥조를 위한 토공(興造土工)과 결친례(結親禮)에는 마땅치 않다.

《역례》에 이르기를, "정(正) 월건(月建)은 인(寅)으로부터 12신(辰)을 순행한다.

조진규 왈, "월건(月建) 방(方)을 이용하는 방법(所理之地)은 전두(戰鬪), 공벌(攻伐)에서 향(向)으로 함이 마땅치 못하고, 그 방을 등져야 마땅하다(宜背者). 대개 내가 왕기(旺氣)를 타고 있으면 공격해야 할 저쪽은 휴수(休囚)되기 때문이다.

이 날에는 봉건(封建), 시사(視事)에 마땅한 것은 건방(建方)이니 건장(健壯)하기 때문이다. 이는 월내(月內)의 군신 중에서도 추장(群神之長)이므로 만신(萬神)이 함복(咸服 ; 복종하다, 따르다)하지 아니함이 없다. 이 날에는 흥조(興造) 토공(土功)이 불가하다.

대개 이 날은 당왕(當旺)한 세력을 갖고 있으므로 범하는 것은 불가하다. 그 결친례(結親禮)에 불가하다는 것은 양건(陽建)으로 독왕(獨旺)하기 때문에 음건(陰建)의 기소지신(氣消之神)에서 친례지도(親禮之道)로 음양상화(陰陽相和)함이 마땅하다는 뜻이다. 만약 한쪽만으로 편고하다면 화친이 되겠는가?"

안찰하면 ;《회남자》에 이르기를, "두병(斗柄)*이 소세(小歲)이다. 정(正) 월건(月建)은 인(寅)이므로 월(月)이 좌행(左行)하며 12신(辰)을 옮겨 따라간다. 소세(小歲)가 동남(東南)으로 가면 생(生)하고, 서북(西北)으로 가면 살(殺)이 되므로 가까이하는 것이 불가하므로 당왕(當旺)으로 등을 지는 것이 가(可背)라 한 말이다. 또 좌(左)가 불가하고 우(右)이어야 한다."

*두병(斗柄) ; 북두칠성을 국자 모양으로 보았을 때 그 자루가 되는 자리에 있는 세 개의 별.

《주례(周禮)》가공언소(賈公彦疏) 점몽(占夢)에 이르기를, "건(建)은 북두칠성의 자루가 가리키는 곳의 월건(斗柄所建)이니, 이른바 양건(陽建)이다. 그러므로 하늘(天)을 좌선(左旋)한다."

《사기》천관서(天官書)에 이르기를, "두(斗)는 황제의 수레(斗爲帝車)이니 중앙으로만 운행(運於中央)하고 사향(四鄕)*에 임하는 것은 통제(臨制四鄕*)한다." 하였다. 그러므로 월건(月建)이 제신(諸神)의 주수(主帥)라 한 것이다. 속(俗)에서 이르기를, 월중(月中)의 천자(天子)이므로 월건이 쫓아간다 하니 그렇다면 제만(除滿) 아래로 11신(辰)이 건(建)과 함께 12신(辰)이 이르는 곳에 따라서 길흉이 결정된다는 것이다. 그러므로 건제가(建除家)라 한 것이다.

건(建)의 소재가 일전(日躔)이고, 그와 합(合)이 되는 신(辰)이 곧 태양(太陽) 월장(月將)이다. 태양 전1위(位)는 월염(月厭)이고, 월염(月厭)이 이른바 음건(陰建)이다.

천(天)에서 우선(右旋)하는 염건(厭建)과는 상치(相値) 상리(相離)하는 것이 곧 《주례(周禮)》에서 칭하는 "관천지의회자라(觀天地之會者也)." 함이 그것이다. 그 설은 각기 본조(本條) 아래에 자상하게 있다.

*사향(四鄕) ; 아버지의 내·외향(內外鄕)과 어머니의 내·외향을 아울러 이르는 말.

2. 월염(月厭 ; 地火)

月別	子	丑	寅	卯	辰	巳	午	未	申	酉	戌	亥
月厭	子	亥	戌	酉	申	未	午	巳	辰	卯	寅	丑

《감여경(堪輿經)》에 이르기를, "천노(天老) 왈 ; 정월(正月)은 양건(陽建)이 인(寅)에 있고, 음건(陰建)은 술(戌)이라." 하였다.

《춘추번로(春秋繁露)》에 이르기를, "천도는 대수(大數)가 상반(相反)하는 물(天道大數相反之物也)이므로 음양이 함께 출함을 득하지 못하였다(不得俱出陰陽是也) 한 것이 이것이다.

봄에는 양이 나오고 음은 들어가며(春出陽而入陰), 가을에는 음이 나오고 양은 들어간다(秋出陰而入陽). 여름에는 양이 우이고 음은 좌(夏右陽而左陰)이며, 겨울에는 음이 우이고 양이 좌(冬右陰而左陽)이다. 그러므로 춘구남(春俱南) 추구북(秋俱北)으로 길(道)이 서로 같지 아니하다. 여름은 전에 교체하고(夏交於前) 겨울은 후에 교체하니(冬交於後) 리(理)도 서로 같지 아니하다. 병행하더라도 섞여서 서로 혼란스럽지 아니하고(並行而混不相亂), 물속에 섞어 놓아도 각기의 지분을 가지고(澆滑而各持分) 있는 것은 이른바 하늘의 뜻(意中)인데, 어찌 하늘의 도(道)를 따라 종사(謂天之意 而何以從事天之道)할 수 있겠는가?

초박 대동(初薄大冬 ; 한겨울)이 되면 음양이 각기 다른 한 방으로 좇아온 후에 이동하는데(陰陽各從一方來而移於後), 음(陰)은 동방을 경유하여 서(西)로 오고, 양(陽)은 서방을 경유하여 동(東)으로 온다.

중동월(中冬月)에 이르면 서로 북방에서 만나 하나로 합(合)치는데, 이곳이 이른바 「동지점(冬至點)」이다. 그리고 음은 우측 길로 가고 양은 좌측 길로 서로 다른 길을 따라가는데, 좌측으로 가는 길은 순행(順行)이라 하고, 우측으로 가는 길은 역행(逆行)이라 한다. 이리하여 역기는 좌상(逆氣左上)으로 가고, 순기는 우하(順氣右下)로 가므로 아래쪽은 따뜻하고 위쪽은 한냉(寒冷)하다. 이것이 하늘의 겨울을 나타낸 것이니, 우는 음(右陰)이고 좌는 양(左陽)이며, 위쪽 하늘은 우행(右行)이고 아래쪽 땅은 좌행(左行)이 된다.

겨울철이 다 가면 음기나 양기나 함께 남(南)으로 되돌아간다. 양이 남으로 환출하는 곳은 인(陽南還出於寅)이고 술(戌)에서 음이 남으로 환입(陰南還入於戌)한다. 이것이 음양(陰陽)의 소시(所始)하는 곳이고, 출지(出地) 입지(入地)를 나타내는 곳이다.

중춘월(中春月)이 되면 양(陽)은 정동(正東)으로 가고 음(陰)은 정서(正西)에 있는데, 이곳이 「춘분점(春分點)」이다. 춘분이 되면 음양(陰陽)이 각 상반되므로 주야(晝夜)도 균평하고 한서(寒暑)도 평온(平溫)하게 된다. 이때부터 음일은 줄어들면서 양을 따르고(陰日損而隨陽), 양일은 늘어나면서 번성(陽日益而鴻)하여 간다. 그러므로 소열(燒熱)하게 된다.

초득대하(初得大夏 ; 한여름) 월(月)이 되면 서로 남방에서 만나 합(合)하여 하나가 되는데, 이른바 하지점(夏至點)이 그 곳이다. 이에서도 다른 길로 가는데, 양은 우로 가고 음은 좌로 간다(陽適右陰適左). 우측으로는 아래를 경유하여 가고(由下), 좌측으로는 위를 경유(由上)하여 가는데, 위는 덥고 아래는 춥다(上暑而下寒). 이렇게 본다면 하늘의 여름은 우측이 양인데 좌측은 음(天之夏 右陽而左陰也)이므로 그 위쪽은 우(上其所右)이고 그 아래쪽은 좌(下其所左)가 된다.

이렇게 여름철이 다 가면 음양이 다 함께 북으로 돌아가는

데(陰陽俱北還), 양은 북으로 돌아간 후 신에서 들어가고(申入), 음은 북으로 돌아가면 진(辰)에서 들어간다(辰入). 이곳이 음양의 시작하는 곳(所始)이며, 출지(出地) 입지(入地)를 나타내는 곳이 된다.

중추월(中秋月)에 이르면 양(陽)은 정서(正西)에 있고 음(陰)은 정동(正東)으로 간다. 이때가 추분(秋分)이다. 「추분점(秋分點)」에서는 음양(陰陽)이 각 상반(各相半)이다. 그러므로 주야(晝夜)가 균평(均平)하고 한서(寒暑)도 평온(平溫)하다. 이때부터 양일(陽日)은 줄어 음(陰)을 따르고, 음일(陰日)은 늘어나 많아(鴻 ; 크다, 넓다, 성(盛)하다)진다. 그러므로 계추(季秋)에 이르면 서리(霜)가 내리기 시작하고 맹동(孟冬)에 이르면 큰 추위(大寒)가 시작되고 눈이 내리기 때문에 만물은 다 겨울맞이 준비를 끝내고 대한에는 생기를 뿌리로 내려 저장을 마친 후(大寒而畢藏) 이듬해의 소생(所生)을 기다리니 이렇게 천지(天地)의 공(功)도 마치게 된다." 하였다.

《회남자》에 이르기를, "북두지신(北斗之神)에는 자웅(雌雄)이 있는데, 십일월이 되면 자(子)에서부터 월건(月建)을 시작한다. 달마다 일신(一辰)씩 옮겨가는데, 웅월(雄月)은 좌행(左行)하고 자월(雌月)은 우행(右行)하며, 오월에는 오(午)와 합하여 형(刑)을 도모하고(五月合午謀刑), 십일월에는 자와 합하여 덕을 도모(十一月合子謀德)한다 하였다. 그러므로 음건(陰建)이 거하는 신(辰)은 염일(所居辰爲厭日)이 된다. 염일은 백사의 거동(擧動)이 불가(厭日不可擧百事)라 하였다.

감여(堪輿)*가는, 웅(雄)이 서행하는 것으로 자(雌)의 의중

(意中)을 알 수 있다(堪輿徐行雄以意知雌). 그러므로 기(奇)가 된다 하였다.

신수(辰數)는 갑자(甲子)에서부터 시작하는데, 자모가 상구하고(子母相求) 소합하는 곳(所合之處)에서 만나(會)니 열흘마다 십이신(十二辰)을 60일 동안 주회(周六十日)한다. 그러면 팔회(八會)는 세전(歲前)에 만나(會)는데, 사망(死亡)하지만 세후(歲後)에 회합하는 곳은 재앙(無殃)이 없다." 하였다.

*감여(堪輿) ; ① 만물을 포용하며 싣고 있는 물건이란 뜻으로 곧 하늘과 땅을 뜻함. ② 감여가(堪輿家) 혹은 감여설(堪輿說)로 풍수지리(風水地理)를 말함.

《천보력》에 이르기를, "월염자(月厭者)는 음건지신(陰建之辰)이다. 소리지방(所理之方)으로는 양재(禳災), 기복(祈福), 피병(避病)에는 가(可)하다. 그러나 이 날에는 원행(遠行), 귀가(歸家), 이도(移徒), 혼가(婚嫁) 등에 꺼린다." 하였다.

《역례》에 이르기를, "월염(月厭)은 정월(正月)에 술(戌)에서부터 시작하여 12신(辰)을 역행(逆行)한다." 하였다.

조진규 왈, "월염(月厭)자는 염매지신(厭魅之神)이다. 그 성품은 암매(暗昧)하여 사사(私邪)하고 부정(不正)하다. 그러므로 각 방으로 다 꺼린다. 대개 11월건(月建) 자(子)는 음기(陰氣)와 양기(陽氣)가 다투는데, 동지(冬至) 전은 음기(陰氣)가 극(極)하고, 동지(冬至) 후는 양기(陽氣)가 생(生)하므로 두 기운이 같은 월건(月建)을 쓰지만 이름은 자(子) 월건이 된다. 월건 자(子)에서부터 양건(陽建)은 축(丑) 인(寅) 묘(卯)로 12신(辰)을 진행하고, 음건(陰建)은 해(亥) 술(戌) 유(酉)로 12신(辰)을 역으로 진행(逆曆)하다가 5월 하지(夏至)에 이르면 두 기(二氣)가 같은 월건(月建)에서 다투지만 역시 월건 이름은 음건(陰建)이다."

안찰하건대 ; 월건(月建)은 두병(斗柄)의 방위를 이른 것이다. 상(象)은 하늘에서 나타내는 것이므로 고개를 들고 쳐다보면 보이지 않는 것이 없다.

월염자(月厭者)는 태무에서 두 기운이 한데 섞여서 정보를 주고받은 다음에 만유를 출생시키는 것이다(二氣消息之原運於太无而出萬有者也). 이는 건(建)을 미루어(推究) 염(厭)을 알 수 있다. 그러므로 《회남자》에 이르기를, "감여가는 천천히 운행하며 우람하고 힘찬 웅(雄)으로 자(雌)의 의중(意中)을 알 수 있다(堪輿徐行雄以意知雌也)."고 하였다. 이곳의 감여(堪輿)는 천지(天地)가 아니라 감여가(堪輿家)를 말한다. 그에 이르기를, "염(厭)이란 그 매처(每處)이니 일전지전(日躔之前)을 말한다. 그러므로 염(厭)이라 한 것이다. 염(厭)은 옛날에는 압자(壓字)였다.

월건(月建)은 좌행하고 월염(月厭)은 우행한다. 육십갑자가 상교(相交) 상착(相錯)하면서 길흉이 발생한다.

《주례(周禮)》에 이르기를, "천지의 회자(會者)를 보면 정강성은 염(厭)으로 건(建)을 감당케 하였으므로 반드시 옛날의 날짜(日者)를 종(宗)으로 삼는 것이 가하다(周禮觀天地之會者 鄭康成以厭, 建當之, 可以知古之日者, 必宗乎此也)." 하였다.

만약 그 이르는 바가 그렇다면 동중서(董仲舒)의 《춘추번로(春秋繁露)》에 말하는 것이 자상하고 명쾌한 것이다.

【原文】淮南子云, 會於歲前則死亡 會於歲後則無殃. 然則八會之日非吉日也, 建陽而厭陰 建吉而厭凶 其同位之日陰陽參雜 斷可識矣. 夫和會者 陰從乎陽之 謂太陽爲陽 月建爲陰 如寅月之亥 卯月之戌 則當而陰陽和會論 若從月建而復生陰建 則所爲陰中之陰 其所會之干支安得以吉論乎. 又參以太歲而消息之 如歲在甲寅 正月甲戌大會則歲前也 尤凶. 若八月辛卯大會則在歲後矣 可無殃也. 漢時已有堪輿八會見於經史 今曆家大會八 卽其傳也. 又有小會八 又有行狠 了戾 孤陰 單陽 等名.

《회남자》에 이르기를 ; 세전(歲前)에 회(會)하는 것은 사망(會於歲前則死亡)이고, 세후에 회합하는 것은 재앙이 없다(會於歲後則無殃). 그렇다면 팔회일(八會日)은 길일(吉日)이 아니라는 것이다. 월건(月建)이 양(陽)이면 염(厭)은 음(陰)이고, 월건(月建)은 길(吉)하고 월염(厭)은 흉(凶)하니 그 동위일(同位日)을 놓고 음양이 참잡(參雜 ; 혼합混合)되었기 때문이라는 것을 가히 알 수 있음이다.

대저 화회(和會)*자(者)는 음이 양을 좇는 것이다. 태양(太陽)은 양(陽)인데 월건(月建)이 음이다. 가령 인월(寅月)의 해(亥)와 묘월(卯月)의 술(戌)은 음양(陰陽) 화회(和會)로 논하는 것이 마땅하다. 그런데 만약 월건을 좇는다면 다시 음건(陰建)을 만날 수 있는 것이니. 음중의 음(陰中之陰)이 되므로 그 소회(所會)하는 간지(干支)로 어찌 길(吉)함을 득하였다고 논(論)하겠는가?

*화회(和會) ; 다툼질을 풂. 경이나 논의(論議), 해석에 있어서 서로 다른 말과 뜻의 일치점을 찾는 일.

또 태세(太歲)를 참작하여 소식(消息)*하는 것이다. 가령 태세(太歲)가 갑인(甲寅)인데 정월(正月) 갑술(甲戌)에서 대회(大會)한다면 세전(歲前)이 되므로 더욱 흉(凶)하고, 만약 팔월에 신묘(辛卯)와 대회(大會)한다면 이것은 세후(歲後)이니 가(可)하여 무앙(無殃)이라는 논리다. 한(漢)나라 때도 이미 감여팔회(堪輿八會)가 있었음을 경사(經史)에서 볼 수 있으며 지금도 역가(曆家)에서는 대회팔(大會八) 소회팔(小會八)이라는 것으로 전해지는 것이 그것이다. 또 행랑(行狼) 요려(了戾), 고음(孤陰), 단양(單陽)이라는 이름으로 쓰이기도 한다.

*소식(消息) ; 변화를 대조하며 지식정보를 얻어내는 일.

【原文】考原詳之 今並載於後 要之皆爲不吉之日 而曹震圭以大小會爲陰陽和會 則顯與 淮南子不符 不可從也. 若夫天子用大小會日謂之歲位 皇后 太子 諸侯用歲前 卿大夫用歲對 士庶人用歲後. 其所爲歲前 歲後 亦與 淮南子不同 而以爲可用 益悖於古 均無取焉.

《고원(考原)》에 자상하게 있는 것을 아울러 뒤에다 싣는다. 요지(要之)는 모두 불길(不吉)한 날이라는 것이다. 이어 조진규(曹震圭)는, "대소회(大小會)를 음양(陰陽) 화회(和會)."라 하였는데, 그렇다면 《회남자(淮南子)》에서와 부합(符合)하지 않으므로 따를 수가 없는 것이다.

그런데 천자(天子)가 사용하는 대소회일(大小會日)은 세위(歲位)로 하고, 황후(皇后) 태자(太子) 제후(諸侯)가 사용하는 것은 세전(歲前)으로 하고, 경(卿) 대부(大夫)가 사용하는 것은 세대(歲對)로 하고, 사(士) 서인(庶人)이 사용하는 것은 세후(歲後)라 하는데, 이것 역시 회남자(淮南子)와 부동(不同)이니, 사용하기에는 옛것과 더욱 어긋났으므로 이 모두는 취할 것이 없다.

《신추경(神樞經)》에 이르기를, "지화(地火)자는 월중의 흉신이다. 이 날에는 수축(修築), 원포(園圃), 재식(栽植), 종시(種蒔)에 꺼린다." 하였다.

《역례》에 이르기를, "지화(地火)자는 정월(正月)에 진(辰)을 기(起)하여 역(逆)으로 12신(辰)을 운행한다." 하였다.

안찰하면 ; 염건(厭建)은 감여가(堪輿家)들이 쓰는 말이며, 지화(地火)는 총신가(叢辰家)들이 한 말이다. 그러나 지화(地火)가 즉 월염(月厭)이다. 그러므로 이에 실려 있다.

3. 염대(厭對 ; 六儀, 招搖)

《천보력(天寶曆)》에 이르기를, "염대(厭對)자는 월염(月厭)이 소충(所衝)하는 신(辰)이라 하였고, 그 날은 가취(嫁

娶)에 꺼린다 하였다. 또 초요(招搖)이기도 한데, 승선(乘船) 도수(渡水)에도 꺼린다." 하였다.

月別	子	丑	寅	卯	辰	巳	午	未	申	酉	戌	亥
厭對	午	巳	辰	卯	寅	丑	子	亥	戌	酉	申	未

《역례》에 이르기를, "염대(厭對)자는 정월(正月)에 진(辰)을 기(起)하여 12진을 역행한다." 하였다.

《신추경》에 이르기를, "육의(六儀)자는 월중(月中)의 길신(吉神)이다. 이 날에는 목양(牧養), 생재, 재식수목, 결친(結親), 납례(納禮), 시사(視事), 임관(臨官)에 마땅하다." 하였다.

《역례》에 이르기를, "정월(正月)에 기진(起辰)하여 12진을 역행한다." 하였다.

조진규(曹震圭) 왈, "육의(六儀)는 중정(中正) 예의지신(禮儀之神)이고, 월염(月厭)은 암매(暗昧)를 주장하는데, 육의(六儀)와의 적충(敵衝) 관계인데, 위풍이 당당하고 준엄하여 감히 예의에서 용모를 망실(妄失)한 것이다(以威厲之使不敢妄失儀容也). 그러므로 붙여진 이름이다."

안찰하건대 ; 염대(厭對)는 정월(正月)에 진(辰)을 기(起)하여 12신을 역행(逆行)한다. 육의(六儀) 역시 정월에서 진(辰)을 붙여 12신을 역행한다. 그렇다면 염대가 곧 육의이다. 이에 선택지서(選擇之書)에는 염대(厭對)를 가취(嫁娶)에 꺼린다 하고, 육의(六儀)는 결친(結親), 납례(納禮)에 마땅하다 하니 정확히 상반되는 것이다.

대개 감여가들의 말인데, 총괄하여 말하면, 월건(月建)은 양(陽)이고 염대(厭對)는 음(陰)이니 반드시 간지(干支)와 염(厭)에서 온전히 관련됨이 없어야(全不相涉) 길일이 되는 것이다. 그러므로 염대가 비록 월염(月厭)을 충파(衝破)하더라도 역시 길(吉)할 수 없는 것이다.

총신가(叢辰家)들은 그 기능에서 월염(月厭)을 충파(衝破)하였을 때 육의(六儀)가 된다 하는데, 월염의 주장이 애매하다. 음사(陰私)는 월염(月厭)과 반대이니 반드시 위의 정직(威儀正直)한 신(神)이어야 함이다. 이처럼 양상(兩相)이 모순되어서는 역서를 믿고 적종(適從 ; 믿고 따르다)할 수 있겠는가?

이제 염대(厭對)도 가취(嫁娶)에 꺼리는 것이고, 육의(六儀)는 시사(視事), 임관(臨官)에 마땅한 것으로 결정하는 것이다. 초요(招搖)는 뒤에 나오므로 참고하라.

4. 음양부장(陰陽不將)

《천보력》에 이르기를, "음양부장(陰陽不將)자는 월건(月建)을 양(陽)으로 하면 양건(陽建)이 된다. 정월(正月)에서 인(寅)을 기(起)하여 12신(辰)을 순행한다.

월염(月厭)은 음(陰)이니 음건(陰建)이 된다. 정월(正月)에서 술(戌)을 기(起)하여 12신(辰)을 역행한다.

이는 묘유(卯酉)에서 나뉘게 되고 자오(子午)가 회합(會合)한다. 그러면 염전(厭前)의 지간(枝幹)은 자연히 상배자(相配

者)를 찾게 되는데, 이것이 양장(陽將)이다. 염후(厭後)의 지간(枝幹)에서 만난 상배자는 음장(陰將)이 된다.

그리고 염후의 간(幹)이 염전의 지(枝)와 배속된 자(者)를 음양구장(陰陽俱將)이라 한다.

음양부장일(陰陽不將日)

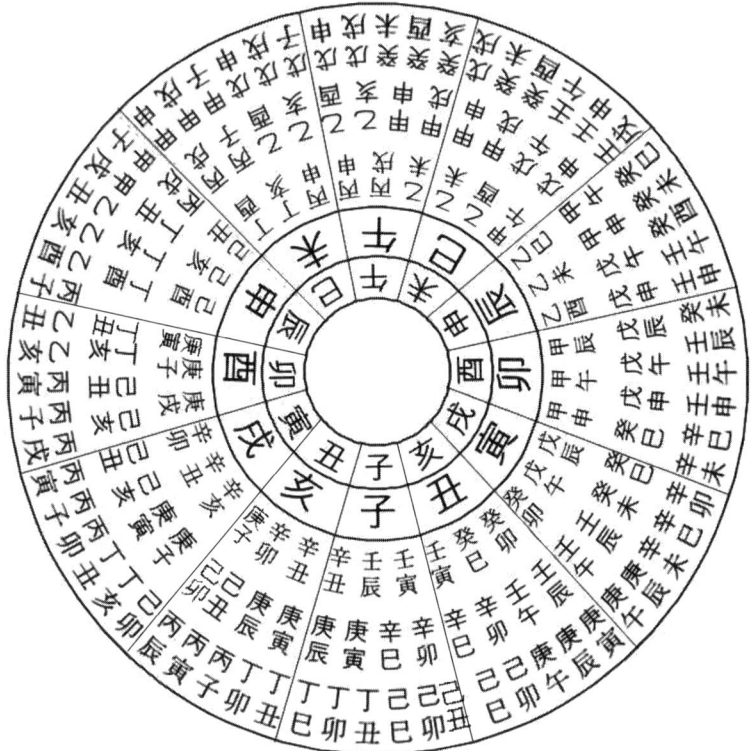

염전의 간(幹)이 염후의 지(枝)와 배속된 것을 음양부장(陰陽不將)이라 한 것이다.

양장(陽將)은 상부(傷夫)하고 음장(陰將)은 상부(傷婦)한다 하여 음양구장(陰陽俱將)은 부부가 함께 상(夫婦俱傷)하고, 음양부장(陰陽不將)은 부부가 함께 영창(夫婦榮昌)한다는 것이다.

무기지간(戊己之幹)은 중앙에 위치하는데, 무(戊)는 양토(陽土)이므로 간(艮)으로 붙여지고, 기(己)는 음토(陰土)이므로 곤(坤)에 붙여진다.

이를《經》에 이르기를, "봄 겨울은 기(己)가 부장(春冬己不將)이요, 가을 여름에는 무(戊)가 부장(秋夏戊不將)이라." 하였다.

《역례》에 이르기를, "음양부장(陰陽不將)자는,

正月은, 辛亥・辛丑・辛卯・庚子・庚寅・己亥・己丑・己卯・丁亥・丁丑・丁卯・丙子・庚寅.

二月은, 庚戌・庚子・庚寅・己亥・己丑・丁亥・丁丑・丙戌・丙子・丙寅・乙亥・乙丑.

三月은, 己亥・己丑・丁酉・丁亥・丁丑・丙戌・丙子・乙酉・乙亥・乙丑・甲戌・甲子.

四月은, 丁酉・丁亥・丙申・丙戌・丙子・乙酉・乙亥・甲申・甲戌・甲子・戊申・戊戌・戊子.

五月은, 丙申・丙戌・乙未・乙酉・乙亥・甲申・甲申・戊戌・戊申・戊戌・癸未・癸酉・癸亥.

六月은, 乙未・乙酉・甲午・甲申・甲戌・戊午・戊申・戊戌・癸未・癸酉・壬午・壬申・壬戌.

七月은, 乙巳・乙未・乙酉・甲午・甲申・戊午・戊申・癸巳癸未・癸酉・壬午・壬申.

八月은, 甲辰・甲午・甲申・戊辰・戊午・戊申・癸巳・癸未・壬辰・壬午・壬申・辛巳・辛未.

九月은, 戊辰・戊午・癸卯・癸巳・癸未・壬辰・壬午・辛卯・辛巳.辛未・庚辰・庚午.

十月은, 癸卯・癸巳・壬寅・壬辰・壬午・辛卯・辛巳・庚寅・庚辰・庚午・己卯・己巳.

十一月은, 辛卯・辛巳・庚寅・庚辰・己丑・己卯・己巳・丁丑・丁卯・丁巳・壬寅・壬辰・辛丑.

十二月은, 辛丑・辛卯・庚子・庚寅・庚辰・己丑・己卯・丁丑・丁卯・丙子・丙寅・丙辰."이라 하였다.

《고원(考原)》에 이르기를, "염전(厭前)에 지간(枝幹)이 스스로 상배(相配)되는 것은 양장(陽將)이 되는데, 순양(純陽)으로 무음(無陰)이기 때문이라 하였고, 염후(厭後)의 지간(枝幹)이 자연스럽게 상배되는 것은 음장(陰將)이 되는데, 순음(純陰)으로 무양(無陽)이기 때문이라." 하였다.

이에서 염후에는 간(幹)이 배(配)하고 염전에는 지(枝)가 배(配)하여 음양이 함께 장(將)이 된다는 것은 음비기음(陰非其陰)하고 양비기양(陽非其陽)이 되니, 그 도리는 상괴(其道相乖)한 것이다. 대개 간(幹)은 양(陽)이니 마땅히 전(前)에 거하고, 지(枝)는 음(陰)이니 당연히 그 뒤를 좇아야 부창부수(夫唱婦隨)의 이치에 맞는 것이다. 그러므로 염전(厭前)에 간배(幹配)하고 염후에 지(枝)가 따라야 음양부장(陰陽不將)이 되는 것이다.

안찰하여 보니 ; 음양부장(陰陽不將)은 바로 감여가(堪輿

家)들의 길일(吉日)이다. 범사(凡事)에 고루 사용한다. 다만 가취(嫁娶)에서만은 사용이 많지 아니하다. 오직 유월(六月)의 무오일(戊午日)은 축진(逐陣 ; 逐日, 매일 쫓아다닌다)일(日)이므로 사용할 수 없다.

그러나 요즈음은 그 밖의 것은 문제 삼지 않고 가취(嫁娶)에 사용하는데, 세전세후(歲前歲後)의 뜻도 명확하지 않지만, 또한 천자(天子), 황후(皇后), 경사(卿士), 서민(庶民) 등이 사용한다고 분류한 망설(妄說) 역시 지리(支離)하거니와 수장대회(遂將大會) 등일(等日)도 모두 폐기하고 사용하지 않는다.

5. 음양대회(陰陽大會)

《감여경》에 이르기를,
"정월(正月) 대회(大會) 갑술(甲戌),
이월(二月) 대회(大會) 을유(乙酉),
오월(五月) 대회(大會) 병오(丙午),
유월(六月) 대회(大會) 정사(丁巳),
칠월(七月) 대회(大會) 경진(庚辰),
팔월(八月) 대회(大會) 신묘(辛卯),
십일월(十一月) 대회(大會) 임자(壬子),
십이월(十二月) 대회(大會) 계해(癸亥)이다.
가령 正月의 양건은 인에 있고(陽建在寅), 음건은 술에 있으며(陰建在戌), 양은 간을 주장하고(陽主干), 음은 지를 주

장한다(陰主支). 양건(陽建)이 인(寅)이면 갑(甲)에 가까우니, 양갑(陽甲), 음술(陰戌)이 지간(支干) 상화회(相和會)이다. 그러므로 갑술(甲戌)이 正月에 대회(大會)한다.

二月의 양건은 묘에 있고(二月陽建於卯), 음건은 유에 있다(陰建於酉). 묘(卯)에서는 을(乙)이 가까우니 양을(陽乙) 음유(陰酉)이다. 그러므로 을유(乙酉)는 二月에 대회한다.

五月은 음양(陰陽) 이건(二建)이 함께 오(午)에서 회합(會合)한다. 오(午)는 병(丙)에 가까우므로 병(丙)을 오(午)에 배(配)한다. 그러므로 병오(丙午)가 五月에 대회한다고 한 것이다.

六月은 양건(陽建)이 미(未)이고 음건(陰建)은 사(巳)이다. 미(未)는 정(丁)에 가까우니 정(丁)을 사(巳)에다 배속하면 정사(丁巳)가 六月의 대회처(大會處)이다.

七月은 양건(陽建)이 신(申)이고 음건(陰建)은 진(辰)이다. 양건(陽建)에 경(庚)이 가까우니 경(庚)을 진(辰)에다 배하면 경진(庚辰)이니, 七月에는 경진(庚辰)이 대회한다.

八月은 양건(陽建)이 유(酉)이고 음건(陰建)은 묘(卯)이다. 유(酉)는 신(辛)에서 가까우므로 신(辛)에다 묘(卯)를 배하면 신묘(辛卯)이니, 신묘(辛卯)가 八月에 대회한다.

十一月은 음양(陰陽) 이건(二建)이 함께 자(子)에 구회(俱會)한다. 자(子)에서 가까운 임(壬)에다 자를 배하면 임자(壬子)이므로 十一月에는 임자(壬子)가 대회한다.

十二月은 양건(陽建)이 축(丑)이고 해(亥)에서 음건(陰建)이 된다. 축(丑)에서 가까운 간(干)이 계(癸)이니 계(癸)에다 해(亥)를 배하면 계해(癸亥)이다. 十二月의 대회는 계해(癸

亥)에서 한다."

6. 음양대회 입성(立成)

이상 대회(大會)는 망후(望後)에 쓰는 것이다. 그 소령일(所領日)을 좇아 본회일(本會日)을 기하여 역으로 헤아려 상회(上會)에 이르러 그친다. 이는 곧 소령일을 득하여 헤아리는 것이다.

음양대회(陰陽大會) 입성(立成)

月會 大會	大會所領日	春夏秋冬
正月甲戌	癸亥・甲子・乙丑・丙寅・丁卯・戊辰・己巳・庚午・辛未・壬申・癸酉.	歲位歲後 歲對歲前
七月庚辰	甲戌・乙亥・丙子・丁丑・戊寅・己卯.	歲對歲前 歲位歲後
二月乙酉	庚辰・辛巳・壬午・癸未・甲申.	歲位歲後 歲對歲前
八月辛卯	乙酉・丙戌・丁亥・戊子・己丑・庚寅.	歲對歲前 歲位歲後
五月丙午	辛卯・壬辰・癸巳・甲午・乙未・丙申・丁酉・戊戌・己亥・庚子・辛丑・壬寅・癸卯・甲辰・乙巳	歲前歲位 歲後歲對
十一月壬子	丙午・丁未・戊申・己酉・庚戌・辛亥.	歲後歲對 歲前歲位
六月丁巳	壬子・癸丑・甲寅・乙卯・丙辰.	歲前歲位 歲後歲對
十二月癸亥	丁巳・戊午・己未・庚申・辛酉・壬戌・癸亥.	歲後歲對 歲前歲位

7. 음양소회(陰陽小會)

《감여경》에 이르기를, "소회(小會)는 2월 기유(己酉), 3월 무진(戊辰), 4월 기사(己巳), 5월 무오(戊午), 8월 기묘(己卯), 9월 무술(戊戌), 10월 기해(己亥)와 11월 무자(戊子)이니 이들은 모두 중궁(中宮)의 무기(戊己)를 염건(厭建)에 배속한 것이다.

가령 二月의 양건(陽建)은 묘(卯)인데, 유(酉)에서 음건(陰建)이 된다. 음양(陰陽)이 상충이니 을(乙)로 유(酉)에 배(配)하고, 신(辛)을 묘(卯)에 배하면 대회(大會)는 이미 다 있는 것이다. 그러므로 기(己)를 음건(陰建)의 유(酉)에다 배하면 음양 소회(小會)가 된다.

三月은 양건(陽建)이 진(辰)이고 음건(陰建)은 신(申)이니 경(庚)을 진(辰)에 배하여 대회(大會)가 되었으나, 을(乙)로 신(申)에 배하면 음양의 짝(耦)이 되지 못하므로 무(戊)를 진(辰)에 배하여 三月의 소회(小會)를 이룬다.

四月은 순양용사(純陽用事)이니 음세(陰勢)는 소진되었으므로 대회(大會)는 할 수 없기 때문에 기사(己巳)로 四月의 소회(小會)만을 한다.

五月은 양건(陽建) 음건(陰建)이 함께 오(午)에서 회(會)하므로 무(戊)를 소건지신(所建之辰)에 배하면 무오(戊午)가 五月의 소회(小會)가 된다.

八月 추분(秋分)은 건염(建厭)이니 분위(分位)하여 기(己)로써 음양(陰陽) 건염지신(建厭之辰)에 배한다. 그러면 八月

은 기묘(己卯)로 소회(小會)가 된다.

　구월은 박괘(剝卦) 직월(直月)이니 양(陽)이 장차 소진된다. 그러므로 대회(大會)가 없으므로 무술(戊戌)로 소회(小會)를 삼는다.

　십월은 양세(陽勢)가 소진되어 순음(純陰)만으로 용사(用事)하므로 대회(大會)가 없어서 기해(己亥)로써 십월의 소회(小會)를 한다.

　십일월은 음양(陰陽) 이건(二建)이 함께 자(子)에서 회(會)하므로 무를 소건지자(所建之子)에 배하면 무자(戊子)가 십일월의 소회(小會)가 되었다.

음양소회(陰陽小會) 입성(立成)

月會 小會	小會 所領日	春	夏	秋	冬
二月 己酉	丙午·丁未·戊申	歲位	歲後	歲對	歲前
三月 戊辰	癸亥·甲子·乙丑·丙寅·丁卯	歲位	歲後	歲對	歲前
四月 己巳	戊辰	歲前	歲位	歲後	歲對
五月 戊午	丁巳	歲前	歲位	歲後	歲對
八月 己卯	甲戌·乙亥·丙子·丁丑·戊寅	歲對	歲前	歲位	歲後
九月 戊戌	辛卯·壬辰·癸巳·甲午·乙未·丙申·丁酉	歲對	歲前	歲位	歲後
十月 己亥	戊戌	歲後	歲對	歲前	歲位
十一月 戊子	乙酉·丙戌·丁亥	歲後	歲對	歲前	歲位

　이상 소회(小會)는 망전(望前)에 사용하는 것이다. 그 소령일(所領日)은 역시 본회일(本會日)을 좇아 역수(逆數)하여

타에 이르고(至他) 대소회(大小會)를 만나면 그친다.

　조진규(曹震圭) 왈, "대회(大會)자(者)는 그 달 내(月內)의 음양(陰陽) 정회지신(正會之辰)이고, 소회(小會)자(者)는 그 음양(陰陽)의 우회지신(偶會之辰)이다. 그러므로 상길(上吉)한 날은 비화되는 날(比和之辰)이라." 하였다.

　《고원(考原)》에 이르기를, "대회자(大會者)는 양(陽)이 음(陰)에 회(會)하는 것이라 하였고, 소회자(小會者)는 음(陰)이 양(陽)에 회(會)하는 것이라 하였다. 그 달에 대회자(大會者)가 없는 것은 그 간지(干支)로 상배가 불능이기(相配不能) 때문이다. 가령 三月은 진중(辰中)에 을(乙)이 음건(陰建)의 신(申)과 상배가 불능이고, 四月은 사중(巳中)에 병(丙)이 음건의 미(未)와 상배가 불능임이 그것이다.

　소회(小會)는 음이 양을 회(陰會陽)하는 것이므로 그 날은 모두 양건(陽建)을 사용한다. 오직 二月만은 八月의 음양(陰陽) 이건(二建)과 대충(對沖)이 되므로 서로 바꾼(相易) 것이다. 그 달 내(月內)에 소회자(小會者)가 없는 것은 그 날로 대회(大會)가 이미 있거나, 혹 타월(他月)에서 소회(小會)가 이미 있기 때문이다. 그 소령일(所領日)을 보면 역(逆)으로 타월(他月)에 이르러 대소회(大小會) 일(日)이 되고 그쳤음을 볼 수 있음이다."

8. 행랑(行狼)・요려(了戾)・고신(孤辰)

　《감여경》에 이르기를, "三月은 진(辰)에서 양건(陽建)

이고 신(申)에서 음건(陰建)이니, 양(陽)이 전(前)으로 병(丙)에 미치지 못(不及)하는 것은 사(巳)에서 간격(間隔)이 되었기 때문이고, 뒤로(後過)는 갑(甲)을 통과하면 묘(卯)에서 간격(間隔)이 되므로, 갑(甲)으로 신(申)에 상배(相配)하려면 부종(不從)이고, 병(丙)으로 신(申)에 상배하려니 불급(不及)이어서 무(戊) 경(庚) 임(壬)으로 신(申)에 상배시키려니 불합(不合)이다. 그러므로 갑신(甲申)을 행랑(行狼)이라 하고 병신(丙申)을 요려(了戾)라 하였으며, 무신(戊申) 경신(庚申) 임신(壬申)을 고신(孤辰)이라 하였다.

四月은 사(巳)에서 양건(陽建)이니 미(未)에서 음건(陰建)이다. 양(陽)은 전(前)으로 정(丁)에서 불급(不及)이니 오(午)에서 간격(間隔)하고, 후과(後過)하여 을(乙)로는 진(辰)에서 간격이 된다. 그러므로 을(乙)로 미(未)에 상배하려면 부종(不從)하고, 정(丁)으로 미(未)에 상배하는 것은 불급(不及)이며, 기(己) 신(辛) 계(癸)로 미(未)에 상배하는 것은 불합(不合)이다. 그러므로 을미(乙未)는 행랑(行狼)이 되고 정미(丁未)는 요려(了戾)이고, 기미(己未) 신미(辛未) 계미(癸未)는 고신(孤辰)이 된다.

九月은 양건(陽建)이 술(戌)이고 음건(陰建)이 인(寅)이다. 양전(陽前)은 임(壬)에 불급한 것은 해(亥)에서 간격되기 때문이고 후과(後過)로 경(庚)에 이르는 것은 유(酉)에서 간격된다. 그러므로 경(庚)으로 인(寅)에 상배하는 것은 부종(不從)하고 임(壬)으로 인(寅)에 상배하는 것은 불급(不及)이며, 갑(甲) 병(丙) 무(戊)로 인(寅)에 상배하는 것은 불합(不合)이

다. 그러므로 경인(庚寅)이 행랑(行狼)이요, 임인(壬寅)이 요려(了戾)이며, 갑인(甲寅) 병인(丙寅) 무인(戊寅)이 고신(孤辰)이 된다.

十月은 양건(陽建)이 해(亥)이고 축(丑)에서 음건(陰建)이 된다. 양전(陽前)으로 계(癸)에 불급한 것은 자(子)에서 간격(間隔)이 되기 때문이고, 후과(後過)로 신(辛)에 이르는 것은 술(戌)에서 간격된다. 그러므로 신(辛)으로 축(丑)에 상배(相配)하는 것은 부종(不從)하고, 계(界)로 축(丑)에 상배하는 것은 불급이며, 을(乙) 정(丁) 기(己)로 축(丑)에 상배하는 것은 불합이다. 그러므로 신축(辛丑)이 행랑(行狼)이요 계축(癸丑)이 요려(了戾)이며, 을축(乙丑) 정축(丁丑) 기축(己丑)은 고신(孤辰)이 되었다."

《천보력》에 이르기를, "과(過)는 행랑(行狼)이요, 불급(不及)은 요려(了戾)이며, 불합(不合)은 고신(孤辰)이 된다." 하였다.

조진규(曹震圭) 왈, "월건(月建)자(者)는 양(陽)이요 월염(月厭)자는 음(陰)이다. 양주(陽主)는 간(干)이요, 음주(陰主)는 지(支)이다.

만약 양건(陽建)을 득하면 전후(前後)의 근간(近干)으로 음건(陰建)에 상배하는 것은 대회(大會)이다.

만약 양건(陽建)을 후과(後過)로 격위지간(隔位之干)을 음건(陰建)에 상배하는 것은 행랑(行狼)이 된다. 부종(不從)이란 바로 양기(陽氣)를 부종함을 말한다.

양건(陽建)이 전(前) 격위지간(隔位之干)으로 음건(陰建)

에 상배하는 것은 요려(了戾)가 된다. 불급이란 바로 양기(陽氣)에 못 미친다는 뜻이다.

　음건(陰建)으로 좌우의 간(干)과 자연히 상배하는 것은 고신(孤辰)인데, 바르게 응(應)한 것이 아니고 음(陰)이 스스로 상배한 것이므로 불합이라 한 것이다."

9. 단음(單陰)

　단음(單陰) 스스로 순양(純陽) 사위(四位)에 이른 것이니 때 없이 대회(大會)한다. 그러므로 무기(戊己)로 월건(月建)에 상배(相配)시킨 것이 그것이다.

　《감여경》에 이르기를, "三月에 괘득(卦得) 쾌(夬)한 것은 이른바 오 양효(五陽爻)가 하나(一)의 음효(陰爻)를 상대하므로 무(戊)를 진(辰)에 상배하여 단음(單陰)을 만들었다." 하였다.

10. 순음(純陰)

　《감여경》에 이르기를, "十月 괘(卦)는 득곤(得坤)하니 여섯 효(爻)가 모두 음(陰)이다. 양기(陽氣)는 이미 다 되었으므로 기(己)로 해에다 상배시켜 순음(純陰)을 만들었다." 하였다.

11. 고양(孤陽)

　《감여경》에 이르기를, "九月 괘(卦)는 박괘(剝卦)를 득

하였으니, 다섯 음효(陰爻)가 하나의 양효(陽爻)를 상대하므로 무(戊)를 술(戌)에다 상배하였다.

12. 순양(純陽)

《감여경》에 이르기를, "四月괘는 건괘(乾卦)를 득하였으니 여섯 효(爻)가 다 양효(陽爻)이니 음기(陰氣)는 다 되었으므로 기(己)를 사(巳)에다 상배시켜 순양(純陽)을 만들었다.

13. 세박(歲薄)

《감여경》에 이르기를, "四月은 사(巳)가 양건(陽建)이므로 좌행(左行)하며, 미(未)는 음건(陰建)이므로 우행(右行)한다. 음양이 상향(相向)하여 오(午)에서 합(合)한다. 그러므로 병오(丙午) 무오(戊午)를 四月 세박(歲薄)에 두었다.

十月은 양건(陽建)이 해(亥)이니 좌행하고, 음건(陰建)이 축(丑)이니 우행한다. 음양이 상향(相向)하여 자(子)에서 합하고자 하므로 임자(壬子) 무자(戊子)를 十月 세박(歲薄)에 두었다."

조진규(曹震圭) 왈, "박(薄)은 박(迫)이다. 음양(陰陽) 2건(建)이 서로 가까이에서 교제한다. 병(丙) 임(壬)은 자오(子午)와 가까운 간(干)이기 때문이다. 무(戊)는 때 없이 대회(大會)함을 이르니, 모두 무기(戊己)로 상배(相配)시킨 것이다.

14. 축진(逐陣)

《감여경》에 이르기를, "六月 양건(陽建)은 미(未)이니 좌행(左行)이고, 음건(陰建)은 사(巳)이니 우행(右行)하여 음양(陰陽)이 상배됨을 오월(午月)에서 분별된다. 그러므로 무오(戊午) 병오(丙午)가 六月의 축진(逐陣)이 된다.

十二月은 축(丑)이 양건(陽建)이니 좌행하고, 음건(陰建)은 해(亥)가 되니 우행하여 음양이 상배됨을 자(子)에서 분별된다. 그러므로 임자(壬子)와 무자(戊子)로 十二月의 축진(逐陣)을 삼는다.

조진규 왈, "음양 이건(二建)은 그 달에서 분(分) 등(背)을 지고 각각 그 진영(陣營)을 따른다."

15. 음양교파(陰陽交破)

《감여경(堪輿經)》에 이르기를, "四月은 양건(陽建)이 사(巳)이니 해(亥)에서 파(破)하고, 미(未)가 음건(陰建)이니 계(癸)에서 파(破)가 된다. 계(癸)는 양소(陽所)이므로 음소(陰所)를 파(破)하는 것이므로 해(亥)가 음(陰)이니 양(陽所)를 파했다고 하는 것이다. 이를 양파음(陽破陰)하고 음파양(陰破陽)이라 한다. 그러므로 四月의 계해(癸亥)는 음양교파(陰陽交破)라 하였다.

十月은 해(亥)가 양건(陽建)이니 사(巳)에서 파(破)하는 것이므로 음건(陰建) 축(丑)에서 정(丁)을 파(破)하는 것이다. 정

(丁)은 양(陽)이기 때문에 음소(陰所)에서 파한 것이다. 이를 사(巳)는 음(陰)이기 때문에 양소(陽所)를 파(破)했다고 하는 것이다. 이 역시 양파음(陽破陰)하고 음파양(陰破陽)한 것이다. 그러므로 十月의 정사(丁巳)는 음양교파(陰陽交破)라 한다." 하였다.

16. 음양격충(陰陽擊衝)

《감여경》에 이르기를, "五月은 음양이 함께 오(午)에 이른다. 양건(陽建)은 병을 끼고(挾丙) 격임(擊壬)하고, 음건(陰建)은 오(午)에 거하며 충자(衝子)한다. 그러므로 五月은 임자(壬子)를 음양격충(陰陽擊衝)이라 한다.

十一月은 음양(陰陽)이 함께 자(子)에 이른다. 양건(陽建)은 임을 끼고(挾壬) 격병(擊丙)하며, 음건(陰建)은 자(子)에 거하며 충오(衝午)한다. 그러므로 十一月은 병오(丙午)를 음양격충이라 한다." 하였다.

17. 양파음충(陽破陰衝)

《감여경》에 이르기를, "六月은 미(未)가 양건(陽建)이니 축(丑)은 파(破)이다. 사(巳)는 음건(陰建)이니 계(癸)와 충(衝)한다. 그러므로 六月은 계축(癸丑)으로 양파음충(陽破陰衝)한다.

十二月은 축(丑)이 양건(陽建)이니 미(未)는 파(破)가 된다.

해(亥)는 음건(陰建)이므로 정(丁)을 충(衝)한다. 그러므로 十二月은 정미(丁未)가 양파음충(陽破陰衝) 한다."하였다.

18. 음도충양(陰道衝陽)

《감여경》에 이르기를, "二月은 묘(卯)가 양건(陽建)이니 유(酉)가 충(衝)이다. 유(酉)는 음건(陰建)이니 묘(卯)를 충(衝)한다. 그러므로 二月은 기묘(己卯) 월숙(月宿)이 묘(卯)에 있어 음도충양(陰道衝陽)한다.

八月은 유(酉)가 양건(陽建)이니 묘(卯)를 충(衝)하고, 묘가 음건(陰建)이니 유(酉)를 충(衝)한다. 그러므로 八月은 기유(己酉) 월숙(月宿)이 재유(在酉)이므로 음도충양(陰道衝陽)한다."하였다.

19. 음위(陰位)

《감여경》에 이르기를, "三月은 진(辰)이 양건(陽建)이고 신(申)이 음건(陰建)이므로 三月의 경진(庚辰) 월숙(月宿)이 진(辰)에 있으므로 음위(陰位)가 된다.

九月은 술(戌)이 양건(陽建)이고 인(寅)이 음건(陰建)이다. 그러므로 九月은 갑술(甲戌) 월숙(月宿)이 재술(在戌)이어 음위(陰位)가 된다."하였다.

20. 삼음(三陰)

《감여경》에 이르기를, "正月은 신(申)이 파(破)이니 일음

(一陰)이고, 술(戌)이 염(厭)이므로 이음(二陰)이며, 신(辛)이 그 사이에 있으므로 삼음(三陰)이다. 그러므로 正月에 신유(辛酉)를 득하면 월숙(月宿)이 재유(在酉)이므로 삼음(三陰)이 된다.

七月은 인(寅)이 파(破)이니 일음(一陰)이고, 진(辰)이 염(厭)이므로 이음(二陰)이며, 을(乙)이 그 사이에 있으므로 삼음(三陰)이다. 그러므로 7월에 을묘(乙卯)를 득하면 묘(卯)가 월숙(月宿)이므로 삼음(三陰)이 된다." 하였다.

21. 양착(陽錯)

《감여경》에 이르기를, "양건(陽建)의 지지(地支)를 당방(當方)의 간(干)에 상배하고 음양을 서로 일신(日辰)과 배합시키면 소충(所衝)에 놓여 있는 숙(宿)이 양착이다. 가령 正月은 인(寅)이 양건(陽建)이고 가까운 천간(天干)이 갑(甲)이니 지간(支干)을 상배하면 갑인(甲寅)일이 되고, 인(寅)은 신(申)과 충(衝)하므로 正月의 갑인(甲寅)일은 월숙(月宿)이기도 하므로 신(申)이 양착이다.

二月은 묘(卯)가 양건(陽建)이고, 가까운 천간(天干)이 을(乙)이므로 지간(支干)을 서로 상배시키면 을묘(乙卯)일이 된다. 묘(卯)는 유(酉)와 충(衝)이므로 二月의 을묘일은 월숙(月宿)이기도 하므로 유(酉)가 양착이 된다.

三月은 진(辰)이 양건(陽建)이고, 진(辰)은 갑(甲)이 가까운 천간(天干)이므로 지간(支干)을 상배하면 갑진(甲辰)일이 된다. 진(辰)은 술(戌)과 충(衝)하므로 三月의 갑진일은 월숙(月宿)일이므로 술(戌)이 양착(陽錯)한다. 나머지 월도 그러하다." 하였다.

22. 음착(陰錯)

《감여경》에 이르기를, "음건(陰建)으로 지지(地支)의 해당되는 방(方)의 천간(天干)과 맞는 날을 찾아 배합시켜 놓고 보면 소충(所衝)하는 날의 성숙(星宿)이 음착(陰錯)이다.

가령 正月은 술(戌)이 음건(陰建)이니 경(庚)이 가까운 천간(天干)이다. 지간(支干)을 상배하면 경술(庚戌)일인데, 술(戌)은 진(辰)이 충하므로 正月의 경술(庚戌)일은 월숙(月宿)인데, 진(辰)이 있으면 음착(陰錯)이 된다.

二月은 유(酉)에서 음건(陰建)이니 신(辛)이 가까운 천간(天干)이니 지간(支干)을 상배하면 신유(辛酉)일이 된다. 유(酉)는 묘(卯)와 충하므로 二月의 신유(辛酉)일은 월숙(月宿)일인데, 묘(卯)가 있으면 음착이 된다.

三月은 신(申)이 음건(陰建)이니 경(庚)이 가까운 천간(天干)이다. 지간(支干)을 상배하면 경신(庚申)일이니 신(申)은 인(寅)과 충하므로 三月의 경신(庚申)일은 월숙(月宿)일인데, 인(寅)이 있으면 음착(陰錯)이 된다. 나머지도 이와 같다. 오직 五月과 十一月만은 음양(陰陽) 이건(二建)이 자오(子午)에서 회합하므로 음착(陰錯)이나 양착(陽錯)이 없다.

23. 음양구착(陰陽俱錯)

《감여경》에 이르기를, "五月, 十一月은 음양(陰陽) 2기(氣)가 한 신(辰)에서 동건(同建)이 된다. 그러므로 소건(所建)의 지지(地支)로 가까운 천간(天干)에 배속하면 같은 날에 함께 된다. 월숙(月宿)이 월건(月建)에 거하므로 소충(所衝)하는 성신(星辰)은 음양을 구착(俱錯)한다.

가령 五月의 음양(陰陽) 2건(建)은 오(午)에 가까운 천간(天干) 병(丙)과 합하면 병오(丙午)로 되니, 월숙(月宿)도 오(午)이므로 자(子)가 있으면 음양구착(陰陽俱錯)이 된다.

十一月의 음양 2건(建)은 자(子)에서 합하고 임(壬)에서 가까우므로 임자(壬子)가 배속된다. 월숙(月宿)이 오(午)이므로 음양구착이 된다." 하였다.

24. 절음(絶陰)

《감여경》에 이르기를, "절음(絶陰)이란 三月을 이르는 말인데, 四月에는 음기(陰氣)가 모두 끊기고(絶) 소진된다는 뜻이다. 그러므로 三月은 소회(小會) 소령(所領)일을 四月의 절음(絶陰) 소령(所領)일로 하였다.

25. 절양(絶陽)

《감여경》에 이르기를, "절양(絶陽)이란 九月을 이르는 말이다. 十月이 되면 양기(陽氣)가 소진되어 끊긴(絶)다는 것이다. 그러므로 九月의 소회(小會) 소령(所領)일을 十月의 절양소령(絶陽所領)일이 된다." 하였다.

26. 입성(立成)

조진규 왈, "이상 여러 날들은 비록 천덕(天德), 월덕(月德), 옥당(玉堂), 생기(生氣), 황도길성치일(黃道吉星值日)을 만난다 하더라도 역시 사용이 불가하니 집정(集正)에서 이르는 「음양부족지신(陰陽不足之辰)」이기 때문이다.

꺼리(忌)는 것은 흥조(興造), 가취(嫁娶), 상관부임(上官赴任), 입택(入宅), 천이(遷移), 출행(出行), 교역(交易), 합약(合藥), 문병(問病) 등 백사불의(百事不宜)이다."

안찰하여 보니; 대소회(大小會) 소령일(所領日)은 《고원(考原)》에 의거한《역사명원(曆事明原)》에 실려 있고, 《감여경》에도 나열되어 있다.

조진규(曹震圭)가 이미, "대소회(大小會)로 상길(上吉)한 날이니 그 소령(所領)과 비화지신(比和之辰)이면 반드시 검증하여 길일(吉日)로 쓸 수 있다." 하였다.

지금 살펴보니, 《회남자》에 이르기를, "대소(大小) 회(會)는 이미 흉일(凶日)인데, 그렇다면 소령(所領)일이라도 역시 비길(非吉)이 마땅하다." 그러나《주례(周禮)》에 한(漢)나라 정강성(鄭康成)의 주(注)에 팔회지일(八會之日)이 있는데, 당(唐)의 가공언(賈公彦)이 이르기를, "감여(堪輿)에 대회(大會)

가 유팔(有八)이고 소회(小會) 역시 유팔(有八)이라." 하니 그렇다면 대소(大小) 회(會)가 예로부터 내려온 것인데, 대소(大小) 회일(會日)과 소령(所領)일을 말하지 않았을 뿐이다.

　지금 다시 고찰하면 ; 일신(日辰)이 참차부제(參差不齊)하고, 다과부등(多寡不等)하니 후인(後人)들이 그 뜻을 찾아 연구하지도 아니하고 부회(附會)할까 두려운 것들이다.

　또 세위(歲位) 세대(歲對) 세전(歲前) 세후(歲後)를 춘하추동으로 배속하여 계(季)를 세명(歲名)으로 삼는 것은 실로 문란(紊亂)한 것이다. 또 회남자(淮南子)의 말과도 현저한 차이가(大相逕庭) 있으며, 다시 또 천자(天子), 황후(皇后), 경사(卿士), 서민(庶民)으로 나누어 소속시키고, 혹 세위(歲位) 세대(歲對)로 사용하고, 혹은 세전(歲前) 세후(歲後)로 나누어 쓰게 한 것들은 그릇됨이 너무나도 심한 것이다.

　그러므로 이후로는 분용(分用)하라는 4종류는 모두 산거(刪去)하기 바란다. 이어서 그 춘하추동에다 세위(歲位) 세대(歲對)시키는 것들도 모두 없애버려야 할 것이니, 법(法)이라 할 수 없기 때문이다.

　두고 쓸 수 있는 것은 그 자취(其跡)가 매몰되지 아니하여 후인이 상고(詳考)할 수 있는 것만이 가하다. 그 행랑(行狼), 요려(了戾) 이하로 20신(神)이니 구종(俱從) 염과 건으로 일으킬 수 있는(厭建起義) 것들이다. 부장일(不將日)에 합하는 것들을 보고자 하면 감여가(堪輿家)의 택일지도(擇日之道)에 모두 갖추어져 있다.

입성(立成)

	正	二	三	四	五	六	七	八	九	十	十一	十二
行狼			甲申	乙未						庚寅	辛丑	
了戾			丙申	丁未						壬寅	癸丑	
孤辰			戊申 庚申 壬申	乙未 辛未 癸未						甲寅 乙丑 戊寅	乙丑 丁丑 己丑	
單陰			戊辰									
純陰										己亥		
孤陽									戊戌			
純陽				己巳								
歲薄				丙午 戊午						壬子 戊子		
逐陣					丙午 戊午							壬子 戊子
陰陽交破				癸亥						丁巳		
陰陽擊衝					壬子						丙午	
陽破陰衝						癸丑						丁未
陰位			庚辰						甲戌			
陰道衝陽		己卯						己酉				
三陰	辛酉						己卯					
陽錯	甲寅	乙卯	甲辰	丁巳 己巳		丁未 己未	庚申	辛酉	庚戌	癸亥		癸丑
陰錯	庚戌	辛酉	庚申	丁未 己未		丁巳 己巳	甲辰	乙卯	甲寅	癸丑		癸亥
陰陽俱錯				丙午						壬子		
絕陰				戊辰								
絕陽										戊戌		

第一部 吉凶神煞

《감여경》에, 단음(單陰) 순음(純陰)은 고양(孤陽)이 순양(純陽)이지 시(時)로서는 대회(大會)가 없다. 그러므로 무기(戊己)를 월건(月建)에 배속시킨 것이니 모두 불길한 것이다. 그렇다면 감여가의 본의(本意)는 대회(大會)를 흉일(凶日)로 하였다는 것을 알 수 있다. 특히 그 글이 전하여지는 것이 없으므로 길흉(吉凶)의 뜻을 지을 수는 없으나 역가(曆家)들이 《회남자(淮南子)》등의 서(書)를 볼 수 없으므로(不睹), 조진규(曹震圭) 같은 무리들이 망의(妄意)로 길신으로 치부하여 버린 것이다.

또 안찰하면 ; 가공언소(賈公彦疏)에 《주례(周禮)》를 인용한《감여경》에 황제(皇帝)의 물음에 천로(天老)가 대답하여 운하기를, 四月은 사(巳)를 양건(陽建)으로 하는데, 사(巳)는 해(亥)가 파(破)하며, 음건(陰建)은 미(未)이니 미(未)는 계(癸)에서 파하므로 이것은 양파음(陽破陰)하고 음파양(陰破陽)하는 것이다. 그러므로 四月에 계해(癸亥)가 있으면 음양교회(陰陽交會)가 된다. 十月에 정사(丁巳)는 음양교회(陰陽交會)이니 미파계(未破癸)는 곧 미(未)가 축(丑)을 대하는 것으로 계(癸)에 가깝다고 운운한 것이다. 이는 곧 입성중(立成中)의 음양이 교파(陰陽交破)하는 두 날(二日)이다. 지금 이르되, 교파(交破)는 옛날의 교회(交會)이다. 그렇다면 회(會)라는 뜻은 파(破)와 같은 의미이므로 진실로 길하지 아니하다.

대회(大會) 등의 명의(名義)에 이르러서는 《고원(考原)》에 소상하게 실려 있으므로 마치 미진함이 있는 것 같다. 지금 안찰하면, 음양(陰陽) 2건(建)이 자오(子午)에서 합하고 묘유(卯

酉)에서 나뉜다.

「대회(大會)」란 양(陽)이 음(陰)과 만난다(會)는 이유로 합(合)이라고 했다가 바로 분리하게 되므로 十一月로부터 二月까지와, 五月로부터 八月까지 공히 八日이지만, 三・四・九・十月까지는 대회(大會)일이 없다.

「소회(小會)」는 음(陰)이 양(陽)과 만나(會)는 것이니, 나뉘었던 것이 합(合)에 이르는 것이다. 그러므로 二月로부터 五月까지와 八月로부터 十一月까지는 공히 八日인데, 六・七・十二・正月까지는 소회(小會)일이 없다. 그러므로 그 달의 간지(干支)가 아니면 상배가 불능이기 때문에 대회(大會)도 없는 것이다. 그 날이 이미 대회가 있을지라도 소회(小會)는 없는 것이다.

양이 음으로 회(陽會于陰)하는 것은 간건(干建) 지염(支厭)이니, 갑(甲)은 곧 인(寅)이고 을즉묘(乙卽卯)이니, 근간(近干)으로 취한 것이 아니다.

음이 양으로 회(陰會于陽)하는 것은 간염(干厭) 지건(支建)에서 온 것이니, 염(厭)은 음(陰)이고 음(陰)은 지(地)이므로 무기(戊己)로 월건(月建)과 상배시켜서 소회(小會)가 되었다. 근간(近干)이 아니면 대회(大會)가 이미 있더라도 무기(戊己)를 후취(後取)한다.

또 소회(小會)는 다 건일(建日)이며, 충(衝)은 다 파일(破日)이다. 《명원(明原)》에 二月 기유(己酉)와 八月 기묘(己卯)는 소회(小會)이다. 二月 기유(己酉)와 八月 기묘(己卯)를 음도충양(陰道衝陽)이라 하니, 이들은 마땅히 상호 어긋나기(誤) 때

문이다. 삼구월(三九月)은 음양(陰陽) 시침(始侵)하고 사시월(四十月)은 음양(陰陽) 상핍(相逼)한다. 그러므로 행랑(行狼), 요려(了戾), 고신(孤辰), 무허일(無虛日), 단음(單陰), 순양(純陽), 고양(孤陽), 순음(純陰) 등이 바로 소회(小會)를 좇아 따르지만, 별도의 이름으로 일의(一義)를 취하고 있다. 그 달(月)에서도 대회(大會)가 없는 것은 아니다.

세박(歲薄)은 음양이 합(合)이 되기 전에 기(氣)는 이미 먼저 자리다툼(先爭)을 한다. 축진(逐陣)은 음양이 비로소 분리(分離)하고자 하는데, 경계(境界)가 어려우므로 완전히 해소가 되지는 못한다. 그러므로 두 건(二建)을 자오일(子午日)에다 상배시켰다.

병(丙) 임(壬)은 즉 양건(陽建)이니, 근간(近干)으로 취하는 것이 아니다.

무(戊)는 즉 음건(陰建)이므로 대회(大會)가 없는 상태에서는 무기(戊己)를 취하지 못한다.

진술(辰戌)은 무기(戊己)의 분신(分身)이다. 그러므로 음건(陰建)에다가 진술일(辰戌日)을 상배(相配)시키면 음위(陰位)가 된다. 뿐만 아니라, 진술(辰戌)은 본시 양건(陽建)이기도 하다. 가령 차례대로 양건(陽建)을 취한다면 축월(逐月)을 따라 다 있는 것인데, 어찌 삼구월(三九月)에만 유독 있겠는가?

정칠월(正七月)은 염파(厭破)가 되기 전에 기(氣)가 이미 먼저 교제(先交)하므로 正月의 신유(辛酉)와 七月의 을묘(乙卯)는 다 염파(厭破) 간에 간지(干支)를 스스로 상배하여 삼음일(三陰日)을 이룬다. 이것은 세박(歲薄)과 같은 뜻이다. 《명원

(明原)》에 正月에 신묘(辛卯)와 七月에 을유(乙酉)를 작(作)하는 것은 역시 상호 그릇된 것이다.

　양건(陽建)에 양건이 중첩하는 것은 양착(陽錯)이 되고, 음건(陰建)에 음건이 중첩하는 것은 음착(陰錯)이라 한다. 五月, 十一月은 음양 동건(同建)인 것과 또 동건의 간(干)이 중첩된 것을 음양 구착(俱錯)이라 하는데, 역시 근간(近干)으로 취한 것이 아니다. 또 음위(陰位)로부터 이하 모두 월숙(月宿)에서 취하는 것은 손사막(孫思邈)*의《방중경(房中經)》에 실려 있는 월숙일(月宿日)의 옳고 그른 것(是否 ; 是非)은 이것 역시 상고할 수가 없는 것이다. 그러나 그 날은 불길한 것으로 의례(義例)에 심히 명쾌하게 밝혀 놓은 것이다. 이곳에서는 말할 필요가 없고(不待), 월숙(月宿)이 되는 날은 뒤에서 결정하기로 한다. 지금은 삼음(三陰)이 이미 개정되었고, 소회(小會)도 개정한 것을 입성(立成)하여 권중에 실려 있으나, 이곳은 옛것을 참고하여 상고한 것이다. 절음(絶陰) 절양(絶陽)은 단음(單陰) 고양(孤陽)을 좇았으나 진일보한 것이다.

　대개 三月의 단음(單陰)이 四月에 이르면 절(絶)하고, 九月의 고양(孤陽)은 十月에 이르면 절(絶)하는 것이다. 그 소령(所領)일 역시 후인이 부회(府會)하고 삭제시킨 것이다.

　　*손사막(孫思邈) ; 당(唐)나라의 의학자(醫學者). 백가(百家)에 통(通)하고 노장(老壯)의 도(道)에 환하며, 겸하여 음양(陰陽)과 의술(醫術)에 통달(通達)하였다. 당(唐)의 태종(太宗)이 예를 갖추어 맞아들여 국자박사(國子博士)에 앉히려는 것을 마다하고 민간에 오랫동안 머물러 소박하게 살면서 약재를 채취하고 의학을 연

구하여 사람들의 병을 고쳐 주었다. 그는 인명(人命)은 천금보다 귀중하다는 생각에 바탕을 둔 의가(醫家)의 윤리를 제창하였다. 당나라 이전의 중국 의학 발전의 풍부한 경험을 체계적으로 총결하고 자신의 임상경험을 결합하여 《천금요방(千金要方)》 30권과 《천금익방(千金翼方)》 30권을 저술했다.

欽定 四庫全書

協紀辨方書
卷 5

의례義例 3 • 일신류 신살 日神類 神煞

제1장 일중길신(日中吉神)
제2장 일중기신(日中忌神)

제1장. 일중길신(日中吉神)

1. 천도(天道)·천덕(天德)

太歲	子	丑	寅	卯	辰	巳	午	未	申	酉	戌	亥
天道 天德	巽方	庚方	丁方	坤方	壬方	辛方	乾方	甲方	癸方	艮方	丙方	乙方

《건곤보전(乾坤寶典)》에 이르기를, "천도(天道)는 하늘(天)의 원양(元陽)이니 곧 순리(順理)의 방(方)을 말한다. 그쪽 방위는 흥거중무(興擧衆務)에 마땅하다. 향(向)으로도 상길(上吉)하다." 하였다.

《광성력(廣聖曆)》에 이르기를, "천도(天道)는 正月과 九月은 남방(南方)에 있고, 二月은 서남방(西南方)이며, 三月, 七月은 북방(北方)이며 四月, 十二月은 서방(西方)에 있으며, 五月은 서북방(西北方)이며, 六月, 十月은 동방(東方)이며, 八月은 동북방(東北方)이며, 十一月은 동남방(東南方)에 있다." 하였다.

《고원》에 이르기를, "천도(天道)를 안찰하여 보니, 천덕(天德)이 소재하는 방위(方位)더라." 하였다.

《건곤보전》에 이르기를, "천덕(天德)이란 하늘(天)의 복덕(福德)이란 뜻이다. 이곳의 소리지방(所理之方)으로는 흥하고자 하는 토공(興土功)과 궁실을 짓는(營建宮室) 데 좋다."

하였다.

《감여경》에 이르기를, "「천덕(天德)」은 正月丁, 二月坤, 三月壬, 四月辛, 五月乾, 六月甲, 七月癸, 八月艮, 九月丙, 十月乙, 十一月巽, 十二月庚이라 하였다.

조진규(曹震圭) 왈, "사맹의 달(四孟之月)에는 음간(陰干)으로 천덕(天德)이 되므로, 이는 천도(天道)의 혜택으로 그 천덕을 생(生)하여 주는 곳은 되지 못한다. 가령 정월(正月)은 병화(丙火)의 생지(生地)이지만, 정화(丁火)의 생지(生地)는 아니고, 四월은 경금(庚金)은 생(生)하지만 신금(辛金)은 생(生)하지 아니하며, 七월은 임수(壬水)의 생지(生地)이나 계수(癸水)의 생지(生地)는 아니고, 十월은 갑목(甲木)은 생지(生地)이나 을목(乙木)을 생(生)한다고 하지 않는다. 그러므로 음간(陰干)에는 덕(德)으로 삼았다.

사계의 월(四季之月)은 양간(陽干)으로 천덕(天德)이 되었는데, 이는 천도(天道)의 혜택이 자기의 묘지(墓地)가 된 것이다. 가령 三월은 임수(壬水)의 묘지(墓地)이고, 六월은 갑목(甲木)의 묘지이며, 九월은 병화(丙火)의 묘지이고, 十二월은 경금(庚金)의 묘지이다. 그러므로 양간(陽干)에 덕(德)을 둔 것이다.

사중의 월(四仲月)은 사유(四維)의 괘(卦)로 덕(德)을 삼았다. 이는 천도(天道)의 변화를 성공시키기 위한 것이다. 가령 二월은 만물이 장차 생(生)하려면 사역(使役)을 해야(致役乎坤)하기 때문이고, 五월은 장차 음기(陰氣)가 발생하여야 하니 건도(乾道)를 변화시킨 것이다. 八월은 장차 만물을 거두기 위함(成言乎艮)이다. 십일월은 음기(陰氣)가 흩어지고 양기(陽氣)를 들이기(巽 ; 風以散之) 위함이다."

《고원》에 이르기를, "천덕자(天德者)는 삼합의 기(三合之氣)를 응용한 것이다. 가령 정오구(正午九) 월건(月建)은 인오술(寅午戌) 화국(火局)이므로 화(火)로 덕(德)을 삼았으니, 정월(正月) 정(丁), 구월(九月) 병(丙), 오월(五月)은 화(火)의 묘(墓)인 술(戌)이 건궁(乾宮)에 있기 때문이다.

二·六·十 월건(月建)은 묘미해(卯未亥) 합목국(合木局)이므로 木으로써 덕(德)을 삼았다. 六月 갑(甲), 十月 을(乙), 二月 곤(坤)으로 삼은 것은 목(木)의 묘(墓) 미(未)가 곤궁(坤宮)에 있기 때문이다.

三·七·十一 월건(月建)은 진신자(辰申子)로 합수국(合水局)이다. 그러므로 수(水)로써 덕(德)을 삼았다. 三月 임(壬), 七月 계(癸), 十一月 손(巽)인데, 이것은 수(水)의 묘(墓)인 진(辰)이 손궁(巽宮)에 있기 때문이다.

四·八·十二 월건(月建)은 사유축(巳酉丑) 금국(金局)이다. 그러므로 금(金)으로써 덕(德)을 삼았으니 四月 신(辛), 十二月 경(庚), 八月 간(艮)인데, 금묘(金墓)인 축(丑)은 간궁(艮宮)에 있기 때문이다.

이렇게 인신사해(寅申巳亥) 월(月)은 오행(五行)의 장생지위(長生之位)이므로 음간(陰干)이 배속되었고, 진술축미(辰戌丑未) 월(月)은 오행의 묘고지위(墓庫之位)이므로 양간(陽干)을 배속시켰으며, 자오묘유(子午卯酉)는 오행의 당왕지위(當旺之位)이므로 묘신(墓辰)을 배속시켰다.

천덕(天德)에서 본궁의 괘는 지(支)를 사용하지 아니하고 천간을 사용(本宮之卦支不用而用干)하는 것은, 지(支)는 지(地)이고 간(干)은 천(天)이기 때문이다. 그러므로 이름을 천덕(天德)이라 하면서 천간(天干)만 사용한다. 또 건곤간손(乾坤艮巽) 사괘(四卦)로써 진술축미(辰戌丑未)를 대용(代用)시킨 것은 지지(地支)를 사용하지 않기 위함이다."

　안찰하면 ; 월건(月建)은 모두 지지(地支)이고, 두병(斗柄)은 하늘(天)에서 운행(運行)하는 것이니 천간(天干)으로 나타낸다. 그 소건자(所建者 ; 地)라 함은 땅에서의 월건(月建)을 말하므로 소건자(所建者)가 화(火)라면 두병(斗柄)의 건지자(建之者 ; 天)도 역시 화(火)이고, 소건자(所建者)가 수(水)라면 두병(斗柄)의 건지자(建之者 ; 天)도 역시 반드시 수(水)라는 것이다. 그러므로 소건자(所建者)가 인오술(寅午戌)이면 건지자(建之者 ; 天)도 반드시 병정건(丙丁乾)이 된다는 것이다. 덕자(德者 ; 得)는 득이므로 그 소(所)에서 자득(自得)한다. 지득(地得) 인오술(寅午戌) 화(火)이면 천(天)도 필득(必得) 병정건(丙丁乾) 화(火)가 된다는 것이다. 그러나 반드시 정정(正丁) 오건(五乾) 구병(九丙)으로 된다는데, 왜 그런가? 지(地)에서 인(寅)으로 화(火)의 생지(生地)가 되었다면 천(天)에서는 반드시 정(丁)으로 성(成)해야 하기 때문이다. 지(地)에서 술(戌)로써 화(火)를 성(成)처로 한다면 천(天)은 반드시 병(丙)으로 화(火)의 소종(所從) 생처(生處)로 삼아야 하는데, 화(火)는 일(日 ; 太陽)에서 생(生)하므로 병일(丙日)은 천화(天火)이고 정화(丁火)는 지화(地火)이기 때문이다.

만약 五月의 오(午)는 화(火)의 정위(正位)이니 지(地)에서 정위(正位)에 거한다는 것은 천(天)에서는 반드시 건(乾) 술(戌)에 거하여야 화(火)의 종시(終始)가 되고, 천(天)이 그 양단(兩端)을 잡아야 지(地)는 바로 그 중(中)에서 쓰임을 득(得用)할 수 있는 것이다. 다른 것도 이렇게 유추한다.

《역(易)》에서는 이를 다 천일(天一) 지육(地六)의 뜻으로 하였다.

천덕(天德)이 소재하는 곳을 사용하는 것은 불길함이 없는 것은 순천(順天)하기 때문이다.

또 안찰하면 ; 《회남자(淮南子)》의 홍열해천문(鴻烈解天文) 훈왈(訓曰), "자오묘유(子午卯酉)는 이승(二繩)이요, 축인진사미신술해(丑寅辰巳未申戌亥)는 사구(四鉤)이며, 동북(東北)은 보덕지유(報德之維)이며, 서남(西南)은 배양지유(背陽之維)이며, 동남(東南)은 상양지유(商羊之維)이며, 서북(西北)은 제통지유(蹏通之維)이다.

두(斗)가 자(子)를 가리키면 동지(冬至)이니 이에다 15일을 가(加)하면 계(癸)를 가리키니 소한(小寒)이요, 이에 15일을 가(加)하면 축(丑)을 가리키니 대한(大寒)이며, 이에서 15일을 더하면 보덕지유(報德之維)를 가리키는데, 그곳은 월음(月陰)이 재지(在地)한다. 그러므로 왈, 동지로부터(距冬至) 45일이 되는 입춘(立春)이 된 것이다.

이에서 15일을 가하면 인(寅)을 가리키니 우수(雨水)가 되며, 15일을 더 가하면 갑(甲)을 가리키는데 뇌경칩(雷驚蟄)이며, 또 15일을 가하면 묘중승(卯中繩)을 가리키므로 춘분(春

分)이 되는데, 이곳부터 뇌행(雷行)이 된다.

　다시 15일을 가하면 을(乙)을 가리키니 청명풍이 이르며, 15일을 더하면 진(辰)을 가리키니 곡우(穀雨)가 되며, 15일을 더하면 상양지유(商羊之維)인데, 이곳은 춘분(春分)이 다하는(盡) 곳이므로 왈 46일의 간격으로 입하(立夏)가 된다.

　이에서 15일을 가하면 사(巳)를 가리키는데 소만(小滿)이 되며, 다시 15일을 더하면 병(丙)을 가리키니 망종(芒種)이 되며, 다시 15일을 더하면 오(午)를 가리키니 양기(陽氣)가 극진(極盡)하는 곳이며, 이곳은 또 46일째의 하지(夏至)이다.

　이에서 다시 15일을 가하면 정(丁)을 가리키니 소서(小暑)가 되며, 15일을 더하면 미(未)를 가리키는데 대서(大暑)가 되며, 15일을 더하면 배양지유(背陽之維)를 가리키는데, 이곳이 하분진(夏分盡)이다. 그러므로 왈, 46일째에 입추(立秋)가 된 것이다.

　이에서 다시 15일을 가하면 신(申)을 가리키니 처서(處暑)가 되며, 15일을 더하면 경(庚)을 가리키니 백로강(白露降)이며, 15일을 더하면 유(酉) 중승(中繩)을 가리키므로 왈, 추분(秋分)이라 하였다.

　이에서 다시 15일을 가하면 신(辛)인데 한로(寒露)이며, 다시 15일을 가하면 술(戌)을 가리키니 상강(霜降)이다. 또 15일을 가하여 제통지유(蹏通之維)를 가리키면 추분진(秋分盡)이므로 또 46일째의 입동(立冬)이 된다.

　이에서 다시 15일을 가하면 해(亥)를 가리키니 소설(小雪)이며, 15일을 더하면 임(壬)을 가리키니 대설(大雪)이며, 15일을 더하면 자(子)를 가리키니 동지(冬至)가 되었다."

이에서 보덕지유(報德之維), 상양지유(商(常)羊之維), 배양지유(背陽之維), 제통지유(蹄通之維)라 한 것은 간손곤건(艮巽坤乾)을 이르는 것이며, 간손곤건(艮巽坤乾)의 유(維)는 두병(斗柄)이 각각 15일씩 가리키는 것이다. 이에서 진(震) 태(兌) 감(坎) 리(離)에 거하는 자오묘유(子午卯酉)를 말하지 아니한 것은 15일씩의 중(中)에서 통솔하기 때문인데, 별도로 분위(分位)를 세워놓지 않았기 때문이다. 그러므로 천덕방(天德方) 아래에 간(艮) 손(巽) 곤(坤) 건(乾)을 두었고, 진(震) 태(兌) 감(坎) 리(離)는 이에 두지 않은 것이다.

또 안찰하면 ;《여해집(蠡海集)》에 이르기를 ; 술가(術家)들이 취하는 천덕법(天德法)은 자오묘유(子午卯酉)월(月)에서는 사괘지상(四卦之上)에 거하고 있다. 이에서 매괘(每卦)에는 두 개의 지지(二支)가 있는데, 무기(戊己)는 왜 천덕(天德)을 가(加)하지 않았나 하는 의심(懷疑)이 생기는 것이다. 그러나 천기(天氣)는 본시 토(土)와는 친할 수 없기 때문인 것이다. 그러므로 자오묘유(子午卯酉)월에서는 단지 사해(巳亥)와 인신(寅申)만을 사용하되 진술축미(辰戌丑未) 사묘(四墓)는 사용하지 않는다는 것이다.

또 일설(一說)은, 이미 사묘(四墓)는 불용(不用)이라면 오행(五行) 중(中)에서 토기(土氣)만의 절지(絶地)를 만들 수 있지 않겠는가? 대개 사묘(四墓)는 바르게 사용하여야 하는 것이다. 봄(春) 2월은 목(木)이니 묘(墓)는 미(未)이고, 하(夏) 五월은 화(火)이니 술(戌)이 묘(墓)이며, 추(秋) 八월은 금묘(金墓)가 축(丑)이며, 동(冬) 十一月은 수(水)이니 묘(墓)가 진(辰)이다. 이에 사행(四行)의 휴묘(休墓)는 사계(四季)이므로 덕(德)으로 하였다.

이렇게 고금(古今)의 술가(術家)들은 겸하여 취(兼取)하고 사용하여 왔다. 하물며 해월(亥月)은 용을(用乙)하고 미월(未月)은 용갑(用甲)한다면 묘월(卯月)도 반드시 미(未)를 사용하고 신(申)은 사용하지 않는다는(不用) 것으로 의심이 없다. 또 인월정(寅月丁) 술월병(戌月丙)은 곧 오월(午月)은 재술(在戌)이나 부재해(不在亥)라는 것으로도 의심이 없는(無疑) 것이다.

대개 생월(生月)은 용음(用陰)하고 묘월(墓月)은 용양(用陽)하며 왕월(旺月)은 용묘(用墓)하는 것이다.

이상을 지금 보건대, 대개 천덕(天德)으로 취용(取用)할 때 천간(天干)으로 함이 8개이고 괘위(卦位)로 함이 4개인데 간괘(干卦)가 불순(不純)하므로 이상과 같은 논설(論說)이 분분(紛紛)하다.

대저 무기(戊己)는 중궁지위(中宮之位)이니 본래 방위(方位)가 없다. 그러므로 그것을 모가(母家)로 명지(命之)면 왈, 사미(巳未)요, 그 녹왕(祿旺)으로 명지(命之)면 이르기를, 사오(巳午)요, 그 종만물(終萬物) 시만물지의(始萬物之義)로 명지(命之)면 이르기를, 강괴(罡魁)이며, 그것을 생만물(生萬物) 성만물지의(成萬物之義)로 명지(命之)면 왈, 곤간(坤艮)이 된다.

요지(要之)는 한 가지의 뜻을 들고 보아 그 전부를 들어 말할 수 없으며(要之擧其一義而未擧其全), 전부를 들고 말하고자 해도 안 되므로 《참동계(參同契)*》를 보는 것만도 못하였다. 무기(戊己)를, 감리(坎離)의 허중(虛中)이므로 불용(不用)이라 한다면 득할 수 있다. 이에서의 불용(不用)이란 바로 알맞음이 없기 때문에 불용(乃無適而不用)이라는 뜻이다. 통틀어 말하면 十二月의 천덕(天德)은 다 무기(戊己)인 것이다. 비록 그러하나 사정방(四正方)에서는 더 더욱 현저한 것이다. 이러한 까닭으로 사유(四維)에 부쳐진 것이다.

대저 물에서 사유(凡物之四維)란 필통어심(必通於心)이니 마음을 먼저 세워야 연후에 이에 대한 역할이 나오는(心立而後 角乃見) 것이다. 그러므로 용각(用角)은 즉 용심(用心)인 것이다.

무릇 건곤간손(乾坤艮巽)이라 운(云)한 것은, 즉 무기(戊己)일 뿐인데, 이에 대하여 장생(長生) 묘고(墓庫)로 운(云)한 것은 12지(支)에 있는 것인데, 십간(十干)에는 없기 때문에 그렇게 말한 것이다.

이제 천덕(天德)을 기왕에 십간(十干)에서 쓴다면 12지(支)로서 혼잡(混雜)시키는 것에 불응한다는 뜻이 담겨 있다. 《고원(考原)》의 왕규묘고지설(同王逵墓庫之說)과 같은 것이니, 근거가 있는 것으로 해석이 가하다.

또 안찰하면 ; 천도(天道)는 곧 이것이 천덕(天德)이니 오로지 그 한 방향(一方)을 말하는 것은 왈, 천도(天道)가 일간(日干)과 겸하는 방향을 말하는 것인데, 그것은 천덕이니 실제로 하나이다(一也).

또 《용수경(龍首經)》에 천도(天道) 기례(起例)를 보면, 양월(陽月)은 용축(用丑)하고 음월(陰月)은 용미(用未)하여 월건

(月建)을 가하고 보는데, 천상(天上) 갑경(甲庚)이 소임(所臨)하는 곳이 천도(天道)로 하였는데, 이와는 부동(不同)이다. 별도로 와전되었음을 변명(辨明)하였다.

* 《참동계(參同契)》 ; 당(唐)의 희천(希遷, 700~790)이 지은 불교서적으로, 책명은 위백양(魏伯陽)이 지은 도교 서적에서 따온 것이며, 삼라만상의 참(參)과 평등실상의 동(同), 그리고 이 둘의 계조융화(契調融和)를 설한다는 뜻을 지닌다.

2. 월덕(月德)

太歲	子	丑	寅	卯	辰	巳	午	未	申	酉	戌	亥
月德	壬	庚	丙	甲	壬	庚	丙	甲	壬	庚	丙	甲

《천보력》에 이르기를, "월덕(月德)은 그 달의 덕신(德神)이다. 취토(取土), 수영(修營)이 마땅하고 그 방위로 향(向)을 하는 것도 좋다. 또 상관을 위한 잔치 등에도 좋으니 월덕일(月德日)을 많이 이용한다." 하였다.

《역례》에 이르기를, "월덕(月德)자(者)는,

1·5·9월(正 五 九月 ; 寅午戌月) 병(丙),
2·6·10월(二 六 十月 ; 亥卯未月) 갑(甲),
3·7·11월(三 七 十一月 ; 申子辰月) 임(壬),
4·8·12월(四 八 十二月 ; 巳酉丑月) 경(庚)이라." 하였다.

조진규(曹震圭) 왈, "월덕자(月德者)는 월중(月中)의 양덕(陽德)이라 하였다. 그러므로 간(幹)을 존중하고 지(枝)는 낮게 보는데, 이는 신은 군덕으로 구함받기 때문(臣求君德)이라 한다. 월덕(月德)은 삼합오행(三合五行)의 양간(陽干)으로 덕(德)을 삼는다 하니, 가령 인오술(寅午戌) 삼합(三合)은 화(火)이니 병화(丙火)가 덕(德)인데, 이는 각기 자왕(自旺)한 간(幹)으로 응조(應助)케 한 것이다. 나머지도 이와 같다."

안찰하면 ; 월(月)은 음(陰)이다. 음(陰)은 덕(德)이 없으므로 양(陽)의 덕(德)을 덕으로 삼았다. 그것을 보면 첫째는 양자는 모두 덕이다(陽者皆德也). 둘째는 양자는 모두 사특(陽者皆慝也)하다. 이로써 正 五 九月은 병(丙)으로 덕(德)을 삼았으니, 병(丙)은 천상(天上)의 화(火)이므로 지화(地火)의 소품(所稟)자이다. 그러므로 인오술(寅午戌) 화월(火月)은 병(丙)으로 월덕(月德)을 삼았다. 나머지도 이와 같이 추리한다.

갑병경임(甲丙庚壬)은 모두 양이다. 양자(陽者)는 덕(德)이라 하였으니 을신정계(乙辛丁癸)는 사용하지 않은 것이다. 그렇다면 천덕(天德)은 어찌하여 을신정계로 천덕(天德)을 삼았는가? 이는 종천(從天)으로 논(論)하였기 때문이다.

하늘은 본시 양을 잡고(天秉陽) 있으므로 덕(德)이 양(陽)이어야 할 때는 양(陽)으로 하였고, 덕(德)이 음(陰)이어야 마땅할 때는 음(陰)으로 덕(德)을 삼았으나 천양(天陽)을 좇게 한 것이다.

월을 좇아서(從月) 논하면, 월은 음을 잡고(月秉陰) 있으므로 순전한 양(陽)으로만 덕(德)을 삼은 것이다.

그렇다면 왜 무(戊)는 없는가? 가로되 삼합(三合)은 사행(四行)뿐이기 때문이다. 토(土)는 그 가운데 포함되어 있어 무적이비토(無適而非土)이기 때문에 거중자 용중(居中者用中)하여 생살(生殺)을 함께 시행하면서 덕과 형을 공평하게(德刑互濟) 한다.

지금 덕(德)만으로 말하면 당왕(當旺)한 일행(一行)으로 덕(德)을 삼았으나 토(土)에는 이르지 못하였으니, 토(土)는 지구상(地球上)의 전체의 땅이기 때문이다. 그러므로 무덕의 덕(無德之德)이 바로 대덕(大德)이니 대덕에서는 덕이 불필요인 것이다.

3. 천덕합(天德合)

太歲	子	丑	寅	卯	辰	巳	午	未	申	酉	戌	亥
天德合		乙	壬		丁	丙		己	戊		辛	庚

《천보력》에 이르기를, "천덕합(天德合)이란 합덕지신(合德之神)을 말한다. 이 방위(方位)에서는 영구궁실(營構宮室)과 수축성원(修築城垣)에 마땅하다. 이 날에는 담은사사(覃恩肆赦)와 명장출사(命將出師), 도례산천(禱禮山川), 기청복원(祈請福願) 등에도 마땅하다." 하였다.

《역례》에 이르기를, "천덕합(天德合)은 正月 임(壬), 三月 정(丁), 四月 병(丙), 六月 기(己), 七月 무(戊), 九月 신(辛), 十月 경(庚), 十二月 을(乙)이다. 사중(四仲)의 월(月)은 천덕(天德)이 사유(四維)에 거(居)하므로 합(合)이 없다." 하였다.

《고원》에 이르기를, "천덕합(天德合)자는 각기 그 달의 천덕(天德)과 합(合)하는 간(干)을 말한다." 하였다.

안찰하면 ; 양간(陽干)이 천덕이면 음간(陰干)과 합(合)이 되고, 음간(陰干)이 천덕이면 양간(陽干)과 합이니 사유(四維)의 천덕에는 합이 없다. 그러므로 곤건간손(坤乾艮巽)은 사유(四維)에서 덕(德)이 되므로 그 유신(維辰)에 가까운 지지(地支)와 합한다.

즉 건(建)은 해(亥)와 함께 가까이 있고, 간(艮)은 인(寅)과 가까이 함께 있으니 건간(乾艮)이 합이 되고, 인해(寅亥)도 합이다.

또 곤(坤) 손(巽)이 합(合)이 되고, 신(申) 사(巳)도 합이며, 신(申) 진(辰)도 합(合)이 되었으나, 사유(四維)에는 십간(十干)이 없으므로 합을 말하지 않은 것이다.

그러나 방향론에서는 건(乾)을 천덕(天德)방(方)으로 하고, 간(艮)을 천덕합(天德合)방으로 하며, 손(巽)을 천덕(天德)방, 곤(坤)을 천덕합(天德合)방으로 사용하기도 한다. 이도 역시 하나의 뜻이 있음이다.

4. 월덕합(月德合)

太歲	子	丑	寅	卯	辰	巳	午	未	申	酉	戌	亥
月德合	丁	乙	辛	巳	丁	乙	辛	巳	丁	乙	辛	巳

《오행론(五行論)》에 이르기를, "월덕합(月德合)은 오행

의 정(精)을 일치(合)시키는 것이다(五行之**精符會**爲合也). 소리지방(所理之方)에서는 여러 악신(惡神)을 해소시키고 백 가지 복업(福業)을 회집(會集)하는 날이므로 명장출사(命將出師)와 상책수봉(上冊受封)과 사사성신(祠祀星辰), 영건궁실(營建宮室)에 이롭다." 하였다.

《역례》에 이르기를, "월덕합자(月德合者)는 正, 五, 九월은 신(辛)에 있고, 二, 六, 十월은 기(己)가 되며, 三, 七, 十一월은 정(丁)이며, 四, 八, 十二월은 을(乙)이 그것이다." 하였다.

《고원》에 이르기를, "월덕합(月德合)자는 각기의 월덕(月德)과 합(合)이 되는 간(干)을 말한다." 하였다.

안찰하면 ; 갑(甲) 병(丙) 임(壬) 경(庚)이 월덕이라면 기(己) 신(辛) 정(丁) 을(乙)이 월덕합(月德合)이다. 월덕(月德)과 월덕합(月德合)에는 무계(戊癸)가 없는데, 무(戊)에는 사(巳)가 있어서 금(金)의 모(母)가 되고, 계(癸)에는 축(丑)이 있어서 금(金)의 묘(墓)가 된다. 유(酉)가 금(金)의 정위(正位)인데 경신(庚辛)에 임(臨)하지 않았으므로 합(合)을 시키면 사유축(巳酉丑) 금국(金局)이 되기 때문이다.

대개 금(金)은 형(刑)이므로 덕(德)과는 반대이며, 사유축(巳酉丑)은 이른바 삼살(三煞)이니 파쇄(破碎)이며, 또 홍사(紅沙)이기도 하니 덕합(德合) 외에 무계지방(戊癸之方)은 금국(金局)으로 남는 것이 더 바람직한 것이다. 음양(陰陽)은 자연 속에서 자연히 이루어지는 것이기 때문에 묘(妙)함이 되는 것이다.

5. 월공(月空)

太歲	子	丑	寅	卯	辰	巳	午	未	申	酉	戌	亥
月空	丙	甲	壬	庚	丙	甲	壬	庚	丙	甲	壬	庚

《역례》에 이르기를, "인오술월(寅午戌月) 임(壬), 해묘미월(亥卯未月) 경(庚), 신자진월(申子辰月) 병(丙), 사유축월(巳酉丑月) 갑(甲)이 월공(月空)이다." 하였다.

《천보력》에 이르기를, "월공(月空)은 월중(月中)의 양신(陽辰)이다. 소리지일(所理之日)은 주모(籌謀 ; 방법을 강구함)를 설치하거나 계책을 벌여놓는 데 마땅하다." 하였다.

《역신원시(曆神原始)》에 이르기를, "월덕(月德)은 남(南)으로부터 동(東)쪽 병(丙) 갑(甲) 임(壬) 경(庚)으로 진행하고, 월공(月空)은 북(北)으로부터 서(西)쪽 임(壬) 경(庚) 병(丙) 갑(甲)으로 진행한다. 그러므로 천덕(天德)을 충파(衝破)하는 신(神)이다. 따라서 주모(籌謀)를 설치하거나 계책(計策)을 펴는 데 마땅한 것이다 이는 귀인(貴人)의 대(對)이므로 이름을 천공(天空)이라 하였다. 상서진언(上書陳言)에 마땅하다. 그러므로 천공(天空)이 즉 주서(奏書)이다. 이는 월덕신(月德神)을 대(對)하므로 역시 이름을 공(空)으로 하였으며, 월공(月空)은 상표장(上表章 ; 윗전에 올리는 글)에 이롭다." 하였다.

안찰하건대 ; 월덕(月德)이 병(丙)이면 월공(月空)은 임(壬)이 되는 것이다. 무릇 월공(月空)에서 볼 때 월덕(月德)은 구신

(仇神)이니 대적해야 할 상대이다. 어찌하여 이름을 월공(月空)이라 하였는가? 맹자가 이르기를, "인자무적(仁者無敵)."이라 하니, 뭇 월덕(月德)의 자리에 앉아 있으면 감히 이에 대적하여서는 안 되는 것이니 혹여라도 적(敵)으로 삼지 말라는 것이다. 그렇다면 이 방위의 신(方神)은 고유(固有)한 자리에 있는 것이 아니고 12신(神) 천공(天空)의 예에서 보듯이 주서(奏書)의 신(神)이기도 하다.

6. 천은(天恩)

太歲	甲	乙	丙	丁	戊	己	庚	辛	壬	癸
天恩	子	丑	寅	卯	辰	卯酉	辰戌	巳亥	子午	丑未

《천보력》에 이르기를, "천은(天恩)자(者)는 두루 덕(德)을 베풀며 아래에 너그러운 성신(星辰)이다. 하늘에는 사금(天有四禁) 문(門)이 있는데 항상 열려(常開) 있는 일문(一門)은 갑(甲)을 양덕(陽德)으로 하고 기(己)를 배속하여 양육(養育)의 공(功)을 이루게 한다 하여 갑(甲)에다 자(子)를 배속하고 기(己)에는 묘유(卯酉)를 배속하여 각각 5일씩 은혜를 베푼다. 만물은 토(土)가 아니면 살 수 없으므로 기(己) 토(土)를 갑(甲)에 배속시켜 공(功)을 이루게 하였다. 그 날에는 은상(恩賞)을 내리고 정사(政事)를 펼치며 휼고경흥(恤孤慶興)의 잔치를 베풀고 즐기는 데 좋다." 하였다.

《역례》에 이르기를, "항상 갑자(甲子)로부터 무진(戊辰)

까지 이르고, 기묘(己卯)로부터 계미(癸未)에 이르고, 기유(己酉)로부터 계축(癸丑)에 이르게 하였으니 모두 15일이 된다." 하였다.

조진규(曹震圭) 왈, "하늘에는 사금(天有四禁)이 있는데, 자오묘유(子午卯酉)가 그것이다. 자(子)는 원무문(元武門)이요, 오(午)는 명당문(明堂門)이며, 묘(卯)는 일문(日門)이며, 유(酉)는 월문(月門)이다. 대개 성인(聖人)은 명당에 거하면서 천하를 다스리기 때문에 이 문은 항상 열려 있다고 한다.

《주역(周易)》에 '이른바 성인은 남으로 면을 하고 앉아서 천하의 말을 듣고 밝음으로 향하고 다스린다(所謂聖人南面聽天下 嚮明而治者也).'고 하였다. 그러므로 갑(甲)은 건(乾)에 납갑(納甲)하고, 기(己)는 이(離)에 납갑(納甲)하는데, 선천(先天)에서 건(乾)은 정남(正南)에 거하고, 후천(後天)에서는 리(離)가 정남(正南)에 거하므로 갑(甲)에다 자(子)를 배속하였고, 기(己)는 묘유(卯酉)에 배속하였다. 그렇다면 오(午)에다 배속하지 않은 것인데, 갑기(甲己)는 모두 남방(南方)괘의 납갑(納甲)이기 때문이다.

각기 5신(五辰)을 진행하고 6에 이르지 않는 것은 이른바 5수(數)는 중앙의 군위(君位)이므로 지나치는 것이 불가하기 때문이다. 그러므로 각각 5일씩을 배속하여 합(合)을 이루는 성수(成數)로 하여 15수가 천은(天恩) 대길일(大吉日)로 삼았다."

안찰하면 ; 십모(十母)는 다 천(天)이요, 십이자(十二子)는 다 지(地)이다. 그러나 십모(十母)를 가지고 또 나누면 甲, 乙,

丙, 丁, 戊까지는 천(天)에 속하고, 己, 庚, 辛, 癸는 지(地)에 속하게 된다. 천지의 본심(天地之心)은 어디든지 나아가서 은혜를 베풀지 아니함이 없다(無往而非恩). 그러나 반드시 소견(所見)의 단상(端詳 ; 緣由, 일의 경위)이 있는 것이다. 그 연유(緣由)라는 것이 어떤 것인가?

가로되, 天은 반드시 시작(始作)을 주장하지만, 땅은 中을 지킨다.

원선(元善)은 건(乾)의 처소(處所)이므로 통솔(統率)을 위주로 주장하고,

황중(黃中)은 곤(坤)의 처소(處所)이니 거대(巨大)함을 위주로 주장한다.

天은 반드시 시작을 위주로 한다. 그러므로 갑자(甲子)로 시작하여 무진(戊辰)에 이르면 육십갑자의 머리 五日인데, 이것이 천은(天恩)이 된다.

地는 반드시 中을 잡으므로 기묘(己卯)로부터 계미(癸未)까지와 기유(己酉)에서 축(丑)까지인데, 이는 六十을 반으로 갈라놓은 것이다.

이 十日은 각각 그 中에 거하므로 역시 천은이 되는 것이다.

甲에서 戊까지는 天이 되고, 己에서 癸까지는 地가 된다.

天은 五일인데 地는 十일이 된 것은 陽은 一이나 陰은 二이기 때문이다. 이에서 지은(地恩)이라 하지 아니하고 이름을 모두 천은(天恩)이라 한 것은 지(地)는 천(天)에서 통솔하기 때문이다.

7. 천사(天赦)

太歲	子	丑	寅	卯	辰	巳	午	未	申	酉	戌	亥
天赦	甲子	甲子	戊寅	戊寅	戊寅	甲午	甲午	甲午	戊申	戊申	戊申	甲子

《천보력(天寶曆)》에 이르기를, "천사(天赦)는 과실을 사면하고 죄를 용서하는(赦過宥罪) 성신(星辰)이다. 하늘의 생육(天之生育)은 갑(甲)과 무(戊)이고, 땅은 자오(子午) 인신(寅申)으로 성립한다(地之成立). 그러므로 갑(甲) 무(戊)를 배속시켜 천사(天赦)를 이룬 것이다. 그 날에는 형옥(刑獄)을 완만하게 늦추고, 설원왕(雪冤枉 ; 억울한 누명을 벗다), 시은혜(施恩惠)에 마땅하다. 만약 덕신(德辰)과 회합한다면 흥조사(興造事)에까지도 더욱 좋다." 하였다.

《역례》에 이르기를, "봄(春) 3달은 무인일(戊寅日), 여름(夏) 3달은 갑오일(甲午日), 가을(秋) 3달은 무신일(戊申日), 겨울(冬) 3달은 갑자일(甲子日)이 그것이다." 하였다.

조진규(曹震圭) 왈, "천사(天赦)자(者)는 하늘의 사과원죄(赦過冤罪)의 신(神)이다. 만물을 생육한다 함은 토(土)를 말하는 것이고, 토(土)가 거하는 곳은 사계월(四季月 ; 土旺用事 각 18日씩)이며, 토(土)를 성공적으로 돕는 천간(天干)은 갑기(甲己)이다. 자오(子午)는 음양의 기(氣)를 쟁취하는 신(辰)이므로 그 자체가 죄(罪)이다. 인신(寅申)은 음양(陰陽) 부태지신(否泰之神)이니 이것이 그 과실(過失)인 것이다. 이쯤에 이르면 사신(四神)은 천도(天道)에서 민기죄과(憫其罪過 ; 죄과를 근심함)이다. 그러므로 갑기(甲己)로 배합하고 토(土)를 돕는 것으로 천사(天赦)가 되었다.

진술(辰戌)은 양토(陽土)이니 갑(甲)을 배속(配屬)하여 춘(春)에는 갑술(甲戌)을 기(起)하고 추기(秋起) 갑진(甲辰)하였다.

축미(丑未)는 음토(陰土)이니 기(己)를 배속하여 하기(夏起) 기축(己丑)하고 동기(冬起) 기미(己未)하였으니, 이 모두 사시(四時)의 장생전(長生前) 일신(一辰)이다. 순수(順數)하여 당왕(當旺)한 양신(陽辰)이 그것이다."

《고원》에 이르기를, "천사(天赦)는 사과지신(赦過之辰)이니 자오(子午) 인신(寅申)으로 과실과 죄(罪過)가 되지 않게 하는 것이다. 대개 자오(子午)와 인신(寅申)은 사시(四時)의 당왕(當旺)한 양신(陽辰)이고, 갑(甲)무(戊)는 십간(十干) 중에서 가장 존신(尊神)이다. 이른바 갑(甲)은 제신(諸神) 가운데서 수(首)이고, 무(戊)는 갑(甲)을 성공시키는 조신(助神)이기 때문이다. 그러므로 그 날짜에 배속된 간(干)은 다 취하였으니 지지(地支)를 극(剋)하지 않으므로 위에서 능히 아래를 살린다는 의미가 있다는 것이다.

가령 무인(戊寅) 목(木)은 토(土)가 아니면 살 수가 없다는 것이다. 갑오(甲午) 목(木)은 화(火)를 생하고, 무신(戊申)은 토생금(土生金)하고, 갑자(甲子)는 비록 상생(相生)은 아니더라도 만약 무자(戊子)에서는 토(土)로써 극수하므로 갑으로 배속하였다. 또 갑목(甲木)은 해(亥)에서 생(生)하므로 수(水) 역시 생목한다. 그러므로 천사(天赦)라 하였다."

안찰하면 ;《역신원시(曆神原始)》에 이르기를, "천유오위(天有五緯)이니 세성(歲星)을 인(仁)으로 하면 갑(甲)이 응(應)하고, 진성(鎭星)이 덕(德)이면 무(戊)가 응한다 하니 인덕지신(仁德之神)으로는 갑(甲)무(戊)만 한 것이 없다는 것이다." 하였으니, 그 설(說)의 높기가 조진규와는 먼 이야기다.

《사기(史記)》 천관서(天官書)에, 목토(木土)로 길성(吉星)을 삼은 것이다. 또 도가(道家)는 갑무일(甲戊日)을 기양(祈禳)에 마땅한 날로 하는데, 그 내력이 이미 오래되었다.

천사(天赦)와 천은(天恩)은 뜻이 서로 비슷하다. 육십갑자(六十甲子)를 따라 논하면, 천은(天恩)이 15일(日)이 들어있고, 사계(四季)로써 논하면 천사(天赦)일(日)이 4일뿐이다. 갑(甲)은 십간(十干)의 수(首)이고, 무(戊)는 십간(十干)의 중(中)이며, 인신(寅申)은 춘추(春秋)의 시작이며, 자오(子午)는 동하(冬夏)의 중(中)이다. 기(己)를 중(中)으로 하지 아니하는 것은 기(己)는 과중(過中)이기도 하지만 음간(陰干)이기 때문이다.

그러므로 《역(易)》에 이르기를, "기일내혁(己日乃革)이라 말한 것은 갑(甲)에서 무(戊)까지 이르면 수궁(數窮)하므로 마땅히 변하기 때문이다. 묘유(卯酉)를 불용(不用)하는 것은 생물(生物)은 춘(春)에서 시지(始之)하고, 하(夏)에서 종지(終之)하며, 성물(成物)이라 한 것은 추(秋)에서 시지(始之)하고, 동(冬)에서 종지(終之)하기 때문이다.

시지자(始之者)는 천야(天也)요, 종지자(終之者)는 지이다(地也). 이에서 춘추(春秋)는 속천(屬天)이므로 중(中)을 불용

(不用)하고 용시(用始)한다. 또 묘유(卯酉) 역시 음지(陰支)이다. 용지(用支)의 시(始)는 간(干)의 중(中)으로 배속한 것이다. 그러므로 춘(春)은 무인(戊寅)인데 추(秋)는 무신(戊申)이다.

용지지중(用支之中)이란 천간(天干)의 수(首)로부터 배속하였으므로 하(夏)는 갑오(甲午)이지만 동(冬)은 갑자(甲子)이니 이들이 천지합덕지신(天地合德之辰)이다. 천지생심지소(天地生心之所)의 견단(見端)인 것이다. 죽었는가 하면 홀연히 살아 있는 것이니(之死而忽生之) 이는 사(赦)보다 더 큰 것이 없다. 그러므로 천사(天赦)라 명명(命名)한 것이다.

이는 마땅히 죄를 지은 사람에게 은사(恩赦)를 베풀 때 사용하는 것이다. 그러나 반드시 천은지일(天恩之日)에 베풀어야 가하다. 천사지일(天赦之日)은 사죄(赦罪)에 가(可)하다. 그렇다면 역시 구론(拘論)을 따를 것이다.

대저 이 날에 상(賞)을 주는 일은 불가하니, 사람을 용서하는 것이지 죄(罪)를 용서하는 것은 아니기 때문이다. 이는 진실로 천은(天恩) 천사일(天赦日)을 득하여야 한다고 전법(典法)에 종사하는 사람들의 요량인 것이다. 은혜는 베푸는 것이 마땅하지만 죄(罪)를 베푸는 것이 마땅타 하리오?

여화지연(如火之然)이거나 여천지달(如泉之達)이거나, 비록 파패(破敗) 휴폐지일(休廢之日)이라면 이상의 19일(日)이라고 어찌 택할 것이며, 어찌 득택(得擇)하였다 하겠는가? 나머지도 병둔기고(並屯其膏)라고 택하여서는 안 될 것이다." 하였다.

8. 천원(天願)

太歲	子	丑	寅	卯	辰	巳	午	未	申	酉	戌	亥
天願	癸丑	甲子	乙亥	甲戌	乙酉	丙申	丁未	戊午	己巳	庚辰	辛卯	壬寅

《총요력(總要曆)》에 이르기를, "천원(天願)자(者)는 월중(月中)의 선신(善神)이다. 이 날에는 가취(嫁娶), 납재(納財), 돈목(敦睦), 친족(親族)에 마땅하다.

《역례》에 이르기를, "천원(天願)자(者)는 正月 갑오(甲午), 二月 갑술(甲戌), 三月 을유(乙酉), 四月 병자(丙子), 五月 정축(丁丑), 六月 무오(戊午), 七月 갑인(甲寅), 八月 병진(丙辰), 九月 신묘(辛卯), 十月 무진(戊辰), 十一月 갑자(甲子), 十二月 계미(癸未)이다." 하였다.

조진규 왈, "천원(天願)이란 월건(月建)으로 지덕(枝德)과 합신(合神)이 되는 것이다. 양전(陽前) 음후(陰後)로 오신(五辰)이 각각 양간(陽干)으로 배속하고 사계월(四季月)은 음간(陰干)으로 배속하였다. 만약 사맹(四孟)은 축미(丑未) 자오(子午)를 만나더라도 합(合)이 없다.

대개 이르기를, 사해(巳亥)는 음양(陰陽)의 종극지신(終極之神)이고, 인신은 음양(陰陽)의 부태지신(否泰之神)이며, 축미(丑未)는 음양의 절멸지신(絶蔑之神)이며, 자오(子午)는 양소(陽消) 음장(陰長)의 신(辰)이다. 그러므로 합(合)이 불가능한 것이다.

십간(十干)에서는 기(己)는 육적(六賊)이요, 경(庚)은 백호(白虎)요, 임(壬)은 원무(元武)이다. 그러므로 사용이 불가하다. 만약 기(忌)신을 만났을 때 사용하려면(若逢忌用之) 그 신(辰)의 전후로 가까운 것(近者)으로 쓰는 것이다. 가령 정월(正月)에 미(未)가 지덕(枝德)이면 지금 기용(忌用)이니 미(未)에서 가까운 것을 취하라 하였으니 오(午)를 쓰면 왕간(王干)으로 갑(甲)을 배속하여 갑오(甲午)가 된다.

 二月은 갑술(甲戌), 三月은 을유(乙酉), 四月은 병자(丙子), 五月은 기해(己亥)이나 퇴합(退合)하여 축(丑)이 되니 정(丁)이 이르러 배속시키면 정축을 득하게 된다(就以丁配故得丁丑).

 六月은 기인(忌寅)이니 오(午)를 취하여 육합하면 무가 배속(就午六合以戊配)되어 무오(戊午)를 득하게 된다.

 七月은 월건지신이 없으므로(否建之辰) 기축취인(忌丑就寅)하여 인중(寅中) 있는 갑(甲)으로 그 태(泰)를 좇게 한다.

 八月은 기경용병(忌庚用丙)하는데, 금(金)은 사(巳)에서 생(生)하고 사중(巳中)에는 병화(丙火)가 있기 때문에 병진(丙辰)을 배득(配得)한 것이다.

 九月은 신묘(辛卯)이고 十月은 기임(忌壬)이므로 무(戊)의 양토(陽土)로 능히 수(水)에 무너진 토(土)를 모아야 하기(水潰土) 때문이다. 이는 역(易)에 비괘지의(比卦之義)가 있기 때문이다.

 十一月은 그 월건자(月建者)이다. 그 전후 가까이에 배속될 곳이 없으므로 월건자를 그대로 사용한다.

十二月은 기신(忌申)이므로 신(申)에 가까운 미(未)로 취한다. 그러므로 계미(癸未)를 득하였다. 천원(天願)의 의(義)가 이러하다." 하였다.

안찰하여 보니 ; 조진규의 논리는 지리(支離)하여 문맥(文脈)도 연결되지 않아 명료하게 취할 것이 없다 하므로 생략한다.

《기례(起例)》에 이르기를 ; 正月 을해(乙亥), 二月 갑술(甲戌), 三月 을유(乙酉), 四月 병신(丙申), 五月 정미(丁未), 六月 무오(戊午), 七月 기사(己巳), 八月 경진(庚辰), 九月 신묘(辛卯), 十월 임인(壬寅), 十一월 계축(癸丑), 十二월 갑자(甲子)이니, 12신(辰) 모두 태양이다. 그 십간(十干)은 모두 영성(令星)이나, 오직 십이월의 갑(甲)만 영성(令星)이 아니지만, 그것을 갑자(甲子)로 하였으니 그 뜻(義)을 최대화하기 위한 것이다.

대개 축(丑) 인(寅)은 간궁(艮宮)이므로 만물(萬物)이 종(終)하고 다시 시생(始生)하는 곳이다. 축월(丑月)은 목(木) 기(己) 갑(甲)이 본기를 지중(地中)으로 소장(所藏)하였다가 적당 시기에 다시 자(子)에서 시생(始生)한다. 그러므로 축(丑)이 비록 세종(歲終)이기는 하지만, 실제로는 만물을 시생(始生)시키는 추유(樞紐)가 되는 곳이니 음양(陰陽)은 영성(令星)이 더욱 큰 것이다.

태양은 일(日)이니(太陽日也) 하늘은 그런 까닭으로 만물을 소생시키는 자이다(天之所以生萬物者也).

영성(令星)은 때(時)이니 하늘은 그런 까닭으로 태세(太歲)를 완성시키는 자(天之所以成歲者也)이다. 태양(太陽)은 오른쪽으로 돌고(右旋), 영성(令星)은 왼쪽으로 돌며(左旋), 오기(五氣)를 순포(順布)하여 사시(四時)로 운행시켜 백물(百物)을 탄생케 한다. 이것이 하늘이 원하는 바이니, 천원(天願)의 의(義)는 큰 것이다!

9. 모창(母倉)

太歲	子	丑	寅	卯	辰	巳	午	未	申	酉	戌	亥
母倉	申酉	申酉巳午	亥子	亥子	亥子巳午	寅卯	寅卯	寅卯巳午	辰戌丑未	辰戌丑未	辰戌丑未巳午	申酉

《천보력(天寶曆)》에 이르기를, "모창(母倉)자(者)는 오행(五行)이 당왕(當王)하도록 생(生)하여 주는 자가 모창(母倉)이다. 가령 토(土)가 왕(王)함을 만난 후에는 사오(巳午)로 위주(爲主)하여 그날에 군축(群畜)을 양육하고 종자를 뿌리며 심는 것이 마땅하다.

《역례》에 이르기를, "**춘** 해자(春亥子), **하** 인묘(夏寅卯), **추** 진술축미(秋辰戌丑未), **동** 신유(冬申酉), 토왕(土王) 후(後) 사오(巳午)가 그것이다." 하였다.

조진규 왈, "생아자위모(生我者爲母)요 적장자위창(積藏者爲倉)이다. 이에서 이름이 붙여진 것이다. 각각 탄생 당시의 오행지신(五行之辰)으로 위주한다."

《고원》에 이르기를, "춘(春)은 속목(屬木)이니 수(水)가 생(生)하므로 해자(亥子)로 모창(母倉)이 된 것이다. 나머지도 이와 같다. 간(干)을 사용하지 아니하고 지지(地支)를 쓰는 것은 모도(母道)를 존중한 것이다. 만물은 토(土)에서 생(生)하기 때문에 장도(藏道)까지도 있는 것이다." 하였다.

안찰하면 ; 모창은 종식(種植), 축수(畜收), 납재(納財) 등사에 쓰는 길신(吉辰)이다.

춘목(春木)은 해자(亥子)가 모(母)이니 목(木)은 해자(亥子)가 소생시키는 것이므로 수생목(水生木)을 이루어야 아름다운 것이다. 어미가 늙으면 아들에게 의지하여 부양받게 되므로 창(倉)이란 이름이 붙여진 것이다. 또 목(木)은 수(水)에 의해서 생(生)하므로 목(木)이 봄에 왕(旺)한 것은 수(水)의 생(生)을 받아서 더욱 견고하게 자라기 때문에 모(母)라는 이름도 붙여진 것이다.

또 내가 이길 수 있는 자는 내가 벌어놓은 재물(我剋者爲財)이지만, 나에게서 극(剋)을 받으면서도 살아 나가는 자는 역시 재(財)이므로 모창지신(母倉之辰)은 납재(納財) 신(辰)이기도 하다. 그렇다면 납재가 되는 이유를 살펴보자.

그 하나의 이유를 보면 내가 생(生)하여 주는 곳에 저장된 재물은 견고한 함(函 ; 금고) 속에 있는(不匱) 것과 같다.

다른 하나를 보면 내가 생하여 주는 곳이기 때문에 부양에서도 마땅한 곳(宜致養焉)이므로 보본반시(報本返始)* 처(處)가 되기도 한다.

다시 한 가지 더 본다면, 재물은 사람을 부양하는 것이므로 많이 저장할수록 좋은 것 같다. 그러나 생(生)함이 지나치면 나를 해치는 곳으로 전환되기도 하므로 부양이 되지 않을 경우도 있음이다. 그렇게 모창의 뜻에는 많고 크다!

*보본반시(報本返始) ; 은혜를 입으면 보답할 것을 생각하여 그 근본을 잊지 않는다는 뜻으로, 천지와 선조의 은공에 보답함을 이르는 말.

10. 월은(月恩)

太歲	子	丑	寅	卯	辰	巳	午	未	申	酉	戌	亥
月恩	甲	辛	丙	丁	庚	己	戊	辛	壬	癸	庚	乙

《오행론》에 이르기를, "월은(月恩)이란 양건(陽建)으로 소생시킨 간(干)이다. 이는 자모지간(子母之間)에서 서로 믿고 상종(相從)하는 것이니, 이 날에는 영조(營造), 혼인(婚姻), 이주(移住), 제사(祭祀), 상관(上官), 납재(納財)에 마땅하다." 하였다.

《역례》에 이르기를, "월은(月恩)은 正월 병(丙), 二월 정(丁), 三월 경(庚), 四월 기(己), 五월 무(戊), 六월 신(辛), 七월 임(壬), 八월 계(癸), 九월 경(庚), 十월 을(乙), 十一월 갑(甲), 十二월 신(辛) 이 그것이다." 하였다.

조진규(曹震圭) 왈, "월은(月恩)이란 아들과 어미가 상종(相從)하는 것이니, 이는 월건(月建)이 저쪽을 생(生)하는 것이다. 대개는 모(母)가 나를 생하고, 나는 자식을 생(生)하는 의미이다."

《역신원시(曆神原始)》에 이르기를, "인목(寅木)이 병화(丙火)를 생하고, 묘목(卯木)이 정화(丁火)를 생하며, 진술(辰戌) 토(土)가 경금(庚金)을 생하고, 축미(丑未) 토(土)가 신금(辛金)을 생하며, 사화(巳火)가 기토(己土)를 생하고, 오화(午火)가 무토(戊土)를 생하며, 신금(申金)이 임수(壬水)를 생하고, 유금(酉金)이 계수(癸水)를 생하며, 자수(子水)가 갑목(甲木)을 생하고, 해수(亥水)가 을목(乙木)을 생하는 것이니, 다 월건이 생하는 것이므로 이르기를, 월은(月恩)이라." 하였다.

《고원(考原)》에 이르기를, "正月은 인양목(寅陽木)이 병양화(丙陽火)를 생하고, 二月은 묘음목(卯陰木)이 정음화(丁陰火)를 생하는데, 그렇다면 각각 그 종류 별로 이루어지는 것이다. 나머지도 이와 같음이다." 하였다.

안찰하면 ; 월은(月恩)은 모창(母倉)의 대대(對待)자(者)이다. 모창(母倉)이 의효(義爻)라면 월은(月恩)은 보효(寶爻)이니 생령신지신(生令神之神)을 모창(母倉)이라 한다면 보은(報恩)은 본령(本令)에 있는 것이다.

월신(月神)이 소생(所生)한 신(神)을 월은(月恩)이라 한다면 보은(報恩)은 저(彼) 월신(月神)에 있는 것이다. 그렇다면 모창(母倉)은 본월(本月)의 모(母)이고, 본월(本月)은 월은(月恩)의 모(母)가 되는 것이다. 인(寅)이 병(丙)을 생(生)하는 것은 갑(甲)이 병(丙)을 생하는 것과 같고, 묘(卯)가 정(丁)을 생(生)하는 것은 을(乙)이 정(丁)을 생하는 것과 같으며, 진술(辰戌)이 경(庚)을 생하는 것은 곧 무(戊)가 경(庚)을 생하는 것과 같은 것이니, 이처럼 아들(子)된 자를 명리가(命理家)들은 식신(食

神)이라 한다. 인묘진(寅卯辰)이 모(母)라고 비유한다면 병정경(丙丁庚)은 사내아이(男子)라 할 수 있으니, 지지(地支)를 좇아서 천간(天干)을 생(生)하는 것은 마치 모(母)가 생자(生子 ; 生男)하는 것과 같으므로 혼인을 결성한다면 아들이라 함이 마땅하여 영조(營造)나 상관(上官) 등 마땅치 않음이 없다.

11. 사상(四相)

太歲	甲	乙	丙	丁	戊	己	庚	辛	壬	癸
四相	冬	冬	春	春	夏	夏			秋	秋

《총요력(總要曆)》에 이르기를, "사상(四相)이란 사시(四時)의 왕상지신(旺相之辰)이다. 이 날은 수영(修營), 기공(起工), 양육(養育), 생재(生財), 재식(栽植), 종시(種蒔), 이사(移徙 ; 移住), 원행(遠行)에 마땅하다." 하였다.

《역례》에 이르기를, "춘(春) 병정(丙丁), 하(夏) 무기(戊己), 추(秋) 임계(壬癸), 동(冬) 갑을(甲乙)이다." 하였다.

조진규(曹震圭) 왈, "사상자(四相者)는 양육지도(養育之道)이니 모(母)가 생자(生子)함에 쓰인다.

춘목(春木)이니 왕생(王生) 병정(丙丁), 하화(夏火)이니 왕생(王生) 무기(戊己), 추금(秋金)이니 왕생(王生) 임계(壬癸), 동수(冬水)이니 왕생(王生) 갑을(甲乙)이다. 오직 경신(庚辛)만은 금(金)이니 능히 만물을 살(殺)한다 하여 불용(不用)이다."

　안찰하여 보면 ; 사상(四相) 일(日)에 경신(庚辛)이 없는 것은 인간에서 능한 것으로 하지 않았기 때문이다. 화상(火相)은 본시 토(土)이며, 금상(金相)은 본시 수(水)이며, 수상(水相)은 본시 목(木)이니, 오행(五行)은 자연(自然) 속에서의 자연이기 때문이다.

　「상(相)」이란 군자의 상(相君者也)을 말하는 것이다. 이로써 신으로서의 길(臣之道)을 알 수 있으니, 덕(德)으로 인도(引導)하여야 하고, 형벌(刑罰)로써 인도하는 것이 아니라는 것이다.

12. 시덕(時德) ; 사시 천덕(四時天德)

太歲	子	丑	寅	卯	辰	巳	午	未	申	酉	戌	亥
時德	秋		冬		夏		春					

　《총요력》에 이르기를, "사시(四時) 천덕(天德)은 사서(四序) 중의 덕신(德神)이다. 이 날에는 경사(庚賜), 연락(宴樂), 배관상하(拜官賞賀)에 마땅하다." 하였다.

　《역례》에 이르기를, "춘(春) 오(午), 하(夏) 진(辰), 추(秋) 자(子), 동(冬) 인(寅)이 그것이다." 하였다.

　조진규(曹震圭) 왈, "자인진(子寅辰) 오(午)는 바로 동방(東方)의 생육의 양신(生育之陽辰)이므로 용사(用事)에 길(吉)하다. 신술자(申戌子)는 서방(西方)의 살기(殺氣)이므로 용사(用事)에 불가하다. 각기 사시(四時) 소생(所生)의 양신(陽辰)으로 위주(爲主)한 것인데, 이에서 나를 생(生)하는 자로 덕(德)을 삼았기 때문에 역시 이름도 시덕(時德)으로 한 것이다. 이 시덕(時德)은 사상(四相)과 같은 뜻이다. 춘목(春木)은 생(生) 오화(午火)하고, 하화(夏火)는 생(生) 진토(辰土)하며, 추금(秋金)은 생(生) 자수(子水)하고, 동수(冬水)는 생(生) 인목(寅木)하는 것이 그것이다. 사상(四相)은 천간(天干)을 취한 것이고, 시덕(時德)은 지지(地支)를 취한 것이다."

안찰하면 ; 자인진(子寅辰) 오신술(午申戌)은 양신(陽辰)이니 양자(陽者)의 덕(德)이다. 시덕(時德)은 그러므로 양신(陽辰)을 취한 것이다. 나누어 말하면, 춘추(春秋) 각 둘(各二)이고 동하(冬夏)도 각 둘이니, 각각 그 때의 소생(所生)으로 취하였기 때문이다. 춘목(春木)은 생화(生火)이니 오(午)를 취하였고, 하화(夏火)는 생토(生土)이니 진술(辰戌)을 취하였는데, 진선(辰先)이고 후술(後戌)이니 진(辰)으로 취하였다. 추금(秋金)은 생수(生水)하므로 자(子)를 취하였고, 동수(冬水)는 생목(生木)하니 인(寅)을 취하였고, 육에서 사를 취하고(六取四) 남은 것은 추령(秋令)에서도 2신(辰)을 맞게 한 것이다.

역시 십간(十干)은 사상(四相)으로 하였는데, 경신(庚辛) 2간(二干)은 불용(不用)이니 다 자연(自然)에서 나온 자연스런 것이기 때문이고 사람이 억지로 만든 것이 아니다. 천심(天心)은 덕(德)으로써 형(刑)을 물리쳤는데, 어찌 일자(日字)에 억설이 있겠는가?

13. 왕王·관官·수守·상相·민民 일(日)

太歲	子	丑	寅	卯	辰	巳	午	未	申	酉	戌	亥
王官守民日	冬官秋民	冬守	春王冬相	春官冬民	春守	夏王春相	夏官春民	夏守	秋王夏相	秋官夏民	秋守	冬王秋相

《단경(壇經)》에 이르기를, "왕(王)·관(官)·상(相)·민(民)·수(守)일(日)은 다 월내시사(月內視事)의 길신(吉辰)이다. 이 날에는 명장등단(命將登壇), 습작수봉(襲爵受封), 상관부임(上官赴任), 임정친민(臨政親民)에 마땅하다." 하였다.

《역례》에 이르기를,

"**왕일(王日)**; 춘(春)인(寅), 하(夏)사(巳), 추(秋)신(申), 동(冬)해(亥; 今易官日)이다.

관일(官日); 춘(春)묘(卯), 하(夏)오(午), 추(秋)유(酉), 동(冬)자(子; 今易王日)이다.

상일(相日); 춘(春)사(巳), 하(夏)신(申), 추(秋)해(亥), 동(冬)인(寅)이다.

민일(民日); 춘(春)오(午), 하(夏)유(酉), 추(秋)자(子), 동(冬)묘(卯)이다.

수일(守日); 춘(春)유(酉), 하(夏)자(子), 추(秋)묘(卯), 동(冬)오(午)이다."

조진규(曹震圭) 왈, "왕일은 사시(四時)의 정왕지신(正王之神)이니 사정지위(四正之位)의 제왕지상(帝王之象)이므로 그 정치(政治)를 득한 것이다.

관일(官日)은 사시(四時)의 임관지신(臨官之辰)이니 제후지상(諸侯之象)이다.

상일(相日)은 사시(四時)관일(官日)이 소생자(所生者)이며 상기지신(相氣之辰)이니 재상지상(宰相之象)이다.

민일(民日)은 사시(死時)의 사절지신(死絶之辰)이니 서민지상(庶民之象)이다.

수일(守日)은 사시(四時)의 태절지신(胎絶之辰)이니 무기(無氣)하여 스스로는 능히 고수(固守)가 되지 않고 장래를 기다려야 하는 곳이다. 이렇게 그 취의(取義)가 각각 다르다."

안찰하면 ; 이는 춘하추동(春夏秋冬)의 영성(令星)과 왕상(旺相)을 취하여 길신(吉辰)으로 삼은 것이다.

왕일(王日)은 천자(天子)의 사용일이다.

관일(官日)은 신하(臣下)에서 사용하는 날이다.

수일(守日)은 봉강지신(封疆之臣)에 소용되는 날이다.

상일(相日)은 귀근지신(貴近之臣)에 쓰는 날이다.

민일(民日)은 백성(百姓)에서 소용되는 날이다.

이상 5일 말고도 역가(曆家)들은 다시 미술축진(未戌丑辰)을 사서옥일(四序獄日)로 하고, 신해사인(申亥巳寅)을 사서예일(四序隸日)로 하며, 유자묘오(酉子卯午)를 사서뇌일(四序牢日)로 삼고, 술축진미(戌丑辰未)를 사서사별일(四序死別日)로 하고, 해인사신(亥寅巳申)을 사서복죄(四序伏罪日)로 하며, 자묘오유(子卯午酉)를 사서대패(四序大敗日)로 한다. 또 이르기를, 불거일(不擧日)로 삼기도 하였다.

축진미술(丑辰未戌)을 사서죄형(四序罪刑日)로 하고, 또 이르기를. 형옥일(刑獄日)로 삼기도 하였다.

대개 옥일(獄日)은 사서(四序)의 묘신(墓辰)으로 하였으며, 나머지들도 역시 휴수(休囚) 사신(死辰) 등으로 삼았을 뿐이다.

후세 사람들(後人)이 왕(王) 관(官) 수(守) 상(相) 민(民)일로 유길무흉(有吉無凶)이라 하였으나 12신(辰) 모두가 그런 것은 아닐 것이다. 그렇다고 일일이 구역(區域)을 다르게 나누어 명명(命名)하여 보더라도, 그 세(勢)로써 반드시 확절(確切)하기는 불가능하다.

이에서 다시 중출(重出)하여 거듭 보이는 것은 거스르고 뒤집힌 것들이기 때문에 신뢰할 수 없다. 역시 신살(神煞)에서 비록 7종이 증가하였지만 마땅한 것이 별로 없고, 꺼린다는 일례(一例) 정도에 불과하고 사용하지도 않는 것인데, 어찌하여 지리(支離)한 잡설로 현혹하는가? 이제 모두 산거(刪去)시키기 바란다.

왕일(王日)은 인신사해(寅申巳亥) 향(向)으로 하고, 관일(官日)은 향(向)을 자오묘유(子午卯酉)로 한다고 후인이 그 두 위치를 바꾸어 놓았다. 대개 인(寅)은 춘목(春木)으로 임관(臨官)이며 묘(卯)는 춘목(春木)으로 제왕위(帝旺位)이다. 그러나 이치를 자세히 분석하여 보면 구설(舊說)의 높은 차원에는 미치지 못하는 것이다.

대개 인목(寅木)은 양의 임관목(陽臨官木)이고. 묘목(卯木)은 음(陰)으로 제왕(帝旺)이므로 오행(五行)의 성정(性情)으로 보면, "임관이 제왕보다 길하다(臨官吉於帝旺)"는 것이 그 중설(中說)이다.

군용양(君用陽)하고 신용음(臣用陰)한다는 것이 알기 쉬운 것(道)이다. 제거(帝居) 제위(帝位)하고 관거(官居) 관위(官位)라는 것도 다 임관(臨官)을 말하는 것이므로 굳이 제용제왕(帝用帝王)하고 관용임관(官用臨官)이라 나누지 않더라도 결국에는 모두 득하게 될 것인데, 음양(陰陽)이 전위(轉位)되어서는 잃는 것만 있을 것이다.

춘진(春辰) 하미(夏未) 추술(秋戌) 동축(冬丑)은 사서(四序)의 당왕(當旺)한 토신(土神)이다, 그러므로 왈(曰), 수일(守日)은 수(守)봉강지신(封疆之臣)으로 소용(所用)되고, 춘사(春巳) 하신(夏申) 추해(秋亥) 동인(東寅)은 사서(四序)의 상기(相氣)이다. 그렇다면 천자(天子)로부터 왕후(王侯) 경상(卿相)까지 통용되는 길신(吉辰)인 것이다.

대저 춘은 왕목일 때 생화한다면(春旺木而生火) 오(午)가 정령(正令)이며, 하(夏)는 왕토(旺土)이어야 생금(生金)한다면 유(酉)가 정령(正令)이니, 자오묘유(午酉子卯)는 서로가 마땅한 바이므로 오유자묘(午酉子卯)가 민일(民日)이라고만 하였으나, 상(相)임을 말하지 않았다.

그것은 사(巳)는 양화(陽火) 양토(陽土)이며, 신(申)은 양금(陽金)이며, 해(亥)는 양수(陽水)이며, 인(寅)은 양목(陽木)이므로 상(相)이 되었기 때문이다.

오(午)는 음화(陰火) 음토(陰土)이다. 유(酉)는 음금(陰金)이며, 자(子)는 음수(陰水)이며, 묘(卯)는 음목(陰木)이다. 그러므로 민(民)이 된 것이다.

신은 양이나 민은 음이다(臣陽而民陰). 왕은 양이나 관은 음이다(王陽而官陰). 그렇다면 억(抑)으로 다시 진(更有進)하고 상(相)이 다시 상(相之爲相也)이라 함은 왕(王)의 소생(所生)이 확고하기 때문이다, 그렇다면 사유금(巳有金), 신유수(申有水), 해유목(亥有木), 인유화(寅有火)는 오로지 일행(一行)만 있는 것이 아니기 때문에 그 길흉(吉凶)도 정할 수 없는 것이다.

《서(書)》에 이르기를, "유길흉불참재인(惟吉凶不僭在人 ; 오직 길흉을 뛰어넘고 말고는 그 사람에 달려있고) 유천강재상재덕(惟天降災祥在德 ; 다만 하늘의 재상도 그 사람의 덕에 달려있다)"이라고 하였으니, 그 길흉은 미정(未定)이라도 정(正)은 부귀(富貴)와 상사(相似)한 것이니, 그 날(民日)을 사용하는 자는 천지도(天之道)에 적극 순응하면서 사람의 마음속에 경계의 대상으로 새겨야 할 것이다.

이에 자오묘유(子午卯酉)에 대한 것은 전화(專火), 전금(專金), 전수(專水), 전목(專木)이 되면 사서(四序) 당령(當令)의 진자(眞子)이므로 길(吉)함이 더 이상 클 수 없는 것이다. 그러므로 민일(民日)이라 하였다. 민득(民得) 전길(全吉)이라면 왕(王) 관(官) 상(相) 수(守)도 모두 전길(全吉)인 것이다.

이에서 조진규(曹震圭)의 "사시사절지신(四時死絶之神)을 서민지상(庶民之象)"이라 한 것은 가장 무리(無理)라는 것을 알 수 있다.

대개 인심지악(人心之惡)은 비록 걸주(桀紂) 도척(盜跖)이라도 반드시 서민(庶民)의 사절(死絶)로 삼기 위한 것은 아니므로 뭇사람들(衆庶)이 이에 의지하여 생활한다. 그러므로 서민(庶民)은 일주일야(一晝一夜)가 다 만생만사(萬生萬死) 이기 때문에 영원히 사절(死絶)이란 있을 수 없는 것이다. 그런데 어찌 사절지상(死絶之象)을 득한다 하겠는가? 그 어이없음(荒謬)이 이에까지 온 것이다.

또 안찰하면 ;《역례(曆例)》에 춘유(春酉) 하자(夏子) 추묘(秋卯) 동오(冬午)가 수일(守日)이다. 춘진(春辰) 하미(夏未) 추술(秋戌) 동축(冬丑)은 뇌일(牢日)이다. 소태구가 지은 《역신원시(曆神原始)》에 수(守)와 뇌(牢) 두 자는 서로 가까우면서도 다르다. 쉽게는 길흉으로 유취(類聚)할 수 있고, 또 오승(五勝)과 의흡부(義恰符)에 유리하게 설명하였으므로 이를 좇은 것이다.

제2장. 일중기신(日中忌神)

1. 사격(四擊)

太歲	子	丑	寅	卯	辰	巳	午	未	申	酉	戌	亥
四擊	未	未	戌	戌	戌	丑	丑	丑	辰	辰	辰	未

《통서(通書)》에 이르기를, "사격일(四擊日)은 봄(春)은 술(戌), 여름(夏)은 축(丑), 가을(秋)은 진(辰), 겨울(冬)은 미(未)이다. 이 날에는 군사(軍事)일에 꺼린다." 하였다.

《고원》에 이르기를, "사격자(四擊者)는 사시절(四時節)의 끝자(墓辰)를 충격(衝擊)하는 것으로 한다. 가령 봄 세 달인 묘진(寅卯辰)에서 진(辰)을 충(衝)하는 술일(戌日)이 사격(四擊)이요, 여름 세 달 사오미(巳午未)에서는 미(未)를 충(衝)하는 축(丑)이 사격(四擊)이며, 가을 세 달 신유술(申酉戌)에서는 술(戌)을 충(衝)하는 진(辰)이 사격이며, 겨울 세 달 해자축(亥子丑)에서는 축(丑)을 충격(衝擊)하는 미(未)가 사격(四擊)일이다.

안찰하여 보면 ; 사계(四季)의 토왕(土旺)이 수일(守日)인데, 그것을 충파(衝破)하는 자가 사격(四擊)이다. 춘토(春土)는 진토(辰土)에서 왕(旺)한데 술(戌)이 충격하고, 여름에는 미(未)가 토왕(土旺)인데 축(丑)이 충격하고, 가을에는 술(戌)이 토왕

(土旺)자인데 진(辰)이 충격하고, 겨울에는 축(丑)이 토왕(土旺)인데 미(未)가 충격한다. 그러므로 그 날에는 출군(出軍), 변방 방어(防邊) 등에 꺼린다.

2. 구공(九空)

太歲	子	丑	寅	卯	辰	巳	午	未	申	酉	戌	亥
九空	戌	未	辰	丑	戌	未	辰	丑	戌	未	辰	丑

《광성력(廣聖曆)》에 이르기를, "구공(九空)자는 월내(月內)의 살신(煞辰)이다. 이 날에는 창고를 수조(修造)한다거나 재화(財貨)를 출입하는 데 꺼린다." 하였다.

《역례》에 이르기를, "구공(九空)이란, 정월(正月)에 진(辰)으로부터 역(逆)으로 4계신(四季辰)을 배포한 것이다." 하였다.

조진규 왈, "구공(九空)자는 묘고(墓庫)를 파산(破散)시키는 신(神)이다. 창고를 파(破)하면 소멸(消滅)이니 공(空)이요, 충(衝)하면 가치가 없어지니 산(散)이다. 가령 인오술(寅午戌) 월(月)은 화고(火庫)가 술(戌)인데, 진(辰)으로 능히 충산(衝散)시킨다는 것이다. 해묘미(亥卯未) 월은 미(未)가 목(木)의 고(庫)인데 축(丑)은 능히 충산(衝散)시키고, 신자진(申子辰) 월은 진(辰)이 수(水)의 고(庫)인데, 술(戌)은 능히 충산(衝散)시킨다. 사유축(巳酉丑)은 금(金)의 고(庫)인데, 미(未)는 능히 금고(金庫)를 충산(衝散)시키는 것이다. 요즈음의 역가(曆家)

가 전(傳)하는 구감(九坎) 구초(九焦) 류(類)와 동행(同行)인 것으로 말하는 것은 아니다. 이는 전하는 과정에서 잘못된 것 같은데,《기세력(紀歲曆)》에도 역시 사계(四季)를 역행(逆行)한다고 되어 있다."

3. 오묘(五墓)

太歲	子	丑	寅	卯	辰	巳	午	未	申	酉	戌	亥
五墓	壬辰	戊辰	乙未	乙未	戊辰	丙戌	丙戌	戊辰	辛丑	辛丑	戊辰	壬辰

《광성력》에 이르기를, "오묘(五墓)자는 사왕(四旺)의 묘신(墓辰)이다. 이 날에는 영조(營造), 기토(起土), 가취(嫁娶), 출군(出軍)에 꺼린다." 하였다.

《역례》에 이르기를, "오묘(五墓)는 正二月 을미(乙未), 四五月 병술(丙戌), 七八月 신축(辛丑), 十, 十一月 임진(壬辰), 사계월(四季月) 무진(戊辰)이 그것이다." 하였다.

조진규 왈, "오묘(五墓)는 오행(五行)의 왕간(旺干)이 자기의 묘신(墓辰)에 임(臨)한 것이다. 십간(十干)은 자기의 신상(身象)이기도 하니 만약 영조(營造) 기토(起土)에서 무기(無氣)한 지위에 임한 것과 같고, 또 간(干)은 남편(夫)의 상(象)이기도 한데, 만약 가취(嫁娶)의 경우라면 부(夫)가 자기의 사기지위(死氣地位)에 임한 것과 같은 것이다. 또 간(干)은 나로도 볼 수 있는데, 만약 출군(出軍) 정벌(征伐)하는 일이라면 이는 스스로 사묘지지(死墓之地)에로 임한 것과 같으므로 꺼린다고 하는 것이다.

가령 정이월(正二月)은 목이 왕(木旺)하지만 미(未)가 목(木)의 묘지(墓地)이니 을미(乙未)가 되었을 때 이는 스스로 묘신(墓辰)에 임한 것이다. 나머지도 같다."

4. 사모(四耗)·사폐(四廢)·사기(四忌)·사궁(四窮)·팔용(八龍)·칠조(七鳥)·구호(九虎)·육사(六蛇)

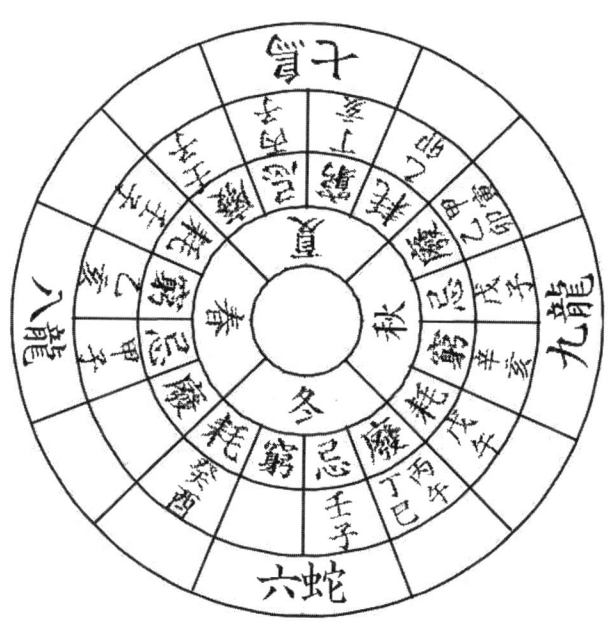

《총성력(總聖曆)》에 이르기를, "사모(四耗)*란 이른바 사시휴간(四時休干)이니 이분이지(二分二至) 신(辰)에 임한 것이다. 그 날엔 회친인(會親姻), 출사(出師), 개창고(開倉庫),

시채부(施債負)에 꺼린다." 하였다.

《역례》에 이르기를, "춘(春) 임자(壬子), 하(夏) 을묘(乙卯), 추(秋) 무오(戊午), 동(冬) 신유(辛酉)이다." 하였다.

조진규 왈, "만물은 나뉘면(分者) 필산(必散)이요, 이른다는 것은(至者) 다 되었다(盡也)는 것이다. 이는 음양(陰陽)이 운수(運數)가 다하여서(盡) 분리된 것이다. 또 휴를 만났으므로 간에 임(得休干臨)한 것이므로 이르기를 모(耗)라 하였다."

《고원》에 이르기를, "사모일(四耗日)은 진실로 이는(固是) 휴간(休干)이며 역시 휴지(休支)이다.

춘(春) 임자(壬子)이니 간지(干支) 모두 수(水)이다.

하(夏) 을묘(乙卯)이니 간지(干支) 모두 목(木)이다.

동(冬) 신유(辛酉)이니 간지(干支) 모두 금(金)이다.

추(秋) 무오(戊午)이니 간(干)은 토(土)이나 지(支)는 화(火)이다.

《동원경(洞源經)》에 이르기를 ; 화(火)가 금(金)을 극(剋)하지 않는데 어찌하여 왕(旺)할 수 있는가? 토생금(土生金)하므로 화(火) 역시 생금(生金)한다는 것이다. 대개 춘목(春木)이 왕(旺)하면 수가 모산(水耗)하게 되는 것이고, 하화(夏火)가 왕(旺)하면 목(木)이 모산(耗散)되는 것이며, 추금(秋金)이 왕(旺)하면 화토(火土)는 모산(耗散)되고, 동수(冬水)가 왕(旺)한 것은 금(金)이 모산(耗散)되는 것이다. 그러므로 사모(四耗)라 하였다." 하였다.

《광성력》에 이르기를, "사폐(四廢)는 사시(四時)에서 쇠사(衰謝)한 신(辰)을 말한다. 그 날에는 출군(出軍), 정벌(征

伐), 조사(造舍), 영친(迎親), 봉건(封建), 배관(拜官), 납재(納財), 개시(開市)에 다 꺼린다." 하였다.

《역례》에 이르기를, "춘(春) 경신(庚申)신유(辛酉), 하(夏) 임자(壬子)계축(癸丑), 추(秋) 갑인(甲寅)을묘(乙卯), 동(冬) 병오(丙午)정사(丁巳)라 한다."

《봉영경(蓬瀛經)》에 이르기를, "사폐(四廢)자는 오행(五行)이 무기(無氣)하므로 이에는 복덕이 임하지 못하는 신이다. 그러므로 백사에서 꺼린다고 쓰지 않는 날(百事忌用)이다." 하였다.

조진규(曹震圭) 왈, "사폐(四廢)자는 간지(干支)가 모두 함께 절지(絶地)를 만난 것이다. 가령 경신(庚申) 신유(辛酉)는 봄 인묘진(寅卯辰)에서 절지(絶地)가 되는 류(類)이다. 나머지도 같다."

《신살기례(神煞起例)》에 이르기를, "사기(四忌)는 춘(春) 갑자(甲子), 하(夏) 병자(丙子), 추(秋) 경자(庚子), 동(冬) 임자(壬子)이니, 사궁(四窮)일(日)에 합하기 때문이다. 즉 팔용(八龍), 칠조(七鳥), 구호(九虎), 육사(六蛇)이기도 하다." 하였다.

《총요력》에 이르기를, "사궁자(四窮者)는 이른바 해(亥)는 음절지신(陰絶之辰)이니, 사시(四時)에서 왕간(旺干)에 임해야 한다. 그러므로 사궁(四窮)이라 한 것이다. 이 날에는 원행(遠行), 정벌(征伐), 재물(財物), 출납(出納)에 꺼린다." 하였다.

《역례》에 이르기를, "춘(春) 을해(乙亥), 하(夏) 정해(丁亥), 추(秋) 신해(辛亥), 동(冬) 계해일(癸亥日)이 그것이다." 하였다.

조진규 왈, "해(亥)자는 지지(地支)의 끝 신(末辰)이니 극음(極陰)의 자리이다. 사시(四時)에서도 음간(陰干)이 배속되므로 사궁일(四窮日)이라 한 것이다."

《총요력》에 이르기를, "팔용(八龍), 칠조(七鳥), 구호(九虎), 육사(六蛇) 일(日)에는 모두 영혼(迎婚), 가취(嫁娶)에 불가하다." 하였다.

《역례》에 이르기를, "춘(春)은 갑자(甲子) 을해(乙亥)가 팔용(八龍)이요, 하(夏)는 병자(丙子) 정해(丁亥)가 칠조(七鳥)이며, 추(秋)는 경자(庚子) 신해(辛亥)가 구호(九虎)이며, 동(冬)은 임자(壬子) 계해(癸亥)가 육사(六蛇)이다." 하였다.

조진규 왈, "해(亥)는 음기(陰氣)의 극(極)이요, 자(子)는 양기(陽氣)가 초생(初生)하는 곳이니, 이들은 음양기(陰陽氣)가 끊어지는 탈사지신(脫謝之辰)의 곳이다.

십간(十干)의 상(象)은 부(夫)이고, 십이지(十二支)의 상(象)은 부(婦)이니, 지금은 사시(四時)로 왕간(旺干)이지만, 해자(亥子)가 배속되었을 때는 부(夫)는 왕(旺)하지만, 부(婦)가 절지(絶地)이며, 또 반대로 내가 절지(絶地)에 임하는 경우가 있으므로 쓰임에서 꺼리는 것이다."

《고원(考原)》에 이르기를, "갑을(甲乙)은 동방(東方)목(木)이니 청룡(靑龍)이 되며 그 성수(成數)는 팔(八)이다. 병정(丙丁)은 남방화(南方火)이니 주작(朱雀)이 되며 그 성수(成數)는 7이다. 경신(庚辛)은 서방금(西方金)이니 백호(白虎)가 되며 그 성수(成數)는 9이다. 임계(壬癸)는 북방수(北方水)이니 현무(玄武)가 되며 그 성수(成數)는 육수(六數)이다. 그러므로 각각 그로 인하여 이름이 붙여졌다." 하였다.

안찰하건대 ; **사모(四耗)**는 일간(日干) 지지(地支)가 모두 휴기이다.

사폐(四廢)는 일간(日干) 지지(地支)가 모두 사기(死氣)이다.

사기일(四忌日)은 본령(本令)의 양간(陽干)을 신수(辰首)에 가(加)한 것이다.

사궁일(四窮日)은 본령(本令)의 음간(陰干)을 신미(辰尾)에 가(加)한 것이다.

대저 휴기(休氣), 사기(死氣)는 진실로 길(吉)할 수가 없는 것들이다.

본령(本令)의 양간(陽干)에는 자를 가하고(加子) 본령의 음간(陰干)에는 해를 가하였는데(加亥), 이에서 무엇으로 흉(凶)이라 하는 것인가?

이르기를 ; 《역(易)》의 도리에는 천덕은 불가위수(天德不可爲首)라 하였다. 그러나 지금 양간(陽干)이기 때문에 신수(辰首)에 거하도록 하였으며, 지도무성(地道無成)이라 한 것은 지도(地道)는 스스로는 이룸이 없고 양(陽)을 종하는 것이므로 지금처럼 음간(陰干)으로 신미(辰尾)에 거하게 한 것이다. 그렇다면 이것도 바로 이룸(成)이 아니겠는가? 그리고 왕극(旺極)함인데도 흉(凶)으로 하였다면 쇠사(衰謝)의 뜻(義)도 성립될 수 없을 것이다.

그 팔용(八龍), 칠조(七鳥), 구호(九虎), 육사(六蛇)의 뜻도 역시 근본은 이에 있다.

대개 춘(春)에는 갑자(甲子) 을해(乙亥)가 합(合)하는데, 이

것은 춘(春)의 양간(陽干)은 갑(甲)이니 그 수(首)에 의거하였고, 춘(春)의 음간(陰干)은 을(乙)이니 그 말미에 의거하게 한 것이니, 이는 온전할 뿐 이의는 없음이다.

그러므로 팔용(八龍)의 八자는 춘(春)의 성수(成數)이고, 龍자는 춘(春)의 육수(六獸) 가운데 하나이다.

《역(易)》문언전(文言傳)에 이르기를, "적선지가에 필유여경하고, 적불선지가에 필유여앙이라(積善之家必有餘慶 積不善之家 必有餘殃)." 즉 "선을 쌓은 집안은 반드시 남는 경사가 있고, 불선을 쌓은 집안에는 반드시 남는 재앙이 있다." 하였으니 천지(天地)의 순환은 다함이 없고(循環不窮), 만물의 변화는 나날이 새로워진다(萬化日新) 하니, 이 모두 기영삭허(氣盈朔虛 ; 절기는 꽉 차고 月朔은 부족함)의 과정에서 나온 것이므로 여온(餘蘊)이 없으나, 이곳은 천도(天道)가 아니다. 그러므로 꺼리는 것이다.

*사모(四耗) ; 네 가지 명목으로 받은 모곡(耗穀). 곧 모조(耗條)·간색(看色)·낙정(落庭)·타섬(打苫)의 명목으로 받은 곡식을 이른다.

5. 구감(九坎 ; 九焦)

太歲	子	丑	寅	卯	辰	巳	午	未	申	酉	戌	亥
九坎	申	巳	辰	丑	戌	未	卯	子	酉	午	寅	亥

《광성력》에 이르기를, "구감(九坎)자는 월중(月中)의 살신

(殺神)이다. 이 날은 승선도수(乘船渡水), 제방수리, 축대나 담 쌓기, 거적으로 집 덮는 일(苫蓋房舍) 등에 꺼린다." 하였다.

《역례》에 이르기를, "구감살(九坎殺)은 정월재진(正月在辰)하여 역(逆)으로 사계(四季) 신(辰)을 진행하고, 오월재묘(五月在卯)이니 사중(四仲) 신(辰)을 배치하며, 구월재인(九月在寅)이니 사맹(四孟) 신(辰)을 역으로 섣달 12월까지 배치한다." 하였다.

조진규 왈, "감(坎)이란 함(陷)이며 험(險)이니 불평(不平)이요, (九)는 구초(九焦)의 뜻과 같다."

《광성력》에 이르기를, "구초(九焦)는 월중(月中)의 살신(殺神)이다. 이 날에는 노야(爐冶 ; 불 때는 아궁이), 주조(鑄造), 종식(種植), 수축(修築), 원포(園圃)에 꺼린다 하였다." 하였다.

조진규 왈, "구감(九坎) 구초(九焦)는 월중(月中)의 살신(殺神)으로 천지의 도(天地之道)와는 역행한다.

가령, 正, 二, 三, 四월은 **세수(歲首)**에 해당하니 동방지위(東方之位)가 된다. 마땅히 맹신(孟辰) 자리에서 만물을 발생하여 주어야 한다. 그러나 아직은 계신(季辰)에서 만물이 수살(收殺)하게 되는 시기이므로 역(逆)으로 수렴(收斂)하여야 하는 것이다.

五, 六, 七, 八월은 **세중(歲中)**이니, 중신월(仲辰月)을 사용하여 만물을 성숙시키는 시기이다. 그러나 세수(歲首)에서 함께 그 생(生)을 돕지 않는다면 어찌 성숙시킬 수 있겠는가?

九, 十, 十一, 十二월은 **세지종(歲之終)**이니 만물을 수장(收

藏)시켜야 하는 시기이다. 지금 당장은 맹신(孟辰)으로서 만물을 생육(生育)하고자 하나 어찌 능히 생육케 할 수 있겠는가? 이에서는 역천지도(逆天之道)이므로 능히 만물을 성취할 수 없는 것이다."

안찰하여 보면 ; 인오술(寅午戌) 화월(火月)에서 역행(逆行)하면 진(辰)묘(卯)인(寅)이요, 해묘미(亥卯未) 목월(木月)에서 역행하면 축(丑)자(子)해(亥)요, 신자진(申子辰) 수월(水月)에서 역행하면 술(戌)유(酉)신(申)이며, 사유축(巳酉丑) 금월(金月)에서 역행하면 미(未)오(午)사(巳)가 된다.

화가 큰불로 번지고(火成燎原), 목(木)이 수(水)에로 역하고 목다(木多)면 물은 말라붙고(木多沉溺), 수(水)가 금(金)에로 역하고 수다(水多)면 금을 가라앉히고(水多搏激), 금(金)이 화(火)에로 역하여 금다(金多)면 불은 꺼져(金多爍銷)버린다(金多爍銷). 고왈(故曰) 구감(九坎)이요, 이르기를, 구초(九焦)이다.

그러나 수화(水火)를 좇는 것은 명(命)으로 두 이름(二名)이 있으므로 역가(曆家)들은 승선(乘船)에만 꺼리는 데 그치고, 고주(鼓鑄), 재종(栽種) 등사는 큰 해가 없다는 것이다.

6. 오허(五虛)

太歲	子	丑	寅	卯	辰	巳	午	未	申	酉	戌	亥
五虛	午	戌	巳	酉	丑	申	子	辰	亥	卯	未	寅

《추요력》에 이르기를, "오허(五虛)*는 사시(四時)에서 절

지(絶地)를 만난 신(辰)이다. 그 날에는 개창고(開倉庫), 영종시(營種蒔), 출재보(出財寶), 시채부(施債負)에 꺼린다."하였다.

《역례》에 이르기를, "오허(五虛)자(者)는 춘(春) 사유축(巳酉丑), 하(夏) 신자진(申子辰), 추(秋) 해묘미(亥卯未), 동(冬) 인오술(寅午戌)이 그것이다." 하였다.

조진규 왈, "오허(五虛)자(者)는 사시(四時)에서 봉절지신(逢絶之辰)이다. 물절(物絶) 즉 손후(損朽)이니 그 중이 허(中虛)하다면 무실(無實)이니 허(虛)라 하였다.

가령 봄(春)에는 목(木)이 왕(旺)하므로 사유축(巳酉丑) 금(金)은 절지(絶地)가 되고, 여름(夏)은 화(火)가 왕(旺)하므로 신자진(申子辰) 수(水)는 절지(絶地)가 되며, 가을(秋)은 금(金)이 왕(旺)하므로 해묘미(亥卯未) 목(木)은 절지(絶地)가 되고, 겨울(冬)은 수(水)가 왕(旺)하므로 인오술(寅午戌) 화(火)는 절지(絶地)가 된다."

*오허(五虛) ; ① 집은 큰데 사람이 적을 때(宅大人少), ② 집은 작은데 대문이 클 때(宅小門大), ③ 담장, 울타리가 완전하지 못할 때(牆阮不完), ④ 우물과 부엌의 배치가 잘못되었을 때(井竈不處), ⑤ 집터는 넓은데 집이 작을 때(宅地多居所).

7. 팔풍(八風) 촉수룡(觸水龍)

《추요력》에 이르기를, "함지(咸池), 초요(招搖), 팔풍(八風), 촉수룡(觸水龍)이 되는 날은 승선(乘船), 도수(渡水), 도강도하(涉江河)에 꺼린다 하였다." 하였다.

《역례》에 이르기를, "팔풍(八風)자(者)는,

춘(春) 정축(丁丑) 기유(己酉),

하(夏) 갑신(甲申) 갑진(甲辰),

추(秋) 신미(辛未) 정미(丁未),

동(冬) 갑술(甲戌) 갑인(甲寅)이다.

촉수룡(觸水龍)자(者)는 병자(丙子), 계축(癸丑), 계미(癸未)이다." 하였다.

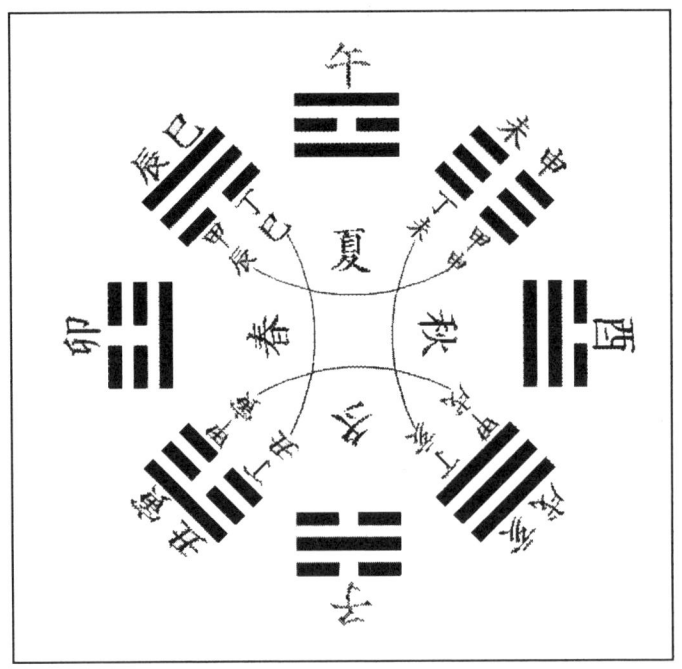

조진규 왈, "팔풍(八風)이란 팔절(八節)이니, 팔괘의 풍(八卦之風)이다. 각각 사절기(四節氣; 立春·立夏·立秋·立冬)를 기준으로 세운 것인데, 월건(月建後) 후 일신(一辰)을 사입지

풍(四立之風)으로 삼았고, 그 다음으로 사절의 삼합(三合) 전신(前辰)이 차절풍(次節風)이 된다.

  가령 입하절의 월건(立夏月建)은 사(巳)이니 진(辰)이 입하풍(立夏風)이요, 다음은 신(申)이 삼합(三合) 전신(前辰)이 된다. 둘을 합하여 하지풍(夏至風)이라 한다.

  가령 **입춘월건(立春月建)**은 인(寅)이니 월건전신(月建前辰)인 축(丑)이 정풍(正風)이다. 정간(丁干)을 배속하여 정축(丁丑)이 된 것은 온화함을 취한 의미이다. 유(酉)를 방풍(傍風)으로 삼고, 기(己)를 배속하여 기유(己酉)가 된 것인데, 기토(己土)는 유(酉)를 생하는 장생지지(長生之地)이기 때문이다.

  입하월건(立夏月建)은 사(巳)이니 진(辰)이 정풍(正風)이요, 신(申)이 방풍(傍風)이다. 모두 갑(甲)을 배속하여 갑신(甲申) 갑진(甲辰)이 된 것은 입하 후(立夏) 후는 풍세(風勢)가 극미(極微)하기 때문에 갑(甲)으로 장생(長生)케 한 것이다.

  입추월건(立秋月建)은 신(申)이니 미(未)를 정풍(正風)으로 하는데, 이에서는 방풍(傍風)을 취함이 없다. 그것은 이른바 가을기운(秋氣)은 살기를 좋아하므로(好殺氣) 양육(養育)의 성정(性情)을 갖지 못하였다고 해서 신(辛)을 배속하여 신미(辛未)로 하였으니, 이는 금풍지상(金風之象)을 취한 것이다. 또 정(丁)을 배속하여 정미(丁未)로 그에 온화한 기운을 갖게 한 것이다.

  입동월건(立冬月建)은 해(亥)이니 술(戌)로서 정풍(正風)을 삼고 인(寅)을 방풍(傍風)으로 하였다. 모두 갑(甲)을 배속시켜 갑술(甲戌) 갑인(甲寅)으로 한 것은, 바람은 겨울이 제철이기

때문인데(以風鳴冬), 그 세력이 극대화되었으므로 갑목(甲木)을 배속시켜 생풍(生風)으로 이끌기 위한 것이다. 이 모두 팔절(八節)에서 나온 것이므로 팔풍(八風)이라 하였다.

촉수룡(觸水龍)자(者)는 촉(觸)은 범(犯)이며 용(龍)은 수물(水物)이다. 임계해자(壬癸亥子)가 수(水)이니 수(水)와 능히 상승(相勝)할 수 있는 자(者)는 화토(火土)이다. 화(火)는 위에 있는 것이니 병(丙)이 되며, 토(土)는 아래에 거(居)하여 사계(四季)를 이룬다. 진(辰)은 용(龍)의 정위(正位)이니 임수(壬水)가 소거(所居)하고, 술해(戌亥)는 건천(乾天)의 지위(之位)이니 용의 형상(龍象)이 있는 것이다. 그러므로 병자(丙子), 계미(癸未), 계축(癸丑)으로 촉수룡(觸水龍) 일(日)을 삼았다."

안찰하여 보면 ;《영추경(靈樞經)》에 이르기를, "一은 천(一者天), 二는 지(地), 三은 인(人), 四는 시(時), 五는 음(音), 六은 율(律), 七은 성(星), 八은 풍(風), 九는 야(野)."라 하였다. 또 이르되, "동지지일(冬至之日)은 태일(太一 ; 천지만물이 출현한 근원)은 협칩지궁에서 세워졌으니(立於叶蟄之宮), 남방으로부터 불어오는 바람은 허풍(虛風)이 되어 도적처럼 사람을 상하게 하는 자(賊傷人者)이다." 하였다.

입춘지일(立春之日)은 바람이 서방을 좇아서 오므로(風從西方來) 만민(萬民)은 또 다 허풍(虛風) 중(中)에 든다. 이와 같이 보면 팔풍(八風)이라는 뜻은 근본이 다 이와 같다. 춘(春) 정축(丁丑) 정사(丁巳), 하(夏) 갑신(甲申) 갑진(甲辰), 추(秋) 정미(丁未) 정해(丁亥), 동(冬) 갑술(甲戌) 갑인(甲寅)이 그것이다.

사(巳) 축(丑)의 봄(春)에서는 즉 오허(五虛)가 사유축(巳酉丑)인데 나가는(出去) 곳은 정위(正位)이니 유(酉)이다.

신진(申辰)은 하(夏)에서 즉 오허(五虛)이니 신자진(申子辰)이 나가는(出去) 곳은 정위(正位)인 자(子)이다. 추동(秋冬)도 이와 같이 추측한다.

대개 정풍(正風)은 오히려 가(可)하다 하지만 사풍(邪風)이라면 더욱 흉(凶)이 된다. 그에서 정갑(丁甲)자(者)는 목(木)을 풍(風)으로 하고 풍(風)은 또 화(火)에서 출(出)한다.

촉수룡(觸水龍) 자(者)는 수(水)의 벌일(伐日)이다. 용(龍)은 수족(水族 ; 물속에서 사는 동물붙이) 가문(家門)의 장자(水族之長子)이고 수궁(水宮)이다. 계(癸)는 바로 자(癸卽子也)이다. 간(干)이 수(水)면 지지를 벌하고(干爲水而支伐之), 지지(地支)와 함께 수(水)일 때는 간(干)은 지지(地支)가 소벌(所伐)한다. 이들은 모두 촉수 중의 용(觸水中之龍)이다.

초요(招搖 ; 별자리의 이름. 28수의 저수(氐宿)에 속하는 것으로 현재의 목자자리에 있는 별)는 곧 육의(六儀)이며 육의(六儀)는 곧 천강(天罡 ; 북두칠성의 자루 부분)이니 음건이 충(衝)한다. 함지(咸池)는 오행(五行)의 목욕지지(沐浴之地)이다. 앞에서 그림으로 볼 수 있기 때문에 여기서는 생략하였다.

촉수룡(觸水龍)은 사시(四時)에 관계없이 다 꺼린다. 그러므로 이 3일도 생략되었지만, 섭강(涉江)에 함께 꺼리는 것이다. 함지(咸池)와 초요(招搖)는 중첩되어 여러 개라도 관계없이 하나만 있는 것과 같다.

8. 보(寶)・의(義)・제(制)・전(專)・벌(伐)・일(日)

《회남자》에 이르기를, "자생모(子生母) 왈 의(義), 모생자(母生子) 왈 보(寶), 자모상득(子母相得) 왈 전(專), 모승자(母勝子) 왈 제(制), 자승모(子勝母) 왈 곤(困)이라." 하였다.

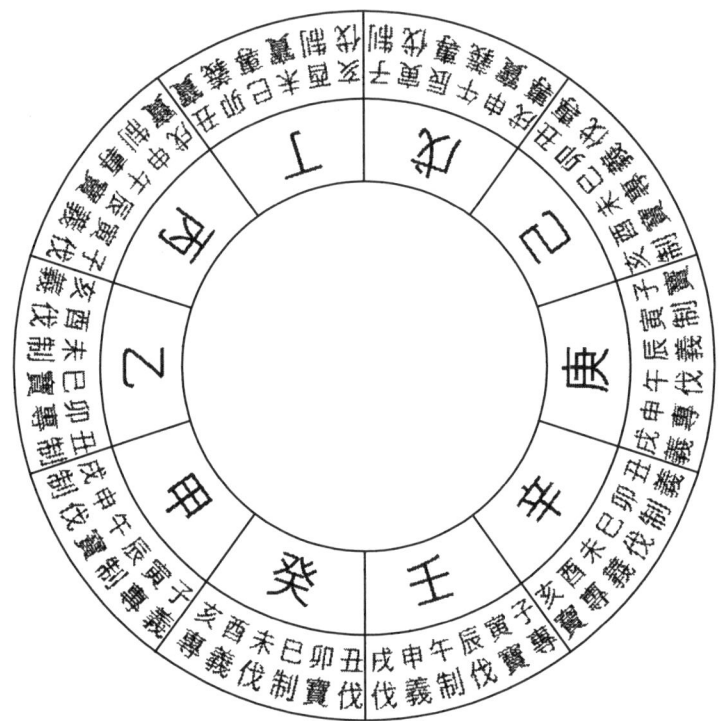

제(制)로 격살(擊殺)하여 이겼지만 보수는 없다(以制擊殺勝而無報).

전문(專門)직에 종사(從事)하였으므로 공을 세울 수 있었다(以專從事而有功).

의(義)로 이행(理行)하였으므로 이름을 세워 떨어지지 않았다(以義行理名立而不墮).

보(寶)로써 축양하여 만물이 번창하였다(以寶畜養萬物蕃昌).

곤(困)으로 거사하였으나 파멸하여 사망에 이르렀다(以困擧事破滅死亡).

《둔갑경(遁甲經)》에 이르기를,

"보일(寶日)은 간생지(幹生支)요, 의일(義日)은 지생간(支生幹)이며, 제일(制日)은 간극지(幹剋支)이므로 그 날에는 행군에 이롭다(其日利行軍).

벌일(伐日)은 지극간신(支剋干辰)이므로 그 날에는 공토정벌(攻討征伐)이나 출군(出軍) 약지(掠地 ; 몰래 침투함)에 꺼린다. 전일(專日)은 간지오행(干支五行)이 서로 같은 것이니 그 날에 출군(出軍)은 꺼린다." 하였다.

《역례》에 이르기를,

"보일(寶日) ; 정미(丁未)·정축(丁丑)·병술(丙戌)·갑오(甲午)·경자(庚子)·임인(壬寅)·계묘(癸卯)·을사(乙巳)·무신(戊申)·기유(己酉)·신해(辛亥)·병진(丙辰).

의일(義日) ; 갑자(甲子)·병인(丙寅)·정묘(丁卯)·기사(己巳)·신미(辛未)·임신(壬申)·계유(癸酉)·을해(乙亥)·신축(辛丑)·경술(庚戌)·무오(戊午)·경진(庚辰).

제일(制日) ; 을축(乙丑)·갑술(甲戌)·임오(壬午)·무자(戊子)·경인(庚寅)·신묘(辛卯)·계사(癸巳)·을미(乙未)·병신(丙申)·정유(丁酉)·기해(己亥)·갑진(甲辰).

벌일(伐日) ; 경오(庚午)·신사(辛巳)·병자(丙子)·무인(戊寅)·기묘(己卯)·계미(癸未)·계축(癸丑)·갑신(甲申)·을유(乙酉)·정해(丁亥)·임진(壬辰)·임술(壬戌).

전일(專日) ; 갑인(甲寅)·을묘(乙卯)·정사(丁巳)·병오(丙午)·경신(庚申)·신유(辛酉)·계해(癸亥)·임자(壬子)·무진(戊辰)·무술(戊戌)·기축(己丑)·기미(己未)라."하였다.

조진규(曹震圭) 왈, "간생지자(幹生支者)는 그 천시를 득한(幹生支者得其天時也) 것이고, 지생간자(支生幹者)는 그 지리를 득한(得其地利) 것이며, 간극지자(幹剋支者)는 그 인화를 득한(得其人和) 것이니, 내가 저쪽을 제압함이다(我可制彼也)다. 그러므로 간은 천(幹爲天)이며 나(我)요, 지지(地支)는 땅(支爲地)이며 저쪽이다(爲彼也).

벌(伐)이라 함은 저쪽에서 나를 벌함이다(彼伐於我也). 간은 존(干爲尊)이니 나(我)요, 지는 비이니 저쪽(支爲卑彼)이기 때문이다. 이는 낮은 것이 존을 벌함(卑伐於尊)이니 저쪽이 나를 극함(彼剋於我)이 된다. 그러므로 그 뜻은 거역인 것이다(其義逆也).

지금은 간지동류(干支同類)를 피아동덕(彼我同德)이라 하는데, 양세(兩勢)가 서로 적(相敵)인 것은 승부가 불분명하므로 출군(出軍)에서는 크게 꺼린다."

《고원》에 이르기를, "전일(專日)은 역시 화일(和日)의 이름(名)이다."

안찰하여 보면 ;《회남자》에 이르기를, 전일(專日)을 길(吉)로 하였으니, 이른바 전문성(專門性)에 종사(從事)하는 것이라면 공로가 있기 때문이다. 둔갑(遁甲)에는 전일(專日)도 흉하다 하였는데, 지금 전일(專日)을 안찰하여 보면 단지 행군(行軍)에만 꺼리는 것이지, 그 밖에는 무방하기 때문에 《회남자》에서 길일(吉日)로 논한 것 같다.

9. 팔전(八專)

太歲	子	丑	寅	卯	辰	巳	午	未	申	酉	戌	亥
八專		癸丑	甲寅					丁未 己未	庚申			

《증문경(曾門經)》에 이르기를, "팔전(八專)*일에는 출군(出軍), 가취(嫁娶)를 하지 않는다. 정미(丁未), 기미(己未), 경신(庚申), 갑인(甲寅), 계축(癸丑)일이 그것이다." 하였다.

안찰하면 ; 팔전(八專)일은 단지 5일뿐이다. 십간으로 붙여지는 곳이(十干所寄) 팔지(八支)에 그치고, 자오묘유(子午卯酉)에는 거하지 않기 때문에 이 팔지(八支)의 중간 육갑(六甲)을 순환하여 간지(干支)가 상견(相見)케 하면 팔전(八專)이 나온다.

이 날에는 출군(出軍)을 꺼리는데, 피아(彼我)가 동위(同位)가 되면 교수(交綬 ; 교전하지 않고 회합, 철수한다)하기 때문이다. 가취(嫁娶)에 꺼린다 함은 음양이 동거(同居)하면 구별됨이 없기(無別) 때문이다.

*팔전(八專) ; 임자(壬子)에서 계해(癸亥)까지의 12일 가운데 축

(丑)·진(辰)·오(午)·술(戌) 나흘을 제외한 나머지 8일 동안을 말한다. 임(壬)·계(癸)는 모두 물(水)로, 이 동안에 비가 많이 오는데, 1년 중 여섯 차례가 있다.

10. 무록(無祿)

天干	甲	乙	丙	丁	戊	己	庚	辛	壬	癸
無祿	旬中辰無寅	旬中巳無卯	旬中申無巳	旬中亥無午	旬中戌無巳	旬中丑無午	旬中辰無申	旬中巳無丙	旬中申無亥	旬中亥無子

《통서(通書)》에 이르기를, "갑진(甲辰)·을사(乙巳)·경진(庚辰)·신사(辛巳)·병신(丙申)·무술(戊戌)·정해(丁亥)·기축(己丑)·임신(壬申)·계해(癸亥) 이상 십일(十日) 녹(祿)이 모두 공망(空亡)에 떨어졌다. 그러므로 무록(無祿)이라 이른다.

가령, **갑록재인(甲祿在寅), 을록재묘(乙祿在卯)**는, 갑진순중(甲辰旬中)이니 인(寅) 묘(卯)가 공망(空亡)이다. 그러므로 갑진(甲辰) 을사(乙巳)는 녹(祿)이 없는 것이다.

경록재신(庚祿在申) 신록재유(辛祿在酉)는, 갑술순중(甲戌旬中)이니 신유(申酉)가 공망(空亡)이다. 그러므로 경진(庚辰) 신사(辛巳)는 무록(無祿)이다.

병무록재사(丙戊祿在巳)이니 갑오순중(甲午旬中)에서는 진사(辰巳)가 공망(空亡)이다. 그러므로 병신(丙申) 무술(戊戌)은 무록(無祿)이다.

정기록재오(丁己祿在午)이니 갑신순중(甲申旬中)은 오(午)

가 공망(空亡)이다. 그러므로 정해(丁亥) 기축(己丑)은 무록(無祿)이다.

임록재해(壬祿在亥)이니 갑자순중(甲子旬中)은 해(亥)가 공망(空亡)이다. 그러므로 임신(壬申)은 무록(無祿)이다.

계록재자(癸祿在子)이니 갑인순중(甲寅旬中)은 자(子)가 공망(空亡)이다. 그러므로 계해(癸亥)는 무록(無祿)이다.

이상 십일(十日)은 무록일(無祿日)이라 한다. 또 이르기를, 십악대패(十惡大敗) 일(日)이라 하기도 한다.

이상은 각 본명(本命)과 태세(太歲)를 따라 피하라는 것이다. 가령 경술년(庚戌年)이나 경술(庚戌) 생인(生人)은 갑진(甲辰) 연월일시(年月日時) 사용을 꺼린다는 류(類)이다."

안찰하면 ; 무록일(無祿日)이란, 바로 녹(祿)이 순공(旬空)에 빠졌다는 뜻이다. 그러므로 꺼리는 것이다.

그러나 육임(六壬)과 화주림(火珠林)의 법도(法度)에서는 전실(塡實 ; 없는 것을 메꿈)하다면 불공(不空)이라 한다. 또 연월(年月)로 논하지도 아니하고 일률적으로 위 십일(十日)로 녹공(祿空)을 삼지도 아니한다.

가령 갑진인(甲辰日)은 인록(寅祿)이 낙공(落空)하지만, 만약 태세(太歲)나 월건(月建)이 태양(太陽)으로 인(寅)에 있으면 공망(空亡)으로 삼지 않으며, 이곳 연월(年月)의 갑진일(甲辰日)을 무록일(無祿日)이라 하지도 않는다. 나머지 날도 마찬가지다.

술사들은 이(理)에 어두우므로 연월은 아예 묻지도 아니하고 대강 꺼리는 것으로 치부하니, 진실로 구체(拘滯)에 통(通)

하는 것도 불가하다.

또 이르기를, 대충지년(對沖之年)이나 본명인(本命人)의 대충(對沖)이 되는 날로 사용함을 꺼리는 정도이다. 그렇다면 융통(融通)에 잘못됨이 있는 것인데, 이러한 패류(悖謬)를 궁구(窮究)하려고도 하지 아니하며 해석 또한 불가한 실정이다.

11. 중일(重日)

太歲	子	丑	寅	卯	辰	巳	午	未	申	酉	戌	亥
重日			五合	五合		重日			五離	五離		

《천보력(天寶曆)》에 이르기를, "중일(中日)은 음양이 해(亥)에서 혼합하는 것을 말한다. 양(陽)은 갑자(甲子)에서부터 순행(順行)하고 음(陰)은 갑술(甲戌)에서 기(起)하여 역행(逆行)하여 사해(巳亥)에 함께 이르는 것을 말한다. 그러므로 중일(重日)이라 하였다. 이 날에는 흉사(凶事)는 더욱 흉(凶)하고, 길사(吉事)는 더욱 이롭다." 하였다.

《역례》에 이르기를, "중일(重日)은 사해(巳亥) 2일(日)을 말한다." 하였다.

조진규(曹震圭) 왈, "해(亥)는 음극처(陰極位)이니 곤벽이 있는 곳(坤辟在焉)이다. 사(巳)는 양극지위(陽極之位)이니 건벽이 있는 위치(乾辟之位)이다. 이곳은 양(陽) 중의 양(陽)이며 음(陰) 중의 음(陰)이다. 그러므로 중(重)이라 하였다. 이 날에는 흉사(凶事)는 거듭된다는 뜻이므로 꺼리는데, 이로운 일(利事)은 길사가 더욱 거듭되니 마땅한 것이다."

12. 오합(五合)

太歲	子	丑	寅	卯	辰	巳	午	未	申	酉	戌	亥
五合			五合	五合		重日			五離	五離		

《추요력(樞要曆)》에 이르기를, "오합(五合 ; 天干의 합)은 월내(月內)의 양일(良日)이다. 이 날에는 결혼인(結婚姻), 회친우(會親友), 입권(立券 ; 문서를 제출함), 교역(交易)에 마땅하다." 하였다.

《역례》에 이르기를, "오합(五合)일(日)은 인묘일(寅卯日)을 말한다." 하였다.

조진규 왈, "십간(十干)은 남편(夫)의 상(象)이고, 십이지(十二支)는 아내(婦)의 상(象)이다. 이를 자(子)로부터 위시(爲始)하여 갑(甲)부터 순서에 따라 상배(相配)시키면 유(酉)에서 그치므로 술(戌)해(亥)는 남는다. 그러나 술(戌)도 오신(五辰)을 진행하면 인중(寅中)의 갑(甲)을 만난다. 해(亥)도 오위(五位)를 진행하면 묘중(卯中)에서 을(乙)을 만나는데, 이것은 부부(夫婦) 회합지례(會合之禮)를 이룬 것이므로 오합(五合)이라 한 것이다.

이 밖에 다른 것은 오위(五位)를 진행하여도 상배됨이 없다. 비록 진(辰)도 오위(五位)를 나가면 신중(申中)에서 경(庚)을 만나고, 사(巳)도 오위진행(五位進行)으로 유중(酉中)의 신(辛)을 만나지만, 신유(辛酉)는 반대로 오리(五離)가 된다.

《역(易)》에 이르기를, '일음일양지위도(一陰一陽之爲道)이니 잡즉상괴(雜則相乖)요 합즉규리(合則睽離)라.' 하였으니 오리(五離)가 됨을 말한 것이다."

안찰하면 ; 《역례》에 이르기를, 오합(五合)자는 인묘일(寅卯日)만을 말하는 것이다. 조진규의 이론은 술해(戌亥)로써 말하였는데, 그 뜻은 알 도리가 없다."

13. 오리(五離 ; 除神)

太歲	子	丑	寅	卯	辰	巳	午	未	申	酉	戌	亥
五離			五合	五合		重日			五離	五離		

《추요력》에 이르기를, "오리(五離)자는 월중(月中)의 이신(離神)이다. 이 날에는 결혼인(結婚姻), 회친우(會親友), 작교관(作交關), 입계권(立契券)에 꺼린다." 하였다.

《역례》에 이르기를, "오리(五離)자는 신유일(申酉日)뿐이다." 하였다.

조진규 왈, "오리(五離)자는 음양중회지신(陰陽重會之辰)이 재합(再合)으로 성립된 것이다."

《고원》에 이르기를, "《통서(通書)》를 안찰하여 보니, 신유일(申酉日)로 제신(除神)을 삼았으니 오합일(五合日)과 대충(對衝 ; 對沖)하는 날이다. 목욕(沐浴)과 불제재생(祓除災

眚 ; 푸닥거리할 불)에 마땅하다."하였다.

안찰하면 ; 이곳의 일신(日神)은 연(年) 월(月) 천간(天干)으로 일으키는 것이 아니고, 오직 이곳의 삼조(三條)로만 성립한다.

14. 해신(解神)

太歲	子	丑	寅	卯	辰	巳	午	未	申	酉	戌	亥
解神	午	午	申	申	戌	戌	子	子	寅	寅	辰	辰

《총요력》에 이르기를, "해신(解神)은 월중(月中)의 선신(善神)이다. 이 날에는 상사장(上詞章), 설원왕(雪冤枉)에 마땅하다."하였다.

《역례》에 이르기를, "正二月 신(申), 三四月 술(戌), 五六月 자(子), 七八月 인(寅), 九十月 진(辰), 十一 十二月 오(午)이다."하였다.

조진규 왈, "해신(解神)자는 월중의 주서(奏書)는 대면하고 직간하는 신(月中奏對直諫之臣)이니, 월건(月建)과 상거(常居)하며 상대하는 양신(陽神)이다. 이는 태세중(太歲中)의 주서(奏書)와 같은 뜻이다. 대개 충직한 신(臣)은 사음(私陰)한 처소나 지위가 따로 있는 것이 아니다."

안찰하면 ; 음양지성(陰陽之性)은 충(衝)이 아니고는 풀리지 않는다. 때문에 해신(解神)은 육양신(六陽辰)으로 충(衝)하여야 쓰임이 나오는 것이다. 그러나 육음신(六陰辰)에서는 충신(衝辰)을 사용하지 않는다. 그렇다면 양신(陽辰)의 충신(衝

辰)이란 무엇을 말하는가?

양자(陽者)는 덕(德)이기 때문에 덕(德)으로 충(衝)하는 것은 곧 풀린다(卽解)는 것이다. 이른바 일월(日月)의 식자(食者)와 같은 것이다.

음자(陰者)는 간사함을(陰者慝也) 주장한다. 때문에 사특(邪慝)함은 충(衝)하면 발동(發動)이니, 곧 사특함을 만들어 낸다. 그렇다면 음(陰)에도 양(陽)이 없지 않은데, 반드시 그 양(陽)만을 충(衝)한다고 하겠는가? 그러므로 사특(邪慝)함도 함께 풀리는 것(卽解)아닌가?

비록 그렇더라도 충동(衝動)은 그 고유의 덕(德)이기 때문에 그 본위(本位)를 경솔하게 충(衝)하는 것은 불가하다. 그러므로 신하된 자는 이를 알아야 나아가 간언(諫言)을 바르게 할 방향이나 방법을 득할 수 있고(爲臣者知此得進諫之方焉), 임금은 이를 알아야 간언(諫言)을 받아들여 치정(治政)의 도리를 득할 수 있는 것이다(爲君子知此得受諫之道焉).

그러므로 조진규(曹震圭)는 주서(奏書)에다 비유한 것이다.

15. 복일(復日)

太歲	子	丑	寅	卯	辰	巳	午	未	申	酉	戌	亥
復日	癸	巳	甲	乙	戊	丙	丁	巳	庚	辛	戊	壬

《천보력》에 이르기를, "복일(復日)자는 괴강(魁罡)에 소

계된 신(所繫辰)이다. 이 날에는 흉사(凶事)는 꺼리고 길사(吉事)는 이로운 날이다." 하였다.

《역례》에 이르기를, "복일(復日)은 正七月 갑경(甲庚), 二八月 을신(乙辛), 四 十月 병(丙)임(壬), 五 十一月 정(丁)계(癸), 三九六 十二月 무기(戊己)일이 그것이다." 하였다.

조진규 왈, "복(復)이란 중견(重見)이다. 본 월건지신(本建之辰)과 알아보고자 하는 간(干)이 같은 것이다. 가령 정월건(正月建) 인(寅)은 즉 갑(甲)인데, 다시 또 갑(甲)을 만나면 복(復)과 같은 것이다. 또 가령 진술(辰戌)은 바로 무(戊)요 축미(丑未)는 기(己)이니, 이에서 다시 무기(戊己)를 만나는 것은 복(復)이 된다. 나머지도 그러하다."

《지리신서(地理新書)》에 이르기를, "正月 갑(甲), 七月 경(庚), 二月 을(乙), 八月 신(辛), 四月 병(丙), 十月 임(壬), 五月 정(丁), 十一月 계(癸), 三, 九月 무(戊), 六, 十二月 기(己)이다." 하였다.

안찰하면 ; 건인(建寅)에서 득갑일(得甲日)이면 이는 월건(月建)과 동일(同日)이다. 이는 흉사(凶事)일 때 꺼리는 것이다. 이는 대개 월건(月建)의 뜻으로(義) 꺼리게 된다. 그러나 간(干)과 지(支)는 동일(同日)이 됨은 불가하다는 말이다. 그러므로 민속에서는 이를 범(犯)하는 것을 중상(重喪)이라는 등으로 두려워하는데, 이에는 전혀 이치가 없는 것이다.

《선택종경》에 실려 있는 고인(古人)의 글을 보면, 장과(葬課)에서 건일(建日)을 많이 사용하였다. 또 이르기를, "正月 갑일(甲日), 二月 을일(乙日)은 득록(得祿) 득령(得令)이라 하

여 가장 길(吉)한 날이다. 三月 무일(戊日)은 비록 득록(得祿)은 아닐지라도 득령(得令)이니 차길(次吉)하다." 하였다.

그렇게 본다면 복일(復日)은 꺼린다는 것을 꼭 좇아야 하는 것은 아니라는 것이 오랜 세월 동안 증명된 것이다.

이제 여기서 명폐(鳴吠)가 복일(復日)을 만나는 것은 꺼리더라도 덕(德)으로 사면(赦免)할 수 있으며, 육합(六合)이 복일(復日)을 만나는 것은 불기(不忌)라는 것으로 결정하는 바이다. 아울러 택일에서 그 이름이 보이더라도 해가 없다는 뜻으로 이해하는 것이다.

16. 명폐일(鳴吠日)

太歲	甲	乙	丙	丁	戊	己	庚	辛	壬	癸
鳴吠	午申	酉	午申	酉	無	酉	午申	酉	午申	酉

《일행경(一行經)》에 이르기를, "명폐(鳴吠)란 오성(五性) 안장지신(安葬之辰)이다. 이 날을 사용하는 자는 금계는 울음(得金鷄鳴)으로 하고, 옥견은 짖어서(玉犬吠) 보호함을 득 한다는 것이니, 상하(上下)에서 서로 불러주며(相呼) 지켜주므로 망령(亡靈)이 안온(安穩)하고 자손이 부창(富昌)한다."고 하였다.

명폐일(鳴吠日)은 경오(庚午), 임신(壬申), 계유(癸酉), 임오(壬午), 갑신(甲申), 을유(乙酉), 경인(庚寅), 병신(丙申), 정유(丁酉), 임인(壬寅), 병오(丙午), 기유(己酉), 경신(庚申), 신유

(辛酉)이다.

《역사명원(曆事明原)》에 이르기를, "「금계(金鷄)」는 태(兌)이고 태(兌)는 유궁(酉宮)을 말한다. 「옥견(玉犬)」은 간(艮)이고 간(艮)은 견(犬)이다.

대저 외택(外宅)에서 중요한 것은 산택(山澤)과 지세(地勢)에 달려있는 것인데, 이것이 곤(坤) 간(艮) 태(兌)이다. 그러므로 곤(坤) 태(兌)로 왕래케 하고, 간(艮)을 가하여 팔괘(八卦)에 순포(順布)한다. 간(艮)이 임하는 곳의 궁신(宮辰)을 간(艮)으로 삼는다(視艮所臨之辰爲艮也).

「가령 태(兌)궁에다 간(艮)을 가하면 간(艮)이 이오(離午)궁에 임하게 되고, 또 이오(離午)를 간(艮)에 가하면 간(艮)은 태유(兌酉)궁으로 임한다. 또 곤(坤)을 간(艮)에다 가하면 간(艮)은 곤미신(坤未申)궁으로 임하며, 또 다시 간(艮)을 자기 궁(宮)에 가하면 간축인(艮丑寅)궁이 된다(如兌加艮則艮臨離午也 又以離加艮則艮臨兌酉也 又以坤加艮則艮臨坤未辛也 又以艮自加艮丑寅也)」

축미이신(丑未二辰)은 바로 금궁(金宮)의 묘절(墓絶)이므로 무기지위(無氣地位)가 된다. 그러므로 사용할 수 없다.

또 십간(十干) 중에서 무(戊)는 양토(陽土)이니 중궁(中宮) 명당지위(明堂之位)에 배속되므로 무일(戊日)은 사용이 불가하다. 또 갑오(甲午), 갑인(甲寅), 병인(丙寅), 은 바로 자사(自死), 자왕(自旺), 자생(自生) 지(地)이기 때문에 역시 불용(不用)이다. 그러므로 나머지 14일(日)만이 명폐(鳴吠) 길일(吉日)이 되는 것이다."

17. 명폐대일(鳴吠對日)

太歲	甲	乙	丙	丁	戊	己	庚	辛	壬	癸
鳴吠對日	寅	卯	寅子	卯			寅子	卯	子寅	卯

《일행경(一行經)》에 이르기를, "명폐대일(鳴吠對日)에는 파토(破土), 참초(斬草)에 사용한다." 하였다.

명폐대일(鳴吠對日)은 병인(丙寅), 정묘(丁卯), 병자(丙子), 신묘(辛卯), 갑오(甲午), 경자(庚子), 계묘(癸卯), 임자(壬子), 갑인(甲寅), 을묘(乙卯)이다.

《고원》에 이르기를, "명폐대일을 안찰하면, 바로 명폐(鳴吠)일과 대충(對衝)되는 날이다. 그에서 기축(己丑)일은 대충(對衝)일이 없고, 경인(庚寅)과 갑신(甲申), 임인(壬寅)과 병신(丙申)은 상호 대충(對衝)한다. 그러므로 대충일은 단지 9일에 그친다. 이에서는 십일(十日)이 되는 것은 대개 갑오(甲午)일은 비록 명폐일(鳴吠日)은 아니지만 그와 대충하는 경자(庚子)일을 명폐대일(鳴吠對日)로 사용함이 마땅하기 때문이다.

만약 갑인(甲寅)의 대(對) 경신(庚申)과 병인(丙寅)의 대(對) 임신(壬申)은 명폐(鳴吠)일 중에서 이미 사용하기 때문이다. 대개 갑자(甲子)일이라면 본시는 경오(庚午)일과 대충이 되어야 하지만, 또 이미 경자(庚子)를 사용하고 있으므로 갑오(甲午)일로 사용하게 된 것이다. 이를 전(傳)함에 오해가 없기 바란다." 하였다.

《신살기례(神煞起例)》에 이르기를, "금계명(金鷄鳴), 옥견폐(玉犬吠)는 명폐(鳴吠) 대일(對日)과 함께 전해지고 있는 것인데, 곽경순(郭景純 ; 郭璞)이 처음 만들어 사용하고, 소자(邵子)가 확정하여 쓰이고 있다.

대개 대장일(大葬日)은 금계명(金鷄鳴) 옥견폐(玉犬吠)를 사용하고, 소장일(小葬日)은 명폐(鳴吠) 대일(對日)을 사용한다.

시문(試問)하기를, 왜 하필 금계(金鷄) 옥폐(玉吠)로 하였으며, 무엇으로 대(對)라 하였는가? 그 유래된 바를 알 수 없다 하니 대개 생인(生人)의 예(禮)는 양(陽)에 속하고, 장자(葬者)는 장야(藏也 ; 저장)이니 음(陰)에 속한다고 할 수 있기 때문이다.

대저 사람의 몸은 생사(生死)가 있는 것이므로 일세(一世)에서 음양(陰陽)이 나뉘고, 사서(四序)에서는 춘추(春秋)가 있어서 일세(一歲)의 음양(陰陽)이 된다. 십이시(十二時)는 주야(晝夜)가 있어서 일일(一日)의 음양(陰陽)이 된다. 그러므로 양(陽)에서는 양(陽)을 취하고, 음(陰)에서는 음(陰)을 취하여 각각 그 유(類)를 따라서 자연 속의 근본이 되는 도(道)로 나타난다.

그렇다면 시일(時日)의 음양은 일(日)의 출몰로 나뉘므로 일출(日出) 동방(東方)을 양(陽)으로 하는 것이 생인(生人)들이 하는 일(事)이다. 일입(日入) 서방(西方)은 음(陰)으로 하는 것이 죽은 사람을 보내는 송종지사(送終之事)이다.

금계(金鷄)란 유(酉)이니 일입지문(日入之門)이다.

옥폐(玉吠)란 술(戌)이니 폐물지회(閉物之會)이다. 그러나 매장(埋葬)은 토(土)에다 하는 것이니, 감히 토(土)를 범하는 것은 있을 수 없으므로 간지(干支) 중에서 토(土)에 속하는 것을 찾아 쓰기 위함이다.

가령 무기(戊己)를 도천(都天)으로 진술축미(辰戌丑未)를 대묘(大墓)로 명명(命名)하였으나, 이것 역시 다 마땅하지 못한 바가 있어서 술(戌)을 사용하지 아니하고(不用) 대신 유(酉)를 사용하도록 하였다. 유(酉)를 회상(回想)하여 보면, 상(上)으로부터 오(午)에 이르러야 그친다. 오(午)는 바로 일음(一陰)이 시작하는 곳이므로 오(午)를 지나치면 사(巳)이니 이곳은 육양괘(六陽卦)의 자리가 된다.

오(五)를 사용하는 것은 유를 위주로 하는(用五酉以爲主) 것인데, 기(己)는 음토(陰土)로 유(酉)에 배속된다. 그러므로 또한 꺼리지 아니한다(不忌). 이것을 이른바 금계(金鷄)라 한 것이다.

신(申)이 무(戊)로 가는 것은 四를 사용한(用四) 것이므로 미(未)를 뛰어넘어(追越) 오(午)가 된 것이니, 역시 무(戊)로 가서 四를 사용하여(用四) 오(午)가 된 것이다. 이들은 모두 대장(大葬)의 13일(日)이 되는데, 이것이 명폐일(鳴吠日)인 것이다.

이로써 유(酉) 다음은 유(酉)를 대하는(對酉) 것이니, 묘(卯)가 그것이다. 곧 기(己)로 가서 四묘(卯)를 사용한 것인데, 이는 유(酉)에서와는 다른 것이다.

신(申)의 대(對)는 인(寅)이므로 역시 무(戊)에서 나간(去) 것인데, 사인(四寅)을 사용한 것이다.

오(午)의 대(對)는 자(子)이니 역시 나가(去)면 무자(戊子)인데, 무자(戊子)는 불용(不用)이다.

다음은 갑(甲)에 이르는데, 갑(甲)은 십간(十干)의 장(長)이며 순양(純陽)이다. 그러므로 역시 불용(不用)이므로 삼자(三子)를 사용하여야 하는데, 모두 소장(小葬)의 십일일(十一日)이 그것이다. 이 날을 이른바 명폐대일(鳴吠對日)로 한 것이다. 이로써 해(亥)는 사(巳)의 대(對)가 된다. 그러므로 역시 불용(不用)이라 이르는 것이다. 또 성명(星名)의 술수(術數)는 사람이 태어날 때 만나는 것 중의 한 증거(人生時遇之一證)가 된다.

이 밖에도 금계(金鷄)로 인하여 확장시킨 것들이 많은데, 술가(術家)들이 교묘하게 이목을 끌고 있으나, 깊이 연구가 되지 않은 것들이다."

18. 입성(立成)

안찰하면 ;《통서(通書)》에 이르기를, "안장일(安葬日)은 경인(庚寅), 임인(壬寅), 병오(丙午), 경오(庚午), 임오(壬午), 갑신(甲申), 병신(丙申), 경신(庚辛), 임신(壬申), 을유(乙酉), 정유(丁酉), 기유(己酉), 신유(辛酉), 계유(癸酉) 등 14명폐(鳴吠)일(日)로 하라." 하였다.

계찬(啓攢)에 사용하는 날은 병자(丙子), 경자(庚子), 임자(壬子), 갑인(甲寅), 병인(丙寅), 을묘(乙卯), 정묘(丁卯), 신묘(辛卯), 계묘(癸卯), 갑오(甲午) 등 명폐대일(鳴吠對日) 십일

(十日)이다. 이것은 곽박(郭璞)*이 처음 시작하여 전하여지고 있는데, 이른바 금계명(金鷄鳴) 옥견폐(玉犬吠)일이다.

*곽박(郭璞, 276~ 324년) ; 자는 경순(景純). 동진(東晉)의 시인이며 학자로, 박학하여 천문과 고문기자(古文奇字), 역산(曆算), 복서술(卜筮術)에 밝았고, 특히 시부(詩賦)에 뛰어났다.

입성(立成)

鳴吠日	一陰生日	庚午, 壬午, 甲午, 丙午(戊午不用)
	未土不用 用申日	壬申, 甲申, 丙申, 庚申(戊申不用)
		癸酉, 乙酉, 丁酉, 己酉, 辛酉,
	酉對日	癸卯, 乙卯, 丁卯(己卯不用), 辛卯
鳴吠對日	五戌屬土 不用	甲戌, 丙戌, 戊戌, 庚戌(壬戌不用)
	丑土不用 用申對日	壬寅, 甲寅, 丙寅, 庚寅(戊寅不用)
	陰生日 對日	庚子, 壬子, 丙子(甲子, 戊子不用)

《역사명원(曆事明原)》에 이르기를, 해설이 잘못되었기 때문에 통할 수가 없었다(曲爲之解而不能通) 하였고, 《고원》에도, 의문이 나는 것은 그것에 오류가 있는데도 왜 확정(確定)하지 않았는가 하였는데, 지금 《신살기례(神煞起例)》를 보니 그 말에 이치가 있으므로 가히 믿을 수 있었다. 그 법(法)을 보면,

갑병경임(甲丙庚壬) 四간(干)에 오(午) 신(申)을 배속하면 八일(日)이 되고, 무(戊) 토(土)는 불용(不用)이니 제외하였다.

을신기정계(乙辛己丁癸) 五간(干)은 유(酉)를 배속하니 五일(日)이 되어 합이 13일이니 명폐일(鳴吠日)로 하였다. 기(己)는 음토(陰土)이니 유(酉)에서 생(生)하고, 유(酉)를 배속하므로 피하지 않았다.

또 병(丙), 경(庚), 임(壬), 三간(干)에 자(子)를 배속하면 三日이 되는데(이에서는 戊土는 不用이므로 피하였고, 甲도 子를 배속하면 純陽이므로 역시 피하고 불용이다), 갑병경임(甲丙庚壬) 四간(干)은 인(寅)을 배속하면 四일이 되었고(戊는 不用), 을신정계(乙辛丁癸) 四간(干)에 묘(卯)를 배속하면 8日이 되니(避己不用) 모두 합하면 11일인데, 이를 명폐대일(鳴吠對日)로 삼았다.

이상을 모두 합하면 24일이 된다. 《통서(通書)》에서 오류가 난 것은 경인(庚寅), 임인(壬寅)을 명폐(鳴吠)로 하였고, 갑오(甲午)를 명폐대일(鳴吠對日)로 하였으나 해설을 하지 않았고, 앞으로는 이로써 확정하는 것이다. 따라서 지금 도표에 의한 《신살기례(神煞起例)》를 개정하는 것이다.

《신살기례》를 안찰하여 보니, 술(戌)은 토(土)라고 쓰지 아니(不用)하고 유(酉)만을 쓰는데, 그렇다면 금계명(金鷄鳴)만 있을 뿐 옥견폐(玉犬吠)는 인정하지 않는 것이다. 그런데 왜 명폐(鳴吠)라 하였는가?

《일행경(一行經)》에서 금계명(金鷄鳴) 옥견폐(玉犬吠)라 말한 것은 상하에서 서로 망령안온(亡靈安穩)함을 이른 것이다. 사람이 사망 후 장사(葬事)하는 것은 토(土)에로 귀골(貴骨)시키는 것이니, 「술(戌)」은 만물이 종(終)한 후에 가야 하는 땅이며, 「해(亥)」는 다시 새로이 시작하는 자리이므로 해(亥)를 등명(登明)이라 하였다.

그렇다면 술(戌)은 장지(葬地)를 가리키는 말이며, 장일(葬日)을 지칭하는 것이 아니다. 이로 보건대, 택일(擇日)은 반드시 유일(酉日)로 위주(爲主)하여야 위(上)에서는 금계명(金鷄鳴)이, 아래(地下)에서는 옥견(玉犬)이 폐(吠)로 응하여 상하상호(上下相呼)하며 망령(亡靈)을 안온(安穩)케 한다는 것이다.

유(酉)는 신(辛)이나 신(辛)이 유(酉)에 거하지 아니하고 술(戌)에 거하는 것이고, 신(辛)은 금(金)이며, 옥(玉)은 금(金)의 정(精)이므로 금계(金鷄) 옥폐(玉吠)라는 이름이 붙여졌다. 인사(人事)는 지상에서 행하여지고, 혼백(魂魄)은 지하에서 안온(安穩)을 득하여야 하니, 이를 바르게 말하면, 지상의 금계(地上之金鷄)로 하고 지하의 옥견(地下之玉犬)으로 불러야 하며(呼), 계일(鷄日) 견일(犬日)로 병용(竝用)하라는 것은 아니다.

欽定 四庫全書

協紀辨方書
卷 6

의례義例 4・월신류 신살月神類神煞(2)

제1장 삼합오행(三合五行)에 의해 일으키는 신살(神煞)
제2장 월장(月將)에 의해 일으키는 신살(神煞)
제3장 요안(要安) 구신(九神)
제4장 납갑(納甲)에 의해 일으키는 신살(神煞)
제5장 기타(其他)에 의해 일으키는 신살(神煞)

제1장. 三合五行에 의해 일으키는 신살(神煞)

1. 삼합(三合)

太歲	子	丑	寅	卯	辰	巳	午	未	申	酉	戌	亥
三合	申辰	巳酉	午戌	亥未	申子	酉丑	寅戌	亥卯	子辰	巳丑	寅午	卯未

《증문경(曾門經)》에 이르기를, "삼합(三合)자는 이위(異位)이면서 동기(同氣)를 갖는 것이다. 인오술(寅午戌)은 화(火)의 삼합, 사유축(巳酉丑)은 금(金)의 삼합, 신자진(申子辰)은 수(水)의 삼합, 해묘미(亥卯未)는 목(木)의 삼합이다. 이 날에는 회친인 결성(結會親姻), 화합교역(和合交易), 수영기토(修營起土), 입목상량(立木上樑)에 마땅한 날이다." 하였다.

《역례》에 이르기를, "正月은 오술(正月在午戌), 二月은 해미(二月在亥未), 三月은 신자(三月在申子), 四月은 유축(酉丑), 五月은 인술(寅戌), 六月은 해묘(亥卯), 七月은 자진(子辰), 八月은 사축(巳丑), 九月은 인오(寅午), 十月은 묘미(卯未), 十一月은 신진(申辰), 十二月은 사유(巳酉)가 그것이다." 하였다.

《고원》에 이르기를, "삼합은 각기 그 달의 월건(月建)과 삼합국(三合局)으로 회성(會成)하는 것이다." 하였다.

안찰하면 ; 자오(子午)는 충(衝)하고, 자미(子未)는 해(害)가 되니 충(衝)은 해(害)에서 거듭된다. 인묘(寅卯)는 같은 류(類)

이며, 인오술(寅午戌)은 합(合)인데, 합은 반드시 유(類)보다 경(輕)하다.

그렇지 않은 것은 어떤 것이 있는가? 하늘의 원적(圓積)은 기이고(天之圓積氣也), 땅에서는 방적(方積)은 형이며(地之方積形也), 사람(人者)은, 원은 머리에, 방은 아래 발에 두므로(圓首方趾), 상원하방(上圓下方)으로 삼각(三角)을 이룬 것이니 실로 천지지심(天地之心)인 것이다. 그러므로 방원(方圓)의 수(數)는 반드시 삼각(三角)으로 사용하는 것이다.

이로써 하늘은 대원(大圓)으로 하고, 땅은 대방(大方)으로 하여 반드시 사람으로 연유(緣由)시켜 삼각으로 하였으니, 실로 신(神)이 지은 작품인 것이다. 그렇다면 신(辰)의 삼합(三合)은 진실로 천지(天地)의 도(道)를 사람에게로 이르러 바르게 완성으로 이른(人之端歟) 것이라 하겠다.

삼방(三方)이 이렇게 성립되고 나서는 오행(五行)에서는 끝남과 시작함(五行以之終以之始)을 나타내고, 사서(四序)에서는 생하고 성함을 나타내기도(四序以之生以之成) 하며, 일생이(一生二)하고 이생삼(二生三)하여 삼생만물(三生萬物)케 하니 이것들이 자연의 이치(理之自然)인 것이다. 거칠고 정교함(至粗而至精)과 가깝고 멀고(至近而至遠), 세미하고 거대하고(至微而至鉅), 용렬과 신령함(至庸而至神) 등을 알 수 있으니 그것들이 오직 삼합지의(三合之義)에서 얻는 것이 아니겠는가?

2. 임일(臨日)

太歲	子	丑	寅	卯	辰	巳	午	未	申	酉	戌	亥
臨日	辰	酉	午	亥	申	丑	戌	卯	子	巳	寅	未

《추요력》에 이르기를, "임일(臨日)은 上이 下에 임(臨)한다는 뜻이다. 이 날에는 민(民)의 소송(訴訟)에 임하는 것을 꺼린다." 하였다.

《역례》에 이르기를, "임일(臨日)은 정월 오(午), 二월 해(亥), 三월 신(申), 四월 축(丑), 五월 술(戌), 六월 묘(卯), 七월 자(子), 八월 사(巳), 九월 인(寅), 十월 미(未), 十一월 진(辰), 十二월 유(酉)이다." 하였다.

조진규(曹震圭) 왈, "임일(臨日)은 上에서 下에 임하는 것이다. 이는 양건(陽建)의 신(臣)으로 하여금 상명(上命)을 받들어 백관(百官)들에게 수여한다는 뜻이다. 건양(建陽)의 월(月)은 삼합(三合)의 전신(前辰)이니, 이는 문관(文官)에 임하는 관부(官符)이다. 건음(建陰)의 월(月)은 재삼합(在三合)의 후신(後辰)이니, 이 날은 무직(武職)에 임하는 백호(白虎)이다."

안찰하면 ; 삼합(三合) 전신(前辰)은 정일(定日)이고, 삼합(三合) 후신(後辰)은 성일(成日)이니, 정성삼합(定成三合)은 참으로 길(吉)한 날이다. 이것이 양순(陽順)이면 전(前)으로 가고 음역(陰逆)이면 후(後)로 가는데, 이를 음양득위(陰陽得位)라 하며 더욱 더 길(吉)하다.

이를 연방(年方)에다 배치하여 보면, 정일(定日)은 관부(官符)가 되며, 건전(建前)으로 제4신(第四辰)이고, 성일(成日)은 백호(白虎)가 되며, 건후(建後)로 제4신(第四辰)이 된다. 또 관부(官符)는 문(文)이고 백호(白虎)는 무(武)가 된다. 그러므로 음후(陰後)에서 양전(陽前)일 때는 좌문(左文) 우무(右武)가 된다.

양월(陽月)에서 전좌(前左)는 관부(官符)를 취(取)한 것이고, 음월(陰月)에서 후우(後右)는 백호(白虎)를 취한 것이니, 별명(別名)으로는 임일(臨日)인 것이다.

대개 음양(陰陽)이 그 위(位)를 득하지 못하면 관부(官符) 백호(白虎)는 모두 사람을 해치는 나쁜 살(煞)이 된다. 그러나 음양이 각기 그 위를 득하였을(陰陽得位) 때는 관부(官符) 백호(白虎)가 사람을 위하여 해(害)를 제압하여 준다. 이때는 민에 임하여 송사를 접수하여도(臨民受訟事) 마땅한 날이 된다. 그러므로 《추요력(樞要曆)》에 꺼리는 것으로 한 것은 오류이다.

3. 역마(驛馬) 천후(天后)

太歲	子	丑	寅	卯	辰	巳	午	未	申	酉	戌	亥
驛馬	寅	亥	申	巳	寅	亥	申	巳	寅	亥	申	巳

《신추경》에 이르기를, "역마(驛馬)자는 역기(驛騎)이다. 이 날에는 봉증관작(封贈官爵), 조명공경(詔命公卿), 원행부임

(遠行赴任), 이주천거(移住遷居)에 마땅하다." 하였다.

　이정조(李鼎祚) 왈, "역마는 정월(正月)에 신(申)을 기(起)하여 역행사맹(逆行四孟)한다."

　《총요력》에 이르기를, "천후(天后)자는 월중(月中)의 복신(福神)이다. 이 날은 구의료병(求醫療病), 기복예신(祈福禮神)에 마땅하다." 하였다.

　《역례》에 이르기를, "천후(天后)와 역마(驛馬)는 동위(同位)이다." 하였다.

　저영(儲泳)의 《거의설(祛疑說)》에 이르기를, "요즈음에 역마(驛馬)를 보니 선천의 삼합수(先天三合數)이다. 선천(先天)으로 인칠(寅七), 오구(午九), 술오(戌五)를 합하면 21이므로 자(子)로부터 신(申)까지 순행하면 모두 21수(數)이니 이는 화국(火局)의 역마(驛馬)가 된다.

　해묘미(亥卯未)의 선천수(先天數)는 해4, 묘6, 미8이니 합하면 18수이다. 그러므로 자(子)로부터 사(巳)까지의 수는 모두 18이니 수국(水局)의 역마라는 것을 알 수 있다.

　목화(木火)는 양국(陽局)이므로 자(子)로부터 일양순행(一陽順行)한 것이다.

　금수(金水)는 음국(陰國)이므로 오(午)로부터 일음순행(一陰順行)하는 것이다. 그러므로 신자진(申子辰)의 수(數)는 7 9 5수이니 합(合)하여 21수가 되었다. 오(午)로부터 순행하여 인(寅)에 이르면 21수가 되니 목국(木局)의 역마(驛馬)라는 것을 알 수 있다.

　사유축(巳酉丑)의 수(數)는 사(巳)4, 유(酉)6, 축(丑)8이니

합이 18수이다. 오(午)로부터 순행하여 해(亥)에 이르면 18수이므로 금국(金局)의 역마(驛馬)라는 것을 알 수 있다. 이상은 역마가 되는 법을 말한 것이다." 하였다.

　조진규(曹震圭) 왈, "역마(驛馬)자는 오행(五行)의 병지중(病地中)에 암장(暗藏)되어 있는 처자(妻子)를 득견(得見)한 것이다. 이는 사람이 곤경에 처한 상태에서 처자(妻子)를 만난 것과 같다고 비유할 수 있다.

　가령 인오술(寅午戌) 화(火)라면 신(申)이 병지(病地)인데, 신중(申中)의 경(庚)은 처(妻)이고, 무(戊)는 자식(子)이다. 그러므로 신(申)은 마(馬)가 되는 것이다.

　신자진(申子辰) 수(水)에서는 인(寅)이 병지(病地)이며, 인중(寅中)의 병(丙)은 처(處)이며 갑(甲)은 자식(子)이다.

　해묘미(亥卯未) 목(木)에서는 사(巳)가 병지(病地)이며, 사중(巳中)의 무토(戊土)는 처(妻)이고, 병화(丙火)는 자식(子)이다.

　사유축(巳酉丑) 금(金)에서는 해(亥)가 병지(病地)이고, 해중(亥中)의 갑(甲)은 처(妻)이며, 임(壬)은 자식(子)이다."

　《동원경(洞源經)》에 이르기를, "기병견자(旣病見子) 역마가 도래한(驛馬到來)"이라 하였다. 또한 "천후(天后)는 역마(驛馬)이다. 오행(五行)이 병지(病地)에서 처자를 만났다는 것은 도리어 구조를 받는 것이다. 천후(天后)란 만물의 생육을 주재(主宰)한다 하여 만물의 어미(母)라 할 수 있으므로 붙여진 이름이다." 하였다.

　안찰하면 ; 인(寅)은 공조(功曹)요, 신(申)은 전송(傳送)이며,

해(亥)는 천문(天門)이며, 사(巳)는 지호(地戶)이니, 모두 도로(道路)의 상(象)이다.

삼합(三合)이 인오술(寅午戌)이면 인(寅)을 대(對)하는 신(申)이 역마(驛馬)의 상(象)이 된다.

삼합(三合)이 사유축(巳酉丑)이면 사(巳)를 대하는 해(亥)가 역마(驛馬)이다. 또 역마자는 그 곳이 거처로서는 불안한 곳임을 이르는 것이기도 하다.

수는 궁하면 변한다(數窮則變). 인오술(寅午戌)의 수(數)가 소진되면 이어서 반드시 신(申)을 만나야 하는 것과 흡사하다. 그것은 화(火)가 장차 수(水)로 변하여야 한다는 것을 암시하는 것이다. 화(火)는 목(木)에서 생(生)하고 목(木)은 신(申)이 절지(絶地)이지만, 신(申)이 생수(生水)하여야 생목(生木)할 수 있기 때문이다. 이것은 화(火)가 변하였으되 궁처(窮處)에 이르지는 않아야 하기 때문이다.

사유축(巳酉丑)의 수(數)가 소진하면 이어서 반드시 해(亥)를 만나야 한다. 이것은 금(金)이 장차 목(木)으로 변하여야 한다는 계시(啓示)인 것이다. 금(金)은 화토(火土)에서 생(生)하지만, 화토(火土)는 해(亥)에서 절지(絶地)가 된다. 해(亥)는 또 생목(生木)하고 생화(生火)하여야 하기 때문이다. 이것은 금(金)이 변하더라도 불궁(不窮)이어야 하기 때문이다. 이어 신자진(申子辰) 해묘미(亥卯未)도 이와 같이 한다.

《역(易)》에 일컫기를, "말을 탔으나 머뭇거리니(乘馬班如), 힘센 말이 들어 건져 도와준다(用拯馬壯)." 이는 모두 구(舊)를 버리고 새롭게 개과천선(改過遷善)한다는 뜻이다.

그러므로 역마(驛馬)는 천후(天后)라고도 하니 역시 절처봉생(絶處逢生 ; 몹시 쪼들리던 판에 요행히 살길이 생김)의 의미인 것이다.

만약 앞의 《동원경(洞源經)》에서 이르는, "기병견자(旣病見子) 역마도래(驛馬到來)"라 한 것은 곧 신(申)은 화(火)가 병지(病)이고, 사(巳)는 목(木)이 병지(病)이니 역마(驛馬)가 보인다는 것은 곧 삼합(三合)의 병향(病鄕)이 되므로 잠시 식별하는 것일 뿐이다.

대개 삼살(三煞)은 태세(太歲)의 삼합(三合)으로 절(絶) 태(胎) 양(養) 등류가 되는 것인데, 그 같은 방법으로 상통(相通)시킨다면 지금까지 기술하고 사용하여 온 절(絶) 태(胎) 양(養)이 병(病)이 되지 않으므로 취의(取義)할 바가 있을 것이다.

이렇게 억지로 천착부회(穿鑿府會)한 것은 버려온 지 오래이다. 조진규(曹震圭)처럼 삼살(三煞)로 절(絶) 태(胎) 양(養)을 삼는다면 이 모두 유음지지(幽陰之地)에 속하므로 오히려 가통(可通)이라 하겠으나, 역마(驛馬)로서 오행(五行)으로 장차 병(病)을 얻었을 때 견처자(見妻子)하는 것이라면 망류(妄謬)함이 그렇게 깊을 수가 있겠는가?

또 안찰하면 ; 역마(驛馬)는 연(年)을 좇아서 지(支)로 취(取)하는 것과 일지(日支)로서 취한 것도 그 의례(義例)가 다 월(月)에서와 같다. 그러므로 중복(重復)으로 열거하지 아니하였다.

4. 겁살(劫煞)

太歲	子	丑	寅	卯	辰	巳	午	未	申	酉	戌	亥
劫煞	巳	寅	亥	申	巳	寅	亥	申	巳	寅	亥	申

《신추경》에 이르기를, "겁살(劫煞)자는 겁해지신(劫害之辰)이다. 이 날에는 임관(臨官), 시사(視事), 납례(納禮), 성친(成親), 전벌(戰伐), 행군(行軍), 출입(出入), 흥판(興販)에 꺼린다." 하였다.

이정조(李鼎祚) 왈, "정월(正月)에 해(亥)를 일으켜 사맹(四孟)에 역행한다." 하였다.

안찰하면 ; 월(月) 겁살(劫煞)과 세(歲) 겁살(劫煞)의 의의(意義)가 같다.

5. 재살(災煞)·천옥(天獄)·천화(天火)

太歲	子	丑	寅	卯	辰	巳	午	未	申	酉	戌	亥
災煞	午	卯	子	酉	午	卯	子	酉	午	卯	子	酉

안찰하면 ; 월(月) 재살(災煞)의 뜻과 세(歲) 재살(災煞)의 뜻은 같은 것이다.

또 안찰하면 ; 《신살기례》역시 복병(伏兵), 대화(大禍), 오병(五兵), 신살(神煞)이 있는데, 이들과 동례(同例)로서 역가

(曆家)에서는 복병(伏兵), 대화(大禍) 두 신살(二神煞)이 없을 뿐만 아니라, 재살(災煞)까지도 함께 없으니 유문(遺文)에서 빠진 것이다. 다만 월(月)은 한 달의 일(一月之事)만을 주재하므로 일일이 태세(太歲)와 함께 동례(同例)로 할 필요가 없었던 것이다. 그러므로 복병, 대화를 논하지 않아도 가하였다.

　삼살(三煞)에 이르러서는 단절되거나 하나라도 빠졌다면 기례(起例)에 의하여 충분히 보완이 될 수 있는 것이다.

　또 안찰하면 ; 천옥(天獄)은 정월(正月) 기자(起子)하여 사중(四仲)을 순행한다 하였다. 그러나 조진규는 천옥(天獄)이 즉 재살(災煞)이라고 하였다. 그렇다면 사중(四仲)을 역행하여야 하는 것이니, 지금의 순행자(順行者)는 유전(流傳)하면서 잘못 된 것이다. 그 설은 이에서 끝내는 바이다.

　《신추경》에 이르기를, "천옥(天獄)자는 월중(月中)의 금신(禁神)이다. 이 날은 헌봉장(獻封章), 흥사송(興詞訟), 부임(赴任), 정토(征討)에 꺼린다." 하였다.

　《옥장경(玉帳經)》에 이르기를, "천화(天火)자는 월중흉신(月中凶神)이다. 이 날은 점개(苫盖), 축루(築壘), 원장(垣墻), 진여(振旅), 흥사(興師), 회친(會親), 취부(娶婦)에 꺼린다." 하였다.

　《역례》에 이르기를, "천화(天火)자는 정월재자(正月在子)하여 사중(四仲)으로 순행한다." 하였다.

　안찰하면 ; 천옥(天獄)과 천화(天火)는 정월에서 자(子)를 기(起)하여 순행사중(順行四仲)한다. 하였다.

　조진규는 천옥(天獄)이 곧 월(月) 재살(災煞)이라 하며, 역행사중(逆行四仲)하는 것이 옳다고 하는데, 천화(天火)는 거듭(仍)하건대, 순행사중(順行四仲)해야 한다.

그 설(說)에 이르기를, "인오술월(寅午戌月)은 **재자(在子)** 이니 대개 자중(子中)에는 양기(陽氣)의 화(火)를 소장하고 있으나, 그 세력이 가장 약하므로 인오술(寅午戌) 월(月)을 기다려 화세(火勢)가 흥왕하면 그에서 광(光)으로 나타낸다. 그러므로 자중(子中)에는 벽력화(霹靂火)가 있는 것이다. 이것은 수중의 화를 하늘에서 나타낸 것이다(是水中之火見之於天也).

해묘미월(亥卯未月)은 **재묘(在卯)** 이니, 대개 묘중(卯中)에는 복염지화(伏燄之火)가 소장되어 있다. 화기(火氣)는 이미 인(寅)에서 생(生)하였기 때문에 묘(卯)에 이르러서는 목(木)이 왕(旺)하므로 도리어 그 염기운(燄氣運)을 가리고 성탄(成炭)하게 된다. 또 해묘미(亥卯未) 월(月)을 기다려 목(木)은 재생(再生)하여야 하므로 묘(卯) 안에는 노중화(鑪中火)가 있는 것이다.

신자진월(申子辰月)은 **재오(在午)** 이니 대개 오중(午中)에는 정왕(正旺)한 화(火)가 있기 때문에 그 세(勢)가 최대이므로 물(物)이 감히 침해하지 못한다. 그러므로 그 광(光)은 도리어 문 안에 닫혀(闇) 있다. 신자진(申子辰) 월(月)을 기다려 수세(水勢)가 장흥(將興)하더라도 그 광(光)은 반대로 억제되고 상하(上下)에서만 함께 밝다. 그러므로 오중(午中)에는 천상화가 있다.

사유축월(巳酉丑月)은 **재유(在酉)** 이니, 대개 유중(酉中)에는 정화(丁火)가 장생(長生)하고 있으니 유황매탄지류(硫黃煤

炭之類)가 있다. 그러므로 사유축(巳酉丑) 월(月)의 금석지기(金石之氣)를 기다렸다가 다시 발왕(發旺)한다. 그러므로 유중(酉中)에는 산하(山下)의 화(火)가 있는 것이다.

또 자중(子中)의 양화(陽火), 묘중(卯中)의 목화(木火), 오중(午中)의 왕화(旺火), 유중(酉中)의 장생정화(長生丁火)가 있는 것은 천도(天道)에서 자연스럽지 아니함이 없는 것이므로 이름 붙여진 것이다."라고 하였다.

조진규의 논리도 역시 근사(近似)함이 있으나, 다만 고인(古人)의 입의(立義) 명명(命名)은 순일(純一)하여 둘이 될 수 없으나, 그 유전(流傳)되는 과정에서 납음(納音) 세우는 것을 깜박 잊었고(不得立於納音), 하락(下落)의 임둔이론(壬遁理論)을 넣는 것에서 놓친 것이다. 즉 모두 보아도 입설이 잘못되어 불가하다고(不可立說) 하는 이는 없었다.

인오술(寅午戌) 화 기취(火旣取) 자수(子水), 신자진(申子辰) 수 기취(水旣取) 오화(午火)한 즉, 해묘미(亥卯未) 목(木)은 필(必) 불취(不取) 묘목(卯木)하고 취유금(取酉金)이며, 사유축(巳酉丑) 금(金)은 필(必) 불취 유금(酉金)하고 취묘목(取卯木)함이 옳다는 것이다(可斷). 이는 자수(子水)에 어찌 화(火)가 있을 것인가?

이르기를 ; 자중(子中)의 화(火)가 바로 진화(眞火)라는 것이니, 이는 인신(人身)에서 이미 증험되었다. 명문(命門)이 진화(眞火)라는 것은 바다(海)에서도 증험된 것이다. 달(月) 없는 야밤(夜)에는 바다(一海)가 다 화(火)인 것이다.

대개 감중일획(坎中一畫)은 순양(純陽)이다. 그러므로 인오

술(寅午戌)의 화국(火局)에서 뿌리는 자(子)인 것이다. 출호진(出乎震)은 용(龍)이고 우레(雷)이니, 사람은 바로 수중(水中)의 화(火)임을 보여주는 것이며, 그 보이지 않는 것은 바로 자수(子水) 중의 천화(天火)이기 때문에 알지 못하고 있는 것이다. 이를 알았다면 신자진(申子辰) 수중(水中)의 오(午)를 천화(天火)로 삼은 것이 하나이며 둘이 될 수 없다는 것을 알 수 있다. 좌수(左手)를 취하거나 우수(右手)의 예(例)로도 가하다. 이와 같은 것은 목중유화(木中有火) 찬수(鑽燧 ; 부싯돌로 일으키는 불)로도 득지(得之)할 수 있다.

돌은 금의모(石爲金母)요, 화는 충격에서 나온다(擊火出之)는 것은 금(金) 중에도 화(火)가 있고, 마알역생(摩軋亦生 ; 갈고문지르다)은 사람의 소견(所見)이다. 그에서 보이지 않는 것은 목(木)으로 천화(天火)라 이르는 것이니, 목이 늙으면(木老) 썩어서(則腐) 화를 발하는(而火發焉) 것이므로 역시 목패로 출화(木敗而出火)하여 자분(自焚)하기 때문이다.

목패어금(木敗於金)이라 한 것은, 금은 목의 천화(金者木之天火)라 하였으니 금이 늙으면(金老) 생수(生水)한다. 이와 같은 것들은 금지화(金之火), 젊은 금에서의 일이다(金之少也). 석자(石者)는 금을 이루지 못한 상태(未成之金)를 말하니, 소어금(少於金)에서는 화(火)가 거함을 말한 것이다.

토(土)는 또한 석을 이루지 못한 흙(未成之石)을 말하니, 또 소어석(少於石)에서는 즉 화가 다시 산포만연(則火更散布漫衍)하고 그 중에서는 초목이 생지하기(其中而草木生之) 때문에 또한 화지모(火之母)라고도 말한 것이다. 그렇다면 목(木)

은 금(金)의 천화(天火)라는 데 의심할 바가 없다.

그러므로 수화지중(水火之中)에 동지와 하지가 들어 있어서 장단(長短)으로 각기 극(極)을 이루며 천화(天火)가 전(轉)하여 일체(一體)를 이루고 있으며, 금목지중(金木之中)에는 춘분, 추분이 들어 있어서 단장(短長)이 제등(齊等)케 하여 천화(天火)가 양단(兩端)으로 전거(轉居)하고 있다.

이는 천지의 도를(天地之道) 나타낸 것으로 그와 상반되는 자가 하나 있으니(實一) 바로 일신(一神)의 존재를 지칭하며, 그와 상사자(相似者)는 실(實)로 둘로 화(化)한 것이니 양의(兩儀)인 음양을 이른다.

이러하므로 천화(天火)는 역시 사중(四仲)을 역행함이 응당하다. 또 천옥(天獄)은 즉 재살(災煞)이므로 재살(災煞)로 사용하고 천옥으로는 응당 산거(刪去)하여야 한다.

6. 월살(月煞)・월허(月虛)

太歲	子	丑	寅	卯	辰	巳	午	未	申	酉	戌	亥
月煞	未	辰	丑	戌	未	辰	丑	戌	未	辰	丑	戌

《광성력(廣聖曆)》에 이르기를, "월살(月煞)자는 월내(月內)의 살신(殺神)이다. 이 날에는 정빈객(停賓客), 흥천굴(興穿掘), 영종식(營種植), 납군축(納群畜)에 꺼린다." 하였다.

《역례》에 이르기를, "월살(月煞)자는 정월(正月) 기축(起丑)하여 사계(四季)를 역행한다." 하였다.

《추요력(樞要曆)》에 이르기를, "월허(月虛)자는 월내(月內)의 허모지신(虛耗之神)을 말한다. 이 날에는 개창고(開倉庫), 출재물(出財物), 결혼, 출행(出行)에 꺼린다." 하였다.

《역례》에 이르기를, "월허(月虛)자는 正月에 기축(起丑)하여 사계(四季)를 역행한다." 하였다.

안찰하면 ; 태세(太歲)에 있는 살(煞)은 세살(歲煞), 월령(月令)에 있는 살(煞)은 월살(月煞)이라 하는 것에 다른 뜻은 없다. 앞 세신(歲神) 도설(圖說)에서 이미 밝힌 것이다.

오직 또 **월허(月虛)**는 월건삼합(月建三合)으로 왕기(旺氣之對)의 대신(對辰)이다. 그렇다면 반드시 허모(虛耗)한 것이니 마치 파일(破日)에 불과하다. 또 대모(大耗)라고도 한다.

7. 월형(刖刑)

太歲	子	丑	寅	卯	辰	巳	午	未	申	酉	戌	亥
刖刑	卯	戌	巳	子	辰	申	午	丑	寅	酉	未	亥

안찰하면 ; 월형의 뜻(刖刑之義)은 세형(歲刑)과 같다.

세형(歲刑) 조(條)에 자상한 설명이 있으므로 이곳에서는 생략한다.

8. 월해(月害)

《신추경》에 이르기를, "월해(月害)는 양건(陽建)의 소해지신(所害之辰)이다. 이 날에는 공성야전(攻城野戰), 목양군축

(牧養群畜), 결회친인(結會親姻), 청의무(請醫巫), 납노비(納奴婢) 등에 꺼린다." 하였다.

太歲	子	丑	寅	卯	辰	巳	午	未	申	酉	戌	亥
月害	未	午	巳	辰	卯	寅	丑	子	亥	戌	酉	申

《역례》에 이르기를, "정월(正月)에 기사(起巳)하여 십이신(十二辰)을 역행한다." 하였다.

조진규(曹震圭) 왈, "월해(月害)자는 월중(月中)의 육해(六害)이다. 가령 묘(卯)진(辰) 상해(相害)는, 묘(卯)는 을왕목(乙旺木)이 진중토(辰中土)를 해(害)하고, 진토(辰)는 묘중(墓中) 계수(癸水)를 해(害)한다는 것이다.

인(寅)사(巳) 상해(相害)는, 인중(寅中)의 왕(旺)한 갑목(甲木)이 사중(巳中) 무토(戊土)를 해(害)하면 사중(巳中) 무토(戊土)는 경금(庚金)을 생(生)하여 왕갑목(旺甲木)을 되돌려 해(害)한다는 것이다.

축(丑)오(午) 상해(相害)는 축중(丑中) 계수(癸水)로 오중(午中) 정화(丁火)를 해(害)하면, 오중(午中) 기토(己土)로서 도리어 축중 계수(癸水)를 해(害)한다는 것이다.

자(子)미(未) 상해(相害)는, 자(子)는 소생지신금(所生之辛金)으로 미중(未中)의 묘목(墓木)을 해(害)하고, 미(未)는 왕토(旺土)로서 자중(子中) 왕수(旺水)를 해(害)한다.

신(申)해(亥) 상해(相害)는, 해(亥)는 생목(生木)으로 신중(申中) 생토(生土)를 해(害)하고, 신(申)은 왕금(旺金)으로 해중(亥中) 생목(生木)을 해(害)한다. 또 생토(生土)로 해중(亥中) 왕수(旺水)를 해한다.

유(酉)술(戌) 상해(相害)는, 술(戌)은 묘화(墓火)로서 유중(酉中)의 왕금(旺金)을 해(害)하고 유(酉)는 소생지(所生之) 정화(丁火)로 술중(戌中) 신금(辛金)을 해(害)한다는 것이다."

《고원》에 이르기를, "육해(六害)란 불화(不和)이다. 범사(凡事)에서는 합을 즐거워하고 충을 꺼리는(喜合忌衝) 것으로 즐겁지 아니함이 없다. 정월건(正月建) 인(寅)은 합이 해(合亥)인데 사(巳)가 와서 해(亥)를 충(衝)한다. 그러므로 인(寅)은 사(巳)를 미워할 수밖에 없다. 그러므로 해(害)가 된 것이다. 이월건(二月建) 묘(卯)는 술(戌)과 합(合)인데 진(辰)이 와서 술(戌)과 충(衝)한다. 그러므로 묘(卯)와 진(辰)은 해(害)인 것이다.

대개 월건(月建)자는 중신(衆神)의 수(首)인데, 그 소합자(所合者)를 충(衝)하는 성신(星辰)으로 해(害)가 된다."고 하였다.

안찰하면 ; 육해지의(六害之義)는 《고원》에서 나온 것으로, 조진규가 만든 것이 아니다. 연(年) 일(日)의 육해(六害)는 모두 같으므로 월해(月害)로 취의(取義)한 것이다. 그러므로 중복(重複)시키지 않았다.

9. 대시(大時)·대패(大敗)·함지(咸池)

太歲	子	丑	寅	卯	辰	巳	午	未	申	酉	戌	亥
大時	酉	午	卯	子	酉	午	卯	子	酉	午	卯	子

《회남자》에 이르기를, "두병(斗柄)을 소세(小歲)로 하고, 달(月)은 좌행으로 십이신을 좇는다(月從左行十二辰).

함지(咸池)는 대세(大歲)이니, 정월(正月) 건(建)을 묘(卯)로 하고, 달(月)은 우행(右行)으로 사중(四仲)을 좇아서 끝이 되면 다시 시작한다.

대세(大歲)를 맞이하는(迎者) 것은 굴욕이요, 배자(背者)는 강(强)이며, 좌자(左者)는 쇠약하고, 우자(右者)는 번창(繁昌)이다.

소세(小歲)가 동남으로 가면 생(生)하고, 서북(西北)에서는 살(殺)이므로 불가영이요(不可迎也) 가배(可背)며, 불가좌(不可左)요 가우(可右)이다.

대시(大時)자는 함지요(咸池也), 소시(小時)자는 월건을 말한다(月建也)." 하였다.

《신추경》에 이르기를, "대시(大時)자는 장군(將軍)의 상(象)이다. 이 날에는 출군(出軍), 공전(攻戰), 축실(築室), 회친(會親)에 꺼린다." 하였다.

이정조 왈, "대시(大時)자는 정월(正月)에 묘(卯)를 기(起)하여 역행으로 사중(四仲)을 이동한다."

조진규 왈, "대시(大時)는 월건삼합(月建三合) 오행(五行)으로 목욕지신(沐浴之辰)이다. 대개 오행은 이에 이르면 패절(敗絶)하므로 최흉(最凶)한 신(辰)이다. 그러므로 대흉지시(大凶之時)가 된다."

안찰하면 ; 함지(咸池) 대시(大時)를 《신추경》은 꺼림만 있고 마땅한 바는 없다(有忌無宜) 하였고, 조진규는 대흉지시

(大凶之時)라 하였다. 이것을 지금 《회남(淮南)》의 본의(本義)를 상고하여 보면 그 의(義)와 세신(歲神)은 대장군(大將軍)과 서로 비슷한 것이다.

10. 유화(遊禍)

太歲	子	丑	寅	卯	辰	巳	午	未	申	酉	戌	亥
遊禍	亥	申	巳	寅	亥	申	巳	寅	亥	申	巳	寅

《신추경》에 이르기를, "유화(遊禍)는 월중(月中)의 악신(惡神)이다. 이 날은 복약(服藥), 청의(請醫), 축신(祝神), 치제(致祭)에 꺼린다." 하였다.

이정조(李鼎祚) 왈, "유화(遊禍)는 정월(正月)에 사(巳)를 기(起)하여 사맹(四孟)으로 역행한다."

조진규(曹震圭) 왈, "유화는 삼합오행(三合五行)으로 임관(臨官)이 되는 신(神)이니 이는 겁살(劫煞) 위(位)의 대충(對衝)되는 곳이다."

《고원》에 이르기를, "유화(遊禍)신(神)은 사우(四隅)로 유행(流行)하므로 유(遊)라 하였고, 또 과왕(過旺)한다 하여 화(禍)라 하였다." 하였다.

안찰하면 ; 천간으로 임관(臨官)은 녹(祿)이지만, 지지(地支)에서 임관(臨官)은 화(禍)가 된다. 그 뜻은 같지 아니하나, 간(干)은 양(陽)이고 지(支)는 음(陰)이므로 양(陽)은 선(善)이나 음(陰)은 악(惡)이므로 양(陽)으로 방왕(方旺)한 것은 길

(吉)하지만, 음(陰)이 방왕(方旺)한 것은 흉(凶)한 것이다. 세방(歲方)에서는 양인(陽刃)을 불기(不忌)하나 대살(大煞)로서는 꺼린다는 뜻이기 때문이다. 만약 일월(日月) 삼합(三合)으로 길(吉)함을 이루는 경우를 이와 함께 말하는 것은 불가하다.

11. 천리(天吏 ; 致死)

太歲	子	丑	寅	卯	辰	巳	午	未	申	酉	戌	亥
天吏	卯	子	酉	午	卯	子	酉	午	卯	子	酉	午

《추요력》에 이르기를, "천리(天吏)자는 월중(月中)의 흉신(凶神)이다. 이 날에는 임관(臨官), 부임(赴任), 원행(遠行), 사송(詞訟)에 꺼린다." 하였다.

《역례》에 이르기를, "천리(天吏)는 정월(正月)에 유(酉)를 기(起)하여 사중(四仲)을 역행한다." 하였다.

조진규(曹震圭) 왈, "천리(天吏)는 삼합(三合) 오행(五行)으로 사기(死氣)가 되는 곳이다. 오행이 이곳에 이르면 사(死)하기 때문에 무기(無氣)한 곳이므로 천지흉리(天之凶吏)가 되었다. 생의(生意)가 전무(全無)하므로 그 두려움을 알 수 있으리라."

안찰하면 ; 천리(天吏)는 삼합(三合)의 사기(死氣)이다. 그러므로 또 치사(致死)라 하였다. 사마천(司馬遷) 왈, "삭목(削木)은 이의(吏義)와 대하지 아니(不對)한다." 하였다.

한(漢)나라의 혹리(酷吏) 윤상(尹賞)이 죽음에 가까우매 자식에게 경계(警戒)하여 이르기를, "장부(丈夫)는 벼슬자리에서 바르게 하여야 잔적(殘賊)의 추사(追思 ; 追想)로부터 그 화(禍)를 면하고 공효(功效)를 인정받을 수 있다. 그러면 다시 나아가 쓰임을 받을 수도 있겠으나, 연약함을 이기지 못하고 한 자리에서만 임명(任命)이 제외된다면 종신 폐기되고 만다.

대개 관리의 심성이란 인민의 이익과 생명을 위해서 죽는다면 이 사람의 이름은 아래로 삼대(三代)까지는 의심할 바 없이 전(傳)하여질 것이다. 만약 그 자리가 천직(天職)이었다면 반드시 그 살기를 구(求)한 것이고, 득하지 못하고 죽었을지라도 둘 다 나에게는 유감이 없게 되는 것이다."하였다.

【原文】漢酷吏尹賞且死, 戒子曰, 丈夫爲吏正坐殘賊, 免追思其功效, 則復進用矣. 一坐軟弱, 不勝任免, 終身廢棄, 無有赦時, 蓋吏之心誠利人之死也, 爲此名者, 其爲三代以下無疑矣. 如果天吏則必曰求其生而不得則死者, 與吾兩無憾也, 奈何以致死, 辱天吏哉.

제2장. 월장(月將)에 의해 일으키는 신살(神煞)

1. 육합(六合)·무교(無翹)

太歲	子	丑	寅	卯	辰	巳	午	未	申	酉	戌	亥
六合	丑	子	亥	戌	酉	申	未	午	巳	辰	卯	寅

《신추경》에 이르기를, "육합(六合)자는 일월(日月) 합숙지신(合宿之辰)이다. 이 날에는 회빈객(會賓客), 결혼인(結婚姻), 입계권(立契券), 합교역(合交易)에 마땅하다." 하였다.

이정조(李鼎祚) 왈, "정월(正月)에 해(亥)를 붙이고 십이신(十二辰)을 역행한다."

《고원》에 이르기를, "육합(六合)자는 월건(月建)과 월장(月將)이 상합(相合)한 것이다." 하였다.

《천보력》에 이르기를, "무교(無翹)자는 마치 꼬리처럼 딸려 있는 모양(翹猶尾)이다. 양오소주(陽烏所主)이니 음에는 없다(陰則無之). 항상 염후(厭後)에 거하므로 무교(無翹)라 하였다. 이 날에는 가취(嫁娶)에 나쁘다." 하였다.

조진규(曹震圭) 왈, "교유수교(翹猶首翹)에서 교(翹)란 부인들의 머리에 쓰는 장식(족두리, 비녀, 핀) 같은 것이다. 무교자(無翹者)는 그 자리에 있어야 할 장식이 없는 것이다. 그러므로 가취(嫁娶)에 꺼린다고 한 것이다."

안찰하면 ; 육합월장(六合月將) 태양과궁(太陽過宮)은 〈본원(本原)〉 및 〈공규(公規)〉 권에서 함께 볼 수 있는데, 이 날의 이름(是日又名)을 무교(無翹)라고도 하고, 《천보력(天寶曆)》은 오미(烏尾)라 하였다. 또 조진규가 수식(首飾)이라 한 것은 그 뜻으로 많이 부족하다.

대개 감여가들은 월염(月厭)을 가장 꺼린다. 그러므로 염전(厭前) 일신(一辰)을 장광(章光)으로 하고, 염후(厭後) 일신(一辰)은 무교(無翹)라 한다. 이 날은 모두 가취(嫁娶)에 꺼리는데, 마치 세신(歲神)에서 세전(歲前) 신(辰)을 나후(羅睺)라 하고 세후(歲後) 신(辰)을 병부(病符)라 하는 것과 같다.

대개 월염은 겨우 하루 정도 작용하기(僅値一日) 때문에 만약 방위(方位)와 연결시켜 비유되는 것이 아니라면 이로 인한 것은 하루에 그치므로 그 이상은 꺼릴 것이 없는 것인데, 앞뒤로 양일(兩日)을 결부시켜 함께 말하는 것은 무엇이며, 또 육합천원(六合天願)은 다 가취에 마땅한 길일임에도 교가 없는(無翹) 것으로 꺼린다 하며 이치에 없는 것으로 세상을 속이고 의혹을 증가시키는가?

속사(俗士)들 사이에서는 또 비교(飛翹) 등 속(屬)의 이름으로 다시 와류(訛謬)시키는 것이 있는데, 응당 없애버려야 할 것들이다.

2. 병길(兵吉)

《총요력》에 이르기를, "병길(兵吉)이란 월내(月內)의 용병(用兵)에 쓰는 길신(吉辰)이다. 이 날에는 출사(出師), 명장(命將), 공벌(攻伐), 약지(略地)에 마땅하다." 하였다.

太歲	子	丑	寅	卯	辰	巳	午	未	申	酉	戌	亥
兵吉	寅卯辰巳	丑寅卯辰	子丑寅卯	亥子丑寅	戌亥子丑	酉戌亥子	申酉戌亥	未申酉戌	午未申酉	巳午未申	辰巳午未	卯辰巳午

《역례》에 이르기를, "병길(兵吉)은 정월(正月) 자축인묘(子丑寅卯), 2월 해자축인(亥子丑寅), 3월 술해자축(戌亥子丑), 4월 유술해자(酉戌亥子), 5월 신유술해(申酉戌亥), 6월 미신유술(未申酉戌), 7월 오미신유(午未辛酉), 8월 사오미신(巳午未申), 9월 진사오미(辰巳午未), 10월 묘진사오(卯辰巳午), 11월 인묘진사(寅卯辰巳), 12월 축인묘진(丑寅卯辰)이라." 하였다.

조진규 왈, "병길(兵吉), 축월점퇴(逐月漸退)는 일신(一辰) 자(者)이다. 이는 병가(兵家)에서 무유망진(無有妄進), 무유조동(無有躁動)한다는 의미가 있다. 그러므로 병자(兵者)에서는 불상지기(不祥之器)로 부득이하여 사용하는 것이다(不得已而用之也).

또 《역(易)》괘사(卦師)의 육사(六四)에 이르기를 ; 싸움터에서 물러날 만하여 물러나니 허물이 없다(師左次无咎) 하였고, 또 말하여 좌차(左次)는 퇴사(退舍)이다. 그러므로 보이면 나아감이 가하나, 어려움을 알고 물러나는 것은 사괘(師卦)의 떳떳함이다(言左次則爲退舍也 故見可而進 知難而退 師之常也).

또 《태백음경(太白陰經)》에 이르기를 ; 보이지 않는 적과

싸우니 비록 중(衆)이라도 반드시 무너진다. 이익을 보고 싸우므로 비록 적어도 반드시 이긴다(未見而戰雖衆必潰 見利而戰雖寡必勝).

이는 병가(兵家)는 망거(妄擧)함이 불가하니 가볍게 나아가지 말라는 것이다. 또한 음양을 경계하는 것이다."

안찰하면 ; 병길(兵吉)은 모두 태양 후 사신(四辰)이다. 태양 전 일위(一位)는 월염(月厭)이니 태양이 간격(間隔)하고 있다. 그렇다면 태양의 후(後)로 一二三四위는 다 염(厭)이 이르지 못하는 곳이니 병(兵)이 행하는 길도(吉道)인 것이다. 항상 있는 곳은 태양의 후이니 태양을 좇아서 운행한다. 그렇다면 물(物)이 범할 수 없는 곳이다. 그 종(終)하는 곳이 사자(四者)로서, 태양과 함께 오위(五位)이니 태양은 아군(我軍)의 오장(伍長)이 되는 것이다.

3. 오부(五富)

太歲	子	丑	寅	卯	辰	巳	午	未	申	酉	戌	亥
五富	巳	申	亥	寅	巳	申	亥	寅	巳	申	亥	寅

《총요력》에 이르기를, "오부(五富)자는 부성지신(富盛之神)이다. 이 날은 흥거(興擧), 운동(運動), 고시(估市), 경구(經求) 등에 길하다." 하였다.

《역례》에 이르기를, "정월(正月)에 기해(起亥)하여 사맹

(四孟)을 순행(順行)한다." 하였다.

조진규(曹震圭) 왈, "오부(五富)자(者)는 월중(月中)의 여성지신(餘盛之神)이다."

대개 인오술(寅午戌) 월(月)은 화왕(火王)하니, 해중(亥中)의 갑목(甲木)이 생(生)하여 줌을 기뻐한다.

신자진(申子辰) 월(月)은 수왕(水王)하니, 사중(巳中)의 경금(庚金)이 생(生)하여 줌을 사랑한다.

해묘미(亥卯未) 월(月)은 목왕(木王)하니 인목(寅木)의 상조(相助)함을 구(求)한다.

사유축(巳酉丑) 월(月)은 금왕(金王)이니, 신중(申中) 경금(庚金)의 상익(相益)함을 구한다. 그러므로 왈, 여성(餘盛)이라 한 것이 그 뜻이다."

안찰하면 ; 오부(五富)자(者)는 삼합(三合)의 장생(長生)과 육합(六合)한다. 인오술(寅午戌) 화국(火局)의 장생(長生)은 인(寅)이고, 해(亥)는 인(寅)과 합(合)임을 말한다. 해묘미(亥卯未) 목(木)은 해(亥)가 장생이고 인(寅)은 해(亥)와 합한다. 신자진(申子辰) 수(水)는 신(申)이 장생이고 사(巳)는 신(申)과 합이 된다. 사유축(巳酉丑) 금(金)은 사(巳)에서 장생하고 신(申)은 사(巳)와 합이다. 생아지신(生我之神)이 득합지(得合地)에 거(居)하는 것이다. 그렇다면 나에게 이익이 되는 것이 반드시 많을 수밖에 없다. 그러므로 오부(五富)라 한 것이다.

혹(或) 이르기를, 마땅히 사맹(四孟)을 역행하면 된다 하고, 그 설에 이르기를, 삼합부모(三合父母)의 장생(長生)이 된다 하였다.

인오술(寅午戌) 화국(火局)은 木이 부모이며, 목의 장생(長生)이 해(亥)이다. 해묘미(亥卯未) 목국(木局)은 水가 부모이며 水의 장생은 申이다. 신자진(申子辰) 수국(水局)은 金이 부모이며 金의 장생은 巳이다. 사유축(巳酉丑) 금국(金局)은 土가 부모인데 土의 장생이 寅이다. 나를 생하는 신(神)이 장생을 득하였다면 길경(吉慶)이 이보다 더 클 수 없을 것이다. 그러므로 오부라는 이름이 붙여진 것이니, 그 이름에 부족할 것이 없다.

또 오복(五福)*은 이왈부(二曰富)이니 부(富)는 진실로 오복 가운데 첫째이다. 오복 속에는 모두 부(富)가 들어간다. 그렇다면 진실로(洵) 부족함이 없다는 설(說)이 통함이 있으므로 이에 싣게 되었다.

* 오복(五福) ; 일왈(一曰) 수(壽), 이왈(二曰) 부(富), 삼왈(三曰) 강령(康寧), 사왈(四曰) 유호덕(攸好德), 오왈(五曰) 고종명(考終命).

4. 천창(天倉)

太歲	子	丑	寅	卯	辰	巳	午	未	申	酉	戌	亥
天倉	辰	卯	寅	丑	子	亥	戌	酉	申	未	午	巳

《총요력》에 이르기를, "천창(天倉)자는 천고지신(天庫之神)이다. 이 날은 창고(倉庫)를 수리하고, 수상사(受賞賜), 납

재(納財), 수양(收養)에 길한 날이다." 하였다.

《역례》에 이르기를, "천창(天倉)은 정월(正月)에 인(寅)을 기(起)하여 12신(辰)을 역행(逆行)한다." 하였다.

조진규(曹震圭) 왈, "창(倉)은 장(藏)한다는 뜻이다. 월건(月建)은 사장지신(私藏之神)이다. 이는 인월건(寅月建)이라면 천지교태(天地交泰)이니, 음양이 각반(各半)이기도 하지만 기가 같다(氣同). 그러므로 본건(本建)에 공장(共藏)한다.

2월이 되어 음양(陰陽)의 기(氣)가 이탈되면 월건(月建) 전의 일이므로 후(後)에 사장(私藏)한다. 그러므로 역(曆)은 축(丑)에서 역행(逆行)으로 7월에 이른다. 그 음양의 기(氣)는 아니라도 각반(各半)이 되므로 역시 신(申)에 동장(同藏)한다."

안찰하면 ; 태양이 해(亥)에 있으면 천창(天倉)은 인(寅)이 된다. 태양이 술(戌)이면 천창은 축(丑)이 되니, 매양 태양 후(後) 4신(辰)에 거하게 된다. 그렇다면 천창은 태양의 수일(收日)이 되므로 월건 후 4신(辰)이 수일(收日)이다.

《신살기례》에, 수(收)로 천창(天倉)이 된 것이니 이야말로 호관(互觀)을 자득한 것이다. 수(收)는 반드시 창(倉)이 있어야 하는데, 창(倉)은 어느 곳에서 찾는가(收必有倉 倉於何所)? 반드시 그 육합지지(六合之地)가 됨이다(必於其六合之地). 천창이 인(寅)이면 해(亥)가 곧 수일(收日)이라(天倉在寅則亥收日) 하였으니, 천창(天倉)이 축(丑)이면 자(子)가 수일(收日)이 된다. 그렇다면 천창은 또 수(收)의 육합(六合)이기도 하다. 그런데 조진규(曹震圭)의 "먼저 사업을 세우고(建事於前), 뒤에 거두어 간직한다(收藏於後)."라 한 것은 역시 태지

차둔(太支且遁*)이다.

> *지차둔(支且遁) ; 支, 支離 ; 遁 ; 회피(回避), 부득요령(不得要領).

5. 천적(天賊)

太歲	子	丑	寅	卯	辰	巳	午	未	申	酉	戌	亥
天賊	卯	寅	丑	子	亥	戌	酉	申	未	午	巳	辰

《신추경》에 이르기를, "천적(天賊)자는 월중(月中)에서 도신(盜神)이다. 이 날에는 원행(遠行)이 불리하다." 하였다.

이정조(李鼎祚) 왈, "正月에 축(丑)을 기(起)하여 12신(辰)을 역행으로 배속시킨다."

조진규(曹震圭) 왈, "천적(天賊)자는 도신(盜神)이다. 항상 천창(天倉)의 후신(後辰)으로 거한다. 대개 창고의 뒤에는 반드시 도적이 있기 때문이다."

안찰하면 ; 천적(天賊)은 월염(月厭)의 수일(收日)이다. 항상 염후 4신으로 거하여 월염을 역행하고 천적 역시 역행한다. 그러므로 건(建)의 평(平)은 바로 염(厭)의 수일(收日)이 된다. 건의 전(建所爲前)은 바로 염의 후(厭所爲後)이다. 월염(月厭)은 주로 음사를 주장한다. 《국어(國語)》에 이르기를, 천사는 항상 염(天事恒象厭)이니, 수(收)의 곳은 반드시 천적(所收必天賊)이 된다.

제3장. 요안(要安) 구신(九神)

1. 요안(要安)

太歲	子	丑	寅	卯	辰	巳	午	未	申	酉	戌	亥
要安	未	丑	寅	申	卯	酉	辰	戌	巳	亥	午	子

《추요력》에 이르기를, "요안(要安)은 월중(月中)의 길신(吉辰)이다. 이 날에는 안무(按撫), 변경(邊境), 수즙(修葺 ; 집을 고치고 지붕을 새로 이음), 성황(城隍 ; 서낭신)에 마땅하다." 하였다.

《역례》에 이르기를, "요안(要安)은, 정월 인(寅), 2월 신(申,) 3월 卯, 4월 酉, 5월 辰, 6월 戌, 7월 巳, 8월 亥, 9월 午, 10월 子, 11월 未, 12월 丑이다." 하였다.

조진규(曹震圭) 왈, "요안(要安)은 중요한 것을 사용하였으므로 편안함을 득한다는 의미이다. 대개 양건월(陽建月)은 寅・卯・辰・巳・午・未로 진행하고, 음건월(陰建月)은 申・酉・戌・亥・子・丑으로 진행한다. 가령 이는 양신(陽辰)의 월은 양기(陽氣)를 사용하여 태신(泰辰)에 통하게 하고, 음신(陰辰)의 월(月)은 음기(陰氣)를 사용하여 유화(柔和)하게 한다는 유(類)이다. 《역(易)》괘의 육효(六爻)는 강유(剛柔)가 상응(相應)하는 상(象)을 이름이다."

2. 옥우(玉宇)

太歲	子	丑	寅	卯	辰	巳	午	未	申	酉	戌	亥
玉宇	申	寅	卯	酉	辰	戌	巳	亥	午	子	未	丑

《추요력》에 이르기를, "옥우(玉宇)는 월중(月中)의 귀신(貴神)이다. 이 날에는 궁궐(宮闕)을 수리하고 선정대(繕亭臺 ; 정자를 수리함), 결혼인(結婚姻), 회빈객(會賓客)에 마땅하다." 하였다.

《역례(曆例)》에 이르기를, "정월 卯, 2월 酉, 3월 辰, 4월 戌, 5월 巳, 6월 亥, 7월 午, 8월 子, 9월 未, 10월 丑, 11월 申, 12월 寅이라." 하였다.

조진규 왈, "옥우(玉宇)자는 월건으로 평안한 실(室)이다. 묘유(卯酉)는 일월지문(日月之門)의 분계지위(分界之位)다.

동남방(東南方)은 양위(陽位)이니 외(外)이며 전(前)이 된다. 그러므로 양건(陽建)이 거한다. 서북방(西北方)은 음위(陰位)이므로 내(內)이고 후(後)이다. 그러므로 음월(陰月)이 거한다. 마치 사람의 거처와 같이 남거(男居)는 전(前)이고 여거(女居)는 후(後)인 것과 같은 것이다."

3. 금당(金堂)

《추요력》에 이르기를, "금당(金堂)은 월중(月中)의 선신

(善神)이다. 이 날은 영건(營建), 궁실(宮室)하고 흥조수축(興造修築)에 길하다." 하였다.

太歲	子	丑	寅	卯	辰	巳	午	未	申	酉	戌	亥
金堂	酉	卯	辰	戌	巳	亥	午	子	未	丑	申	寅

《역례》에 이르기를, "정월(正月) 진(辰), 2월 술(戌), 3월 사(巳), 4월 해(亥), 5월 오(午), 6월 자(子), 7월 미(未), 8월 축(丑), 9월 신(申), 10월 인(寅), 11월 유(酉), 12월 묘(卯)이다." 하였다.

조진규(曹震圭) 왈, "금당(金堂)자는 건신(建神)의 안락지당(安樂之堂)이다. 항상 옥우(玉宇)의 전(前)에 거한다. 마치 왕공(王公) 건수댁(建修宅)과 유사한 것이다."

4. 경안(敬安)

太歲	子	丑	寅	卯	辰	巳	午	未	申	酉	戌	亥
敬安	子	午	未	丑	申	寅	酉	卯	戌	辰	亥	巳

《추요력》에 이르기를, "경안(敬安)은 공순지신(恭順之神)이다. 이 날은 목친족(睦親族), 서존비(敍尊卑), 납예의(納禮儀) 행(行) 경사(慶賜) 등에 마땅하다." 하였다.

《역례》에 이르기를, "경안일(敬安日)은 정월 미(未), 2월 축(丑), 3월 신(申), 4월 인(寅), 5월 유(酉). 6월 묘(卯), 7월 술

(戌), 8월 진(辰), 9월 해(亥), 10월 사(巳), 11월 자(子), 12월 오(午)이다." 하였다.

조진규(曹震圭) 왈, "경안이란 음양상회(陰陽相會)의 뜻이다. 양(陽)이 음(陰)에 회합(會合)하는 것은 분명히 경애(敬愛)함이고, 음(陰)이 양(陽)에 회합하는 것은 반드시 공경(恭敬)이 있다는 것이다. 만약 공경하고 경애하면 반드시 편안함을 득(必得安)한다는 것이다.

대개 未·申·酉·戌·亥는 음기용사(陰氣用事)의 신(辰)이다. 그러므로 양신(陽辰)의 달(月)로 회합(會合)하고 丑·寅·卯·辰·巳는 양기용사(陽氣用事)이니 반드시 음신(陰辰)의 월(月)로 모이게(會之)한다. 子·午는 음양(陰陽)이 쟁변(爭變)하는 곳(處)이므로 자회(自會)한다는 것이 그 뜻이다."

5. 보호(普護)

太歲	子	丑	寅	卯	辰	巳	午	未	申	酉	戌	亥
普護	丑	未	申	寅	酉	卯	戌	辰	亥	巳	子	午

《추요력》에 이르기를, "보호(普護)자는 신음지신(神廕之神)이다. 이 날에는 제사(祭祀), 도사(禱祠), 심의(尋醫), 피병(避病)에 마땅하다." 하였다.

《역례》에 이르기를, "보호(普護)일은 정월 申, 2월 寅, 3월 酉, 4월 卯, 5월 戌, 6월 辰, 7월 亥, 8월 巳, 9월 子, 10월 午,

11월 丑, 12월 未이다." 하였다.

조진규(曹震圭) 왈, "보호(普護)자는 월중에서 만물을 보호(普護萬物)하여 편사(偏私)함이 없도록 하는 신(辰)이다. 항상 요안(要安)과 상대(相對) 위(位)에 거한다."

대개 申·酉·戌·亥·子·丑은 음권(陰權)의 부질지위(否窒之位)이니 양건(陽建) 월(月)과 상배(相配)하여야 하고, 寅·卯·辰·巳·午·未는 양기(陽氣)의 통태지위(通泰之位)이니 음건(陰建) 월(月)과 상배하여야 한다. 이는 월내(月內)에서 음양이 보이지 않는 가운데 서로를 보호하는 신(相護之神)으로 되어 있기 때문이다.

6. 복생(福生)

太歲	子	丑	寅	卯	辰	巳	午	未	申	酉	戌	亥
福生	寅	申	酉	卯	戌	辰	亥	巳	子	午	丑	未

《추요력》에 이르기를, "복생자(福生者)는 월중(月中)의 복신(福神)이다. 이 날에는 기복(祈福), 구은(求恩), 사신(祀神), 치제(致祭)에 마땅하다." 하였다.

《역례》에 이르기를, "복생(福生)일은 정월 酉, 2월 卯, 3월 戌, 4월 辰, 5월 亥, 6월 巳, 7월 子, 8월 午, 9월 丑, 10월 未, 11월 寅, 12월 申이다." 하였다.

조진규 왈, "복생은 월내(月內)의 기구(祈求) 복원지신(福

願之神)이다. 그러므로 옥우(玉宇)와 상대 자리가 된다. 이른바 옥우는 월건(月建)의 소안처(所安處)이고, 향(向)일 때는 이른바 요복(邀福)으로 삼는다. 월건이 그 소향처(所向處)를 돌아다보는 곳이므로 조복(造福)으로 삼는 것이다.

7. 성심(聖心)

太歲	子	丑	寅	卯	辰	巳	午	未	申	酉	戌	亥
聖心	辰	戌	亥	巳	子	午	丑	未	寅	申	卯	酉

《추요력》에 이르기를, "성심(聖心)자는 월중(月中)의 복신(福神)이다. 이 날에는 상표장(上表章), 행은택(行恩澤), 영백사(營百事)에 마땅하다." 하였다.

《역례》에 이르기를, "정월 해(亥), 2월 사(巳), 3월 자(子), 4월 오(午), 5월 축(丑), 6월 미(未), 7월 인(寅), 8월 신(申), 9월 묘(卯), 10월 유(酉), 11월 진(辰), 12월 술(戌)이다." 하였다.

조진규 왈, "노력하지만 감히 편안치 아니한(勞而不敢安) 것이 성인의 마음(聖人之心)이다. 대개 양신의 월(陽辰月)은 양괘지위(陽卦之位)가 순리(順理)이고, 음신지월(陰辰之月)은 음괘지위(陰卦之位)가 순리다. 처음 인월(寅月)에서는 건궁(乾宮) 해(亥)에서 기(起)하는 것이 순리로 하늘의 길(天之道)이다."

《고원》에 이르기를, "正·三·五·七·九·十一월은 양건(陽建)의 月이므로 해(亥)로부터 시작하여 진(辰)에 이르는데, 건(乾)·감(坎)·간(艮)·진(震) 4양괘(陽卦)를 배속한다. 二·四·六·八·十·十二月은 음건지월(陰建之月)이므로 사(巳)로부터 시작하여 술(戌)까지 이르러 손리곤태(巽離坤兌) 4음괘를 배속한다.

8. 익후(益後)

太歲	子	丑	寅	卯	辰	巳	午	未	申	酉	戌	亥
益後	巳	亥	子	午	丑	未	寅	申	卯	酉	辰	戌

《추요력》에 이르기를, "익후(益後)는 월중의 복신(福神)이다. 이 날에는 조택사(造宅舍), 축원장(築垣墻), 행가취(行嫁娶), 안산실(安産室)에 마땅하다." 하였다.

《역례》에 이르기를, "정월 子, 2월 午, 3월 丑, 4월 未, 5월 寅, 6월 申, 7월 卯, 8월 酉, 9월 辰, 10월 戌, 11월 巳, 12월 亥이다." 하였다.

조진규 왈, "익후(益後)는 자사(子嗣)에 보익(補益)한 신(神)이다. 子·丑·寅·卯·辰·巳까지는 양기(陽氣)이므로 양건(陽建)의 달을 배속하고, 午·未·申·酉·戌·亥까지는 음기(陰氣)의 자리이므로 음건(陰建)의 월(月)을 배속하였다. 음양이 회화(會和)로서 남녀 간에 출생하므로 부(夫)는 그 남(男)을 훈도(訓導)하고 부(婦)는 마땅히 그 여(女)를 교육시켜 남종부도(男從夫道)하고 여종부도(女從婦道)케 하여 각종의 도리를 익히게 하여 장래에 유익하게 한다 하여 익후(益後)이다."

9. 속세(續世 ; 血忌)

太歲	子	丑	寅	卯	辰	巳	午	未	申	酉	戌	亥
續世	午	子	丑	未	寅	申	卯	酉	辰	戌	巳	亥

《추요력》에 이르기를, "속세(續世)자는 월중의 선신(善神)이다. 이 날은 결혼(結婚), 친목(親睦), 제사(祭祀), 기복(祈福), 구사(求嗣)에 길하다." 하였다.

《역례》에 이르기를, "속세(續世)는 정월 丑, 2월 未, 3월 寅, 4월 申, 5월 卯, 6월 酉, 7월 辰, 8월 戌, 9월 巳, 10월 亥, 11월 午, 12월 子이다." 라고 하였다.

《고원》에 이르기를, "속세(續世)는 월중(月中) 계속지신(繼續之神)이다. 항상 익후(益後) 뒤의 일신(一辰)이 된다. 대개 옥우(玉宇)와 금당(金堂)을 상연(相連)시킨다는 뜻과 같다.

또 안찰하면 ; 요안(要安)으로부터 속세(續世)까지 구신(九神)을 총론(總論)하면 그 기례(起例)가 6음월과 6양월은 음양이 대충(對沖)으로 붙여진다. 가령 정양월(正陽月)이 인(寅)이면 이음월(二陰月)은 신(申)이며, 정월(正月)이 묘(卯)면 二月은 유(酉)가 됨을 말한 것이다.

10. 구신(九神) 총론(總論)

이는 위 요안(要安) 아래로 구신(九神)인데, 살펴보면 두

개씩이 대충(對沖)하고 있다. 혹 양월양(陽月陽) 음월음(陰月陰), 혹 양월음(陽月陰) 음월양(陰月陽)이거나, 인월(寅月)을 좇은 것은 인일(寅日)에서 기(起)하고, 인월(寅月) 축일(丑日)에 이르러서 그치는(止) 등이다.

구위(九位)를 취용(取用)하였을 때도 인월에서 제거(去其寅月)한다. 사(巳) 오(午) 술(戌) 삼위(三位)는 불용(不用)이다. 혹자는 인월(寅月)로 좇아 사일(巳日) 오일(午日) 술일(戌日)에서 개시(開始)하기도 하였다. 비유컨대 예력《역례(曆例)》에 십이신(十二辰) 중에서 용호(龍虎), 죄지(罪至), 수사(受死) 같은 것인데, 수사(受死)는 어차피 흉신(凶神)일 뿐이다. 이 구위(九位)가 길신(吉神)이 된 것은 비록 상례(常例)이기는 하나 그 물(物)의 이름이 없으므로 이에서 여러 설(說)이 분연(紛然)하여 그 유래가 명확하게 찾을 수는 없다.

대저 신살(神煞)은 흉길(凶吉)이 있어야 하므로 다 본 연신(年神)의 월신일신(月日神)의 희(喜) 기(忌)와 음양오행(陰陽五行)으로 단정하였다.

혹자는 삼합(三合) 오합(五合)으로 말하기도 하고, 혹자는 육합(六合) 육충(六沖)으로 말하기도 하고, 혹 납음(納音) 납갑(納甲)으로 말하고, 혹 괘위(卦位) 방위(方位)로 말하고, 혹 왕상휴수(旺相休囚)로 말하기도 하여 천변만화(千變萬化)이지만, 중요한 관건은 다 이것들의 도리에서 벗어나지 못한다.

이어서 인신(寅申) 묘유(卯酉) 두 상(相)을 비유하여 보더라도 명명(命名)한 십이신(十二辰)은 다 득(得)할 수도 없거니와 부합(符合)될 수도 없다.

《사기》 속 한무제(漢武帝) 때는 오행가(五行家)가 감여가(堪輿家), 건제가(建除家), 총신가(叢辰家), 역가(曆家), 천인가(天人家), 태일가(太一家) 등이 있어서 취송(聚訟)이 분분하였으나, 그 때의 술가(術家)들은 서로 양보를 하지 않고 결론을 내지 못하여 각각 자기 스승의 전하는 바를 지켜 왔으므로 상하(相下)가 안 되었다.

지금도 역가(曆家)에게로 귀속되어 통솔(統率)하지만 그 설(說)을 전하는 자(者)가 모두 단란몽매(斷爛蒙昧)하여 그 두서(頭緒)나 단서(端緒)가 막심한 상태이다. 감여(堪輿), 건제(建除), 오행(五行), 역가(曆家)는 오히려 (자기) 생각대로 헤아리고 짐작으로 명명(命名)하고 있다. 이에 총신(叢辰) 등 가(家)의 말도 다시 더 상고(詳考)할 가치가 없는 것이다.

이에서 지금 구신(九神)과 감여(堪輿), 건제(建除), 오행(五行) 등 역가(曆家)들의 목적과는 부합하지 아니한 것은 그 총신(叢辰) 등 가(家)의 유서(遺緒; 說) 평가가 그런 것 같다. 그러나 상전(相傳)한 지가 장구(長久)함에도 역대로 상연(相沿)하면서 폐기되지 아니한 것은 사당(祠堂)에서 귀신(鬼神)에게 기도(祈禱)하려면 건조(建造) 등사에 길일(吉日)을 받는 데 쓰이기 때문이다.

《역신원시(曆神原始)》는 왈, 위의 구신(九神)에 전문적으로 기도하고 소원을 비는 시설은 지금의 시각으로 그 명명지의(命名之義)를 보고 또 《예기(禮記)》를 참고하면 유일(柔日) 강일(剛日)의 의의(意義)인 것이다. 그럴듯한 설법이다. 제사(祭祀) 택일(擇日) 점복(占卜)에서 사용하기 때문이다.

《추요력(樞要歷)》에서 말하는 바는 상표장(上表章), 수조(修造) 등사(等事)에서는 다시 사용하지 않는다 하였다. 그렇다면 대저 용호(龍虎), 죄지(罪至), 수사(受死) 등 삼신(三辰)은 구력(舊曆)을 좇아 산거(刪去)하여야 하는 것이다.

대저 구신(九神)으로 이미 길(吉)할진대 나머지 삼신(三辰)은 쓸 수 없다는 것을 알 수 있으니 중립(重立)시켜 놓은 명목(名目)은 필요치 않은 것이다.

또 안찰하면 ; 《신살기례(神煞起例)》에 용호(龍虎), 죄지(罪至)가 천지쟁웅일(天地爭雄日)이라는 것을 보건대, 구신(九神)은 기도(祈禱) 제사(祭祀)로 귀신(鬼神)으로의 시설이 증험되었다.

대개 사오자(巳午者)는 음양이 교체되는 곳이므로 천지쟁웅의 맛은 있지만 남방(南方)의 정(正位)이다. 그러므로 유즉(幽則) 귀신(鬼神)이 있다는 뜻으로도 통할 수 있으나 남방정위와는 서로 상반(相反)되는 뜻일 수밖에 없는 것이다. 그에서 술(戌)의 수사(受死)라는 해(亥)가 양기(陽氣)의 소진(消盡)하는 곳이라면 건(乾)은 순양(純陽)이 거(居)하는 곳이어야 만물의 수(首)로서 음양의 묘의(妙義)가 될 수 있기 때문이다. 육임(六壬)의 임자(壬字)의 이름을 육갑자(六甲者)라 하지 않았음과 같은 것이다.

해(亥)가 이미 수(首)가 되었다면 술(戌)이 종처(終處)에 거(居)하여야 하므로 술(戌)이 수사자(受死者)가 된 것이다. 그러나 이것은 특별히 육음(六陰) 육양(六陽)의 12신을 인

(寅)에서부터 윤전(輪轉)시킨 명명(命名)일 뿐이다. 만약 인(寅)으로부터 묘(卯)는 축(丑)에 이르러야 축월(逐月)로 논한다는 것은 통할 수 없다.

대저 귀신지도(鬼神之道)는 시작이 있으면 끝내는 곳이 중요하니 인사에서의 현저함과는 같지 못하다. 일에는 각기 일리가 있기 때문에 조그마한 처리에서도 어긋나면 안되므로 제사(祭祀)의 길신(吉辰)으로 삼은 것이다.

요안(要安)을 말한 것은 구(求)하는 복(福)이 귀신(鬼神)에 있기 때문에 금당(金堂) 옥우(玉宇)가 그 신(神)이 거(居)하는 곳이다. 보호(普護) 복생(福生) 성심(聖心)은 범도지일(泛濤之日)이며, 익후(益後) 속세(續世)는 사고매지일(祠高禖之日)이다.

* 구신(九神); 직부(値符)·등사(螣蛇)·태음(太陰)·육합(六合)·구진(句陳)·태상(太常)·주작(朱雀)·구지(九地)·구천(九天) 등

제4장. 납갑(納甲)에 의해 일으키는 신살(神煞)

1. 양덕(陽德)

乾卦	子	丑	寅	卯	辰	巳	午	未	申	酉	戌	亥
陽德	乾四午	乾五申	乾上戌	乾初子	乾二寅	乾三辰	乾四午	乾五申	乾上戌	乾初子	乾二寅	乾三辰

《총요력》에 이르기를, "양덕(陽德)은 월중의 덕신이다. 이 날은 교역(交易), 개시(開市), 결혼(結婚)에 마땅하다." 하였다.

《역례》에 이르기를, "정월(正月)에 술(戌)을 기(起)하여 육양신(六陽辰)으로 월지(月支)에 순행한다. 이는 건괘(乾卦)의 납갑(納甲)을 본받은 것이다." 하였다.

2. 음덕(陰德)

坤卦	子	丑	寅	卯	辰	巳	午	未	申	酉	戌	亥
陰德	坤四丑	坤五亥	坤上酉	坤初未	坤二巳	坤三卯	坤四丑	坤五亥	坤上酉	坤初未	坤二巳	坤三卯

《총요력》에 이르기를, "음덕(陰德)은 월내(月內)의 음덕신(陰德神)이다. 이 날은 말이나 소의 길들이기, 은혜 베풀고 봉사하기(行惠愛), 억울함을 호소하거나 풀기(雪冤枉), 오해를 풀고 정직함을 말하기(擧正直)에 좋다." 하였다.

《역례》에 이르기를, "正月에 유(酉)를 기하여 육음진(六陰辰)으로 역행한다. 이는 곤괘(坤卦)의 납갑신(納甲辰)을 본받은 것이다." 하였다.

3. 천마(天馬)

月支	子	丑	寅	卯	辰	巳	午	未	申	酉	戌	亥
天馬	寅	辰	午	申	戌	子	寅	辰	午	申	戌	子

《신추경》에 이르기를, "천마(天馬)는 하늘(天)의 역기(驛騎)이다. 이 날은 택현량(賢良)을 뽑기 위하여 공경(公卿)에 문안드리고, 정사(政事)를 선포하는 데 마땅하고, 원행(遠行), 출정(出征)에도 길하다." 하였다.

이정조(李鼎祚) 왈, "천마(天馬)는 正月에 오(午)를 기(起)하여 육양진(六陽辰)으로 순행한다."

4. 병금(兵禁)

月支	子	丑	寅	卯	辰	巳	午	未	申	酉	戌	亥
兵禁	午	辰	寅	子	戌	申	午	辰	寅	子	戌	申

《총요력》에 이르기를, "병금(兵禁)은 용병(用兵)에 흉한 날이다. 이 날에는 출사(出師), 열병식(閱兵式), 교전(敎戰)에

흉한 날이다." 하였다.

《역례》에 이르기를, "병금(兵禁)은 正月에 인(寅)을 기(起)하여 육양신(六陽辰)으로 역행한다." 하였다.

第一部 吉凶神煞

제5장. 기타(其他)에 의해 일으키는 신살(神煞)

1. 지낭(地囊)

《역례》에 이르기를, "지낭(地囊)은 正月 경자(庚子) 경오(庚午), 二月 을미(乙未) 계축(癸丑), 三月 갑자(甲子) 임오(壬午), 四月 기묘(己卯) 기유(己酉), 五月 임술(壬戌) 갑진(甲辰), 六月 병진(丙辰) 병술(丙戌), 七月 정사(丁巳) 정미(丁亥), 八月 병인(丙寅) 병신(丙申), 九月 신축(辛丑) 신미(辛未), 十月 무인(戊寅) 무신(戊申), 十一月 신묘(辛卯) 신유(辛酉), 十二月 계유(癸酉) 을묘(乙卯)이다.

*이곳은《역례(曆例)》와〈조진규설(曹震圭說)〉과〈안찰하면(按)〉의 설이 모두 다르므로 상고할 것.〈조진규 왈〉은 오류(誤謬)가 많으므로〈안찰하면(按)〉으로 사용하기 바란다.

조진규(曹震圭) 왈, "《월령(月令)》에 이르기를, 맹춘월(孟春月)이 되면 천기(天氣)가 하강(下降)하고 지기(地氣)는 상등(上騰)하여 천지가 온화하므로 초목의 맹아(萌芽)가 활동한다. 대개 초목은 진(震)이니,《역(易)》에 이르기를 ; 만물을 움직이게 하는 것은 우레보다 빠른 것이 없다(動萬物者莫疾乎雷) 하니, 正月은 진납갑(震納甲)하여 지낭(地囊)이 되었다.

지낭(地囊)

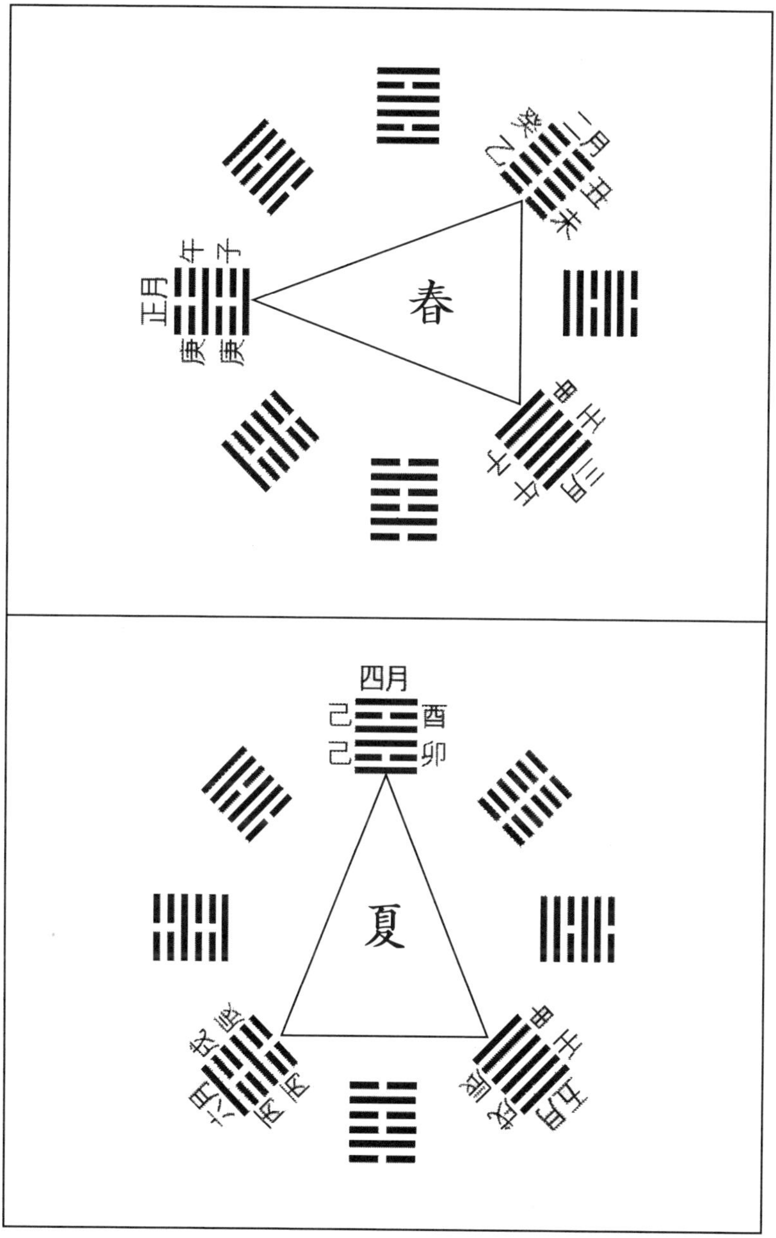

第一部 吉凶神煞

春: 正月 午子 庚庚 / 乙未 / 申壬 甲

夏: 四月 己己 酉卯 / 申壬 甲 / 戌庚 辰戌

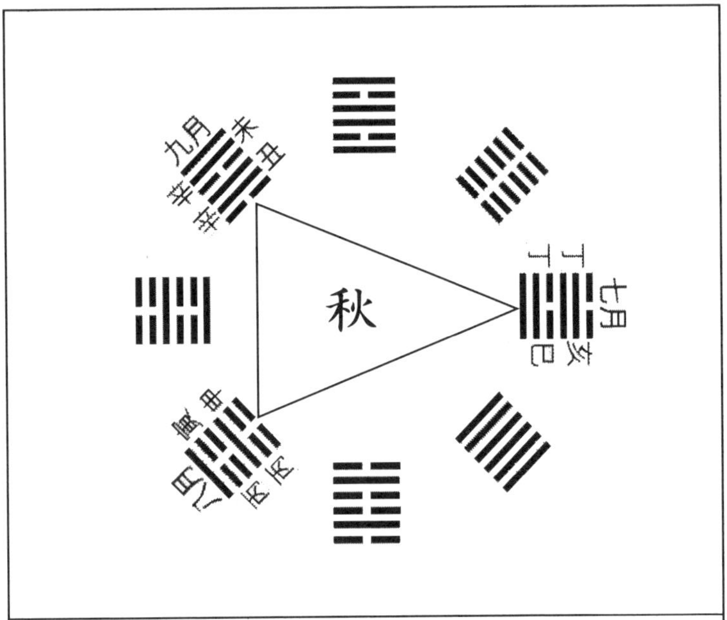
秋
七月
亥
巳
丁
九月
未
丑
八月
申
丙

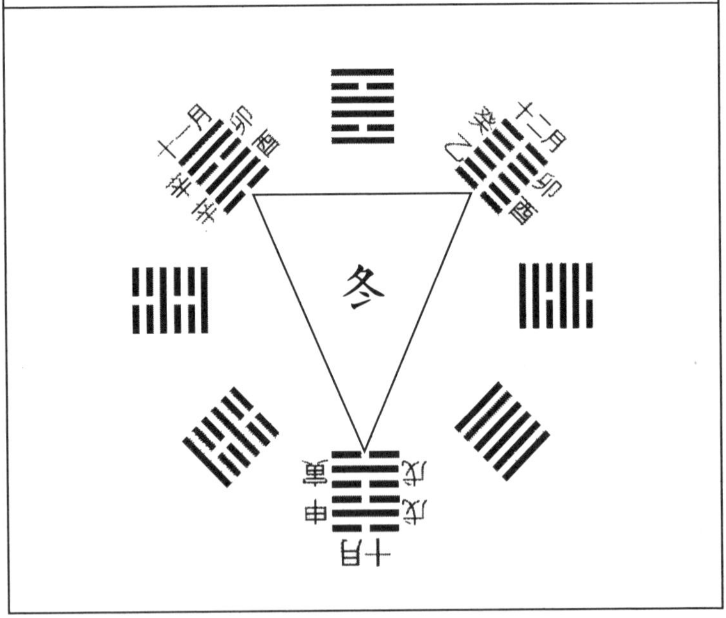
冬
十月
申
戊
十一月
酉
十二月
酉
乙

중춘월(仲春月)이 되면 우레(雷)가 큰 소리를 내므로 칩충(蟄蟲)이 다 발동하여 나오기 시작한다. '만물 양육의 덕행이 곤보다 더한 것이 없다(當養生者德莫比坤).'라고 하니 곤(坤)에다 비유한 것이다. 그러므로 2월은 곤괘(坤卦)의 납갑(納甲)을 사용하여 지낭(地囊)으로 하였다. 계춘월(季春月)이 되면 때맞춰 오는 비(雨)로 하수(下水)가 상등(上騰)한다. '만물을 복육(覆育 ; 天地가 만물을 덮어 기름)하는 데 하늘보다 큰 것은 없다(覆育萬物莫大於天).'라고 하였으므로 건괘(乾卦)의 납갑(納甲)을 사용한 것이다.

　　맹하월(孟夏月)이 되면 농사철이니 밀과 보리(麥)가 나오고 백약(百藥)을 모아 축적(蓄積)하며 생존경쟁에 쳐진 것은 사멸(靡草死滅)하고 잠사(蠶事)도 마친다. "만물을 말리는 데 화(火)보다 더한 것은 없다(能煊燥萬物者莫熯乎火)."라고 하니 四月은 이괘(離卦)의 납갑(納甲)을 사용하였다.

　　중하월(仲夏月)은 음양이 교체하며 싸워서 사생(死生)을 분우(分雩)하고 산천백원에 제사 지내는데(祀山川百源), 남방 화는 쓸 수 없으므로 감(坎)방에 진설(設坎壇無用火南方)한다. "그러므로 만물을 윤택하게 하는 데 감보다 더 윤택한 것은 없다(故使萬物潤澤者莫潤乎坎)."라고 함이 이것이다. 그러므로 五月의 지낭(地囊)은 감괘(坎卦)의 납갑을 쓴 것이다.

　　계하월(季夏月)이 되면 흥토(興土)의 공이 불가하다. 이것은 더위 속에서 윤택하였던 토(不可以興土功 土潤溽暑)가 큰 비가 내려서 길게 자란 풀은 쓰러뜨려 말려죽이고(大雨時行燒薙行水利以殺草) 열탕에 삶아내게(如以熱湯) 되기 때문이다.

이때는 밭두둑을 높이 북돋아주고 똥거름(糞)을 주어 좋은 흙으로서 이랑을 만들어 주어야 한다(可以糞田疇可以美土疆). 중앙에 위치한 토(土)를 배속하였기(以配中央之位) 때문에 곤괘(坤卦)의 납갑(納甲)을 사용한다.

맹추월(孟秋月)이 되면 농사지은 곡식이 여물어 만물을 이룬 다음에는 비로소 죽게(行戮)된다. 이를 《역(易)》에 이르기를 ; 만물의 성종(成終)과 성시(成始)를 맡은 것은 간(艮)만 한 것이 없다 하였으므로 간(艮)의 납갑을 사용하였다.

중추월(仲秋月)이 되면 음은 침성(陰浸盛)하고 양은 일쇠(陽日衰)하여 막설호택(莫說乎澤)이라 하였으므로 태괘(兌卦)의 납갑을 사용하였다.

계추월(季秋月)이 되면 서리가 내리기 시작하고 초목을 황락(黃落)시키므로 오곡(五穀)을 저장해야 한다. 막노호감(莫勞乎坎)이라 하였으니 감괘(坎卦)의 납갑을 사용하였다.

맹동월(孟冬月)이 되면 천기(天氣)는 상등(上騰)하고 지기(地氣)는 하강(下降)하므로 폐색(閉塞)시켜 성동(成冬)을 대비하므로 진괘(震卦)의 납갑을 사용하였다.

중동월(仲冬月)이 되면 땅이 얼어붙어 일은 할 수 없으나 음양(陰陽)의 싸움으로 여러 생명의 씨앗은 안에서 틔워주므로 손괘(巽卦)의 납갑을 사용하였다.

계동월(季冬月)이 되면 새해를 시작하여야 하므로 농기구(耒耜)를 수리하고 토우(土牛)를 살찌워 밭갈이를 준비해야 하므로 곤괘(坤卦)의 납갑(納甲)을 사용하였다."

안찰하면 ; 지낭(地囊)은 이내 사시(四時) 삼합괘(三合卦)의 납갑이다. 삼합(三合)에서 토국(土局)은 없으나 토(土)는 사계(四季)에서 왕(旺)하므로 목(木)·화(火)·금(金)·수(水)의 생왕묘(生旺墓)만을 쓴 것은 무적비토(無適非土)이므로 당시 삼합괘(三合卦)에서 내외(內外)의 두 소성괘(小成卦) 초효 납갑(初爻納甲)만으로 지낭을 삼은 것이다. 이처럼 한 대성괘(一大成卦) 내(內)에서 양용(兩用)하는 것은 세응(世應) 이효(二爻)의 납갑일(納甲日)을 쓰기 때문이다.

춘목(春木)은 해묘미(亥卯未) 국(局)이니 진곤건괘(震坤乾卦)가 삼합괘(三合卦)이다. 정월(正月)은 용진(用震)하여 내괘(內卦) 초효(初爻)의 경자(庚子)와 외괘(外卦) 초효(初爻) 경오(庚午)로 하였고, 二月은 용곤(用坤)하여 내괘초효(內卦初爻) 을미(乙未)와 외괘초효(外卦初爻) 계축(癸丑)으로 하였으며, 三月은 용건(用乾)하여 내괘초효(內卦初爻) 갑자(甲子)와 외괘초효(外卦初爻) 임오(壬午)로 하였다.

하화(夏火)는 인오술(寅午戌) 국(局)이니 이(離)·건(乾)·간(艮)괘가 삼합괘(三合卦)이다. 4월은 용리(用離)하여 내괘초효(內卦初爻) 기묘(己卯)와 외괘초효(外卦初爻) 기유(己酉)로 하고, 5월은 용건(用乾)이니 세효(世爻) 임술(壬戌)과 응효(應爻) 갑진(甲辰)으로 하였고, 6월은 용간(用艮)이니, 내괘초효(內卦初爻) 병진(丙辰)과 외괘초효(外卦初爻) 병술(丙戌)로 하였다.

추금(秋金)은 사유축(巳酉丑) 국(局)이니 태간손(兌艮巽)이 삼합괘(三合卦)이다. 7월은 용태괘(用兌卦)하여 내괘(內卦) 초효(初爻) 정사(丁巳)와 외괘(外卦), 초효(初爻), 정해(丁亥)로 삼았다. 8월은 용간(用艮)이니 세효(世爻) 병인(丙寅)과 응효(應爻) 병신(丙申)이다. 9월은 용손(用巽)이니 내괘초효(內卦初爻) 신축(辛丑)과 외괘초효(外卦初爻) 신미(辛未)로 삼았다.

동수(冬水)는 신자진(申子辰) 국(局)이니, 감(坎)·손(巽)·곤(坤)괘가 삼합(三合)괘이다. 10월은 용감(用坎)이니 내괘(內卦)초효(初爻) 무인(戊寅)과 외괘초효(外卦初爻) 무신(戊申)이 된다. 11월은 용손(用巽)이니 세효(世爻) 신묘(辛卯)와 응효(應爻) 신유(辛酉)가 된다. 12월은 용곤(用坤)이니 세효(世爻) 계유(癸酉)와 응효(應爻) 을묘(乙卯)가 지낭(地囊)이 된다.

2. 토부(土符)

月支	子	丑	寅	卯	辰	巳	午	未	申	酉	戌	亥
土符	申	子	丑	巳	酉	寅	午	戌	卯	未	亥	辰

《총요력》에 이르기를, "토부(土符)는 토신(土神)이다. 이 날에는 파토(破土), 천정(穿井), 개거(開渠), 축장(築墻) 등에 꺼린다." 하였다.

《역례》에 이르기를, "토부(土符)는 正月 丑, 2월 巳, 3월 酉, 4월 寅, 5월 午, 6월 戌, 7월 卯, 8월 未, 9월 亥, 10월 辰, 11월 申, 12월 子가 그것이다." 하였다.

조진규(曹震圭) 왈, "토부(土符)는 토지를 장악하는 부신(符信)의 신(神)이다. 그러므로 오토(五土)*를 장악시킨다. 가령 춘목(春木)이 왕(旺)하면 그로부터 극을 받으므로 자(子)에 의탁(依託)하고 금(金)으로 제지하여야 한다. 이로써 춘삼월이 지나면 사유축(巳酉丑)이 오는 것이다.

하(夏)는 화(火)가 왕(旺)하고 토(土)는 휴수(休囚)되므로 화(火) 어미에 의뢰하여 길러진다. 그러므로 여름(夏) 세 달(三月)이 지나고 나면 인오술(寅午戌)이 온다.

추(秋)는 금(金)이 왕(旺)하고 토(土)는 상(相)이 되므로 목제(木制)를 두려워하지 않는다. 그러므로 가을 세 달(秋三月)이 지나고 나면 해묘미(亥卯未)가 온다.

동(冬)은 수(水)가 왕(旺)하고, 토(土) 역시 강견(强堅)하다. 이때는 수(水)의 유화(柔和)함에 힘입어야 하므로 겨울 세 달(冬三月)이 지나면 신자진(申子辰)이 온다."

　*오토(五土) ; 다섯 가지 땅. 즉 멧갓, 내와 못, 언덕, 물가, 마른 땅과 젖은 땅.

안찰하면 ; 조진규는 토부(土符)를 부신(符信)의 뜻과 거의 같다 하였는데, 여름에(夏) 토(土)가 어찌 휴수(休囚)될 것이며 가을(秋)의 토가 어찌 상(相)이 되는가? 이것은 오승지의(五勝之義)로도 어그러진(舛) 것이다. 대개 천지의 생물(生物)은 다 땅에서 나는(地生) 것이다. 그러므로 12신(辰)에는 토(土)가 없는 곳이 없다.

만물은 동(東)에서 생(生于東)하고, 남에서 왕(南于旺)하며, 서에서 거두고(收于西), 북에서 장(北于藏)한다. 북(北)을 경유(經由)하고 동(東)이 되면 토(土)의 자리에서 종만물(終萬物)

시만물(始萬物)하는 곳이라 하였고, 남(南)을 경유하여 서(西)로 가면 토(土)의 자리에서는 만물이 성미창치(盛美昌熾)하고, 서(西)를 경유하고 북(北)으로 가면 토(土)의 자리에다 만물을 복장보고(伏藏保固)하게 된다.

그러므로 인사신해(寅巳申亥)의 장생지위(長生之位)이니 축(丑)·인(寅)·묘(卯)·진(辰)을 장생지부(長生之符)로 삼게 된다.

자묘오유(子卯午酉)의 제왕지위(帝旺之位)이니 사(巳)·오(午)·미(未)·신(申)을 제왕지부(帝旺之符)로 삼으며, 진술축미(辰戌丑未)는 수장지위(收藏之位)이니 유(酉)·술(戌)·해(亥)·자(子)를 수장지부(收藏之符)로 삼는다. 그러므로 이르기를, 토부(土符)라 한 것이다. 그에는 꺼리는 바(所忌)가 있는데, 역시 월건까지도 토부(亦猶月建之爲土符)가 되는 것은 존지(尊之)하여야 하므로 감히 범(犯)하여서는 안 된다.

3. 대살(大煞)

月支	子	丑	寅	卯	辰	巳	午	未	申	酉	戌	亥
大煞	申	酉	戌	巳	午	未	寅	卯	辰	亥	子	丑

《신추경》에 이르기를, "대살(大煞)은 월중(月中)의 염찰(廉察; 남의 사정이나 비밀 따위를 몰래 알아냄)이다. 이 날은 출군(出軍), 정토(征討), 가취(嫁娶), 납재(納財), 수주(竪柱), 상량(上樑), 이사(移徙), 산실설치(産室設置)에 꺼린다." 하였다.

이정조(李鼎祚) 왈, "대살은 정월 戌, 2월 巳, 3월 午, 4월 未, 5월 寅, 6월 卯, 7월 辰, 8월 亥, 9월 子, 10월 丑, 11월 申, 12월 酉가 그것이다."

조진규(曹震圭) 왈, "동방지위(東方之位)는 생육만물(生育萬物)하고, 남방지위(南方之位)는 성숙만물(成熟萬物)하며, 서방지위(西方之位)는 살벌만물(殺伐萬物)하며, 북방지위(北方之位)는 수장만물(收藏萬物)한다."

대살자(大煞者)는 월중(月中)의 염찰(廉察)이다.

자축인(子丑寅) 월(月)이 지나면 서방(西方) 신유술(申酉戌)자이니, 대개 양기(陽氣)가 장차 나오면 만물이 장생(萬物長生)하므로 서방(西方)이 순찰(巡察)하여 망살(妄殺)이 없게 하는 것이다.

묘진사(卯辰巳) 월(月)은 역남방(曆南方) 사오미(巳午未)자이니 일컬어, 만물(萬物) 장생지시(長生之時)이므로 순찰남방(巡察南方)하여 성숙에 어려움이 있는지를(使有成熟也) 살핀다.

오미신(午未申) 월(月)은 동방(東方) 인묘진(寅卯辰)자이니, 이는 일컬어, 만물성숙(萬物成熟)이 마땅한지를 살피는 것은 양육을 돕기 위한 것이다.

유술해월(酉戌亥月)은 역북방(曆北方) 해자축(亥子丑)자이니 일컬어, 만물(萬物) 수성(收成)에 염장을 잘해야 하기(使有斂藏也) 때문이다.

안찰하면 ; 월(月)의 대살(大煞)은 즉 태세(太歲)의 비렴(飛廉)과 그 의(義)가 서로 같다. 〈권3〉을 보라.

4. 귀기(歸忌)

月支	子	丑	寅	卯	辰	巳	午	未	申	酉	戌	亥
歸忌	寅	子	丑	寅	子	丑	寅	子	丑	寅	子	丑

《광성력(廣聖曆)》에 이르기를, "귀기(歸忌)는 월내(月內) 흉신(凶神)이다. 이 날은 원행(遠行), 귀가(歸家), 이사(移徙), 취부(娶婦)에 꺼린다.

《역례》에 이르기를, "맹월(孟月) 축(丑), 중월(仲月) 인(寅), 계월(季月) 자(子)라." 하였다.

조진규 왈, "자일양(子一陽), 축이양(丑二陽), 인삼양(寅三陽)이니 이것이 삼신(三辰)의 양기(陽氣)가 시성(始盛)하는 곳이다. 주(主)는 밖(外)에서 동(動)하므로 안(內)으로 반귀(反歸)하는 것은 불가하다." 하였다.

《고원》에 이르기를, "맹월(孟月) 기축(忌丑), 중월(仲月) 기인(忌寅), 계월(季月) 기자(忌子)는 모두 퇴후(退後)로 일신(一辰)이기 때문에 꺼리므로 소위 귀기(歸忌)라 한다.

가령 자(子)는 중(仲)이고 축(丑)은 계(季)이고 인(寅)은 맹(孟)이니, 사맹월(四孟月)에서 퇴(退) 일위(一位)는 계(季)이고 사계월(四季月)에서 퇴(退) 일위(一位)는 중(仲)이고, 사중월(四仲月)에서 퇴(退) 일위(一位)는 맹월(孟月)로 귀기(歸忌)한다는 것이다.

《후한서(後漢書)》 곽진전(郭鎭傳)에 이르기를, "진백경

(陳伯敬)이 길을 갈 때는 반드시 뛰고(行必矩步), 앉으면 반드시 무릎을 개고 단정하게(坐必端膝) 하여 환촉귀기(還觸歸忌)면 즉시 그친다(則止)." 하였다.

기향정주(寄鄕亭注)에 왈 ;《음양서(陰陽書)》역법(曆法)에 이르기를, "귀기일(歸忌日)은 사맹(四孟)에서 재축(在丑)이요, 사중(四仲)은 재인(在寅)이며, 사계(四季)에서는 재자(在子)이니, 그 날은 원행(遠行)이 불가하고, 귀가와 이사(歸家及徙)에도 꺼린다." 하였다.

안찰하면 ; 그렇다면 귀기의 설(歸忌之說)은 내력이 오래 되었다. 조진규(曹震圭)와 《고원》에 이르는 바는 둘 다 이치는 있으나 그 요지는 화창(和暢)하지 못하다.

대개 자(子)는 일양(一陽)이고 축(丑)은 이양(二陽)이며 인(寅)은 삼양(三陽)이다. 양(陽)은 주진(主進)하고 음(陰)은 주퇴(主退)인데, 지금 축(丑)에서 자(子)로 퇴(退)하고, 인(寅)이 축(丑)으로 퇴(退)하고, 묘(卯)가 인(寅)으로 퇴(退)하는 것은 이 또한 역(逆)이니 양의 도(陽之道)이다. 그러므로 귀기(歸忌)라 한 것이다. 나머지 월(月)도 같다.

또 안찰하면 ; 귀기(歸忌)와 비렴(飛廉)은 동의(同義)이다. 자(子)·축(丑)·인(寅)은 지지(地支)의 시(始)이며, 자왕(子旺)의 시(始)이다. 축(丑)은 묘(墓)의 시(始)이며, 인(寅)은 생(生)의 시(始)이다.

인신사해(寅申巳亥)는 사생(四生)월(月)이니 귀기(歸忌)는 재축(在丑)이다. 이에서의 기(是忌)는 생이 퇴(生之退)하는 것이므로 묘(墓)로 회귀하는 것이다.

묘오유자(卯午酉子) 사왕(四旺)월은 귀기(歸忌)가 재인(在寅)이니, 시기(是忌) 왕(旺)의 퇴(退)이므로 생(生)으로 회귀하는 것이다.

진미술축(辰未戌丑) 사묘(四墓)월은 귀기(歸忌)가 재자(在子)이니, 이에서의 기(是忌)는 묘가 퇴(墓之退)한 것이므로 왕(旺)으로 회귀하는 것이다. 그러므로 그 날은 원회(遠廻)와 이사(移徙)에 꺼린다고 하는 것이다.

《광성력》에 이르기를, 가취(嫁娶)까지 함께 꺼린다고 한 것은 대개 부인(婦人)이 시집가는 것을 일러 귀(歸)라 한 것으로, 꺼린다 한 것이다. 대개 이르기를, 가(嫁)를 일러 귀(歸)라 하기 때문에 종부(從夫)한다는 의미를 밝게 하여 원행(遠行)이 아닌데도 귀(歸)라 한 것이다.

《역(易)》 점괘(漸卦), 단사(彖辭)에 이르기를, "여귀길(女歸吉) 점진야(漸進也) 비퇴야(非退也)."라 하였고, 《시(詩)》에 이르기를, "여자유행(女子有行)"이라 하였다. 행역진야(行亦進也)요 비퇴(非退)이다.

《한서(漢書)》 주(註) 및 다른 《통서(通書)》 역시 가취설에 꺼리는 것은 달리 없으니(無忌嫁娶之說) 응당 꺼릴 것은 옮기고 원행(般移遠廻)하면 가취에 꺼릴(不忌嫁娶) 것이 없다 하였다.

5. 왕망(往亡)

《감여경》에 이르기를, "왕(往)은 거(去)요 망(亡)은 무(無)이다. 이 날은 배관(拜官), 상임(上任), 원행(遠行), 귀가(歸

家), 출군(出軍), 정토(征討), 가취(嫁娶), 심의(尋醫)에 다 꺼린다."하였다.

月支	子	丑	寅	卯	辰	巳	午	未	申	酉	戌	亥
往亡	戌	丑	寅	巳	申	亥	卯	午	酉	子	辰	未

《역례》에 이르기를, "왕망(往亡)은 정월(正月) 인(寅), 2월 巳, 3월 申, 4월 亥, 5월 卯, 6월 午, 7월 酉, 8월 子, 9월 辰, 10월 未, 11월 戌, 12월 丑이라." 하였다.

조진규 왈, "왕망(往亡)은 가되 돌아오지 못한다는 뜻(不反之意)이기 때문에 흉신(凶神)이다.

맹(孟)은 초(初)이고, 중(仲)은 중초(中初)이니 다 사맹신(四孟辰)으로 위주(爲主)한 것이다. 바로 오행(五行)의 초생지지(初生之地)이니, 이는 생기지도(生氣之道)가 진행한 후에 망한다는(往而亡也) 것이다.

5, 6, 7, 8월은 바로 태세(太歲)의 중(中)이니, 다 사중신(四仲辰)으로 위주(爲主)한 것이다. 대개 사중(四仲)은 오행(五行)의 당왕(當旺)한 신(辰)이니, 이는 왕기지도(旺氣之道)는 가되 망한다는(往而亡也) 것이다.

9, 10, 11, 12월은 바로 태세(太歲)가 마치는 달이니, 다 사계지신(四季之辰)을 위주로 하였다. 사계(四季)는 바로 오행(五行)의 종묘지지(終墓之地)이므로 이곳은 만물이 다 귀왕하고(歸往) 망한다(而亡也)."

안찰하면 ;《통서(通書)》에 이르기를, "송(宋)의 무제(武

帝)가 왕망(往亡)에 기병(起兵)하였는데, 군리(軍吏)가 불가하다고 말렸다. 그러자 무제가 말하기를, '내(我)가 가면 저(彼)가 망한다(我往則彼亡).' 하더니 과연 이겼다(果克之) 한다. 이 말과 같다면 폐(廢)하는 것이 분명하다." 하였다.

지금 안찰하면 ; 음양지의(陰陽之義)는 신미근시(愼微謹始)가 아닌 게 없으니 전후좌우를 진정으로 자상하게 살피지 않으면 안된다. 한 가지 일만으로 험(驗)이 없다고 그것을 폐(廢)하는 것이 옳다고 할 것인가? 역시 그 이치의 당부(當否)를 생각하여 봐야 한다.

왕망(往亡)자(者)는 인오술(寅午戌) 화월(火月)에서 순행(順行)하면 인묘진(寅卯辰)이고, 묘미해(卯未亥) 목월(木月)에서 순행하면 사오미(巳午未)이며, 신자진(申子辰) 수월(水月)에서 순행하면 신유술(辛酉戌)이며, 사유축(巳酉丑) 금월(金月)에서 순행하면 해자축(亥子丑)이다. 화성(火性)은 목(木)에서 이루고, 목성(木性)은 화(火)에서 이루며, 수성(水性)은 금(金)에서 이루고, 금성(金性)은 수(水)에서 이룬다. 또 목생화(木生火)이나 화분목(火焚木)하고, 금생수(金生水)하지만 수침금(水沉金)한다.

대개 무극즉(無剋則) 생불생(生不生)이며, 무제즉(無制則) 화불화(化不化)이며, 무정즉(無貞則) 근본을 능히 일으킬 수 없다(元不能以起也). 그러므로 이르기를, 왕망(往亡)이다. 그 깊고도 세미(細微)함이여!

6. 기왕망(氣往亡)

節氣	大雪	小寒	立春	驚蟄	清明	立夏	亡種	小暑	立秋	白露	寒露	立冬
氣往亡	20일	30일	7일	14일	21일	8일	16일	24일	9일	18일	27일	10일

《역례》에 이르기를, "기왕망(氣往亡)은 입춘 후 7일, 경칩 후 14일, 청명 후 21일, 입하 후 8일, 망종 후 16일, 소서 후 24일, 입추 후 9일, 백로 후 18일, 한로 후 27일, 입동 후 10일, 대설 후 20일, 소한 후 30일이니, 모두 절(節)이 교체되는 일수(日數)라." 하였다.

조진규(曹震圭) 왈, "기왕망(氣往亡)은 사입월(四立月)의 왕망일(往亡日)과 삼합(三合) 화상(化象)의 성수(成數)를 위주로 한 것이다. 가령 正月 입춘(立春)은 인(寅)이 왕망(往亡)이니 인오술(寅午戌) 합화국(合火局)이면 화(火)의 성수(成數)가 7이다. 4월 입하(立夏)는 묘(卯)가 왕망(往亡)이니 해묘미(亥卯未) 합목국(合木局)이면 목(木)의 성수(成數)는 8이다. 7월 입추(立秋)는 유(酉)가 왕망(往亡)인데, 사유축(巳酉丑) 합금국(合金局)하면 금(金)의 성수(成數)는 9이다. 10월 입동(立冬)은 미(未)가 왕망(往亡)인데, 토(土)는 화상(化象)이 없으므로 본행(本行)의 토(土)를 위주로 하여 성수(成數)를 10으로 한다.

각각을 배(倍)하면 다음 월(月)의 왕망일(往亡日)이니 3의 다음 달(三之爲下月)이 왕망일(往亡日)이 된다.

수수(水數)는 홀로 불용(不用)인데, 이는 대개 사립지월(四

立之月)의 왕망일(往亡日)에 신자진일(申子辰日)이 없기 때문이다. 그러나 일년(一歲) 안에는 사계(四季)의 월(月)은 진(辰)으로 수(首)를 삼으니, 진월(辰月)은 신(申)으로 왕망(往亡)을 삼는다. 그러면 신(申) 합수국(合水局)이니 수(水)의 성수(成數)는 6이 된다. 그러므로 3월 중기(中氣) 후 6일(日), 9월 중기(中氣) 후 12일, 6월 토왕(土旺) 후 12일, 12월 토왕 후 18일에 각각 왕망(往亡)을 득한다. 혹 절기(節氣)의 이르고 늦음(早晩間)에 의하여 1일의 차이가 있을 수 있다. 그러나 그 이치는 대개 이상과 같다."

　안찰하면 ; 기(氣) 왕망일(往亡日)은 조진규의 설(說) 역시 스스로 교합(巧合)시킨 것이다. 다만 맹신(孟辰)을 전취(專取)한 것은 사방(四方)과 삼합(三合)은 피차간에 상호(相互) 다르며, 또 기왕(既往) 취한 삼합지기(三合之氣)도 별 생각 없이 목(木)을 토(土)로 하였으므로 자상저오(自相牴牾 ; 스스로 서로 어긋나 용납되지 않음)를 면치 못한 것이다.

　이제 사시(四時)의 오행은 진실로 자연수(自然數)인 것이다. 대개 1 2 3 4 5는 오행의 생수(生數)이고, 6 7 8 9 10은 오행의 성수(成數)이다. 16수(水)에서 수(水)는 곧 기(氣)이다. 기(氣)는 없어져 끝나는(終) 것 같아도 다시 시작된다. 즉 갔어도 없어진 것은 아니라(往而不亡)는 뜻이다.

　화 목 금 토(火木金土)는 질량(質量)이 있는 물체들이다. 그 기(氣)들도 때를 따라 소진하였다가 2 3 4 5의 생수(生數)가 이르면 신장(伸張)시킨다. 7 8 9 10의 성수(成數)이니 완성시킨 다음에 다시 반귀(返歸)한다. 그러므로 7 8 9 10은 왕망일(往

亡日)이 되어 사시(四時)의 차서(次序)를 따라 배속하였으니 입춘 7, 입하 8, 입추 9, 입동 10이 된 것이다. 중월(仲月)은 사시(四時)의 제2월(月)이므로 다음의 중월(仲月) 왕망일(往亡日)이 되었고, 계월(季月)은 사시(四時)에서 셋째 달이므로 세 번째의 계월(季月)이 왕망일이 되었다.

7. 상삭(上朔)

《감여경》에 이르기를, "상삭일(上朔日)은 연회(宴會), 가취(嫁娶), 원행(遠行), 상관(上官)에 꺼린다." 하였다.

天干	甲	乙	丙	丁	戊	己	庚	辛	壬	癸
上朔	癸亥	己巳	乙亥	辛巳	丁亥	癸巳	己亥	乙巳	辛亥	丁巳

《역례》에 이르기를, "양년(陽年)은 연간(年干)을 인(寅)에 가하여 순수(順數)로 해(亥)에 이른 것이고, 음년(陰年)은 연간(年干)을 丑에 가하여 순수(順數)로 사(巳)에 이른 것이다." 하였다.

안찰하면 ; 상삭일(上朔日)은 불길(不吉)한 날이다. 흉악함이 된 것은 음양(陰陽)과 덕(德)이 함께 소진하는 날이기 때문이다. 양(陽)은 해(亥)에서 소진하고 음(陰)은 사(巳)에서 소진하고, 간(干)은 10에서 소진한다. 가령 갑년(甲年)이라면 갑(甲)이 덕(德)인데 계(癸)까지는 10이다, 갑년의 계(癸)라면 해(亥)가 임(臨)하는데, 곧 계(癸)는 덕(德)이 다 되어 끝나고 해

(亥)는 양이 끝나는 자리다.

을년(乙年)은 경(庚)이 덕(德)인데, 경(庚)이 10번째는 기(己)이므로 을년의 기(己)에 사(巳)가 임하면 기(己)는 덕(德)이 소진된 것이니, 사(巳)가 음(陰)의 소진처(消盡處)이기 때문이다. 나머지도 이와 같이 유추한다.

이것을 상삭(上朔)이라 이름붙인 것은 삭(朔)이란 소진한 후 새로운 시작이기도 하기 때문이다. 《상서(尙書)》에 이르기를, "평재삭(平在朔)이라." 하였고, 《역(易)》 정의(正義)에 이르기를, "삭은 진이라(朔盡也)." 함이 그것이다.

8. 반지(反支)

月支	子	丑	寅	卯	辰	巳	午	未	申	酉	戌	亥
反支	初六	初六	初五	初五	初四	初四	初三	初三	初二	初二	初一	初一

《후한서》 왕부전(王符傳)에 이르기를, "공거(公車)는 반지일(反支日)에 장주(章奏)를 받지 아니한다." 하였고, 주 왈(註曰), "반지일(反支日)은 월삭(月朔)을 사용하는 것이 바른 것이다. 술해(戌亥)가 삭(朔)이면 一日이 반지(反支)이고, 신유(申酉)가 삭이면 二日이 반지이며, 오미(午未)가 삭이면 三日이 반지이며, 진사(辰巳)가 삭이면 四日이 반지이며, 인묘(寅卯)가 삭이면 五日이 반지이며, 자축(子丑)이 삭이면 六日이 반지이다. 음양서(陰陽書)를 보라." 하였다.

《역례》에 이르기를, "이 날에는 상표장(上表章)에 꺼린다."하였다.

　안찰하면 ; 반지(反支)의 의(義)는 악(惡)이 그에서 장진(將盡 ; 장차 다하다)하는 것이다. 술(戌)해(亥) 삭(朔)이 본일(本日)이면 즉 그 지(支)에서 장진하는 것이다. 신유(申酉)가 삭(朔)이면 재2일(在二日)이고, 오(午)미(未)가 삭(朔)이면 재삼일(在三日)이니, 서로 같음(胥同)이 차례(此例)와 같다. 이를 미루어 말하면, 결혼인(結婚姻), 납재(納財) 등사에는 상표장(上表章)에 꺼리는 것에 그쳤다.

　대개 옛날의 《음양서(陰陽書)》에 전(傳)하는 것은 적은데, 지금의 《역례》 즉 전거(轉據)라 하고, 《후한서(後漢書)》 "공거불수주장(公車不手奏章)이라."하니, 반지일(反支日)은 상표장(上表章)에 꺼린다는 것이다.

9. 사리(四離)·사절(四絶)

　《옥문경(玉門經)》에 이르기를, "이(離)는 음양(陰陽)이 나뉘기 전(前)에는 일신(一辰)이었다. 이른바 묘(卯)의 월건(月建)이라면 양기(陽氣)에서 나와 음기(陰氣)로 들어간 것이고, 월건이 자월(子月)이라면 음기(陰氣)는 하강(下降)하고 양기(陽氣)는 상승한 것이며, 월건이 유월(酉月)이라면 음기는 나오고(出), 양기는 들어갈(入) 때이며, 월건이 오월(午月)이라면 양기는 하강하고 음기는 상승할 때이므로 먼저 일일(先一日)이 사리신(四離辰)이다."하였다.

　이정조(李鼎祚) 왈, "이 날은 출행(出行)에 꺼린다."

조진규(曹震圭) 왈, "사리(四離)는 동지(冬至) 전(前) 일일(一日)은 수리(水離)요, 하지(夏至) 전 일일(一日)은 화리(火離)이며, 춘분(春分) 전 일일(一日)은 양체(陽體)가 분리되므로 목(木) 역시 분리되고, 추분(秋分) 전 일일(一日)에 음체(陰體)가 분리하면 금(金) 역시 분리된다. 그러므로 사리(四離)라 이름하였다."

《옥문경》에 이르기를, "사절(四絶)은 사입(四立) 전(前) 일신(一辰)이라." 하였다.

이정조 왈, "이 날은 출군(出軍), 출행(出行)에 꺼린다."

조진규 왈, "입춘(立春)은 목왕(木旺)이니 수절(水絶)하고, 입하(立夏)는 화왕(火旺)이니 목절(木絶)이고, 입추(立秋)는 금왕(金旺)이니 토절(土絶)이며, 입동(立冬)은 수왕(水旺)이니 금절(金絶)이다."

10. 월기일(月忌日)

《역례》에 이르기를, "월기일은 제사(祭祀), 연회(宴會), 목욕(沐浴), 정용(整容), 체두(剃頭), 정수족갑(整手足甲), 구의료병(求醫療病), 보원(補垣), 소사우(掃舍宇), 수식원장(修飾垣墻), 평치도도(平治道塗), 파옥괴원(破屋壞垣)에 꺼리고 그 밖에는 꺼리지 않는다." 하였다.

《제동야어(齊東野語)*》에 이르기를, "민속(民俗)에서 매월 초오일(初五日) 십사일, 이십삼일을 월기일(月忌日)로 하여 범사(凡事)에는 반드시 피하라." 하였다.

* 《제동야어(齊東野語)》; 宋나라 주밀(周密) 찬(撰). 20권. 주로 南宋시대의 사실(事實)·전고(典故)·인사(人事)·문예·일사(佚事)를 기술함.

위도부(衛道夫; 儒家의 정통 이론가)가 이르기를, "이는 낙서(洛書)의 중궁(中宮)의 5궁(五宮) 5수(五數)인데, 5는 군상(君象)이므로 서민(庶民)은 사용치 못한다." 하니 이 설에 자못 이치에 맞는 점이 있다 하겠다.

《통서(通書)》에 이르기를, "속(俗)에서 매월 초 5일, 14일, 23일은 오황(五黃)일이고 염정화(廉貞火)가 함께 배속되어 중궁의 토(中宮之土)에 이른다.

그 법은 매월 초 1일은 일백수(一白水)와 탐랑목(貪狼木)을 입중궁하여 순서에 따라 배속하면 수목이 상생한다.

초 2일은 이흑(二黑) 토(土)와 거문(巨門) 토(土)가 상배비화(相配比和)한다.

초 3일은 삼벽(三碧) 목(木)이 녹존(祿存) 토(土)를 극한다.

초 4일은 사록(四綠)목(木)이 문곡(文曲)수(水)가 상생한다.

초 5일은 오황(五黃)토(土)가 염정(廉貞)수(水)를 만났는데 화생토(火生土)로 토왕(土旺)하므로 토속에 묻힌다.

초 10일, 19일은 또 일백 탐랑(貪狼)을 일으켜 14일에 이르고, 23일에 이르면 오황(五黃) 토(土)와 염정(廉貞) 화(火)가 함께 배치된다.

전배(前輩; 선배) 운(云), "민속으로 꺼리나 길성이 있으면 가용한다." 하였다.

《고원》에 이르기를, 구궁지차(九宮之次)는 일백(一白)으로부터 구자(九紫)까지이고, 구성(九星)의 차서(次序)는 1 탐랑(貪狼), 2거문(巨門), 3녹존(祿存), 4문곡(文曲), 5염정(廉貞), 6무곡(武曲), 7파군(破軍), 8좌보(左輔), 9우필(右弼)이다, 그 상배도 이와 같이 한다. 또 그 날의 구오수(九五數)는 초1로부터 초5까지 5수(數)이다. 초5부터 14까지, 14부터 23까지의 간격이 모두 9일이다. 세인(世人)이 감히 사용하지 않으므로 꺼린다.

안찰하면 ; 월기일(月忌日)의 뜻은 중궁(中宮)의 오황(五黃)에서 나온 것인데, 염정(廉貞)* 생토지설(生土之說)이라면 믿을 것이 못된다. 그러나 지금도 궁전(宮殿) 아서(衙署 ; 관청)와 자좌(子坐) 오향(午向)의 거주(居住)를 목적으로 한 천당(穿堂)*이라면 감히 사용하지(不敢用) 않는다. 또 태세(太歲)로 퇴황살(堆黃煞)이기도 하므로 존엄을 피한다는 뜻이기도(卑犯尊則凶) 하다.

국가(國家)에서도 이 날을 불용(不用)하는 것은 국가의 일이라도 신민(臣民)이 위주가 될 수밖에 없기 때문이다.

*염정(廉貞) ; 북두칠성(北斗七星) 또는 9성(九星) 가운데 다섯째 별. 문곡성(文曲星)의 아래, 무곡성(武曲星)의 위에 있다.
*천당(穿堂) ; 현관 홀이나 (중국 가옥에서) 앞뒤로 문이 나 있어 통로 역할을 하는 대청.

欽定 四庫全書

協紀辨方書
卷 7

의례義例 5 · 시신류 신살 時神類 神煞

제1장 시중귀인(時中貴人)
제2장 귀등천문시(貴登天門時)
제3장 기타 시신(時神)

제1장. 시중귀인(時中貴人)

1. 황도(黃道) 흑도(黑道)

《신추경》에 이르기를, "청룡(靑龍), 명당(明堂), 금궤(金櫃), 천덕(天德), 옥당(玉堂), 사명(司命)은 모두 월내(月內)의 천황도(天黃道) 신(神)이다. 이 날은 흥(興)하기 위한 대중업무(衆務)에 마땅하다. 태세를 회피하고(不避太歲) 사용할 수 없다. 장군(將軍), 월형(月刑) 등 일체의 흉악(凶惡)을 자연스럽게 피할 수 있다.

천형(天刑), 주작(朱雀), 백호(白虎), 천뢰(天牢), 원무(元武), 구진(勾陳) 등은 월중(月中) 흑도(黑道)이다. 그 방위와 그 날은 다 흥(興)하고자 하는 토목공사, 영옥사(營屋舍), 이사(移徙), 원행(遠行), 가취(嫁娶), 출군(出軍) 등은 불가하다." 하였다.

이정조 왈, "청룡(靑龍)은 정월(正月) 기자(起子)하고, 금궤(金櫃)는 정월(正月) 기진(起辰)하며, 사명(司命)은 정월(正月) 기술(起戌)하여 육양신(六陽辰)을 순행한다.

명당(明堂)은 정월(正月) 기축(起丑)하고, 천덕(天德)은 정월(正月) 기사(起巳)하며, 옥당(玉堂)은 정월(正月) 기미(起未)하여 육음신(六陰辰)으로 순행한다.

천형(天刑)은 정월(正月) 기인(起寅)하고, 백호(白虎)는 정월(正月) 기오(起午)하며, 천뢰(天牢)는 정월(正月) 기신(起申)하여 모두 육양신(六陽辰)만으로 순행한다.

황도(黃道) 흑도(黑道)

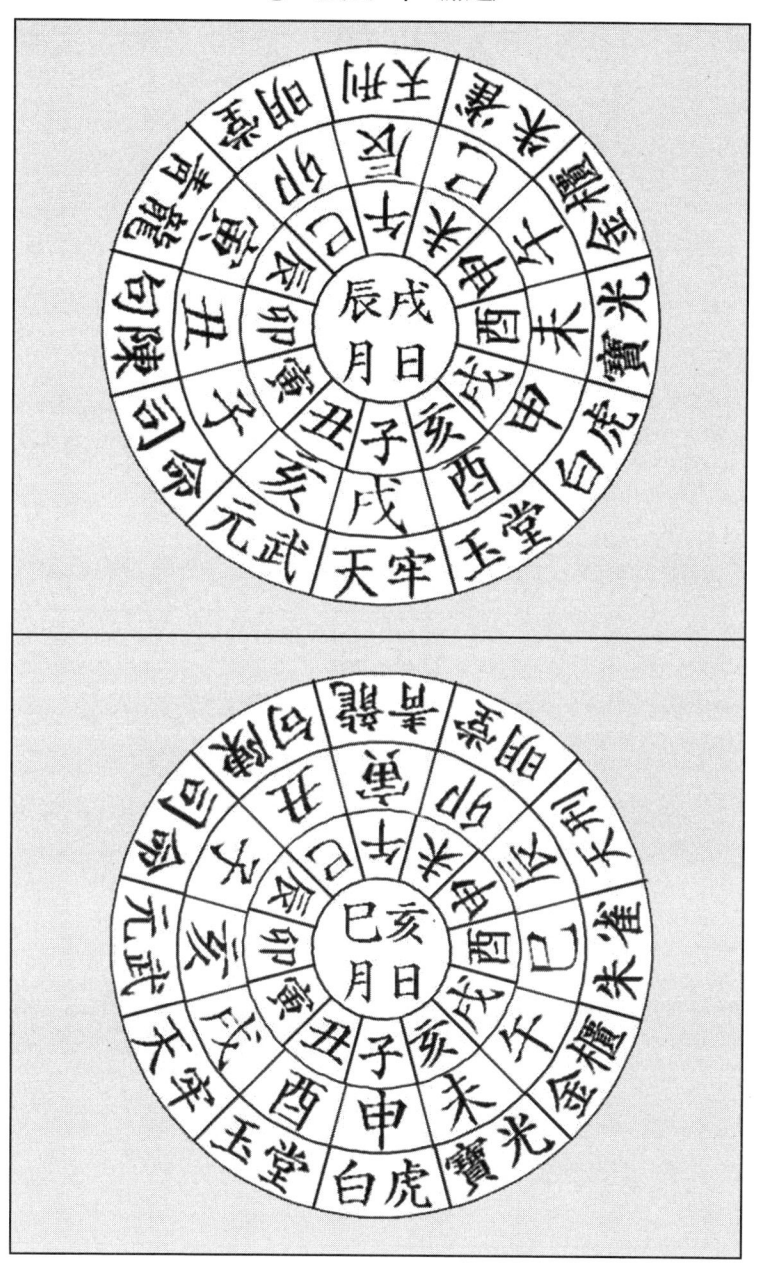

第一部 吉凶神煞

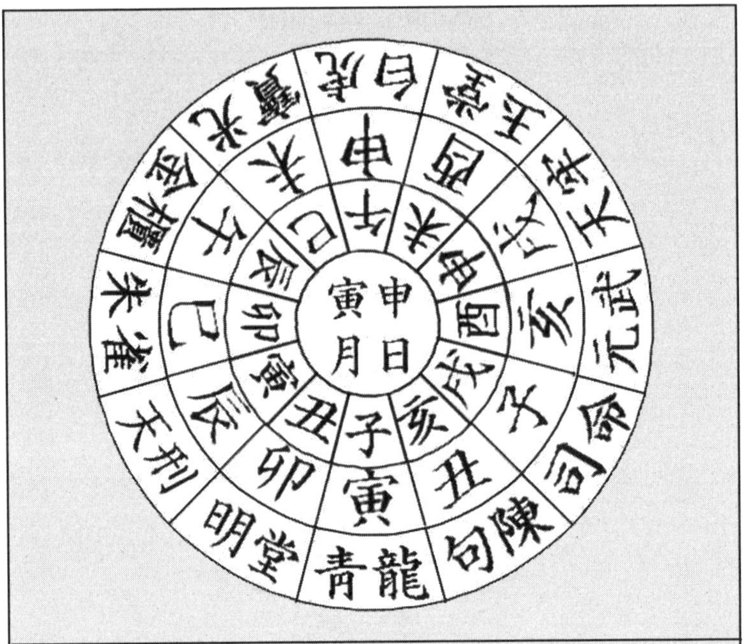

492 제1부 吉凶神煞

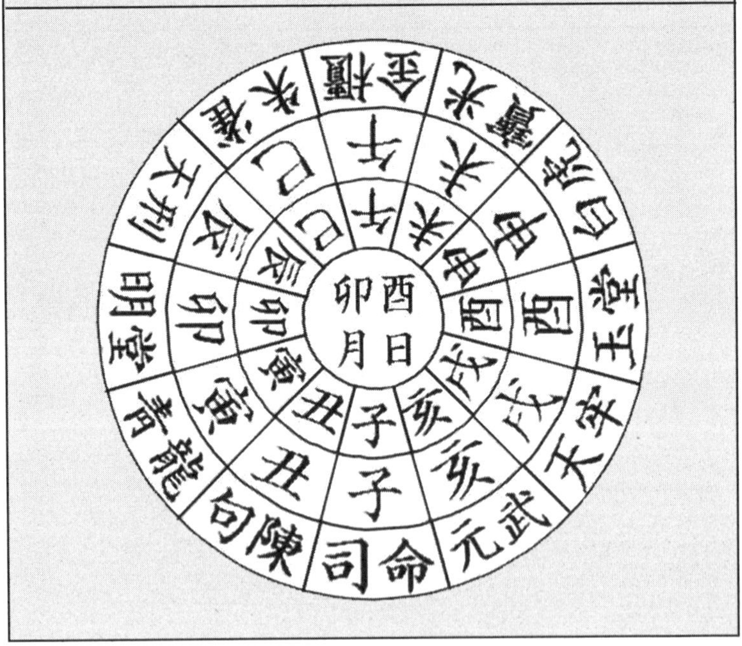

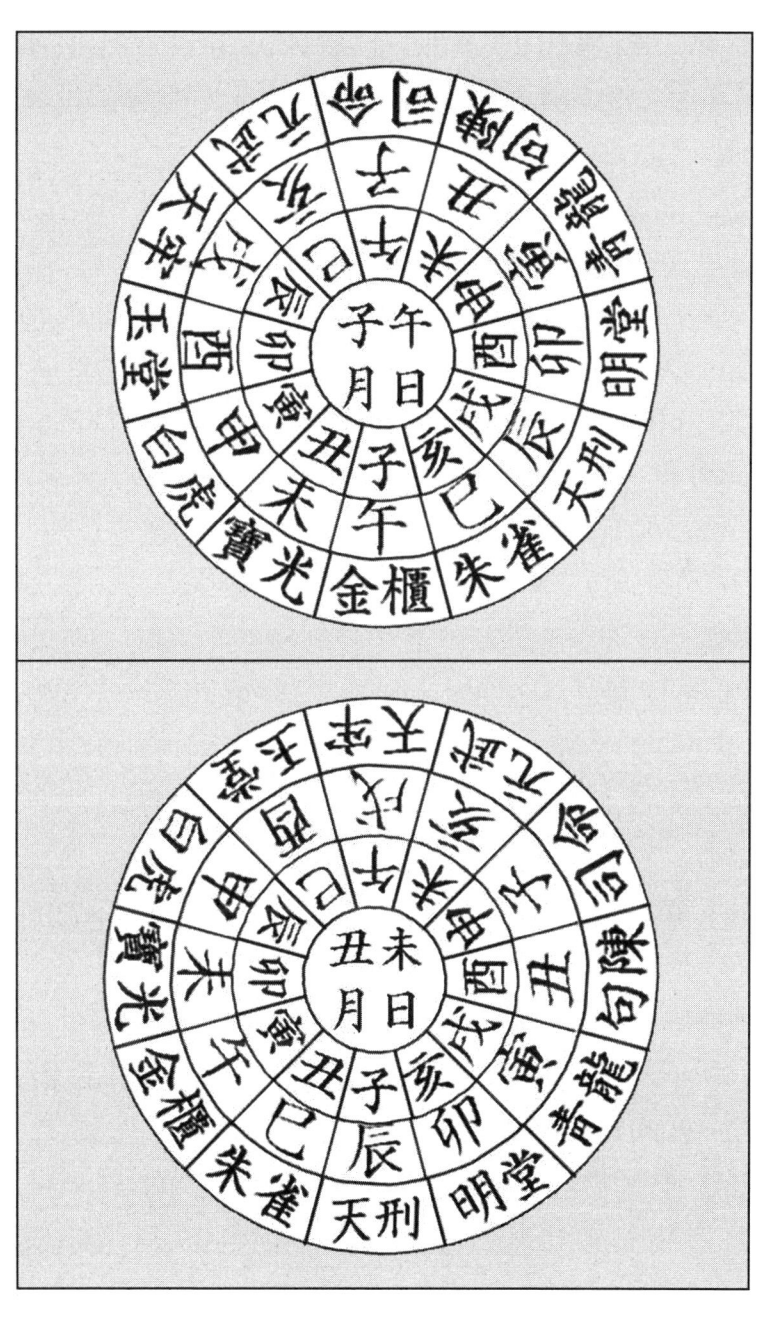

第一部 吉凶神煞

주작(朱雀) 정월(正月) 기묘(起卯)하고, 원무(元武) 정월(正月) 기유(起酉)하며, 구진(勾陳) 정월(正月) 기해(起亥)하여 육음신(六陰辰)으로 순행한다."

조진규 왈, "이를 천황도(天黃道)라 한다. 대개 하늘(天)은 만물의 주(主)이며, 황(黃)은 중앙(中央)의 색(色)이며, 도(道)는 천황(天皇)이 거(居)하는 곳으로, 구중(九重)의 내(內)에서 중용(中庸)을 지키기 때문이다. 그러므로 천황도(天黃道)라 명명한 것이다. 그 신(神)을 보면 연월일을 좇아서 각각 주(主)하는 바가 따로 있다."

《역전(易傳)》에 이르기를 ; 건위천(乾爲天)은 군(君)이요, 부(父)이니 이는 천황(天皇)의 정위(正位)로서 주(主)는 신령스러움으로 무리를 총괄하고 길들이며(主御群靈), 만물의 생사(生死)를 맡고 있으므로 이르기를, 사명(司命)이라 하였다. 역시 만물을 능히 장악한다면 천부(天符)가 마땅하다. 지금은 모두 천부라 하기도 하는데, 건괘(乾卦)가 주(主)하는 것은 이러하다.

기도(其道)에서 초행(初行)하는 곳은 술(戌)에서 기(起)하는데, 이것은 건괘(乾卦) 세효(世爻)의 납갑(納甲)이다. 그와 대충방(對沖方)은 손궁(巽宮)이며 명당(明堂)이니 이곳이 천황(天皇)이 치사(治事)하는 궁(宮)이 된다. 성인(聖人)은 남(南)으로 면(面)하고 천하(天下)를 시청(視聽)한다. 그러므로 손(巽)이 명당(明堂)이 되며, 또 다른 이름은 집저(執儲)이니 이곳이 천황(天皇)의 처소(處所)이며 조집(操執)인데 포학(暴虐)을 배제하였으므로 이르기를, 제호손(齊乎巽)이라 한 것이다.

초행기도(初行其道)를 축(丑)에서 기(起)하는 것은 손괘(巽卦) 납갑(納甲)이며 그 명당(明堂)의 좌측을 청룡(靑龍)으로 한 재상(宰相)의 상(象)이며 이것이 진궁(震宮)이다. 진(震)은 우레(雷)이며 용(龍)이므로 청룡이 된 것이다. 또 이름을 뇌공(雷公)이라고도 하였다.

초행기도(初行其道)를 자(子)로써 기(起)하는 것은 진괘(震卦)의 초효(初爻) 납갑(納甲)이다. 그것은 명당(明堂)의 전(前)에 주작(朱雀)이 있는 것이므로 이궁(離宮)이 그러하다. 또 이르기를, 비류(飛流)라 하기도 하므로 이위화(離爲火)가 되었으며, 주작(朱雀)이 비류(飛流)하는 상(象)이 된 것이다.

초행기도(初行其道)를 묘(卯)로써 기(起)하는 것은 이괘(離卦)이며 초효(初爻) 납갑(納甲)이다. 그 명당(明堂)의 우측으로 백호(白虎)가 있어서 장군의 상(象)이 된 것이다. 또 이르기를, 천봉(天棒)이라고도 하니 이것은 천황(天皇)의 선구(先驅)이기 때문이다. 또 이르기를, 천마(天馬)라고도 하는데, 이것은 천황(天皇)이 타기 때문이다.

초행기도(初行其道)를 오(午)에서 기(起)하는 것은 진괘(震卦) 외체(外體)의 납갑이다. 이른바 진(震)은 대신(大臣)의 상(象)이며, 향외(向外)하는 신(臣)은 장군이기 때문이다. 그 옆 천황의 우측에는 옥당(玉堂)이 있으니 천황의 침안지궁(寢安之宮)이기 때문이다. 천후지위(天后之位)는 곤궁(坤宮)이며, 또 이르기를, 천옥(天玉)이라 하기도 하는데, 이곳은 천황(天皇)의 총애지소(寵愛之所)이기 때문이다.

초행기도(初行其道)를 미(未)에서 기(起)하는 것은 곤괘(坤

卦) 초효(初爻) 납갑(納甲)이다. 천황의 좌측에는 금궤(金櫃)가 있으며, 이것은 보장(寶藏)의 부고(府庫)로 간위(艮位)가 된다. 이를 또 천보(天寶)라고도 한다.

초행기도(初行其道)를 진(辰)에서 기(起)하는 것은 간괘(艮卦) 초효(初爻) 납갑이다. 천황의 우방(右旁)에 천덕(天德)이 있으니 태궁(兌宮)이다. 이곳은 천황이 시인포덕(施仁布德)하는 희락지궁(喜樂之宮)이다. 또 이르기를, 천대(天對)라고도 한다. 이곳에서 천황이 간청정론(諫聽政論)의 도리를 만방에 선포하는 경방지소(經邦之所)로 삼는다.

초행기도(初行其道)를 사(巳)에서 기(起)하는 것은 태괘(兌卦)의 초효 납갑이다. 천황의 좌방에 천형(天刑)이 있는데 감궁(坎宮)이니 노괘(勞卦)가 그곳이다. 이곳은 장(掌) 형벌지소(刑罰之所)로서 또 이르기를, 치우(蚩尤)라고도 하는데, 치우(蚩尤)란 학민지신(虐民之神)이기 때문이다.

초행기도를 인(寅)에서 기(起)하는 것은 감(坎)의 초효 납갑이다. 백호(白虎) 천봉(天棒)의 후(後)에 천뢰(天牢)가 있는데, 또 이르기를, 천옥(天獄)이라고도 하며, 이곳은 수금지소(囚禁之所)로 삼는 곳이며 배위(配位)로는 주작(朱雀)이니 명당 사이에 있다. 대개 사형금명(使刑禁明)하지만 무사(無私)하다.

초행기도를 신(申)에서 기(起)하는 것은 감(坎)의 외체 납갑(外體納甲)이다. 그러므로 노호감(勞乎坎)이라 한 것이다. 천황과 천뢰 사이(天牢之間)에 원무(元武)가 있다. 또 이르기를, 음사(陰私)라고도 하는 이곳은 사녕지신(邪佞之臣)의 곳이므로 정도(正道)를 논하는 곳에 반드시 참언(讒言)도 있어야 하기 때문인데, 정직(正直)을 들면 사녕(邪佞 ; 부정하고 남에게 아첨하는 일)도 함께 나오는 것이다. 역괘(易卦)의 효사(爻辭)에도 '반군자(半君子) 반소인(半小人)은 천하지도(天下之道) 연야(然也).'라 한 것이 그것이다.

초행기도를 유(酉)에서 기(起)하는 것은 이괘(離卦) 외체(外體)의 납갑이다. 그러므로 이(離)는 주작(朱雀)이 되며 비류(飛流)이니 다 소인배(小人輩)들이다. 중궁지위(中宮之位)에는 구진(勾陳)이 있으니 이것이 천황의 빈비지위(嬪妃之位)인 것이니 천제(天帝)가 거하는 옆에 있는 것이다.

초행기도를 해(亥)에서 기(起)하는 것은 건궁(乾宮)의 음(陰)이니 진태궁(辰兌宮)의 외체(外體) 납갑이다. 대개 태(兌)는 열야(說也)이니, 천황의 희열지궁(喜悅之宮)이기 때문에 용배(用配)한 것이다.

이상은 청룡(靑龍) 즉(卽) 뇌공(雷公), 명당(明堂) 즉 집저(執儲), 금궤(金櫃) 즉 천보(天寶), 천덕(天德) 즉 천대(天對), 옥당(玉堂) 즉 천옥(天玉), 사명(司命) 즉 천부(天府), 천형(天刑) 즉 치우(蚩尤), 주작(朱雀) 즉 비류(飛流), 백호(白虎) 즉 천봉(天棒), 천뇌(天牢) 즉 천악(天岳), 원무(元武) 즉 음사(陰私), 토발(土勃) 즉 구진(勾陳)임을 알 수 있다."

소태구(邵泰衢) 왈, "황도명성(黃道明星) 십이신(十二神)은 그 이름과 다른 것이 24개이다. 용뢰(龍雷)가 그 중 하나(一)인데 일길(一吉) 일흉(一凶)하고, 천옥(天獄)은 흉(凶)한데 다만 글자가 악(岳)으로 잘못 전(傳)하여졌다. 그 알 수 없는 것은 건(建)·제(除)·만(滿)·평(平)·정(定)·집(執)·파(破)·위(危)·성

(成)・수(收)・개(開)・폐(閉)라 한 것이다.

금인(今人)은 제(除)・위(危)・정(定)・집(執)・성(成)・개(開)를 황도(黃道)라 하고, 건(建)・파(破)・평(平)・수(收)・만(滿)・폐(閉)를 흑도(黑道)라 하였는데, 제(除)는 즉 명당(明堂) 황도(黃道)요, 파(破)는 백호(白虎) 흑도(黑道)이니 다 상합(相合)하는데, 유독 청룡(青龍)을 건(建)에서 흑도(黑道)로 한 것은 뇌공(雷公)의 흉오(凶誤)인 것이다. 천옥(天獄)의 흑도(黑道)를 이르되 황도(黃道)라 한 것은 천악(天岳)의 길(吉)로 오류(誤謬)인 것이다.

더욱 알 수 없는 것은 이것이 곧 장생(長生) 목욕(沐浴) 관대(冠帶) 임관(臨官) 제왕(帝旺) 쇠병(衰病) 사(死) 묘(墓) 절(絕) 태(胎) 양(養)이 된 것이다.

건(建) 위(危)는 즉 생사(生死)이다. 시(時)에서는 건위(建危)이고, 사람에서는 묘(墓)이고, 물에서는 성(成)이니 이른바 사람의 개관선악(蓋棺善惡)이 죽고 난 후에 논정(論定)한 것일 뿐이다.

건(建) 위(危)를 시후(時候)로 말한 것은 생사(生死)를 꿈틀거리는 벌레로 비유하여 말한 것인데, 황도(黃道) 명당(明堂)이 그 신(神)이다. 사람이 처음 태어났을 때 시(時)로 건립(建立)하는 것은 마치 용뢰(龍雷)의 출진(出震)과 같은 것이다.

사람이 입묘(入墓)할 때는 시(時)가 이미 완성되었으므로 천옥(天獄)의 수뢰(囚牢)이다. 인물(人物)의 태(胎)는 열리기(開) 전(前)이므로 이르되 사명(司命)이다. 명근(命根)을 성립시킨 곳(由立)이다. 폐(閉)가 확고한 것은 양(養)의 도리이므

로 구진(勾陳)의 토(土)에 저장한다는 것이다.

  총체적인 것은 왕상휴수(旺相休囚)를 사자(四者)로 나누면 왕(王;旺), 관(官), 수(收), 건(建), 제(除), 만(滿)에 장생(長生) 목욕(沐浴) 관대(冠帶) 청룡(靑龍) 명당(明堂) 천형(天刑) 뇌공(雷公) 집저(執儲) 치우(蚩尤)가 되는데, 이름은 비록 다르나 그 이치는 확고하여 다름이 없다.

  간지(干支)의 생사(生死)로 장생(長生) 목욕(沐浴)을 말하고, 사시절(四時節) 12월의 건립(建立)으로 건제(建除)를 말하고, 일시(日時)의 길흉(吉凶)으로 청룡(靑龍) 뇌(雷) 공(公)을 말하였으며, 다시 왕상(旺相)으로 알아보면(卜) 또한 미상(未嘗) 합일(合一)이라고 말할 수 없다.

  택일하는 사람이 유별(類別)로 겸가(兼加)하여 관찰하기가 어려우므로 신살론(神煞論)에만 깊이 빠져서 이름만으로 각기 다르게 설명하기 때문에 자기 스스로는 명가(名家)인 체하지만 알지 못하고 버린 것이다. 차제에 건제(建除) 등과 황도(黃道)는 육양(六陽) 음행(陰行)이므로 사람들은 깨닫지 못하는 것이다."

  《고원》에 이르기를, "황도(黃道) 흑도(黑道)는 황도가 6, 흑도가 6으로 모두 12개를 12지신(支辰)에 배속하였다. 1청룡(靑龍), 2명당(明堂), 3천형(天刑), 4주작(朱雀), 5금궤(金櫃), 6천덕(天德), 7백호(白虎), 8옥당(玉堂), 9천뢰(天牢), 10원무(元武), 11사명(司命), 12구진(勾陳)의 순으로 되어 있다.

  그 법을 보면 인신(寅申) 연월일은 청룡(靑龍)을 자(子)에다

기(起)하고, 묘유(卯酉)는 인(寅)에다 배속하고, 진술(辰戌)은 진(辰)에다 붙이며, 사해(巳亥)는 오(午)에다 붙이고, 자오(子午)는 신(申)에다 배속시키고, 축미(丑未)는 술(戌)에다 기하여 12신(辰)에 순행한다.

월(月)에서 일(日)을 기(起)하는 것은 월건(月建)이 인(寅)이면 자일(子日)에다 청룡(靑龍)을 기하여 축일(丑日)은 명당(明堂) 순으로 진행한다.

일(日)에서 시(時)를 일으킬 때는 자일(子日)이면 신시(申時)에다 청룡(靑龍)을 붙이고, 유시(酉時)면 명당(明堂)이 되는 순으로 진행한다."

안찰하면 ;《신추경》에, 황도(黃道) 흑도(黑道) 12신(神)이 실려 있는 곳은 역래(曆來)로《통서(通書)》에서 전용(專用)하여 왔다. 이 12신이 어찌하여 길(吉)하고 흉(凶)한지는 말하지 아니하였다. 그러므로《통서(通書)》에서 전용하는 선시(選時)로 상연(相沿)하여 온 지가 오래되었고, 종신(終身)을 유지(由之)하여 왔어도 그 바른 길(道)은 알 수 없었다. 조진규의《명원(明原)》이나 소태구(邵泰衢)의《역신원시(曆神原始)》에도 건제(建除)를 상배시키면서도 돌아보지 않았고 육양(六陽) 육음(六陰) 12신을 절반(一半)만을 득하였으며 이《고원(考原)》에서도 의심나는 것은 논하지 않았다.

지금 안찰하면 ; 사명(司命) 즉 시자(是子), 구진(勾陳) 즉 시축(是丑), 청룡(靑龍) 즉 시인(是寅), 명당(明堂) 즉 시묘(是卯), 천형(天刑) 즉 시진(是辰), 주작(朱雀) 즉 시사(是巳), 금궤(金櫃) 즉 시오(是午), 천덕(天德) 즉 시미(是未), 백호(白虎) 즉 시

신(是申), 옥당(玉堂) 즉 시유(是酉), 천뢰(天牢) 즉 시술(是戌), 원무(元武) 즉 시해(是亥)인 것은 그 법(法)은 「천강(天罡)을 건상(建上)에 가(加)하였을 때 보이는 각 신(各神)에 소임(所臨)하고 있는 신(辰)」이니 신(神)이 길하면 길하고 신(神)이 흉하면 흉한 것이다.

천강(天罡)이란 염대(厭對)이며 초요(招搖)이며 육의(六儀)이므로 취의(取義)하는 바에 따라 그 이름도 달리 바뀌는 것이 그 첫 번째의 원인이다. 그러므로 천강(天罡)을 사용하여 월건(月建)을 가(加)한 것은 천강이 북두(北斗)이니 사방(四方)의 병(柄 ; 자루)에 임(臨)한 제도(制度)이므로 가건(加建)한 것으로 택일(擇日)한다면 가(加) 월건(月建)한 것이니, 택시(擇時)는 가(加) 일건(日建)한 것이다. 이것이 신도(神道)의 추기(樞機)인 것이다.

강(罡)을 이미 양건(陽建)에다 가한다면 파(破)이니, 반드시 음건(陰建)에다 지적(指摘)하는 것이 음양의 묘용(妙用)이다. 강(罡)을 양건(陽建)에다 지도(指導)하는 것은 양명(陽明)을 용사(用事)하는 것이다. 그러므로 파지음건(破指陰建)은 음특복장(陰慝伏藏)하는 것이 된다. 이에서 시 기일(視其日)이면 기시(其時)도 그 날 아래에 매여 있는(所履) 지신(之神)으로 길흉을 정하여야 한다.

가령 ❶ "인월일(寅月日)이라면 강(罡)은 진(辰)이니 가양건(加陽建)한 것이며, 파는 신이니 지음건(破爲申指陰建)한 것이다." 신월일(申月日)이라면 강(罡)은 술(戌)에다 가(加) 양건(陽建)한 것이니 파(破)는 인지음건(寅指陰建)이다. 그렇다면 인(寅) 천형(天刑)은 묘(卯)가 주작(朱雀)이므로 진(辰)이 금궤(金櫃)이고, 사(巳)가 천덕(天德)이며, 오(午)가 백호(白虎)요, 미(未)가 옥당(玉堂)이며, 신(申)이 천뢰(天牢), 유(酉)가 원무(元武), 술(戌)이 사명(司命), 해(亥)가 구진(勾陳)이 되어야 하며, 자(子)가 청룡(靑龍), 축(丑)이 명당(明堂)이다.

❷ "묘월일(卯月日)은 강(罡)이 묘(卯)이니 가(加) 양건(陽建)하면 파는 유이니 지음건(破爲酉指陰建)한 것이다." 유(酉) 월일(月日)의 강(罡)은 유(酉)이니 유(酉)에다 양건(陽建)을 가(加)한 것이다. 파(破)는 묘(卯)이니 지(指) 음건(陰建)한 것이다. 이로써 복음(伏吟)이 되었으니, 묘(卯) 명당(明堂), 진(辰) 천형(天刑), 사(巳) 주작(朱雀), 오(午) 금궤(金櫃), 미(未) 천덕(天德), 신(申) 백호(白虎), 유(酉) 옥당(玉堂), 술(戌) 천뢰(天牢), 해(亥) 원무(元武), 자(子) 사명(司命), 축(丑) 구진(勾陳), 인(寅) 청룡(靑龍)이다.

❸ "오(午) 월일(月日)은 강(罡)이 자(子)이니 가(加) 양건(陽建)하면 파(破)는 자(子)이니 지(指) 음건(陰建)한 것이다." 자(子) 월일(月日)의 강(罡)은 오(午)이니 가(加) 양건(陽建)한 것으로 파(破)는 자(子)이니 지(指) 음건(陰建)한 것이다. 이로써 반음(反吟)이 되었으니 오(午) 사명(司命), 미(未) 구진(勾陳), 신(申) 청룡(靑龍), 유(酉) 명당(明堂), 술(戌) 천형(天刑), 해(亥) 주작(朱雀), 자(子) 금궤(金櫃), 축(丑) 천덕(天德), 인(寅) 백호(白虎), 묘(卯) 옥당(玉堂), 진(辰) 천뢰(天牢), 사(巳) 원무(元武)이다. 나머지 월일(月日)도 이와 같다.

❹ 기문(奇門)은 이른바 월일(月日)에 항상 가(加) 술(戌)하

는데 시시건파군(時時建破軍)이 역시 이 뜻이다. 대개 월건(月建)을 용(用)하려면 각 월마다 항상 가술(月月常加戌)하여야 한다.

혼시(昏時 ; 초저녁)를 말할 때에는 두병(斗柄)이 가리키는 방(所指之方)이니 마땅히 천강(天罡)을 가하여야 기례(起例)를 득할 수 있는 것이다.

또 이 사명(司命)은 아래의 12신(神)으로 향(向)하여 황도(黃道) 흑도(黑道)로 명지(命之)한다. 지금 안찰하면 ; 황도(黃道)는 일(日)이 운행하는 궤도(日行躔度)이므로 자오묘유인미(子午卯酉寅未)만을 황도지리(黃道之理)라 하며 지칭할 수 있는 것이 아니다.

이에 흑도설(黑道說)은 경전(經傳)에도 보이지 않지만, 황적이도(黃赤二道) 역시 역가(曆家)들의 의상(儀象 ; 관측기기)에서 알고 천도(天度)의 기강(紀綱)으로 후세에 명칭만으로 상연(相沿)시킨 것인데, 어찌 천진(天眞)이 이와 같은 황적(黃赤)으로 다른 색(異色)이었겠는가?

그렇다면 이곳의 황흑도(黃黑道)라 말하는 것은 역시 길흉(吉凶)의 별명(別命)으로 쓰일지언정 깊은 뜻(深義)은 없다. 자(子)를 사명(司命)이라 한 것은 자위(子位)는 정당한 천극(天極)이며, 두형(斗衡)의 소침(所枕)이며, 두(斗)의 중앙이므로 이르기를 사명(司命)이라 한 것이다.

《춘추(春秋)》의 위서(緯書)*《문요구(文耀鉤)》에 이르기를, "북궁흑제(北宮黑帝)는 그 정(精)이 원무(元武)이며, 해(亥)가 천문(天門)이므로 북제(北帝)의 좌(坐)가 된다. 해(亥)

는 북방의 시(始)이며, 인(寅)은 동방의 시(始)이며, 사(巳)는 남방의 시(始)이며, 신(申)은 서방이 시작되는 곳이므로 사신(四神)의 이름이 각각 그 시(始)를 중요시한 것이다.

축(丑)은 건성지위(建星之位)이다. 건성(建星)이란 기(旗)란 뜻이다. 그러므로 구진(勾陳)이 되며 마치 노부(鹵簿 ; 천자의 행차행렬)와 같은 것이다.

동방(東方) 창룡(蒼龍)은 인(寅)을 섭제격(攝提格)*으로 삼기 때문에 일월(日月)의 시작을 자(子)로 한다. 그렇다면 두(斗)의 시작도 인(寅)이며, 세(歲) 또한 시(始)를 고쳐야(更始) 할 것이므로 인(寅)을 청룡(青龍)으로 한 것이다.

《춘추》 위서(緯書) 《설제사(說題辭)》에 이르기를, "방심을 명당(房心爲明堂)으로 한 것은 천왕(天王) 포정(布政)의 궁(宮)이며 묘방(卯)이라." 하였다. 방(房)의 남(南)으로 중성(衆星)은 좌(左)가 각리(角理)요 우(右)는 각장(角將)이니 마땅히 진위(辰位)가 된다. 이(理)는 법관(法官)이므로 진위(辰位)에 천형(天刑)이 되었다. 진(辰)은 또 천강(天罡)이요 술(戌)은 하괴(河魁)이다. 하괴(河魁)란 천옥(天獄)이니 진(辰)은 형(刑)이요 술(戌)은 옥(獄)이니, 합하여 괴강(魁罡)이라 한다.

남방(南方) 주조(朱鳥 ; 朱雀)는 태미(太微)의 삼광지정(三光之廷)이다." 라고 하였다.

《춘추》의 위서(緯書) 《합성도(合誠圖)》에 이르기를 ; 태미(太微)는 법식(法式)을 주(主)한다. 그러므로 오(午)로써 금궤(金櫃)를 하였다. 금궤는 석실(石室)에다 선왕(先王)의 훈전법식(訓典法式)을 보관하는 곳이다.

사(巳)는 순미(鶉尾)이니 주조(朱鳥)의 형상을 이루었다 하여 사(巳)를 주작(朱雀)이라 한 것이다.

미(未)는 곤방(坤方)에서 만물이 성숙하므로 비록 가을(秋)에 들지만, 그곳에다 성(成)을 붙였으며, 실은 경에 붙여져 있지만(實在於庚伏之會) 중앙토(中央土)의 정위(正位)이다. 곤작성물(坤作成物)하고 그 치역자(致役者)가 미(未)이며 신(申)이 아니고 역휴(役休)가 신(申)이기 때문이다. 그러므로 미(未)가 천덕(天德)이 되었는데, 천덕(天德)이라 말하는 것은 건(乾)을 대시(大始)라 하고 수(首)로 하지 않았으므로 알 수 있다. 성(成)이라 말한 것은 다 곤(坤)이니, 능히 곤의 극(克)으로 하여금(能使坤之克) 이룸(成)이 있다면 천덕으로 함이 마땅하기 때문이다(有成則天德也).

서궁(西宮)의 백호(白虎)는 삼(參)을 백호로 하며, 재신(在申)이므로 이름을 백호라 하였다.

유(酉)라 한 것은 월(月)이고, 묘(卯)라 한 것은 명당(明堂)이다. 그러므로 유(酉)가 옥당(玉堂)이요 제(帝)가 주하는 것은(帝主) 일(日)이며, 후(后)가 주하는 것(后主)은 월(月)인데, 옥당(玉堂)을 마치 후궁(後宮)인 것처럼 말하였다.

《사기(史記)》 율서(律書)에 이르기를, "술지(戌地)는 만물이 진멸(盡滅)하는 곳이라." 하였다.

《한서지(漢書志)》에 이르기를, "필(畢)이 술금(戌金)에 드는(畢入於戌金)" 것은 살기(殺氣)며, 술(戌)은 또한 금행(金行)이 마치는 곳이기도 하다. 그러므로 하괴(河魁)를 천옥(天獄)이라 하였다.

합(合)한 것을 보면 자오(子午) 묘유(卯酉)는 천(天)의 사정(四正)이니, 세심퇴장(洗心退藏)은 반드시 자(子)에서 기명(基命)이 유밀(宥密)하다 한 것은 옛날 옛적의 선왕(先王)이 법(法)으로 다스릴 때 밝은 곳으로 향(嚮明)하여 나왔고, 다시 백세(百世)의 법을 만들어 베푼 것은 반드시 오(午)에서 진(震)으로 나와(出乎震) 열호태(說乎兌)하였다 하니, 이는 일월(日月) 동서(東西)가 상종함이 그치지 않았기 때문이다. 이는 선천(先天)이었으나, 후천(後天)에서도 어긋나지 않았으므로 천시(天時)를 반드시 묘유(卯酉)에서 받들고 있는 것이다. 이룸이 없는데 끝남이 있다는(無成有終) 것이다. 종(終)이 있다는 것은 시작이 있기 때문이니 천지(天地)의 생물은 반드시 인(寅)에서 복중색(服中色)을 결정하고 그곳 주위환경을 따라 장식하는 것이 천덕(天德)을 이어나가는 것이고(觀天地之生物必於寅 服中色而處下飾 順承天德), 천지의 만물이 성물(成物)하는 것은 미(未)를 지나야 결정되고, 그 밖의 다른 지신(支辰)에서는 이루지 못한다(觀天地之成物必於未 餘辰莫有可與 比盛者也).

그러므로 육신(六辰)으로는 황도(黃道)로 하였고, 나머지는 흑도(黑道)로 하였다.

또 안찰하면 ; 삼합(三合)의 왕기(旺氣)를 천덕(天德)으로 하였으니 혐의(嫌疑)라 말할 것이 없다. 천덕(天德)과 황도(黃道)를 조사하여 보면, 또 이름을 천대(天對) 명성(明星)이라 하였고, 또한 이름은 보광(寶光) 천대(天對)로 하였는데, 이름에서는 아순(雅馴)함이 없으므로 취명(取名) 「보광(寶光)」에서 별도로 「천덕(天德)」이라 한 것 같다.

*위서(緯書) ; 경서(經書)에 대하여 시위(詩緯), 역위(易緯), 서위(書緯), 예위(禮緯), 악위(樂緯), 춘추위(春秋緯), 효경위(孝敬緯) 등(等) 칠위(七緯)의 책(冊)
*섭제격(攝提格) ; 지지(地支) 인(寅)의 고갑자(古甲子) 이름.

2. 천을귀인(天乙貴人)

天干	甲	乙	丙	丁	戊	己	庚	辛	壬	癸
貴人	陽未 陰丑	陽申 陰子	陽酉 陰亥	陽亥 陰酉	陽丑 陰未	陽子 陰申	陽丑 陰未	陽寅 陰午	陽卯 陰巳	陽巳 陰卯

《여해집(蠡海集)》에 이르기를, "천을귀인은 양귀(陽貴)와 음귀(陰貴)로 분류되어 있다.

「양귀(陽貴)는 자(子)에서 기(起)하여 순행(順行)하고, 음귀(陰貴)는 신(申)에서 기(起)하여 역행(逆行)한다.」

이는 음양배합(陰陽配合)의 화(和)를 실득(實得)하였으므로 능히 흉액(凶厄)을 해소하고 길경(吉慶)을 만든다는 것이다.

또 「양귀(陽貴)」의 순서는,

갑(甲)을 자(子)에다 가(加)하니 갑기(甲己)는 합(合)이어서 기(己)가 자(子)를 사용할 때 귀인(貴人)으로 한다.

을(乙)을 축(丑)에 가하게 되어 을(乙) 경(庚)이 합(合)이니, 경(庚)이 축(丑)을 사용한다면 귀인(貴人)이 된다.

병(丙)을 인(寅)에다 가하고 병신(丙辛)이 합이니, 신(辛)을 사용한다면 인(寅)이 귀인(貴人)으로 삼는다.

정(丁)으로 묘(卯)를 가(加)하여 놓고, 정(丁)은 임(壬)과 합이므로 임(壬)이 묘(卯)를 사용한다면 귀인(貴人)이 된다.

진(辰)은 천강(天罡)이므로 귀인(貴人)이 임하지 않는다.

무(戊)로 사(巳)를 가(加)하였다면 무(戊) 계(癸) 합이니 계(癸)는 사(巳)를 귀인(貴人)으로 사용한다. 오충자(午衝子)이니 이는 원래(原來) 헤아릴 수 없다.

기(己)를 미(未)에다 가(加)하면 기(己) 갑(甲)은 합(合)이므로 갑(甲)은 미(未)를 사용할 때 귀인(貴人)으로 삼는다.

경(庚)을 신(申)에 가(加)하면 경(庚) 을(乙)이 합(合)이니 을(乙)이 신(申)을 사용할 때 귀인(貴人)으로 삼는다.

신(辛)을 유(酉)에다 가(加)하고 신(辛) 병(丙) 합(合)이니 병(丙)은 유(酉)를 사용할 때 귀인(貴人)으로 삼는다.

술(戌)은 하괴(河魁)이므로 귀인(貴人)이 임하지 않는다.

임(壬)을 해(亥)에 가(加)하고 임(壬) 정(丁) 합(合)이니 정(丁)이 해(亥)를 사용할 때 귀인(貴人)으로 한다.

자(子)는 원궁(原宮)이므로 헤아리지 않는다.

계(癸)를 축(丑)에다 가(加)하고 계(癸) 무(戊) 합(合)이니 무(戊)가 축(丑)을 사용하면 귀인(貴人)으로 삼는다.

이상이 양귀(陽貴)를 순(順)으로 취한 것이다.

또, 「음귀(陰貴)」의 순서는,

갑(甲)을 신(申)에다 가(加)하고 갑(甲) 기(己) 합(合)이니 기(己)가 신(申)을 사용할 때 귀인(貴人)으로 삼는다.

을(乙)을 미(未)에 가(加)하고 을(乙) 경(庚) 합(合)이니 경(庚)이 미(未)를 사용하면 귀인(貴人)이 된다.

병(丙)은 오(午)에 가(加)하고 병(丙) 신(辛) 합(合)이니 신

(辛)이 오(午)를 사용할 때 귀인(貴人)으로 삼는다.

정(丁)을 사(巳)에다 가하면 정(丁) 임(丁) 합(合)이니 임(壬)이 사(巳)를 사용할 때 귀인(貴人)으로 삼는다.

진(辰)은 천강(天罡)이므로 귀인(貴人)이 임하지 않는다.

무(戊)는 묘(卯)를 가(加)하게 되는데 무(戊) 계(癸) 합(合)이므로 계(癸)는 묘(卯)를 사용할 때 귀인이 된다.

인충신(寅衝申)이니 원래 헤아릴 수 없다.

기(己)를 축(丑)에 가(加)하게 되니 기(己) 갑(甲) 합(合)이므로 갑(甲)이 축(丑)을 사용하면 귀인(貴人)이 된다.

경(庚)을 자(子)에다 가(加)하니 경(庚) 을(乙) 합(合)하여 을(乙)이 자(子)를 사용할 때 귀인(貴人)이 된다.

신(辛)은 해(亥)를 가(加)하게 되는데, 신(辛) 병(丙) 합(合)이니 병(丙)이 해(亥)를 사용할 때 귀인(貴人)이 된다.

술(戌)은 하괴(河魁)이므로 귀인(貴人)이 임하지 않는다.

임(壬)은 유(酉)를 가(加)하게 되므로 임(壬) 정(丁) 합(合)이니 정(丁)이 유(酉)를 사용할 때 귀인(貴人)이 된다.

신(申)은 원궁(原宮)을 헤아릴 수 없다.

계(癸)는 미(未)를 가하니 계(癸) 무(戊)가 합(合)이므로 무(戊)가 미(未)를 사용할 때 귀인(貴人)이 된다.

이상이 음귀(陰貴)가 역취(逆取)한 현상이다.

예전에 이르기를(古云,) 축미(丑未)는 천을귀인의 출입문(出入門)이니 이유는 갑(甲)을 자(子)에서 기(起)하고 축(丑)으로 순행하여 계(癸)에 이르렀다가 다시 축으로 복귀한다. 음귀(陰貴)는 갑(甲)을 신(申)에서 기(起)하여 미(未)로 역행

(逆行)하여 계(癸)에 이렀다가 미(未)로 복귀(復歸)한다. 왜 축미(丑未)가 귀인의 출입문이라 하였는가?

조진규 왈, "천을성(天乙星)은 자미궁(紫微宮)의 좌측 추방(左樞傍) 일성(一星)으로 만신(萬神)을 주장(主掌)한다. 일일이(一日二)라 한 것은 음양으로 나누어 내외(內外)를 다스린다는 뜻이다. 진술(辰戌)은 괴강(魁罡)이므로 귀인(貴人)이 임하지 아니한다. 무(戊)는 중앙(中央) 자리에 배속되었는데, 구진(勾陳) 후궁(后宮)의 상(象)으로 하였다. 그러므로 기례(起例)가 갑(甲)과 동일하여 축(丑)을 자미궁(紫微宮)의 후문(後門) 좌측에서 양(陽)과의 경계를 맡은 신(辰)이 되었으며, 미(未)는 자미궁의 남문(南門) 우측에서 음(陰)과의 경계를 맡은 신(辰)이라 하였다.

갑(甲)은 십간(十干)의 수(首)이므로 양귀(陽貴)는 갑(甲)에다 축(丑)을 가하여 역행한다. 갑득축(甲得丑), 을득자(乙得子), 병득해(丙得亥), 정득유(丁得酉), 기득신(己得申), 경득미(庚得未), 신득오(辛得午), 임득사(壬得巳), 계득묘(癸得卯)는 주일(晝日)의 귀(貴)가 된다.

음귀(陰貴)는 갑(甲)에다 미(未)를 가하여 순행하니 갑득미(甲得未), 을득신(乙得申), 병득유(丙得酉), 정득해(丁得亥), 기득자(己得子), 경득축(庚得丑), 신득인(辛得寅), 임득묘(壬得卯), 계득사(癸得巳)는 모야(暮夜)의 귀(貴)가 된다.

무(戊)는 갑(甲)을 도와 성공하므로 역시 축미(丑未)를 득하여야 한다. 이에서 육신(六辛)만은 홀로 인오(寅午)를 득하였으니, 자연의 소치(所致)로서 다시 의심할 바는 없다.

《통서(通書)》에 이르기를 ; 곽경순(郭景純)은, "십간(十干) 귀인(貴人)은 길신 중에서 수(首)이니 지정(至靜)하여 존중되므로 능히 군동(群動)에서 비부(飛浮)를 진압한다." 하였다. 또 곤(坤)은 황중통리(黃中通理)이니 이는 귀인의 덕(德)이다. 이로써 양귀인은 선천(先天)의 곤(坤)에서 출(出)하였으므로 순행하고, 음귀인(陰貴人)은 후천(後天)의 곤(坤)이니 역행한다. 천간의 덕이 귀(貴)가 부족한 것은 간덕(干德)은 합기(合氣)가 귀(貴)가 되었기 때문이다.

선천(先天) 곤괘(坤卦)는 정북에 위치한다. 양귀(陽貴)는 선천으로 곤괘(坤卦)에서 기(起)하므로 자(子)에서 갑(甲)을 기(起)하니 갑덕(甲德)은 자(子)이고 기합(氣合)은 기(己)이니 기(己)는 자(子)가 양귀(陽貴)이다. 이처럼 순차적으로 진행한다.

을덕(乙德)은 축(丑)이니 기합(氣合)은 경(庚)이다.

병덕(丙德)은 인(寅)이며 기합(氣合)은 신(辛)이다.

정덕(丁德)은 묘(卯)이며 기합(氣合)은 임(壬)이다.

진(辰)은 귀인(貴人)의 거(居)할 자리가 없고 천라(天羅)만 있는데 무가 걸터앉은 사(戊跨在巳)가 그곳이다. 기합(氣合)은 계(癸)이다.

오(午)는 선천(先天) 곤위(坤位)와 상대이니 천공(天空)이라 하며 귀인(貴人)은 홀로 있으나 상대가 없으므로 양귀인(陽貴人)은 오(午)에 불입(不入)이다.

기덕(己德) 미(未)이며 기합(氣合)은 갑(甲)이다.

경덕(庚德) 신(申)이며 기합(氣合)은 을(乙)이다.

신덕(辛德) 유(酉)이며 기합(氣合)은 병(丙)이다.

술(戌)은 귀인(貴人)의 거(居)할 자리가 없고 지망(地網)만 있는데, 임(壬)을 걸터앉은 해(亥)가 그곳이다. 기합(氣合)은 정(丁)이다.

자(子) 곤위(坤位)에는 귀인(貴人)이 거할 자리가 없고, 계(癸)가 걸터앉은 축(丑)이 그곳이며 기합(氣合)은 무(戊)이다. 이상이 양귀(陽貴)의 예이다.

후천(後天) 곤괘(坤卦)는 서남(西南)방에 있다, 음귀(陰貴)는 후천(後天) 곤괘(坤卦)에서 기(起)하므로 신(申)을 따라 갑(甲)을 기한다. 갑덕(甲德) 재신(在申)이고 기합(氣合)은 기(己)이다. 그러므로 기(己)는 신(申)이 음귀(陰貴)이다. 이러한 순차로 진행한다.

을덕(乙德)은 재미(在未)이며 기합(氣合)은 경(庚)이다.

병덕(丙德)은 재오(在午)이며 기합(氣合)은 신(辛)이다.

정덕(丁德)은 재사(在巳)이며 기합(氣合)은 임(壬)이다.

진(辰)은 귀인(貴人)이 거하는 자리가 없고 천라(天羅)만 있는데, 무(戊)가 걸터앉은 묘(卯)가 그곳이며 기합(氣合)은 계(癸)이다.

인(寅)은 후천(後天) 곤위(坤位)와 상대(相對)이며 이름을 천공(天空)이라 하고 귀인(貴人)은 홀로 상대가 없다. 그러므로 음귀인(陰貴人)은 신(申)에 불입(不入)한다.

기덕(己德) 축재(在丑)이며 기합(氣合)은 갑(甲)이다.

경덕(庚德) 재자(在子)이며 기합(氣合)은 을(乙)이다.

신덕(辛德) 재해(在亥)이며 기합(氣合)은 병(丙)이다.

술(戌)은 지망(地網)이니 귀인(貴人)이 불거(不居)이므로 임(壬)이 걸터앉은 유(酉)가 그곳이고 기합(氣合)은 정(丁)이다.

곤신(坤申)위(位)는 귀인(貴人)이 거하는 곳이 없으므로 계(癸)가 걸터앉은 미(未)가 그곳이며 기합(氣合)은 무(戊)이다. 이상은 음귀(陰貴)의 예이다.

《고원(考原)》에 이르기를, "조씨와 《통서》의 2설은 각기 의의가 있다. 다만 조씨 것은 양(陽)을 음(陰)으로 하고 음(陰)을 양(陽)으로 하였다. 대개 양순(陽順) 음역(陰逆)하고 양전(陽前) 음후(陰後)가 자연스런 이치이다. 마땅히 기미(起未)에서 순자(順者) 양(陽)으로 하고, 기축(起丑)에서는 역자(逆者) 위음(爲陰)이 그것이다.

안찰하면 ; 귀인(貴人)이라 이르는 것은 간(干)의 덕(德)과 합방신(合方神)이기 때문에 길하다는 것이다. 그러면 어찌 간덕(干德)을 바로 사용하지 않았는가? 간덕(干德)은 체(體)이고, 체가 합(合)을 한 용(用)이기 때문이다. 간덕(干德)을 합방(合方)한 신(神)이니 소용이 있을 때 대길(大吉)이 아닐 수 없는 것이다. 그러므로 귀인(貴人)이라 이름 지은 것이다.

곽경순(郭景純)은 "십간(十干)의 귀인(貴人)이 길신(吉神) 가운데 으뜸이라."하였다. 조진규의 합방론(合方論)에서 「음양순역도치설(陰陽順逆倒置說)」의 근원을 역서(曆書)로서 상고(上考)하여 보니, 《원녀경(元女經)》에 "아침에 대길(旦大吉)하고 저녁에 소길(夕小吉)하다."는 글(文)이 있다고 하였다. 그러나 그 이치(理)가 선량(善良)과 통하지는 않았지만, 그것을 득하지는 못했다.

주야(晝夜)를 나누는 것은 묘유(卯酉)로 나누기도 하고, 일(日)의 출입으로 나누기도 하는데, 후자가 정론(正論)이다.

3. 천관귀인(天官貴人)

天干	甲	乙	丙	丁	戊	己	庚	辛	壬	癸
天官貴人	酉	申	子	亥	卯	寅	午	巳	丑未	辰戌

《신살기례(神煞起例)》에 이르기를, "일간(日干)의 관성(官星)을 천관귀인(天官貴人)이라 한다." 하였다.

안찰하면 ; 유중(酉中)에는 신(辛)이 있어 갑(甲)의 관성(官星)이 되므로 갑일(甲日)은 유(酉)가 천관귀인이다. 신중(申中)에는 경(庚)이 을(乙)의 관성이니 을일(乙日) 경(庚)이며, 자중(子中)의 계(癸)가 있어 병일(丙日)은 자(子)이고, 해중(亥中)에는 임(壬)이 있으니 정일(丁日)에는 해(亥)이며, 묘중(卯中)의 을(乙)은 무(戊)의 관(官)이니 무일(戊日)은 묘(卯)이며, 인중유갑(寅中有甲)이니 기일(己日)은 인(寅)이 되며, 오중유정(午中有丁)이니 경일(庚日)은 오(午)이며, 사중유병(巳中有丙)이니 신일(辛日)은 사(巳)이며, 축미중유기(丑未中有己)이니 임일(壬日)은 축미(丑未)요, 술진중유무(辰戌中有戊)이니 계일(癸日) 진술(辰戌)이 천관귀인이다. 지중(支中)의 복장자(伏藏者)가 귀관(貴官)이 되는 것은 현로(顯露)일 때는 극벌(剋伐)하기 때문이다.

4. 복성귀인(福星貴人)

天干	甲	乙	丙	丁	戊	己	庚	辛	壬	癸
福星	寅	丑亥	戌子	酉	申	未	午	巳	辰	卯

《신살기례》에 이르기를, "일간(日干)에서 생시(生時)의 간(干)이 복성귀인(福星貴人)이다." 하였다.

안찰하면 ;《회남자》에, 갑일(甲日) 인시(寅時)는 병인시(丙寅時)요, 을일(乙日)의 축시(丑時)와 해시(亥時)는 정축(丁丑) 정해(丁亥)이며, 병일(丙日)의 자시(子時)와 술시(戌時)는 무자(戊子) 무술(戊戌) 시(時)이며, 정일(丁日)의 유시(酉時)는 기유시(己酉時)이며, 무일(戊日)의 신시(申時)는 경신시(庚申時)요, 기일(己日)의 미시(未時)는 신미시(辛未時)요, 경일(庚日)의 오시(午時)는 임오(壬午)이며, 신일(辛日)의 사시(巳時)는 계사(癸巳)이며, 임일(壬日)의 진시(辰時)는 갑진(甲辰)이며, 계일(癸日)의 묘시(卯時)는 을묘(乙卯)이다. 이 모두 본일(本日)의 일간(日干)으로 식신(食神)이니 자손(子孫)이기 때문이다. 자손은 보효(寶爻)이므로 "복성귀인(福星貴人)"이라 일컫는 것이다.

5. 희신(喜神)

《신살기례》에 이르기를, "갑기일(甲己日)은 간방(艮方)

이 인시(寅時), 을경일(乙庚日)은 건방(乾方)이 술시(戌時), 병신일(丙辛日)은 곤방(坤方)이 신시(申時), 정임일(丁壬日)은 이방(離方)이 오시(午時), 무계일(戊癸日)은 손방(巽方)이 진시(辰時)이라." 하였다.

天干	甲	乙	丙	丁	戊	己	庚	辛	壬	癸
喜神	艮寅	乾戌	坤申	午離	辰巽	艮寅	戌乾	申坤	午離	辰巽

조진규(曹震圭) 왈, 대저 물(物)이 가장 기뻐하는 바는(所喜) 어미가 자식을 만나는 것(母見子)이다. 가령,

갑기(甲己) 화토(化土)가 생금(生金)하면 자식인데, 금(金)의 소거지(所居地)는 축(丑)이다. 축(丑)은 간(艮)에 근접(近接)하였다.

을경(乙庚) 화금(化金)이 생수(生水)하면 자식인데, 수(水)의 소거지는 진(辰)이다. 진(辰)은 손(巽)에 근접하였다.

병신(丙辛) 화수(化水)가 생목(生木)하면 자식인데. 목(木)의 소거지는 미(未)이다. 미(未)는 곤(坤)에 근접하였다.

정임(丁壬) 화목(化木)이 생화(生火)하면 자식인데, 화(火)의 소거지는 술(戌)이므로 술(戌)은 건(乾)에 근접하였다.

무계(戊癸) 화화(化火)가 생토(生土)하면 자식인데, 토(土)의 소거지는 진(辰)이다. 진(辰)은 손(巽)에 근접하였다."

【역자註】조진규의 문장이 난삽(難澁)하여 필자가 수정하였음.

《고원》에 이르기를, "물(物)은 상견(相見)을 기뻐한다.

《역(易)》 설괘전(說卦傳)에 이르기를, '이(離) 방에서 서로 본다(相見乎離).'라고 하니, 이(離)는 남방괘(南方卦)이다. 오행(五行)에서 화(火)이며, 십간(十干)으로는 병(丙)이니 희신(喜神)은 병(丙)이 된다. 가령,

갑기(甲己)의 간(干)에서 오호(五虎) 원기(元起)를 사용하면 병인(丙寅)이니, 병(丙)은 간(艮)이므로 재간(在艮)이 되었다.

을경(乙庚)의 간(干)에서 병술(丙戌)을 득하면 술(戌)은 건(乾)이므로 재건(在乾)이 되었다.

병신(丙辛)의 간(干)에서 병신(丙申)을 득하면 신(申)은 곤(坤)이므로 재곤(在坤)이 되었다.

정임(丁壬)의 간(干)에서 병오(丙午)를 득하면 오(午)는 리(離)이니 재리(在離)가 되었다.

무계(戊癸)의 간(干)에서 병진(丙辰)을 득하면 진(辰)은 손(巽)이므로 재손(在巽)이라 하였다.

안찰하면 ; 희신(喜神)의 의의(意義)는 《고원》의 득지(得之)를 보면 그 날(其日)의 방위와 그 시(其時)로 함께 취(並取)하여 이용하도록 되어 있다. 그러나 반드시 기타의 신살(神煞)과 참고하여 논하여야 한다. 가령 갑기(甲己)일에서 병인시를 득하였다면 희신(喜神) 시(時)가 되지만, 만약 신일(申日)이라면 일파(日破)가 되므로 사용할 수 없기 때문이라."하였다.

6. 팔록(八祿)

안찰하면 ; 《신살기례》에 이르기를, "팔록시(八祿時)는

본일(本日)의 녹(祿)을 말한다. 길시(吉時)를 정하고자 할 때 사용한다." 하였다.

	甲	乙	丙	丁	戊	己	庚	辛	壬	癸
八祿	寅	卯	巳	午	巳	午	申	酉	亥	子

7. 일건(日建)・일파(日破)・일합(日合)・일해(日害)・일형(日刑)

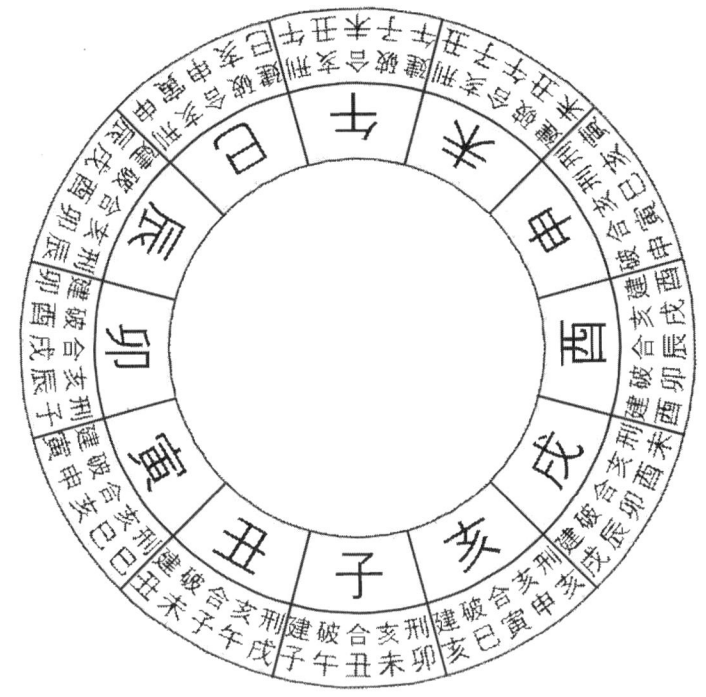

본일(本日)의 지지(地支)를 위주로 시(時)가 일건(日建) 일파(日破) 일합(日合) 일해(日害) 일형(日刑)인지를 찾는데, 일

건(日建)과 합(合)은 길하고, 파(破) 해(害) 형(刑)은 흉하다. 다음으로 원대(遠大)한 행사일 때는 연월(年月)과 이 5종을 반드시 참관(參觀)하여 결정하여야 하고, 근소(近少)한 행사라면 말할 것도 없다.

8. 사대길시(四大吉時 ; 사살몰시 四煞沒時)

《역례》에 이르기를, "사대길시(四大吉時)는 월장(月將)이 사맹(四孟)이면 갑병경임(甲丙庚壬) 시(時)를 사용하고, 월장(月將)이 사중(四仲)일 때는 을신정계(乙辛丁癸) 時를 사용하며 월장(月將)이 사계(四季)일 때는 건곤간손(乾坤艮巽) 時를 사용하라는 것이라." 하였다.

《고원》에 이르기를, "사살(四煞)은 인오술(寅午戌), 화살

(火煞)은 재축(火煞在丑), 해묘미(亥卯未) 목살은 재술(木煞在戌), 신자진(申子辰) 수살(水煞)은 재미(水煞在未), 사유축(巳酉丑) 금살(金煞)은 재진(金煞在辰)이다.

무릇 사살몰시(四煞沒時)를 취하는 것은 월장(月將)으로 가시(加時)한 것이니, 사살(四煞)로 하여금 건곤간손(乾坤艮巽) 위(位)에 임(臨)하게 하는 것으로, 사살(四煞)은 사유(四維)에서 몰(沒)하기 때문이다. 正月, 四月, 七月, 十月은 사맹월(四孟月)이니 갑병경임(甲丙庚壬) 時를 사용하고, 二月, 五月, 八月, 十一月은 사중월(四仲月)이니 건곤간손(乾坤艮巽) 時를 사용하며, 三月, 六月, 九月, 十二月은 사계월(四季月)이니 을신정계(乙辛丁癸) 시를 사용한다.

가령 정월(正月)의 월장(月將)은 해(亥)이니 해(亥)를 갑병경임(甲丙庚壬)에 가(加)한다는 것이니, 이를 24방위(方位)에다 순추(順推)하라는 것이다. 그렇게 하면 진술축미(辰戌丑未) 사살(四煞)은 다 사유(四維) 괘위(卦位)에 임하게 되는데, 이것이 사살(四煞) 몰시(沒時)라는 것이다." 하였다.

안찰하면 ; 진술축미(辰戌丑未)를 사살(四煞)이라 이르는 것은 사계절(四季節)에서 오행의 기(氣)가 종진(終盡)하는 곳이기 때문이다. 만약 장생(長生) 위에만 임하였다면 생생불이(生生不已)하여 순환무단(循環無端)이 끝없이 이루어질 것이므로 사살몰시(四煞沒時)가 있어야 하는 것이다. 이것이 곧 임과(壬課)의 사묘복생(四墓覆生) 설(說)인 것이다.

그것을 팔간(八干) 사묘(四墓)로 말한 것인데, 《선택종경(選擇宗鏡)》에 이르는 시(時)의 상사각(上四刻)은 그 설(說)

을 득지(得之)한 것이다.

　대개 선택에서 시(時)를 취하는 통례가 있지만, 이곳의 사살몰시(四煞沒時)는 유독 팔간(八干) 사괘(四卦)와 서로 간섭하도록 되어 있다.

　속(俗)에서는 또 이로써 신장살몰(神藏煞沒) 時로 삼기도 하는데, 이것은 살몰(煞沒) 두 자(二字)로 사용하였기 때문으로 인(因)하여 와류(訛謬)에 이르게 된 것이다. 오직 귀등천문(貴登天門) 時는 나머지의 십일장(十一將)에도 각각 그 곳(各其所)에 거한다.

　「흉신은 수제(凶神受制)하고 길신은 득위(吉神得位)케 한 것을 이름하여 신장살몰(神藏煞沒)」이라 하였는데, 만약 사살몰시(四煞沒時)를 12지(支)를 보장(甫將)하려고 지반(地盤)에다 가하는 것은 신(神)에까지 미친다고 말할 수 없는데, 장차 신장살몰지리(神藏煞沒之理)에 있는 것을 어찌 득하였다고 하겠는가? 선택가(選擇家)는 임둔(壬遁)의 지나친(過) 것까지 참작할 필요는 없다.

제2장. 귀등천문시(貴登天門時)

1. 귀등천문시(貴登天門時)

《통서》에 이르기를, "경(經) 왈, '연지선(年之善)은 월지선(月之善)만 못하고, 월지선(月之善)은 일지선(日之善)만 못하며 일지선(日之善)은 시지선(時之善)만 못하다(年之善不如不如月之善 月之善不如日之善 日之善不如 時之善).' 하였으니, 귀인등천문은 바로 시(時)의 최선자(最善者)이다.

그 법을 보면 월장(月將)에다 용시(用時)를 가하는 것인데, 낮에는 양귀(晝用陽貴)를 밤에는 음귀(夜用陰貴)를 사용한다.

이는 천을귀인(天乙貴人)을 위주로 하여 등사(螣蛇)·주작(朱雀)·육합(六合)·구진(勾陳)·청룡(靑龍)·천공(天空)·백호(白虎)·태상(太常)·원무(元武)·태음(太陰)·천후(天后)를 따르는 것이다. 그러므로,

귀인이 건해에 임하면 등천문(貴人臨乾亥登天門)이니,
등사가 임자에 임하면 낙수(螣蛇臨壬子而落水)하고,
주작이 계축에 임하면 살우(朱雀臨癸丑而鎩羽)하고,
육합이 간인에 임하면 승헌(六合臨艮寅而乘軒)하며,
구진이 갑묘에 임하면 등계(勾陳臨甲卯而登階)하고,
청룡이 을진에 임하면 유해(靑龍臨乙辰而游海)하고,
천공이 손사에 임하면 투궤(天空臨巽巳而投匭)하며,
백호가 병오에 임하면 소신(白虎臨丙午而燒身)하고.

태상이 정미에 임하면 등연(太常臨丁未而登筵)하고,
원무가 곤신에 임하면 절족(元武臨坤申而折足)이요,
태음이 경유에 임하면 회궁(太陰臨庚酉而回宮)하고,
천후가 신술에 임하면 입유(天后臨辛戌而入帷)한다.

육길장(六吉將)이 득지(得地)하면 육흉장(六凶將)은 염위(斂威)한다. 그러므로 왈, 신장살몰(神藏煞沒)이라 하였다. 六神을 모두 실복(悉伏)시키는 것은 택일의 묘용인 것이다."하였다.

또 이르기를, "귀인(貴人)이 기축토(己丑土)에 임하고, 육합을묘목(六合乙卯木), 청룡갑인목(靑龍甲寅木), 태상기미토(太常己未土), 태음신유금(太陰辛酉金), 천후임자수(天后壬子水)는 **육길장(六吉將)**이 득지(得地)한 것이고, 등사정사화(螣蛇丁巳火), 주작병오화(朱雀丙午火), 구진무진토(勾陳戊辰土), 천공무술토(天空戊戌土), 백호경신금(白虎庚申金), 원무계해수(元武癸亥水)는 **육흉장(六凶將)**이 득지(得地)한 것이다.

안찰하면 ; 귀등천문은 선시(選時)에서는 제일로 친다. 그 월장(月將)에다 시 귀인(時貴人)을 가한 것이다. 음양) 순역(順逆)은 다 육임법(六壬法)으로 한다. 일가(日家)들은 임둔법(壬遁法)을 잘 알지 못하므로 사살몰시(四煞沒時)가 신장살몰(神藏煞沒)인 것으로 오해를 하고 있는 것이다. 귀등천문(貴登天門) 설(說)도 그 사이에서 많이 착잡(錯雜)시키고 있으므로 보는 사람(觀者)도 알고 이해를 시키지 못하고 있는 실정이다.

이제 이를 취서(取序)하여 보면 **신장(神藏)** 자(者)는 그에 편안히 거한다는 뜻이니(安於其居之義), 곽박(郭璞)이 말하는 장신합삭(藏神合朔)이며, 《종경(宗鏡)》에 이르는 귀원입국

(歸垣入局)이 그것이다. 또 **살몰(煞沒)** 자(者)는 은이불현(隱而不現)의 뜻이니 《통서(通書)》에서 말하는 육흉렴위(六凶斂威)이며 육신실복(六神悉伏)이 그것이다.

건해는 천문(乾亥爲天門)이니 귀인거지(貴人居之)하고, 육합이 목인 것은 간인이 임하였기 때문이고(六合木而臨艮寅), 청룡이 목인 것은 을진이 임하였기(青龍木而臨乙辰) 때문이고, 태상이 토인 것은 정미가 임하였기(太常土而臨丁未) 때문이며, 태음이 금인 것은 경유에 임하였기(太陰金而臨庚酉) 때문이며, 천후가 수인 것은 신술에 임하였기(天后水而臨辛戌) 때문이다. 이것은 모두 그 위(位)를 합득(合得)하였기 때문에 당왕(當旺)함에서 생함을 받는 것이다. 그러므로 신장(神藏)이다.

귀등천문시총도(貴登天門時總圖)

갑일귀등천문시도(甲日貴登天門時圖)

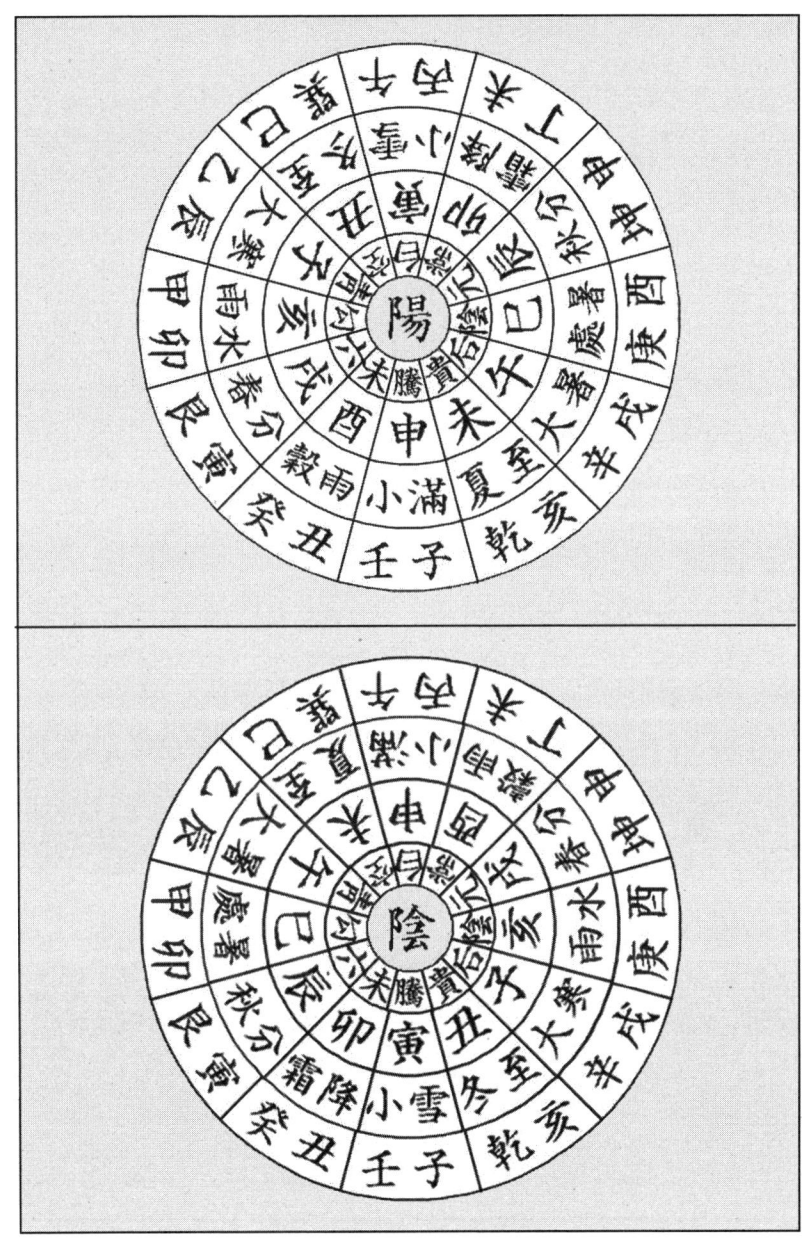

을일귀등천문시도 (乙日貴登天門時圖)

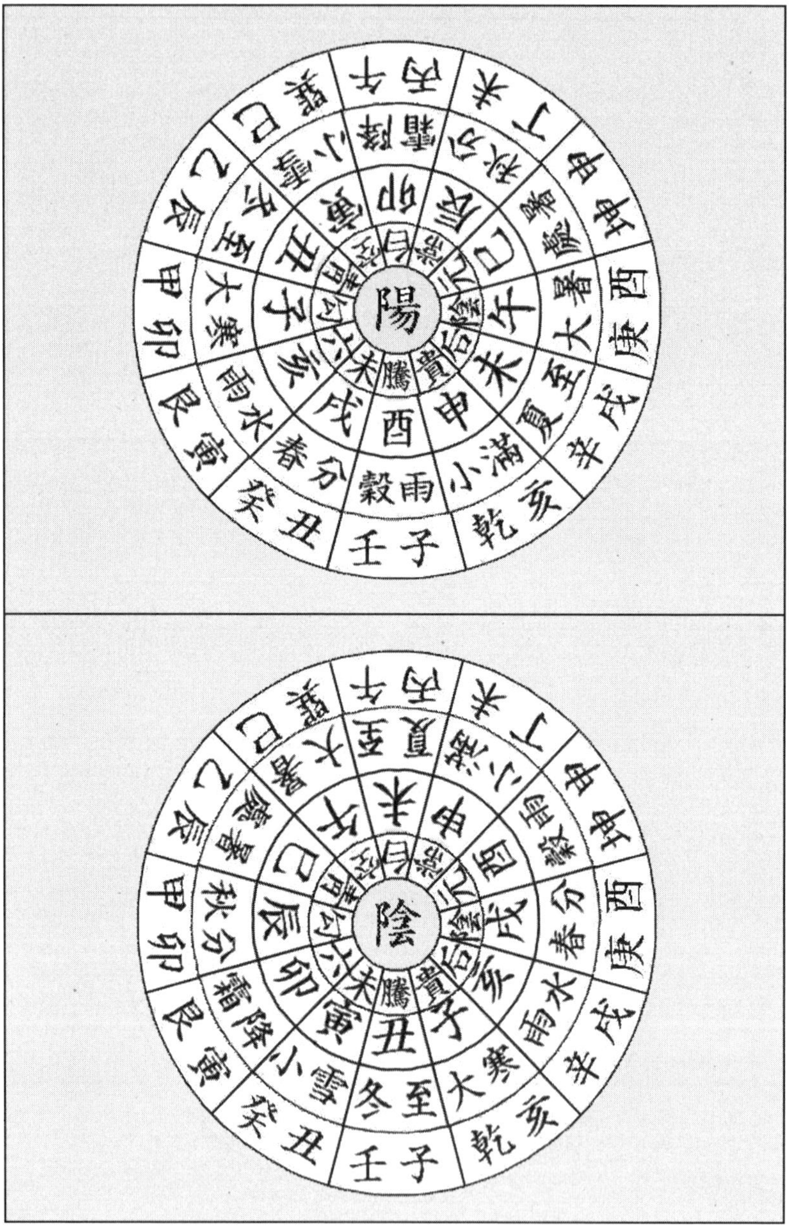

병일귀등천문시도(丙日貴登天門時圖)

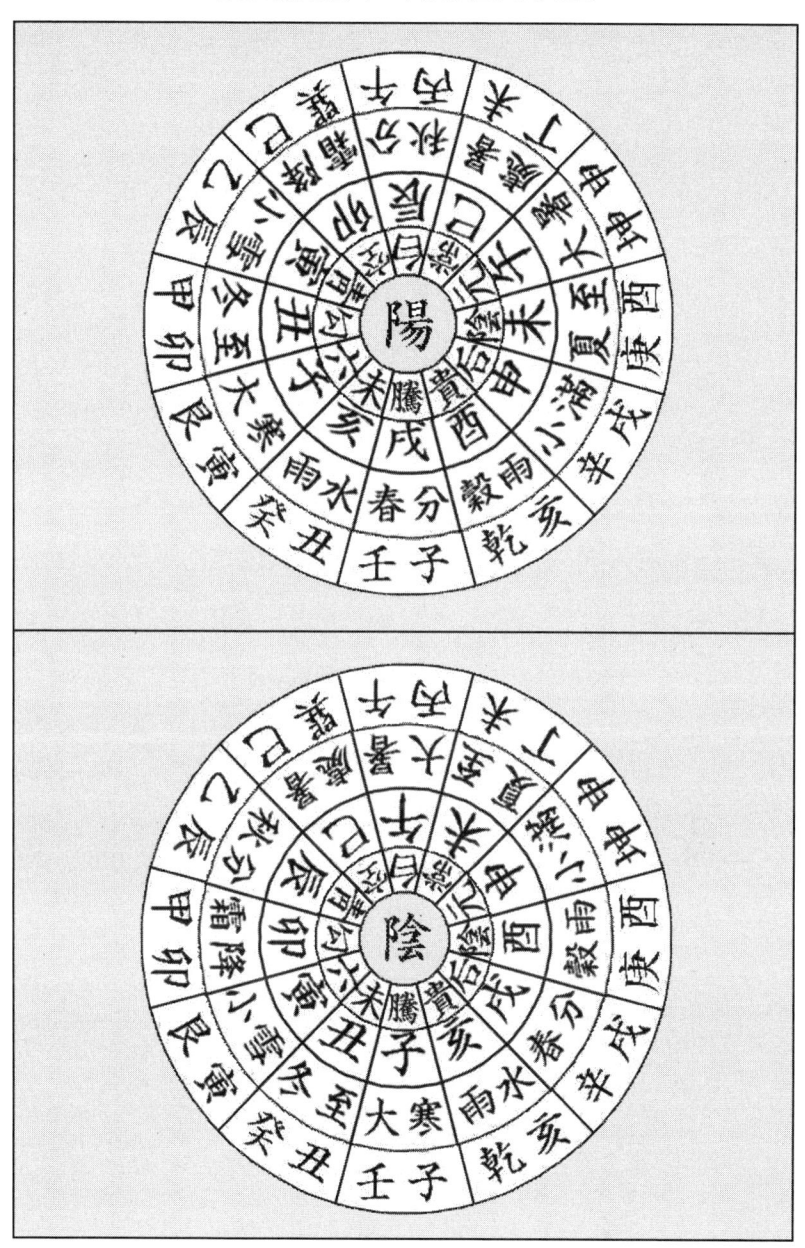

第一部 吉凶神煞

정일귀등천문시도(丁日貴登天門時圖)

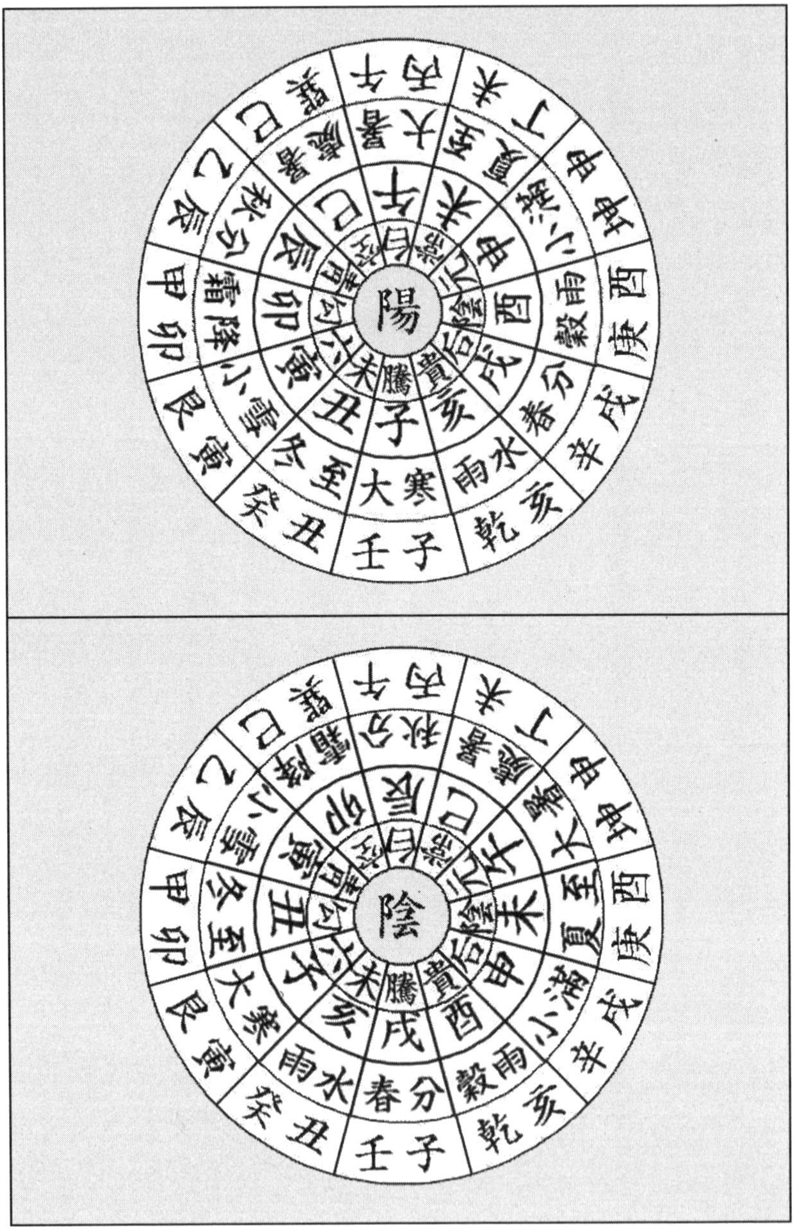

무경일귀등천문시도(戊庚日貴登天門時圖)

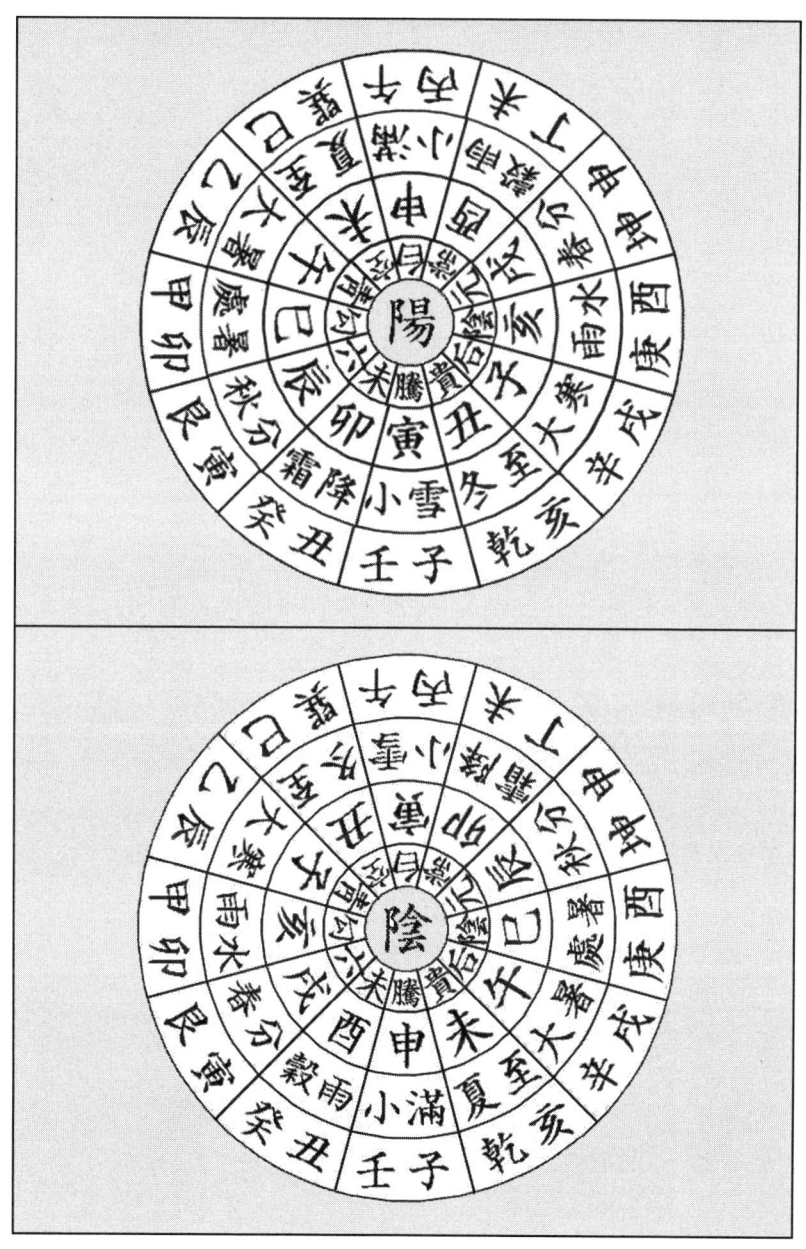

第一部 吉凶神煞

기일귀등천문시도(己日貴登天門時圖)

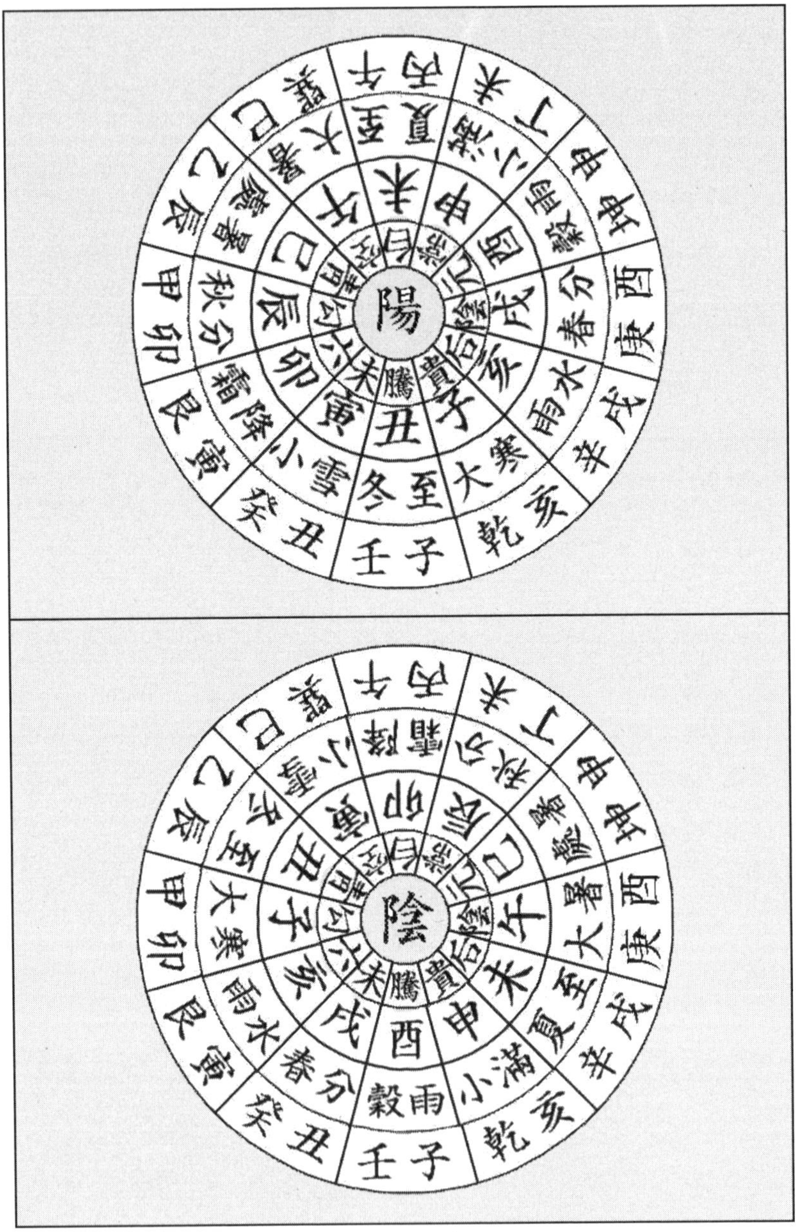

신일귀등천문시도(辛日貴登天門時圖)

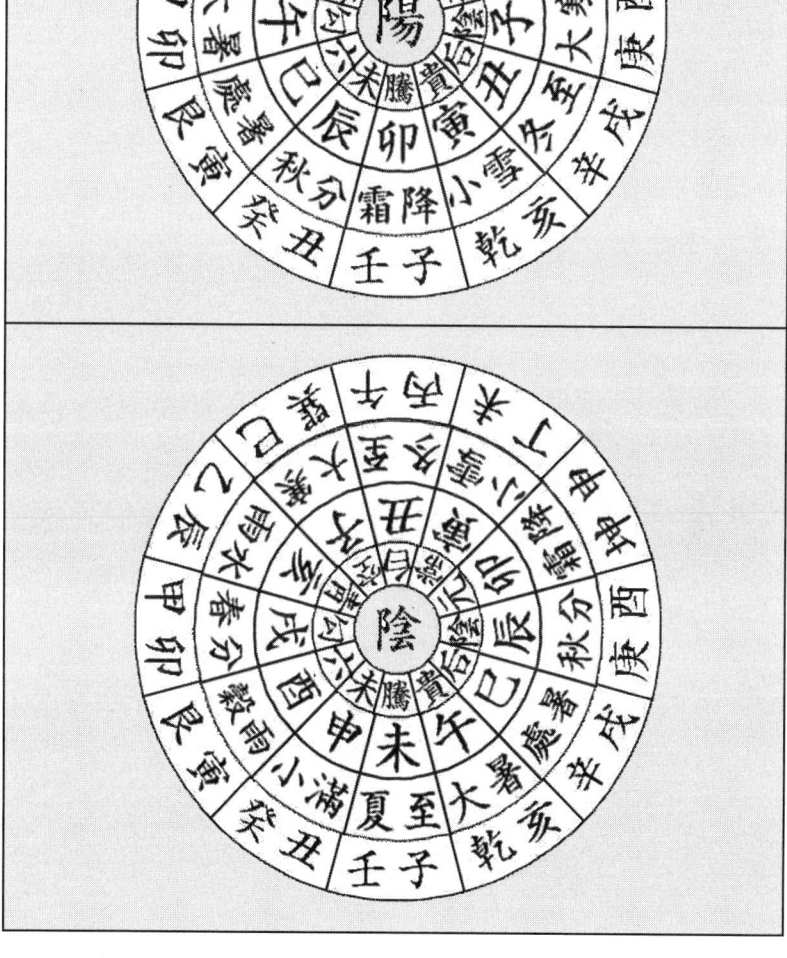

임일귀등천문시도(壬日貴登天門時圖)

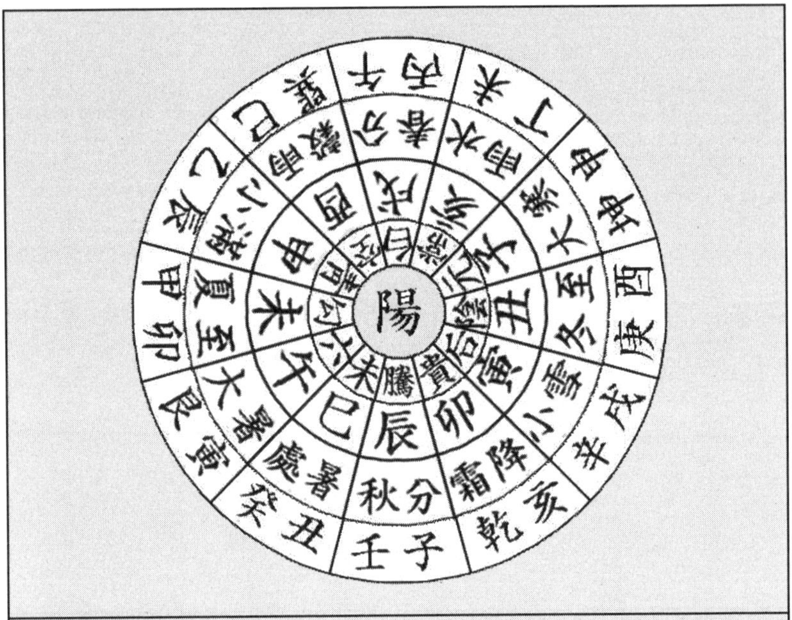

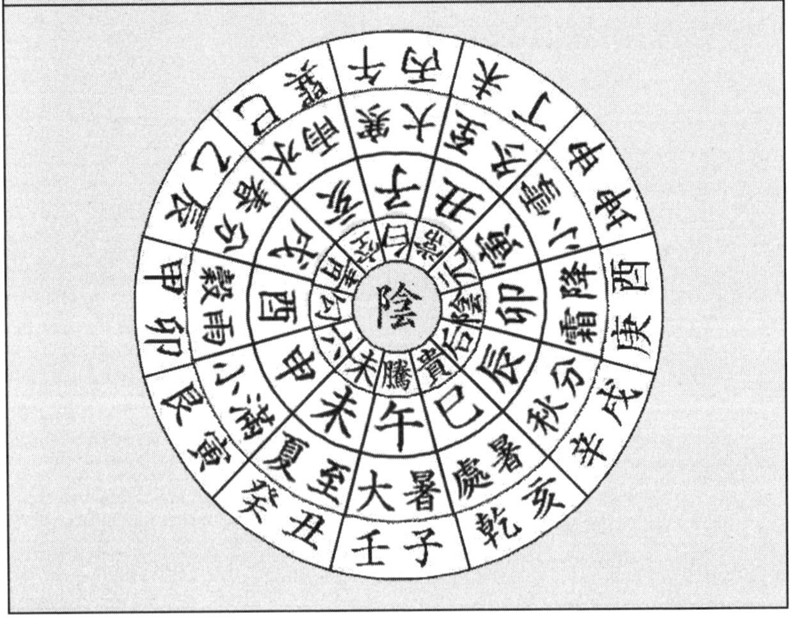

계일귀등천문시도(癸日貴登天門時圖)

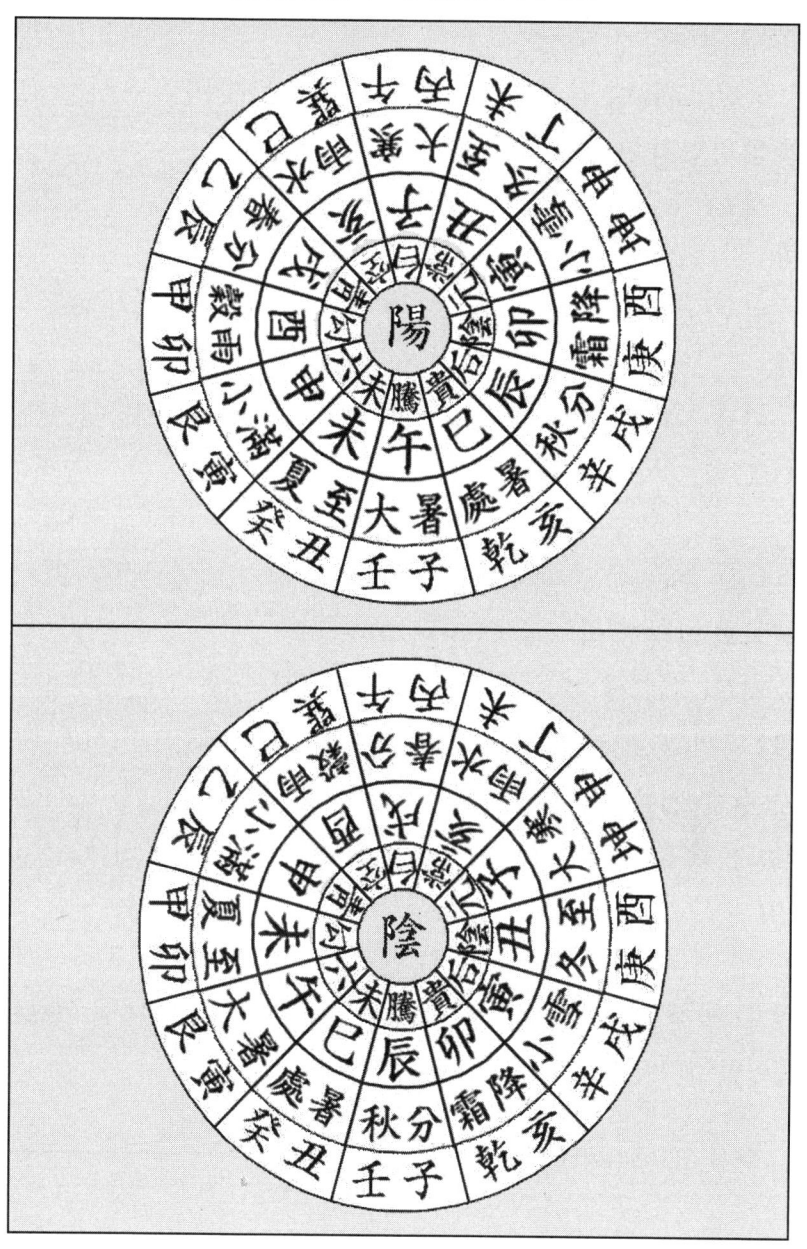

등사(螣蛇)가 주작(朱雀) 화(火)인 것은 임자(壬子) 계축(癸丑)에 임하였기 때문이고,

구진(勾陳)이 천공토(天空土)인 것은 갑묘(甲卯) 손사(巽巳)에 임하였기 때문이며,

백호(白虎)가 금(金)인 것은 병오(丙午)가 임하였기 때문이며,

원무(元武)가 수(水)인 것은 곤신(坤申)에 임하였기 때문이다.

이들은 다 그 위(位)를 득하지 못하였으므로 수제잠복(受制潛伏)한 것이다. 그러므로 살몰(煞沒)이다.

그러나 이들도 다 나름대로 귀등천문(貴登天門)을 득하였으므로 귀(貴) 등천문(登天門)이니 즉 신장(神藏) 살몰(煞沒) 이외의 다른 뜻이 있는 것은 아니다.

하루(一日)에 단지 한시(一時)일 뿐이나 귀(貴)는 음귀(陰貴) 양귀(陽貴)로 구분한다. 또 묘유(卯酉) 진술(辰戌)시(時)는 주야(晝夜)를 겸점(兼占)하고 있으므로 하루(一日)에 두 시(兩時)가 있어서 혹(或) 주(晝)에서 양시(陽時)를 득하지 못할(不得) 수도 있고, 야(夜)에서 음시(陰時)을 득하지 못할 수도 있으니, 이러할 때는 하루(一日) 한 시(一時)도 득하지 못하는 경우도 발생한다. 앞의 안일기례(按日起例)에서는 모두 720과(課)였었다.

　　다음 표(表) 참조. ──────────▶

귀등천문시총표(貴登天門時總表)

大寒子將	冬至丑將	小雪寅將	霜降卯將	秋分辰將	處暑巳將	大暑午將	夏至未將	小滿申將	穀雨酉將	春分戌將	雨水亥將	
夕旦	夕旦	夕旦	夕旦	夕旦	夕旦	夕旦	夕旦	夕旦	夕旦	夕旦	夕旦	
戌辰	亥巳	子午	丑未	寅申	酉					酉卯		甲
亥卯	子辰	丑巳	寅午	卯未	申	酉	戌		酉	戌		乙
子	丑	寅辰	卯巳	午	未	申	酉	戌	戌	亥		丙
寅	卯		卯	辰	巳	午	未	戌申	亥酉	子	丑	丁
				酉卯	戌辰	亥巳	子午	丑未	寅申	卯酉		戊
卯	辰		卯	辰	巳	戌午	亥未	子申	丑酉	寅		己
				酉卯	戌辰	亥巳	子午	丑未	寅申	卯酉		庚
			酉	戌	亥卯	子辰	丑巳	寅午	卯未	申		辛
申	申	酉	戌	亥	子寅	丑卯	寅辰	巳	午	未		壬
申午	酉未	戌申	亥酉	子	丑	寅		寅	卯	辰	巳	癸

가령 우수(雨水) 후 갑일(甲日) 묘시(卯時)라면 월장(月將)이 해(亥)이니 갑묘(甲卯)를 가(加)한 즉 양귀(陽貴)가 되는데, 미(未)에다 건해(乾亥)를 가하면 이것이 양귀 등천문(陽貴登天門)이 된다. 또 우수(雨水) 후 갑일(甲日) 유시(酉時)라면 월장(月將) 해(亥)를 경유시(庚酉時)에 가한 것이 음귀(陰貴)이니 축(丑)을 건해(乾亥)에 가한 것이므로 음귀(陰貴) 등천문(登天門)이 된다.

그 법(法)은 일간(日干)을 위주로 하여 귀인(貴人)으로 건해

(乾亥)에 가하고, 위를 보면 모월장(上視某月將)에 모시(某時)를 가한 것이니, 곧 이것이 모시(某時)의 귀인(貴人) 등천문(登天門)이다.

가령 갑일(甲日)은 양귀(陽貴)가 미(未)이니 건해(乾亥)를 가하고 위 표의 단시(旦時) 우수(雨水) 해장(亥將)을 가하면 갑묘(甲卯)이다. 이는 즉 우수(雨水) 후 갑일(甲日) 묘시(卯時)는 양귀(陽貴) 등천문(登天門)이라는 것이다.

대한(大寒) 자장(子將)에 을진(乙辰)을 가하는 것은, 즉 대한(大寒) 후 갑일(甲日) 진시(辰時)이니 양귀(陽貴) 등천문(登天門)이다.

또 가령 갑일(甲日)의 음귀(陰貴)가 축(丑)이므로 건해(乾亥)를 가하면 위 표의 석시(夕時)를 보아야 하므로 우수(雨水) 해장(亥將)에 경유(庚酉)를 가한 것이니, 즉 우수(雨水) 후 갑일(甲日) 유시(酉時)는 귀인(貴人) 등천문(登天門)이 된다.

또 가령 갑일(甲日)의 음귀(陰貴)는 축(丑)이므로 건해(乾亥)를 가하고 위 표의 석시(夕時)를 보면 우수(雨水) 해장(亥將)에 경유(庚酉)를 가한 것이니, 즉 우수 후 갑일(甲日) 유시(酉時)는 음귀(陰貴) 등천문(登天門)인 것이다.

대한(大寒) 자장(子將)에 신술(辛戌)을 가한 것은, 즉 대한(大寒) 후 갑일(甲日) 술시(戌時)이니 음귀(陰貴) 등천문(登天門)이다. 나머지도 이와 같다.

《종경(宗鏡)》에, 임시(壬時)를 자시(子時) 상사각(上四刻)으로 한 것은 쌍산법(雙山法)에 합(合)하는 것으로 그에서 취한 것이 더욱 절실하다.

가령 건위천(乾爲天)에서 귀(貴) 등천문(登天門)을 취한다면 건(乾)으로 취하고 해(亥)로 취하는 것이 아니다. 주작(朱雀)의 살우(鍛羽)는 계(癸)에서 취하였고, 축(丑)으로 취한 것이 아니다. 천공(天空)의 투궤(投匭)는 손(巽)에서 취하였고, 사(巳)에서 취한 것이 아니다. 원무(元武)의 절족(折足)은 곤(坤)으로 취하였고, 신(申)으로 취한 것이 아니다. 천후(天后)의 입유(入帷)는 신(辛)에서 취하였고, 술(戌)에서 취한 것이 아니다. 그러나 쌍산(雙山)은 간유(干維)로 지(支)와 동궁(同宮)이므로 육임(六壬)의 용지(用支) 역시 이른바 신장(神藏)살몰(煞沒)은 24시의 법(法)에서 유래한 지 오래였으나, 후세에 와서 그 의(義)를 잃고 있다.

이른바,
건시(乾時)는 술(戌) 정(正) 2각(刻)-해(亥) 초(初) 2각(刻).
해시(亥時)는 해(亥) 초(初) 2각(刻)-해정(亥正) 2각(刻),
임시(壬時)는 해정(亥正) 2각(刻)-자(子) 초(初) 2각(刻),
자시(子時)는 자초(子初) 2각(刻)-자정(子正) 2각(刻)

이라 하는데, 이상 십이지(十二支)가 점(占)하고 있는 십이시(十二時)의 중(中) 사각(四刻)이니, 전후로 각(各) 2각(刻)과 전후 간유(干維)에 분예(分隷)하니 흡사 이치가 있는 것처럼 보인다.

그러나 건손(乾巽)은 천문(天門) 지호(地戶)이니 음양의 경계이므로 귀인(貴人)이 순역(順逆)으로 나뉘는 곳이다. 만약 건시(乾時)를 술정(戌正) 2각(刻)으로 한다면 건(乾)은 음귀(陰貴)에서 탈락시켜야 하고, 그물(網)이 근심될 게 없으므로 등사(螣蛇) 이하 제(諸) 흉신(凶神)은 역전시켜야 마땅할 것이다. 또 오도(烏睹)에서 이른바 귀(貴) 등천문(登天門)의 신장(神藏) 살몰(煞沒) 설(說)이 있었겠는가?

제3장. 기타 시신(時神)

1. 오불우시(五不遇時)

天干	甲	乙	丙	丁	戊	己	庚	辛	壬	癸
不遇	庚	辛	壬	癸	甲	乙	丙	丁	戊	己

《신살기례》에 이르기를, "오불우시(五不遇時)는 간(干)을 극(剋)하는 일간(日干)이라." 하였다.

안찰하면 ; 오불우시는 오서(五鼠)로 둔득(遁得) 본시(本時)의 천간(天干)이 본일(本日)의 천간(天干)을 극(剋)하는 것이니 흉시(凶時)가 된다.

《둔갑은공가(遁甲隱公歌)》에 이르기를,

"주(注)는 그 날(本日)의 시지(支時)가 그 날의 일지(日支)를 극(剋)하는 것도 역시 오불우시(五不遇時)이니, 지금 그 뜻을 살펴보면,

　시극간혜오불우(時剋干兮五不遇) ; 간을 극하는 것이 오불우이니.
　차시명위욕손명(此時名爲辱損明) ; 이 시(時)는 밝음을 욕되고 손상케 하는 것이니
　거사요요종부정(擧事遙遙終不定) ; 거사가 요원하여 끝내 결정을 하지 못한다.

조행모패손정병(朝行暮敗損精兵); 아침 일을 저녁에 정병을 손패하리라." 하였다.

주(注) 왈, 시간(時干)이 일간(日干)을 극(剋)하고, 시지(時支)가 일지(日支)를 극(剋)하는 것이니, 이름하여 손명(損明)이다. 범사(凡事)에 불용(不用)한다.

가령 갑을일(甲乙日)은 경신시(庚辛時)요, 해자일(亥子日)은 진술시(辰戌時)이며, 인묘일(寅卯日)은 신유시(申酉時) 등류이다.

안찰하면 ; 천간(天干) 오행(五行)의 기(氣)는 순수(純粹)하고, 지지(地支) 오행(五行)의 기(氣)는 잡되어 혼탁하다.

가령 인중(寅中)의 화(火)가 토일(土日)을 만나면 상생지리(相生之理)는 있으나, 오행(五行)의 성정(性情)은 봉생즉생(逢生卽生)이므로 간에서 극(克)을 만나더라도 극(克)하지 아니한다.

이는 천지의 덕성(德性) 때문이다. 그러므로 간극간(干克干)은 순수하여 혼잡(混雜)되지 않는 것이라 하였다. 그러나 본래부터 달리 쓰임이 있어 다른 지지(地支)를 관리하고 있는 것이라면 그 일간(日干)에서 막힐 수 있으니, 가령 일지(日支) 상생(相生)의 임무를 맡고 있다면 오불우시(五不遇時)는 될 수 없다.

그렇기 때문에 토일(土日)의 인묘시(寅卯時)가 당연히 오불우시(五不遇時)가 되는 것이다.

오불우시(五不遇時 ; 時干克日干)

第一部 吉凶神煞

오불우시(五不遇時 ; 時支克日支)

2. 구추(九醜)

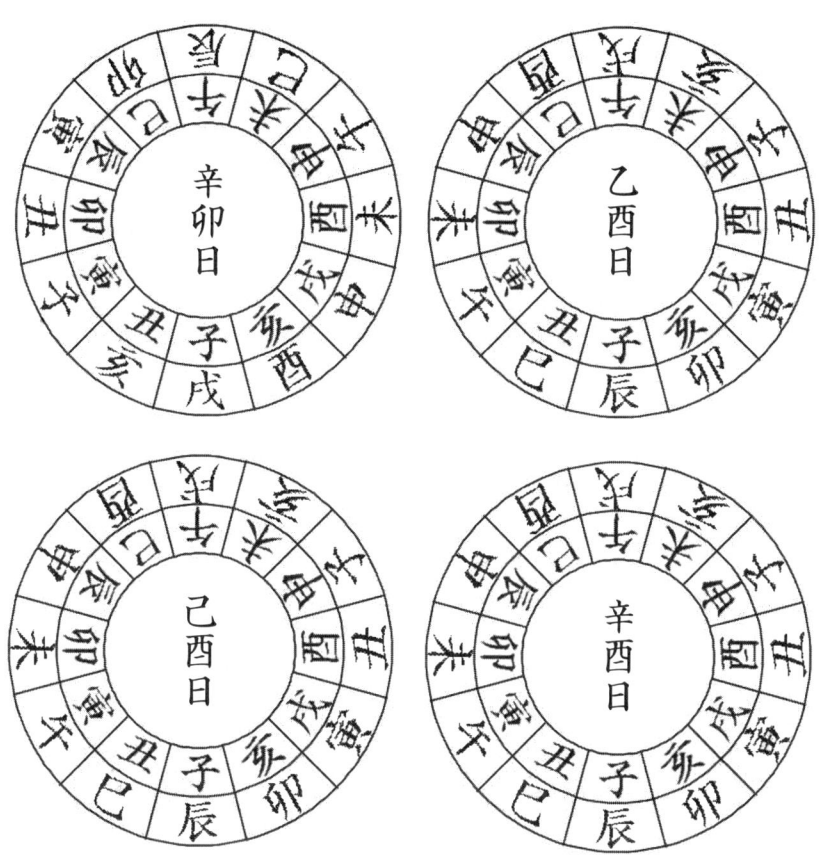

　《금궤경(金匱經)》에 이르기를, "을자(乙者)는 뇌전(雷電) 시발지일(始發之日)이요, 무기(戊己)는 북신(北辰) 하위지일(下位之日)이며, 신(辛)은 만물(萬物) 결단지일(決斷之日)이요, 임(壬)은 삼광불조지일(三光不照之日)이며, 자오묘유(子午卯酉) 사중지신(四仲之辰)은 일월지문(日月之門)이며, 음양지계(陰陽之界)이니, 오간(五干)이 이 사신(四辰)에 임하면 그 날은 출군(出軍)이 불가하고 가취(嫁娶), 이사(移徙), 축실(築

室)이 불가하다.

조진규 왈, "묘유(卯酉)는 일월출입지문(日月出入之門)이요, 자오(子午)는 음양교쟁지계(陰陽交爭之界)이며, 을(乙)은 육합(六合)이요, 신(辛)은 태음(太陰)이요, 임(壬)은 원무(元武)이며, 기(己)는 육적(六賊)이며, 무(戊)는 구진(勾陳)이므로 이 오간(五干)이 이곳의 사신(四辰)에 붙여지면 명 왈, 추(醜)이다. 또 오간(五干) 사신(四辰)은 구수(九數)이니 명 왈 구추(九醜)이다.

《지장부(指掌賦)》설은 구추지의(九醜之義)가 지리(支離)하고 견강(牽强)하므로 족히 취할 만하지 않으므로 생략한다.

3. 순중공망(旬中空亡)

《역례》에 이르기를, "순중공망(旬中空亡)은 갑자(甲子)

순중(旬中)에서는 술해시(戌亥時), 갑술(甲戌) 순중에서는 신유시(申酉時), 갑신(甲申) 순중에서는 오미시(午未時), 갑오(甲午) 순중에서는 진사시(辰巳時), 갑진(甲辰) 순중에서는 인묘시(寅卯時), 갑인(甲寅) 순중에서는 자축시(子丑時)가 그것이라." 하였다.

공망(空亡)은 허무(虛無)로 돌아간다. 일을 끝내지 못한다는 뜻이므로 불리한 것이다. 또 화공(火空)이면 발(發)하고 금공(金空)이면 소리를 낸다(鳴)는 설(說)도 있다.

《고원》에 이르기를, "10일(日)씩을 순(旬)이라 하였는데, 천간(天干) 10개와 지지(地支) 12개를 순서대로 맞추어 나가면 지지(地支)에서 2개가 남는데 그것을 공망이라 하였다. 가령 갑자(甲子)로부터 계유(癸酉)까지 10개를 맞추었으면 지지는 술해(戌亥)가 남으니 술(戌) 해(亥)를 순중(旬中) 공망(空亡)이라 한다." 하였다.

안찰하면 ; 유흠(劉歆)의 《칠략(七略)》 풍후고허(風后孤虛) 20권에, 고인(古人)은 순공(旬空) 허(虛)이고, 그 상대 쪽을 고(孤)라 한다. 가령 갑자(甲子) 순중(旬中)에는 술해(戌亥)가 천간(天干)이 없으니 술해(戌亥)가 허(虛)이고, 그 상대인 진사(辰巳)는 고(孤)가 된다.

병법(兵法)에 이르기를, "공망을 등지고 적을 공격하면(背孤擊虛) 한 여자(一女)가 가히 열 사내를 대적한다(可敵十夫)." 하였기 때문이다.

4. 절로공망(截路空亡)

《역례》에 이르기를, "절로공망(截路空亡)은 갑기일(甲己日) 신유시(申酉時), 을경일(乙庚日) 오미시(午未時), 병신일(丙辛日)일 진사시(辰巳時), 정임일(丁壬日) 인묘시(寅卯時), 무계일(戊癸日) 자축술해시(子丑戌亥時)가 그것이다." 하였다.

《고원》에 이르기를, "절로공망은 임계(壬癸)를 만나는 것이다. 행로(行路)에서 수(水)를 만나면 갈 수 없다는 뜻이다. 가령, 갑기일(甲己日)은 오서(五鼠)로 둔기(遁起)하면 갑자(甲子)인데, 순서에 따라 가면 임신(壬申) 계유(癸酉)를 만난다. 그러므로 갑기일(甲己日)은 신유(申酉)가 절로공망이 된 것이다. 나머지도 같다." 하였다.

안찰하면 ; 절로공망(截路空亡)의 뜻은 십간이 이르는 곳이 극(極)되는 곳이므로 아래를 받쳐 주는 이지(二支)가 없어서 순공(旬空)이 된 것이다. 《신살기례》에 오호로 둔득하여 일간의 지지를 찾으면 갑(甲)이나 을(乙)이 나오는 것인데, 무흉무길(無凶無吉)이고, 병정(丙丁)이 나오면 희신(喜神)이 되며, 무기(戊己)가 되면 오귀(五鬼)이며, 경신(庚辛)이 나오면 금신이며, 임계(壬癸)가 나오면 절로공망(截路空亡)이다.

　《통서》에 오직 절로공망 일종(一種)을 취한 것인데, 그 뜻은 기문에서 병정(丙丁)을 중요하게 취급하는데, 임계(壬癸)가 극하기 때문이다. 만약 행로에서 수(水)를 만나 절(截)이 되면 그 방에 배를 띄울 수 있는데 어찌 절(截)이라 하겠는가?

　*절로공망(截路空亡) ; 말 그대로 길이 끊어져 없어지는 것과 같다. 즉 길을 가다가 앞에 물이 있어서 건너지 못하고 길이 막히면 절로공망(截路空亡)이 되는 것이다.

欽定 協紀辨方書

欽定 四庫全書

協紀辨方書
卷8

의례義例 6 • 월신류 신살月神類 神煞(3)

제1장 녹마신살(祿馬神煞)
제2장 삼원(三元)에 의해 일으키는 신살(神煞)
제3장 기타에 의해 일으키는 신살(神煞)

제1장. 녹마신살(祿馬神煞)

1. 세록(歲祿)

갑년재인(甲年在寅), 을년재묘(乙年在卯), 병무년재사(丙戊年在巳), 정기년재오(丁己年在午), 경년재신(庚年在申), 신년재유(辛年在酉), 임년재해(壬年在亥), 계년재자(癸年在子)이다.

안찰하면 ; 세록은 천간(天干)으로 임관(臨官) 방(方)이다. 오행(五行)의 성정(性情)으로는 임관(臨官)이 제왕(帝旺)보다 더 길(吉)한 것이다. 대개 임관(臨官)은 지금 왕성(旺盛)한 방(方)이지만 제왕(帝旺)은 태과(太過)하여 넘치는 곳이기 때문이다. 그러므로 명가(命家)들은 임관으로 녹(祿)을 삼고, 제왕으로 인살(刃煞)을 삼았다.

《어견부록(語見附錄)》 일록조(日祿條)를 보면 선택가들 역시 세인(歲刃)이라 하며 천관(天官)이라 하지 않는다. 월신(月神)은 본시 절기(節氣)를 좇아서 지지(地支)를 취하는 것이므로 월록(月祿)은 없다.

2. 비천록(飛天祿)・비천마(飛天馬)

● 비천록(飛天祿)

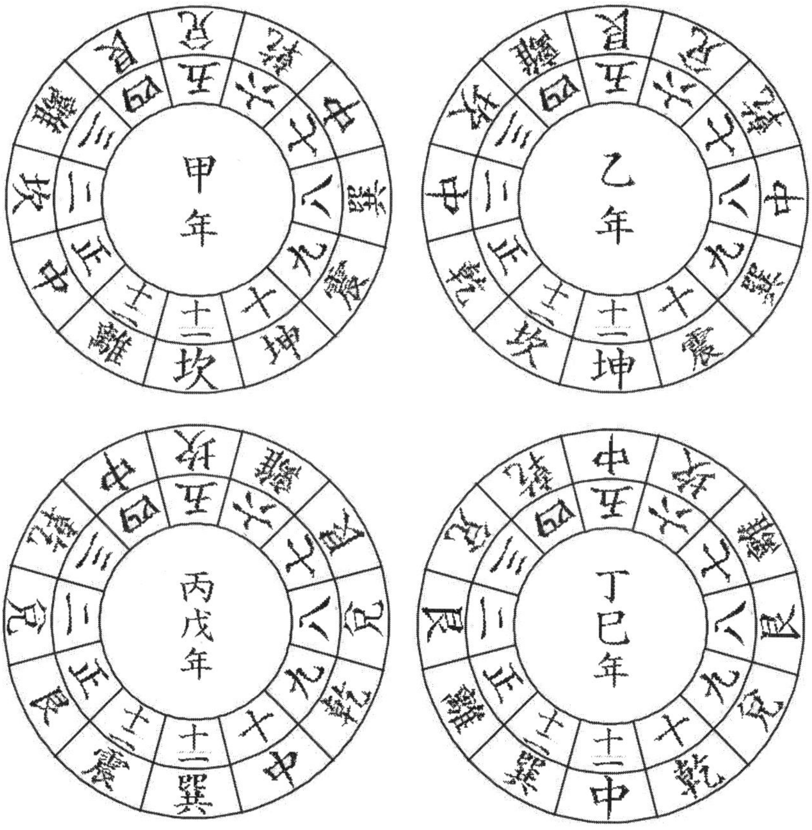

552 제1부 吉凶神煞

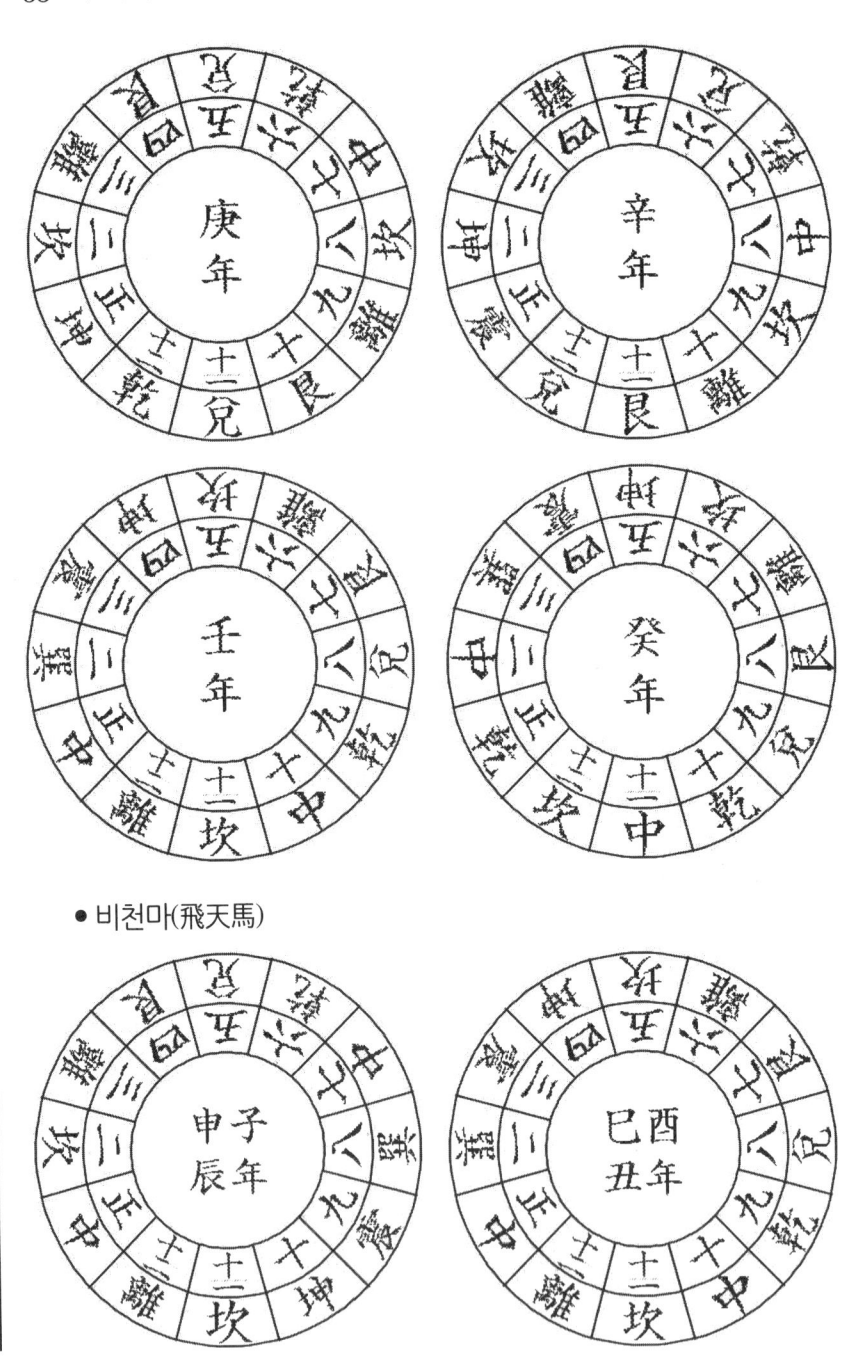

● 비천마(飛天馬)

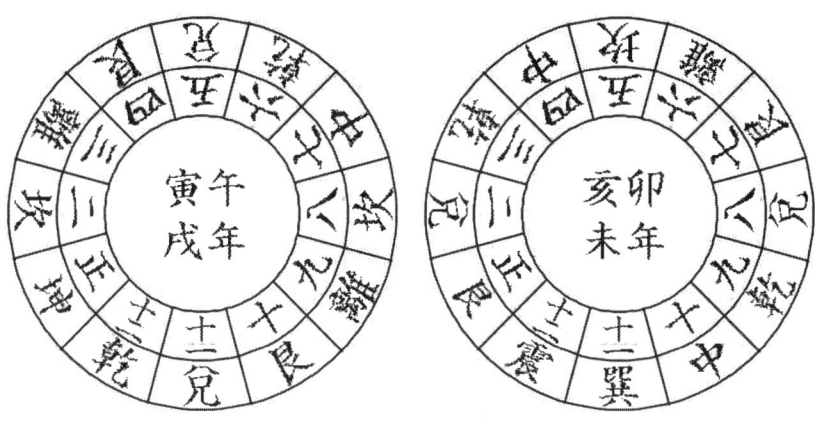

　《통서(通書)》에 이르기를, "마도산두인부귀(馬到山頭人富貴) 녹도산두왕자손(祿到山頭旺子孫) 약봉록마일동도(若逢祿馬一同到) 천상백록자편진(千祥百祿自徧臻)."이라 하였다.

　《선택종경(選擇宗經)》에 이르기를, "녹마귀인(祿馬貴人)이 산방(山方)에 이르는 것은 모두 대길(大吉)이니 본시 둔내(遁內)에 있으면 대길(大吉)이나 둔외(遁外)에 있는 것은 차길(次吉)이라."하였다. 또 "먼저 오호(五虎)로 둔심(遁尋)하여 본년(本年)의 녹마(祿馬) 간지(干支)이어야 진록마(眞祿馬)이며, 월건(月建)을 중궁(中宮)에 넣고 순비(順飛)시켜 좌향(坐向)으로 녹마귀(祿馬貴)가 되는 것도 함께 길(吉)하다."라고 하였다.

　안찰하면 ; 녹마(祿馬)는 연방(年方)의 길신(吉辰)이다. 그러므로 녹마(祿馬)가 함께 이르는 것은 더욱 길하다. 《통서(通書)》의 연신입성(年神立成)* 월건(月建) 지지(地支) 한 자(一

字)를 입중궁(入中宮)하여 구궁(九宮)을 순비(順飛)시킨다.

가령 갑자년(甲子年)이라면 녹재인(祿在寅)이니 정월건(正月建) 인(寅)을 입중궁(入中宮)하여 순비(順飛)하면 중궁(中宮)에 함께 들게 된다. 2월건(月建) 묘(卯)를 입중궁하면 해(亥)가 손사궁(巽四宮)에서 녹마(祿馬)가 함께 만난다. 3월건(月建) 진(辰)을 입중궁하여 순비(順飛)시키면 태7궁(兌宮)에 들고 해(亥)는 진3궁(震宮)에 드니 좌향(坐向)에 함께 녹마가 상응하게 된다.

【역자註】 연신입성(年神立成) ; 《민력(民曆)》(明文堂 刊)의 〈연신방위도(年神方位圖)〉에 녹마귀(祿馬貴)를 포함하여 중요한 신살(神煞)이 입성(立成)되어 있다.

《종경(宗鏡)》에 이르기를, "천간(天干)을 본둔(本遁)으로 겸취(兼取)하면 진녹마(眞祿馬)를 득할 수 있다. 월건(月建)의 간지(干支)를 입중궁(入中宮)하여 구궁(九宮)을 순비(順飛)하는 것이다. 가령 갑자년의 녹마(祿馬)가 함께 인(寅)이니 오호(五虎)로 둔득(遁得)하면 병인(丙寅)이 나오므로 곧 병인이 진녹마이다.

정월건(正月建) 병인(丙寅)을 입중궁(入中宮)하면 중궁(中宮)에 녹마가 함께 들어 있는 것이고,

2월 정묘(丁卯) 월건(月建)을 입중궁(入中宮)하여 순비(順飛)하면 병인(丙寅)이 결국 또 감1궁(坎宮)으로 다시 오므로 녹마가 감1궁에 있는 것이다.

을축년(乙丑年)은 녹재묘(祿在卯)요 마재해(馬在亥)이니 오

호둔득(五虎遁得)하면 기묘(己卯)가 진녹(眞祿)이고 정해(丁亥)는 진마(眞馬)가 된다. 2월의 기묘(己卯) 진녹(眞祿)을 입중궁(入中宮)하면 정해(丁亥) 진마(眞馬)는 손4궁(巽宮)에 드니 중궁(中宮)의 녹(祿)과 손궁(巽宮)의 마(馬)가 상응하게 된다.

3월의 경진(庚辰) 월건(月建)을 입중궁(入中宮)하면 기묘(己卯) 진녹(眞祿)이 재감(在坎)하고 정해(丁亥) 진마(眞馬)가 재진3궁(在震宮)한다. 이렇게 녹마(祿馬)를 활용하는 것인데, 두 설(說)이 모두 이치가 있다.

그러나 《통서(通書)》의 비궁 시키지 않은(無飛宮) 귀인(貴人)이라도 《종경(宗鏡)》의 법(法)과 함께 《통서(通書)》의 설(說)을 기록하였으니 많은 참고가 될 것으로 생각된다.

3. 비궁귀인(飛宮貴人)

비궁귀인도(飛宮貴人圖)

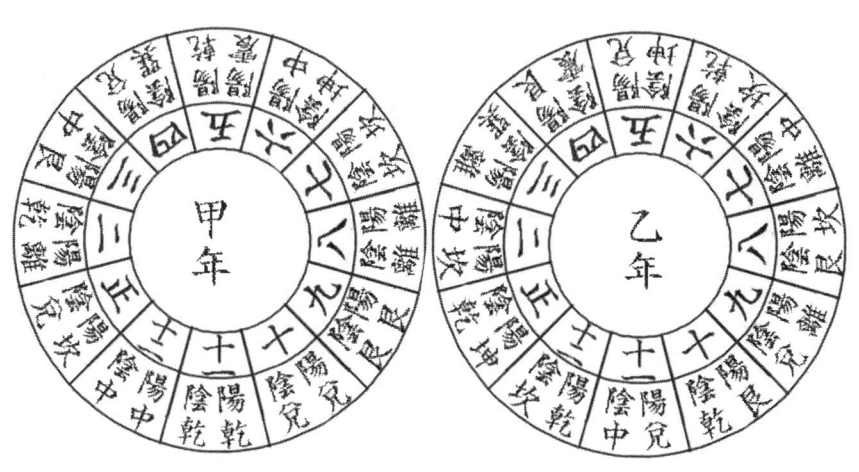

556 제1부 吉凶神煞

欽定四庫全書

協紀辨方書

丙年

丁年

戊年

己年

庚年

辛年

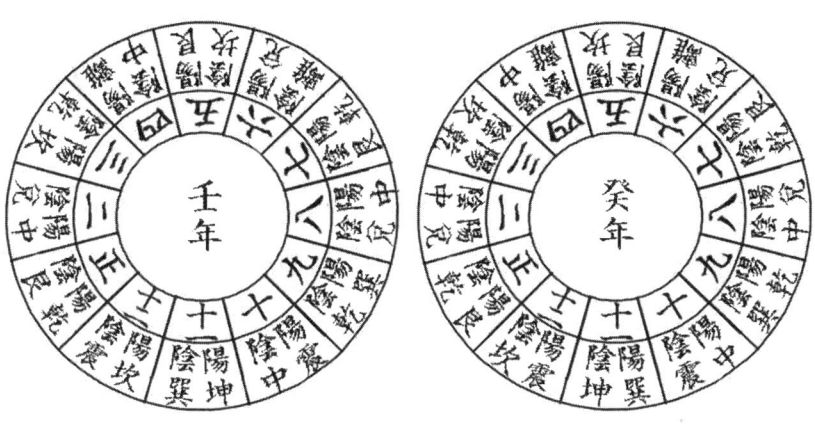

《선택종경(選擇宗經)》에 이르기를, "태세(太歲)의 녹(祿)마(馬) 귀인(貴人)은 좌산(坐山)이나 전방위(全方位)에 모두 길(吉)하다. 본(本) 갑자(甲子)에 안에 있어야 유력(有力)하고 본 갑자(甲子) 밖에 있는 것은 다음이라." 하였다.

또 이르기를, "먼저 오호(五虎) 월건법으로 둔득(遁得)하여 세귀(歲貴)가 어느 간지(干支)인지를 알아내고 다음으로 월건(月建)을 입중궁(入中宮)하여 순심(順尋)하면 세귀(歲貴)가 어느 궁(宮)에 배속되는 지로 길방(吉方)을 알 수 있다.

가령 을축년(乙丑年) 6월건(月建)은 계미(癸未)를 중궁에 넣고 순비(順飛)하면 양귀인 갑신(甲申)이 건방(乾方), 음귀 무자(戊子)가 감방(坎方)에 이르므로 이 두 방(二方)이 길하여 수조(修造)가 가능하다." 하였다.

또 이르기를, "귀인과 녹마를 취용하는 법이 모두 같지 아니하니 음양을 분변하여야 하는데, 양귀는 동지(冬至) 후에 사용하고 음귀(陰貴)는 하지(夏至) 후에 사용하는 것이 유력하기 때문이라." 하였다.

안찰하면, 귀인(貴人), 녹(祿), 마(馬)는 《통서(通書)》에 비천(飛天) 녹마(祿馬), 비궁(飛宮) 귀인(貴人) 등이 있는데 궐략(闕略 ; 缺略)되었으나, 《종경(宗經)》에서 보지(補之)하였다.

4. 통천규(通天竅)

《통서(通書)》에 이르기를, "통천규(通天竅)는 곧 양구빈의 진결(通天竅乃楊救貧眞訣)이다. 무릇 수조(修造), 장매(葬埋), 개산입향(開山立向), 수방(修方)에 만약 이 성신(星辰)의 길성(吉星)이 소치(所値)하면 태세에 불문(不問太歲)하고 삼살(三殺), 관부(官符), 대장군(大將軍) 등 제(諸) 흉살(凶殺)을 능히 제압한다.

【역자註】위 문장에 오류가 있는 것은 아니다. 다만 삼살(三殺),

관부(官符), 대장군(大將軍) 같은 대살(大煞)은 피할지언정 맞설 수는 없는 것이다. 그런데 "능히 제압(制壓)한다"고 말한 것은 극히 부분적으로 피살(避煞)되는 경우를 말한 것이지 전부를 말한 것은 아니니 착오 없기 바란다.

연월일시(年月日時)에서 길성(吉星)을 구하여 해당되는 곳을 수리(修)하면 대길(大吉)하다는 것이다.

그 예(例)를 보면, 쌍산(雙山) 오행(五行)을 사용하는데, 각각 본년(本年) 삼합(三合)의 장생(長生)에서 기(起)하여 영재(迎財), 진보(進寶), 고주(庫珠)로 삼위(三位)를 순행한다. 그 대충(對沖)방(方)인 대길(大吉), 진전(進田), 청룡(靑龍), 삼위(三位)까지 모두 12길산(吉山)이다. 본년(本年) 삼합(三合) 및 그 대충(對衝) 월일시(月日時)를 이용한다." 하였다.

안찰하면 ;《통서(通書)》에 이르기를 ; 통천규(通天竅)는 단지 팔간(八干) 사유(四維)만을 사용하는 것이다. 그 예로, 쌍산(雙山)에 12지(支)를 겸한다고 하였는데, 비록 이동(異同)이 있으나 이치(理致)가 없어서 해로운 것은 아니다.

태세(太歲) 삼합(三合)의 장생(長生)을 좇아서 일으킨(起) 영재(迎財), 진보(進寶), 고주(庫珠) 삼성(三星)과 그 대궁(對宮) 삼성(三星)인 대길(大吉), 진전(進田), 청룡(靑龍), 삼성(三星)과 함께 취하여 쓰는 것이다.

대개 삼합(三合) 본방(本方)은 대살지위(大煞之位)가 되며, 대방(對方) 삼위(三位)는 삼살지위(三煞之位)이다. 장생(長生) 전(前) 삼위(三位)는 바로 삼합후방(三合後方)이며, 그 대궁(對宮)은 바로 삼합전방(三合前方)이므로, 대살(大煞) 삼살(三

煞) 등 제흉(諸凶)을 범하는 것으로 보지 않는다는 설(說)이다. 이를테면 신자진(申子辰)년의 대살(大煞)은 자(子)이고, 삼살(三煞)은 사오미(巳午未)이다.

그러므로 삼합(三合)의 장생(長生)에서 일으킨다(起) 함은 곤신(坤申)이 장생(長生)이니 영재(迎財)이며, 경유(庚酉)가 진보(進寶)이며, 신술(辛戌)이 고주(庫珠)이다. 그 대궁(對宮)은 간인(艮寅)이 대길(大吉)이며, 갑묘(甲卯)가 진전(進田)이고, 을진(乙辰)이 청룡(靑龍)이므로 역시 대살(大煞) 삼살(三煞), 좌살(坐煞), 향살(向煞) 등 제 흉살(諸凶煞)은 범하지 않는다는 설이다.

본년(本年)의 삼합(三合) 월일시(月日時)를 사용하라는 것은 월일시는 다 삼살(三煞)과 제 흉살(諸凶煞)은 범할 수 없기 때문이다. 그러나 오직 자오묘유년(子午卯酉年)만이 그러하고, 나머지 태세(太歲)는 그러하지 않다.

가령 신년(申年) 태세(太歲)는 신(申)이니, 차라리 영재(迎財)만을 길신(吉辰)으로 할지언정 신년(申年) 태세가 길하다 할 수 있겠는가? 또 진년(辰年) 태세는 진(辰)인데 이에서 청룡(靑龍)이니 길하다고 할 수 있겠는가? 그러므로 이곳의 능압(能壓) 태세지설(太歲之說)은 전요(典要 ; 준칙)로서는 이미 근거가 부족한 것이다.

여기 통천규(通天竅)와 주마육임(走馬六壬)은 함께 전해지고 있는 지 오래이다. 두 설(說)을 합하여 규마(竅馬)라 칭하기도 하는데, 이(理)로써 해(害)를 주지는 않고 민속(民俗)에서 쓰이므로 존재하는 것 같다고 하였다.

이 곳 통천규 12성신(星辰)은 장생(長生)에서 일으킨(起) 영재(迎財), 진보(進寶), 고주(庫珠)와 대방(對方)의 대길(大吉), 진전(進田), 청룡(靑龍) 등은 길신(吉辰)이라 하고, 나머지 대주뢰(大州牢), 소현옥(小縣獄), 소중상(小重喪), 소화혈(小火血), 대화혈(大火血), 대중상(大重喪)은 흉신(凶神)이라 한다.

5. 주마육임(走馬六壬)

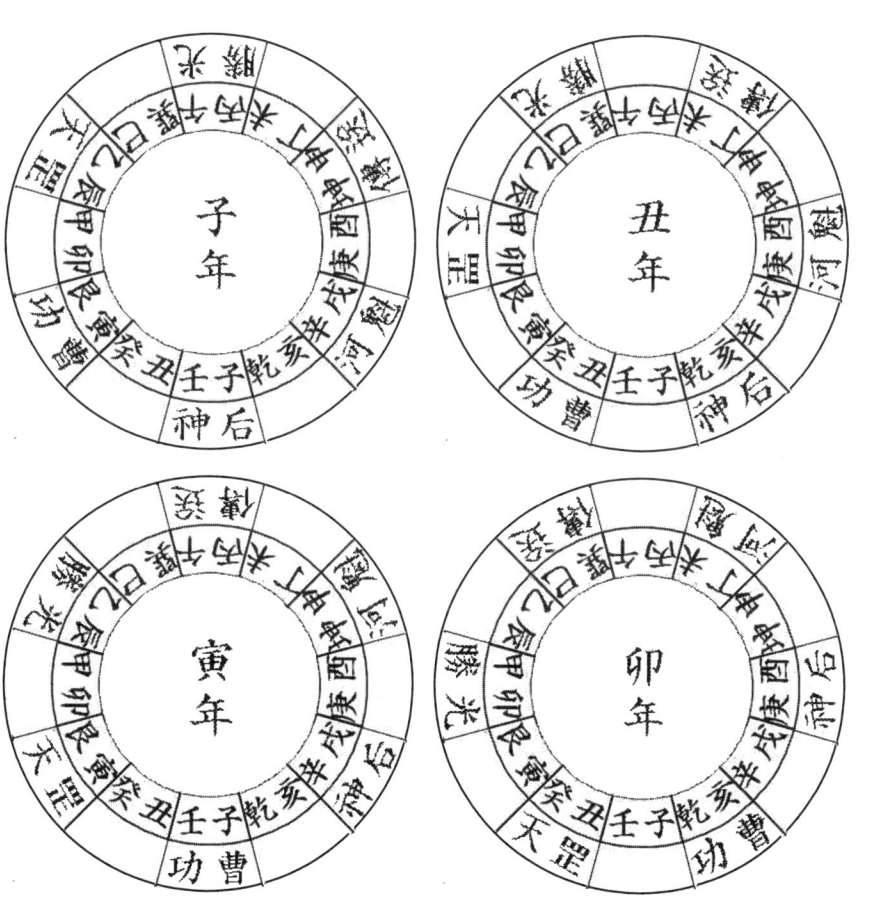

562 제1부 吉凶神煞

辰年
巳年
午年
未年
申年
酉年

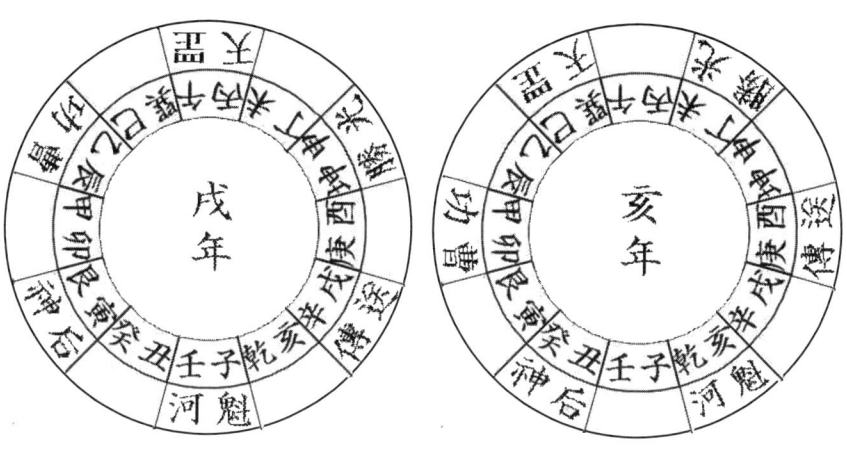

《통서(通書)》에 이르기를, "육임(六壬)은 천강(天罡)의 연월(年月) 예(例)에서 천강(天罡)을 수(首)로 하여 12지(支)를 순행한다. 진(辰)에다 천강(天罡)을 배속하여 사(巳)에 태을(太乙), 오(午)에 승광(勝光), 미(未)에 소길(小吉), 신(申)에 전송(傳送), 유(酉)에 종괴(從魁), 술(戌)에 하괴(河魁), 해에 등명(登明), 자(子)에 신후(神后), 축(丑)에 대길(大吉), 인(寅)에 공조(功曹), 묘(卯)에 태충(太衝)이다. 자신후(子神后), 오승광(午勝光), 인공조(寅功曹), 신전송(申傳送), 진천강(辰天罡), 술하괴(戌河魁) 등 6위(位)는 길(吉)하다. 이는 삼합(三合) 월일시(月日時)를 사용한 것이다.

양구빈(楊救貧)은 조장(造葬)에서는 산두(山頭)의 길성(吉星)을 사용하였고, 수방(修方)에서는 방도(方道)의 길성(吉星)을 사용하였다. 가령 흉방(凶方)을 수(修)할 때, 길방(吉方)에서 처음에 손을 대어 시작(起手)하였으니, 주(主)는 12년 동안을 전재(田財)가 대왕(大旺)케 하였다."하였다.

안찰하면 ; 지지에 12장(將)을 배속시켜 놓고, 신후(神后), 대길(大吉), 공조(功曹), 승광(勝光), 소길(小吉), 전송(傳送), 등명(登明)을 길(吉)로 하고, 태충(太衝), 천강(天罡), 태을(太乙), 종괴(從魁), 하괴(河魁)를 흉(凶)으로 하였다. 지금은 대길(大吉), 소길(小吉), 등명(登明)을 취하지 아니하고 천강(天罡), 하괴(河魁)를 취한다. 대개 子·寅·辰·午·申·戌 6양신(陽辰)을 길(吉)로 삼기 때문이다.

그 기례(起例)는 자년(子年)의 천강(天罡)을 진(辰)에 가(加)하여 매년(每年) 퇴행일위(退行一位)한다. 대개 예로부터 전하여 오는 세염지설(歲厭之說)은 자년(子年)이 자(子)와 합치(合致)할 때 복음(伏吟)이라 하였는데, 천강(天罡)이 반드시 진(辰)일 때만 그러하다. 염(厭)은 역행(逆行)이므로 천강(天罡)도 매년 퇴행(退行) 일위(一位)하는데, 그것은 황흑(黃黑) 이도(二道)와 방불(彷彿)하므로 상동(相同)이라 한 것이지 달리 깊은 뜻이 있는 것은 아니다.

대저 그 방(方)에 길신(吉神)이 중첩하면 길(吉)하고 길신(吉神)이 없으면 복(福)을 능히 만들지 못한다. 그러므로 《종경(宗鏡)》에, 여러 서적에 실려 있지만 학문적 근거가 부족하다고 꾸짖은 것이다. 그러나 이 두 설(說)이 상전(相傳)한 지 오래되었고, 반드시 해로움을 주는 것도 아니므로 존재하는 것 같다.

제2장. 삼원(三元)에 의해 일으키는 신살(神煞)

1. 사리삼원(四利三元)

《선택종경(選擇宗經)》에 이르기를, "이순풍(李淳風)*의 사리삼원(四利三元)은 1태세(太歲), 2태양(太陽), 3상문(喪門), 4태음(太陰), 5관부(官符), 6사부(死符), 7세파(歲破), 8용덕(龍德), 9백호(白虎), 10복덕(福德), 11조객(弔客), 12병부(病符)이다. 태양(太陽), 태음(太陰), 용덕(龍德), 복덕(福德)은 길(吉)하고 나머지는 다 흉(凶)하다."하였다.

*이순풍(李淳風) ; 당나라 태종 때의 천문학자. 혼천의(渾天儀)를 제작하여 별을 관측했고, 태사령이 되어 인덕력(麟德曆)을 편찬

했으며, 오조(五曹), 손자(孫子) 등의 옛 산서(算書)를 주해했으며, 《진서(晉書)》, 《오대사(五代史)》의 율력지(律曆志)를 지음.

안찰하면 ; 삼원지의(三元之義)는 미상(未詳)이나 사리방(四利方)은 《통서(通書)》의 연표(年表)에 실려 있고, 팔흉방(八凶方)도 《시헌서(時憲書)*》에 실려 있다.

* 《시헌서(時憲書)》; 시헌력은 공식적인 역법으로는 중국에서 마지막으로 사용된 태음태양력을 말한다. 시헌력(時憲曆)은 독일 쾰른 출신의 기독교 선교사 아담 샬에 의해 편찬된 것으로, 명나라 마지막 황제인 숭정제로부터 당시 사용되던 대통력(大統曆)보다 더 정확한 달력을 만들도록 명을 받고 서광계(徐光啓) 등의 협력 하에 숭정력(崇禎曆)을 만들었다. 그러나 1644년 3월에 이자성이 북경을 점령하자 숭정제는 자살하고 명나라가 멸망하게 된다. 이후 이자성군을 물리치고 북경을 점령한 청나라는 천문학에 밝은 아담 샬을 중용하여 숭정력은 1644년 10월 시헌력(時憲曆)으로 전국에 공포되었다. 아담 샬은 1646년에 정식으로 국립천문대 소장에 임명되었다. 훗날 건륭제의 휘명이 홍력(弘曆)이었기 때문에 중국에서는 력(曆)자의 사용을 피해 시헌서(時憲書)라고 부르게 되었다. 중국에서는 1911년 태양력으로 개력되기 전까지 시헌력이 사용되었으며, 현재에도 민간에서는 시헌력에 근거한 달력이 사용되고 있다. 이는 우리나라 일본의 음력과 같다.

지금 명의(名義)로서 추지(推之)하건대, 태세(太歲)와 세파(歲破)는 감히 범할 수 없는 것들이다. 상문(喪門) 조객(弔客)도 세파(歲破)와 합세(合勢)하여 태세(太歲)를 충(衝)하는 것이며, 관부(官符) 백호(白虎)는 삼방(三方)의 높은 곳에서 태세

(太歲)를 내려다보는(弔照) 자(者)들이고, 병부(病符)는 구(舊) 태세(太歲)이며, 사부(死符)는 구(舊) 세파(歲破)이다. 오직 태양(太陽)은 태세(太歲) 전(前)에 있으므로 방흥(方興)이 미애(未艾 ; 그치지 않다, 다하지 않다)이다. 용덕(龍德)은 세파(歲破)의 전(前)에 있으므로 안길(安吉)을 헤아릴 수 없는(無虞) 상태이다. 태음(太陰) 복덕(福德)은 태세(太歲) 세파(歲破)의 사이를 경계 짓고 있어서 불충부조(不衝不照)이므로 그 길(吉)함도 원래 상태(固宜)로이다.

그러나 이곳의 태세(太歲) 기례(起例)를 좇아보면 마치 일(日)의 건제(建除)처럼 되어 있다. 그러므로 《종경(宗鏡)》에 또 사리(四利)를 건제(建除)에 배속시킨다는 설은, 만약 삼합(三合)으로 논하였을 때 진술축미(辰戌丑未)의 태양(太陽)이 겁살(劫煞)이 되고, 인신사해(寅申巳亥) 년(年)으로는 복덕(福德)이지만 역시 겁살(劫煞)이며, 태음(太陰)은 또 천관부(天官符)이니 자오묘유(子午卯酉)년의 용덕(龍德)이나 또한 세살(歲煞)이므로 길하다고 하기에는 불가하다. 그러므로 반드시 각 신(神)을 함께 겸하여 보아야지 이 하나만을 가지고 고집하며 결정짓는 것은 가하지 않다.

2. 개산황도(蓋山黃道)

개산황도(蓋山黃道)는 청낭구요(靑囊九曜)*에서 기(起)하였다. 본년지(本年支)의 대궁(對宮) 괘(卦)가 본궁(本宮)이니, 소유년(小遊年)의 변괘법(變卦法)을 사용하면 탐랑(貪狼)이

황라(黃羅)이며, 거문(巨門)이 천황(天皇)이며, 문곡(文曲)이 자단(紫檀)이며, 무곡(武曲)이 지황(地皇)이다.

가령, 자년(子年)은 속감(屬坎)이니 대궁(對宮)은 리(離)이므로 리(離)가 본궁(本宮)이 된다. 탐랑(貪狼)은 재진(在震)이고, 거문(巨門)은 재태(在兌)이며, 문곡(文曲)은 재곤(在坤)이며, 무곡(武曲)은 재손(在巽)이다. 또 구요(九曜)의 납갑(納甲) 삼합법(三合法)에 의하면 경해미(庚亥未)는 진(震)에 소속하고, 정사축(丁巳丑)은 태(兌)에 소속한다. 곤을납(乙納坤), 신납손(辛納巽)이 그것이다. 나머지도 이와 같다.

*청낭구요(靑囊九曜) ; 청낭(靑囊)은 상지술(相地術 ; 토지 선택의 방법)의 대칭. 구요(九曜)는 탐랑(貪狼), 거문(巨門), 녹존(祿

存), 문곡(文曲), 무곡(武曲), 파로(破窂), 좌보(左輔), 우필(右弼), 염정(廉貞) 구성(九星)을 가리킨다.

《통서(通書)》에 이르기를, "그 방(方)의 개산(開山) 입향(立向) 수영(修營)에 함께 길하다. 기례(起例)는 팔괘(八卦)에서만 취하고, 납갑(納甲)이나 삼합(三合)은 불용(不用)이라." 하였다.

지금 안찰하면 ; 청낭구요(靑囊九曜)에 탐(貪)·거(巨)·무(武)·보(輔)는 길하나, 이에서 보필(輔弼)은 불용(不用)하는 대신 문곡(文曲)을 사용하는데, 그 이유는 불상(不詳)이다. 그러나 파군(破軍)은 부천공망(浮天空亡)이고 염정(廉貞)은 독화(獨火)라고 《통서(通書)》에서 역래(曆來)로 피하면서 사용을 꺼리는 지 오래되었다. 이미 저것들을 흉하다 하였더라도 이제부터는 길의(吉宜)함으로 해야 할 것이다. 오직 황라(黃羅) 등의 이름에 이익이 넉넉하지 않다면 지금부터 기례(起例)를 좇아서 원명(原名)을 사용하고 서기(庶幾)에 본의(本義)가 실전(失傳)하지 않도록 하여야 할 것이다.

3. 삼원구성(三元九星)

《황제둔갑경(皇帝遁甲經)》에 이르기를, "삼원(三元)이란 구궁(九宮)에서 일으키는(起) 것을 말한다. 휴문(休門)을 일백(一白), 사문(死門) 이흑(二黑), 상문(傷門) 삼벽(三碧), 두문(杜門) 사록(四綠), 중궁(中宮) 오황(五黃), 개문(開門) 육백(六白), 경문(驚門) 칠적(七赤), 생문(生門) 팔백(八白), 경문(景門)

구자(九紫)라."하였다.

《통서》에 이르기를, "구궁자는 신구(神龜)의 등에 있는 문양(文樣)인데, 우(禹)임금이 이로 인하여 구주(九疇 ; 洪範九疇)를 펼쳤으니(因以陳九疇) 곧 낙서(洛書)의 대구(戴九) 이일(履一), 좌삼(左三), 우칠(右七), 이사(二四)는 위견(爲肩), 육팔(六八)은 위족(爲足), 오수(五數)는 거중(居中)이 그것이다. 이는 종횡사(縱橫斜)의 수(數)가 모두 15수(數)를 이루고 있다."고 하였다.

하도(河圖)는 천일(天一) 지이(地二), 천삼(天三) 지사(地四), 천오(天五) 지육(地六), 천칠(天七) 지팔(地八), 천구(天九) 지십(地十)으로 된 것을 선유(先儒)가 십(十)을 제(除)하고 구(九)를 사용하였다는 설이다. 이른바 하도(河圖) 낙서(洛書)는 서로 경위(經緯)요 팔괘(八卦)이며, 구장(九章)이 서로 표리

(表裏)가 되는 것이다.

　동한(東漢)의 장형변(張衡變)의 구장(九章)은 구궁(九宮)이다. 일백(一白)·이흑(二黑)·삼벽(三碧)·사록(四綠)·오황(五黃)·육백(六白)·칠적(七赤)·팔백(八白)·구자(九紫)를 삼원(三元) 육갑(六甲)으로 나누어 수(數)로써 작방(作方)하여 놓고, 일백(一白)을 감(坎)에 거(居)하게 하였고, 이흑거곤(二黑居坤), 삼벽거진(三碧居震), 사록거손(四綠居巽), 오황거중(五黃居中), 육백거건(六白居乾), 칠적거태(七赤居兌), 팔백거간(八白居艮), 구자거리(九紫居離)케 하였으니, 이것이 구궁(九宮)이다. 이것이 정(靜)하면 그 방(方)에서 안정(安定)하지만 동(動)하면 수(數)를 따라서 운행한다.

구궁변형도(九宮變形圖)

體爲地盤			用爲天盤			
坤二黑	兌七赤	乾六白	乾六	兌七	艮八	離九
離九紫	中五黃	坎一白	中五			
巽四綠	震三碧	艮八白	巽四	震三	坤二	坎一

4. 삼원년(三元年) 구성(九星) 입중궁(入中宮)

　《고원》에 이르기를, "상원갑자(上元甲子)는 중궁(中宮)에서 기일백(起一白)하고, 중원갑자(中元甲子)는 중궁(中宮)에서 사록(四綠)을 기(起)하며, 하원갑자(下元甲子)는 중궁(中

宮)에서 칠적(七赤)을 기(起)하여 삼원(三元) 180년을 일주기(一週期)로 운행한다.

慶熙 2 3년 甲子爲上元

上元	中元	下元	三元太歲 所在					
一白	四綠	七赤	甲子	癸酉	壬午	辛卯	庚子	己酉	戊午
九紫	三碧	六白	乙丑	甲戌	癸未	壬辰	辛丑	庚戌	己未
八白	二黑	五黃	丙寅	乙亥	甲申	癸巳	壬寅	辛亥	庚申
七赤	一白	四綠	丁卯	丙子	乙酉	甲午	癸卯	壬子	辛酉
六白	九紫	三碧	戊辰	丁丑	丙戌	乙未	甲辰	癸丑	壬戌
五黃	八白	二黑	己巳	戊寅	丁亥	丙申	乙巳	甲寅	癸亥
四綠	七赤	一白	庚午	己卯	戊子	丁酉	丙午	乙卯	
三碧	六白	九紫	辛未	庚辰	己丑	戊戌	丁未	丙辰	
二黑	五黃	八白	壬申	辛巳	庚寅	己亥	戊申	丁巳	

대개 180은 궁수(宮數)가 9로 화갑(花甲) 60과 함께 도진(度盡 ; 度過)시켜야 하기 때문이다. 그러면 매년마다 구궁을 역전(逆轉)하게 된다.

가령 갑자(甲子)년에 일백(一白)을 중궁(中宮)에서 기(起)하였다면 을축(乙丑)년은 구자(九紫)를 기(起)하기 때문에 실제로는 갑자년 일백(一白) 재중궁(在中宮)하고 을축(乙丑)년은 구자(九紫)가 중궁(中宮)에 오니, 일백(一白)은 재건육궁(在乾六宮)으로 가서 마치 역행하는 것 같으나, 실제로는 순행(順行)인 것이다. 그 해에 해당하는 성신(星辰)이 입중궁(入中宮)

하며 구궁(九宮)을 모두 순포(順布)하게 된다.

  가령 강희(康熙) 23년 갑자(甲子)는 일백(一白)이 입중궁(入中宮)하면 이흑(二黑)은 건궁(乾宮)이 되며, 삼벽(三碧)은 태궁(兌宮)이 되며, 사록(四綠)은 간궁(艮宮)이 되고, 오황(五黃)은 이궁(離宮)이 되며, 육백(六白)은 감궁(坎宮)이 되고, 칠적(七赤)은 곤궁(坤宮)이요, 팔백(八白)은 진궁(震宮)이며, 구자(九紫)는 손궁(巽宮)이 된다. 나머지도 이와 같다."하였다.

5. 삼원(三元) 월구성(月九星) 입중궁(入中宮)

子午卯酉年		辰戌丑未年		寅申巳亥年	
正月	八白	正月	五黃	正月	二黑
二月	七赤	二月	四綠	二月	一白
三月	六白	三月	三碧	三月	九紫
四月	五黃	四月	二黑	四月	八白
五月	四綠	五月	一白	五月	七赤
六月	三碧	六月	九紫	六月	六白
七月	二黑	七月	八白	七月	五黃
八月	一白	八月	七赤	八月	四綠
九月	九紫	九月	六白	九月	三碧
十月	八白	十月	五黃	十月	二黑
十一月	七赤	十一月	四綠	十一月	一白
十二月	六白	十二月	三碧	十二月	九紫

《고원》에 이르기를, "갑자(甲子)년 정월(正月) 중궁(中宮) 기팔백(起八白)이 된 것은 대개 전년(前年) 11월(月) 갑자(甲子)에서 일백(一白)을 기(起)하면 12월은 구자(九紫)가 되므로, 본년(本年)의 정월(正月)은 팔백(八白)을 기(起)하게 되어 3년이면 일주(一週)하게 된다.

대개 3년이면 36개월이니 월수(月數) 12와 궁수(宮數) 9가 함께 도진(度盡)하게 된다. 그러므로 자오묘유(子午卯酉)년은 상원(上元)이니, 정월(正月)에 팔백(八白)을 기(起)하고, 진술축미(辰戌丑未)년은 중원(中元)이니 정월(正月)에 오황(五黃)을 기(起)하며, 인신사해(寅申巳亥)년은 하원(下元)이니 정월(正月)에 이흑(二黑)을 기(起)한다. 매월(每月)을 역전(逆轉)으로 진행하게 된다. 역시 그 달에 해당하는 성신(星辰)을 입중궁(入中宮)하여 구궁에 순포(順布)시키는 것이니 연(年)에서의 구성(九星)과 동일하게 한다." 하였다.

안찰하면 ; ❶ 둔갑법(遁甲法)은 동지(冬至) 상원(上元) 갑자(甲子)에서 감일(坎一)을 기(起)하면 을축(乙丑) 곤이(坤二), 병인(丙寅) 진삼(震三), 정묘(丁卯) 손사(巽四), 무진(戊辰) 중오(中五), 기사(己巳) 건육(乾六), 경오(庚午) 태칠(兌七), 신미(辛未) 간팔(艮八), 임신(壬申) 이구(離九), 계유(癸酉)에 다시 감일(坎一)의 차순수(次順數)한다.

그러면 갑술(甲戌) 곤이(坤二), 갑신(甲申) 진삼(震三), 갑오(甲午) 손사(巽四), 갑진(甲辰) 중오(中五), 갑인(甲寅) 건육(乾六)이 되어 중원갑자(中元甲子)에 이르는데, 중원(中元)에서는 갑자(甲子)를 태(兌)7에서 기(起)하고, 하원(下元)에서는 갑자(甲子)를 손(巽)4에서 기(起)하여 육갑(六甲)을 지나면 다시 상원갑자(上元甲子)로 가게 되니 감(坎)1에서 기(起)한다. 이것이 구궁(九宮)을 순행시키는 것이다.

❷ 구성법(九星法)은 상원(上元)의 갑자(甲子)는 일백(一白) 입중궁(入中宮)하면, 을축(乙丑)이 구자(九紫), 병인(丙寅) 팔백(八白), 정묘(丁卯) 칠적(七赤), 무진(戊辰) 육백(六白), 기사(己巳) 오황(五黃), 경오(庚午) 사록(四綠), 신미(辛未) 삼벽(三碧), 임신(壬申) 이흑(二黑), 계유(癸酉)에 다시 일백(一白)이니 역수순(逆數順)으로 된다.

이렇게 하면 갑술(甲戌) 구자(九紫), 갑신(甲申) 팔백(八白), 갑오(甲午) 칠적(七赤), 갑진(甲辰) 육백(六白), 갑인(甲寅) 오황(五黃)이 되고, 중원의 갑자(甲子)에 사록(四綠), 하원(下元)의 갑자(甲子)에 칠적(七赤)이 된다.

이렇게 육갑(六甲)을 다 지나면 다시 상원 갑자(上元甲子)로 가서 또 일백(一白) 입중궁(入中宮)으로 순환(循環)하는데, 이의 구궁(九宮)은 역행이 된다. 이를 궁구하여 보니 역시 구성(九星)으로 순행함에 매여 앞으로 진행하는 것은 중궁(中宮)에 들어있는 성신(星辰)은 자연히 이끌려 뒤의 성신(星辰)이 와야 하니 역전(逆轉)이 될 수밖에 없기 때문이다.

수조법(修造法)은 중궁(中宮)에 들어있는 성신(星辰)을 위주(爲主)하여 팔궁(八宮)에 순포(順布)하는 것이므로 상원(上元) 갑자(甲子)에 일백(一白)을 기(起)하여 역행(逆行)하면 그 해(年)에 입중궁(入中宮)했던 성신(星辰)이 되니 실제로는

「구성(九星)은 모두 순행(順行)」인 것이다.

제3장. 기타에 의해 일으키는 신살(神煞)

1. 팔절삼기(八節三奇)

《통서》에 이르기를, "천상(天上) 삼기(三奇) 을병정(乙丙丁)은 귀인(貴人)의 간덕(干德)에서 나와 12지신(支辰)으로 유행(遊行)시킨 것이다.

양귀(陽貴)는 순행(順行)으로 하여 을덕(乙德) 축(丑), 병덕(丙德) 인(寅), 정덕(丁德) 묘(卯) 삼간(三干)의 덕(德)을 상련(相聯)시켜 간단(間斷)이 없도록 한 것이다.

음귀(陰貴)를 역행하면 을덕(乙德) 미(未), 병덕(丙德) 오(午), 정덕(丁德) 사(巳)이니, 역시 삼간(三干)의 덕(德)을 상련(相聯)시켜 간단(間斷)이 없도록 한 것이다. 또 그로 귀인(貴人)이 천간(天干)을 따라 있으므로 이른바 천상(天上) 삼기(三奇)로 하면 능히 제살(制煞)한다는 발상(發祥)이다.

중궁(中宮)에서 좌향(坐向)을 득하여 상관(上官), 가취(嫁娶), 입택(入宅), 이거(移居), 수조(修造), 안장(安葬)에 모두 길한 것으로 하였다. 나머지는 무기(戊己) 경신(庚辛) 임계(壬癸)는 귀인(貴人)을 따라 섭렵(所涉 ; 涉獵)하는데, 간혹 나망(羅網), 간혹 천공(天空)이 되면 다 상련하지 못한다." 하였다.

《선택종경(選擇宗經)》에 이르기를, "팔절(八節) 삼기(三奇)는 팔절(八節)의 본궁(本宮)을 좇아서 갑자(甲子)를 기(起)하여 양둔(陽遁)은 순비(順飛) 구궁(九宮)하고, 음둔(陰遁)은 역비(逆飛) 구궁(九宮)하여 본년(本年) 태세(太歲)로 어느 궁(宮)에 매여 있는지를 찾아놓고, 다시 그 궁(宮)에서 본년(本年)의 호둔(虎遁)을 기(起)하여 팔절(八節)의 순역(順逆)에 의거하여 비궁(飛宮)하고 삼기(三奇)가 분포한 것을 찾는다.

취용은, 가령 경신년(庚申年) 동지절(冬至節) 용사(用事)라면 감1궁(坎宮)에서 갑자(甲子)를 기(起)하여 구궁(九宮)을 순비(順飛)하여 태세(太歲) 경신(庚申)을 찾는 것인데, 찾아보니 진3궁(震宮)에 있다. 그리고 을경년(乙庚年)은 오호(五虎) 둔득(遁得)하면 무인(戊寅)이니, 무인(戊寅)을 진3궁(震宮)에서부터 시작(起)하여 또 구궁(九宮)을 순비(順飛)하면 을유(乙酉)가 감궁(坎宮)에 들고, 병술(丙戌)이 곤궁(坤宮)에 들고, 정해(丁亥)가 진3궁(震宮)에 든다. 이것이 경신년(庚申年) 동지절(冬至節)의 을병정(乙丙丁) 삼기(三奇)인데, 이곳은 수작(修作), 도산(到山), 도방(到方)이니 주(主)는 전산(田産)을 불려주고, 귀자(貴子)를 생산케 하며, 인정(人丁)을 왕성케 한다."하였다.

안찰하면 ; 기문(奇門)은 육갑(六甲)을 부사(符使)로 하는데, 가장 꺼리는 것은 경금(庚金)이므로 을(乙)과 합하여 사용하고 병정(丙丁)으로 제압한다. 선택(選擇)에서 삼기(三奇)를 중요하게 쓰는 것은 근본이 이에 있다.

동지(冬至)는 감궁(坎宮)에 소속하고 양둔(陽遁)이며 일국(一局)이니, 감일궁(坎一宮)에서 甲子를 기(起)하여 순행한다.

입춘(立春)은 간궁(艮宮)에 소속하며 양둔(陽遁)이며 팔국(八局)이니, 간팔(艮八)에서 갑자(甲子)를 기(起)한다.

춘분(春分)은 진궁(震宮)에 소속하며 양둔(陽遁)이며 삼국

(三局)이니 진삼(震三)에서 갑자(甲子)를 기(起)한다.

입하(立夏)는 손궁(巽宮)에 소속하며 양둔(陽遁)이며 사국(四局)이니, 손사(巽四)에서 갑자(甲子)를 기(起)한다. 이상은 모두 구궁(九宮)에서 순비(順飛)한다.

하지(夏至)는 이궁(離宮)에 소속하며 음둔(陰遁)을 사용하고 구국(九局)이니, 이구(離九)에서 갑자(甲子)를 기(起)하여 구궁(九宮)을 역행한다.

입추(立秋)는 곤궁(坤宮)에 소속하며 음둔(陰遁)이며 이국(二局)이니, 곤이(坤二)에서 갑자(甲子)를 기(起)한다.

추분(秋分)은 태궁(兌宮)에 소속하며 음둔(陰遁)이며 칠국(七局)이니, 태칠(兌七)에서 갑자(甲子)를 기(起)한다.

입동(立冬)은 건궁(乾宮)에 소속하며 음둔(陰遁)이며 육국(六局)이니, 건육(乾六)에서 갑자(甲子)를 기(起)한다. 이상 4국은 모두 구궁(九宮)을 역비(逆飛)한다.

이상은 모두 시(時) 기문법(奇門法)이다.

태세(太歲)로 운이 매여 있는(運泊) 것은 오호(五虎)로 둔득(遁得)하여 그 궁에서 일으키는(宮起五虎遁得) 것인데, 그것은 기문(奇門)에서와 같이 육의(六儀)를 순포(順布)하고, 역포(逆布)하는 것은 삼기법(三奇法)과는 다르니, 이에는 역시 이치가 따로 있다(自有理).

《종경(宗鏡)》에 이르기를, "삼기당용기문(三奇當用奇門)하니 용 팔절삼기역가(用八節三奇亦可)이다." 하였는데 이에는 고유한 법이 있다.

冬至

巽四	離九	坤二
辛酉 壬子 癸卯 甲午 乙酉 丙子 丁卯 乙震 乙兌 乙中 乙巽 乙坤 乙離 丙坎 丙艮 丙乾 丙巽 丙震 丙坎 丁坤 丁離 丁兌 丁中 丁巽 丁坤	丁巳 戊申 己亥 庚寅 辛巳 壬申 乙震 乙坎 乙離 乙兌 乙中 乙震 丙巽 丙坤 丙離 丙艮 丙乾 丙巽 丁中 丁震 丁坎 丁離 丁兌 丁中	己未 庚戌 辛丑 壬辰 癸未 甲戌 乙丑 乙坤 乙離 乙兌 乙中 乙震 乙坤 乙離 丙坤 丙坎 丙艮 丙乾 丙巽 丙坤 丙坎 丁震 丁坤 丁離 丁兌 丁中 丁震 丁坤
震三	**中五**	**兌七**
庚申 辛亥 壬寅 癸巳 甲申 乙亥 丙寅 乙坎 乙艮 乙乾 乙巽 乙震 乙坎 乙艮 丙坤 丙離 丙中 丙震 丙坤 丙離 丁震 丁坎 丁艮 丁乾 丁巽 丁震 丁坎	壬戌 癸丑 甲辰 乙未 丙戌 丁丑 戊辰 乙艮 乙乾 乙中 乙震 乙坎 乙艮 乙乾 丙離 丙兌 丙中 丙巽 丙坤 丙離 丙兌 丁坎 丁艮 丁乾 丁中 丁震 丁坎 丁艮	乙卯 丙午 丁酉 癸子 己卯 庚午 乙中 乙震 乙坎 乙艮 乙兌 乙中 丙乾 丙巽 丙坤 丙離 丙兌 丙乾 丁兌 丁中 丁震 丁坎 丁艮 丁兌
艮八	**坎一**	**乾六**
丙辰 丁未 戊戌 己丑 庚辰 辛未 乙巽 乙坤 乙離 乙艮 乙乾 乙巽 丙中 丙震 丙坎 丙艮 丙兌 丙中 丁乾 丁巽 丁坤 丁離 丁艮 丁乾	戊辛 己酉 庚子 辛卯 壬午 癸酉 甲子 乙坤 乙坎 乙艮 乙乾 乙巽 乙震 乙坤 丙震 丙坤 丙離 丙兌 丙中 丙震 丙坤 丁巽 丁坤 丁坎 丁艮 丁乾 丁巽 丁坤	癸亥 甲寅 乙巳 丙申 丁亥 戊寅 己巳 乙兌 乙乾 乙巽 乙坤 乙離 乙乾 丙艮 丙乾 丙中 丙震 丙坎 丙乾 丁離 丁兌 丁乾 丁巽 丁坎 丁離 丁兌

立春

巽 四

癸亥	甲寅	乙巳	丙申	丁亥	戊寅	己巳
乙中	乙巽	乙坤	乙離	乙兌	乙中	乙巽
丙乾	丙巽	丙震	丙坎	丙艮	丙乾	丙巽
丁艮	丁中	丁巽	丁坤	丁離	丁兌	丁中

離 九

己未	庚戌	辛丑	壬辰	癸未	甲戌	乙丑
乙離	乙兌	乙中	乙震	乙坎	乙離	乙兌
丙離	丙艮	丙乾	丙巽	丙坤	丙離	丙艮
丁坎	丁離	丁兌	丁中	丁震	丁坎	丁離

坤 二

辛酉	壬子	癸卯	甲午	乙酉	丙子	丁卯
乙兌	乙中	乙震	乙坤	乙離	乙兌	乙中
丙艮	丙乾	丙巽	丙坤	丙坎	丙艮	丙乾
丁離	丁兌	丁中	丁震	丁坤	丁離	丁兌

震 三

壬戌	癸丑	甲辰	乙未	丙戌	丁丑	戊辰
乙乾	乙巽	乙震	乙坎	乙艮	乙乾	乙巽
丙兌	丙中	丙震	丙坤	丙離	丙兌	丙中
丁艮	丁乾	丁巽	丁震	丁坎	丁艮	丁乾

中 五

乙卯	丙午	丁酉	癸子	己卯	庚午
乙震	乙坎	乙艮	乙乾	乙中	乙震
丙巽	丙坤	丙離	丙兌	丙中	丙巽
丁中	丁震	丁坎	丁艮	丁乾	丁中

兌 七

丁巳	戊申	己亥	庚寅	辛巳	壬申
乙坎	乙艮	乙兌	乙中	乙震	乙坎
丙坤	丙離	丙兌	丙乾	丙巽	丙坤
丁震	丁坎	丁艮	丁兌	丁中	丁震

艮 八

戊午	己酉	庚子	辛卯	壬午	癸酉	甲子
乙離	乙艮	乙乾	乙巽	乙坤	乙離	乙艮
丙坎	丙艮	丙兌	丙中	丙震	丙坎	丙艮
丁坤	丁離	丁艮	丁乾	丁巽	丁坤	丁離

坎 一

庚申	辛亥	壬寅	癸巳	甲申	乙亥	丙寅
乙艮	乙乾	乙巽	乙坤	乙坎	乙艮	乙乾
丙離	丙兌	丙中	丙震	丙坎	丙離	丙兌
丁坎	丁艮	丁乾	丁巽	丁坤	丁坎	丁艮

乾 六

丙辰	丁未	戊戌	己丑	庚辰	辛未
乙坤	乙離	乙兌	乙乾	乙巽	乙坤
丙震	丙坎	丙艮	丙兌	丙中	丙震
丁巽	丁坤	丁離	丁兌	丁乾	丁巽

第一部 吉凶神煞

春分

巽 四	離 九	坤 二
己庚辛壬癸甲乙 未戌丑震未戌丑 乙乙乙乙乙乙 巽坤離兌中巽坤 丙丙丙丙丙丙 巽震坎艮乾巽震 丁丁丁丁丁丁 中巽坤離兌中巽	乙丙丁戊己庚 卯午酉子卯午 乙乙乙乙乙乙 兌中震坎離兌 丙丙丙丙丙丙 艮乾巽坤離艮 丁丁丁丁丁丁 離兌中震坎離	丁戊己庚辛壬 巳申亥寅巳申 乙乙乙乙乙乙 中震坤離兌中 丙丙丙丙丙丙 乾巽坎艮乾 丁丁丁丁丁丁 兌中震坤離兌

震 三	中 五	兌 七
戊己庚辛壬癸甲 午酉子卯午酉子 乙乙乙乙乙乙乙 巽震坎艮乾巽震 丙丙丙丙丙丙丙 中震坤離兌中震 丁丁丁丁丁丁丁 乾巽震坎艮乾巽	庚辛壬癸甲乙丙 申亥寅巳申亥寅 乙乙乙乙乙乙乙 震坎艮乾中坎 丙丙丙丙丙丙丙 巽坤離兌中巽坤 丁丁丁丁丁丁丁 中震坎艮乾中震	壬癸甲乙丙丁戊 戌丑辰未戌丑辰 乙乙乙乙乙乙乙 坎艮兌中震坎艮 丙丙丙丙丙丙丙 坤離兌乾巽艮離 丁丁丁丁丁丁丁 震坎艮兌中震坎

艮 八	坎 一	乾 六
癸甲乙丙丁戊己 亥寅巳申亥寅巳 乙乙乙乙乙乙乙 離艮乾巽坤離艮 丙丙丙丙丙丙丙 坎艮兌中震坎艮 丁丁丁丁丁丁丁 坤離艮乾巽坤離	丙丁戊己庚辛 辰未戌丑辰未 乙乙乙乙乙乙 乾巽坤坎艮乾 丙丙丙丙丙丙 兌中震坎離兌 丁丁丁丁丁丁 艮乾巽坤坎艮	辛壬癸甲乙丙丁 酉子卯午酉子卯 乙乙乙乙乙乙乙 坤離兌乾巽坤震 丙丙丙丙丙丙丙 震坎艮乾中震坎 丁丁丁丁丁丁丁 巽坤離兌乾巽坤

立夏

巽 四

戊午	己酉	庚子	辛卯	壬午	癸酉	甲子
乙中	乙巽	乙坤	乙離	乙兌	乙中	乙巽
丙乾	丙巽	丙震	丙坎	丙艮	丙乾	丙巽
丁兌	丁中	丁巽	丁坤	丁離	丁兌	丁中

離 九

癸亥	甲寅	乙巳	丙申	丁亥	戊寅	己巳
乙坎	乙離	乙兌	乙中	乙震	乙坎	乙離
丙坤	丙離	丙艮	丙乾	丙巽	丙坤	丙離
丁震	丁坎	丁離	丁兌	丁中	丁震	丁坎

坤 二

丙辰	丁未	戊戌	己丑	庚辰	辛未
乙兌	乙中	乙震	乙坤	乙離	乙兌
丙艮	丙乾	丙巽	丙坤	丙離	丙艮
丁離	丁兌	丁中	丁震	丁坤	丁離

震 三

丁巳	戊申	己亥	庚寅	辛巳	壬申
乙乾	乙巽	乙震	乙坎	乙艮	乙乾
丙兌	丙中	丙震	丙坤	丙離	丙兌
丁艮	丁乾	丁巽	丁震	丁坎	丁艮

中 五

己未	庚戌	辛丑	壬辰	癸未	甲戌	乙丑
乙中	乙震	乙坎	乙艮	乙乾	乙中	乙震
丙中	丙巽	丙坤	丙離	丙兌	丙中	丙巽
丁乾	丁中	丁震	丁坎	丁艮	丁乾	丁中

兌 七

辛酉	壬子	癸卯	甲午	乙酉	丙子	丁卯
乙震	乙坎	乙艮	乙乾	乙中	乙震	乙坎
丙巽	丙坤	丙離	丙兌	丙乾	丙巽	丙坤
丁中	丁震	丁坎	丁艮	丁兌	丁中	丁震

艮 八

壬戌	癸丑	甲辰	乙未	丙戌	丁丑	戊辰
乙坤	乙離	乙艮	乙乾	乙巽	乙坤	乙離
丙震	丙坎	丙艮	丙兌	丙中	丙震	丙坎
丁巽	丁坤	丁離	丁艮	丁乾	丁巽	丁坤

坎 一

乙卯	丙午	丁酉	戊子	己卯	庚午
乙艮	乙乾	乙巽	乙坤	乙坎	乙艮
丙離	丙兌	丙中	丙震	丙坎	丙離
丁坎	丁艮	丁乾	丁巽	丁坤	丁坎

乾 六

庚申	辛亥	壬寅	癸巳	甲申	乙亥	丙寅
乙巽	乙坤	乙離	乙兌	乙巽	乙坤	乙離
丙中	丙震	丙坎	丙艮	丙乾	丙中	丙震
丁乾	丁巽	丁坤	丁離	丁兌	丁乾	丁巽

第一部 吉凶神煞

夏至

巽 四	離 九	坤 二
癸亥 乙震 丙坤 丁坎	甲寅 乙巽 丙巽 丁震	乙巳 乙乾 丙中 丁巽	丙申 乙艮 丙兌 丁乾	丁亥 乙坎 丙離 丁坎	戊寅 乙震 丙坤 丁艮	己巳 乙巽 丙巽 丁震	戊午 乙艮 丙兌 丁乾	己酉 乙離 丙離 丁艮	庚子 乙坤 丙坎 丁離	辛卯 乙巽 丙震 丁坤	壬午 乙乾 丙中 丁巽	癸酉 乙艮 丙乾 丁乾	甲子 乙離 丙離 丁艮	丙辰 乙乾 丙中 丁巽	丁未 乙艮 丙兌 丁乾	戊戌 乙坎 丙離 丁艮	己丑 乙坤 丙坤 丁坎	庚辰 乙巽 丙震 丁坤	辛未 乙乾 丙中 丁巽

震 三	中 五	兌 七
乙卯 乙中 丙巽 丁震	丙午 乙兌 丙乾 丁中	丁酉 乙離 丙艮 丁兌	戊子 乙坤 丙坎 丁離	己卯 乙震 丙震 丁坤	庚午 乙中 丙巽 丁震	壬戌 乙坤 丙坎 丁離	癸丑 乙巽 丙震 丁坤	甲辰 乙中 丙中 丁中	乙未 乙兌 丙乾 丁兌	丙戌 乙離 丙艮 丁離	丁丑 乙坤 丙坎 丁坤	戊辰 乙巽 丙震 丁巽	庚申 乙離 丙艮 丁兌	辛亥 乙坤 丙坎 丁離	壬寅 乙巽 丙震 丁巽	癸巳 乙乾 丙中 丁乾	甲申 乙兌 丙兌 丁兌	乙亥 乙離 丙艮 丁離	丙寅 乙坤 丙坎 丁離

艮 八	坎 一	乾 六
己未 乙艮 丙艮 丁兌	庚戌 乙坎 丙離 丁艮	辛丑 乙震 丙坤 丁坎	壬辰 乙中 丙巽 丁震	癸未 乙兌 丙乾 丁中	甲戌 乙艮 丙離 丁艮	乙丑 乙坎 丙離 丁艮	丁巳 乙兌 丙乾 丁中	戊申 乙離 丙坤 丁兌	己亥 乙坎 丙震 丁離	庚寅 乙震 丙坤 丁坎	辛巳 乙兌 丙乾 丁中	壬申 乙艮 丙乾 丁艮	辛酉 乙坎 丙離 丁艮	壬子 乙震 丙坤 丁坎	癸卯 乙中 丙巽 丁中	甲午 乙乾 丙乾 丁乾	乙酉 乙艮 丙離 丁艮	丙子 乙震 丙坤 丁震	丁卯 乙震 丙坤 丁坎

立秋

巽 四	離 九	坤 二
丙震 丁未 戊戌 己丑 庚震 辛未 乙艮 乙坎 乙震 乙巽 乙乾 乙艮 丙兌 丙離 丙坤 丙巽 丙中 丙兌 丁乾 丁艮 丁坎 丁震 丁巽 丁乾	庚申 辛亥 壬寅 癸巳 甲申 乙亥 丙寅 乙坤 乙巽 乙乾 乙艮 乙離 乙坤 乙巽 丙坎 丙震 丙中 丙兌 丙離 丙坎 丙震 丁離 丁坤 丁巽 丁乾 丁艮 丁離 丁坤	戊午 己酉 庚子 辛卯 壬午 癸酉 甲子 乙坎 乙坤 乙巽 乙乾 乙艮 乙坎 乙坤 丙離 丙震 丙中 丙巽 丙乾 丙離 丙震 丁艮 丁坎 丁坤 丁巽 丁乾 丁艮 丁坎

震 三	中 五	兌 七
丁巳 戊申 己亥 庚寅 辛巳 壬申 乙離 乙坤 乙震 乙中 乙兌 乙離 丙艮 丙坎 丙震 丙巽 丙乾 丙艮 丁兌 丁離 丁坤 丁震 丁中 丁兌	乙卯 丙午 丁酉 戊子 己卯 庚午 乙兌 乙離 乙坤 乙巽 乙中 乙兌 丙乾 丙艮 丙震 丙巽 丙中 丙乾 丁中 丁兌 丁離 丁坤 丁巽 丁中	壬戌 癸丑 甲辰 乙未 丙戌 丁丑 戊辰 乙巽 乙坤 乙離 乙兌 乙乾 乙巽 乙坤 丙震 丙中 丙艮 丙坎 丙震 丙中 丁坤 丁巽 丁乾 丁兌 丁離 丁坤 丁巽

艮 八	坎 一	乾 六
辛酉 壬子 癸卯 甲午 乙酉 丙子 丁卯 乙震 乙中 乙兌 乙艮 乙坎 乙震 乙中 丙坤 丙巽 丙乾 丙艮 丙離 丙坤 丙巽 丁坎 丁震 丁中 丁兌 丁艮 丁坎 丁震	己未 庚戌 辛丑 壬辰 癸未 甲戌 乙丑 乙坎 乙震 乙中 乙離 乙兌 乙坎 乙震 丙坎 丙坤 丙巽 丙艮 丙坎 丙坤 丁離 丁坎 丁震 丁中 丁兌 丁離 丁坎	癸亥 甲寅 乙巳 丙申 丁亥 戊寅 己巳 乙中 乙乾 乙艮 乙坎 乙震 乙中 乙乾 丙巽 丙乾 丙兌 丙離 丙坤 丙巽 丙乾 丁震 丁中 丁乾 丁艮 丁坎 丁震 丁中

秋分

巽 四	離 九	坤 二
辛壬癸甲乙丙丁 酉子卯午酉子卯 乙乙乙乙乙乙乙 艮坎震巽乾艮坎 丙丙丙丙丙丙丙 兌離坤巽中兌離 丁丁丁丁丁丁丁 乾艮坎震巽乾艮	丙丁戊己庚辛 辰未戌丑辰未 乙乙乙乙乙乙 巽乾艮離坤巽 丙丙丙丙丙丙 震中兌離坎震 丁丁丁丁丁丁 坤巽乾艮離坤	辛壬癸甲乙丙丁 亥寅巳申亥寅巳 乙乙乙乙乙乙乙 坎坤巽乾艮坎坤 丙丙丙丙丙丙丙 離坤震中兌離坤 丁丁丁丁丁丁丁 艮坎坤巽乾艮坎

震 三	中 五	兌 七
壬癸甲乙丙丁戊 戌丑辰未戌丑辰 乙乙乙乙乙乙乙 離坤震中兌離坤 丙丙丙丙丙丙丙 艮坎震巽乾艮坎 丁丁丁丁丁丁丁 兌離坤震中兌離	庚辛壬癸甲乙丙 申亥寅巳申亥寅 乙乙乙乙乙乙乙 兌離巽中兌離巽 丙丙丙丙丙丙丙 乾艮中兌離乾艮 丁丁丁丁丁丁丁 中兌離坤巽中兌	戊己庚辛壬癸甲 午酉子卯午酉子 乙乙乙乙乙乙乙 乾兌離坤巽乾兌 丙丙丙丙丙丙丙 中兌坎震中中兌 丁丁丁丁丁丁丁 巽乾兌離坤巽乾

艮 八	坎 一	乾 六
丁戊己庚辛壬 巳申亥寅巳申 乙乙乙乙乙乙 中兌艮坎震中 丙丙丙丙丙丙 巽乾艮離坤巽 丁丁丁丁丁丁 震中兌艮坎震	乙丙丁戊己庚 卯午酉子卯午 乙乙乙乙乙乙 震中兌離坎震 丙丙丙丙丙丙 震巽乾艮坤震 丁丁丁丁丁丁 坎震中兌離坎	己庚辛壬癸甲乙 未戌丑辰未戌丑 乙乙乙乙乙乙乙 乾艮坎震乾乾艮 丙丙丙丙丙丙丙 乾兌離坤巽乾兌 丁丁丁丁丁丁丁 中乾艮坎震中乾

立冬

巽 四	離 九	坤 二
庚申 乙乾 丙兌 丁巽 / 辛亥 乙艮 丙離 丁乾 / 壬寅 乙坎 丙坤 丁艮 / 癸巳 乙震 丙巽 丁坎 / 甲申 乙巽 丙中 丁震 / 乙亥 乙乾 丙兌 丁巽 / 丙寅 乙艮 丙離 丁乾	乙卯 乙坤 丙坎 丁離 / 丙午 乙巽 丙震 丁坤 / 丁酉 乙乾 丙中 丁巽 / 戊子 乙艮 丙兌 丁乾 / 己卯 乙離 丙離 丁艮 / 庚午 乙坤 丙坎 丁離	壬亥 乙艮 丙兌 丁乾 / 癸寅 乙坎 丙離 丁艮 / 甲巳 乙坤 丙中 丁坎 / 乙申 乙巽 丙巽 丁坤 / 丙亥 乙乾 丙震 丁巽 / 丁寅 乙艮 丙離 丁乾 / 戊巳 乙坎 丙離 丁艮

震 三	中 五	兌 七
辛酉 乙兌 丙乾 丁中 / 壬子 乙離 丙艮 丁兌 / 癸卯 乙坤 丙坎 丁離 / 甲午 乙震 丙震 丁坤 / 乙酉 乙中 丙巽 丁震 / 丙子 乙離 丙乾 丁兌 / 丁卯 乙艮 丙艮 丁離	己未 乙中 丙巽 丁巽 / 庚戌 乙兌 丙乾 丁中 / 辛丑 乙離 丙艮 丁兌 / 壬震 乙坤 丙坎 丁離 / 癸未 乙巽 丙震 丁坤 / 甲戌 乙中 丙巽 丁巽 / 乙丑 乙兌 丙乾 丁中	丁巳 乙巽 丙震 丁坤 / 戊申 乙乾 丙中 丁巽 / 己亥 乙兌 丙艮 丁乾 / 庚寅 乙離 丙兌 丁兌 / 辛巳 乙坤 丙離 丁離 / 壬申 乙巽 丙震 丁坤

艮 八	坎 一	乾 六
丙辰 乙震 丙坤 丁坎 / 丁未 乙中 丙巽 丁震 / 戊戌 乙兌 丙乾 丁中 / 己丑 乙艮 丙艮 丁兌 / 庚辰 乙坎 丙離 丁艮 / 辛未 乙震 丙坤 丁坎	癸亥 乙離 丙艮 丁兌 / 甲寅 乙坎 丙坎 丁離 / 丙巳 乙震 丙坤 丁坎 / 丁申 乙中 丙巽 丁震 / 戊亥 乙離 丙乾 丁中 / 己寅 乙坎 丙艮 丁兌 / 巳 乙坎 丙坎 丁離	戊未 乙中 丙巽 丁震 / 己戌 乙乾 丙乾 丁中 / 庚丑 乙艮 丙兌 丁乾 / 辛震 乙坎 丙離 丁艮 / 壬未 乙坤 丙坤 丁坎 / 癸戌 乙乾 丙乾 丁中 / 甲丑 乙坎 丙乾 丁中

또 안찰하면 ; 월신(月神)은 월건(月建)을 입중궁(入中宮)하고 병정(丙丁)을 만나면 화(火)로 하는데, 이는 세건(歲建)으로부터 호둔(虎遁)을 기(起)하여 병정(丙丁)을 만나면 기(奇)로 삼는다. 이는 양상(兩相)이 모순인 것 같으나, 각각은 취의(取義)하는 바가 따로 있어서 기례(起例) 역시 각기 다르다.

또 병정독화(丙丁獨火)는 본시 흉(凶)한 것이 아닌데, 염정화(廉貞火)와 타두화(打頭火), 월유화(月遊火) 등 여러 화성(火星)을 만났을 때 병정(丙丁) 이기(二奇)에서 화재가 나타나기(火發) 때문이다. 또는 산향(山向)으로 비춰오는 금신(金神)을 제극(制剋)하는 것을 취한 것이니 병정(丙丁)이 아니면 안 된다. 그 뜻을 확실하게 익히면 함께 사용하여도 서로 배치되지 아니한다.

2. 순산라후(巡山羅睺)

《기례(起例)》에 이르기를, "순산라후(巡山羅睺)는 24방위(方位)로 세지(歲支) 전(前) 일위(一位)이니, 자년(子年) 계(癸), 축년(丑年) 간(艮), 인년(寅年) 갑(甲), 묘년(卯年) 을(乙), 진년(辰年) 손(巽), 사년(巳年) 병(丙), 오년(午年) 정(丁), 미년(未年) 곤(坤), 신년(申年) 경(庚), 유년(酉年) 신(辛), 술년(戌年) 건(乾), 해년(亥年) 임(壬)이라." 하였다.

《선택종경》에 이르기를, "순산라후는 입향(立向)에만 꺼리고 개산(開山) 수방(修方)에는 불기(不忌)한다." 하였다.

《통서》에 이르기를, "신자진(申子辰) 나후(羅睺), 을손신(乙巽辛) 인오술(寅午戌) 정계간(丁癸艮) 궁출(宮出), 사유축(巳酉丑) 병임건(丙壬乾) 작수(作首), 해묘미(亥卯未) 갑경곤(甲庚坤)은 대기(大忌)한다." 하였다.

〈註〉왈 ; "신년(申年) 신(辛), 자년(子年) 을(乙), 진년(辰年) 손(巽), 인년(寅年) 간(艮), 오년(午年) 정(丁), 술년(戌年) 계(癸), 사년(巳年) 병(丙), 유년(酉年) 건(乾), 축년(丑年) 임(壬), 해년(亥年) 경(庚), 묘년(卯年) 갑(甲), 미년(未年) 곤(坤)이라." 하였다.

안찰하면 ; 《기례(起例)》에 순산라후는 세전(歲前)의 가장 가까운 곳(方)이다. 또 세(歲)는 군(君)이니 본년(本年)이 다음으로 이르는 세소 순행지(歲所巡行地)이므로 반드시 경유(經由)하여야 할 땅이다. 그러므로 입향(立向)에서 피하는 것이다. 그것이 세전(歲前) 일위(一位)가 된 것은 전성(前星)은 마치 태자(太子)와 같은 자리이니 다음 세(歲)에서 어가(歲駕)를 이을 곳이므로 감히 저향(低向)을 할 수 없을 뿐더러 다만

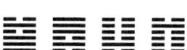

척언도 감당하지 못하는(不敢斥言) 곳이기 때문이다. 전성(前星)이 신살(神煞)로 명자(名字)가 붙은 것은 불자(佛子)의 명(名)에 나후당(羅睺當)이 있으므로 나후(羅睺)라 한 것이다.

《통서(通書)》에 삼합년(三合年)으로 분(分)한 것처럼 보이나 나후(羅睺)의 소재방(所在方)을 취의(取義)한 것은 삼합(三合)과의 관련은 전무하다. 기례(起例)는 신자진(申子辰)년(年) 재(在) 경계손(庚癸巽), 인오술년(寅午戌年) 갑정건(甲丁乾), 사유년축(巳酉丑年) 병신간(丙辛艮), 해묘미년(亥卯未年) 임을곤(壬乙坤)은 모두 쌍산(雙山)의 삼합오행(三合五行)으로 성립시킨 것이니 심히 유리하다.

《통서》에는 오직 사오미(巳午未)년으로 《기례(起例)》와 합하였으니, 그 전사(傳寫)에서 착오가 있다는 것에 의심이 없다. 지금 이렇게 《기례(起例)》를 개정하는 바이다.

3. 좌살(坐煞) 향살(向煞)

《통서》에 이르기를, "절태(絶胎) 사이(間)가 복병(伏兵)이고, 태양(胎養) 사이가 대화(大禍)이니, 이 둘은 삼살(三煞)을 끼고 이루어진 것이다. 좌향(坐向)에 모두 불리하다.

가령 신자진(申子辰)년은 복병(伏兵)이 병(丙)이고 대화(大禍)는 정(丁)이며, 인오술(寅午戌)년은 복병(伏兵)이 임(壬)이고 대화(大禍)는 계(癸)이다. 이는 신자진(申子辰)년은 좌(坐)가 병정(丙丁)이면 좌살(坐煞)이요, 인오술(寅午戌)년은 좌(坐)가 병정(丙丁)이면 향살(向煞)이다. 대개 병좌(丙坐)는 임향(壬向)이 되고, 정좌(丁坐)라면 계향(癸向)이 되기 때문이다. 나머지도 이와 같다." 하였다.

안찰하면 ; 《선택종경》에 이르기를, "태세는 좌(坐)에 가하고, 향(向)에 불가하며(太歲可坐不可向), 삼살은 향(向)에 가하고, 좌(坐)에 불가하다(三煞可向不可坐)." 하였고, 다시 이르기를, "삼살이 최흉하고 복병 대화는 그 다음이라(三煞最凶伏兵大禍次之)." 하니, 그렇다면 좌살(坐煞) 향살(向煞)을 동급으로 함께 취급하였다. 그러나 세분(細分)하여 논하면 좌(坐)와 향(向)은 경중(輕重)이 다른 것이니, 이용(利用)편을 보기 바란다.

좌살향살도(坐煞向煞圖) ; 삼살의 천간이 좌살이고 그 향이 향살이다.

	甲乙坐	丙丁坐	庚辛坐	壬癸坐
坐煞	巳酉丑年	申子辰年	亥卯未年	寅午戌年
向煞	亥卯未年	寅午戌年	巳酉丑年	申子辰年

4. 구퇴(灸退)

《통서》에 이르기를, "신자진(申子辰)년 재묘(在卯), 사유축(巳酉丑)년 자(子), 인오술(寅午戌)년 유(酉), 해묘미(亥卯未)년 오(午)라." 하였다.

《선택종경》에 이르기를, "사방(死方)이 육해(六害)이며 구퇴(灸退)이다. 이는 태세(太歲)의 부족지기(不足之氣)이므로 마땅히 '삼합(三合)국으로 보지(補之)하라." 하였다.

안찰하면 ; 구퇴(灸退)는 삼합(三合)으로 사지(死地)인데, 그 명의(名義)로만은 알림이 부족하다. 술가(術家)들은 또 육해(六害)로 하고, 또 비천독화(飛天獨火)로도 하는데, 독화(獨火)와 사기(死氣)가 겸한 것으로 취의(取義)해야 한다. 대개 **육해(六害) 독화(獨火)**와 **구퇴(灸退)**는 동행이명(同行異名)인데 그 뜻으로 취하지 않았기 때문이다. 지금부터 산거(刪去)시키고 함께 사용하기 바란다. 태세(太歲)의 부족지기(不足之氣)는 삼합(三合)의 자연지리(自然之理)에서 나온 것이므로 그 이름이 독존(獨存)하는 것은 불가하다.

5. 독화(獨火)

《통서》에 이르기를, "독화(獨火)는 일명 비화(飛火)라 하고, 또 육해(六害)라고도 한다. 곧 개산(蓋山) 황도(黃道) 내(內)의 주작(朱雀) 염정(廉貞)이기도 하다. 수영(修營) 동토(動土)에서 범(犯)하면 재화(災禍)를 주(主)하고, 매장(埋葬)에는 불기(不忌)한다." 하였다.

안찰하면 ; 독화(獨火)는 개산황도(蓋山黃道)와 기례(起例)가 동일하다. 가령 자년(子年)은 속감(屬坎)으로 대궁(對宮)이 리(離)이니, 리(離)가 본궁(本宮)이고 괘하(卦下) 일효(一爻)가 변하면 간(艮)이 되니 곧 염정(廉貞)이 된다. 그러므로 자년(子年)은 간(艮)이 독화이다.

 축인(丑寅)년은 간(艮)에 속하니 대궁은 곤(坤)으로, 곧 곤(坤)이 본궁(本宮)이다. 괘하(卦下) 일효(一爻)가 변하면 진(震)이 되므로 축인년(丑寅年)은 진(震)이 독화이다. 나머지도 그러하다.

 또 안찰하면 ; 개산황도(蓋山黃道)는 납갑(納甲) 삼합과 겸용하므로 독화(獨火)는 본괘(本卦)를 사용하는 것에 그친다.

 《통서》에 이르기를, "병정으로 비적한 것(獨火方遇丙丁飛吊其上)"이니 그 화방(火方)에서 발(發)한다. 다른 흉신이 함께 없으면 불방(不妨 ; 해롭지 아니함)이라." 하였다. 그렇다면 본궁(本宮)을 또 꺼리는 것으로 할 필요가 없는 것이다. 납갑(納甲) 삼합은 또 더욱 우원(紆遠)하니 불용이 마땅하다!

6. 부천공망(浮天空亡)

《기례(起例)》에 이르기를, "부천공망(浮天空亡)은 갑년(甲年) 이임(離壬), 을년(乙年) 감계(坎癸), 병년(丙年) 손신(巽辛), 정년(丁年) 진경(震庚), 무년(戊年) 곤을(坤乙), 기년(己年) 건갑(乾甲), 경년(庚年) 태정(兌丁), 신년(辛年) 간병(艮丙), 임년(壬年) 건갑(乾甲), 계년(癸年) 곤을(坤乙)이라." 하였다.

《통서》에 이르기를, "부천공망은 그 예(其例)가 변괘(變卦)의 납갑(納甲)에서 나왔으니, 바로 절명(絶命) 파군(破軍) 위(位)이다. 갑기년(甲己年) 임(壬), 을무년(乙戊年) 계(癸), 병년(丙年) 신(辛), 정년(丁年) 경(庚), 경년(庚年) 정(丁), 신년(辛年) 병(丙), 임년(壬年) 갑(甲), 계년(癸年) 을(乙)이라." 하

였다.

《선택종경》에 이르기를, "갑기신(甲己辛)년 병(丙) 임(壬), 을경무(乙庚戊)년 정(丁) 계(癸), 병계(丙癸)년 을(乙) 신(辛), 정임(丁壬)년 경(庚) 갑(甲)이다. 산향(山向)에서 모두 함께 꺼린다, 향(向)만 꺼리고 산(山)에는 꺼리지 않는다 한 것은 《통서(通書)》가 잘못된 것이다." 하였다.

안찰하면 ; 절명(絶命) 파군(破軍)은 원래의 괘위(卦位)에 매여 있으므로 연간(年干) 납갑괘(納甲卦)를 본궁(本宮)으로 삼는다. 중효(中爻)의 변화를 취하였으니, 괘(卦)에 파군(破軍)이 소재한다.

가령 갑(甲)이 건괘(乾卦)에 소납(所納)하였으니, 건괘(乾卦)가 갑년(甲年)의 본궁(本宮)이 된다. 건(乾)의 중효(中爻)가 변화하면 이괘(離卦)가 되며, 이납(離納) 임(壬)이므로 갑년(甲年)은 이임(離壬)이 파군(破軍)이 되었다. 나머지도 이와 같다.

7. 음부태세(陰府太歲)

《통서》에 이르기를, "음부태세는 연신(年神)으로 입성(立成)한다. 갑기(甲己)년 간(艮) 손(巽), 을경(乙庚)년 태(兌) 건(乾), 병신(丙辛)년 감(坎) 곤(坤), 정임(丁壬)년 리(離), 무계(戊癸)년 진(震)이라." 하였다. 또 이르기를, "음부태세(陰府太歲)는 개산(開山) 영조(營造)에는 꺼리고, 수방(修方)에는 불기(不忌)한다.

갑기(甲己) 연월일시(年月日時)는 속토(屬土)이니, 간병(艮

丙) 손신(巽辛) 산(山)을 극(剋)한다.

을경(乙庚) 연월일시(年月日時)는 속금(屬金)이니, 건갑(乾甲) 태정사축(兌丁巳丑) 산(山)을 극(剋)한다.

병신(丙辛) 연월일시(年月日時)는 속수(屬水)이니, 감계(坎癸) 곤을신진(坤乙申辰) 산(山)을 극(剋)한다.

정임(丁壬) 연월일시(年月日時)는 속목(屬木)이니, 이임인술(離壬寅戌) 산(山)을 극(剋)한다.

무계(戊癸) 연월일시(年月日時)는 속화(屬火)이니, 진경해미(震庚亥未) 산(山)을 극(剋)한다.

《기례(起例)》에 이르기를, "**정음부(正陰府)**는 갑기(甲己)년 간손(艮巽), 을경(乙庚)년 태건(兌乾), 병신(丙辛)년 감곤(坎坤), 정임(丁壬)년 건리(乾離), 무계(戊癸)년 곤진(坤震)이다.

　방음부(傍陰府)는 갑기(甲己)년 병신(丙辛), 을경(乙庚)년 정임(丁壬), 병신(丙辛)년 무계(戊癸), 정임(丁壬)년 갑기(甲己), 무계(戊癸)년 을경(乙庚)이다.

　음부(陰府) 삼합(三合)은 을경(乙庚)년 사축(巳丑), 병신(丙辛)년 신진(申辰), 정임(丁壬)년 인술(寅戌), 무계(戊癸)년 해미(亥未)라." 하였다.

　안찰하면 ; 음부태세는 본년(本年)의 화기오행(化氣五行)이 산가(山家)의 화기(化氣)를 극(剋)하는 것이다. 개산(開山)에서 연월일시(年月日時)가 좌산(坐山)을 극하는 것이므로 명(名)을 태세(太歲)라 하였다. 범하는 것이 불가하다고 지시한(示不可犯耳)것이다. 음부(陰府)의 태세(太歲)가 모산(某山)에만 따로 있는 것이 아니다. 불가범이라고 지시(示不可犯)하였다.

　가령 갑기(甲己) 연월일시(年月日時)의 화기(化氣)는 속토(屬土)이니 병신(丙辛) 수(水)의 화기를 극하므로 음부(陰府)인데, 간납병(艮納丙)하고 손납신(巽納辛)이니 간(艮) 손(巽) 두 산(二山)에서는 정음부(正陰府)가 되고, 병(丙) 신(辛) 두 산(山)에서는 방음부(傍陰府)가 된다.

　을경(乙庚) 연월일시(年月日時)는 속금(屬金)이니 금극목(金克木)하므로 정임(丁壬) 목(木)의 화기를 극한다. 태납정(兌納丁)하고 건납임(乾納壬)이니 태(兌) 건(乾) 두 산(山)은 정음부(正陰府)가 되고, 정(丁) 임(壬) 두 산(山)에서는 방음부(傍陰府)가 된다. 나머지도 이와 같다.

　또 안찰하면 ; 십간(十干) 화기(化氣)는 본시(本始) 《소문

(素問)》에서 나온 것이다. 태세(太歲)를 따라서 번갈아 변화를 시키는 것이니, 홍범오행(洪範五行)도 또한 그 의(意)를 쫓아 묘룡변운(墓龍變運)을 일으켰는데, 각진(角軫)으로 취하지 아니하고 묘고(墓庫)로써 취(取)하였으며, 간기(干氣)를 취하지 아니하고 납음(納音)을 취한 것이 특징이다. 중요한 것은 역시 연(年)을 좇아서 변화시키는(逐年逐變) 데 있는 것이다.

음부태세(陰府太歲)는 년(年 ; 太歲)을 논(論)한 것이 아니라 산(山)을 논(論)한 것이다. 가령 갑산(甲山) 기산(己山)은 속토(屬土)이고, 을산(乙山) 경산(庚山)은 속금(屬金)이니, 합(合)한 후 화(化)하기를 기다리는 것이 아니라, 년(年)을 좇지 아니한 변화이니(不隨年而變), 이는 역시 구우(拘迂)됨이 너무 심한 것이다.

이를 갑산(甲山)으로 논하여 보면 정오행(正五行)은 속목(屬木)인데, 홍범(洪範) 오행(五行)은 속수(屬水)이고, 음부(陰府) 오행(五行)은 속토(屬土)이며, 묘룡변운(墓龍變運)은 속화(屬火)이다. 또 속금(屬金)인 경우까지 모두 행지(行止)가 5가 지나야 되기 때문에, 한 산(一山)을 이미 점(已占)하면 나머지 4는 무엇이며, 한(一) 연월일시(年月日時)에서도 간지(干支) 납음(納音)과 화기(化氣)가 각각 또 네 개(其四)가 점(占)하고 있으니, 그 극(剋)하지 않는 것을 구하기도 어려운 것이다.

이제 대관(臺官) 용괘(用卦)는 간(干)을 좇아 행(行)하지 아니한 지가(遵行) 이미 오래 되었다. 용간(用干)이 비록 이치가 있을지라도 그 본의(本義)에는 친절하지 아니하므로 역시 취할 것이 없는 것이다.

8. 천관부(天官符)

《통서》에 이르기를, "천관부는 수방(修方)에 꺼린다.

신자진(申子辰)년 속수(屬水)이니, 수(水)의 임관(臨官)은 해(亥)이므로 해(亥)가 천관부(天官符)이다.

사유축(巳酉丑)년 속금(屬金)이니, 금(金)의 임관은 신(申)이므로 신(申)이 천관부이다.

인오술(寅午戌)년은 속화(屬火)이니, 화(火)의 임관은 사(巳)이므로 사(巳)가 천관부이다.

해묘미(亥卯未)년은 속목(屬木)이니, 목(木)의 임관은 인(寅)이므로 인(寅)이 천관부이다.

안찰하면 ; 천관부(天官符)는 태세(太歲)의 삼합(三合) 오행(五行)으로 방왕지기(方旺之氣)이다. 그러므로 수조(修造)에

서 피하는 것이다. 월가(月家)의 유화(遊禍)와 같은 뜻이므로 천관부(天官符)라 이름 지었다. 오행(五行)의 질(質)은 지(地)에서 갖추어 놓지만, 그 기(氣)는 천(天)에서 유행(流行)시키므로 삼합은 견고한 기(氣)이다.

9. 비천관부(飛天官符)

《통서》에 이르기를, "천관부(天官符)는 1년에 1자씩 수방(修方)에 꺼린다." 하였다.

《선택종경》에 이르기를, "신자진(申子辰)년 해(亥), 사유축(巳酉丑)년 신(申), 인오술(寅午戌)년 사(巳), 해묘미(亥卯未)년 인(寅)이니, 월건(月建)을 중궁(中宮)에 놓고 구궁(九宮)을 순비(順飛)하여 본년(本年)의 천관부가 들어가는 궁(宮)이 본월(本月)의 천관부 방(方)인데, 매궁(每宮)마다 삼위(三位)가 된다." 하였다.

안찰하면 ; 월가의 비궁 천관부(飛宮天官符)가 바로 본년의 천관부(天官符)이다. 월(月)을 좇아서 이르는 곳(飛弔之位)이기 때문이다.

가령 자년(子年) 천관부(天官符)는 해(亥)인데, 정월(正月)에 수작(修作)한다면 인(寅) 월건(月建)을 중궁(中宮)에 넣고 순비(順飛)하면 중궁에서 해(亥)를 만나므로 곧 정월(正月)의 천관부가 중궁인 셈이다.

만약 3월에 수작(修作)하고자 한다면 진(辰)을 중궁에 넣고 순비(順飛)하면 진삼궁(震三宮)으로 해(亥)가 드니 진궁에는

甲卯乙 3위가 함께 들어 있으므로 곧 3월의 천관부는 갑(甲)·묘(卯)·을(乙)이 되는 것이다.

　또 안찰하면 ; 24산에서 사정위(四正位)는 괘를 사용하지 않으므로 용지한다(不用卦而用支). 그러므로 비궁(飛宮)은 또한 불용지(不用支)이므로 용괘할 때(飛宮又不用支而用卦者)는 괘(卦)로써 축궁하여 헤아린다(以卦可逐宮而數也). 나머지도 이와 같다.

비천관부(飛天官符)

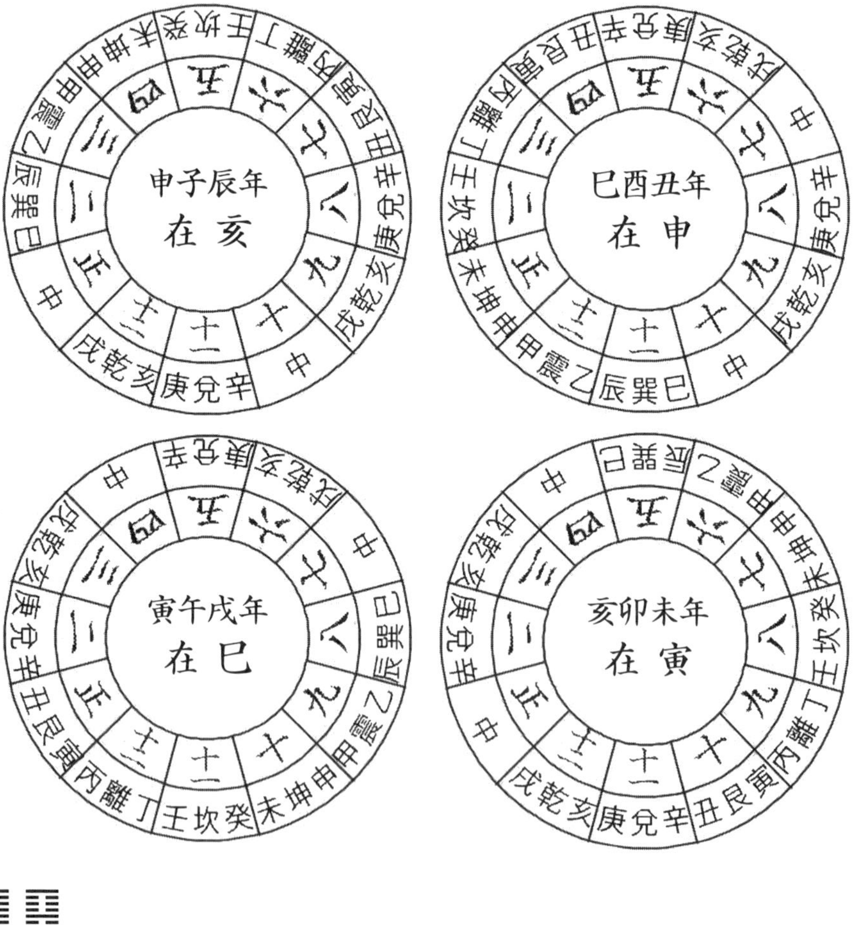

10. 비지관부(飛地官符)

《통서》에 이르기를, "지관부는 수방(修方)에 꺼리는데 1년에 1자(字)씩 점(占)한다." 하였다.

비지관부(飛地官符)

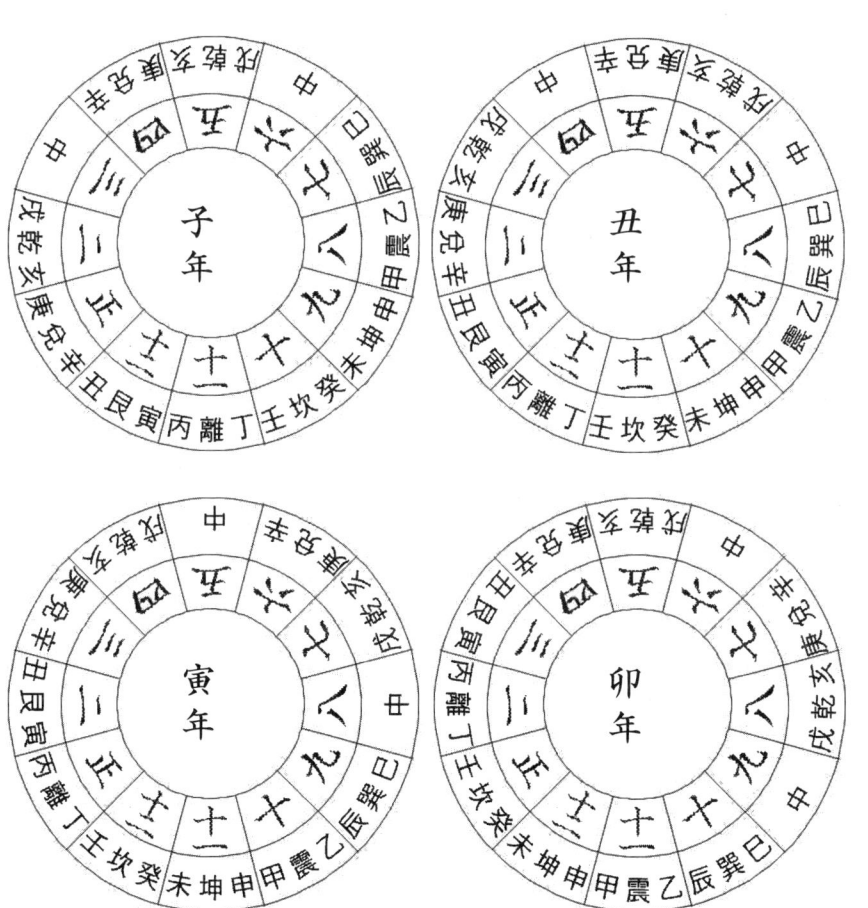

604 제1부 吉凶神煞

欽定四庫全書 協紀辨方書

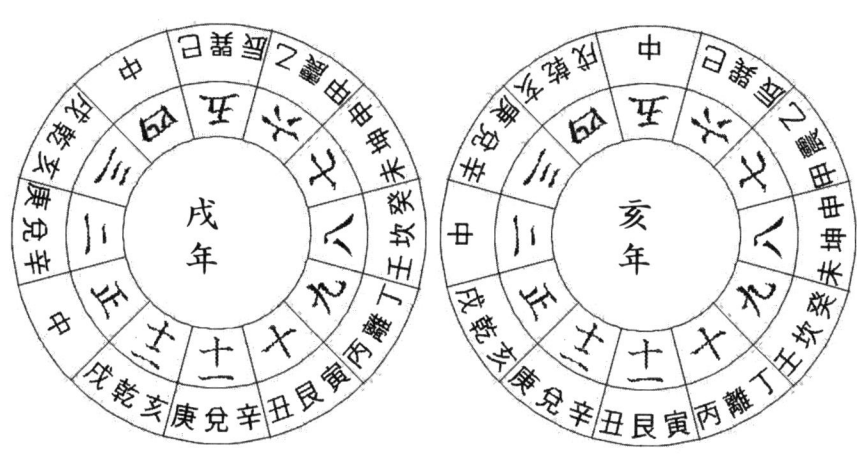

《선택종경》에 이르기를, "태세(太歲) 전 5위(前五位)가 지관부(地官符)이다. 월건(月建)을 중궁(中宮)에 넣고 순비구궁(順飛九宮)하여 본년(本年)의 지관부(地官符)가 들어가는 곳을 찾으면 본월(本月)의 지관부(地官符)인데, 매 궁마다 3위(位)가 점(占)한다." 하였다.

안찰하면 ; 지관부(地官符) 의례(義例)는 이미 연신(年神)에서 밝혔다. 월가(月家)로 비궁(飛宮)시켰을 때 지관부(地官符)는 곧 본년의 지관부(地官符)이니 축월(逐月)로 비조지위(飛弔之位)가 된다.

가령 자년(子年) 지관부(地官符) 진(辰)이니, 正月에 수작(修作)한다면 인건(寅建)을 중궁(中宮)에 넣고 순수(順數)로 비궁(飛宮)하면 태칠궁(兌七宮)에서 진자(辰字)를 만나는데, 태궁은 경(庚) 유(酉) 신(辛) 삼위(三位)가 되므로 正月의 지관부는 경(庚) 유(酉) 신(辛)이다.

만약 자년(子年) 2월에 수작한다면 묘건(卯建)을 중궁(中宮)에 넣고 순수(順數)로 비궁(飛宮)하면 건 육궁(乾六宮)에서 진(辰)을 만나므로 술(戌) 건(乾) 해(亥) 3위가 곧 2월의 지관부이다. 나머지도 이와 같다.

11. 비대살(飛大煞) ; 구명(舊名) 타두화(打頭火)

《통서》에 이르기를, "타두화는 수방(修方)에 꺼린다. 인오술(寅午戌)년 오(午), 해묘미(亥卯未)년 묘(卯), 신자진(申子辰)년 자(子), 사유축(巳酉丑)년 유(酉)이다.

대개 자오묘유(子午卯酉)가 그 본궁(本宮)의 왕향(旺鄕)이기 때문인데, 비궁(飛宮)에서 범하면 흉(凶)하다." 하였다.

《선택종경》에 이르기를, "타두화(打頭火)는 바로 삼합(三合)의 왕방(旺方)이다. 또 금궤(金櫃), 장성(將星)이기도 한데, 화촉(火燭)을 주장하므로 태세(太歲)에 중첩되면 더욱 흉하다. 대개 태왕(太旺)하면 항(亢)이고, 항(亢)하면 화(火)에 속하기 때문이다. 그 법(法)을 보면 소용(所用)하고자 하는 월건(月建)을 중궁(中宮)에 넣고, 구궁(九宮)을 순비(順飛)하면 본년 삼합의 왕방(旺方)을 만나게 되는데, 그것이 그 달의 타두화(打頭火)인데, 매 궁(宮)마다 3위(位)를 점(占)한다." 하였다.

안찰하면 ; 타두화는 곧 본년(本年)의 대살(大煞)인데 월건(月建)으로 좇아서 구궁(九宮)에다 비조(飛弔)하여 얻어진 것이다. 대살(大煞) 의례(義例)는 이미 연신(年神)에서 논한 것인데, 축월(逐月)로 비조(飛弔)하므로 천관부(天官符)와 함께 동법(同法)이다.

비대살(飛大煞)

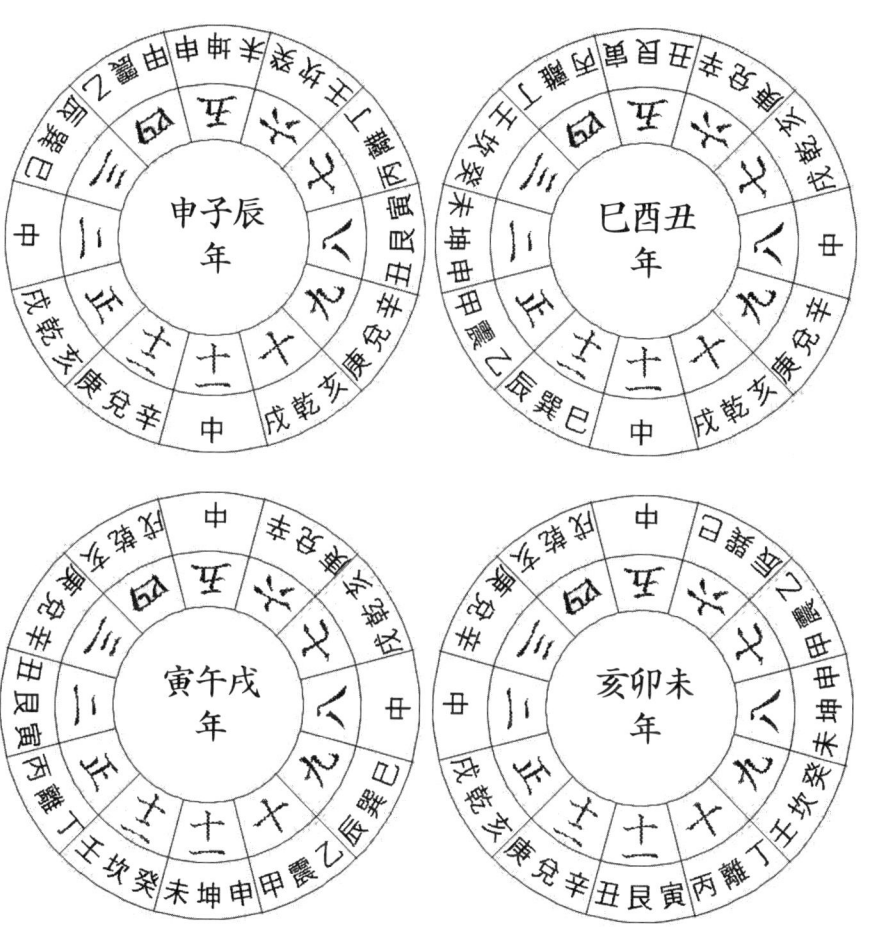

천관부가 임관(臨官)이며 대살(大煞)은 제왕처(帝旺處)이니 이르기를, 「화(火)」라 하였는데, 모두 왕극(旺極)한 곳이므로 재앙(災殃)이 된다는 것이다. 역시 재살(災煞)의 또 다른 이름

이 천화(天火)이기도 하며, 타두화(打頭火)란 이름은 도리어 아순(雅馴)한 것이지만, 입명(立名)의 색(色)이 너무 많아 혐(嫌)이 되는 것은 오히려 실(實)을 놓칠 수 있으므로 본의(本義)에서는 **비대살(飛大煞)**로 하고 있다.

12. 소월건(小月建)

《통서》에 이르기를, "소월건(小月建)은 즉 소아살(小兒煞)이다. 수방(修方)에 꺼린다." 하였다.

《선택종경》에 이르기를, "소월건(小月建)은 점방(占方)에 꺼린다. 또한 점산(占山) 점향(占向)에도 역시 꺼린다.

자(子), 인(寅), 진(辰), 오(午), 신(申), 술(戌)은 양년(陽年)이니 正月을 중궁(中宮)에서 기(起)한다. 축(丑), 묘(卯), 사(巳) 미(未), 유(酉), 해(亥)는 음년(陰年)이니 正月을 리구(離九)에서 기(起)하여 다 같이 구궁(九宮)을 순비(順飛)한다.

가령 양년(陽年)은 正月 기중궁(起中宮), 二月 재(在)건(乾)6, 三月 재(在)태(兌)7, 음년(陰年)은 正月 기(起)리(離)9, 二月 감(坎)1, 三月 곤(坤)2가 그것이다. 매 궁은 역시 3위(位)가 점(占)한다." 하였다.

안찰하면 ; 소월건(小月建)은 곧 월건(月建)의 비궁(飛宮)이다. 수조(修造)에서는 태세(太歲)가 가장 중요하고, 다음은 월건(月建)이 중요하기 때문에 꺼리는 것이다. 그 법(法)은 월건을 양건(陽建)이라 하고, 월염(月厭)을 음건(陰建)으로 한다.

양년(陽年)은 正月 양건(陽建) 인(寅)을 중궁(中宮)에 넣고 순행(順行)하므로 正月은 중(中)5이다. 二月 건(乾)6, 三月 태(兌)7하여 구궁(九宮)을 순비(順飛)한다.

연음(陰年)은 正月 음건(陰建) 술(戌)을 중궁(中宮)에 가(加)하여 순수(順數)하면 본월(本月)인 양건(陽建)에 이른다. 그러므로 正月이 재(在) 리(離)9, 二月 재(在) 감(坎)1, 三月 재(在) 곤(坤)2하여 역시 구궁(九宮)을 순비(順飛)한다 하였다. 이것을 역가(曆家)들은 음년(陰年) 기(起) 리(離)9하여 순비구궁(順飛九宮)한다 함이 빠른 법이다.

소월건(小月建)

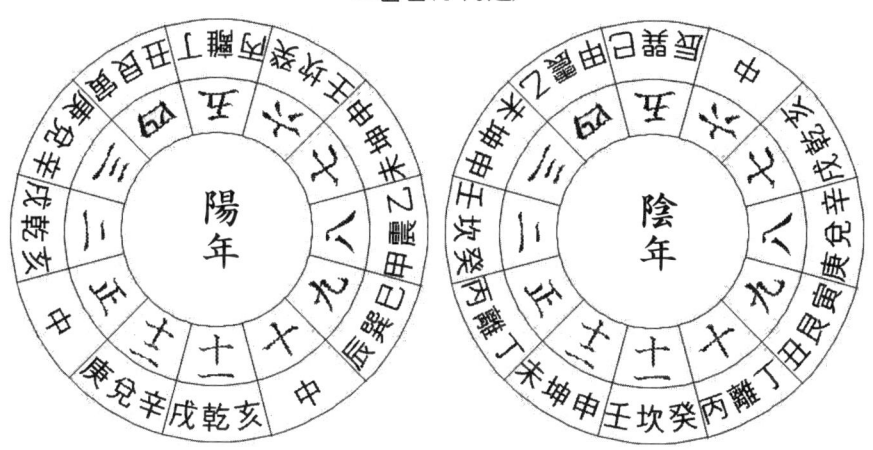

13. 대월건(大月建)

《통서》에 이르기를, "대월건(大月建)은 수방(修方) 동토(動土)에 꺼린다." 하였다.

《선택종경》에 이르기를, "대월건은 월가(月家)의 토살

(土煞) 계통이다. 점산(占山), 점향(占向), 점방(占方), 점중궁(占中宮) 등 동토까지 다 마땅치 못하다. 갑(甲) 정(丁) 경(庚) 계(癸)년 正月은 艮8에서 기(起)하고, 을(乙) 무(戊) 신(辛)년 正月은 中5에서 기(起)하며, 병(丙) 기(己) 임(壬)년 正月은 坤2에서 기(起)하여 구궁(九宮)을 역행한다.

대월건(大月建)

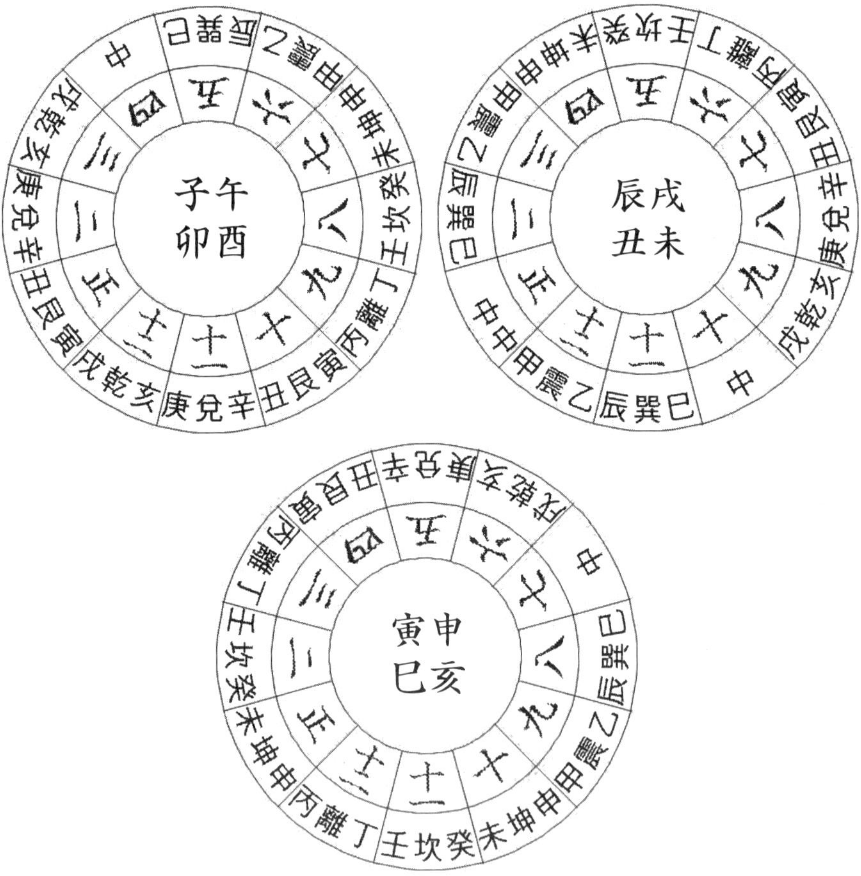

안찰하면 ; 《원경(元經)》에, 상원갑자(上元甲子)는 일백(一白), 중원갑자(中元甲子)는 사록(四綠), 하원갑자(下元甲子)는 칠적(七赤)을 중궁(中宮)의 태세(太歲) 일성(一星)으로 삼고, 자오묘유(子午卯酉)년 正月을 팔백(八白)에서 기(起)하며, 진술축미(辰戌丑未)년 正月은 오황(五黃)에서 기(起)하며, 인신사해(寅申巳亥)년 正月은 이흑(二黑)에서 기하여 월건(月建)으로 한다.

《선택종경》에, 재세(載歲) 월건(月建)법은 태세(太歲)로써 월건(月建)을 찾기도 하고, 월건으로써 태세를 찾기도 한다. 또 《원경》 기례(起例)를 보면, 하원갑자(下元甲子)년은 칠적(七赤)이 태세 일성(一星)이니 자년(子年) 正月은 팔백(八白)에서 월건(月建)을 기(起)한다.

가령 六月에 이방(離方)을 수리(修理)하고자 한다면 正月을 기팔백(起八白)하여, 二月 칠적(七赤), 三月 육백(六白), 四月 오황(五黃), 五月 사록(四綠), 六月 삼벽(三碧)하면, 삼벽이 六月의 월건이며, 입중궁(入中宮) 수임을 알 수 있으니 순심(順尋)하면, 칠적(七赤)이 離9에 이르므로 이것이 곧 월(月) 태세 일성(一星)이며 재리(在離)이니 흉함을 알 수 있다.

이렇게 보니, 태세는 곧 삼원(三元)의 연(年) 구성(九星)을 입중궁(入中宮)한 일성(一星)이고, 월건은 곧 삼원의 월 구성을 입중궁 한 일성(一星)이다.

대개 구성(九星)은 순행이면 육갑(六甲)은 역전(逆轉)이다. 그 년(年) 그 월(月)이 모궁(某宮)에 이르는지를 보는 것은 입중궁(入中宮)할 그 궁성(宮星)을 알아내고 그 궁성으로 용사(用

事)하기 위함이다. 이렇게 찾은 그 성신(星辰)은 바로 태세나 월건의 용신(用神)임과 동시에 태세나 월건이 소재하는 곳이다.

또 안찰하면 ; 소월건(小月建)은 월지(月支)를 전용(專用)하므로 소월건이라 하였고, 대월건(大月建)은 월간(月干)을 겸용하므로 대월건이라 한다. 월건(月建)이란 토부(土符)를 말한다. 그러므로 동토(動土)에 꺼린다고 하였다. 그러나 재산(在山)인지 재방(在方)인지의 정위(定位)가 가장 중요하고 비궁(飛宮)한 것은 비교적 경(輕)하다.

선택에서 가장 중요한 것은 태세(太歲)이다. 그런데 비(飛)태세는 아직 사용하지 않는다고 하는데, 그것은 월건(月建)으로 경중(輕重)의 유추(類推)가 가능한데도 술사(術士)들이 그 뜻에 밝지 못하기 때문에 바로 그 대소(大小)의 이름(名)으로만 그릇된 것을 그 설(說)로 삼고 있기 때문이다.

이른바 소월건(小月建)을 범(犯)하면 소아(小兒)를 상(傷)하고 대월건(大月建)을 범하는 것은 택장(宅長)을 상한다고 하는 등이다. 또 하나의 별명(別名)을 보면, 소월건을 소아살(小兒煞)로 하며 온 세상에서 외기(畏忌)하는데, 그것은 그 유래를 알지 못하기 때문에 혹세무민(惑世誣民)이 그치지 않고 더욱 심하게 된 것이다.

14. 병정독화(丙丁獨火)

《통서》에 이르기를, "병정독화(丙丁獨火)는 수방(修方)에 꺼린다. 그 법은, 월건을 입중궁(入中宮)하여 비조(飛弔)시켜 병(丙) 정(丁) 두 자가 이른 방위를 찾는 것이다. 수작(修作) 동토(動土)에서 범하면 흉(凶)하다." 하였다.

안찰하면 ; 병정독화(丙丁獨火)는 바로 모든 화성(火星)에서 함께 처리해야 하는 것이다. 대개 천간(天干)으로 병정기(丙丁氣)를 취하는 것은 불(火)은 위로 발(發)하여 타오르기 때문이다. 가령 갑기(甲己)년 병인(丙寅)월에 수작(修作)한다면, 병인(丙寅)을 중궁(中宮)에 놓고 순비(順飛)시키면 병(丙)이 바로 5中宮이고 정(丁)은 乾6宮이니 곧 正月의 병정독화(丙丁獨火)는 중궁(中宮)과 건궁(乾宮)이 된 것이다.

만약 정묘월(丁卯月)에 수작(修作)한다면 중궁(中宮)에 정묘(丁卯)를 넣고 순비(順飛)시키면 정(丁)이 바로 중궁이고, 병(丙)은 한 바퀴 돌아서 또 중궁으로 도달하니 二月의 병정독화(丙丁獨火)는 모두 중궁인 것이다. 그러나 반드시 나머지 년(年)의 독화(獨火)도 비조(飛弔)하여 찾아야 하고, 병정(丙丁)이 이르는 방(方)은 큰 살(大煞)이므로 꺼리는 것이다.

병정독화(丙丁獨火)

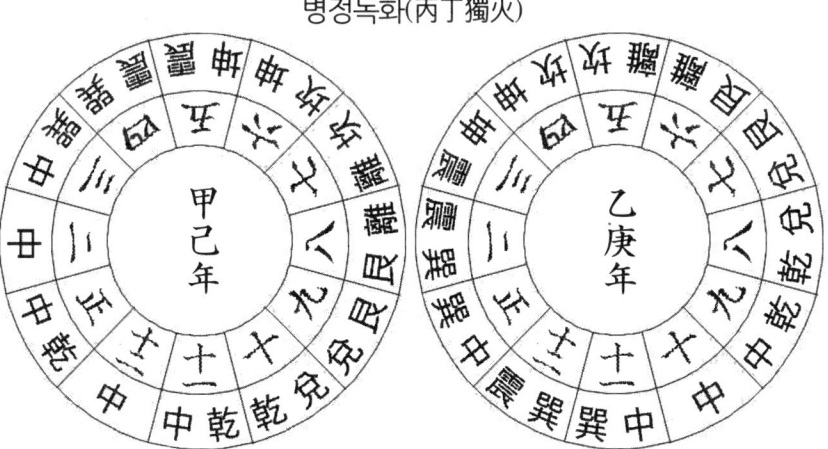

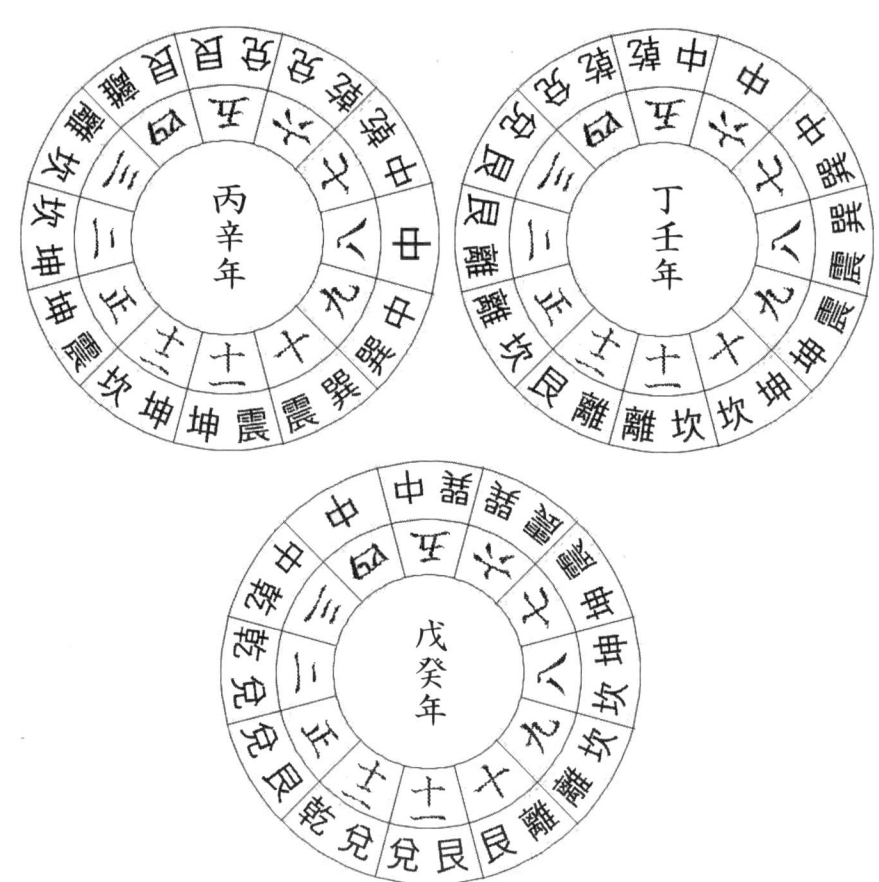

15. 월유화(月遊火)

《통서》에 이르기를, "월유화는 수방(修方)에 꺼린다. 이 살(煞)은 타두화(打頭火)나 독화(獨火)와 함께 아우르게 되면 화재(火災) 등의 재앙(災殃)이 발(發)한다. 그러나 다른 흉신(凶神)이 중첩되지 않으면 불방(不妨)이다." 하였다.

안찰하면 ; 월유화(月遊火)는 곧 오는 해(來年)의 태세(太歲)이니 진기(進氣) 방(方)이며 왕신처(旺辰處)이다. 24산(山)에서는 또 순산라후(巡山羅睺)가 전 일위(前一位)에 함께 있으며, 또 사리태양(四利太陽)은 본시 흉하지는 않지만 차례에 따라 화(火)가 되는 것은 싫어한다. 화(火)는 아직 발(發)하지는 아니하였을지라도 먼저 뜨거운 징조(先炎)가 있은 다음에 발하는 것이기 때문이다. 그러므로 일월(日月)이 인(寅)이면 간(艮)에 소속하므로 자축년(子丑年) 정월(正月)은 월유화(月遊火)가 艮8과 함께 있다. 二月은 離9, 三月 坎1하여 구궁(九宮)을 순행한다.

인년(寅年) 전 일신(前一辰)은 묘(卯)이니 묘속(卯屬) 진(震)이므로 인년(寅年) 正月은 월유화(月遊火)가 震3이며, 二月은 巽4이며, 三月은 中5이니, 구궁(九宮)을 순행시키는 것이 이러하다. 나머지도 이와 같다.

월유화(月遊火)

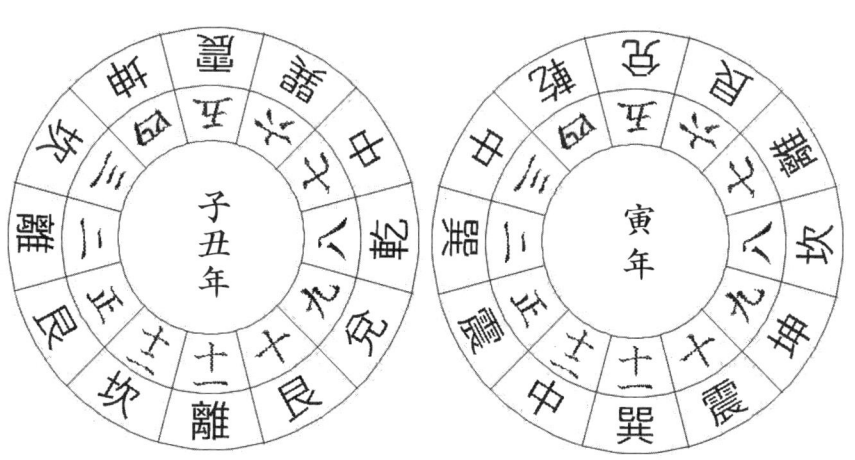

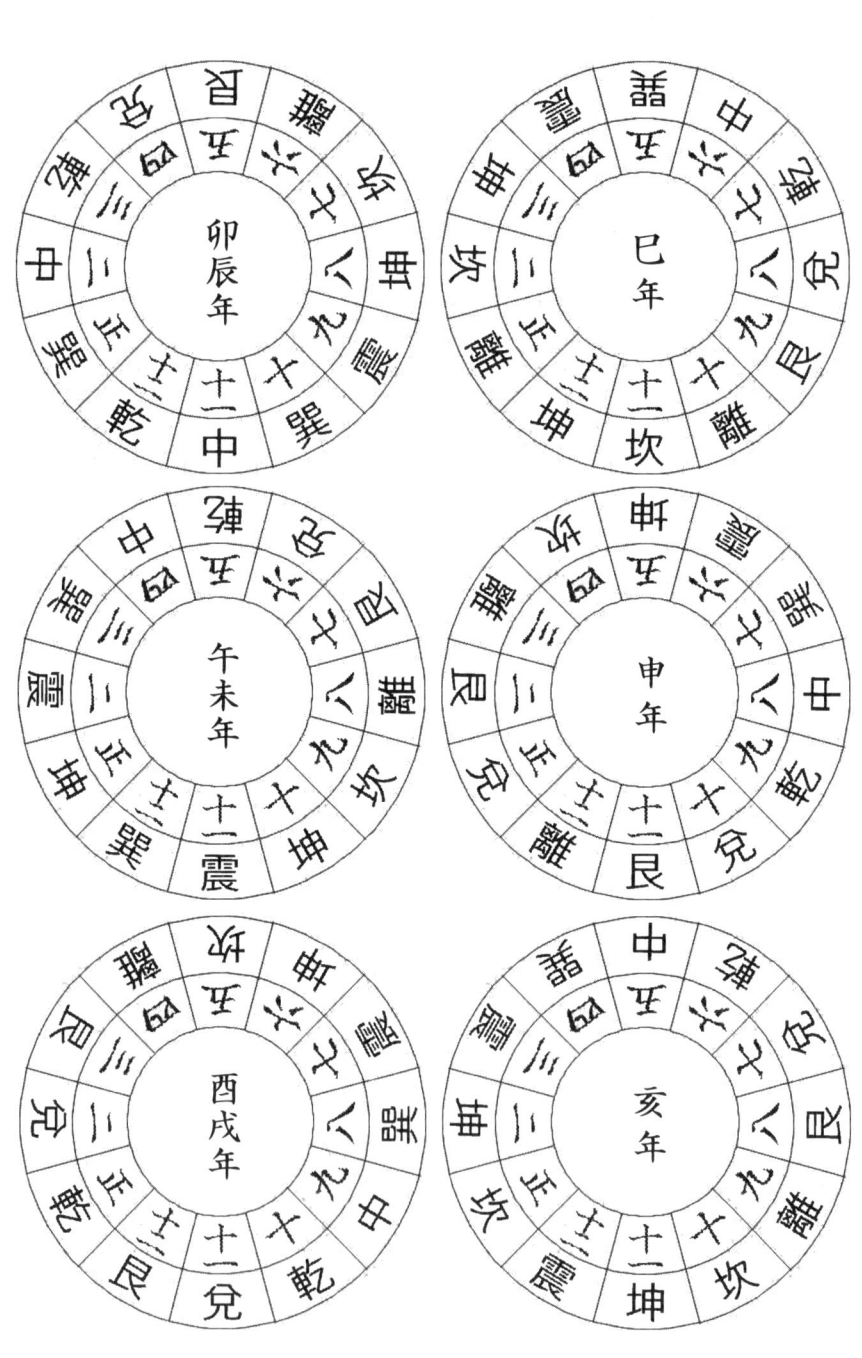

또 안찰하면 ; 월유화는 월을 쫓아 구궁(九宮)에 순비(順飛)한다. 월건(月建)을 중궁(中宮)에 넣고 대소 월건이 같다.

第一部 吉凶神煞

欽定흠정 四庫全書사고전서

協紀辨方書협기변방서 〈제1부〉

★

초판 인쇄일 / 2018년 04월 17일
초판 발행일 / 2018년 04월 23일

★

지은이 / 이정里程 김동규金東奎
펴낸이 / 金東求
펴낸데 / 明文堂(창립 1923년 10월 1일)
서울특별시 종로구 윤보선길 61(안국동)
우체국 010579-01-000682
☎ (영업) 733-3039, 734-4798
　　(편집) 733-4748
　　FAX. 734-9209
e-mail : mmdbook1@hanmail.net
등록 1977. 11. 19. 제 1-148호

★

ISBN 979-11-88020-49-2　　14150
　　　979-11-88020-48-5 (세트)

★

낙장이나 파본은 구입하신 서점에서 교환해 드립니다.

★

값 25,000 원